JEAN ZILIO

LE GUIDE PRATIQUE DU PILOTAGE

ÉDITIONS VARIO

11ᵉ ÉDITION
revue et corrigée

NOTE DE L'ÉDITEUR

L'auteur et son éditeur déclinent toute responsabilité
concernant les informations contenues ou omises dans cet ouvrage

---

Tableau de couverture réalisé par Jean-Jacques PETIT (Peintre de l'Air)

© ÉDITIONS VARIO s.à.r.l., 1986.

© ÉDITIONS VARIO s.à.r.l., 2004.

TOUS DROITS DE REPRODUCTION ET DE TRADUCTION RÉSERVÉS POUR TOUS PAYS PAR LES ÉDITIONS VARIO.

Toute reproduction même partielle du contenu de cet ouvrage, par quelque procédé que ce soit ainsi que toute forme commerciale de son exploitation par l'informatique, sont interdites sans autorisation préalable de l'éditeur et constituent une contrefaçon passible des peines prévues par la loi, dans le cadre de la protection des droits d'auteur et d'édition. Le Code de la Propriété Intellectuelle du 1er juillet 1992 interdit la photocopie à usage collectif sans autorisation des ayants droit ou du Centre français d'exploitation du droit de copie (CFC - 3, rue d'Hauteville, 75006 Paris).

PRÉFACE

Rêve d'enfant : voler...

Rêve d'adolescent : voler... et pourtant je ne sais jamais exactement où je vais. J'ai tendance à me perdre dans mon propre quartier. Le nord, le sud, l'est et l'ouest se mélangent dans mes idées.

Rêve d'adulte : voler.... Comment s'y prendre, comment apprendre...

Ça y est, c'est fait. Voler, finalement, c'est facile, c'est dans les mains, c'est dans la tête et pour tous ceux dont c'est le rêve, c'est dans l'instinct. Pas difficile de décoller, on met les gaz, on tire sur le manche, l'avion le fait presque seul. Pas vraiment dur de rester là-haut... on est à bord d'un oiseau. Un peu plus difficile peut-être d'atterrir. Il faut la volonté de redescendre, un peu d'équilibre... et alors, me direz-vous, qu'est-ce qui est vraiment difficile dans tout cela ? Survivre, répondait Mermoz quand on lui posait la question. Survivre, c'est savoir : en plus de l'instinct, en plus du rêve, il y a tout ce que l'on vous a appris et surtout la manière dont on vous l'a appris. Les heures en double, le lâcher, les heures en solo et les heures le nez dans les bouquins. Les heures aussi d'explications et de patience de l'instructeur parce que voler c'est aussi tout ce qu'il vous a appris.

Jean ZILIO nous fait profiter dans ce Guide de l'expérience que lui ont apporté toutes les heures de patience qu'il a consacrées à ses élèves, toutes les questions que nous lui avons posées, toutes les erreurs que nous avons faites : les virages trop serrés, l'avion trop cabré, le deuxième cran de volet oublié, le réchauffage carburateur pas tiré.

Il nous explique, il nous dessine, il nous répète avec la patience que nous lui connaissons, avec son sens de la pédagogie tout ce qu'il est nécessaire de savoir, tout ce qu'il est indispensable de retenir pour faire de vous, pour faire de nous, des pilotes. Ce livre est précieux : en plus des explications, de la clarté et du bon sens, il a le prix de la survie.

Anne d'ORNANO

QU'EST-CE QU'UN INSTRUCTEUR ?

Un instructeur est un oiseau rare car il doit posséder le regard de l'aigle auquel rien n'échappe, la douceur de la blanche colombe, la sagesse de la chouette et l'infatigable éloquence du perroquet qui répète toujours les mêmes choses...

Extrait de l'un des premiers livres sur le pilotage : "L'art du pilotage" de Monville et Costa.

Mais ceux-ci exceptés, il faut se méfier des pilotes qui parlent trop, car "Les seuls oiseaux qui parlent sont les perroquets, ce sont ceux qui volent le plus mal"... Paroles prononcées par Wilbur WRIGHT (aviateur américain) dans les années 1905-1910, à qui on reprochait d'être peu loquace sur ses exploits.

LE GUIDE PRATIQUE DU PILOTAGE

"AVANT-PROPOS"

Nous voici à la 11e édition de cet ouvrage que je ne destinais pas à l'origine à une diffusion commerciale puisque mes élèves de l'époque bénéficiaient des photocopies du manuscrit. Puis un jour, on me fit remarquer qu'il était dommage que ce travail demeure confidentiel... Depuis au fil du temps, j'ai essayé de l'améliorer...

Avec le même souci de simplification, pour qu'il soit à la portée de tous, j'ai évité d'introduire trop de formules mathématiques, traitées par ailleurs dans des ouvrages spécialisés, pour ceux ou celles qui veulent pousser plus loin leurs analyses. En effet lorsqu'on aime enseigner, on voudrait tout transmettre, il faut donc faire attention de ne pas indisposer ou fatiguer le lecteur, surtout s'il n'est pas versé dans les sciences.

Mes objectifs sont différents, ils concernent plus l'apprentissage spécifique du pilotage, pour se familiariser aux termes et techniques et, apprendre à réaliser telle ou telle phase du pilotage, soit "le savoir-faire". Il ne fait absolument pas double emploi avec d'autres manuels, plus orientés vers les connaissances générales. Il est applicable de l'avion à l'ULM...

On trouvera essentiellement la manière visuelle d'aborder le pilotage par l'utilisation de plusieurs repères, ce qui à priori peut sembler fastidieux à mettre en mémoire. Mais placés dans une progression au fur et à mesure de leurs utilisations, ils ne seront pas une difficulté, au contraire avec le temps, ils vont permettre d'éduquer le coup d'œil de l'élève et rendre ses perceptions naturelles.

Il est évident que ce cours ne remplace ni un poste de pilotage, ni un bon instructeur, par contre, il constitue l'outil de référence du débutant, pour l'aider à dégrossir le sujet avant le vol, et lui permet en outre chez lui, de se remémorer les exercices déjà vus. Il peut même être une aide précieuse pour les instructeurs qui travaillent sur celui-ci avec leurs élèves en l'utilisant comme un cahier de travaux pratiques, avant chaque vol. Pour le pilote breveté, c'est le moyen de conserver un acquis, et de l'avoir sous la main si nécessaire. Avec l'arrivée des nouvelles normes européennes, les JARS, la méthode française pourrait se diluer parmi d'autres, ce qui serait regrettable. En effet, celle-ci a un souci d'uniformité en évitant toute anarchie dans sa divulgation. De plus, elle possède un très bon niveau de technicité qu'il serait dommage de perdre... C'est donc "le livre de chevet" du pilote ou de l'élève...

Tout ce travail, réalisé dans mon coin, sans l'aide d'une équipe, en m'appuyant sur les besoins ressentis par mes élèves, mon expérience de plus de 15 000 heures d'instruction et d'ancien enseignant, m'a fait consentir pas mal de sacrifices. Tout ce temps pour écrire, dessiner, refaire, a eu pour seul moteur, un grand intérêt pour la transmission du savoir... Il constitue "le patrimoine du pilotage" de plusieurs générations de pilotes, pour éviter de le transmettre autrement que de bouches à oreilles.

Je remercie tous mes élèves qui sans le savoir, par leurs questions, auront contribué à la réalisation de ce guide, en particulier mes amis, Jean-Marie HUTTEAU, Bernard MONJEAUD et Bernard CHEVRY pour m'avoir poussé à le faire. Une pensée particulière à mon ancien instructeur, Monsieur Jean BARBIER, sans lequel je ne serais pas ce que je suis, et qui dans le cadre de l'ancienne méthode française de pilotage, avait réalisé un cours pour ses élèves, il y a plus de quarante ans... Je me suis inspiré de quelques-uns de ses dessins. Mes amis pilotes de ligne Michel et Raymond DUBOIS, Jean-Renaud GUILLEMOT, mon ancien collègue Jean-Claude TAILLEFER, Monsieur MORELLO, ancien Chef du Centre National de Carcassonne et son équipe de l'époque, en particulier Messieurs SAUVADET, BERNIER, LEGUEDEC, COUSTEAU, MININA, DURESSE et les regrettés Messieurs BESSÈDE, FRANZIS, MESSAGER et Monsieur STEINMETZ mon ancien et remarquable patron du CIPRA à Dinard... pour ce qu'ils m'ont apporté. Remerciements également à M. Thierry CIVADIER qui m'éclaire régulièrement sur la réglementation et Philippe LAVIEILLE, mon ancien élève, aujourd'hui pilote instructeur au SEFA, M. MOULY et M. NIEL pour la relecture et correction du "Guide". Mon épouse et mes enfants, pour les nombreuses soirées consacrées à la réalisation de ce guide et leur patience de plusieurs années.... Il y a sans doute des gens que j'ai oubliés, qu'ils me le pardonnent...

En dehors des considérations du temps passé pour en arriver là, je n'ai pas la prétention d'avoir réalisé quelque chose de parfait, au contraire ! Et si j'ai parfois exagéré volontairement certains sujets, pour attirer l'attention sur des points délicats c'est dans un but pédagogique, au risque de heurter parfois les esprits critiques (même si avec une bonne formation, on risque peu de se trouver dans ces situations...). Mais personne ne détient la totale vérité, tant soit peu qu'il y en ait une... "Si on connaît beaucoup, ce n'est rien à côté de tout ce que l'on ignore". Et puis dans le domaine du pilotage (comme dans bien des domaines), il faut savoir garder un brin d'humilité, "il y a toujours un pied levé pour vous donner un petit coup", à un moment ou à un autre de la vie, pour vous rappeler quelques simples réalités... par exemple louper l'atterrissage que vous croyez si bien maîtriser... et tout le monde qui vous regarde... Il faut savoir se remettre en question ! A tous les niveaux...

Pour terminer, si, dans ce guide, vous avez pu trouver l'aide que vous souhaitez, ce sera pour moi une grande satisfaction, car j'aurai l'impression d'avoir accompli ma mission de formateur.

Jean ZILIO.

LE GUIDE PRATIQUE DU PILOTAGE

TABLE DES MATIÈRES

ÉTUDE DES SUJETS TRAITÉS DANS LA PROGRESSION 01

NOTIONS ÉLÉMENTAIRES.. 1

PILOTAGE DE BASE
1) Préliminaire :
ÉTUDE DES TROIS AXES D'INERTIE 6
COMMENT CONTRÔLER LE VOL ? AVEC QUELS MOYENS ?............. 9
NOTION DE CONTRÔLE DES TRAJECTOIRES 12
RÔLE DE LA GOUVERNE DE DIRECTION 19
COMMENT MAINTENIR LA LIGNE DROITE...................................... 21
LA SÉCURITÉ EN VOL 23
LA PRÉPARATION DE L'AVION AVANT LE VOL................................ 24
PRÉPARATION DE L'AVION AVANT LE VOL ET APRÈS LE VOL 28
ÉTUDE DU ROULAGE ET MANŒUVRES AU SOL 29
QUELQUES CONSEILS POUR GARER LES AVIONS 32
L'UTILISATION DU MOTEUR ET EFFETS RÉSULTANTS................... 33
LE CONTRÔLE DES EFFETS MOTEUR 37
COMMENT FAIRE VARIER LA VITESSE SUR UNE MÊME TRAJECTOIRE 39
COMMENT CONTRÔLER VOL HORIZONTAL A DIFFÉRENTES VITESSES 40
COMMENT CONTRÔLER UNE TRAJECTOIRE MONTANTE 41
COMMENT CONTRÔLER UNE TRAJECTOIRE DESCENDANTE 42
COMMENT MAINTENIR UNE TRAJECTOIRE LORSQUE VITESSE VARIE 43
COMMENT VARIE LA VITESSE LORSQUE L'ON MODIFIE TRAJECTOIRE..... 45
LE PRÉAFFICHAGE - L'UTILISATION DU COMPENSATEUR 46

2) Manœuvres d'applications courantes :
LE VOL HORIZONTAL EN CROISIÈRE 48
LE VOL EN MONTÉE.. 51
LE VOL EN DESCENTE 53
LE VOL EN DESCENTE PLANÉE 55
COMMENT CHANGER DE TRAJECTOIRE 56
L'HÉLICE A CALAGE VARIABLE 59
ÉTUDE DU VOL EN ATTENTE 60
ÉTUDE DU VIRAGE... 62
PHÉNOMÈNES ASSOCIÉS AU VIRAGE : VARIATION DE PORTANCE 62
PHÉNOMÈNES ASSOCIÉS AU VIRAGE : LE FACTEUR DE CHARGE 63
PHÉNOMÈNES ASSOCIÉS AU VIRAGE : LE LACET INVERSE 65
ÉTUDE SPÉCIFIQUE DU VIRAGE : COMMENT PRATIQUE-T-ON ?...... 66
ÉTUDE SPÉCIFIQUE DU VIRAGE 69
AUTRES CAS DE VIRAGES.. 69
ÉTUDE DES SECTEURS DE MISE ET SORTIE DE VIRAGE 71
PRÉCISION DES VIRAGES 72
ÉTUDE DES VOLETS - UTILISATION... 73
ÉTUDE DE LA CONFIGURATION APPROCHE 75
ÉTUDE DE LA CONFIGURATION ATTERRISSAGE PALIER 77
RECHERCHE INCIDENCE MAXI VOL - PHÉNOMÈNE AÉRODYNAMIQUE 79
ACQUISITION DE NOUVEAUX RÉFLEXES 80

3) Manœuvres de base délicates :
ÉTUDE DU VOL LENT DIT "AUX GRANDS ANGLES" 81
ÉTUDE DU DÉCROCHAGE ET DE LA REPRISE DE CONTRÔLE 83
FACTEURS INFLUENTS SUR LA VITESSE DE DÉCROCHAGE......... 85
MODE DE DÉTERMINATION DES VITESSES D'UTILISATION 88

4) Manœuvres d'applications courantes :
LA SYMÉTRIE EN VIRAGE.. 90
ÉTUDE DU DÉCOLLAGE EN CONDITION NORMALE 93
ÉTUDE DE LA PANNE DE MOTEUR AU DÉCOLLAGE...................... 96
ÉTUDE DU PLAN D'APPROCHE 99
L'APPROCHE INTERROMPUE OU LA REMISE DE GAZ 109
ÉTUDE DE L'ATTERRISSAGE EN CONDITION NORMALE 111
ÉTUDE DU TOUR DE PISTE... 115
LE TOUR DE PISTE RECTANGULAIRE 122
LE CIRCUIT STANDARD 1000 ft 123

LES PROCÉDURES RADIO EN LOCAL
PRINCIPAUX ÉLÉMENTS DES PROCÉDURES RADIO 129
EXEMPLE DE PHRASÉOLOGIE EMPLOYÉE 131

CONTROLE DES TRAJECTOIRES SOL... 132
L'INTERCEPTION DE L'AXE DE PISTE 132

L'INTÉGRATION DU CIRCUIT D'AÉRODROME CONTRÔLÉ 136
L'INTÉGRATION DU CIRCUIT D'AÉRODROME NON CONTRÔLÉ 138
AÉRODROME AVEC AFIS 140
ÉTUDE DU DÉCOLLAGE PAR VENT DE TRAVERS 141
ÉTUDE DE L'APPROCHE ET ATTERRISSAGE PAR VENT DE TRAVERS 144

QUELQUES CONSIGNES D'URGENCE 148

LE LÂCHÉ 149
LES INQUIÉTUDES DU DÉBUTANT
LORS DES PREMIERS VOLS SEUL À BORD 150

PILOTAGE AVANCÉ - PERFECTIONNEMENT
ÉTUDE DU VIRAGE À FORTE INCLINAISON 151
SITUATIONS INHABITUELLES 153
COMMENT EN SORTIR ? 153

Evolutions planées préparant à la panne de moteur :
CONNAISSANCE DES ANGLES UTILES EN CAS DE PANNE MOTEUR 155
COMMENT DÉTERMINER PRATIQUEMENT L'ANGLE DE PLANÉ 1α 157
COMMENT DÉTERMINER PRATIQUEMENT L'ANGLE 2α 161
ÉTUDE DE LA PRISE DE TERRAIN PAR ENCADREMENT DITE P.T.E. 163
CORRECTION D'UNE APPROCHE PLANÉE TROP HAUTE 171
L'APPROCHE PLANÉE TROP COURTE À ÉVITER 171
ÉTUDE DE LA PRISE DE TERRAIN EN U
DITE P.T.U. OU PRISE DE TERRAIN À 180° EN U DITE P.T.U. 172

CAS DE DÉCOLLAGES EN CONDITIONS PARTICULIÈRES 176

ÉTUDE DE CAS D'ATTERRISSAGES EN CONDITIONS PARTICULIÈRES 178

QUELLE TYPE DE MONTÉE CHOISIR EN FONCTION
DE LA PERFORMANCE RECHERCHÉE 179

LE GUIDE PRATIQUE DU PILOTAGE

TABLE DES MATIÈRES

ÉTUDE DU CIRCUIT BASSE HAUTEUR 181
ÉTUDE DE LA DESCENTE OPÉRATIONNELLE "V.N.O." 183
ÉTUDE DE L'ARRIVÉE "GRANDE VITESSE" ET ARRIVÉE RAPIDE 184
ÉTUDE DE L'ATTERRISSAGE COURT (hors programme) 187
ÉTUDE DE LA PRISE DE TERRAIN EN "S" DITE P.T.S. 189
ÉTUDE DE L'ATTÉRRISSAGE FORCÉ SANS MOTEUR 192
ANALYSE DE QUELQUES SITUATIONS DE PANNES EN CAMPAGNE 195
L'ATTÉRRISSAGE EN CAMPAGNE SUR DÉCISION DU PILOTE, ... 196

ALTIMÉTRIE
NOTIONS D'ALTIMÉTRIE / IMPORTANCE 197

MÉTÉO
POUR MIEUX INTERPRÉTER LA MÉTÉO 200

DIVISION ESPACE AÉRIEN
RÉSUMÉ ESSENTIEL SUR LA DIVISION DES ESPACES AÉRIENS 211

NAVIGATION
ÉLÉMENTS DE NAVIGATION 220
MISE EN APPLICATION DES CALCULS DE NAVIGATION 223

LE V.O.R.
QUELQUES REMARQUES SUR LE V.O.R. ET SON UTILISATION 225

LE RADIO-COMPAS
NOTIONS SUR LE RADIO-COMPAS 229

LE G.P.S.
ÉTUDE SOMMAIRE DU G.P.S. 233

NAVIGATION - PERFECTIONNEMENT
COMMENT PRÉPARER EFFICACEMENT UNE NAVIGATION 234
POINTS IMPORTANTS D'UNE NAVIGATION 235
EXEMPLE D'UN JOURNAL DE BORD 236
UTILISATION DE MOYENS PRATIQUES AVANT ET PENDANT LE VOL 239
COMMENT DÉTERMINER EN VOL DIRECTION ET FORCE DU VENT 240

QUELQUES CONSEILS EN NAVIGATION 242
LES DIFFÉRENTES OPÉRATIONS DU VOYAGE 243

LES PROCÉDURES RADIO EN ROUTE 244

NÉCESSITÉ DE S'ÉCARTER DE LA ROUTE MOMENTANÉMENT 245
LES POINTS IMPORTANTS D'UN DÉROUTEMENT 246
L'ORGANISATION DU DÉROUTEMENT 247
QUE FAIRE LORSQUE L'ON EST ÉGARÉ ? 248
- DERNIERS CONSEILS - 249

VOL SANS VISIBILITÉ
ÉTUDE SOMMAIRE DU VOL SANS VISIBILITÉ 250
- contrôle du vol en palier 251
- contrôle du vol en montée 252
- contrôle du vol en descente 253
- contrôle du vol en virage 254
- le vol de nuit 255

ÉTUDE DU CENTRAGE
ÉTUDE DE CHARGEMENT ET DE CENTRAGE 257

COMPLÉMENT - PERFECTIONNEMENT
(hors programme)
ÉTUDE DE LA GLISSADE 262
LA GLISSADE SUR AXE 263
- ASPECT PRATIQUE - 263
LA GLISSADE SUR AXE (suite) 264
ÉTUDE DE LA PRISE DE TERRAIN EN "U" GLISSÉE '
DITE P.T.U. GLISSÉE ET SA VARIANTE LA P.T.O. 265
EXERCICES DE PERFECTIONNEMENT 266

TABLEAU "MÉMOIRE" DES PARAMÈTRES DES DIFFÉRENTS APPAREILS SUR LESQUELS VOUS VOLEZ 267

PROFIL DES DIFFÉRENTES OPÉRATIONS DE LA NAVIGATION 268

01 — LE GUIDE PRATIQUE DU PILOTAGE

SUJETS TRAITÉS DANS LA PROGRESSION

LEÇONS

1. Prise de contact _____
   Visite prévol _____
   Manœuvres au sol : vent de face ☐ arrière ☐ travers ☐ ___
2. Notions de contrôle : _____
   dans le plan vertical _____
   dans le plan horizontal _____
   Contrôle à l'horizon _____
   Contrôle de la symétrie _____
3. Utilisation moteur – contrôle des effets _____
   Variation de vitesse indiq. sur trajectoire _____
   Variation de vitesse par modification de trajectoire à puissance constante _____
   Tenue de cap ☐ changement de cap ☐ notion dérive ☐ ___
4. Notion de préaffichage ☐ utilisation compensateur ☐ ___
   Contrôle trajectoires : palier ☐ montée ☐ descente ☐ ___
   Passage de : palier à montée _____
   montée à palier _____
   palier à descente _____
   descente à palier _____
   montée à descente _____
   descente à montée _____
5. Notion de voyage : lecture carte, montre, QFE/QNH
6. Étude du virage (30°) – mise et sortie ☐ symétrie _____
   Contrôle de l'altitude _____
   Secteur de mise et sortie –sécurité _____
7. Relation puissance trainée _____
   Eude des configurations : attente ☐ approche init. ☐ ____
   Passage de l'une à l'autre _____
8. Virage palier ☐ montée ☐ descente ☐ Vz ou Vi constante ☐ _
   Étude du virage standard _____
   Virage à 45° d'inclinaison _____
   Rayons de virage ☐ prise d'axe ☐ effet du vent ☐ _____
   Précision 360° ☐ 180° ☐ 90° ☐ divers ☐ à vue ☐ _____
   au direct. ☐ _____
9. Etude du vol lent : en ligne droite ☐ en virage ☐ _____
   Analyse des effets secondaires et contrôle _____
   Retour vol normal par modif. puissance ☐ ou trajectoire ☐ __
10. Étude du décrochage _____
    avec volets ☐ avec moteur ☐ en virage ☐ _____
    Rattrapage de décrochage _____
    Décrochage dissymétrique _____
11. Recherche de VSO _____
12. Étude approche 5 % - Interception et tenue du plan _____
    Corrections du plan : au-dessus _____
                          en dessous – dangers _____
    Approche avec différents braquages de volets _____
    Effet du vent sur le plan : _____
    Tenue de plans différents _____
13. Étude décollage – actions vitales _____
14. Pannes au décollage _____
15. Étude de l'atterrissage _____
16. Rattrapage sur arrondi trop haut _____
    sur rebond important ☐ faible ☐ _____
17. Décollages atterrissages par vent de travers _____
18. Circuits d'aérodromes :   rectangulaires ☐ _____
    par virages de 180° ☐
19. Circuits à hauteurs différentes : _____
    Interception plan en base ☐ en approche directe ☐ _____
20. Remise de gaz : pleins volets ☐ sans volets ☐ _____
21. Étude du circuit 1 000 ft standard (hors programme) _____
22. Approche moteur réduit ☐ contrôle vitesse ☐ _____
    Recherche α avant ☐ travers ☐ _____
    Effets du vent sur trajectoire planée corrections _____
    Corrections trop long ☐ trop court ☐ _____
    Évaluation Vz en ligne droite ☐ en virage ☐ _____
23. Panne dans circuit d'aérodrome _____
    Panne anémomètre _____
    Panne régulateur _____
    Pannes diverses _____
    Feu à bord : _____
24. Ralentissement en vent arrière cause trafic _____
25. Lâché _____
26. Étude de la prise de Terrain par Encadrement (PTE)
    Recherche 2 α _____
    PTE différentes formes de départ ☐ Hélice calée ☐ _____
27. Virages à inclinaison limitée _____
    Virages à forte inclinaison – 180° rapide _____
28. Sorties de positions inhabituelles :
    le virage engagé _____
    la vrille (déceler avant son départ) _____
    différents cas de départs en vrille _____
    le cabré excessif _____
    sortie dos accidentelle _____
29. Performances : décollage court ☐ précédé palier ☐ _____
    Décollage sur Terrain gras – enneigé _____
    Montée Vz max ☐ Pente max ☐ _____
    Descentes rapides dont VNO _____
30. Atterrissage court : ☐ sans volets : ☐ _____
    sur Terrain gras ☐ _____
    de piste _____
31. Arrivée grande vitesse : ☐ en base : ☐ _____
    en direct : ☐ en vent arrière : ☐ _____
32. Circuit Basse hauteur – mauvais temps ☐ 300 ft ☐ _____
    500 ft ☐ _____
33. Étude du circuit PTU _____
    PTU à la suite d'une PTE _____
    PTO ou PT spirale _____
34. Pilotage décontracté (genou ☐ ou pieds ☐) _____
    Utilisation du VASIS _____
35. Étude de la PTS (hors programme) _____
36. Étude de la Panne de moteur en campagne _____
    choix Terrain _____
    choix méthode en altitude PTE ☐ PTS ☐ _____
    altitude moyenne PTE ☐ PTU ☐ PTO ☐ PTS ☐ _____
    basse altitude PTU ☐ PTS ☐ PTL ☐ PTI ☐ _____
37. Initiation VSV sous capote _____
    Utilisation de l'ILS _____
38. Étude de la glissade (hors programme) _____
39. Étude de la PTU glissée (hors programme) _____

LE GUIDE PRATIQUE DU PILOTAGE

SUJETS TRAITÉS DANS LA PROGRESSION

NAVIGATIONS

40. Étude sommaire du V.O.R. _____
    Exploitation QDM (to) QDR (from) _____
    Erreur possible de 180° _____
    Corrections de dérive sur axe _____
    Passage verticale balise _____
41. Interceptions de radiales ou d'axes _____
42. Etude sommaire Gonio – Tenue d'axe QDM _____
    Lever de doute _____
43. Etude sommaire Radiocompas _____
    Calcul QDM et gisement d'arrêt _____
    Travail sur axe avec ou sans dérive _____
    Erreurs possibles (orage… gliss…) _____
44. Etude de la carte 1/500 000ᵉ _____
45. Etude de la carte Radionav. 1/1 000 000ᵉ (zones) _____
46. Etude cartes d'atterrissage _____
47. Connaissance du BIA – services _____
48. Connaissance de la MTO - services _____
49. Vérifications et connaissances des documents _____
    de vol _____
50. Réglages des altimètres – QFE – QNH ou 1013 _____
51. Connaissance de l'avion, calcul du centrage _____
52. Etude du calcul mental, dérive – Vs – Tsv – Te _____
53. Tracé du parcours ☐ lignes à 10° ☐ _____
54. Établissement du journal de bord _____

LEÇONS

55. Choix des points de repères _____
56. Choix de l'altitude ou FL _____
57. Choix des Terrains de déroutement _____
58. Choix de l'origine de la NAV. _____
59. Tenue cap _____
60. Exploitation des lignes de 10° _____
61. Contrôle altitude ou FL _____
62. Utilisation et lecture carte _____
63. Identification des repères _____
64. Utilisation de la montre _____
65. Tenue du journal de bord _____
66. Correction des éléments de l'estime (Tr – Te) _____
67. Vérifications instrumentales périodiques _____
68. Contrôle consommation – répartition _____
69. Navigation par cheminement _____
70. Intégration de circuit d'aérodrome non contrôlé _____
71. Intégration d'aérodrome contrôlé – Points d'entrée _____
    éventuelles _____
72. Procédures radio, en route et à l'arrivée _____
73. Traversées de zones _____
74. Altérations de caps à 60° ou divers cause MTO _____
75. Déroutement imprévu avec moyens radionav. _____
    (erreur système.) _____
76. Déroutement sans moyens radionav. _____
77. Calculs des nouveaux éléments _____
78. Évaluations caps distance, sans règle ni rapporteur _____
79. Parcours radionavigation _____
80. Navigation basse altitude mauvais temps – cheminement _____
81. Voyage important – contact avec l'Info. _____
82. Procédures lorsqu'on est égaré pour se retrouver _____
83. Établissement d'un plan de vol _____
84. Formalités à l'escale _____

EXERCICES HORS PROGRAMMES

85. Virages enchaînés alternés _____
86. Variations importantes d'inclinaison en virages mêmes sens _____
87. Virages alternés à 60° sans stabilisation d'inclinaison _____
88. Virages décélérés accélérés _____
89. Huit sol de précision _____

ETUDE DU VSV

90. Etude du vol en palier _____
91. Etude du virage en palier _____
92. Etude du vol en montée _____
93. Etude du vol en descente _____
94. Changement de configuration _____
95. Le vol de nuit _____
96. Décollage et atterrissage de nuit _____
97. Tours de piste de nuit _____

LE GUIDE PRATIQUE DU PILOTAGE

NOTIONS ÉLÉMENTAIRES

Préliminaire

QUEL EST LE PHÉNOMENE QUI PERMET LE VOL ?

Tout élève doit connaître la réponse à cette question par nécessité de comprendre le vol, car pour le commun des non volants... C'est lié au moteur avec la crainte que si celui-ci ne s'arrête... L'avion tombe...

Ce n'est heureusement pas le cas !

C'est évidemment une question de physique que l'on peut résumer ainsi : lorsque l'avion vole, il déplace une certaine masse d'air autour de son passage. Grâce à sa vitesse, ses ailes le portent, c'est du moins l'image que tout le monde se fait, mais en réalité elles le portent peu.
Si on découpe une section d'aile parallèlement à son déplacement, on obtient un **"*profil d'aile*"** (Fig. 1).

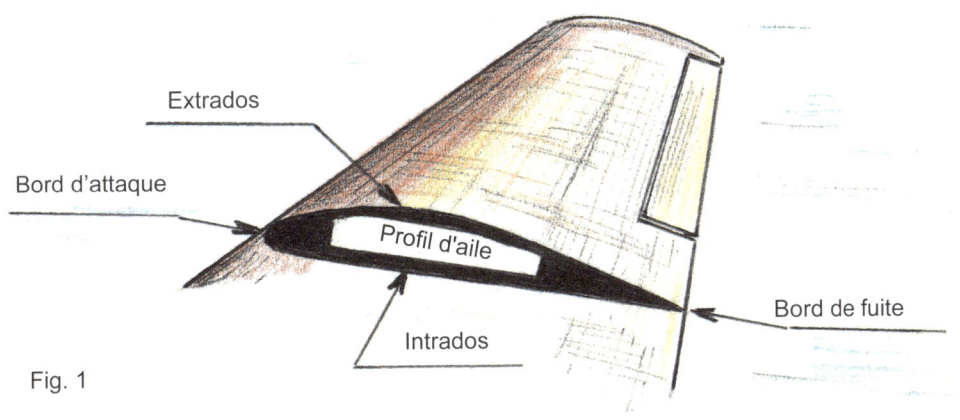

Fig. 1

Grossièrement on peut dire que le dessus de l'aile que l'on appelle **Extrados** est bombé et son dessous **Intrados** est légèrement plat.

En se déplaçant, la forme de l'aile (et de son profil) provoque au-dessus de l'extrados "**une forte ondulation**" de la masse d'air. Cette ondulation est le siège d'une importante «dépression» ou d'une aspiration par le dessus, qui équilibre le poids de l'avion et permet ainsi le vol. On l'appelle injustement **portance** (Fig. 2 et 3). L'ondulation provoquée par la forme bombée du profil, accélère les particules d'air (Fig. 3) ce qui génère la dépression. La pression atmosphérique devient plus faible sur l'extrados.

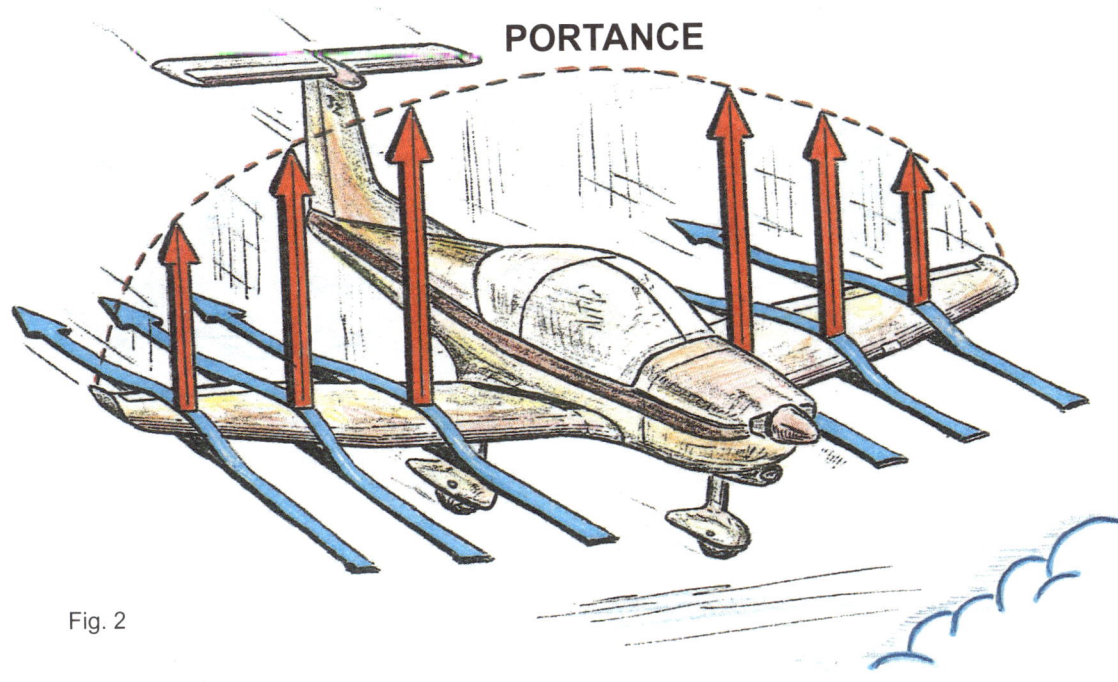

Fig. 2

NOTIONS ÉLÉMENTAIRES DU VOL (suite)

Ainsi, si le poids de l'avion est de 1000 kg, la valeur de la dépression appelée "***portance***", doit également avoir une valeur de 1000 kg pour permettre le vol car il y a équilibre des forces (ces valeurs s'expriment généralement en Newton, par simplification nous avons choisi les kilogrammes). La portance est donc surtout une dépression ou une aspiration de l'aile par le dessus qu'on appelle également plus justement :

LA SUSTENTATION

Ce terme bien que moins employé est pourtant plus exact.

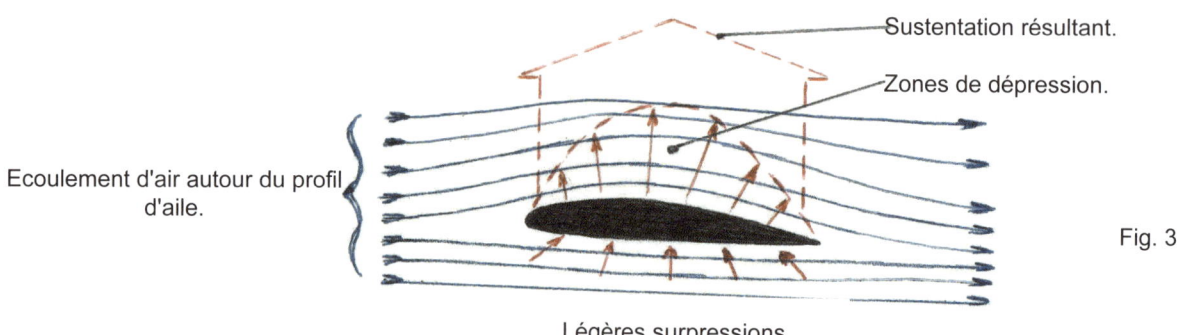

Fig. 3

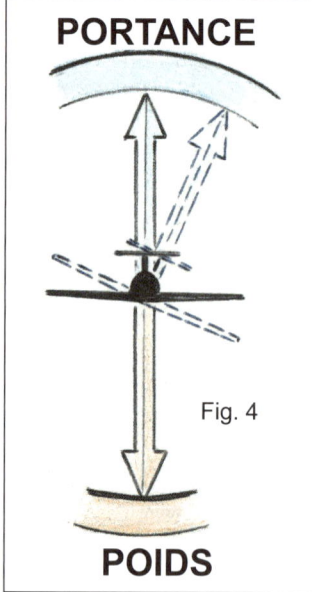

Fig. 4

Au regard de la **(Fig. 3)**, on s'aperçoit que le dessous de l'aile subit une légère surpression engendrée par la pression atmosphérique alors que le dessus, l'extrados provoque une forte dépression qui engendre la sustentation.

Moyennement, on peut retenir que la portance provenant de l'intrados, représente environ 25 % alors que la dépression engendrée par l'ondulation de la masse d'air sur l'extrados, est dominante avec 75 % de la portance.

En physique, on représente la portance par une flèche qui est toujours perpendiculaire au plan moyen des ailes alors que le poids est toujours dirigé vers le bas, vers le centre de la terre.

Si l'avion s'incline, sa portance s'incline de la même valeur, alors que le poids, reste orienté de la même façon **(Fig. 4)**, verticalement vers le bas.

Tous les corps qui se déplacent dans une masse d'air offrent une certaine résistance à l'avancement. Lorsqu'on roule à bicyclette à vive allure, on le ressent très bien, et il faut appuyer sur les pédales pour vaincre cette résistance et avancer !

Sur un avion, elle existe également et peut être nuisible si trop importante et nécessite entre autres une consommation de carburant plus importante.

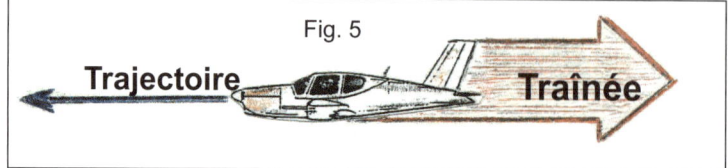

Cette résistance à l'avancement s'appelle :

LA TRAÎNÉE (Fig. 5)

En physique, on représente celle-ci par une flèche directement opposée à la trajectoire **(Fig. 6)**.

En général on essaie de réduire celle-ci au minimum possible. Ainsi, lorsqu'un avion possède d'excellentes caractéristiques de pénétration dans la masse d'air, c'est qu'il a une faible traînée. On dit qu'il est *fin* (ou aérodynamique). Il planera très loin moteur arrêté ; avec son moteur, on augmentera la distance maximale franchissable.

LE GUIDE PRATIQUE DU PILOTAGE

NOTIONS ÉLÉMENTAIRES DU VOL (suite)

Préliminaire

Dire d'un avion qu'il est fin, ne veut pas dire qu'il doit être pointu à l'avant (ceci est valable pour des avions ayant des vitesses supérieures à mille km/h où l'aérodynamique est un peu différente), ce qui aurait plutôt tendance à déchirer l'air, mais légèrement arrondi à l'avant et effilé à l'arrière, un peu comme une goutte d'eau qui pénètre l'air avec un minimum de résistance. En effet, la nature ayant bien fait les choses, la goutte d'eau étant malléable, elle va prendre naturellement la forme où sa traînée sera minimum. On a donc profilé les différentes parties de l'avion en forme de goutte d'eau pour réduire au mieux les traînées (aile - empennage, jambe de train d'atterrissage lorsqu'il est fixe, carénages de roue, etc...). On y évite même toute aspérité comme des rivets qu'on arase pour qu'ils n'offrent plus de résistance, on fait même en sorte que les surfaces soient propres... Portance et traînée croissent comme le carré de la vitesse...

QUELLES SONT LES PRINCIPALES FORCES QUI RÉGISSENT LE VOL ?

Un avion en vol horizontal à vitesse constante est soumis à quatre forces principales, la portance, le poids, la traînée et la traction. Pour simplifier nos explications nous admettrons que le centre de gravité de l'avion (ou son point d'équilibre), sera le point de départ des forces en action.

Les lois physiques nous apprennent que les différentes forces appliquées au centre de gravité (C.G.) doivent être en équilibre.

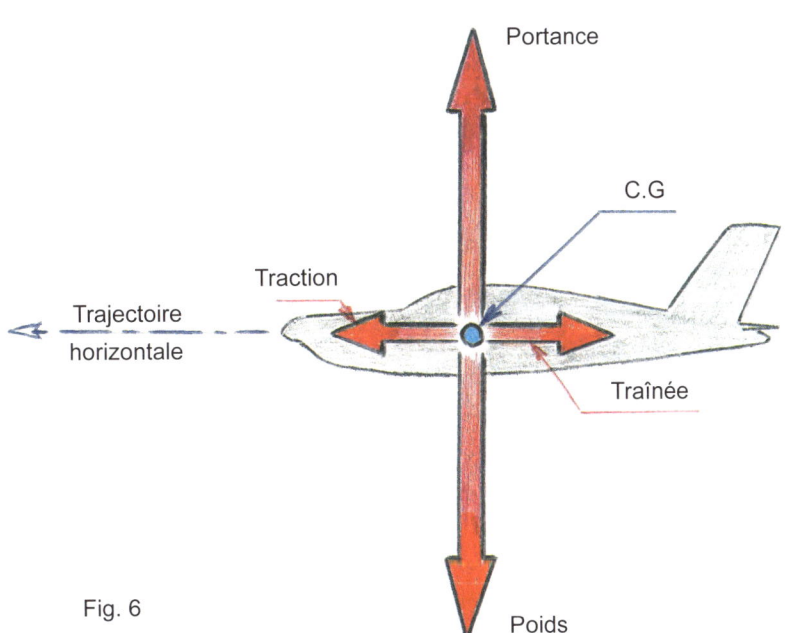

Fig. 6

CONDITIONS D'ÉQUILIBRE DU VOL EN PALIER :

La **Fig. 6** nous montre que pour le vol horizontal la portance équilibre le poids de l'avion, et la traction équilibre la traînée. La portance est toujours perpendiculaire à la trajectoire alors que traction et traînées sont sur la trajectoire mais de sens opposé. L'avion est donc stabilisé avec une vitesse constante. Si une de ses forces devient différente, l'équilibre est rompu, par exemple si la traction est plus forte que la traînée, l'avion va accélérer jusqu'à trouver un nouvel équilibre (nouvelle vitesse plus importante, d'où traînée plus importante puisqu'elle croit avec la vitesse qui se stabilisera à une valeur plus élevée). Autre exemple, si la portance diminue, le poids restant le même, l'avion va descendre en accélérant sa vitesse verticale de descente... Etc... Jusqu'à nouvel équilibre (vitesse verticale de descente stabilisée à une nouvelle valeur plus importante)...

CONDITIONS D'ÉQUILIBRE DU VOL EN MONTÉE :

En montée à vitesse et trajectoires constantes, l'équilibre des forces est un peu plus complexe, car la portance et le poids ne sont plus directement opposés, le poids restant vertical, la portance est perpendiculaire à la trajectoire donc inclinée par rapport à la verticale.

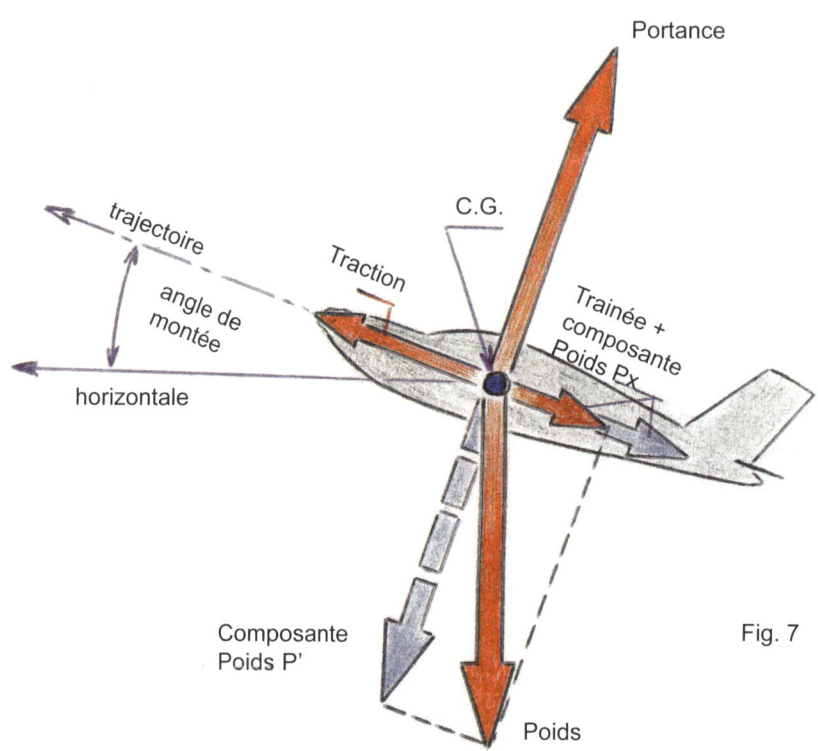

Fig. 7

S'oppose à la portance une composante du poids P' et ainsi l'équilibre. S'oppose à la traction la traînée à laquelle vient s'ajouter une composante du poids Px, qu'on pourrait comparer à une force, qui a tendance à faire reculer l'avion. Traînée et composante du poids Px s'ajoutant, pour s'opposer à ces forces et créer l'équilibre, la traction (donc la puissance) devra être plus grande en montée qu'en vol horizontal.

Remarquons qu'en montée, la portance est plus faible que le poids, puisqu'elle n'est plus opposée à celui-ci, mais à la composante P', elle-même plus faible que le poids et égale à la portance **(Fig. 7)**.

CONDITIONS D'ÉQUILIBRE DU VOL EN DESCENTE PLANÉE :

En descente planée sans moteur, la portance qui est toujours perpendiculaire à la trajectoire, s'écarte de la verticale d'un angle égal à l'angle de descente. Le poids admet deux composantes (ou deux effets annexes), une perpendiculaire à la trajectoire appelée P' est directement opposée à la portance donc d'égale valeur, l'autre parallèle à la trajectoire, Px, orientée dans le sens de déplacement et qui s'oppose à la traînée pour l'équilibrer **(Fig. 8)**.

Dans ce cas précis, cette composante Px équilibre la traînée et remplace la traction (ou la puissance moteur). Ainsi l'avion se comporte un peu comme une bicyclette sur une pente descendante où il n'est nullement besoin de pédaler pour avancer... Donc pas besoin de moteur. Reste à "prendre" en pilotant, la pente (ou l'angle de descente), suffisante pour assurer la vitesse nécessaire au vol en descente, car plus la pente sera forte et plus la vitesse sera grande comme pour une bicyclette.

LE GUIDE PRATIQUE DU PILOTAGE

NOTIONS ÉLÉMENTAIRES DU VOL (suite)

Préliminaire

Cet angle, sur la plupart des avions légers que nous traitons, voisine 6°. On constate ainsi… Et c'est rassurant, qu'un avion dont le moteur s'arrête, **ne tombe pas**, c'est d'ailleurs comme cela que les planeurs volent, avec des angles de planée encore plus faibles. Ils n'ont pas de moteur évidemment ! Mais tous les avions peuvent planer sans l'aide de moteur, de l'avion léger au gros avion de transport, sous des angles de descente assez faible pour tous …

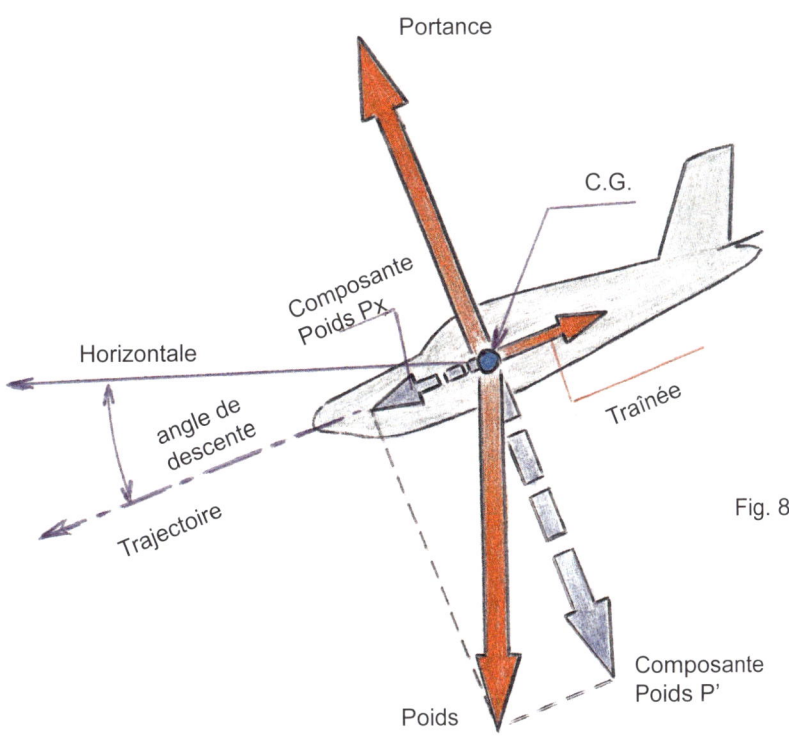

Fig. 8

Remarquons que comme pour la montée, la portance est inférieure au poids, puisqu'elle n'est pas opposée à celui-ci, mais à la composante P' du poids, elle-même plus petite que le poids **(Fig. 8)**.

Lorsqu'il s'agit d'une descente avec de la puissance, qui fournit de la traction, celle-ci s'ajoute à la composante du poids Px. On a alors deux possibilités :

— Si on maintient la puissance, on bénéficiera d'une augmentation de vitesse.

— Si on désire maintenir la même vitesse, on réduira la puissance, voire on l'annulera, dans le cas d'une descente planée.

Avertissement : Ce que nous venons de traiter, sont des lignes générales assez succinctes sur l'aérodynamique et la mécanique du vol. Si vous désirez approfondir ces domaines, il vous faudra consulter des ouvrages spécialisés vendus dans toutes les boutiques ou librairies aéronautiques.

Pour certaines descriptions (instruments de bord, formes et parties de l'avion, etc...) consulter les manuels spécialisés.

ÉTUDE DES TROIS AXES D'INERTIE

Préliminaire

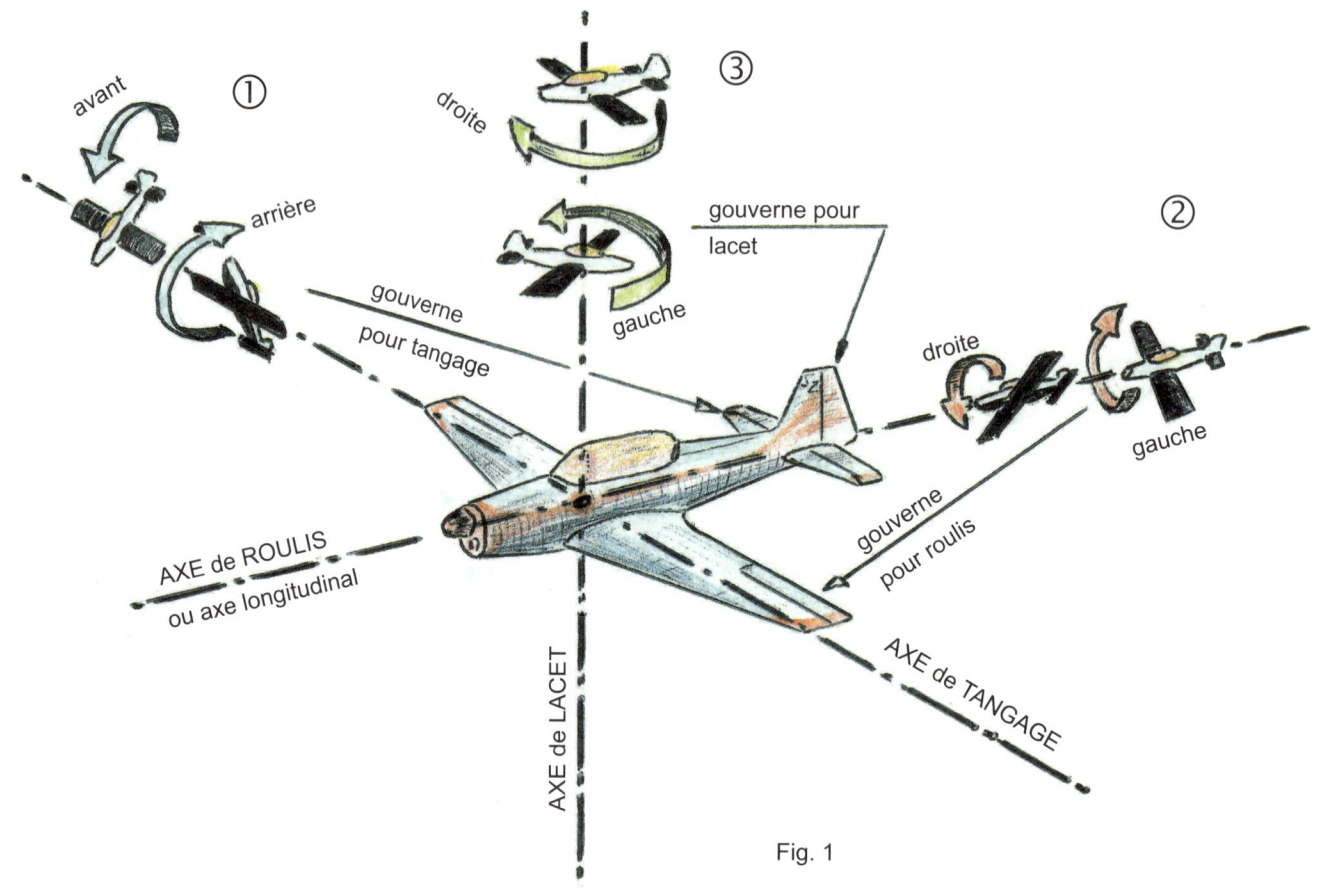

Fig. 1

Un avion évolue autour de trois axes d'inertie et ceci quelle que soit la position qu'il occupe dans l'espace **(Fig. 1)**.

C'est donc par rapport à lui-même, et non par rapport à l'horizontale.

1) **L'axe de tangage** : axe d'inertie passant par l'extrémité d'une aile et ressortant par l'autre. Il évolue d'avant en arrière autour de cet axe (on dit également une rotation autour de l'axe en question).

2) **L'axe de roulis** : axe d'inertie passant par le nez de l'avion et ressortant par la queue. Il évolue à gauche ou à droite autour de cet axe. On l'appelle également *axe longitudinal.*

3) **L'axe de lacet** : axe d'inertie rentrant par le cockpit et ressortant par le plancher. Il évolue à gauche ou à droite autour de cet axe.

L'évolution autour de l'axe de tangage est effectuée à l'aide de la gouverne de profondeur commandée par le manche ou le volant d'avant en arrière.

L'évolution autour de l'axe de roulis s'effectue à l'aide des ailerons appelés également "*gauchissement*" commandée par le manche ou le volant latéralement à droite ou à gauche.

L'évolution autour de l'axe de lacet s'effectue à l'aide de la gouverne de direction commandée par les palonniers à gauche ou à droite (actionnés par les pieds du pilote). Sur avion à empennage "*papillon*", l'empennage peut jouer le double rôle de profondeur ou de direction selon que l'on agit sur le manche ou les palonniers, par braquage différentiel.

Les gouvernes modifient la portance des ailes ou des empennages ce qui engendre les mouvements de rotation concernés, **(Fig. 5, 6, 7)**.

Bien que ne constituant pas une leçon de pilotage, la connaissance des trois axes nous permettra de mieux comprendre quelques analyses dans la suite de ce cours.

LE GUIDE PRATIQUE DU PILOTAGE

ÉTUDE DES TROIS AXES D'INERTIE (suite)

Préliminaire

QUELLES SONT LES ACTIONS PROVOQUANT LES EFFETS RECHERCHÉS ?

1) Autour de l'axe de tangage.

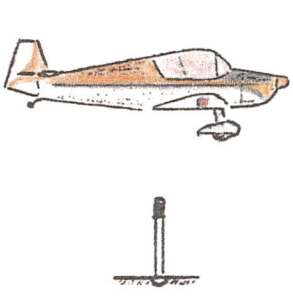

Fig. 2

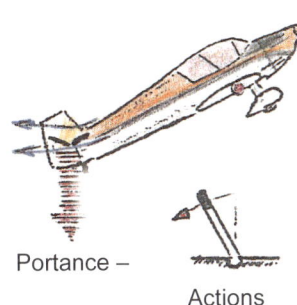

Portance –   Actions

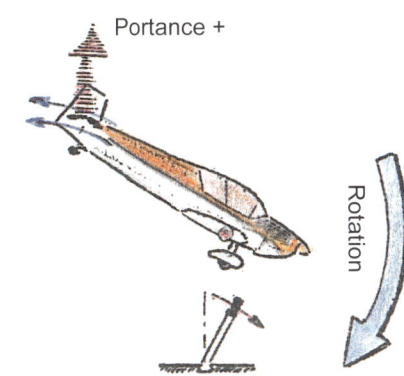

Portance +

Manche ou volant vers l'arrière, l'avion effectue **une rotation autour de l'axe de tangage vers l'arrière.** Par son braquage, l'empennage crée une dépression vers le dessous de celui-ci, donc une dépression négative qui aspire la queue de l'avion dessous elle.

Manche ou volant vers l'avant, l'avion effectue une **rotation autour de l'axe de tangage vers l'avant.** Par ce braquage, l'empennage engendre une dépression au-dessus, donc une portance positive qui aspire la queue de l'avion vers le haut.

En réalité, les empennages sont toujours déporteurs, mais plus ou moins (rappel pages 35 et 260), ici on a simplifié l'explication.

Les rotations persistent aussi longtemps que la gouverne de profondeur reste braquée par la modification de portance des empennages qu'elle engendre.

2) Autour de l'axe de roulis.

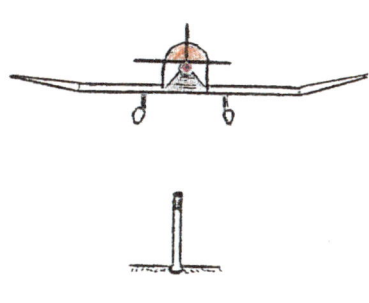

Fig. 3

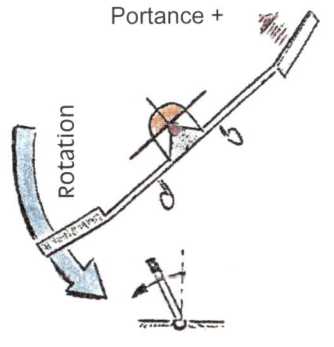

Portance +   Actions

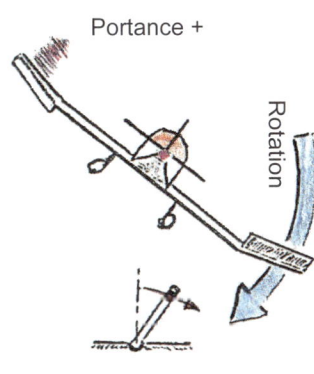

Portance +

Manche ou volant à gauche, l'avion effectue une **rotation autour de l'axe de roulis vers la gauche.**

Manche ou volant à droite, l'avion effectue une **rotation autour de l'axe de roulis vers la droite.**

La rotation persiste aussi longtemps que les ailerons restent braqués par la modification de portance de chaque aile qu'ils engendrent. En effet, l'aileron baissé accroît sa portance alors que l'aileron levé la diminue légèrement. Le braquage des ailerons est donc différentiel.

Anecdote : Pourquoi appelle-t-on également les ailerons, gouverne de gauchissement ? Au début de l'aviation, les premiers avions n'avaient pas d'ailerons. Pour produire le même effet, on tordait plus ou moins les extrémités d'ailes ; il est vrai que la souplesse des matériaux (bois et toile) le permettait. A leurs débuts, la plupart des constructeurs d'avions avaient souvent pour origine la menuiserie, or dans ce métier lorsque l'on a affaire à une planche tordue ou plus exactement voilée, on dit que c'est une planche gauchie d'où est venue l'expression «gauchissement». On tordait les ailes différemment, une par-dessus, l'autre par-dessous (comme les ailerons par la suite), à l'aide de câbles et cela faisait penser à une planche gauchie, ce que font d'ailleurs les oiseaux. C'est l'aviateur français Louis Blériot qui en 1908 adapta pour la première fois des ailerons sur ses avions, solution mécanique bien supérieure au gauchissement.

ÉTUDE DES TROIS AXES D'INERTIE (suite)

Préliminaire

QUELLES SONT LES ACTIONS PROVOQUANT LES EFFETS RECHERCHÉS ?

3) Autour de l'axe de lacet.

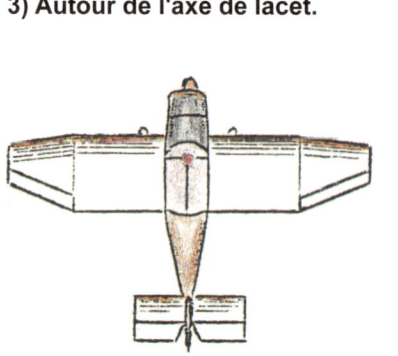
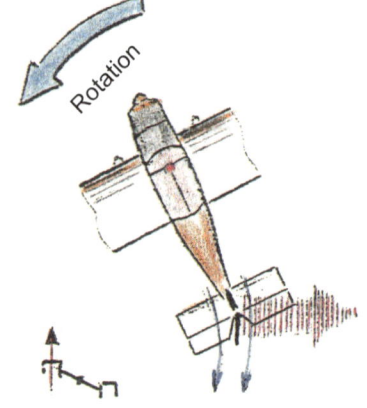
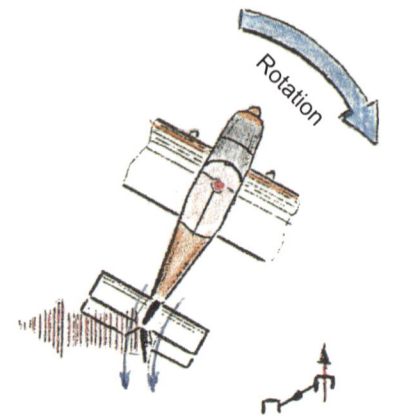

Fig. 4   Actions

Palonnier à gauche, l'avion effectue une rotation autour de l'axe de lacet à gauche. La gouverne braquée à gauche engendre une dépression à droite qui aspire la queue de l'avion à droite provoquant la rotation autour de l'axe de lacet à gauche.

Palonnier à droite, il effectue une rotation autour de l'axe de lacet à droite. La gouverne braquée à droite, engendre une dépression à gauche qui aspire la queue de l'avion à gauche, provoquant la rotation autour de l'axe de lacet à droite.

La rotation persiste aussi longtemps que la gouverne de direction reste braquée par la modification de portance de l'empennage vertical qu'elle engendre.

QUE SE PASSE-T-IL AU NIVEAU D'UNE GOUVERNE ?

Gouverne non braquée, l'écoulement de l'air autour de ces éléments est uniforme de chaque côté comme le montre la **Fig. 5**. La gouverne n'a pas d'action particulière, si ce n'est de favoriser le maintien d'une trajectoire.

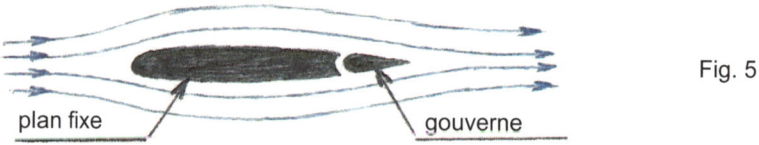

Fig. 5

Lorsqu'on braque la gouverne d'un côté, de l'autre côté cela se passe comme si l'on créait un extrados plus bombé, qui provoque la fameuse ondulation de la masse d'air, qui accélère les filets d'air, provoquant une dépression qui aspire l'ensemble de ce côté et crée la rotation autour de l'axe recherché **(Fig. 6 et 7)**.

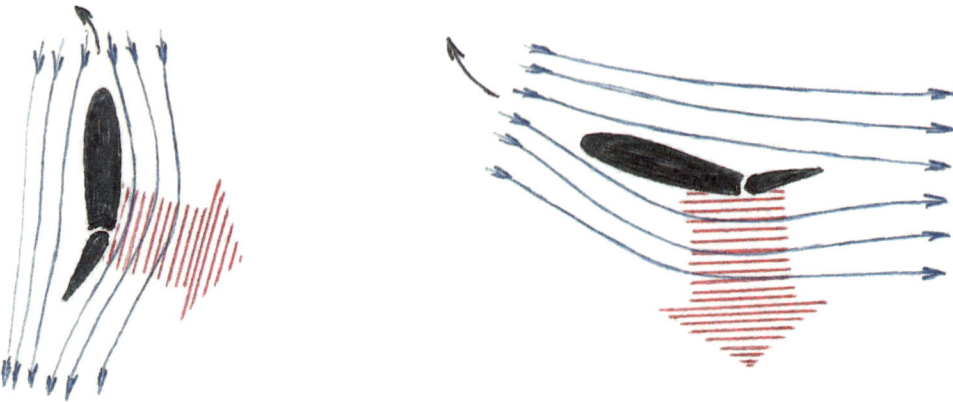

(Fig. 6) Gouverne braquée à gauche, crée une dépression ou portance à droite qui aspire l'ensemble plan fixe gouverne de ce côté.

(Fig. 7) Gouverne braquée vers le haut, crée une dépression ou portance vers le bas (négative) qui aspire l'ensemble plan fixe gouverne vers le bas.

LE GUIDE PRATIQUE DU PILOTAGE

COMMENT CONTRÔLER LE VOL ? AVEC QUELS MOYENS ?

Préliminaire

Pour contrôler le vol, il nous faut disposer de certaines références si l'on veut pouvoir apprécier l'attitude de l'avion ou la faire varier. Ceci dit, nous pouvons rapidement conclure qu'il y a trois manières de piloter :

1) A l'aide de références visuelles : Que nous pouvons apparenter à celle que nous utilisons instinctivement dans la conduite d'une voiture, qu'on appelle plus communément dans le jargon aéronautique "*le pilotage à vue*". Remarquons qu'il s'agit là des premières notions de pilotage de base, indispensable que doit acquérir le débutant.

2) A l'aide de références instrumentales : qu'on utilise en particulier par mauvaise visibilité, lorsque l'on vole dans les nuages, par mauvais temps ou la nuit en "*remplacement*" des références visuelles, car on ne voit rien dehors qui puisse nous renseigner sur l'attitude de l'avion. On appelle cela "*piloter aux instruments*". Dans cet ouvrage, cette manière de piloter sera traitée très partiellement, car elle correspond à un stade plus avancé. Elle sera vue, plutôt comme aide complémentaire en secours ou encore en vol de nuit (voir pages 250 à 256).

3) Soit les deux à la fois : les instruments servant plutôt pour confirmer ou affiner nos impressions visuelles. Il nous faudra donc disposer d'une visibilité suffisante pour avoir un minimum nécessaire de références visuelles. Nous travaillerons donc également selon cette méthode.

QUELLES SONT LES RÉFÉRENCES VISUELLES DONT NOUS AVONS BESOIN ?

Il nous faut avoir deux principales références visuelles qui sont :

1) La ligne moyenne d'horizon : qui est une référence fixe dans l'espace.

2) le capot de l'avion : plus précisément des parties du pare-brise, références mobiles, qui vont donc évoluer par rapport à la partie fixe qu'est l'horizon **(Fig. 1)**.

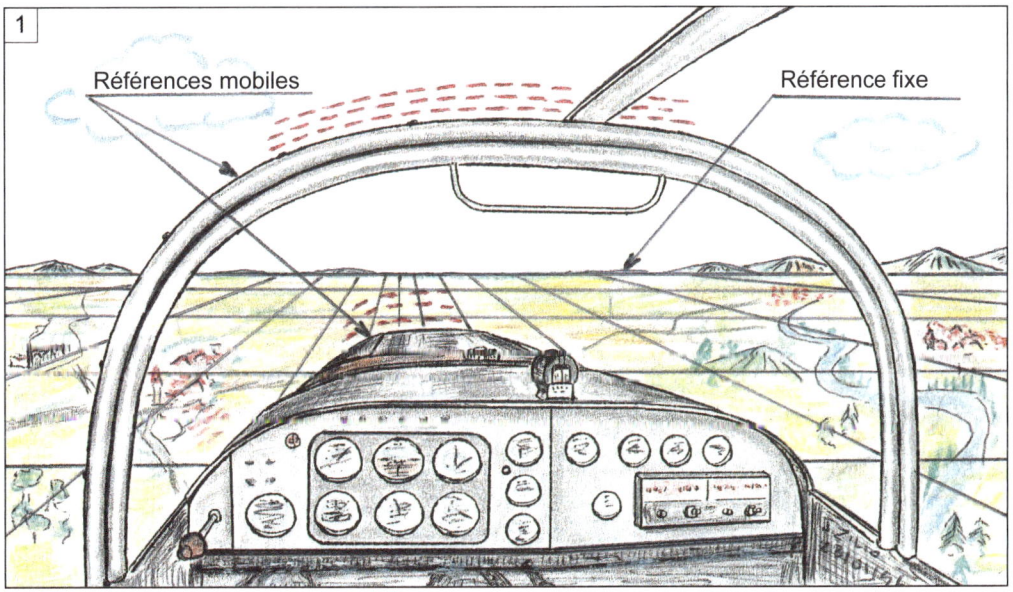

Ce que voit le pilote de sa place (gauche)

Si l'horizon devient moins net ou flou (brume), le pilotage à vue devient plus difficile, on peut alors s'aider des instruments.

Si nous perdons la vue de l'horizon et du sol (brouillard, nuit, nuages), le pilotage à vue devient impossible.

QUELLES SONT LES RÉFÉRENCES INSTRUMENTALES NÉCESSAIRES ?

- L'horizon artificiel : qui est l'instrument principal du vol sans visibilité car il permet de remplacer directement ce que l'on devrait voir. Il devient alors possible de contrôler l'attitude de l'avion par une parfaite similitude avec le vol à vue un peu comme si on voyait l'horizon au travers d'un périscope ou d'un tube.

Il dispose d'un horizon artificiel solidaire de l'horizon naturel (fixe dans l'espace) et d'une maquette solidaire de l'avion **(Fig. 2)**.

Fig. 2)

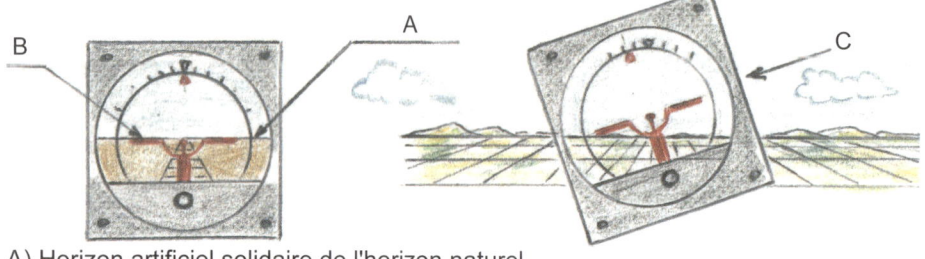

A) Horizon artificiel solidaire de l'horizon naturel.
B) Maquette solidaire de l'avion.
C) Ce qu'il faut imaginer (incliné à gauche en montée).

Cet horizon artificiel comporte des graduations en degrés.

– **L'altimètre** qui nous indique les altitudes, gradué en pieds (ft) sur la plupart des altimètres actuels. Attention ! Un altimètre n'est pas une sonde radar qui indique une hauteur réelle par rapport au sol ou la mer. En réalité son principe est celui du baromètre. Il fonctionne donc par rapport à une référence de pression atmosphérique que le pilote affiche dans une petite fenêtre (sur l'altimètre) à l'aide d'une petite molette solidaire de l'altimètre. Cette référence exprimée en hectoPascal, hPa ou en pouces de mercure (in Hg) est, soit mesurée, soit déterminée par calcul, soit encore donnée par les organismes de contrôle (voir page 129). Exemple : – Pour que l'altimètre indique une hauteur-zéro à l'atterrissage, le pilote devra avoir réglé son altimètre (à l'aide de la molette) à une certaine pression (pression qui varie avec le temps et le lieu). Ainsi l'éventail des pressions va de 945 à 1050 hectoPascal. Deux aiguilles sur l'altimètre, la grande qui indique les centaines de pieds, la petite les milliers, un triangle ou une plus petite aiguille indique les dizaines de milliers de pieds.

– **Le variomètre** qui nous indique une vitesse verticale de montée ou de descente en pieds (ft) par minute et qui va nous permettre de déterminer notre temps pour monter ou descendre vers une certaine altitude ou vers un aérodrome. Au-dessus de zéro, il s'agit de vitesse verticale ascendante, en dessous de zéro, il s'agit de vitesse verticale descendante. Exemple : un avion se trouve à 4500 ft du sol de l'aérodrome de destination et descend à 500 ft/mn. Il devra donc débuter sa descente 9 minutes avant son atterrissage.

– **L'anémomètre** (qu'on appelle plus communément "*le Badin*", nom de son inventeur), nous indique la vitesse de l'avion dans la masse d'air, qu'on exprime généralement en nœuds (kT), quelquefois en km/h ou les deux.

Certains anémomètres comportent un computeur qui nous permet de déterminer la vitesse propre de l'avion, qui est fonction de l'altitude et de la température. Elle est différente de la vitesse indiquée par l'anémomètre. Il comporte des arcs de couleur qui correspondent à des vitesses caractéristiques étudiées pages 45, 73, 74 et 88.

LE GUIDE PRATIQUE DU PILOTAGE

COMMENT CONTRÔLER LE VOL ? AVEC QUELS MOYENS ? (suite)

Préliminaire

– **Le compas** qui n'est autre qu'une boussole servant à la navigation nous indique le cap à suivre. Il présente des imprécisions gênantes en virage, en accélération ou en décélération. Pour être exploité, il doit être lu en ligne droite, à vitesse à peu près constante.
Utile comme référence et en secours.

Sous le compas ou sur le tableau de bord se trouve une petite plaquette indiquant les valeurs des déviations du compas (voir page 220)

– **Le directionnel** (ou conservateur de cap) est l'instrument pour la navigation qui pallie aux imprécisions du compas dans l'indication du cap. Il reste précis en virage, en accélération et décélération. Cependant il faut caler le cap sur une référence donnée par le compas. On ne peut se dispenser du compas qui est donc la référence. On vérifie donc périodiquement, tous les quarts d'heure le directionnel, afin de recaler le cap du directionnel sur le cap du compas, à condition d'être en ligne droite à vitesse à peu près constante.

Il faut cependant faire attention de ne pas se tromper dans le calage, car si par exemple on se trompe de 030° il y aurait une erreur de 030 degrés à tout changement de cap. C'est lui l'instrument principal de navigation et du maintien de la ligne droite ...

– **L'indicateur de virage** qui peut présenter deux formes différentes, soit une aiguille verticale, soit une maquette d'avion associée à une bille. Nous traiterons celui-ci pages 19 et 69.

L'horizon artificiel - le directionnel - l'indicateur de virage sont des instruments gyroscopiques. Un gyroscope est une sorte de toupie qui tourne à très grande vitesse à l'intérieur de l'instrument concerné. La principale propriété du gyroscope est que son axe de rotation reste fixe dans l'espace quelle que soit la position de l'avion. En image simpliste, on peut considérer que l'ensemble de l'avion et du boîtier de l'instrument évolue autour de la toupie (qui tourne) et dont l'axe de rotation reste fixe dans l'espace.

REMARQUE : dans le cadre du pilotage à vue en bonne condition de visibilité ces trois instruments ne sont pas absolument nécessaires.

QUELS SONT LES MOYENS DE CONTRÔLE ?

Pour modifier les trajectoires de l'avion, on dispose de deux commandes principales :

1) *La gouverne de profondeur* dans le plan vertical.

2) *La gouverne de gauchissement* ou les ailerons dans le plan horizontal.

La gouverne de direction est une "*gouverne secondaire*" dont le rôle n'est pas comme son nom l'indique de diriger, en dehors des manœuvres au sol. Nous l'étudierons le moment venu (voir pages 19 et 20).

Le manche est donc la commande principale.

LE GUIDE PRATIQUE DU PILOTAGE

NOTION DE CONTRÔLE DES TRAJECTOIRES

Dans toutes disciplines techniques ou sportives, un certain nombre de termes techniques sont employés. On dit parfois qu'il s'agit d'un jargon, ici le jargon aéronautique. L'emploi de ces termes a une grande importance car il permet à tout pilote où élève de parler le même langage afin de se comprendre. Ces termes ont donc été standardisés et sont donc employés dans toutes les écoles de pilotage, les sociétés d'aviation, les compagnies aériennes et les aéro-clubs.

QUELS SONT LES TERMES EMPLOYÉS POUR LE CONTRÔLE DU POSITIONNEMENT DE L'AVION ?

La position qu'occupe l'axe longitudinal de l'avion (qui est aussi l'axe de roulis, rappel pages 6 et 7) par rapport à l'horizon prend le nom "***d'assiette***".

On dira donc que le contrôle des positions de l'avion, dans le plan vertical s'effectuera par des modifications d'assiette.

Ainsi lorsque l'avion est en vol horizontal à la vitesse de croisière, le capot de l'avion, ou le tableau de bord, occupe une certaine position par rapport à la ligne d'horizon. Celle-ci passe alors devant le pare-brise à une certaine hauteur qui est fonction de la taille de chacun (environ 5 à 15 cm selon les sujets et les avions), et qu'il faut essayer d'évaluer avec un maximum de précision **(Fig. 1)**.

On comprend alors toute la difficulté car si par exemple pour un sujet, l'horizon doit être 10 cm au-dessus du capot ou du tableau de bord et que celui-ci croyant les évaluer, en a 9 ou 11 cm, le vol ne sera plus horizontal (en atmosphère calme) ... Pour être précis et voler horizontalement, comme le sportif , *"il va falloir prendre ses marques"* et apprendre à savoir où orienter son regard. Cela va donc nécessiter d'être assis toujours de la même façon, à la même distance du tableau de bord.

En phase de début (et seulement durant cette phase) l'instructeur positionnera correctement l'avion en vol horizontal à la vitesse de croisière usuelle et demandera à l'élève de situer sur le pare-brise "***droit devant lui***", l'endroit exact où il voit l'horizon. A cet endroit, l'instructeur tracera à l'aide d'un crayon gras, un petit rond – O – sur le pare-brise qu'on appellera le *repère pare-brise* **(Fig. 1)**. Par la suite nous verrons comment se passer du traçage de ce repère.

A l'aide de la gouverne de profondeur, l'élève s'efforcera alors de maintenir ce petit rond sur la ligne d'horizon, ceci sans lever, ni baisser la tête ce qui fausserait l'exactitude de ce positionnement.

Les yeux s'attacheront plus à voir l'horizon, le repère pare-brise étant vue légèrement flou pour ne pas loucher.

Éventuellement au début et pour quelques leçons suivantes, mesurer la hauteur de ce repère par rapport au tableau de bord, car pour un sujet donné sur un même avion, il sera toujours au même endroit sur le pare-brise.

Dans ce cas de vol, visuellement contrôlé par le repère pare-brise, on dira que nous volons à :

> *ASSIETTE NORMALE* ou *ASSIETTE ZÉRO* ou encore *ASSIETTE NULLE*

Ainsi la *trajectoire* qu'on appelle aussi *pente de trajectoire* sera horizontale en considérant que l'avion est à la vitesse de croisière **(Fig. 1 et 2)**.

LE GUIDE PRATIQUE DU PILOTAGE

NOTION DE CONTRÔLE DES TRAJECTOIRES (suite)

Préliminaire

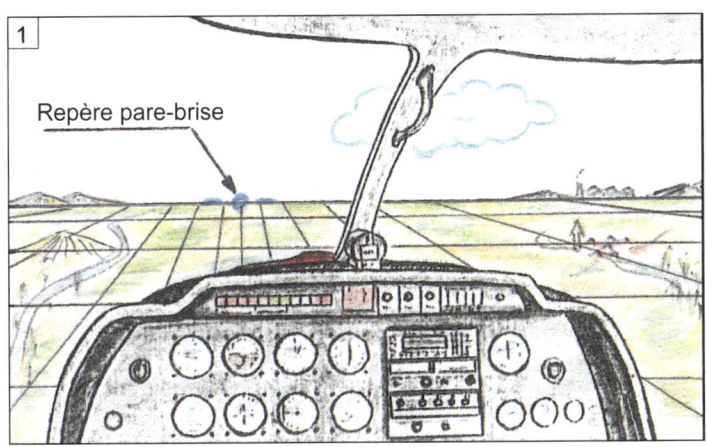

Ce que voit le pilote en vol assiette zéro repère pare-brise sur l'horizon.

Assiette zéro confondue avec la trajectoire horizontale.

Les instruments nous confirment que le vol est bien horizontal :

A

B

C

A) **L'horizon artificiel** : la maquette est sur la barre de l'horizon artificiel en parfaite similitude avec le repère pare-brise sur l'horizon naturel, petit rond de l'horizon artificiel comparable.
B) **L'altimètre** : conserve la même altitude (ici 2000 pieds) confirme le vol horizontal.
C) **Le variomètre** : est sensiblement à zéro.

CONTRÔLE DE LA TRAJECTOIRE DANS LE PLAN VERTICAL :

1) A partir de l'assiette zéro et de la vitesse de croisière habituelle, si on tire sur le manche vers l'arrière, nous constatons que le repère pare-brise passe au-dessus de l'horizon comme nous le montrent les **Figures 3 et 4**. Dans ce cas, on dira que :

L'ASSIETTE EST À CABRER OU POSITIVE

Et la trajectoire devient ascendante ou positive. On l'exprime en général en degrés (quelquefois en pour cent). Ainsi on pourra dire que par exemple l'assiette est cabrée de + 7°. L'action sur le manche devra se faire avec une grande souplesse.

Ce que voit le pilote en montée – Assiette cabrée.

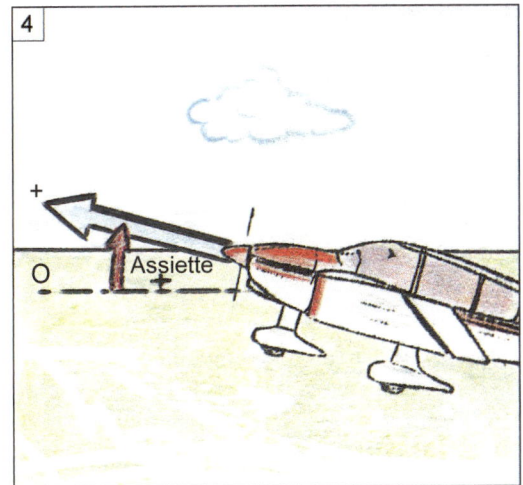

Assiette cabrée plus - Trajectoire ascendante.

NOTION DE CONTRÔLE DES TRAJECTOIRES (suite)

Préliminaire

Les indications instrumentales confirmeront cette position :

D   E   F

D) **L'horizon artificiel** : la maquette est au-dessus de la barre d'horizon artificiel ; là aussi nous remarquons la similitude avec le repère pare-brise au-dessus du vrai horizon ('horizon artificiel indique + 10°).
E) **L'altimètre** : dont les aiguilles indiquent des altitudes croissantes confirment la trajectoire ascendante.
F) **Le variomètre** : est devenu positif et nous indique un certain taux de montée par minute. On dit également que la *"Vz est positive"*, dans l'exemple, l'indication donne plus + 600 ft/mn.

2) A partir de l'assiette zéro, si on pousse sur le manche (souplement), nous constatons que le repère pare-brise passe en dessous de l'horizon (le vrai), voir **Fig. 5 et 6**.
Dans ce cas, on dira que :

L'ASSIETTE EST A PIQUER OU NÉGATIVE

Et la trajectoire devient descendante ou négative. On pourrait dire par exemple que l'assiette est de - 3° ou - 5°.

Ce que voit le pilote en descente assiette piquée.   Assiette piquée trajectoire descendante.

Les indications instrumentales confirment encore :

G   H   I

G) **L'horizon artificiel** : la maquette est en dessous de la barre de l'horizon artificiel avec toujours la même similitude du repère pare-brise en dessous du vrai horizon (l'horizon artificiel indique ici - 3°).
H) **L'altimètre** : indique des altitudes décroissantes qui confirment la trajectoire descendante.
I) **Le variomètre** : est devenu négatif et indique un certain taux de descente par minute dans cet exemple de − 500 ft/mn. On dit alors que la Vz est négative.

LE GUIDE PRATIQUE DU PILOTAGE

NOTION DE CONTRÔLE DES TRAJECTOIRES (suite)

Préliminaire

De ce qui précède nous pouvons conclure que :

> *L'assiette est l'angle compris entre l'axe longitudinal de l'avion et l'horizon*

Cet angle est positif au-dessus de l'horizon, négatif en dessous **(Fig. 7)** exprimé en degré.

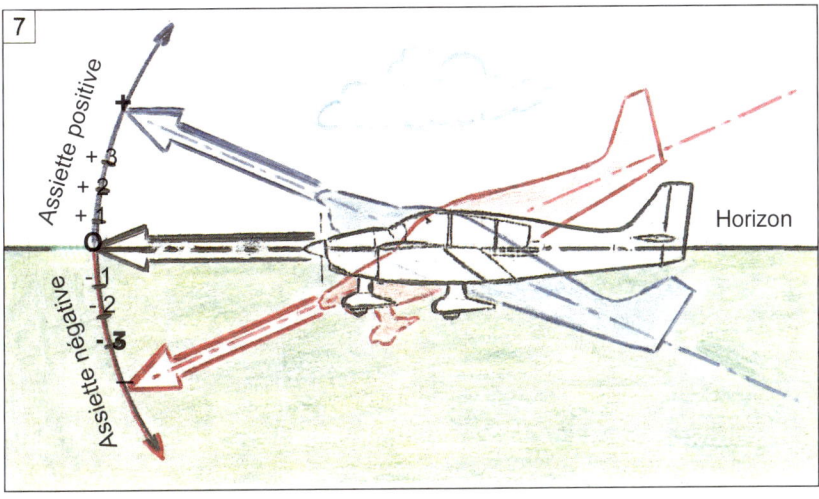

Remarques :

Nous avons vu que le pilotage pouvait se faire à vue ou à l'aide des instruments. Cependant le pilotage à vue est plus facile que le pilotage aux instruments en l'occurrence à l'aide de l'horizon artificiel, à condition de savoir regarder là où il faut... en effet retenons que pour un pilote dont les yeux se situent à environ 60 centimètres du pare-brise :

> *Une variation de 1 degré correspond moyennement sur le pare-brise à une variation de 1 centimètre*

Cette même variation sur l'horizon artificiel correspond à environ un demi-millimètre.

CONCLUSION :

On se rend immédiatement compte qu'il est plus facile de piloter au centimètre près qu'au millimètre près (voir page 12). Une variation d'un millimètre est beaucoup moins perceptible et demande de la part du pilote, une attention beaucoup plus soutenue. On choisira donc le pilotage à vue chaque fois que cela sera possible. Nous traiterons la manière de le faire (pages 48 à 54). La précision sera meilleure, ainsi que la sécurité, car il faut également pouvoir déceler la proximité éventuelle d'autres aéronefs en vol.

PERCEPTION DE L'HORIZON :

Par bonne visibilité, la perception de l'horizon en plaine ou en mer ne pose pas de problème. En région montagneuse, le problème est différent, car si on se fie au relief pour positionner son repère pare-brise, cette référence devient fausse car trop haute. Dans ce cas se fier à "*l'horizon apparent*" sorte de zone sombre ou brumeuse à la base des zones accidentées ou boisées **(Fig. 8)**. Par mauvaise visibilité ou brume, difficulté à percevoir l'horizon réel il faudra se trouver un horizon apparent ou se servir des instruments pour s'aider **(Fig. 9)**.

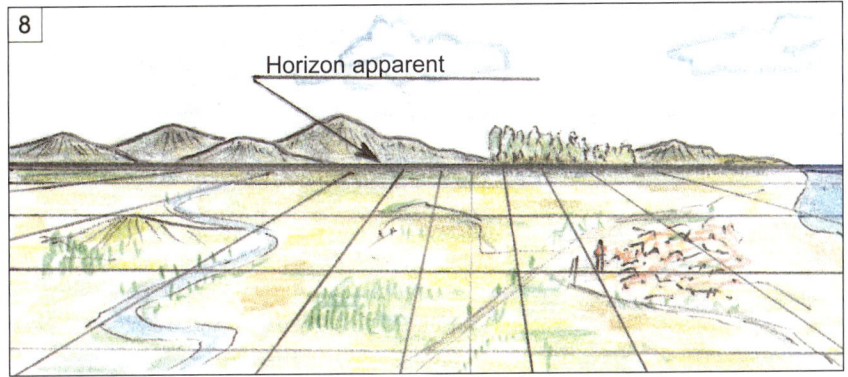
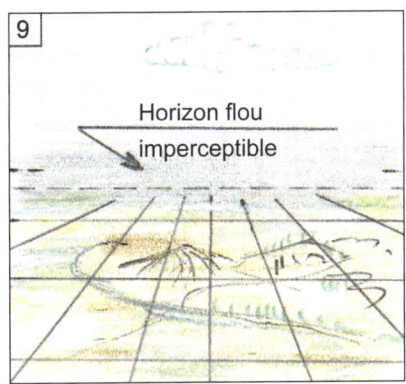

NOTION DE CONTRÔLE DES TRAJECTOIRES (suite)

Préliminaire

CONTRÔLE DE LA TRAJECTOIRE DANS LE PLAN HORIZONTAL :

Cette trajectoire se contrôle par création d'inclinaison au moyen de la gouverne de gauchissement ou des ailerons (commandés par le manche latéralement) dont le braquage différentiel modifie la portance de chaque aile **(Fig. 10 et 11)**.

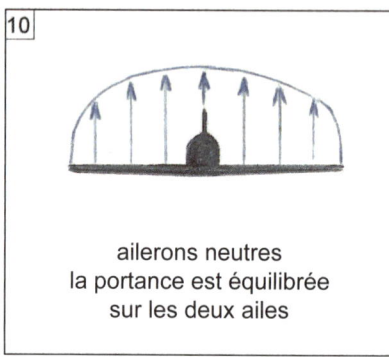

ailerons neutres
la portance est équilibrée
sur les deux ailes

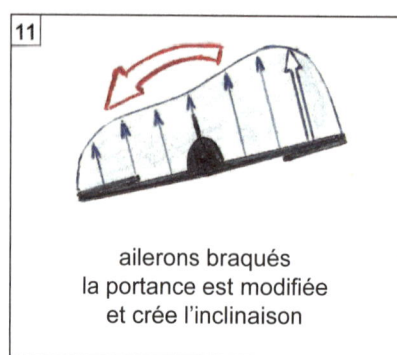

ailerons braqués
la portance est modifiée
et crée l'inclinaison

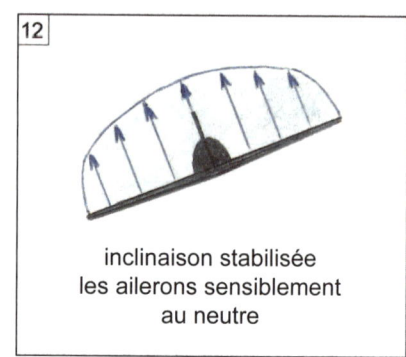

inclinaison stabilisée
les ailerons sensiblement
au neutre

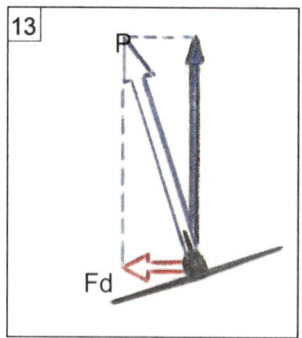

Lorsque l'inclinaison désirée est obtenue le pilote ramène le manche (donc les ailerons) sensiblement au neutre **(Fig. 12)** sans quoi l'inclinaison continue à augmenter puisqu'il y a différence de portance entre chaque aile (tant que les ailerons sont braqués).

Si l'avion s'incline la portance "*P*" s'incline de la même valeur (rappel page 2 - **(Fig. 9)**. Il se crée alors une composante de la portance ou une force déviatrice "*Fd*" **(Fig. 13)** qui en raison des surfaces verticales (empennage vertical), place l'avion dans le lit du vent relatif et produit la trajectoire courbe, ce qui nous fait conclure que:

> **S'INCLINER, C'EST VIRER.**

Manche à gauche, l'avion s'incline à gauche, la trajectoire devient curviligne, il vire à gauche. Ceci doit s'effectuer en contrôlant l'assiette, avec l'aide éventuelle du repère pare-brise (en phase de début). La variation d'inclinaison durera aussi longtemps que les ailerons sont braqués. Lorsque l'inclinaison désirée est atteinte, ramener le manche sensiblement au neutre pour la maintenir à sa valeur **(Fig. 14 et 15)**.

Visuellement le repère pare-brise est incliné à gauche, aile gauche vers le sol, aile droite vers le ciel, de plus il défile à gauche, ce qui confirme le sens du virage **(Fig. 14)** incliné à droite, l'avion vire à droite et le repère pare-brise défile à droite **(Fig. 15)**. Cette vitesse de défilement s'appelle : – *LE TAUX DE VIRAGE.*

Si l'avion est faiblement incliné le taux de virage sera faible.
Si l'avion est fortement incliné le taux de virage sera important, et de là :
Taux de virage faible = grand rayon de virage
Taux de virage important = un rayon de virage plus faible.

LE GUIDE PRATIQUE DU PILOTAGE

NOTION DE CONTRÔLE DES TRAJECTOIRES (suite)

Préliminaire

Instrumentalement nous retrouverons la même similitude avec le repère pare-brise.

1) En virage à gauche :

J) **L'horizon artificiel** : la maquette est inclinée à gauche, aile gauche dans le sol, aile droite dans le ciel (incl.30°).
K) **Le directionnel** indique des caps en diminution.
L) **L'indicateur de virage** est à gauche confirmant le taux de virage de ce côté-là.

2) En virage à droite :

M) **L'horizon artificiel** : la maquette est inclinée à droite (incl. 25°).
N) **Le directionnel** indique des caps croissants.
O) **L'indicateur de virage** est à droite et confirme le taux de virage de ce côté.

Et dans ces deux cas s'il s'agit de vol horizontal, l'altimètre indique une altitude constante et le variomètre est à zéro.
Retenons plus particulièrement le sens de la variation des caps :

> **Les caps diminuent = virage à gauche**
> **Les caps augmentent = virage à droite**

Et pour conclure, *si s'incliner c'est virer* :

LE MAINTIEN DE L'INCLINAISON NULLE CONDITIONNE LA LIGNE DROITE

REMARQUE : Dans un poste de pilotage côte à côte, le pilote n'étant pas assis dans l'axe de l'avion comme dans un monoplace, s'il se réfère au contour du capot les positions visuelles ne sont pas symétriques en virage à gauche et à droite. Ainsi s'il vire à gauche il voit la partie droite du capot de l'avion du pare-brise et son passager de droite monter plus haut que lui, alors que s'il vire à droite, il les voit descendre **(Fig. 16 et 17)**. Son passager voit l'inverse. Le pilote voit l'horizon au niveau de ses yeux.

Pour éviter cette impression de virage non symétrique, il faut considérer les choses d'une manière différente :

NOTION DE CONTRÔLE DES TRAJECTOIRES (suite)

Préliminaire

Qu'il s'agisse de la place gauche (pilote ou élève), ou de la place droite (l'instructeur) chacun doit considérer "**son petit univers**" comme s'il était dans un avion monoplace où le virage gauche ou droite est parfaitement similaire et symétrique. Pour cela chacun (élève et instructeur) doit prendre bien droit devant lui un repère d'axe d'articulation **(Fig. 18)**, qui peut être une petite trace ou mouchette ou le repère pare-brise en phase de début et considérer autour de celui-ci son petit univers (chacun le sien) et faire abstraction de ce qui se passe à côté.

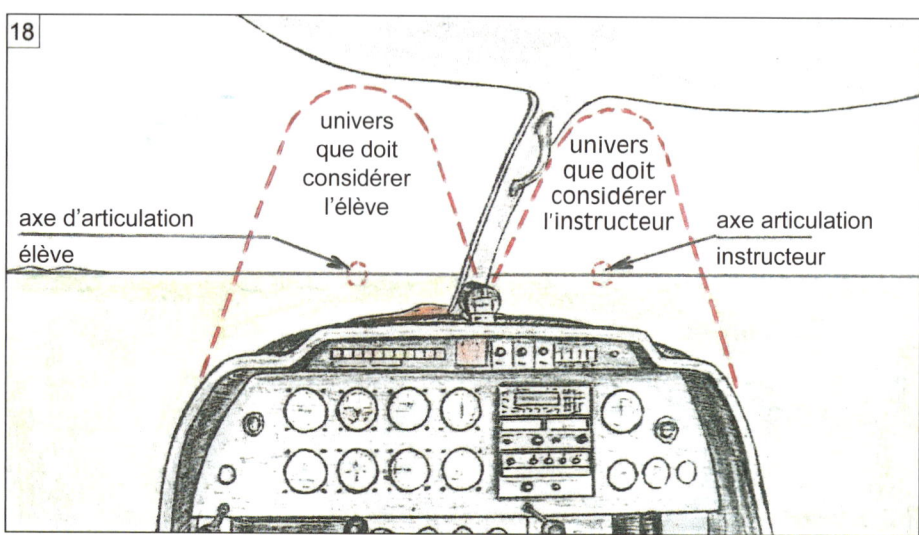

De la place gauche, ou de la place droite, par rapport à "**son**" axe d'articulation, chacun aura les mêmes impressions puisque sur l'horizon les deux axes se rejoignent, comme deux rails de chemin de fer se rejoignent au loin. L'élève et l'instructeur auront donc la même perception visuelle, dans leur univers, ce qui permet à ce dernier de contrôler le travail de l'élève.

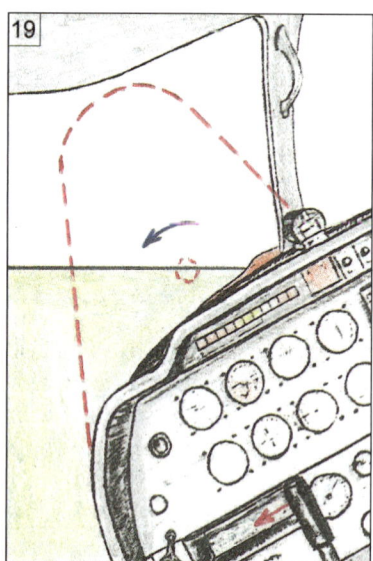 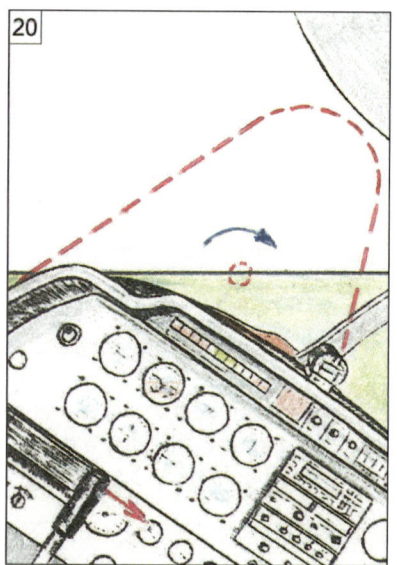

Vu de la place élève, qu'il vire à gauche ou à droite, il devra incliner son avion par rapport à son axe imaginaire ce qui évite la perception non symétrique des **Fig. 16 et 17**.

LE GUIDE PRATIQUE DU PILOTAGE

RÔLE DE LA GOUVERNE DE DIRECTION

Préliminaire

C'est une gouverne "*secondaire*", bien que repose sur elle une des parties "*artistiques*" du pilotage. Son rôle est de maintenir la symétrie du vol, c'est-à-dire de faire en sorte que l'écoulement de l'air autour de l'avion soit bien parallèle au fuselage **(Fig. 1 et 2).** Elle repose sur les pieds du pilote en agissant sur le palonnier et comme nous ne sommes pas habitués à faire travailler nos pieds avec précision il va falloir les éduquer.

Ainsi la portance de chaque aile est répartie uniformément. La symétrie est importante à maintenir pour assurer de bonnes performances, etc...

C'est donc une **gouverne de symétrie**, bien quelle puisse servir de direction au sol et en vol avec de forts braquages, ce qui peut être dangereux, nous l'étudierons plus loin.

COMMENT CONTRÔLER LA SYMÉTRIE ?

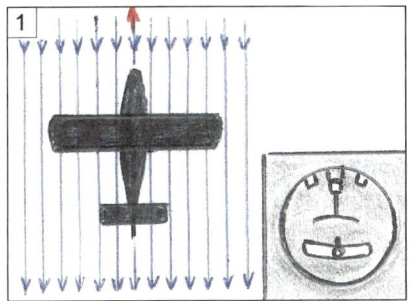

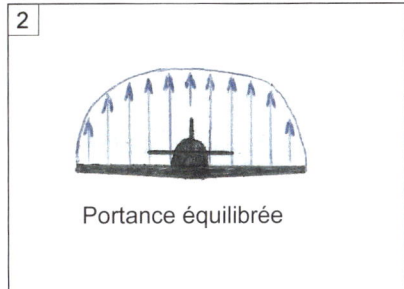

Portance équilibrée

En vol horizontal symétrique rectiligne, c'est grâce à la bille doublée parfois d'un indicateur de virage que nous pouvons contrôler la symétrie du vol. En effet si l'écoulement de l'air est symétrique la bille est au milieu ainsi que l'aiguille de l'indicateur de virage et la portance uniformément répartie **(Fig. 1et 2)** sur les deux ailes.

Si on appuie sur le palonnier à droite : L'avion se déporte légèrement à droite et se met en travers par rapport à l'écoulement des filets d'air. Il maintient alors un certain angle par rapport à sa trajectoire. C'est "*l'angle de dérapage*", on dit qu'il dérape. On dit également qu'il est en *"attaque oblique"*. La bille va à gauche et nous indique un "*dérapage à gauche*" c'est-à-dire le côté de l'aile attaquée la première par les filets d'air. L'aiguille de l'indicateur de virage sera à droite indiquant le sens du déport latéral ou de la rotation autour de l'axe de lacet **(Fig. 3)**.

De plus cette aile gauche porte davantage que l'aile droite dont l'écoulement d'air est partiellement masqué par le fuselage **(Fig. 3 et 4)**. Pour cette raison, l'avion aura tendance à s'incliner à droite. Ce phénomène porte le nom de **roulis induit**, induit par la rotation autour de l'axe de lacet (voir page 82). Pour maintenir l'inclinaison nulle, il faudra mettre légèrement le manche à gauche **(Fig. 5)** ce qui équilibrera à nouveau la portance, mais le vol ne sera pas symétrique.

angle d'attaque oblique masquage

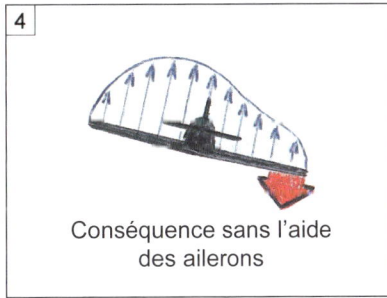

Conséquence sans l'aide des ailerons

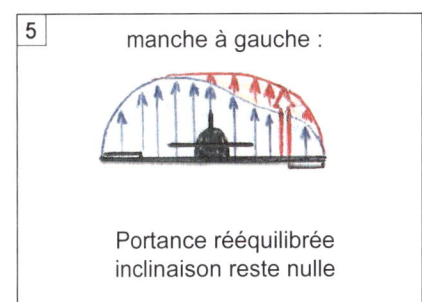

manche à gauche :

Portance rééquilibrée inclinaison reste nulle

Pour ramener la bille au milieu en conservant l'inclinaison nulle se rappeler de la règle : - *"pied dans la bille"* à gauche dans l'exemple, *"manche opposé"* à droite vers le neutre, sans précipitation. Si on appuyait sur le palonnier seul, l'avion s'inclinerait à gauche.

Si on appuie sur le palonnier gauche : L'avion se déporte à gauche et se met en travers dans la masse d'air.

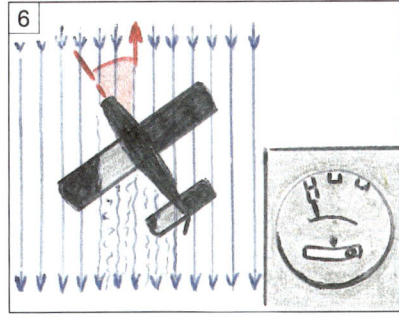

Conséquence sans l'aide des ailerons

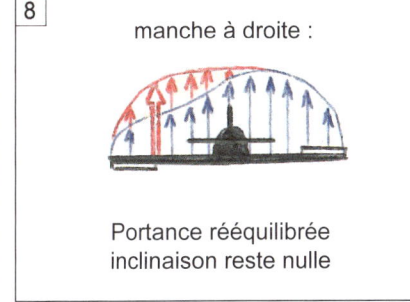

manche à droite :

Portance rééquilibrée inclinaison reste nulle

RÔLE DE LA GOUVERNE DE DIRECTION (suite)

Il dérape à droite, l'aiguille va à gauche dans le sens du déport, la bille part à droite indiquant l'aile attaquée la première. Comme elle porte davantage, l'avion tend à s'incliner à gauche **(Fig. 6 et 7)**, ce qui est immédiatement contré en mettant le manche à droite, ce qui rééquilibre la portance **(Fig. 8)** et maintient l'inclinaison nulle.

Pour ramener la bille au milieu (et le vol symétrique), pied dans la bille (à droite) et manche qui est à droite vers la gauche (vers le neutre), afin de maintenir l'inclinaison nulle.

Pour un débutant c'est un bon exercice de coordination que d'effectuer des dérapages alternés assez importants mais progressifs en maintenant l'inclinaison nulle.

REMARQUE : le but de cette leçon n'est pas d'apprendre à déraper car ce n'est pas une situation normale du vol, mais de savoir rectifier un dérapage involontaire ceci en ligne droite, comme en virage, ce que nous étudierons pages 90 et 91.

RÉFLEXION SUR LE PILOTAGE : Nous avons traité la manière de contrôler l'avion dans les trois dimensions, avec ses trois gouvernes. Il faut cependant retenir que le pilotage s'effectue dans un milieu fluide, parfois instable qui demande des actions sur les gouvernes ni brusques, ni trop mécaniques sans exclure parfois l'énergie, un peu comme un violoniste qui pose son archet sur les cordes de son violon pour obtenir le son désiré… ou le jardinier qui coupe une jolie fleur… Il faudra donc une certaine souplesse…

LE GUIDE PRATIQUE DU PILOTAGE

COMMENT MAINTENIR LA LIGNE DROITE

Préliminaire

Pour effectuer une ligne droite correcte, il nous faut maintenir constants trois éléments :

– Une assiette constante.
– Une inclinaison bien nulle.
– Un vol bien symétrique (bille au milieu).

Si le maintien de l'assiette ne présente pas de difficulté particulière, celui de l'inclinaison nulle (qui conditionne la ligne droite) est moins évident pour le débutant. En effet il suffit de la moindre inclinaison pour compromettre la ligne droite. Il faut donc s'aider de moyens visuels, comme maintenir bien parallèle à l'horizon certains points du capot, ou du tableau de bord ou de l'arceau de la verrière **(Fig. 1)**. Si nous disposons d'un tableau de bord plat, c'est assez facile, si celui-ci est arrondi ça l'est moins. Élargir alors son champ de vision en regardant alternativement nos deux ailes ou *h* et *h'* doivent être égaux **(Fig. 1')**.

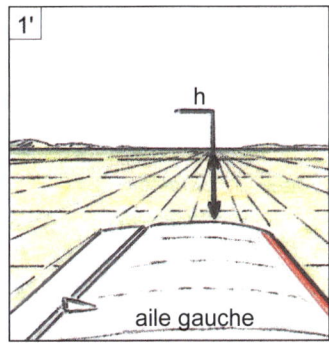
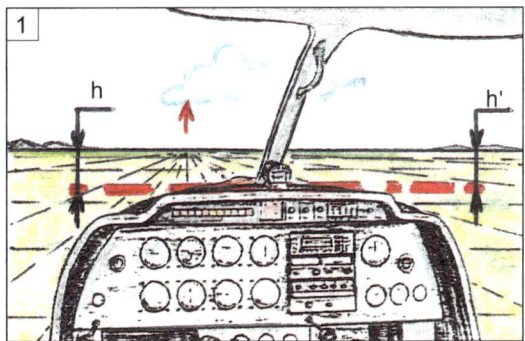
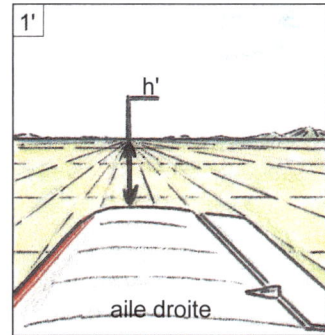

Pour compléter la tenue de la ligne droite il faut prendre bien devant soi un repère, assez loin vers l'horizon (pour être précis) vers lequel on se dirige. Ce repère assez difficile à déterminer pour le débutant peut-être, un château d'eau, un nuage, le moindre changement de couleur, la moindre ondulation pourvu qu'il soit bien devant nous, un peu comme l'extrémité gauche du nuage **(Fig. 1)**.

Si la ligne droite est maintenue nous restons alignés en face du repère.

Si le capot se déporte d'un côté, c'est que nous sommes inclinés de ce côté ou il y a du vent latéral.

Quant au maintien de la symétrie, ce n'est pas difficile si ce n'est, le dosage sur les palonniers qui doit être nuancé :

COMMENT EXPLOITER LE REPÈRE HORIZON ?

Le choix de ce repère et son positionnement par rapport au pare-brise dépendront de la direction du vent.

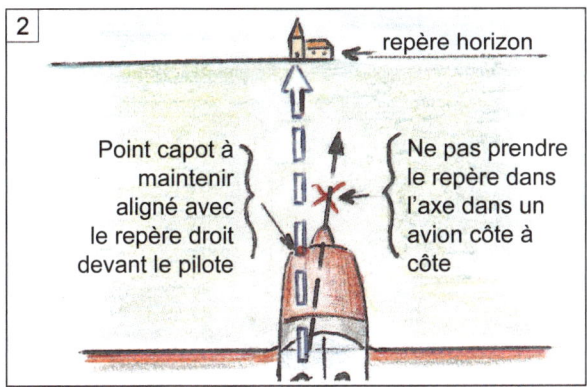

Par vent faible ou nul ou dans l'axe : le pilote s'efforcera de maintenir le repère bien droit devant lui **(Fig. 2 et 3)**. S'il s'écarte, il faudra immédiatement contrôler l'inclinaison. Si le repère était pris dans l'axe de l'avion, il y aurait une ***erreur de parallaxe***.

COMMENT MAINTENIR LA LIGNE DROITE (suite)

Avec du vent latéral :

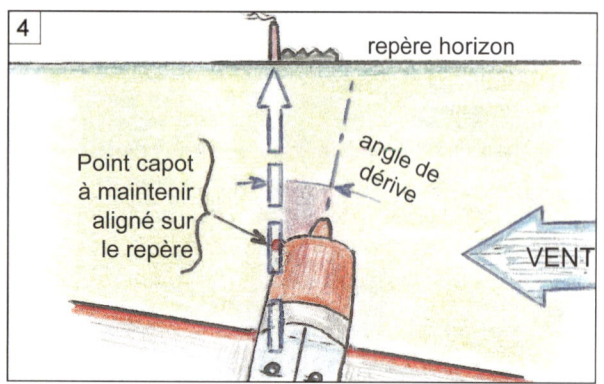
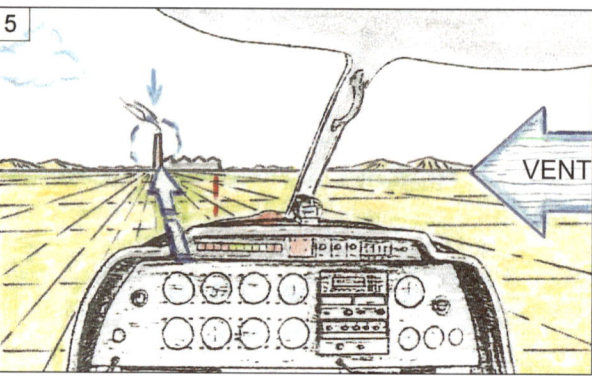

L'avion se déplace obliquement par rapport à la trajectoire (vers le repère qu'est la cheminée d'usine dans l'exemple **(Fig. 4)**. L'angle que fait l'axe de l'avion avec la trajectoire s'appelle **"la dérive"** qui sera plus ou moins importante en fonction de la force du vent.

Dans ce cas, le pilote s'efforcera de maintenir le repère sur le côté du pare-brise. Si la dérive est correcte, on maintiendra le repère comme dans un viseur imaginaire représenté **(Fig. 5)** par un cercle pointillé. Toujours en phase de début l'instructeur pourrait tracer sur le pare-brise ce cercle avec un feutre. Le repère devra rester dans le cercle, s'il s'en écarte, contrôler l'inclinaison (ce n'est pas évident pour un débutant de se diriger vers un point qui n'est pas devant soi).

REMARQUE :

− Le contrôle de la ligne droite peut également s'effectuer en s'aidant du directionnel ou du compas en tenant le même cap.

− Visuellement la valeur de la dérive peut s'apprécier de la même façon que l'assiette, mais dans le plan horizontal sachant que 1 centimètre = 1 degré, 10 cm = 10 °.

− Même si le vol s'effectue en correction de dérive, il doit rester symétrique (bille au milieu). L'avion se déplace symétriquement dans sa masse d'air, c'est la masse d'air qui se déplace obliquement, un peu comme une mouche (l'avion) qui se déplace latéralement dans un wagon (masse d'air) ignorant totalement le déplacement de celui-ci et sa trajectoire réelle par rapport au sol.

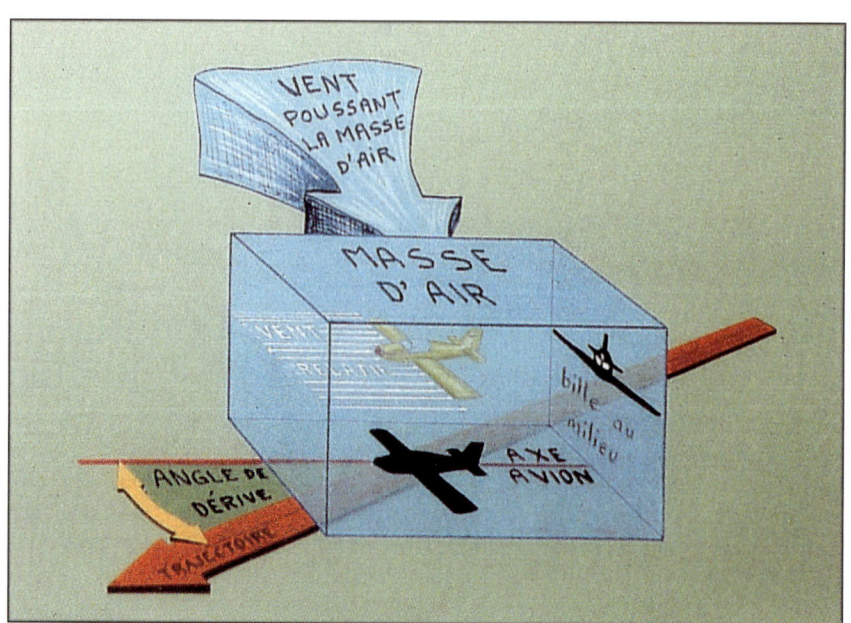

LE GUIDE PRATIQUE DU PILOTAGE

LA SÉCURITÉ EN VOL

Application

QUEL EST L'OBJECTIF ?

Un accent particulier doit être mis sur la sécurité car nous ne sommes pas seuls en vol, même si l'espace aérien est grand il faut faire attention aux autres aéronefs pour éviter la collision.

Observer souvent autour de nous est un gage de sécurité...

QUELQUES POINTS IMPORTANTS :

Avant chaque changement de direction, il faut s'assurer qu'aucun aéronef n'est sur notre trajectoire ou que nous ne sommes pas sur la sienne. Pour cela, il faut insister du regard vers l'intérieur du virage et surtout aux 3/4 arrière côté virage, avant de l'entreprendre.

Cette vigilance visuelle devra redoubler aux abords des aérodromes où le trafic est forcément plus important.

Un aéronef en vol peut-être difficile à percevoir, surtout s'il a des couleurs claires. La mauvaise visibilité dûe à la brume ou au soleil de face, est un inconvénient supplémentaire. On peut dire que :

1) Quand un avion est sur l'horizon, il est à la même hauteur que nous (pas toujours facile à percevoir). S'il semble immobile c'est qu'il vient vers nous, ou qu'il s'éloigne.

2) Quand un avion est sous l'horizon, il est plus bas que nous (là non plus il n'est pas facile à percevoir car il se confond avec les couleurs du sol).

3) Quand il est au-dessus de l'horizon, il est plus haut que nous (il se voit mieux sauf s'il a la couleur du ciel, bleu, blanc ou gris).

Lorsqu'on est en contact avec un contrôleur de la navigation aérienne, il peut nous avertir du voisinage d'un aéronef en nous donnant la position de celui-ci selon un cadran horaire, sachant que devant nous on considère la position midi. Ainsi si le contrôleur nous dit : – Avion dans vos 9 heures !...

Il faut regarder dans l'alignement de notre aile gauche...

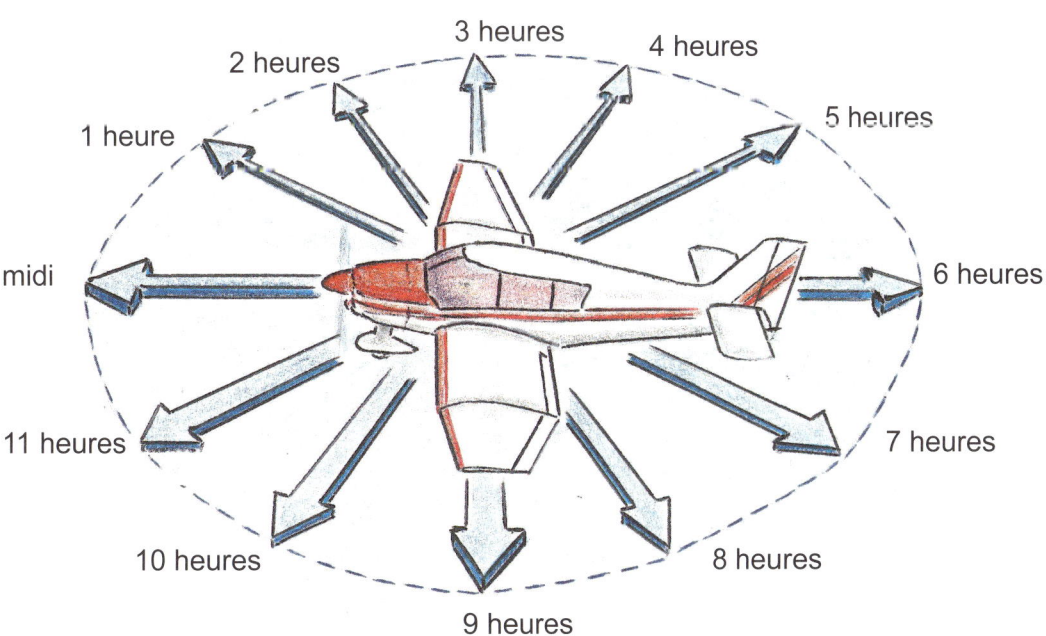

LE GUIDE PRATIQUE DU PILOTAGE

LA PRÉPARATION DE L'AVION AVANT LE VOL

Préliminaire

VÉRIFIER ET EMPORTER LES DIVERS DOCUMENTS DE L'AVION : - Carnet de route, qui contient le certificat de navigabilité C.D.N. (validité). - Le certificat d'immatriculation. - La fiche de pesée et centrage (voir p.257). - La licence de station d'aéronef. - Le certificat de limitation de nuisance. - Le manuel de vol. - Vos propres documents dont licence, certificat médical, lunettes de soleil, coiffure, etc.

COMMENT MANIPULER LES AVIONS ?

La plupart des avions modernes disposent d'une fourche pour les manœuvrer à la sortie du hangar. Plusieurs personnes peuvent aider, mais une seule dirige. L'appareil sera saisi en des points désignés ou par des parties résistantes comme les bords d'attaque. Si on tire par l'hélice, ne pas tirer par les extrémités de celle-ci. Afin d'éliminer l'eau qu'il pourrait y avoir dans l'essence, purger les réservoirs de votre avion avant le premier vol de la journée, ou par forte humidité après arrêt prolongé, avant de le déplacer ou bouger.

LE RANGEMENT AU PARKING ?

En général, on essaie de placer les avions sensiblement face au vent correctement alignés. Lorsque c'est possible (pas de vent, terrain plat) éviter de mettre le frein de parking pour que le circuit de freinage ne reste pas en pression constante. Ne pas placer les avions trop près devant ou derrière un autre.

Par vent fort, ne pas laisser les avions sans surveillance, en tout cas freins de parking serrés, commandes attachées pour éviter les battements des gouvernes et volets rentrés.

LA VISITE PRÉ-VOL, SON UTILITÉ :

Contrairement à la voiture, l'avion n'a pas la possibilité de s'arrêter sur le bord de la route en cas d'incident (capot laissé ouvert, panne d'essence...). Il faut donc l'examiner attentivement avant le vol, rapidement avec méthode.

Exemple d'ordre d'examen : la visite pré-vol doit toujours commencer à l'intérieur de l'avion à l'aide d'une check-list extraite du manuel de vol. Mais il ne faut pas que le pilote soit paralysé s'il vient à perdre celle-ci. Pour cela il est bon de se rappeler de quelques termes "mnémotechniques" donnés ici à titre d'exemple.

Avant celle-ci après avoir mis le contact batterie vérifier : - l'état des phares – feux de navigation – anticollision – fonctionnement de l'avertisseur de décrochage, puis dans l'avion se rappeler :

" *COMMENT - EFFECTUER - VÉRIFICATIONS - CABINE - COMPLÈTE* "

Comment	avec un «C» comme **Commandes libres,** débattement normal dans le bon sens **Contact batterie** (ou général) sur marche
Effectuer	avec un «E» comme **Essence ouverte** sur le réservoir le plus plein, essai sélecteur. Quantité suffisante et **pompe électrique sur «marche»** pour mettre le circuit d'essence en pression et vérifier les fuites éventuelles, lors de la visite extérieure.
Vérifications	avec un «V» comme **Volets,** fonctionnement symétrique aux différents braquages **Verrière,** dispositifs de largage en état.
Cabine	avec un «C» comme **Contact batterie** coupé **Contacts magnétos** coupés en face de «OFF» **Clef enlevée**
Complète	**Compensateur,** vérifier fonctionnement et débattement

La visite intérieure étant faite, descendre pour faire l'inspection générale de l'avion par exemple dans le sens des aiguilles d'une montre. Ceci à l'aide d'une check ou après par habitude car elle est logique à retenir **(Fig. 1)**. :

Aile gauche	Volet en état – axes d'articulations freinées - commande branchée Aileron débattement total libre - articulations freinées Revêtement aile extrados et intrados en état Pitot et tube mise à l'air libre essence, propres et non bouchés. Réservoir essence fermé après **contrôle visuel quantité** (purger avant le premier vol)
Atterrisseur Gauche	Souplesse amortisseur - pression pneu, état, gonflage, usure, carénage en état (pas de fuite d'huile du circuit de freinage, ni sur la roue, ni sur le sol).

LE GUIDE PRATIQUE DU PILOTAGE

LA PRÉPARATION DE L'AVION AVANT LE VOL (suite)

Préliminaire

Moteur	Fermetures capot - échappement rigide - filtre à air propre - pas d'objet sur le moteur - hélice et cône état et fixation - brassage de l'hélice au 1er Vol surtout l'hiver. Courroie alternateur en bon état. **Huile, niveau correct,** bouchon fermé, trappe verrouillée. Pas de fuite huile ou essence (moteur propre).
Atterrisseur Avant	État de l'amortisseur, pneu, carénage, fourche enlevée.
Atterrisseur droit	Idem à l'atterrisseur gauche.
Aile droite	Idem à l'aile gauche.
Fuselage Droit	Revêtement - trou de pression statique propre - antennes diverses maintenues - lame arrière en bonne position (cône arrière également).
Empennages	Revêtement - débattement total libre - fixation des empennages et commandes compensateur.
Fuselage Gauche	Idem au côté droit.

Avant l'installation à bord s'assurer que la verrière ou les vitres soient propres, c'est un gage de sécurité, sinon les nettoyer avec un matériel approprié pour ne pas rayer le plexi. Ne pas utiliser d'alcool qui est préjudiciable.

Ne pas oublier l'emport des documents réglementaires (carnet de route, etc…).

L'INSTALLATION A BORD :

1) Des passagers : sans entrer dans l'excès, il faut s'occuper de ses passagers, ne pas les laisser monter ou descendre de l'appareil seuls. C'est peut-être la première fois qu'ils prennent l'avion, il faut donc leur montrer où s'agripper (poignées éventuelles), et où mettre les pieds. Comme on le fait à bord d'un avion de transport, indiquer quelques consignes de sécurité : comment s'attacher et se détacher - comment ouvrir la verrière ou une porte en cas d'urgence. Désigner les endroits où peuvent être déposés sac - transistor - appareil photo. Ne pas les poser en place avant, ils pourraient bloquer les commandes. Faire remarquer que les palonniers ne sont pas des repose-pieds. S'il s'agit de survol maritime, montrer l'emplacement des gilets de sauvetage et indiquer comment et quand les utiliser.

2) le pilote ou l'élève : il faut être à l'aise, votre instructeur vous guidera pour cela.

En règle générale :
- être assis correctement pour avoir un champ visuel suffisant.
- on réglera le siège ou les palonniers de façon à avoir la jambe mi tendue lorsque l'on appuie à fond sur un palonnier. Si nécessaire se servir de coussins.
- s'attacher et disposer correctement le matériel dont vous aurez besoin

AVANT LA MISE EN ROUTE :

Ne pas se laisser distraire, se préoccuper uniquement des opérations à effectuer en sécurité. Veiller qu'aux abords de l'avion ne se trouve personne, les chiens seront tenus en laisse.

LA MISE EN ROUTE :

En cas de faiblesse de la batterie : Il est possible de mettre en route le moteur à la main. Dans ce cas c'est la personne qui est à l'hélice qui commande d'une façon nette et précise. Cette personne devra se méfier des sols glissants, des vêtements flottants (veste boutonnée). Retirer écharpe, bagues et bracelets. Elle annoncera à haute et intelligible voix les différentes manœuvres qui seront répétées par le pilote avant exécution.

Si la batterie fonctionne : Pour toutes actions, **"les mains du pilote ne doivent pas se croiser"**. Tout ce qui est à gauche sera manipulé avec la main gauche et tout ce qui est à droite avec la main droite. Appliquer des procédures qui correspondent à l'exécution de certaines actions, suivies de check-list pour vérifier si les actions ont été bien faites. Procédure et check sont soit extraites du manuel de vol de l'avion soit établies par l'exploitant. Aucune modification ou note ne doit être apportée à celles-ci (documents officiels). La mise en route pourra donc s'effectuer en appliquant la procédure (lecture) ou de mémoire par logique. Se rappeler que pour faire tourner un moteur, il faut : de l'essence et de l'électricité ...

PRÉPARATION DE L'AVION AVANT LE VOL (suite)

Préliminaire

Exemple de mise en route d'un avion école moyen en commençant éventuellement de la gauche vers la droite du tableau de bord et de haut en bas :

1)	Batterie	sur marche
2)	Feux anti-collisions	sur marche
3)	Feux de navigation	sur marche
4)	Siège	réglé – verrouillé
5)	Cabine	fermée - verrouillée
6)	Freins de parking	serrés
7)	Essence	ouverte sur réservoir le moins plein autonomie annoncée
8)	Clés magnétos	en place
9)	Réchauffage carburateur	repoussé sur froid
10)	Mélange	sur plein riche
11)	Pompe électrique	marche – voyant allumé
12)	Pression essence	correcte – arc vert
13)	Injections	4 à 5 à la manette de gaz
14)	Manette de gaz	1 centimètre
15)	Annoncer et vérifier : ESSENCE OUVERTE - FREINS SERRÉS - MANCHE ARRIÈRE ABORDS DÉGAGÉS	
16)	Démarreur	10 secondes maxi

(1, 2, 3 : Afin d'attirer l'attention sur le démarrage)

Si le moteur ne part pas, rechercher la cause. Voici quelques éventualités :
– Manque d'essence par manque d'injection ou trop de temps entre les injections et le démarrage (ne pas oublier que l'essence s'évapore),
   – Trop d'amplitude sur la manette de gaz,
   – Moteur noyé (odeur d'essence)
Remédier à ces incidents en consultant éventuellement la check qui donne des indications en cas de démarrage manqué, ou par connaissance de la procédure.

VÉRIFICATION APRÈS MISE EN ROUTE :

1)	Moteur	1000 tr/mn maxi
2)	Pression d'huile	arc vert dans les 30 secondes.
	Si elle ne monte pas arrêter le moteur	
3)	Pompe électrique	arrêt
4)	Dépression gyro	correcte
5)	Essai coupure magnétos	si pas de coupure il y a une fausse
	masse aux magnétos – arrêter le moteur (étouffoir)	
6)	Moteur	1200 tr/mn
7)	Alternateur	sur marche
8)	Breakers	enclenchés
9)	Radio – radionav	sur marche
10)	Indicateur de virage	sur marche

CHECK LIST APRÈS MISE EN ROUTE :

1)	Radio	marche, fréquence affichée
2)	Directionnel	réglé
3)	Horizon artificiel	calé
4)	Pression d'huile	correcte – arc vert
5)	Pompe électrique	arrêt
6)	Alternateur	charge vérifiée
7)	Indicateur de virage	déflagué
8)	Ceintures	mises
9)	Check après mise en route	Terminée

Mise en température du moteur en faisant attention aux recommandations du constructeur. Certains préconisent d'éviter des mises en températures prolongées (Lycoming). En effet, le refroidissement des cylindres arrières se fait mal à bas régime et peut occasionner des tensions néfastes et une usure prématurée.

Ces vérifications étant faites, demander l'autorisation de rouler. Si une anomalie a été constatée, ne pas partir, faire vérifier. Phare de roulage sur marche, noter l'heure de départ.

LE GUIDE PRATIQUE DU PILOTAGE

PRÉPARATION DE L'AVION AVANT LE VOL (suite)

Préliminaire

Dès le début du roulage, essai souple des freins qui doivent freiner symétriquement. On roulera jusqu'au point d'arrêt (point avant décollage) où l'on effectuera les ultimes vérifications avant l'envol.

On quittera le parking avec le seul souci de sécurité, afin d'éviter tout abordage. Dès qu'il n'y aura plus de risque on vérifiera le bon fonctionnement des instruments gyroscopiques. Exemples d'annonce :
" *Virage à droite – les caps augmentent… une fois (au directionnel) … deux fois (au compas) – horizon stable – indicateur de virage à droite – les gisements diminuent.*"

suivie d'une check liste roulage :

1)	Heure bloc	notée
2)	Phare de roulage	marche
3)	Freins	essayés
4)	Instruments gyro	vérifiés
5)	Check roulage	Terminée

Arrivé au point d'arrêt, serrer le frein de parking et procéder aux dernières vérifications.

PROCÉDURE ESSAIS MOTEUR :

1)	Frein de parking	serré
2)	Phare de roulage	arrêt
3)	Sélecteur carburant	sur le plus plein
4)	Autonomie	annoncée
5)	Mélange	plein riche
6)	Paramètres moteur	arc vert
7)	Abords arrières	dégagés
8)	Régime moteur	2000 tr/mn
9)	Sélection magnétos	chute maxi 175 tr/mn différence maxi 50 tr/mn
10)	Réchauffage carburateur	vérifié (si maintient dans la baisse), repoussé sur froid
11)	Dépression gyro	arc vert
12)	Essai ralenti	600 tr/mn puis puissance à 1200 tr/mn

PROCÉDURE AVANT ALIGNEMENT :

1)	Portes	verrouillées
2)	Commandes	libres
3)	Breakers	enclenchés
4)	Magnétos	1 + 2
5)	Alti	zéro
6)	Volets	10°
7)	Mélange	plein riche
8)	Réchauffage carburateur	repoussé, sur froid
9)	Compensateur	décollage
10)	Essence	sur le plus plein

CHECK LIST AVANT DÉCOLLAGE :

1)	Essais	moteur effectués
2)	Portes	verrouillées
3)	Commandes	libres
4)	Magnétos	1 + 2
5)	Alti	zéro ou QNH
6)	Transpondeur	à la demande
7)	Volets	10°
8)	Mélange	plein riche
9)	Réchauffage carburateur	poussé, sur froid
10)	Compensateur	décollage
11)	Essence	sur le plus plein
12)	Briefing départ	effectué
13)	Approche finale	dégagée
14)	Check avant décollage	Terminée

PRÉPARATION DE L'AVION AVANT LE VOL ET APRÈS LE VOL (suite)

Préliminaire

Si un jour il vous arrivait de ne pas avoir de check list, voici une méthode passe partout applicable à bien des avions. C'est toujours triste de voir un pilote paralysé lorsqu'il lui manque une check sur des avions qui ne sont pas des 747. Il n'y a que quatre boutons et deux tirettes qui se "battent en duel". Cette méthode fait appel à un terme mnémotechnique qu'on appelle "***ACHEVER***" avec un brin de mémoire…

A.	**A**tterrisseur, freins de parking serrés
C.	Les 6 C : 1) **C**ontact magnétos sur 1 + 2 2) **C**ontact batterie branché 3) **C**ontact alternateur sur marche 4) **C**ommande mixture plein riche poussé 5) **C**arburateur repoussé 6) **C**ommandes libres
H.	**H**uile température et pression correctes **H**arnais pilote et passagers attachés
E.	**E**ssence ouverte sur réservoir le plus plein, autonomie suffisante, pression essence correcte, pompe électrique sur marche
V.	**V**olets position décollage **V**errière verrouillée
E.	**É**tat cabine, rien sur le plancher pilotes
R.	**R**églages : altimètres, compensateur, directionnel, **R**ien en approche ou sur la piste

Quelle que soit la check employée, si tout est normal, le décollage pourra être entrepris après en avoir demandé l'autorisation. En cas d'anomalie non solutionnée, retour au parking pour faire vérifier l'avion par un mécanicien ou un instructeur.

AU RETOUR DU VOL :

Comme au départ, il ne faudra rien négliger. On pratiquera avec méthode en procédant par exemple de la droite vers la gauche du tableau de bord, et de haut en bas.

1)	Freins de parking	serrés
2)	Phares	arrêt
3)	Régime	1200 tr/mn
4)	Indicateur de virage	arrêt
5)	Radio, radionav	arrêt
6)	Alternateur	arrêt
7)	Régime	1000 tr/mn maxi
8)	Essai coupure	effectué
9)	Mélange	étouffoir
Lorsque l'hélice est arrêtée		
10)	Magnétos	coupées, clés retirées
11)	Feux anticollision	arrêt
12)	Feux Nav	arrêt
13)	Batterie	arrêt

CHECK LIST PARKING :

1)	Heure bloc	notée
2)	Magnétos	arrêt
3)	Radio, radionav	arrêt
4)	Feux anticollision	arrêt
5)	Feux Nav	arrêt
6)	Alternateur	arrêt
7)	Batterie	arrêt
8)	Frein de parking	serrés
9)	Plafonnier	éteint
10)	Commandes	bloquées

A l'extérieur, fermer les portes. Mettre protections statiques et cache-pitot. Attacher l'avion si nécessaire, remplir les papiers de l'avion.

Ces modèles non universels peuvent servir de base sur la plupart des avions écoles à hélice à pas fixe. Sur une check complète, des indications complémentaires, comme des procédures en cas de démarrage manqué, ou de secours, viendraient compléter celle-ci, ce qui serait trop long à traiter ici.

LE GUIDE PRATIQUE DU PILOTAGE

ÉTUDE DU ROULAGE ET MANŒUVRES AU SOL

Préliminaire

QUEL EST L'OBJECTIF ?

Se déplacer au sol en sécurité vis-à-vis des autres appareils, personnes ou engins divers avec une vitesse de déplacement pouvant permettre un arrêt quasi instantané en cas de nécessité.

COMMENT CONTRÔLER LA VITESSE DE ROULAGE ?

Par l'utilisation du moteur : c'est à l'aide d'un régime moteur approprié (en général assez faible) que l'on contrôlera la vitesse de roulage, qui devra correspondre à celle d'un homme se déplaçant "en petites foulées". Le moteur sera sollicité avec une certaine douceur, on évitera "les coups de gaz" qui attireront tous les regards. Initialement pour débuter le roulage on affichera une puissance plus importante que celle dont on aura besoin ensuite, comme pour décoller l'avion de sa place. Dès que l'avion roule, réduire sans tarder la puissance à la valeur nécessaire à la vitesse de roulage, sans quoi l'avion continuerait à accélérer.

Par l'utilisation des freins : s'en servir le moins possible sauf en cas de nécessité et là encore, avec souplesse. Il faudra réduire la puissance avant de freiner un peu comme en voiture où on lâche l'accélérateur pour le freinage. Éviter de rouler avec un régime moteur constant en dosant la vitesse de roulage aux freins, sous prétexte qu'un moteur réduit encrasse les bougies, ce qui est vrai si cela durait quelques minutes, mais ce n'est pas meilleur qu'un freinage fréquent qui fait chauffer les freins et peut même faire rougir les disques avec les risques de feu... Eviter d'avoir les pieds en permanence sur les freins.

FACTEURS INFLUENTS :

Le vent, en agissant sur les parties de l'avion, peut perturber sa vitesse et sa trajectoire.

L'état du sol (dur - herbe - déclivité) peut nécessiter une puissance plus ou moins importante pour maintenir la même vitesse de déplacement.

SÉCURITÉ :

Elle doit être de tous les instants, c'est une des raisons pour laquelle il ne faut pas rouler trop vite. Ne pas oublier l'envergure de nos ailes dans les passages étroits ou encombrés, il faut regarder tantôt à gauche, tantôt à droite (et devant) pour ne rien accrocher. Rouler avec le phare de roulage et les feux de nav. pour mieux se faire voir. Ne pas écrire en roulant, s'il y a besoin de faire une chose ponctuelle, comme mettre un phare qu'on a oublié, le faire en ligne droite ou s'arrêter. Si une manœuvre devient dangereuse, réduire la puissance, quitte à couper les contacts et freiner.

COMMENT CONTRÔLER LA TRAJECTOIRE ? MOYENS D'ACTIONS :

Tout d'abord, il faut savoir qu'il existe deux principaux types d'avions :

1) les avions à train tricycle avec une roulette avant, formule la plus répandue **(Fig. 1A)**.

2) les avions à train classique avec roulette arrière, formule souvent ancienne, moins facile à manier au roulage **(Fig. 1B)**.

C'est à *l'aide du palonnier commandant la direction conjuguée* avec la roulette avant ou arrière que l'on contrôle la trajectoire au sol. **C'est donc le moyen principal de contrôle.** Les freins qui peuvent agir séparément à gauche et à droite, en cas de besoin ou simultanément si le pilote le désire. Il faut cependant éviter de pivoter sur place en bloquant une roue, ce qui au pire pourrait occasionner un déjantement du pneu. Pour l'éviter, freiner la roue par saccades.

Les autres gouvernes ont également une importance, moins grande sur les avions à train tricycle, mais non négligeable sur les avions à train classique, il faut même en tenir compte, surtout quand le vent devient fort.

Néanmoins si l'efficacité des gouvernes est faible, celle de la direction est due au fait que la roulette (avant ou arrière) est conjuguée avec celle-ci. Sur avions à train classique en soufflant cette gouverne avec de la puissance, on peut obtenir plus d'efficacité en cas de nécessité.

L'ÉTUDE DU ROULAGE ET MANŒUVRES AU SOL (suite)

COMMENT MANŒUVRER AVEC DU VENT DE FACE ?

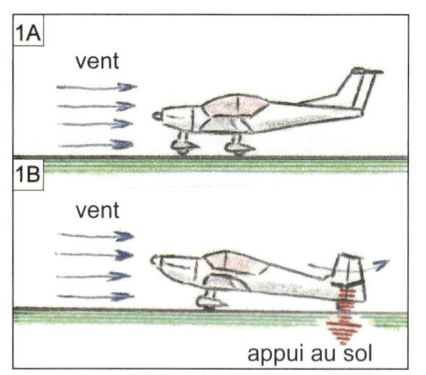

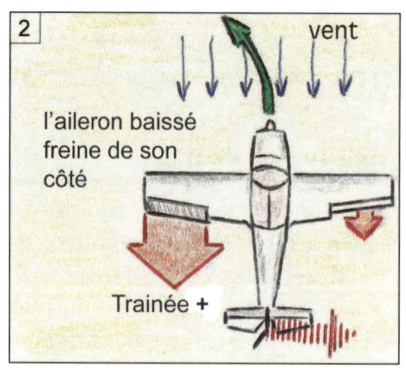

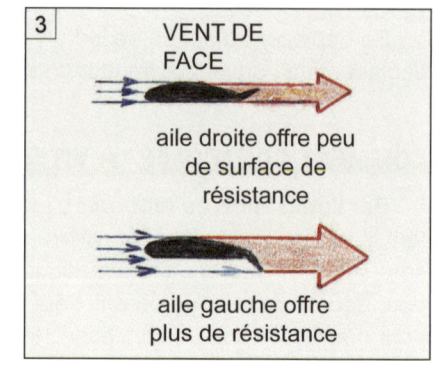

A) La profondeur : sans importance sur avion à train tricycle **(Fig. 1A)**, quoique le manche maintenu légèrement arrière, soulage l'amortisseur avant. Sur avion à train classique **(Fig. 1B)** le manche devra être bien en arrière *"manche au ventre"* disaient nos anciens, permet d'appliquer la queue au sol surtout par vent fort ou sur sol en mauvais état.

B) La direction : au sol est conjuguée avec la roulette avant ou arrière actionnée par le palonnier que l'on pousse pour virer dans le sens désiré donc palonnier à gauche pour virer à gauche **(Fig. 2)** et inversement pour un virage à droite puisque c'est la commande principale pour diriger, au sol.

C) Les ailerons : sans importance sur un avion à train tricycle, avec un avion à train classique leur aide est nécessaire, ainsi on braquera le manche en sens inverse du virage (contrairement à ce que l'on fait en vol). En effet, face au vent, l'aileron baissé (le gauche) **(Fig. 2 et 3)** offre une traînée plus importante que l'aileron levé (ici le droit), ce qui favorise le virage, l'aile intérieure à celui-ci étant freinée surtout si le vent est fort.

> *En résumé pour virer vent de face : pousser le palonnier du côté du virage, manche maintenu arrière et opposé latéralement au sens du virage*

COMMENT MANŒUVRER AVEC DU VENT ARRIÈRE ?

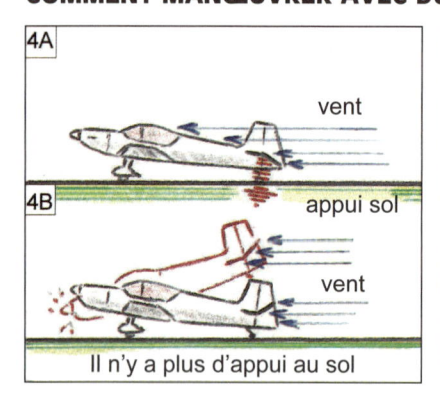

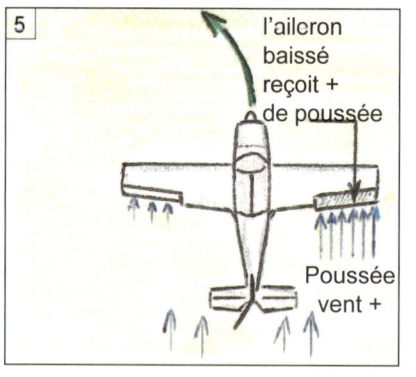

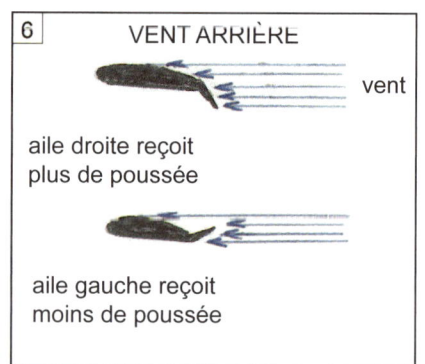

A) La profondeur : par vent fort, sur avion à train classique surtout ne pas oublier de tenir le manche franchement vers l'avant, pour que la poussée du vent arrière appuie bien sur la gouverne de profondeur, maintenant ainsi la roulette arrière appliquée au sol **(Fig. 4A)**. Si le manche était maintenu en arrière, le vent provoquerait le soulèvement de la queue avec risque important de faire passer l'avion sur le nez **(Fig. 4B)**, appelé également *"mise en pylône"*. Sur avion à train tricycle, ce risque étant inexistant, le manche pourra rester au neutre.

B) La direction : comme par vent de face, la roulette avant ou arrière étant conjuguée avec la direction, on appuiera sur le palonnier du côté désiré du virage (à gauche) **(Fig. 5)**.

C) Les ailerons : le manche sera braqué latéralement, dans le sens du virage (comme en vol) tout en le maintenant en avant. Ainsi l'aileron baissé (le droit) **(Fig. 5 et 6)** subira une poussée du vent arrière plus importante que l'aileron levé, l'aile extérieure au virage étant elle-même poussée favorisera ce virage.

> *En résumé pour virer vent arrière : palonnier poussé dans le sens du virage, manche maintenu en avant et latéralement dans le même sens que le virage.*

Remarques :

1) Par vent arrière faible ou si la puissance est élevée, le souffle de l'hélice peut annuler les effets du vent arrière, auquel cas, il ne faudra plus maintenir le manche en avant.

LE GUIDE PRATIQUE DU PILOTAGE

ÉTUDE DU ROULAGE ET MANŒUVRES AU SOL (suite)

Préliminaire

2) Sur avion à train tricycle, par vent fort de face, ne pas maintenir le manche trop en arrière, car si l'amortisseur avant est trop détendu, la roulette se verrouille automatiquement dans l'axe (c'est ce qui se passe en vol). Pour garder le contrôle de la direction au sol, il faut alors pousser sur le manche pour comprimer l'amortisseur, ce qui rend de nouveau la roulette directrice.

3) Les avions à train classique ont beaucoup d'inertie lors du contrôle des trajectoires au roulage. Il faudra donc anticiper les actions en contre-braquant les commandes avec une certaine amplitude. Exemple : l'avion est en virage à droite, pour revenir en ligne droite sur un axe précis, il faudra un peu avant d'atteindre celui-ci contre-braquer le palonnier à gauche.

COMMENT MANŒUVRER AVEC DU VENT DE TRAVERS ?

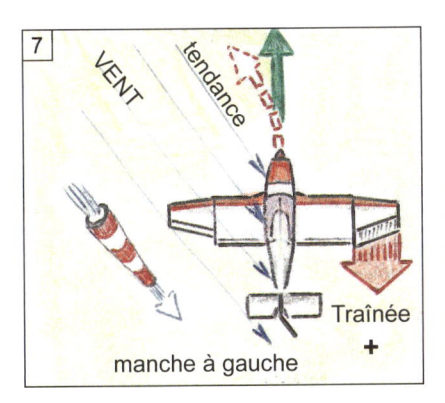

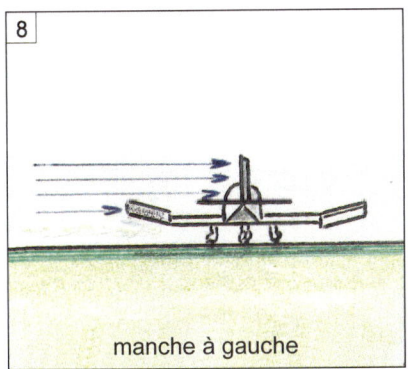

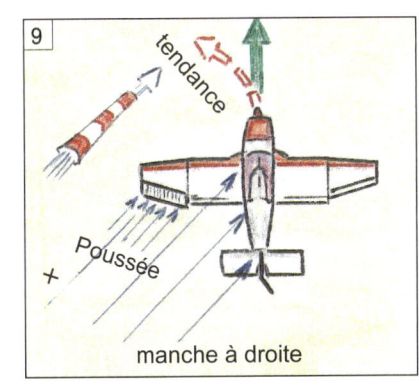

La principale difficulté du vent de travers est de pouvoir conserver la ligne droite car l'avion subissant le vent latéral si on le laisse faire, aura une tendance naturelle à se mettre *"nez dans vent"*, c'est ce que l'on appelle *"l'effet de girouette"* **(Fig. 7)**. Pour l'en empêcher il faudra agir en permanence sur les gouvernes :

A) La direction : pour maintenir la ligne droite, le palonnier sera légèrement et en permanence poussé côté opposé au vent **(Fig. 7)**. Cette action sera plus marquée sur les avions à train classique. Ne pas avoir d'action systématique *"le pied du pilote doit obéir à l'œil ..."*

B) Les ailerons : manche *"dans le vent"* ou du côté d'où vient le vent est la règle à retenir. En effet, l'aileron baissé offre une résistance à l'avancement plus importante que l'aileron levé **(Fig. 8)**. Cette traînée s'oppose à la tendance de l'avion à se mettre nez dans le vent (effet de girouette). Par contre avec un vent fort de travers de l'arrière, comme le montre **(Fig. 9)**, le manche sera placé du côté opposé au vent car l'aileron baissé subira alors une poussée arrière sur l'aile qui s'opposera à l'effet de girouette.

C) La profondeur : au neutre sur train tricycle, en arrière sur train classique sauf si le vent est arrière où on le mettra en avant pour ne pas passer sur le nez.

> *Résumons : règle générale, manche dans le vent sauf s'il est à composante arrière auquel cas, manche opposé au vent. Palonnier opposé au vent sans être systématique car il faut maintenir la ligne droite.*

QUELQUES CONSEILS :

Rouler au milieu des chemins de roulement (taxiway) : *si un axe est tracé, rouler bien centré sur celui-ci,* ce qui préserve en général d'un accrochage avec des obstacles fixes et donnera une future bonne habitude du roulage de nuit.

Éviter de rouler volets sortis, ce qui donne une meilleure adhérence des roues et d'autre part évite des projections de cailloux lorsque l'on roule sur des terrains en herbe.

Par contre sur un terrain devenant subitement gras (terrain en herbe après pluie) il peut être nécessaire d'augmenter fortement la puissance, manche à fond arrière en sortant les pleins volets pour alléger l'appareil (de quelques déca Newton) et ne pas s'embourber.

Respecter les règles de priorité... à droite.

QUELQUES CONSEILS POUR GARER LES AVIONS

Préliminaire

Sur la plupart des aérodromes importants avec des parkings en dur, les endroits où l'on peut garer les avions sont marqués au sol par un T ou une flèche, quelquefois numérotés. Dans ce cas, il suffit de se positionner selon les informations du contrôle ou d'un parkeur.

Lorsqu'il n'y a pas de contrôle ou de marque sol, sur un aérodrome que vous ne connaissez pas, observez la manière dont sont disposés les avions locaux et placez-vous de façon à ne pas casser l'ordre et la symétrie... Tant soit peu qu'il y en ait...

En effet rien n'est plus désagréable de voir un nouvel arrivant se placer à son gré, en sens inverse de tout le monde ou deux mètres plus en avant ou en arrière des autres... C'est une question de correction. Si vous avez un doute, si vous avez l'impression d'être mal placé ou de gêner, ne pas hésiter à demander de l'aide.

COMMENT S'ALIGNER CORRECTEMENT AU PARKING ?

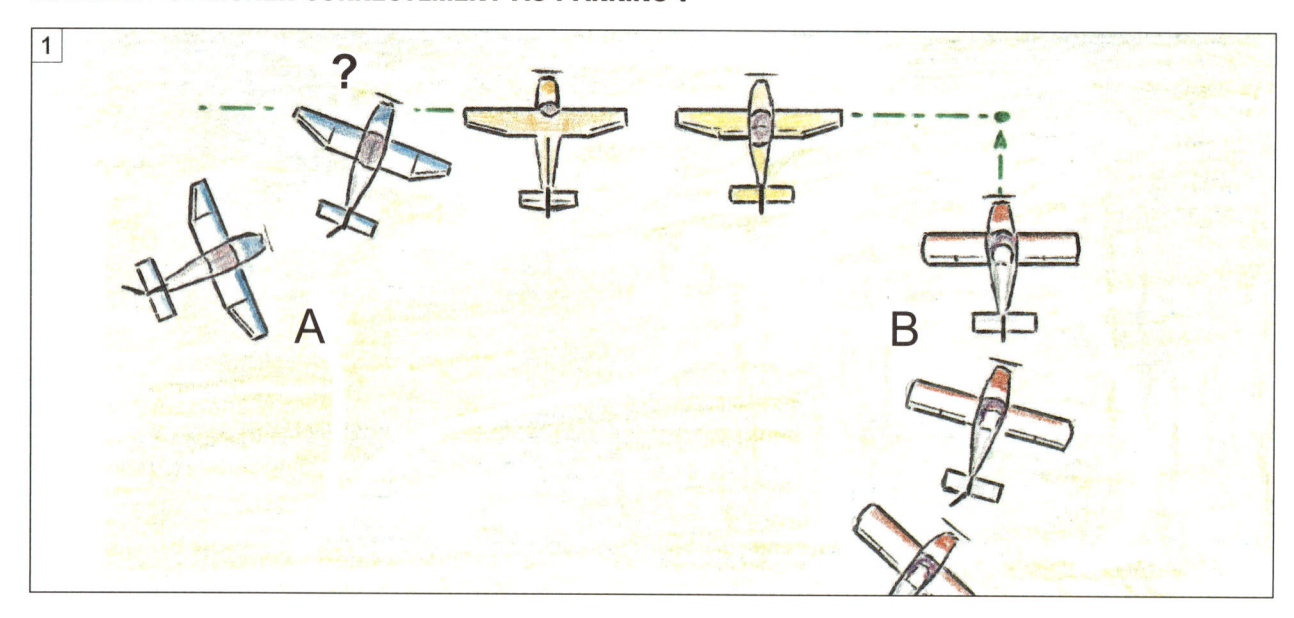

La **Fig. 1** nous montre deux exemples d'alignement :

A) *Mauvaise présentation* : ce qu'il faut dans la mesure du possible éviter, présentation en biais, trop proche, l'alignement est difficile avec pour inconvénient à l'arrêt d'avoir la roulette de travers, les ressorts de rappel de celle-ci restant en extension, ce qui mécaniquement n'est pas très bon.

B) *Présentation correcte* : venir de plus loin, doucement, *l'arrêt étant précédé d'une courte ligne droite* permettant d'avoir la roulette droite, ainsi les ressorts ne seront pas en extension.

Remarque : Si on a eu du mal à placer l'avion, il est toujours possible de le faire à la main ensuite, avec la fourche prévue pour cela et de se faire aider.

les années 60...

LE GUIDE PRATIQUE DU PILOTAGE

L'UTILISATION DU MOTEUR ET EFFETS RÉSULTANTS

Préliminaire

Dans l'esprit de ce guide, nous traiterons le moteur dans son application pratique. Pour la connaissance plus approfondie du moteur voir les ouvrages spécialisés.

L'utilisation du moteur fait appel à des *"moyens d'actions"* pour intervenir sur la puissance souhaitée et d'autre part à des *"moyens de contrôle"* pour s'assurer du bon fonctionnement.

QUELS SONT LES MOYENS D'ACTION ?

– **La manette de gaz :** premier moyen d'action directe pour agir sur la puissance. Elle peut être située à gauche près du tableau de bord et se manipule avec la main gauche. Dans ce cas et c'est un avantage, l'instructeur dispose également, à sa gauche, d'une manette de gaz, branchée en parallèle avec celle du pilote.

Une tendance actuelle est de mettre une seule manette de gaz vers la partie centrale du tableau de bord, que le pilote manipule avec sa main droite. L'instructeur dispose de la même manette, ce qui peut être un inconvénient. Cette solution est choisie par facilité de construction (une seule tringle de transmission), mais aussi pour répondre à une mode (sur avions légers) ou pour satisfaire des fantasmes de pilote pour ressembler aux grosses machines ...

– **Une manette d'hélice :** sur des avions plus puissants, à côté de la manette de gaz se trouve une manette d'hélice, qui permet de modifier (sur ces avions) le pas d'hélice, ce que nous traiterons page 59.

– **Le correcteur altimétrique ou la mixture ou le mélange :** manette ou tirette (de couleur rouge) qui permet de modifier le mélange air-essence pour le bon fonctionnement du moteur, car en s'élevant l'air se raréfie et cela d'autant plus que l'altitude est élevée. Le mélange idéal et de $1/15^e$ soit, un gramme d'essence pour 15 grammes d'air. Des instruments ou une méthode empirique permettent le réglage. En altitude sans l'utilisation du correcteur, le mélange tend à s'enrichir (même quantité d'essence pour moins d'air), par exemple $1/12^e$. il en résulte une consommation importante - un abaissement de la température du moteur, voire apparition de fumée noire (encrassement des bougies). Comme moyen d'intervention, le correcteur altimètrique qui va appauvrir le mélange en diminuant la quantité d'essence. Il faudra cependant faire attention de ne pas trop appauvrir ce qui peut provoquer - un échauffement du moteur - baisse de puissance avec risque de détérioration du moteur. Dans ce cas enrichir le mélange.

– **Le réchauffage-carburateur :** c'est dans le carburateur que s'effectue le mélange air-essence dans une zone où par sa conception se crée une dépression. Dépression étant synonyme de refroidissement, si l'air admis est humide, il peut se transformer en givre qui obstrue le carburateur provoquant des troubles de fonctionnement pouvant aller jusqu'à l'arrêt du moteur.

On a donc pallié à cet inconvénient au moyen du réchaufage-carburateur qui introduit sur commande de l'air chaud (pris *autour* de l'échappement) qui de ce fait empêche le givrage. Mais attention ! Ce dispositif est un moyen "*préventif*" par températures à risques comprises entre + 15° et – 5°, par forte humidité et avant des réductions importantes de puissance. Si, en raison du givrage, le moteur s'arrête, "*c'est trop tard*", ce n'est pas un moyen curatif. C'est à + 5° que le risque de givrage est le plus important.

A – 10°, il n'y a plus de risque de givrage car l'atmosphère ne contient plus d'humidité. Enfin, les moteurs à injection n'ont pas de carburateur, ils ne sont donc pas exposés aux risques de givrage.

Remarques : Ne pas utiliser le réchaufage-carburateur à pleine puissance, c'est inutile voire nuisible en raison d'un accroissement de la richesse qui encrasse les bougies.

QUELS SONT LES MOYENS DE CONTRÔLE ?

Le compte-tours et le manomètre de pression d'admission qui concerne plus particulièrement les avions à hélice à pas variable. Ces deux instruments nous donnent une idée directe de la puissance affichée. Pression d'huile et d'essence, températures d'huile et de la culasse, ampèremètre pour contrôler la charge en électricité sont les instruments classiques. Sur des avions mieux équipés, on trouvera également un instrument de température des gaz d'échappement qu'on appelle E.G.T. qui permet de régler le mélange air-essence avec précision pour réduire la consommation. Un thermo-carbu., instrument qui nous indique s'il y a risque de givrage au carburateur.

LE GUIDE PRATIQUE DU PILOTAGE

L'UTILISATION DU MOTEUR ET EFFETS RÉSULTANTS (suite)

Préliminaire

Remarquons que ce dernier instrument n'indique pas s'il y a givrage, mais seulement s'il y a présomption de givrage.

Il est donc nécessaire d'assurer un contrôle périodique du bon fonctionnement du moteur et notamment température et pressions d'huile et d'essence et aussi en tirant régulièrement le réchauffage carburateur. Deux cas possible :

1) *On dispose d'un thermo-carbu* : sur celui-ci figure en général une zone de couleur jaune. Si l'aiguille se trouve dans la zone au jaune, il y a "*risque*" de givrage, tirer alors partiellement le réchauffage-carburateur de façon à déplacer l'aiguille légèrement en dehors de la zone jaune. Si initialement l'aiguille se trouve hors plage jaune il n'y a pas de risque de givrage. Au régime de croisière, son utilisation peut-être continue.

2) *On ne dispose pas de thermo-carbu* : dans ce cas, le réchauffage-carbu sera utilisé "*tout ou rien*", et constater :

– Si le régime moteur diminue (nombre de Tr/mn) et se maintient dans la diminution, il n'y a pas de givrage, repousser le réchauffage-carbu.

– Si le régime moteur diminue momentanément puis augmente (ou augmente directement) c'est qu'il y a givrage, le givre fond, le laisser alors tiré jusqu'à élimination du givrage, c'est-à-dire jusqu'à ce que le régime reste constant.

En prévention effectuer cette opération quand il y a risque de givrage, mais ne pas laisser un réchauffage-carbu branché en permanence sauf si nous disposons d'un thermo-carbu qui permet sans risque un dosage précis.

Remarque :

1) L'utilisation du réchauffage-carburateur diminue la puissance.

2) Sur avions avec hélice à pas variable ce n'est pas avec le régime moteur (nombre de Tr/mn) que nous constaterons s'il y a givrage, mais avec baisse ou non de la pression d'admission.

LES EFFETS SECONDAIRES PROVOQUÉS PAR LE MOTEUR :

Le moteur et l'hélice ont pour but de fournir la traction nécessaire afin de maintenir une vitesse, accélérer ou décélérer, mais ils ont des effets perturbateurs "*non souhaités*", agissant sur les trois axes d'inertie de l'avion qui tendent à perturber la trajectoire ce que nous allons devoir contrer. Ce sont :

1) *le souffle hélicoïdal* : le plus important des effets sur nos avions légers, qui provoque des modifications de symétrie par rotation autour de l'axe de lacet **(Fig. 1)**. C'est à basse vitesse et forte puissance que le souffle hélicoïdal est le plus important car les spires du souffle sont serrées ; donc en phase de décollage ou de vols à basse vitesse **(Fig. 2)**. En vol normal, les spires s'allongent en raison de la vitesse, les effets en sont donc amoindris **(Fig. 3)**.

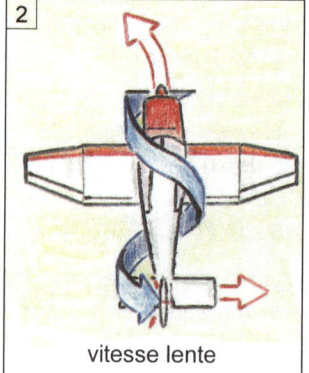

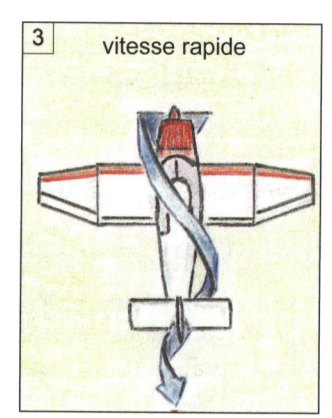

Le sens du déport latéral dépend du sens de rotation de l'hélice car les moteurs ne tournent pas tous dans le même sens. Avec de la puissance, l'avion a tendance à partir du côté de la pale d'hélice montante (vue de la place du pilote) à gauche dans l'exemple. En effet, le souffle vient frapper la partie gauche du plan vertical **(Fig. 1 et 2)**, faisant pivoter l'avion sur sa gauche. Les corrections s'effectuent avec les palonniers.

Les constructeurs ont tenté de réduire cet effet en décalant l'axe de traction du moteur ou le calage du plan vertical, mais cette correction n'est suffisante que pour un régime de vol, en général la croisière. Au-dessus ou en dessous de cette valeur, le pilote doit corriger en permanence.

LE GUIDE PRATIQUE DU PILOTAGE

L'UTILISATION DU MOTEUR ET EFFETS RÉSULTANTS (suite)

Préliminaire

Remarque : Les **Fig. 1, 2 et 3,** ne sont que des images parfaites du souffle hélicoïdal pour en faciliter la compréhension. En réalité celui-ci est beaucoup plus subtil.

2) *le couple de renversement* : selon les lois physiques établies par Newton ***"à toute action, il y a une réaction"***. S'il vous est arrivé de bricoler et de vous servir d'une perceuse vous aurez remarqué qu'à la mise en route de celle-ci, elle avait une fâcheuse tendance à vouloir tourner en sens inverse du foret donc de son moteur. Il en est de même avec certains appareils ménagers électriques (moulin à café, mixer) qu'il faut alors tenir avec fermeté car ils subissent le couple de renversement.

L'avion est donc soumis aux mêmes effets, le moteur et l'hélice tournent dans un sens (à droite dans l'exemple **(Fig. 4)** et l'ensemble de l'avion a tendance à tourner dans l'autre sens, en rotation autour de l'axe de roulis, par variation d'inclinaison.

Pour l'en empêcher il faudra agir sur les ailerons à l'aide du manche, latéralement. Exemple : à la mise en puissance au décollage, appui plus fort sur la roue gauche **(Fig. 4)**. Il en résulte à la longue, une usure plus rapide du pneu côté appui qui est fonction du sens de rotation du moteur.

Si sur nos avions légers cet effet est négligeable, sur des monomoteurs très puissants comme les chasseurs de la guerre 39-45, Spitfire, Messerschmitt 109 dont le diamètre de l'hélice fait presque le tiers de l'envergure, en vol à basse vitesse, une mise en puissance brutale pourrait faire passer l'avion sur le dos ...

Les constructeurs ont apporté des moyens de réduire le couple de renversement, mais comme pour le souffle hélicoïdal, l'avion est compensé seulement pour la vitesse et régime de croisière.

3) *Le couple de tangage* : qui comme son nom l'indique provoque des rotations autour de l'axe de tangage, ce qui aura un effet "***cabreur***" ou "***piqueur***" que l'on contrera à l'aide de la gouverne de profondeur commandée par le manche d'avant en arrière.

Au regard de la **(Fig. 5)** on s'aperçoit que la veine fluide provoquée par l'hélice tend à être canalisée par l'extrados de l'aile et déviée vers le bas après le bord de fuite venant ainsi frapper l'empennage arrière par le dessus provoquant une dépression négative *d* sous celui-ci. Si la puissance augmente le souffle augmente accroissant la dépression négative de l'empennage à *d'* qui créait l'effet cabreur. Si on réduit la puissance le souffle diminue (la dépression négative également) ce qui tend à faire piquer naturellement l'avion.

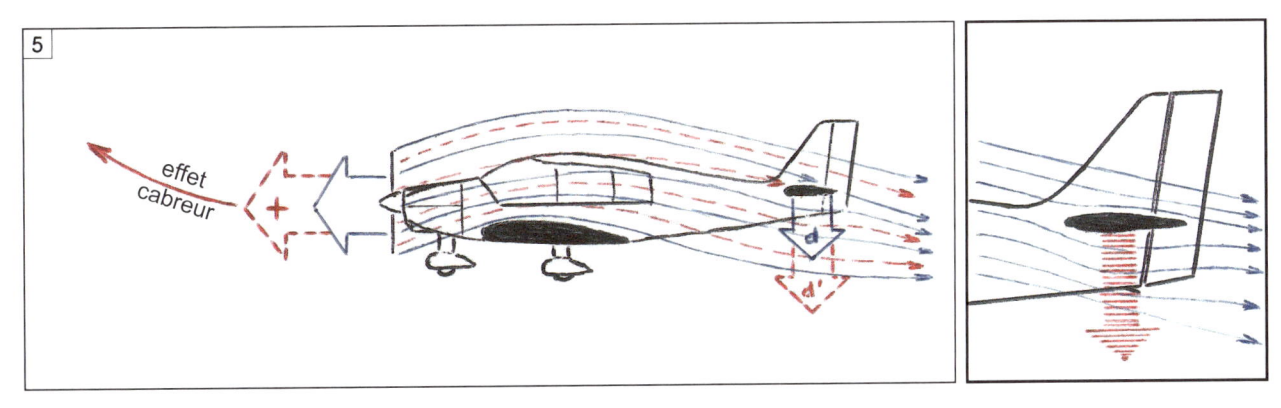

Remarque : En vol normal pour assurer l'équilibre du vol la portance de l'empennage est toujours négative, on dit que l'empennage ***"est déporteur"*** (voir le centrage, page 260).

L'UTILISATION DU MOTEUR ET EFFETS RÉSULTANTS (suite)

Comme pour les autres effets moteurs les constructeurs ont fait en sorte qu'au régime de croisière l'avion soit stabilisé. Ils ont fait également le nécessaire pour qu'il ait une tendance à cabrer à la mise en puissance et à piquer en réduisant celle-ci (sinon ils ne seraient pas certifiés car dangereux). Tout dépend de la position de l'axe de traction par rapport au centre de gravité. Ainsi pour l'avion **(Fig. 6)**, l'axe de traction est au-dessus du centre de gravité. A la mise en puissance cet avion aurait une tendance fâcheuse à piquer, ce qui serait dangereux. Pour répondre aux normes de certification les constructeurs ont mis un empennage très déporteur dès qu'il est soufflé par le moteur produit l'effet cabreur. Pour cela il s'agit d'un empennage avec un extrados bombé, mais à l'envers, l'extrados est en dessous.

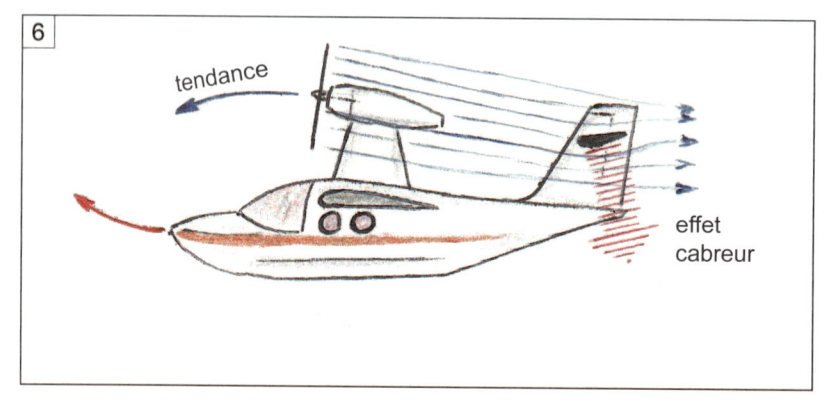

4) Les effets gyroscopiques : Tout objet qui tourne rapidement est une masse en rotation qui se comporte alors comme un gyroscope (roues, hélice, moteur, etc...).

Le gyroscope a la propriété de garder son axe de rotation fixe dans l'espace, sauf si on le perturbe auquel cas il réagit d'une certaine façon.

L'hélice se comporte donc comme un gyroscope. Si on garde une même trajectoire rectiligne à même assiette, il ne se passe rien. Par contre si on modifie la position de l'avion, il va y avoir une réaction **"non désirée"** et momentanée pendant la modification de position et par rapport au disque de l'hélice, 90° plus loin que l'action produite, dans le sens de rotation de l'hélice comme le montre **(Fig. 7)**. Si le moteur tournait dans l'autre sens les réactions seraient inversées. Ces essais se manifestent momentanément durant la modification de position. Cet effet est d'autant plus important que l'hélice est lourde, son diamètre important, que le régime est élevé et que les évolutions sont brutales (voltige).

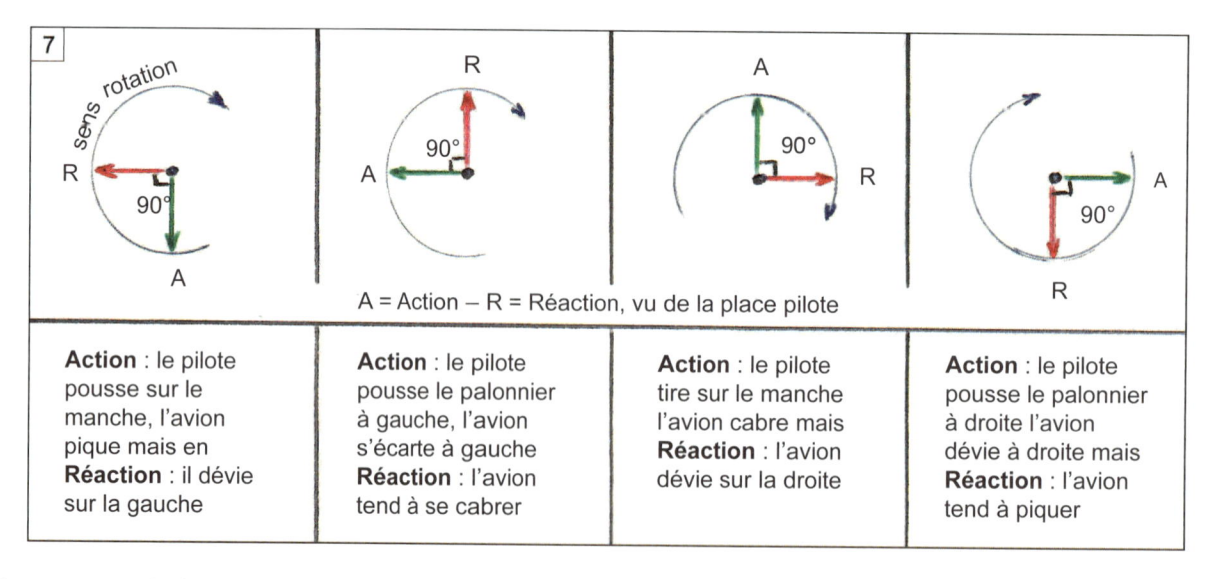

Action : le pilote pousse sur le manche, l'avion pique mais en **Réaction** : il dévie sur la gauche	**Action** : le pilote pousse le palonnier à gauche, l'avion s'écarte à gauche **Réaction** : l'avion tend à se cabrer	**Action** : le pilote tire sur le manche l'avion cabre mais **Réaction** : l'avion dévie sur la droite	**Action** : le pilote pousse le palonnier à droite l'avion dévie à droite mais **Réaction** : l'avion tend à piquer

A = Action – R = Réaction, vu de la place pilote

Remarques générales : Tous ces effets sont moins marqués sur les avions modernes, très bien compensés par les constructeurs. Par contre s'il devait vous arriver de voler sur d'anciens avions, ils sont loin de passer inaperçus et ne manqueraient pas de vous surprendre. Remarquons également que certains effets sont de sens opposés et par conséquent s'annulent. Les quatre effets moteurs que nous avons traités ne sont pas les seuls, il s'agit là des plus marquants.

A retenir : Afin de mieux contrôler les effets moteurs, il faut agir sur la manette de gaz avec une douceur **"éviter les coups de gaz"** qui seront nuisibles pour la mécanique. Exemple pour passer de plein réduit à plein gaz (ou l'inverse) le faire en **"environ 3 secondes"**... ***Qui veut aller loin, ménage sa monture...***

LE GUIDE PRATIQUE DU PILOTAGE

LE CONTRÔLE DES EFFETS MOTEUR

Préliminaire

Nous venons de faire l'analyse des effets moteur, maintenant nous allons étudier comment les choses se passent en vol lorsque l'on fait varier la puissance et comment les maîtriser. Sur un avion-école classique à hélice à pas fixe, pour faire varier la puissance nous disposons de la manette de gaz et du compte-tours pour déterminer la valeur de la puissance affichée soit un certain nombre de tours par minute.

QUELLE EST LA RELATION ENTRE LA MANETTE DE GAZ ET LA PUISSANCE ?

Manette de gaz vers l'avant = la puissance augmente.
Manette de gaz vers l'arrière = la puissance diminue.

CONSÉQUENCES DES EFFETS MOTEUR SUR LA LIGNE DE VOL ?

Pour simplifier nos explications, à ce stade nous considérerons un vol où l'on s'efforcera de maintenir une assiette constante par exemple "*l'assiette zéro*".

Nous considérerons également un avion dont le moteur tourne à droite vu de la place du pilote, ce qui est le cas de la majorité d'avions actuels. S'il tournait à gauche ces effets seraient inversés.

1) Supposons notre avion en ligne de vol à "*assiette zéro*" à la puissance normale de vol, en vol bien symétrique. Si nous bloquons les commandes :

UNE DIMINUTION IMPORTANTE DE PUISSANCE ENTRAÎNE (Fig. 1) :

– Un déport latéral de l'avion à droite, donc une dissymétrie (la bille se décale à gauche).
– Une inclinaison à droite.
– Une assiette qui tend à piquer.

2) Supposons maintenant notre avion en ligne de vol "*assiette zéro*", puissance totalement réduite, en vol bien symétrique. Si nous bloquons les commandes :

UNE AUGMENTATION DE PUISSANCE ENTRAÎNE (Fig. 2) :

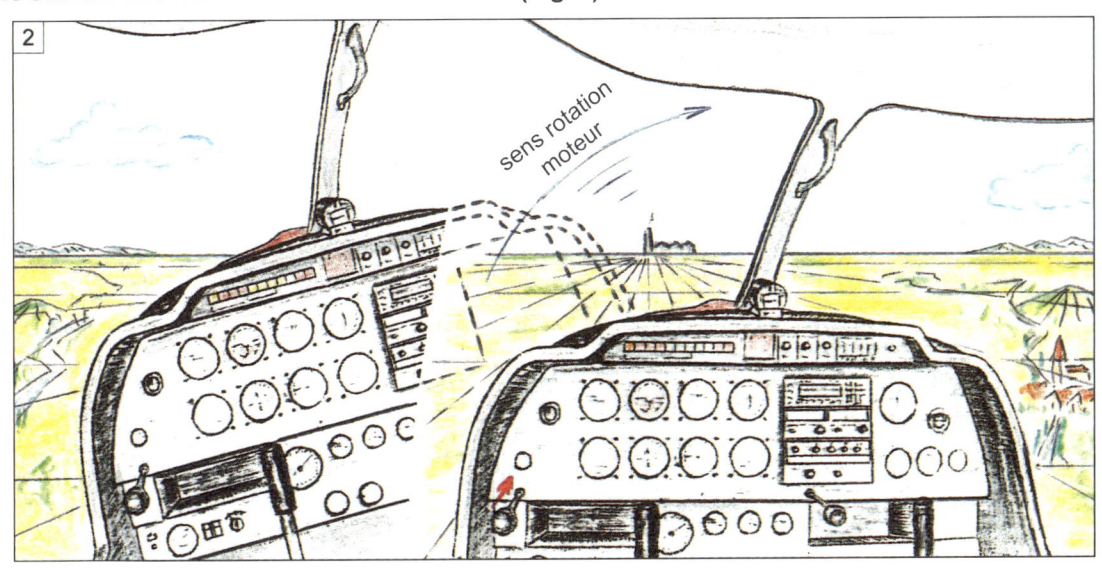

LE CONTRÔLE DES EFFETS MOTEURS (suite)

– Un déport de l'avion à gauche, donc une dissymétrie (la bille se décale à droite).
– Une inclinaison à gauche.
– Une assiette qui tend à cabrer.

CONCLUSIONS A RETENIR POUR CONSERVER UNE MÊME ASSIETTE :
Avant de modifier la puissance il faudra prendre un repère bien droit devant soi **(Fig. 1 et 2)**, et s'efforcer de rester en face de celui-ci, lorsque l'on modifie la puissance. Ainsi :

> *En diminuant la puissance :*
> – On devra principalement pousser le palonnier à gauche avec progressivité pour rester en face du repère (et maintenir la bille au milieu). Une certaine quantité suffira.
> – Tirer légèrement et progressivement sur le manche vers l'arrière pour conserver la même assiette en maintenant l'inclinaison nulle.
>
> *En augmentant la puissance :*
> – Pousser principalement le palonnier à droite avec progressivité pour rester en face du repère et assurer la symétrie du vol (bille au milieu). Une certaine quantité suffira.
> – Pousser légèrement et progressivement le manche vers l'avant afin de conserver la même assiette, en maintenant l'inclinaison nulle.

Dans ces deux cas ne pas avoir d'action systématique, mais le dosage nécessaire pour rester en face du repère. Cette action sera ensuite maintenue.
Exercice : à l'entraînement, il est bon d'effectuer des variations progressives de puissance (de plein gaz à tout réduit et inversement) tout en maintenant une même assiette et un repère lointain (château d'eau) bien devant soi.

RELATION TRAJECTOIRE - RÉGIME :
Sur un avion à hélice à pas fixe, à partir d'une trajectoire quelconque, mais constante nous constatons que le régime moteur (nombre de tours par minute) est constant.
Sans toucher à la manette de gaz si l'on modifie la trajectoire vers le haut, le régime va diminuer (avec un certain retard dû à l'inertie) puis se stabilise à une valeur plus faible.
Si l'on modifie la trajectoire vers le bas, le régime augmentera (avec un certain retard) pour se stabiliser à une valeur plus forte. Dans ce cas, attention de ne pas dépasser le régime maximum autorisé par le constructeur.
Enfin si nous reprenons la trajectoire de départ le régime reprendra sa valeur initiale. Sur les appareils disposant d'hélice à calage variable, le nombre de tours reste constant.

> *Sur une trajectoire donnée, le fait que le régime varie peut-être l'indice d'une modification involontaire de cette trajectoire.*

Remarques : Pour maintenir un régime de moteur constant en modifiant la trajectoire il faut agir sur la manette de gaz, soit réduire en piquant ou augmenter en cabrant. Ne pas agir a priori, attendre que le régime accuse une variation et réajuster progressivement par séquences. Parallèlement lorsque l'on cabre pour maintenir la symétrie, il faudra agir progressivement sur le palonnier à droite et inversement lorsque l'on pique.

Il est important de connaître les limitations d'utilisation du moteur pour cela consulter "*Le manuel de vol*" de votre appareil qui est le document officiel de référence.

Chercher à l'aide de celui-ci :

Le régime maximum continu autorisé _____	
La quantité d'essence utilisable de votre avion _____	

Tachymètre
(compte-tours)

LE GUIDE PRATIQUE DU PILOTAGE

COMMENT FAIRE VARIER LA VITESSE SUR UNE MÊME TRAJECTOIRE

Préliminaire

Nous savons qu'un avion vole grâce à la dépression formée par ses ailes, qu'on appelle portance et qui équilibre le poids de l'avion. Sur une même trajectoire (pas forcément horizontale), le fait de faire varier la puissance entraîne une variation logique de vitesse dans le même sens :

Puissance augmente	→ vitesse augmente
Puissance diminue	→ vitesse diminue

Or, une variation de vitesse entraîne une variation de portance, ainsi :

Vitesse augmente	→ portance augmente
Vitesse diminue	→ portance diminue

Quelle que soit la trajectoire de départ, si on augmente la puissance, la vitesse augmente et comme la portance augmente aussi, l'avion aura tendance à cabrer et la trajectoire s'incurvera vers le haut.

Inversement si on diminue la puissance, la vitesse et la portance diminuent, l'avion tendra à piquer et la trajectoire s'incurvera vers le bas.

On serait tenté de croire que modifier la puissance en *"gardant la même assiette"* permettrait de maintenir la même trajectoire. Et bien non ! Puisque la portance varie, la trajectoire se modifiera vers le haut ou vers le bas, à même assiette.

Pour garder la même trajectoire en faisant varier la vitesse, il faudra faire varier un élément indissociable de la portance *"l'angle d'incidence"*.

DÉFINITION SIMPLE DE L'ANGLE D'INCIDENCE :

C'est l'angle que fait la trajectoire avec l'aile de l'avion. Pour mieux visualiser le phénomène, on parlera plutôt de l'angle que fait la trajectoire et l'axe longitudinal de l'avion, même s'il y a une faible différence, car cela se visualise mieux. Cet angle d'incidence, peut varier, il n'a rien à voir avec l'assiette qui a comme référence l'horizon, comme le montre la **Fig. 1**.

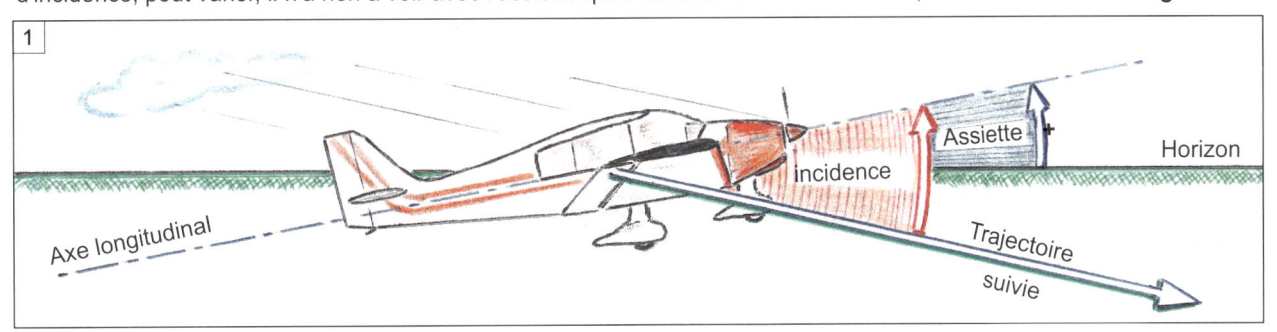

COMMENT VARIE L'INCIDENCE ?

On remarque que si :

L'incidence augmente → **La portance augmente**
L'incidence diminue → **La portance diminue**

Sachant que la portance équilibre le poids de l'avion, si la vitesse varie l'incidence devra varier également, en sens inverse de la vitesse pour maintenir la portance constante (sur une même trajectoire), un peu comme des vases communicants car ce que perd ou gagne la portance par la vitesse, est compensé par l'incidence ainsi :

A portance constante	Si la vitesse diminue > l'incidence doit augmenter
	Si la vitesse augmente > l'incidence doit diminuer

Si l'un varie, l'autre varie également ce qui se traduit par :

Sur une même trajectoire	Lorsque la vitesse diminue l'assiette doit évoluer vers cabrer
	Lorsque la vitesse augmente l'assiette doit évoluer vers piquer

En pratique : Sur une même trajectoire, le pilote **diminue la puissance**, en conséquence **la vitesse diminue**, la portance tend à diminuer, mais **le pilote cabre progressivement** son avion, ce qui rééquilibre la portance. En effet, la portance perdue par la diminution de vitesse est compensée par l'augmentation d'incidence. Inversement, si le pilote **augmente la puissance**, la portance tend à augmenter (ce qui modifierait la trajectoire), mais le pilote fait évoluer progressivement son **assiette à piquer** ce qui rééquilibre la portance. En effet, la portance gagnée par l'augmentation de vitesse est compensée par la diminution d'incidence maintenant ainsi la portance à sa valeur initiale c'est-à-dire égale au poids.

C'est l'aviateur français Henri FARMAN qui en 1908, comprit le premier le rôle de l'incidence ce qui lui permit de réaliser le premier kilomètre en circuit fermé.

LE GUIDE PRATIQUE DU PILOTAGE

Préliminaire — **COMMENT CONTRÔLER LE VOL HORIZONTAL A DIFFÉRENTES VITESSES**

C'est sur une trajectoire horizontale que la valeur de l'incidence est la plus perceptible par le pilote car dans ce cas seulement *"l'incidence est égale à l'assiette"*. Par exemple l'incidence a une valeur de 7°, l'assiette sera cabrée de + 7° également. La valeur de la vitesse donnera un aperçu de l'incidence ce que nous étudierons par la suite.

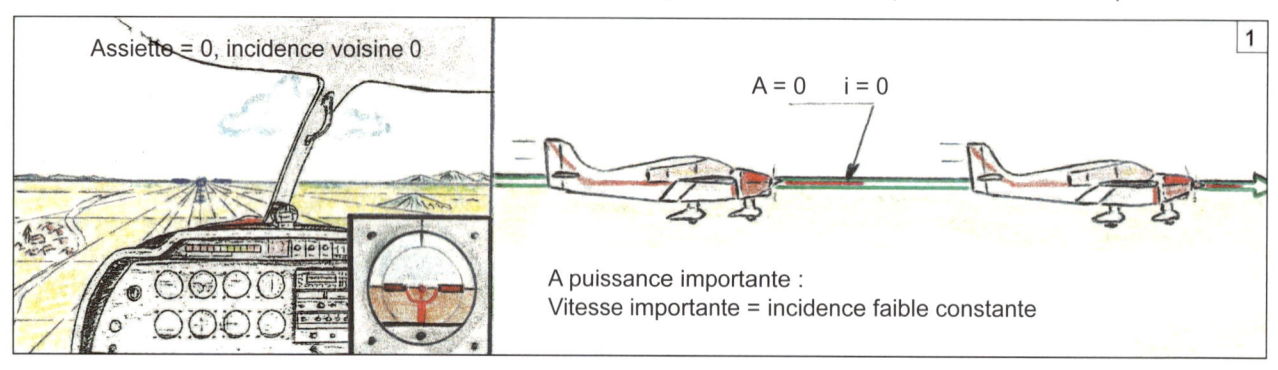

Assiette = 0, incidence voisine 0

A = 0   i = 0

A puissance importante :
Vitesse importante = incidence faible constante

Exemple 1 : *Vitesse importante (la croisière) = incidence voisine de 0 = assiette 0.*

D'après le manuel de vol de votre avion-école, déterminer pour une altitude moyenne de 2000 ft, la vitesse de croisière, pour une puissance de 65 ou 75 %.

Vitesse : _____   Régime : _____

Remarquons que dans ce cas assiette, incidence et trajectoire sont confondues.

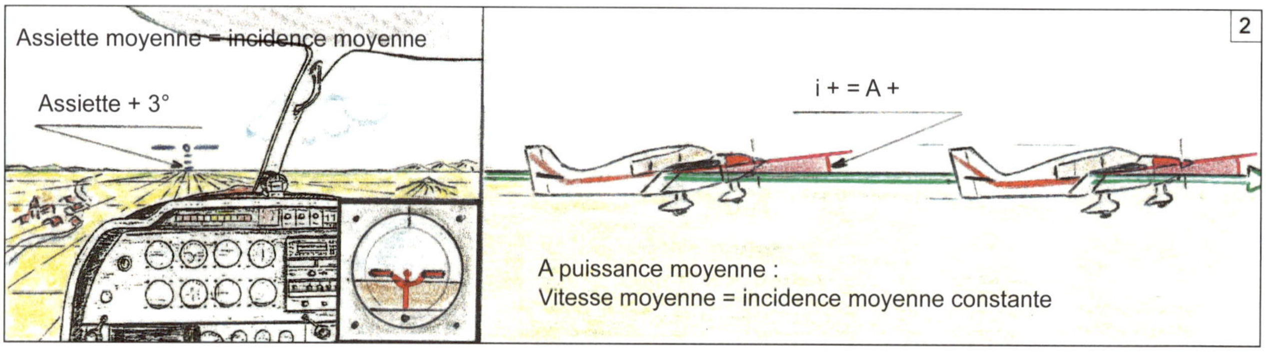

Assiette moyenne = incidence moyenne
Assiette + 3°

i + = A +

A puissance moyenne :
Vitesse moyenne = incidence moyenne constante

Exemple 2 : *Vitesse moyenne = incidence moyenne = assiette moyennement cabrée.*

Sachant qu'une variation de 1 cm sur le pare-brise correspond à 1° (page 15), dans l'exemple ci-dessus, l'incidence et l'assiette ont une valeur de 3° que l'on peut tracer sur le pare-brise en phase de début. Dans ce cas, nous voyons que *l'avion vole constamment cabré* de 3°, assiette, incidence et trajectoire ne sont plus confondues.

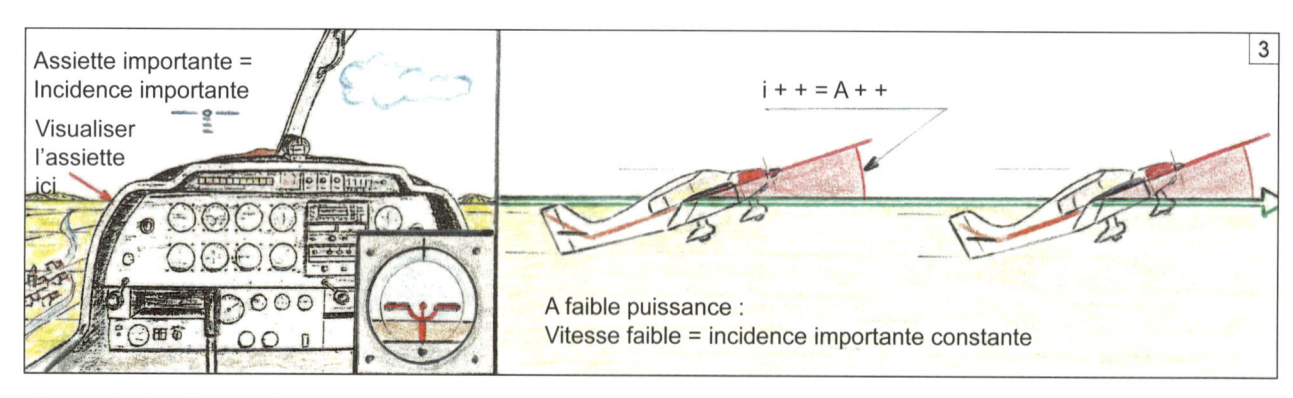

Assiette importante = Incidence importante
Visualiser l'assiette ici

i + + = A + +

A faible puissance :
Vitesse faible = incidence importante constante

Exemple 3 : *Vitesse faible = incidence importante = assiette fortement cabrée.*

L'avion vole lentement, constamment cabré, une incidence voisine de 15° est généralement considérée comme un maximum, ce que nous étudierons pages 80 et 83 pour la vitesse mini de vol. L'altimètre et le variomètre seront les instruments qui nous confirmeront que la trajectoire est bien horizontale. Si on se sert de l'horizon artificiel, certains seront gradués en degrés ce qui est alors facile à interpréter sinon considérer environ ½ mm par degré.

CONCLUSIONS :

En vol horizontal à différentes vitesses > Assiette (A) + = Incidence (I)

Puissance - Vitesse - Incidence sont donc étroitement liées.

LE GUIDE PRATIQUE DU PILOTAGE

COMMENT CONTRÔLER UNE TRAJECTOIRE MONTANTE A DIFFÉRENTES VITESSES

Préliminaire

Lorsque la trajectoire n'est pas horizontale, l'assiette n'est plus figurative de l'incidence car elle n'est plus perceptible visuellement, on voit l'angle par rapport à l'horizon, mais pas par rapport à la trajectoire. Il n'y a qu'une comparaison avec la vitesse en vol horizontal qui peut approximativement donner la valeur de l'incidence.

La trajectoire sera contrôlée à l'aide de l'assiette et du variomètre, ainsi si nous prenons le cas d'une trajectoire de montée dont le taux de montée indiqué au variomètre serait de 600 ft/mn.

4

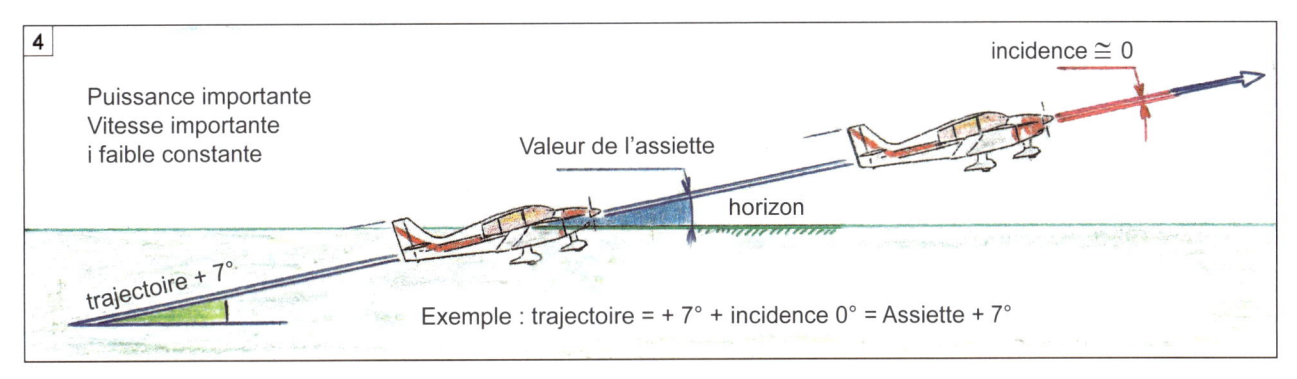

Puissance importante
Vitesse importante
i faible constante

incidence ≅ 0
Valeur de l'assiette
horizon
trajectoire + 7°

Exemple : trajectoire = + 7° + incidence 0° = Assiette + 7°

Exemple (Fig. 4) : *L'avion monte à une vitesse importante (croisière par ex.), l'incidence est voisine de zéro.*

Dans ce cas seulement l'assiette correspond à l'angle de trajectoire de montée.

REMARQUE : A partir d'une certaine valeur d'angle de trajectoire de montée, il n'est plus possible de monter avec une incidence voisine de zéro, d'une façon continue car lorsque la manette de gaz est à fond, il n'est plus possible de maintenir la vitesse, si celle-ci diminue, à moins de disposer d'un important excédent de puissance (cas exceptionnel des chasseurs modernes).

5

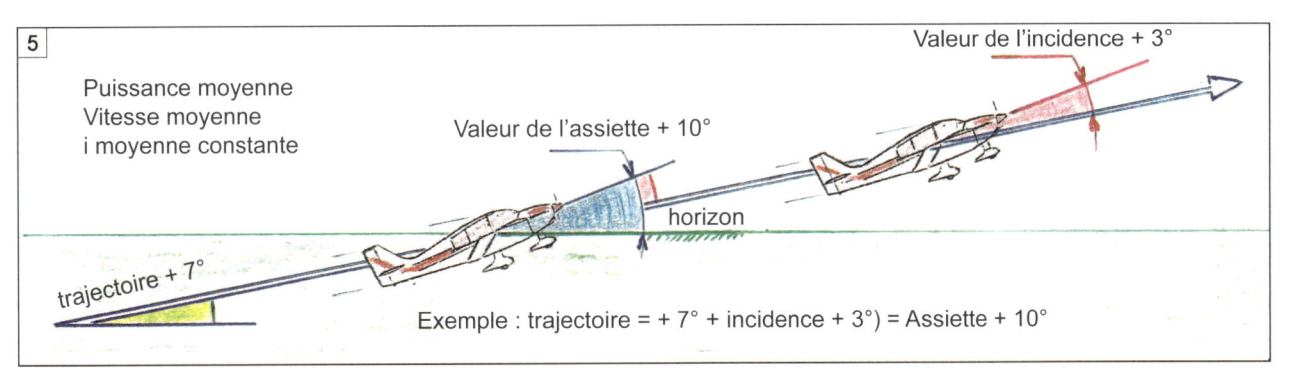

Puissance moyenne
Vitesse moyenne
i moyenne constante

Valeur de l'incidence + 3°
Valeur de l'assiette + 10°
horizon
trajectoire + 7°

Exemple : trajectoire = + 7° + incidence + 3°) = Assiette + 10°

Exemple (Fig. 5) : *L'avion monte à vitesse moyenne, l'incidence est donc moyenne.*

L'assiette correspond à l'angle que fait la trajectoire + l'incidence. L'avion donne l'illusion de monter plus fort que sa trajectoire, il est en réalité plus cabré qu'elle, c'est le cas général de la montée. La vitesse étant la même que **(Fig. 2)** page 40, l'incidence sera approximativement la même + 3° dans l'exemple.

6

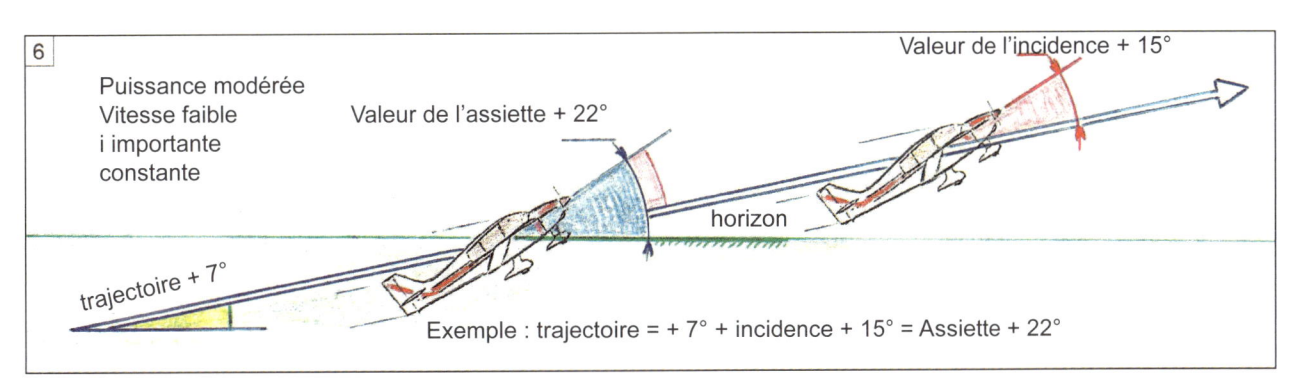

Puissance modérée
Vitesse faible
i importante
constante

Valeur de l'incidence + 15°
Valeur de l'assiette + 22°
horizon
trajectoire + 7°

Exemple : trajectoire = + 7° + incidence + 15° = Assiette + 22°

Exemple (Fig. 6) : *L'avion monte toujours sur la même trajectoire, mais à vitesse plus faible donc incidence importante.*

L'avion est beaucoup plus cabré que sa trajectoire et donne l'illusion de monter très fort, il n'en est rien, même incidence que **(Fig. 3)** page 40 donc même vitesse.

Retenons qu'en général l'avion est plus cabré que sa trajectoire, nous pouvons donc retenir :

$$\boxed{Assiette = Trajectoire + Incidence}$$

LE GUIDE PRATIQUE DU PILOTAGE

Préliminaire

COMMENT CONTRÔLER UNE TRAJECTOIRE DESCENDANTE A DIFFÉRENTES VITESSES

Prenons maintenant l'exemple d'une *"trajectoire descendante"* où le taux de descente serait contrôlé comme pour la montée à l'assiette et au variomètre dont la valeur négative serait de − 500 ft/mn par exemple sur une trajectoire de − 3 °.

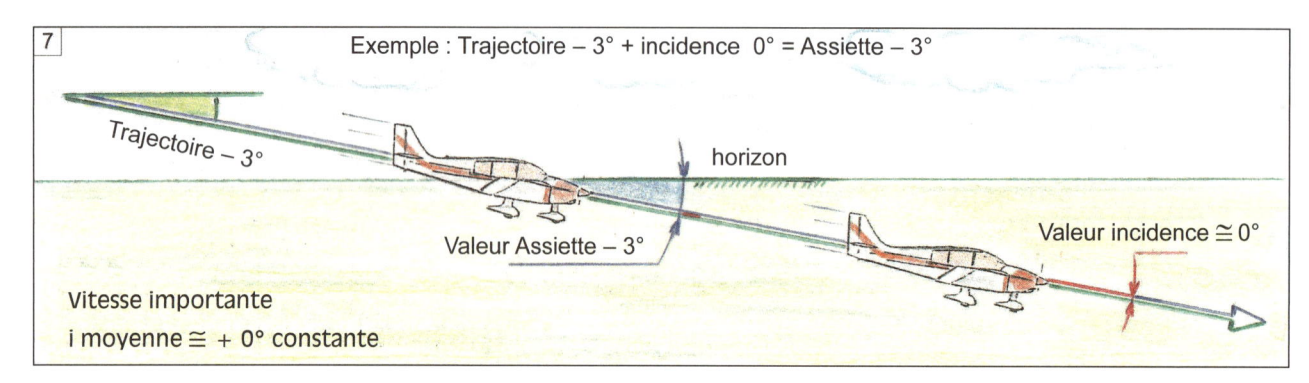

7 Exemple : Trajectoire − 3° + incidence 0° = Assiette − 3°
Trajectoire − 3° — horizon — Valeur Assiette − 3° — Valeur incidence ≅ 0°
Vitesse importante
i moyenne ≅ + 0° constante

Exemple 1 : *L'avion descend à vitesse élevée (croisière par ex.). L'incidence est donc faible, voisine de zéro.*

Dans ce cas seulement l'assiette *"négative"* correspond à l'angle de la trajectoire descendante − 3° ici. A incidence égale correspond une même vitesse, elle est donc identique à la **Fig. 1** page 40 et **Fig. 4** page 41.

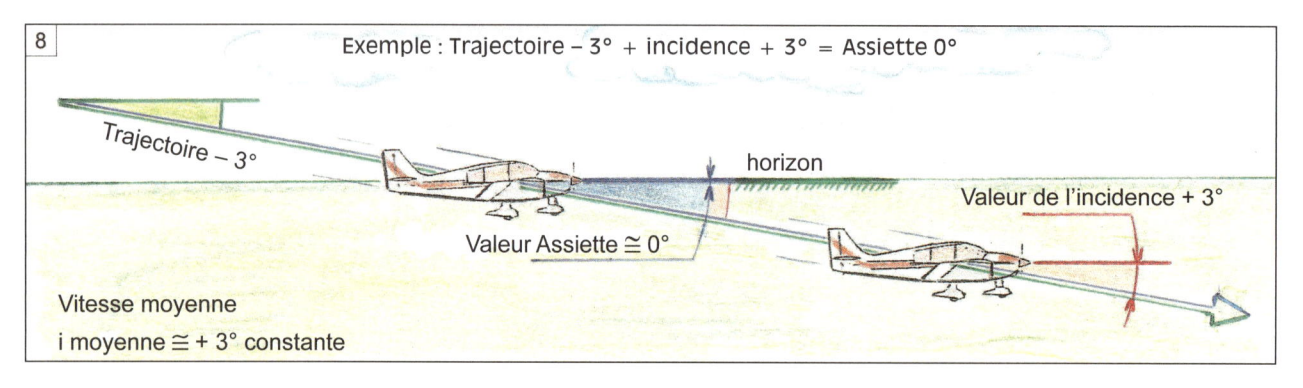

8 Exemple : Trajectoire − 3° + incidence + 3° = Assiette 0°
Trajectoire − 3° — horizon — Valeur Assiette ≅ 0° — Valeur de l'incidence + 3°
Vitesse moyenne
i moyenne ≅ + 3° constante

Exemple 2 : *L'avion descend à vitesse moyenne, l'incidence est donc moyenne.*

La vitesse et l'incidence sont donc identiques à la **Fig. 2** page 40 et **Fig. 5** page 41. L'assiette qui est de zéro dans cet exemple n'est plus figurative de l'incidence puisque l'avion donne l'illusion de voler horizontalement la trajectoire étant descendante de la valeur de l'incidence.

L'attitude de l'avion est moins piquée que sa trajectoire de la valeur de l'incidence.

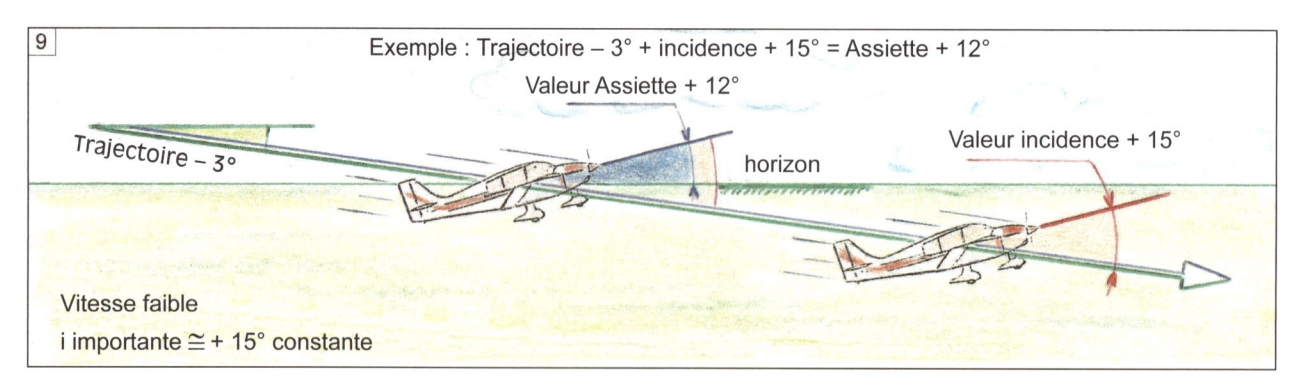

9 Exemple : Trajectoire − 3° + incidence + 15° = Assiette + 12°
Valeur Assiette + 12°
Trajectoire − 3° — horizon — Valeur incidence + 15°
Vitesse faible
i importante ≅ + 15° constante

Exemple 3 : *L'avion descend à vitesse faible, l'incidence est donc importante.*

L'assiette qui dans cet exemple est cabrée à + 12° n'est plus figurative de l'incidence que l'on sait être à + 15° en raison de la comparaison des vitesses identiques à la **Fig. 3** page 40 et **Fig. 6** page 41. Il n'est donc pas anormal de voir l'avion descendre avec une attitude cabrée (le nez en l'air), c'est le cas du Concorde, de la Navette spatiale et d'autres appareils en approche finale.

Conclusions générales : A même vitesse, l'incidence sera identique quelle que soit la trajectoire.

L'assiette correspond à la position de l'avion par rapport à l'horizontale.
L'incidence correspond à la position de l'avion par rapport à la trajectoire.

LE GUIDE PRATIQUE DU PILOTAGE

COMMENT MAINTENIR UNE TRAJECTOIRE LORSQUE LA VITESSES VARIE — Préliminaire

I) VITESSE EN DIMINUTION :

Nous savons qu'à chaque vitesse correspond une certaine incidence, si la vitesse diminue, l'avion va devoir passer par différentes incidences croissantes.

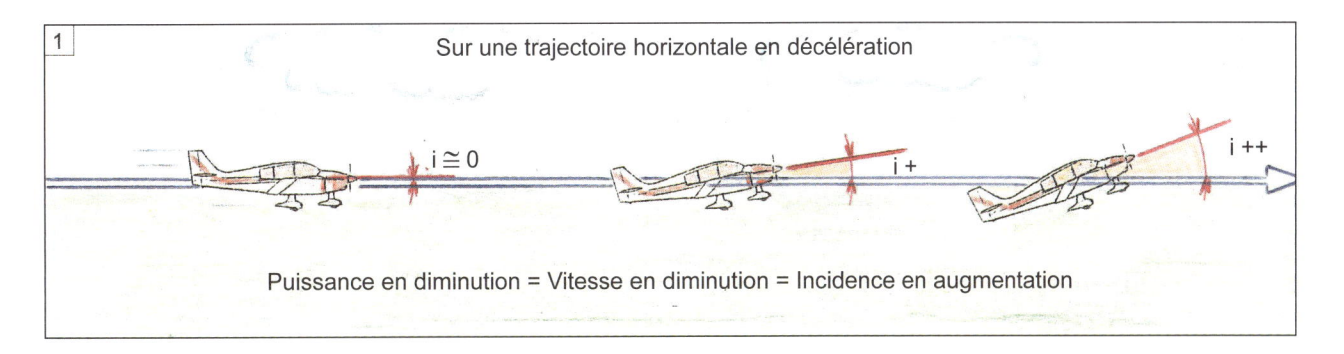

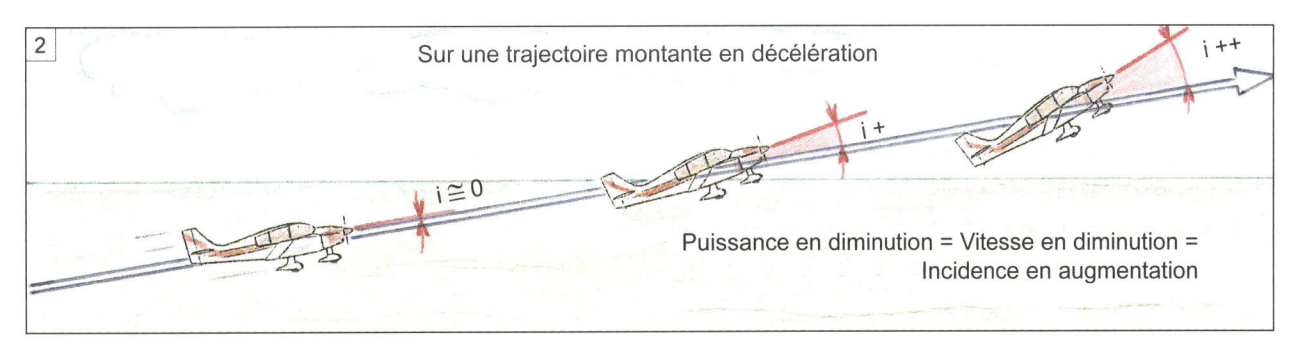

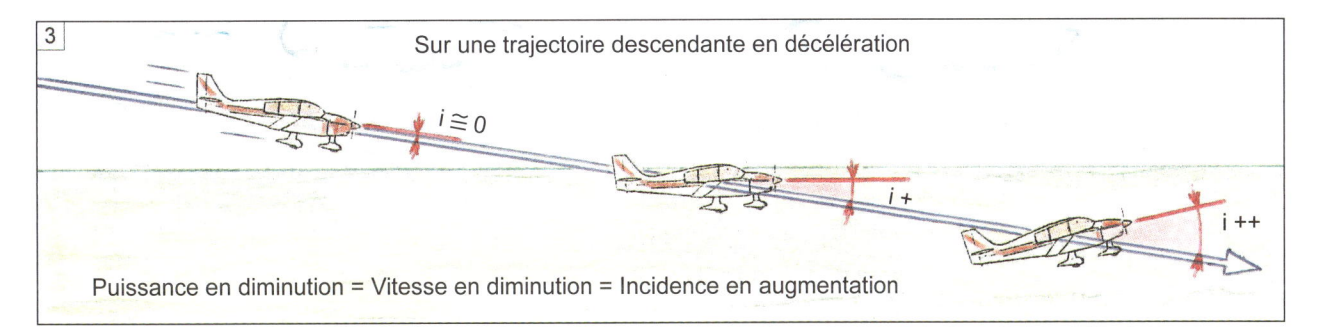

1 — Sur une trajectoire horizontale en décélération

Puissance en diminution = Vitesse en diminution = Incidence en augmentation

2 — Sur une trajectoire montante en décélération

Puissance en diminution = Vitesse en diminution = Incidence en augmentation

3 — Sur une trajectoire descendante en décélération

Puissance en diminution = Vitesse en diminution = Incidence en augmentation

Quelle que soit la trajectoire choisie, sur une même trajectoire, *si la vitesse évolue vers une diminution, l'assiette doit évoluer vers cabrer* avec progressivité aussi longtemps que la vitesse diminue car l'incidence doit augmenter au fur et à mesure que la vitesse diminue.

Le réflexe du pilote *qui vient de réduire sa puissance* pour diminuer sa vitesse sur une même trajectoire est de *tirer progressivement sur le manche*. Cette action ne doit être ni trop lente sans quoi la trajectoire s'incurve vers le bas, ni trop rapide sans quoi elle s'incurve vers le haut ce qui n'est pas l'objectif. On peut considérer empiriquement que, pour un avion-école, cette *variation doit être de 1° par 2 ou 3 secondes*. Rappelons nous qu'un degré correspond approximativement à un centimètre.

La variation d'assiette s'effectuera jusqu'à l'obtention de la nouvelle vitesse, ensuite la nouvelle assiette restera à peu près constante avec une nouvelle puissance adaptée.

Le maintien de la trajectoire se contrôle à l'aide de l'altimètre et du variomètre lorsque la trajectoire est horizontale, soit altitude constante et vario zéro.

Lorsque la trajectoire est montante ou descendante, on considérera le contrôle par le maintien d'un vario à peu près constant, positif si la trajectoire est ascendante, négatif si descendante, par exemple plus ou moins 500 ft/mn. Cette notion pour maintenir ces deux dernières trajectoires n'est pas tout à fait exacte (voir explication, page **100**), mais suffisante à ce stade. En réalité, le vario devrait diminuer lorsque la vitesse diminue.

II) VITESSE EN AUGMENTATION :

Dans ce cas, le problème est inversé car l'avion va devoir passer par différentes incidences décroissantes.

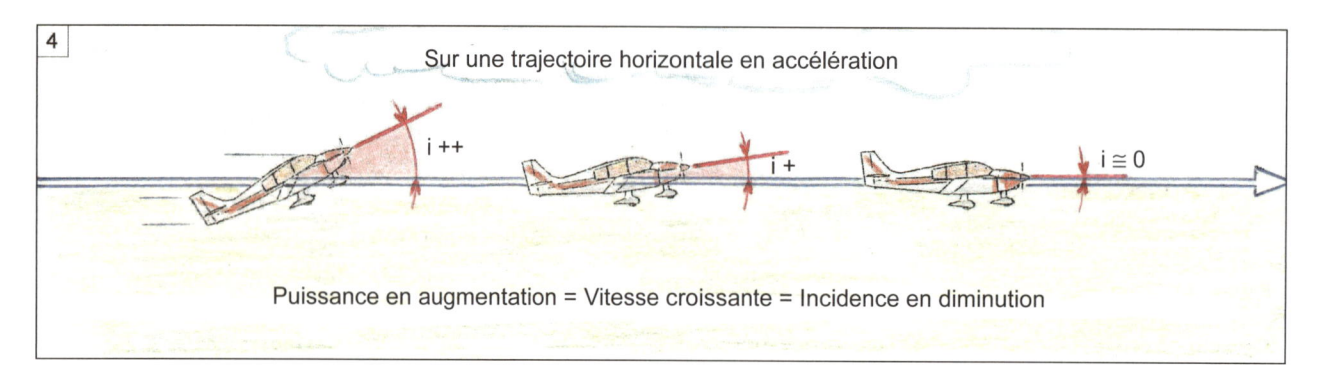

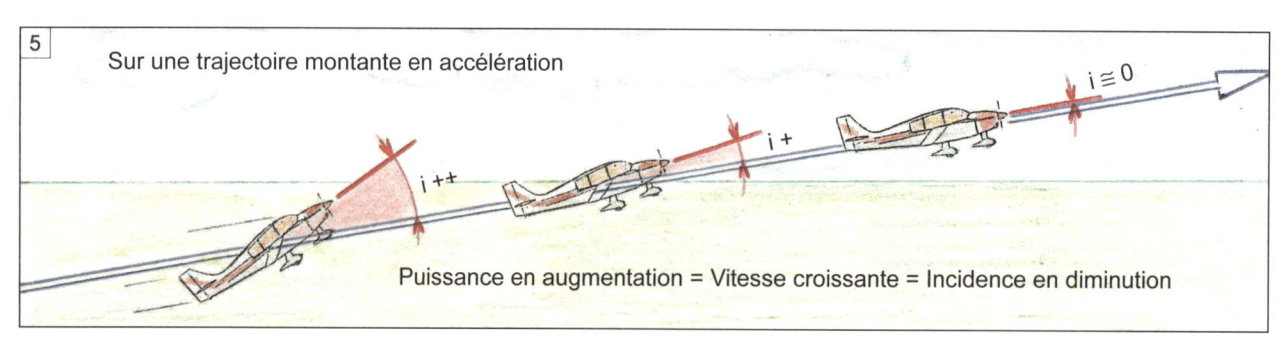

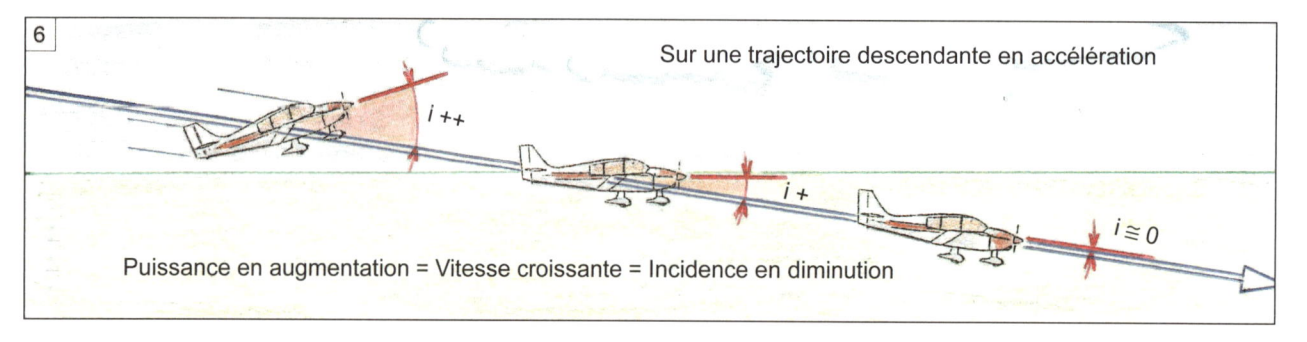

4 — Sur une trajectoire horizontale en accélération

Puissance en augmentation = Vitesse croissante = Incidence en diminution

5 — Sur une trajectoire montante en accélération

Puissance en augmentation = Vitesse croissante = Incidence en diminution

6 — Sur une trajectoire descendante en accélération

Puissance en augmentation = Vitesse croissante = Incidence en diminution

Quelle que soit la trajectoire choisie, *si le pilote augmente la puissance pour accroître sa vitesse, l'assiette doit évoluer vers piquer* avec progressivité car l'incidence doit diminuer progressivement au fur et à mesure que la vitesse augmente.

Le réflexe du pilote qui vient **d'augmenter la puissance** pour augmenter sa vitesse sur une même trajectoire est de *pousser progressivement* sur le manche ou d'agir sur le manche vers l'avant à partir de la position qu'il occupe. Cette action ne doit être ni trop lente ni trop rapide sans quoi la trajectoire s'en trouve modifiée comme pour la décélération et se contrôle de la même manière que pour la décélération.

La variation d'assiette s'effectuera jusqu'à l'obtention de la nouvelle vitesse, ensuite cette nouvelle assiette restera à peu près constante avec une nouvelle puissance adaptée.

CONSEILS : En instruction, un bon exercice consiste à faire varier la vitesse en maintenant une trajectoire en décélérant progressivement de la croisière à une vitesse faible choisie d'avance et celle-ci obtenue de ré-accélérer progressivement vers la croisière ; peut s'effectuer en palier à altitude constante ou en montée ou en descente à vario à peu près constant.

L'exercice des **Fig. 2 et 5** ne peut s'effectuer que sur une faible trajectoire de montée car on est très vite limité par la puissance nécessairement plus importante en montée (on arrivera très vite plein gaz), le vario à maintenir ne devra donc pas excéder une valeur supérieure à + 300 ft/mn environ.

LE GUIDE PRATIQUE DU PILOTAGE

COMMENT VARIE LA VITESSE LORSQUE L'ON MODIFIE LA TRAJECTOIRE

Préliminaire

A puissance constante, nous constatons :
– Sur une trajectoire précise quelconque, la vitesse est à peu près constante.
– Si l'on modifie cette trajectoire vers le haut, la vitesse diminue à une certaine valeur, avec un certain retard dû à l'inertie, puis se stabilise à une nouvelle valeur plus faible.
– Si l'on modifie cette trajectoire initiale vers le bas, la vitesse augmente à une certaine valeur, avec un certain retard dû à l'inertie puis se stabilise à une valeur plus élevée.
– Si l'on revient sur la trajectoire initiale (ou une trajectoire parallèle), avec un certain retard la vitesse reprend sa vitesse initiale **(Fig. 1)**.

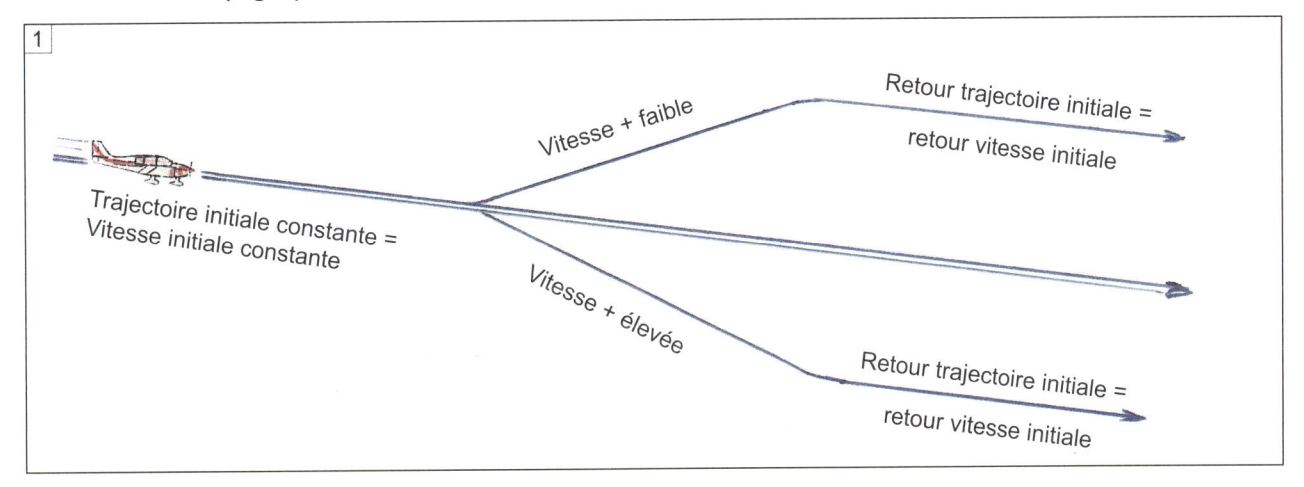

1
Trajectoire initiale constante = Vitesse initiale constante
Vitesse + faible
Retour trajectoire initiale = retour vitesse initiale
Vitesse + élevée
Retour trajectoire initiale = retour vitesse initiale

> *De ce qui précède, nous pouvons conclure qu'une modification involontaire de vitesse peut-être l'indice d'une modification de trajectoire et d'assiette.*

Remarques de ce qui précède :
1) Pour faire varier plus rapidement la vitesse, on peut combiner deux moyens :
   a) Pour obtenir une vitesse plus faible : Modifier la trajectoire vers le haut plus diminution de puissance.
   b) Pour obtenir une vitesse plus élevée : Modifier la trajectoire vers le bas plus augmentation de puissance.
2) Pour maintenir une même vitesse en modifiant la trajectoire il faut :
   a) Si l'on modifie la trajectoire vers le haut : Augmenter la puissance.
   b) Si l'on modifie la trajectoire vers le bas : Diminuer la puissance.

Ces dernières observations ne sont valables que pour des trajectoires avec des pentes faibles car si les trajectoires sont trop pentues lorsque la manette de gaz arrivera à fond dans un sens ou dans l'autre on ne pourra plus contrôler la variation de vitesse.

On peut constater ces observations en voiture sur de faibles pentes montantes puis descendantes en essayant de garder une même vitesse.

ÉTUDE DE CERTAINES VITESSES CARACTÉRISTIQUES :

Comme pour les régimes moteurs, il existe certaines limitations de vitesse qu'il est important de connaître car elles peuvent mettre en jeu la résistance structurale de l'appareil. Ces vitesses figurent dans le manuel de vol, cependant elles sont directement indiquées sur l'instrument (anémomètre ou badin) par des secteurs de couleurs significatifs :

– Secteur vert = vitesse normale d'utilisation, allant de Vs1 lisse (voir page 88) à VNO.
– Secteur jaune = vitesse à ne pas utiliser en atmosphère turbulente.
– Secteur blanc = zone d'utilisation des volets allant de Vs0 (page 88) à la Vfe.

Déterminer pour votre avion-école :

- La vitesse à ne jamais dépasser en atmosphère turbulente qui correspond à l'extrémité supérieure de l'arc vert qu'on appelle **VNO** _____

– Vitesse maximum à ne jamais dépasser qu'on appelle **VNE** (trait rouge) _____

– Vitesse maximale d'utilisation des volets qu'on appelle **VFE** (extrémité supérieure arc blanc) _____

– **VA** (vitesse de manœuvre) : ne pas braquer les commandes à fond ou brutalement au-dessus de cette vitesse _____

Par la suite à un autre stade de la progression nous traiterons d'autres vitesses caractéristiques (voir page 73 et 88);

LE PRÉAFFICHAGE - L'UTILISATION DU COMPENSATEUR

QU'EST CE QUE LE PRÉAFFICHAGE ?

C'est un affichage de paramètres (moteur en l'occurrence) dans un premier temps. En effet, un avion en vol n'a pas la possibilité qu'a une voiture de faire varier sa vitesse rapidement, par exemple pour ralentir il ne dispose pas de freins efficaces. Il faut donc devoir s'attendre en plus à un certain retard avant d'obtenir de nouvelles valeurs.

Sur une même trajectoire, nous savons que pour chaque vitesse, correspond une certaine puissance. Pour faire varier la vitesse, on serait tenté de croire qu'il suffit d'afficher la nouvelle puissance qui correspond à la nouvelle vitesse et faire varier l'assiette en conséquence. Et bien non ! Car sur des avions rapides (voire fins) ce processus a l'inconvénient d'être trop lent, voire inefficace dans certains cas. Aussi, pour obtenir une nouvelle vitesse plus rapidement, sur une même trajectoire, on effectuera *"un pré affichage"* selon ces règles :

> **Processus :**
> *1) Pour accélérer, afficher dans un premier temps la puissance maximale autorisée, attendre la nouvelle vitesse, puis à l'approche de celle-ci, réduire la puissance à la valeur nécessaire.*
> *2) Pour décélérer, diminuer la puissance à une valeur inférieure à celle dont on aura besoin (valeur mini autorisée), puis dès l'obtention de cette vitesse afficher la puissance nécessaire au maintien de celle-ci.*

POURQUOI ET COMMENT UTILISER LES COMPENSATEURS ?

Chaque fois que nous modifions une vitesse, nous constatons que pour maintenir une nouvelle vitesse et nouvelle assiette il est nécessaire d'exercer un effort permanent sur la commande de profondeur **(Fig. 1 et 3)**, sans quoi assiette - vitesse et trajectoire ne se maintiennent pas, pour peu que votre attention soit dispersée ailleurs. Pour faciliter la tenue de la nouvelle assiette - vitesse et trajectoire et surtout annuler l'effort sur la commande, il nous faut faire en sorte que l'avion ait une tendance naturelle à maintenir ces éléments, il faut donc faire appel au compensateur. Le compensateur est une sorte de petite gouverne au sein de la partie mobile de la gouverne de profondeur, qui lorsqu'elle est braquée provoque une petite dépression qui aspire la gouverne et la maintient dans une nouvelle position **(Fig. 2 et 3)**. Celui-ci est commandé par une petite molette à portée de main du pilote ou électriquement par un petit bouton sur le manche.

Pour annuler l'effort il faudra donc agir sur le compensateur dans le même sens que l'effort jusqu'à annulation de celui-ci, ainsi :

> *Si on doit tirer sur le manche pour maintenir l'assiette,*
> *agir sur le compensateur vers l'arrière jusqu'à annulation de l'effort*

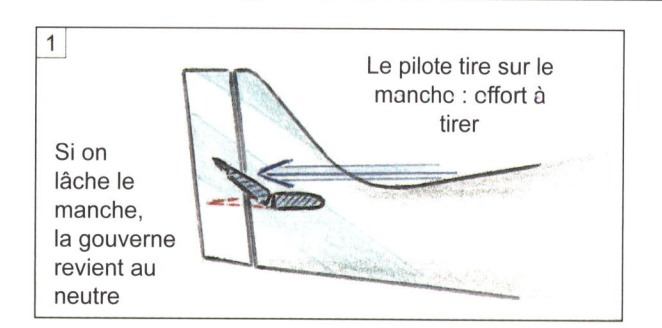

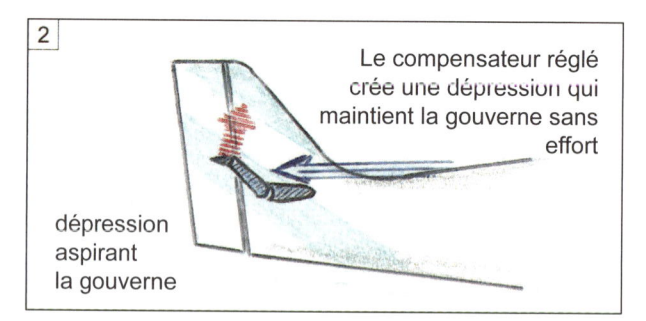

1 — Le pilote tire sur le manche : effort à tirer. Si on lâche le manche, la gouverne revient au neutre

2 — Le compensateur réglé crée une dépression qui maintient la gouverne sans effort. dépression aspirant la gouverne

> *Si on doit pousser sur le manche pour maintenir l'assiette,*
> *agir sur le compensateur vers l'avant jusqu'à annulation de l'effort.*

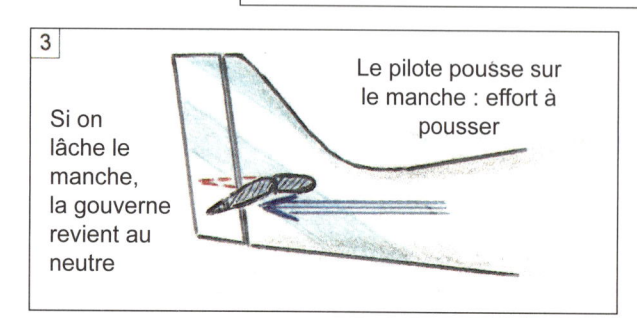

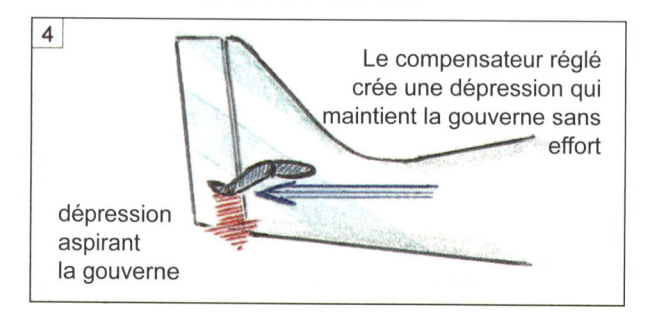

3 — Le pilote pousse sur le manche : effort à pousser. Si on lâche le manche, la gouverne revient au neutre

4 — Le compensateur réglé crée une dépression qui maintient la gouverne sans effort. dépression aspirant la gouverne

Compensateur réglé, lorsqu'il n'y a plus d'effort sur le manche, c'est comme si on avait déplacé la position neutre de la gouverne, le réglage sera satisfaisant lorsque le pilote lâche le manche et que l'avion conserve "*seul*" l'assiette désirée.

LE GUIDE PRATIQUE DU PILOTAGE

LE PRÉAFFICHAGE - L'UTILISATION DU COMPENSATEUR (suite)

REMARQUE :

1) Pour être efficace le compensateur doit être réglé complètement lorsque la nouvelle vitesse est obtenue. Il est donc possible d'assouplir l'effort avant l'obtention de la nouvelle vitesse, mais il faudra le régler une deuxième fois, vitesse atteinte.

Si on règle celui-ci avant l'obtention de la vitesse, il sera réglé pour la vitesse au moment du réglage, il aura donc une tendance à aller chercher celle-ci, ce qui se traduira par une modification de la trajectoire, si l'on n'y prend garde. Ainsi dans le cas d'une accélération, compensateur réglé avant l'obtention de la vitesse, l'avion aura tendance à modifier la trajectoire vers le haut et inversement dans le cadre d'une décélération.

2) Les compensateurs servent à annuler les efforts sur les commandes, mais non pas à modifier l'assiette. Il ne faut donc pas les utiliser pour modifier l'assiette. Ils sont puissants, il faut donc agir doucement.

Sur des avions plus importants, il existe des compensateurs de direction et d'ailerons dont le principe d'utilisation est le même que pour la profondeur.

CONSEILS :

– Chaque fois qu'il faut fournir un effort sur la commande, il faut prendre l'habitude d'utiliser le compensateur pour l'annuler. On ne règle pas un compensateur commandes lachées. Il faut maintenir fermement une assiette (par exemple en poussant sur le manche), régler le compensateur pour annuler cet effort et ensuite lacher les commandes pour voir si l'assiette affichée se maintient seule. Si elle ne se maintient pas c'est que le réglage est insuffisant ou trop important. Le refaire !

– Le fait d'avoir bien réglé le compensateur permet de pouvoir mieux disperser son attention à d'autres tâches du vol, l'avion tenant presque seul sa trajectoire.

– Ne pas utiliser le compensateur de profondeur à chaque instant, comme pour tenter de trouver un équilibre que vous avez du mal à maintenir, il est une aide importante, mais il n'est pas un dispositif de pilotage automatique. En principe, une fois bien stabilisé en vitesse et en trajectoire, si le compensateur est bien réglé vous n'avez plus à y toucher, mais il vous reste quand même à piloter ...

Un beau Jodel D-112 ...
Les cales étaient de rigueur ...

Application	**CONTRÔLE D'UNE TRAJECTOIRE** **LE VOL HORIZONTAL EN CROISIÈRE**

Il est possible de voler en croisière à différentes vitesses donc à différentes puissances. Les vitesses qui nous intéressent sont celles qui sont les plus opérationnelles en voyage. Pour cela il est indispensable de consulter "le manuel de vol" au chapitre des performances, ce qui nous indiquera la vitesse pour tel ou tel pourcentage de puissance, ce qui peut être intéressant pour la rapidité, la distance maximale franchissable ou à puissance économique ou encore un compromis de tout cela. En règle générale la croisière s'effectue avec une puissance de 65 % et sur des avions moins performants en vitesse à 70 ou 75 %.

QUELLES SONT LES CARACTÉRISTIQUES DU VOL EN CROISIÈRE ?

– Une altitude constante.
– Une puissance, donc un régime : - Considérons dans le Manuel de vol de votre avion-école le régime à 65 % ou 75 % de la puissance pour une altitude de vol en école classique de 2000 ft,

Soit un régime constant de : _____ tr/mn
  – Une assiette moyenne qui sera l'assiette de référence soit : _____ A = Zéro
  – Une vitesse indiquée qui est fonction de l'altitude. Nous considérerons dans le manuel de vol celle
     qui correspond à la puissance pour une altitude de 2000 ft : _____ Vi =
– La symétrie du vol et l'inclinaison bien nulle.

QUELS SONT LES ÉLÉMENTS A MAINTENIR CONSTANTS ? (notions de l'instrument principal).

– **L'altitude** et par conséquent **l'altimètre** devient **l'instrument principal** à contrôler.
– **La puissance** donc un certain nombre de tr/mn qui devra rester **constant**.
– **La symétrie** donc le maintien de la bille au milieu assurant les performances (traîné réduite).

Bien que la tenue du vol horizontal **soit surtout une question d'assiette**, qu'il faudra s'efforcer de maintenir avec un maximum de précision, celle-ci peut être amenée à varier légèrement en atmosphère instable. La valeur d'une correction pour maintenir l'altitude constante dépasse rarement 2° soit 2 cm sur le pare-brise ce qui entraînera une légère modification de vitesse.

Assiette et vitesse peuvent donc varier légèrement.

On ne devra pas modifier la puissance si on constate de légères modifications de vitesse et d'altitude, sauf si les écarts sont importants.

Le variomètre qui nous indique *"la tendance"* de la variation n'est pas l'instrument principal car il a trop d'inertie, surtout avec des avions rapides. Il faut donc s'efforcer de percevoir un écart d'altitude à l'altimètre même si le déplacement de l'aiguille qui est faible demande davantage d'attention car il réagit bien avant le vario. Ensuite il faudra accroître votre circuit visuel de façon à ce que votre œil passe assez souvent par l'instrument principal qu'est l'altimètre.

Afin de rendre le pilotage confortable pour vos passagers, il est indispensable de maintenir l'assiette zéro avec un maximum de précision en effectuant si nécessaire des corrections de faible amplitude afin de maintenir l'altitude la plus constante possible.

REMARQUE : Il faudra s'efforcer d'avoir le compas dans l'œil pour apprécier la position précise de l'assiette zéro, afin d'éviter un pilotage à tâtons où le pilote court après l'altimètre ou ce qui est pire après le vario par d'incessantes variations d'assiette inconfortables. Il va falloir apprendre à s'aider de certaines références ...

QUELLES SONT LES RÉFÉRENCES A DÉTERMINER ? QUELQUES CONSEILS :

A ce stade de votre formation, on n'utilisera plus le repère pare-brise, moyen pédagogique de début. Il nous faudra chercher des références fixes à proximité du tableau de bord ou, du capot ou du pare-brise.

Pour trouver celles-ci placer l'avion **en vol bien horizontal** à la vitesse et puissance de croisière en maintenant l'altitude constante et le vario bien à zéro, **ensuite déterminer les points de l'avion qui touchent l'horizon** et les mémoriser. Ainsi si on considère l'exemple (**Fig. 1** - page 49) nous remarquons que l'horizon se trouve au-dessus du compas de la valeur de cet instrument, soit environ trois doigts au-dessus de celui-ci, références indiquées par les flèches.

On peut également trouver une petite saleté ou une petite rayure sur le pare-brise qui peut faire office de repère pare-brise. S'il n'y a pas de référence précise se servir de ses doigts pour évaluer la distance séparant l'horizon du tableau bord afin de s'en rappeler (par exemple l'horizon se situe quatre doigts au-dessus du tableau de bord) quitte à faire une marque avec un doigt mouillé...

Les flèches rouges des figures nous indiquent les points précis à maintenir sur l'horizon et comment visualiser l'assiette.

LE GUIDE PRATIQUE DU PILOTAGE

CONTRÔLE D'UNE TRAJECTOIRE
LE VOL HORIZONTAL EN CROISIÈRE (suite)

Application

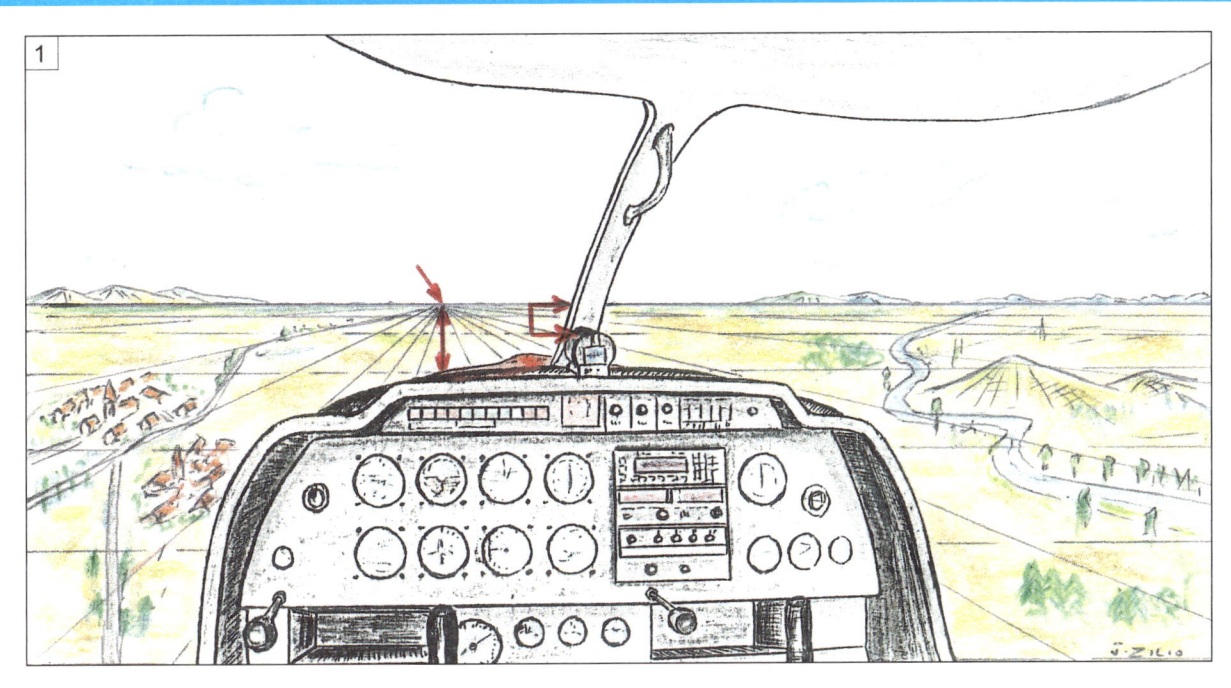

Sur la **Fig. 2** nous voyons d'autres références de visualisation de l'assiette zéro, ici par exemple le milieu du compas placé sur l'horizon assure le vol horizontal en croisière. Sur les contours du pare-brise des petites vis ou rivets que l'on voit également page 9, **Fig. 1** peuvent servir de références même s'ils ne sont pas précisément sur l'horizon, reste à mémoriser *"sa"* vis…

Évidemment ces repères sont les vôtres car ils dépendent de la taille de chacun et de la manière dont vous êtes assis :

> *Comme le sportif, il faut prendre ses marques*

Restent ensuite trois conditions :

1) Se rappeler de ses repères.
2) Être assis dans l'avion de la même manière à chaque vol.
3) Ne pas avoir tendance à lever ou baisser la tête.

Avec l'expérience, vous éprouverez moins de difficulté à trouver ces repères que vous placerez alors quasi instantanément *"**naturellement**"*...

Application

CONTRÔLE D'UNE TRAJECTOIRE
LE VOL HORIZONTAL EN CROISIÈRE (suite)

NOTION DE VITESSE PROPRE :

La **Vitesse indiquée** (Vi) par l'anémomètre ne correspond pas à la vitesse réelle de l'avion appelée **Vitesse propre** (Vp). Cette dernière est fonction de l'altitude et de la température.

Certains anémomètres comportent un computeur qui permet de déterminer la vitesse propre. S'il n'y a pas de computeur, il suffit d'appliquer ces formules :

$$Vp = Vi \quad \begin{array}{l} + \text{ 1 \% par tranche de 600 ft.} \\ + \text{ 1 \% par tranche de 5° au-dessus de 15°. *} \\ - \text{ 1 \% par tranche de 5° au-dessous de 15°.*} \end{array}$$

Pour connaître la température à l'altitude sans thermomètre, il faut savoir que la température décroît d'environ 2° par 1000 ft ou environ 0°65 par 300 ft.

D'après le manuel de vol de votre avion, déterminez pour une puissance de 65 ou 75 % à la meilleure puissance :

1) vers 2000 ft :   Vp _____   consommation horaire _____   autonomie _____
   vers 6000 ft :   Vp _____   consommation horaire _____   autonomie _____

* Il s'agit de 15°C ramené au niveau de la mer. Exemple : - sur un aérodrome situé à 1000 ft au-dessus du niveau de la mer, la température est de 19°. Comme la température décroît en s'élevant ou croit en descendant de 2° par 1000 ft, au niveau de la mer, la température sera plus élevée de 2° soit 21°. L'influence de la température pour la Vp sera donc de + 1% puisque la température ramenée au niveau de la mer est supérieure de 5° au 15° de l'atmosphère standard.

Remarque au sujet de l'assiette : Si nous volons en croisière rapide bien qu'en palier, l'assiette est légèrement négative. Il ne faut pas s'en étonner car comme nous volons plus vite qu'en croisière normale, l'incidence est plus faible (rappel pages 39 et 40).

LE GUIDE PRATIQUE DU PILOTAGE

CONTRÔLE D'UNE TRAJECTOIRE
LE VOL EN MONTÉE

Application

Comme pour le palier, il est possible de monter à différentes vitesses qui correspondent à une exploitation particulière que nous étudierons plus tard. Celle que nous considérerons sera la vitesse normale de montée (la plus usuelle), qui tiendra compte d'une bonne vitesse ascensionnelle, d'un refroidissement correct du moteur, d'une puissance qui ne correspondra pas forcément à plein gaz. Consultez le manuel de vol au chapitre des procédures normales.

QUELLES SONT LES CARACTÉRISTIQUES DU VOL EN MONTÉE ?

— *Une assiette*, sur votre avion, elle aura pour valeur _____ | A = +
— *Une puissance*, donc un régime de _____
— *Une vitesse indiquée* de _____
— *Une vitesse verticale de montée moyenne* dite *Vz positive* de _____ | + ft/mn
— *La symétrie du vol* _____ | bille au milieu
— *L'inclinaison* _____ | bien nulle

QUELS SONT LES ÉLÉMENTS A MAINTENIR CONSTANTS ?

– *La vitesse indiquée* et par conséquent, *l'anémomètre devient l'instrument principal* à contrôler et conserver.
– *La puissance* qui devra rester constante.

La trajectoire devra rester la plus positive possible, car l'objectif est de gagner de l'altitude le plus rapidement possible. Le maintien de la vitesse recommandée est assuré *si nécessaire* par de *légères modifications d'assiette* et de trajectoire qui sont les seuls moyens d'intervenir sur la vitesse.

REMARQUES :

1) Comme pour le vol horizontal, il faut bien avoir dans l'œil la position précise qu'occupe le capot par rapport à l'horizon et *maintenir cette position la plus constante possible* (Fig. 1 et 2) avec si nécessaire en atmosphère turbulente des variations d'assiette de faible amplitude afin de ne pas courir après la vitesse, qui sont le seul moyen d'intervenir sur la vitesse car le simple fait d'avoir la bonne assiette nous assure d'avoir la bonne vitesse et d'en conclure :

Vi trop faible = *assiette trop cabrée*
Vi trop forte = *assiette insuffisamment cabrée*

Si la vitesse n'est pas correcte, *effectuer les corrections calibrées* de 1 à 2° soit 1 à 2 centimètres par différence de 5 kT, puis attendre la nouvelle stabilisation de vitesse en raison de l'inertie qui doit être corrigée dans les 5 secondes. Ne pas se contenter du trop approximatif : Vi trop forte, je tire... Ou trop faible, je pousse...

Il faut apprendre à quantifier sa variation d'assiette pour ne pas aller d'un excès dans un sens puis dans l'autre...

Les flèches rouges des figures nous montrent l'endroit précis du capot positionner sur l'horizon.

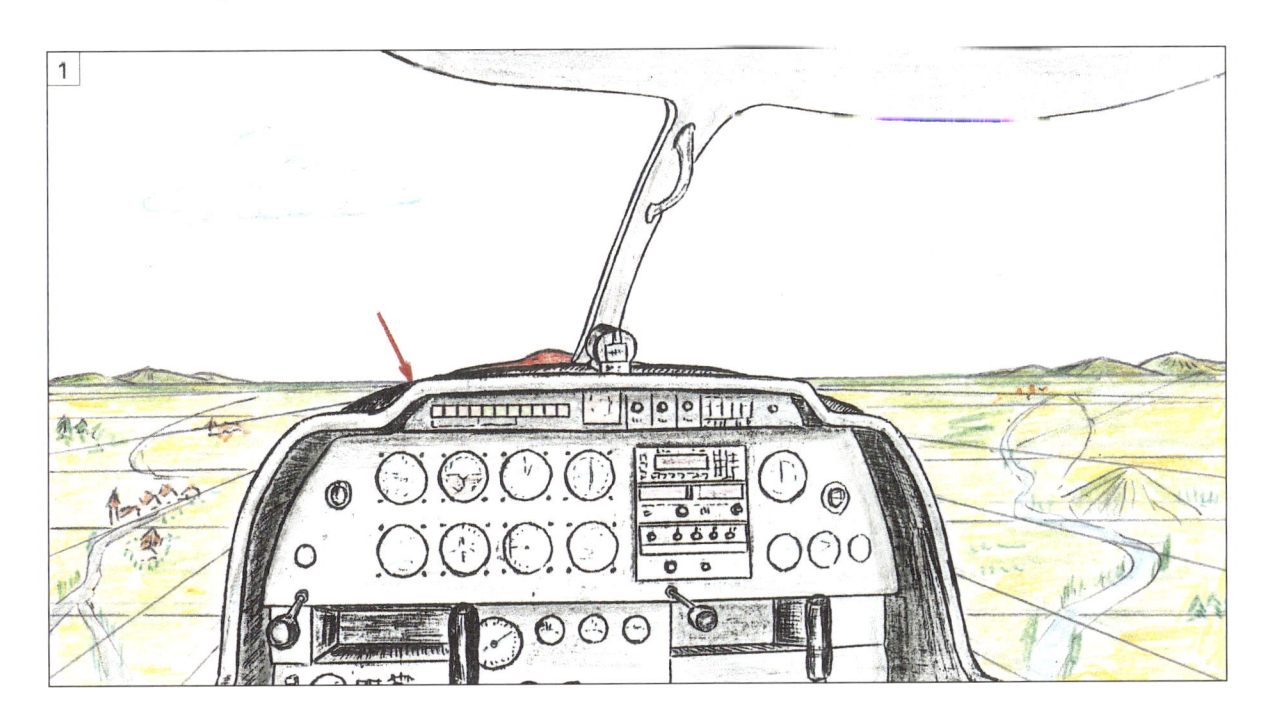

Si on se sert de l'horizon artificiel, la maquette occupe une certaine position par rapport à l'horizon artificiel. Si celui-ci est gradué, il suffit d'afficher la valeur de l'assiette, s'il est non gradué, évaluer empiriquement le nombre de degrés de cabré sachant que un demi millimètre ≅ un degré.

2) En raison de la puissance de montée, les effets moteurs sont plus importants, il en résulte que pour maintenir la symétrie, il est nécessaire d'avoir une action permanente sur le palonnier côté _____ et la bille sera au milieu.

Si l'avion dispose d'un compensateur de direction le régler de ce côté de manière à ce qu'il n'y ait plus besoin d'effort sur le palonnier pour maintenir la bille au milieu.

OBSERVATIONS : Sur un avion qu'on ne connaît pas, pour le positionnement du capot par rapport à l'horizon, on peut retenir *empiriquement* :

– Un capot long sera souvent au-dessus de l'horizon.

– Un capot moyen sera tangent.

– Un capot court sera légèrement plus bas.

Bien entendu, ces observations empiriques restent à vérifier car elles dépendent également de la puissance, car un appareil puissant aura une assiette de montée plus cabrée en raison des bonnes performances de montée qui en résultent.

LE GUIDE PRATIQUE DU PILOTAGE

CONTRÔLE D'UNE TRAJECTOIRE
LE VOL EN DESCENTE

Application

Le vol en descente peut également s'effectuer à différentes vitesses, égales, inférieures ou supérieures à la vitesse de croisière en palier, en fonction des performances recherchées et n'a rien à voir avec celle précédant l'atterrissage. Dans un premier temps, nous considérerons une vitesse égale à la croisière en palier.

REMARQUES : Afin de rendre **la descente confortable pour vos passagers,** l'expérience montre qu'il faut **éviter de descendre sur des pentes supérieures à 2 ou 3°,** surtout si vous descendez d'une altitude élevée, car durant celle-ci, la pression atmosphérique augmente et peut occasionner des maux d'oreilles aux passagers non habitués.

QUELLES SONT LES CARACTÉRISTIQUES DU VOL EN DESCENTE ?

– **Une assiette négative** dont la valeur moyenne sera de : _____ $A = -3°$

– **Une puissance** donc un régime moteur nécessaire au maintien de la vitesse de croisière qui sera plus faible qu'en vol horizontal car besoin de moins d'énergie : _____ tr/mn

– **Une vitesse indiquée** (celle de croisière) : _____ kT

– **Une vitesse verticale négative** appelé **Vz** permettant une descente confortable aux passagers ne fatiguant ni l'avion ni son moteur, sous des angles de deux à trois degrés ce qui nous fait un plan de descente de 3 à 5%. Pour trouver la valeur de la vitesse verticale, il suffit de multiplier le plan par la vitesse en Kt (en général 5 %) (voir étude plus approfondie page 100) :

Exemples : Plan de 5 % :   - Vitesse 100 kT = 5 x 100 = Vz - 500 ft/mn.
                          - Vitesse 120 kT = 5 x 120 = Vz - 600 ft/mn.
           Plan de 3 % :   - Vitesse 150 kT = 3 x 150 = Vz - 450 ft/mn.
           Pour votre avion pour un plan de 5 % la Vz négative sera de : _____ ft/mn

REMARQUES : Si on dispose d'un anémomètre gradué en km/h., pour convertir la vitesse en kT, diviser les Km/h. par deux, l'approximation sera suffisante.

– **L'inclinaison** bien **nulle** et la **symétrie** du vol **bille bien au milieu.**

QUELS SONT LES ÉLÉMENTS A MAINTENIR CONSTANTS ?

– **La vitesse indiquée** (l'anémomètre devient donc l'instrument principal à contrôler).
– **La vitesse de chute verticale ou Vz** (contrôlé au variomètre).

En conséquence, le maintien de la vitesse indiquée est assuré si nécessaire par de légères modifications de puissance et la vitesse verticale de chute par de légères modifications d'assiette. Mais dans ce cas également on peut dire que le maintien de l'assiette et de la puissance assure le maintien des autres éléments. Si on utilise un horizon artificiel gradué, il suffira d'afficher les – 3°, sur un non-gradué évaluer les – 3°, empiriquement un demi-millimètre ≅ un degré.

Retenons :
1) Si la vitesse varie effectuer des corrections de puissance d'environ 100 tr/mn. par 5 Kt.
2) Si la Vz varie, effectuer des corrections d'assiette **"calibrées"** de 1 à 2° maxi soit des corrections de 1 à 2 cm.

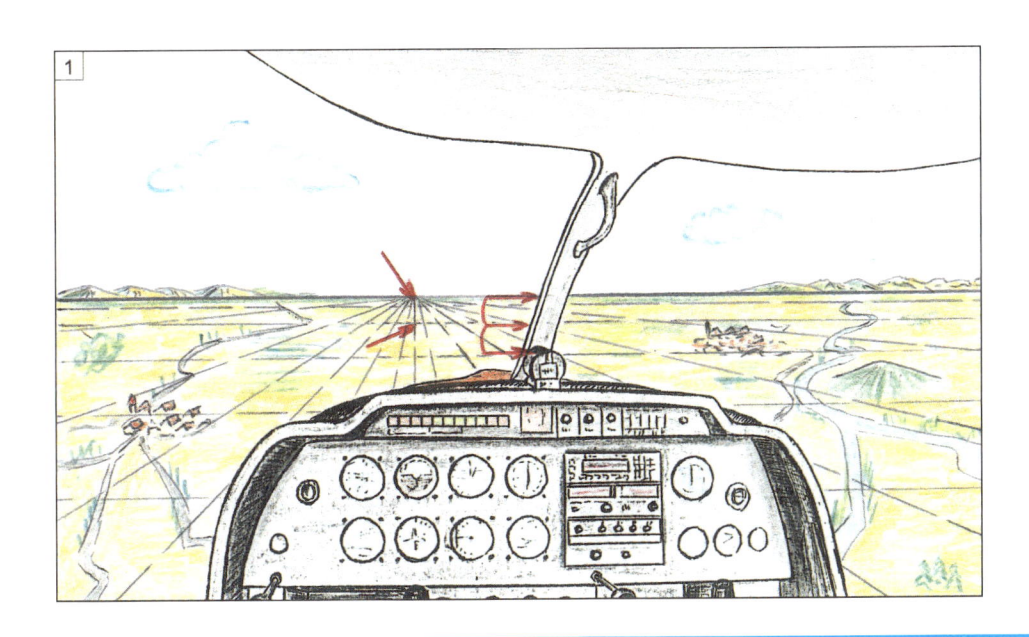

Quant à la visualisation de l'assiette – 3° il faut l'évaluer à partir de l'assiette zéro donc 3 cm au-dessus de celle-ci.

Exemple **(Fig. 1)** : L'assiette zéro se trouve environ 1 compas au-dessus de l'horizon. Comme le compas voisine 3 cm (donc 3°), il suffit de doubler cette référence pour trouver l'assiette – 3° ce qu'indiquent les flèches supérieures.

Exemple **(Fig. 2)** : L'assiette zéro se trouve à mi-compas, il suffit donc de rajouter au-dessus de cette référence, la valeur d'un compas pour avoir l'assiette – 3°, indiqué par les flèches supérieures rouges.

QUELLES SONT LES CARACTÉRITIQUES DU VOL EN DESCENTE A PUISSANCE CONSTANTE ?

– **Une assiette négative** dont la valeur sera de : --- A = –
– **Une puissance constante** (celle de la croisière en palier) cette puissance sera conditionnée par a **VNO** (page 45) qu'il ne faut pas dépasser :---
– **Une vitesse indiquée** (supérieure à la vitesse de croisière) :--
– **Une vitesse verticale** donc une Vz négative de : ---

Remarque au sujet de l'assiette en descente à puissance constante :

Comme la vitesse est plus importante qu'en palier, l'incidence de vol est plus faible (page 44), il en résulte une assiette plus piquée d'environ 1° de plus que la trajectoire. Ainsi si l'avion descend sur un plan de -3°, l'assiette voisinera -4°. Si il descend avec une assiette de -3°, la trajectoire descendante sera d'environ -2° ce qui n'est pas le cas d'une descente à vitesse constante ou la valeur de l'assiette est égale à celle de la trajectoire.

Attention ! avec certains avions, on est proche de la VNO (page 45), vitesse à ne pas dépasser en atmosphère turbulente.

CONSEILS A RETENIR : Lorsque vous êtes en descente et que vous n'avez pas le vario souhaité, évitez de faire des corrections au hasard... Admettons que vous devriez avoir un vario de – 500 ft/mn et que vous lisez – 700 ft/mn, corrigez votre assiette de 1 cm vers le haut et attendez avant de faire une nouvelle correction car en général elle est suffisante (se rappeler que le vario a du retard). Or les instructeurs constatent souvent que les élèves corrigent au hasard, ou "*sans calibrer*" la correction et dans l'exemple cité se rapprochent de l'assiette zéro, résultat l'avion ne descend plus... d'un excès, on passe vers l'autre. Il faut donc calibrer vos corrections.

En raison de la puissance qui est peu différente de la croisière, les effets moteurs ne nécessitent pas d'action particulière sur le palonnier qui reste proche de l'action en croisière, mais il faut s'en assurer par la bille...

LE GUIDE PRATIQUE DU PILOTAGE

CONTRÔLE D'UNE TRAJECTOIRE
LE VOL EN DESCENTE PLANÉE

Application

Il s'agit d'un éducatif à l'évolution en cas de panne de moteur qu'on effectuera puissance totalement réduite. ***La vitesse*** à prendre en considération est très importante, car c'est elle ***qui permet les meilleures performances de distance planée***. On l'appelle **"vitesse de finesse max"** qui nous donne le meilleur rapport entre la portance et la traînée. A vitesse plus grande ou plus faible que la vitesse de finesse max, la distance planée sera moindre. La plupart des avions légers ont une finesse qui tourne autour de 10, c'est-à-dire qu'ils planent 10 fois leur hauteur. Les avions de transport à réaction ont des finesses de l'ordre de 20 et les planeurs de performances dépassent les 60... ils offrent une faible résistance à l'avancement (traînée) et une très bonne portance.

QUELLES SONT LES CARACTÉRISTIQUES DU VOL EN DESCENTE PLANÉE ?

– ***Une assiette*** dont la valeur moyenne sera de : _____
– ***Une puissance*** : _____ | totalement réduite
– ***Une vitesse indiquée***, celle de finesse max (voir manuel de vol) : _____
– ***Une vitesse verticale*** (Vz négative) qu'on ne contrôle pas, elle est d'environ : _____
– ***Une finesse*** indiquée dans le manuel de vol au chapitre «Performances» de : _____
– ***La symétrie*** : _____ | bille au milieu

REMARQUE : Moteur et hélice arrêtés, la finesse est plus grande qu'avec puissance totalement réduite, mais la différence est négligeable.

QUELS SONT LES ÉLÉMENTS A MAINTENIR CONSTANTS ?

– ***La vitesse indiquée, l'anémomètre est donc l'instrument principal*** à contrôler et la vitesse l'élément primordial à maintenir pour garantir la meilleure finesse.

– ***La symétrie,*** qui ici prend de l'importance, car si le vol n'est pas symétrique les performances de plané sont amoindries (traînée supplémentaire). Action permanente du palonnier côté : _____

En conséquence le maintien de la vitesse indiquée est assuré si nécessaire en atmosphère turbulente par de légères modifications d'assiette, mais comme dans les cas précédents on peut admettre que le maintien de l'assiette préconisée, assure la vitesse souhaitée.

REMARQUE : Ne pas s'étonner avec certains avions d'avoir une assiette zéro ou même une assiette positive, c'est une question d'incidence sur trajectoire (page 42), cela dépend des caractéristiques aérodynamiques de l'appareil.

LE GUIDE PRATIQUE DU PILOTAGE

Application

CONTRÔLE DES TRAJECTOIRES
COMMENT CHANGER DE TRAJECTOIRE

Une règle générale est à retenir : Orienter le nouveau vecteur, ensuite adopter la puissance ce qui se traduit simplement par : *1) Assiette - 2) Puissance.* Une modification d'assiette s'appelle une *"rotation"*. Lors de tout changement de trajectoire, il est nécessaire de contrôler la symétrie, il faut s'en imprégner avant de modifier celle-ci.

Faire suivre ou précéder ces changements par une check de contrôle.

MISE EN MONTÉE A PARTIR DE LA TRAJECTOIRE DE PALIER :

Check : mixture enrichie - altimètre réglé à telle valeur... (pages 129 et 197).

1) Rotation vers l'assiette de montée + _____ en affichant doucement la puissance de montée soit un régime de _____ tr/mn. la pleine puissance sera totalement affichée que lorsque l'assiette de montée sera obtenue. L'amplitude de la rotation devra être de 2 à 3° par seconde.

2) Contrôler progressivement la symétrie par une action dosée du palonnier côté _____ qu'il faudra maintenir durant toute la montée (bille au milieu).

3) Lorsque la vitesse de montée _____ est obtenue, régler le compensateur.

REMARQUE : Il est possible initialement de prendre une assiette, légèrement plus cabrée que l'assiette de montée de 1 à 2° de façon à obtenir la vitesse de montée plus rapidement transformant ainsi l'excédent de vitesse, en ascension verticale (transfert d'énergie), ensuite lorsque la vitesse de montée est obtenue, prendre l'assiette normale de montée.

Fautes courantes : Assiette de montée inadaptée ou mal maintenue - affichage de puissance avant l'obtention de l'assiette de montée, tardif ou inadapté - oubli du contrôle de la symétrie - réglage du compensateur avant l'obtention de la vitesse ou mauvais réglage.

MISE EN PALIER A PARTIR DE LA TRAJECTOIRE DE MONTÉE :

Anticiper la mise en palier du 1/10e du vario, c'est-à-dire que si le taux de montée est de + 500 ft/mn, 50 ft avant l'altitude choisi prendre une assiette de montée intermédiaire pour amortir la montée et rendre la mise en palier plus souple puis :

1) A l'approche de l'altitude souhaitée, rotation souple vers l'assiette de palier zéro et maintien du régime de montée qui tend à augmenter. Agir progressivement sur le manche vers l'avant au fur et à mesure que la vitesse croit car l'assiette tend à cabrer durant l'accélération.

2) A l'approche de la vitesse de palier _____ afficher le régime de croisière _____ tr/mn en contrôlant la symétrie par une action dosée du palonnier côté _____

3) Régler le compensateur.

Check de croisière : altimètre réglé à telle valeur - paramètres de croisières affichés et annoncés.

Fautes courantes : assiette mal adaptée - mauvais contrôle sur la profondeur au fur et à mesure de l'augmentation de vitesse - réglage de la puissance avant l'obtention de la vitesse de croisière - sur-régime - réglage du compensateur avant d'avoir obtenu la vitesse.

MISE EN DESCENTE A PARTIR DE LA TRAJECTOIRE DE PALIER :

Check avant descente : altimètre réglé à telle valeur - mixture enrichie.

1) Rotation souple vers l'assiette de descente – 3° (à calibrer ...).

2) Réduire la puissance à _____ tr/mn. La vitesse étant maintenue à la croisière _____

3) S'assurer que le taux de chute voisine la valeur de – _____ ft/mn.

Le réglage du compensateur sera en principe inutile, la vitesse restant la même. Si on désire descendre à même puissance qu'en palier, la vitesse accélèrera vers _____. Il faudra alors régler le compensateur vers l'avant, sans quoi l'avion aura tendance à cabrer.

4) Vérifier la symétrie.

Fautes courantes : assiette trop ou insuffisamment piquée - affichage de puissance tardif entraînant une augmentation de vitesse.

LE GUIDE PRATIQUE DU PILOTAGE

CONTRÔLE DES TRAJECTOIRES
COMMENT CHANGER DE TRAJECTOIRE (suite)

Application

MISE EN PALIER A PARTIR DE LA TRAJECTOIRE DE DESCENTE :
   1) Rotation vers l'assiette zéro de palier.
   2) Pratiquement simultanément affichage de la puissance de croisière _____ tr/mn., la vitesse restant maintenue à _____ Le réglage du compensateur sera "*en principe*" insignifiant.
   3) Contrôle de la symétrie.
   Check de croisière : altimètre réglé (à telle valeur) - paramètres de croisière affichés et annoncés.
Fautes courantes : tendance à reprendre une assiette plus cabrée que zéro - affichage de puissance tardif ou trop important.

MISE EN DESCENTE A PARTIR DE LA TRAJECTOIRE DE MONTÉE :
   Check avant descente : altimètre réglé à telle valeur - mixture enrichie.
   1) Rotation souple vers l'assiette de descente – 3°, en maintenant le régime de montée _____ tr/mn., qui tend à accélérer (réduire un peu), maintenir l'assiette qui tend à cabrer durant l'augmentation de vitesse.
   2) A l'approche de la vitesse de descente _____ Afficher la puissance de descente _____ tr/mn., avec action dosée du palonnier côté _____
   3) Régler le compensateur.
Fautes courantes : idem à celles de montée à palier.

MISE EN MONTÉE A PARTIR DE LA TRAJECTOIRE DE DESCENTE :
   Idem au passage de palier à montée.

MISE EN DESCENTE PLANÉE (MOTEUR RÉDUIT) A PARTIR DU PALIER :
   Check avant descente : altimètre réglé à telle valeur - mixture enrichie - réchauffage carburateur tiré.
   1) Réduire les gaz à fond avec une action dosée du palonnier côté_____Pour maintenir la symétrie. Simultanément cabrer progressivement l'assiette à + _____ Afin de maintenir la trajectoire horizontale (augmentation d'incidence sur trajectoire).
   2) A l'approche de la vitesse de descente planée _____ Prendre l'assiette de _____ Nécessaire au maintien de cette vitesse.
   3) Régler le compensateur.
Fautes courantes : mauvais contrôle de la symétrie - passage en descente trop rapide, avant l'obtention de la vitesse de descente planée.

CHANGEMENTS PARTICULIERS DE TRAJECTOIRES :
   1) Lors de changements de trajectoires où les vitesses seraient maintenues identiques prendre simultanément la nouvelle assiette et la puissance correspondante, ceci avec une très faible anticipation (une épaisseur d'aiguille).
   2) En cas de vitesse plus faible ou plus élevée effectuer un préaffichage (page 46).

Règle : (à bien connaître) lorsque vous êtes établi sur une trajectoire précise avec la puissance préconisée :
«si vous n'avez pas la vitesse, c'est que vous n'avez pas l'assiette» (ou la puissance).
Dans le cas de l'assiette (cas général) :
Assiette tendant à cabrer = Vitesse plus faible.
Assiette tendant à piquer = Vitesse plus forte.
En conséquence modifier légèrement l'assiette (à calibrer...), cependant, attention en atmosphère agitée, la vitesse peut accuser de légères variations.

CONTRÔLE DES TRAJECTOIRES
COMMENT CHANGER DE TRAJECTOIRES (suite)

Afin d'être parfaitement assimilé, tous ces exercices devront être répétés plusieurs fois, en respectant l'ordre d'exécution, ainsi que le rythme des variations d'assiette ni trop lent, ni trop rapide, soit 2 à 3° par seconde.

Exemple de schéma d'exécution a répéter plusieurs fois en fixant des tranches d'altitude pour changer de trajectoire.

A bien mettre en mémoire : En cas de panne d'anémomètre, qui se traduit selon le type de panne soit par l'indication d'une vitesse très faible, soit par une vitesse excessive, le seul moyen sûr d'avoir la vitesse réelle est la connaissance parfaite de cette règle :

> *Une assiette et une puissance connues = une vitesse.*

C'est une logique qu'il ne faut pas perdre de vue car on a vu des accidents se produire par méconnaissance de celle-ci, comme si l'anémomètre était infaillible...

Exemples à méditer : A la suite d'un décollage, le pilote qui a pris une assiette de montée normale constate une vitesse excessive. Il cabre un peu plus pour diminuer celle-ci. Quelques secondes après il constate que sa vitesse a encore augmenté, il n'analyse pas que son anémomètre est en panne et cabre d'avantage, prenant une assiette totalement illogique... C'est l'accident (voir décrochage pages 79 à 83).

Il faut donc toujours être proche de cette règle.

Le Lionceau APM20, un avion-école français de nouvelle génération... et surtout très démonstratif !

LE GUIDE PRATIQUE DU PILOTAGE

L'HÉLICE A CALAGE VARIABLE

Application

Communément et injustement appelé hélice à pas variable, *le pas variable est à l'avion ce que le changement de vitesse est à la voiture.*

Le contrôle de la puissance ne s'effectue pas avec la seule manette de gaz comme sur les avions à hélice à calage fixe, mais à l'aide de **deux manettes** :

1) A l'aide d'une **manette de gaz**, qui agit sur la **pression d'admission** et non pas sur le nombre de tours par minute.

2) A l'aide d'une **manette de pas d'hélice** qui permet de modifier le **nombre de tours par minute**, ainsi :

Si on diminue le pas (manette d'hélice vers l'avant), la trainée de la pale d'hélice diminue, ce qui permet à l'hélice de tourner plus vite (le nombre de tours augmente) **(Fig. 1)**.

Si on augmente le pas (manette d'hélice vers l'arrière) la trainée de la pale d'hélice augmente entraînant une diminution du nombre de tours par minute **(Fig. 2)**, plus la force de traction est dominante...

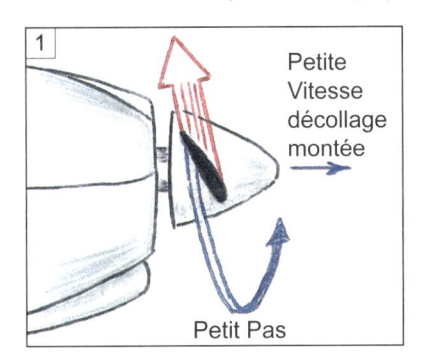

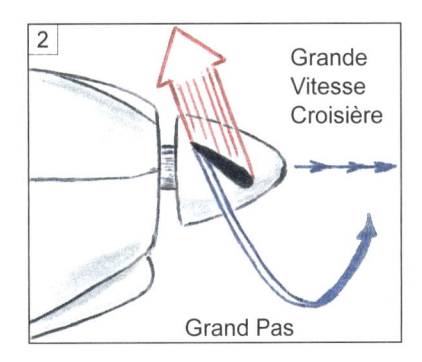

[Fig. 1 : Petite Vitesse décollage montée — Petit Pas]
[Fig. 2 : Grande Vitesse Croisière — Grand Pas]

Le petit pas s'adapte aux besoins de puissance comme la montée et aux faibles vitesses, un peu comme la 1e vitesse sur une voiture ce qui convient au démarrage.

Le grand pas s'adapte aux vitesses rapides et ne convient pas en montée et vitesse faible (avoir un grand pas en montée reviendrait à vouloir démarrer votre voiture en 5e vitesse).

Afin d'éviter les sur-couples néfastes à la mécanique, voici l'ordre de manipulation.

1) Pour diminuer la puissance dans l'ordre :
   a) Réduire les gaz pour diminuer la pression d'admission à une valeur précise.
   b) Augmenter le pas pour diminuer le nombre de tours à une valeur précise.

Ceci dès le début de la montée après le décollage
ou
à la mise en palier après la montée

2) Pour augmenter la puissance dans l'ordre :
   a) Diminuer le pas d'abord pour augmenter le nombre de tours à une valeur précise
   b) Augmenter les gaz pour augmenter la pression d'admission à une valeur précise.

Dans le cas de la mise en montée à partir du palier ou de la descente

En descente à partir de la croisière, on n'a pratiquement pas à toucher au pas, agir sur la pression d'admission seulement.

Particularité : Au dernier virage avant l'atterrissage et dans l'éventualité d'une remise de gaz, ***il faut toujours passer plein petit pas.***

Exemples d'applications :   En croisière : 2300 tr/mm, pression d'admission 22 pouces
En montée : 2500 tr/mm, pression d'adm. 25 pouces.

Pour passer en montée :   1) Afficher l'assiette de montée
2) Diminuer le pas pour 2500 tr/mn
3) Augmenter la pression d'adm. à 25 pouces

Pour passer en palier :   1) Afficher l'assiette de palier
2) Réduire les gaz pour pression d'admission à 22 pouces
3) Augmenter le pas pour 2300 tr/mn

Bien effectuer ces opérations dans l'ordre, l'une après l'autre dans leur totalité avant de passer à la suivante.

Une tendance moderne est d'avoir une hélice à vitesse constante disposant d'une seule manette de gaz (pas de manette de pression d'admission), avec laquelle on affiche un certain nombre de tours qui se maintient seul ensuite quelle que soit la trajectoire.

| Application | **ÉTUDE DU VOL EN ATTENTE** |

C'est la mise en application directe d'une variation de vitesse et d'incidence sur une trajectoire horizontale avec une vitesse en diminution, que l'on maintient ensuite à une valeur constante mais plus faible (rappel pages 40 et 43).

QUEL EST L'OBJECTIF ?

La configuration *"attente"* (ou *l'attente*) permet le vol horizontal à vitesse et consommation réduite, avec la possibilité si nécessaire d'effectuer des virages avec une inclinaison maximale de 37° (manœuvre d'évitement) en sécurité (voir page 88). On l'adopte notamment lorsque dans un circuit d'aérodrome, on attend lorsqu'il y a d'autres aéronefs qui nous précèdent de pouvoir passer en phase d'approche et d'atterrissage ou dans le cadre des manœuvres préparant ou précédant l'approche.

QUELLES SONT LES CARACTÉRISTIQUES DE L'ATTENTE ?

– *Une vitesse indiquée* à maintenir constante (égale à 1,45 de Vs1 lisse, voir page 88) ____
– *Une assiette moyenne* ayant pour valeur _____
– *Une puissance moyenne* donc un régime de _____
– *Une altitude constante* _____
– *Volet et train* _____

	+
	tr/mn
	Vz = 0
	rentrés

On dit également que l'avion est *«en lisse»*.

Assiette et puissance peuvent varier légèrement en atmosphère instable, mais comme dans les cas précédents on peut dire que le maintien de l'assiette et de la puissance conditionne la vitesse et tenu d'altitude.

En attente, *l'avion vole constamment cabré* à vitesse et puissance réduite.

COMMENT PROCÉDER POUR PASSER DE CROISIÈRE EN ATTENTE ?

Avant d'entreprendre le passage en attente ne pas oublier de calibrer votre variation d'assiette en choisissant le repère que vous allez positionné sur l'horizon voir **Fig. 2** un centimètre par degré, ensuite :

1) L'avion étant en croisière, assiette = 0, vitesse _____ Régime _____ tr/mn.

2) Dans un premier temps effectuer un préaffichage, soit réduire le régime à _____ tr/mn, en maintenant l'altitude constante (vario = 0 - altimètre constant) par variation progressive de l'assiette à cabrer durant la décélération (environ 2 à 3 seconde par degré) voir **Fig. 1, 2, 3 et 4.**

3) A l'approche de la vitesse d'attente _____ et de l'assiette + _____ Afficher la puissance nécessaire au maintien de cette vitesse soit un régime de _____ tr/mn. **(Fig. 4)**.

– La symétrie doit être maintenue (bille au milieu) durant la variation de puissance.

– Lorsque la vitesse est obtenue, régler le compensateur pour faciliter la tenue d'assiette, qui devra rester à peu près constante.

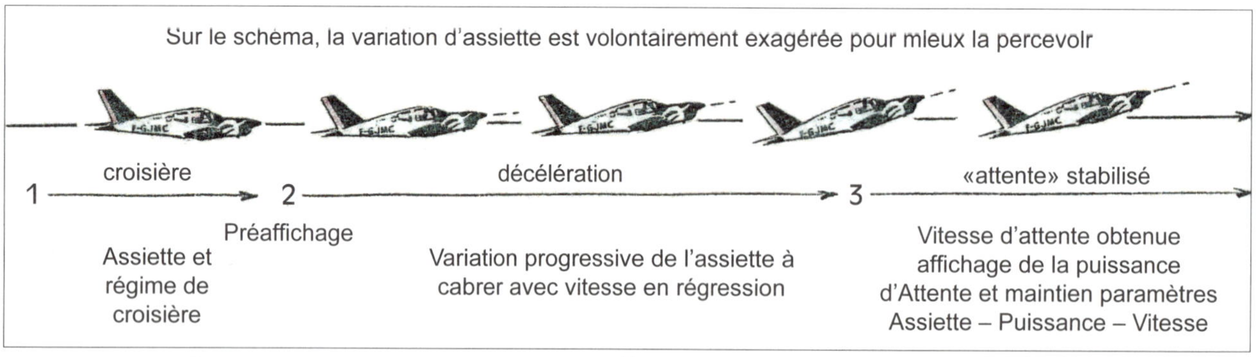

Sur le schéma, la variation d'assiette est volontairement exagérée pour mieux la percevoir

1 → croisière 2 → décélération 3 → «attente» stabilisé

Assiette et régime de croisière

Préaffichage

Variation progressive de l'assiette à cabrer avec vitesse en régression

Vitesse d'attente obtenue affichage de la puissance d'Attente et maintien paramètres Assiette – Puissance – Vitesse

LE GUIDE PRATIQUE DU PILOTAGE

ÉTUDE DU VOL EN ATTENTE (suite)

Application

Au début pour vous aider il est possible de tracer la valeur des assiettes sur le pare-brise, pour mieux percevoir et contrôler la variation d'assiette durant la décélération (voir page 40) puis son maintien, mais il faudra apprendre à s'en passer assez vite en évaluant et calibrant celle-ci avec des repères sur l'avion indiqués par les flèches **(Fig. 2 et 4)**.

COMMENT PROCÉDER POUR REVENIR EN CROISIÈRE ?

Là encore il s'agit de la mise en application d'une variation de vitesse sur une trajectoire horizontale avec une augmentation de vitesse (rappel page 44), ceci dit :

– L'avion étant en configuration "**attente**", assiette + _____ Vitesse _____ Régime _____ tr/mn, dans un premier temps afficher le régime maxi autorisé soit préaffichage à _____ tr/mn.

– Maintenir l'altitude constante par variation de l'assiette vers piquer durant l'accélération (l'assiette et l'incidence diminue). On part de la position **(Fig. 4)** pour terminer à celle **(Fig. 2)**.

– Lorsque l'Assiette = 0 et la vitesse de croisière _____ sont atteintes, afficher le régime de croisière _____ tr/mn.

– Régler le compensateur.

– La symétrie devra être maintenue durant les variations de puissance ne pas oublier l'action sur le palonnier.

REMARQUE : Il est possible de passer en attente *à partir d'autres configurations,* comme la montée, auquel cas il n'y aura pratiquement pas d'anticipation pour la mise en palier et la puissance sera presque réduite immédiatement à la valeur d'attente car selon le type d'avion, il n'y a pas ou peu d'accélération.

On peut également passer en descente en maintenant la vitesse d'attente, dans ce cas la puissance sera réduite à une valeur plus faible qui sera fonction du taux de chute souhaité. Retenons qu'on réduira cette puissance de **50 à 100 tr/mn.** (selon type d'avion) *par 100 ft/mn.* de taux de chute.

> Enfin, remarquons que lorsque l'on veut faire varier la vitesse **sur une même trajectoire**, l'action n'est pas : *- 1. assiette, - 2. puissance,* sans quoi on ferait varier la trajectoire, mais : *- 1. puissance, - 2. assiette,* qui doit évoluer progressivement vers sa nouvelle valeur, ainsi par exemple pour ralentir : *- 1. réduire la puissance, - 2. faire évoluer progressivement l'assiette à cabrer vers sa nouvelle valeur.*

ÉTUDE DU VIRAGE
PHÉNOMÈNES ASSOCIÉS AU VIRAGE : VARIATION DE PORTANCE

Préliminaire

QUEL EST L'OBJECTIF ?

C'est la connaissance des phénomènes de portance en virage pour mieux en assurer le contrôle, par exemple le maintien du vol horizontal en virage.

CONSTATATION :

Si en virage dans le plan horizontal, on maintient la même assiette qu'en vol horizontal rectiligne la trajectoire devient descendante.

ANALYSE, CAUSE ET REMÈDE :

Nous savons qu'en vol horizontal, la portance équilibre le poids de l'avion qui ont par conséquent la même valeur **(Fig. 1)**. Si l'avion s'incline, la portance *P* s'incline également car elle est toujours perpendiculaire au plan moyen des ailes. Elle se décompose alors en deux forces :

– Une force centripète **Fd** ou déviatrice, car c'est elle qui crée le virage.

– Une force qui essaie d'équilibrer le poids qu'on appelle une composante de la portance **C**. Or, il n'y a plus de force suffisante pour équilibrer le poids de l'avion qui descend par manque de portance **P (Fig. 2)**, la portance ayant gardé la même valeur qu'en vol horizontal.

Conclusion : pour que la portance en virage soit suffisante, il faudra qu'elle augmente de la valeur **P' (Fig. 3)** qui sera d'autant plus grande que l'inclinaison sera grande. Ainsi la composante **C** équilibrera le poids.

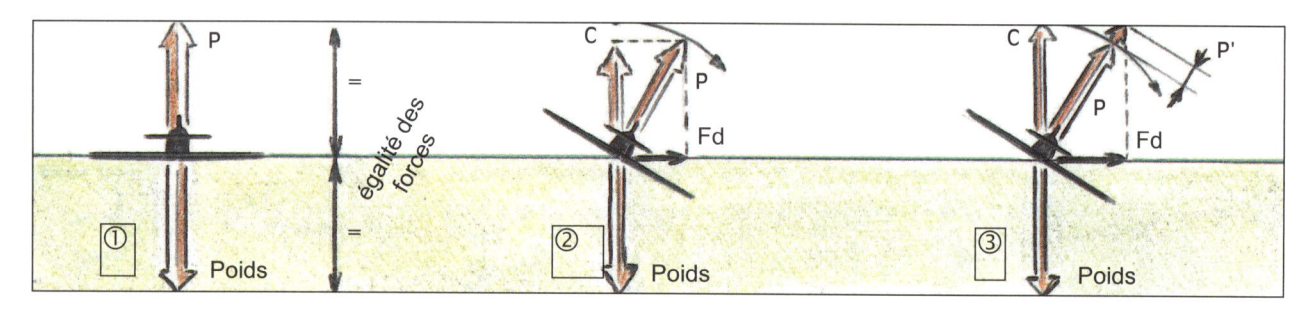

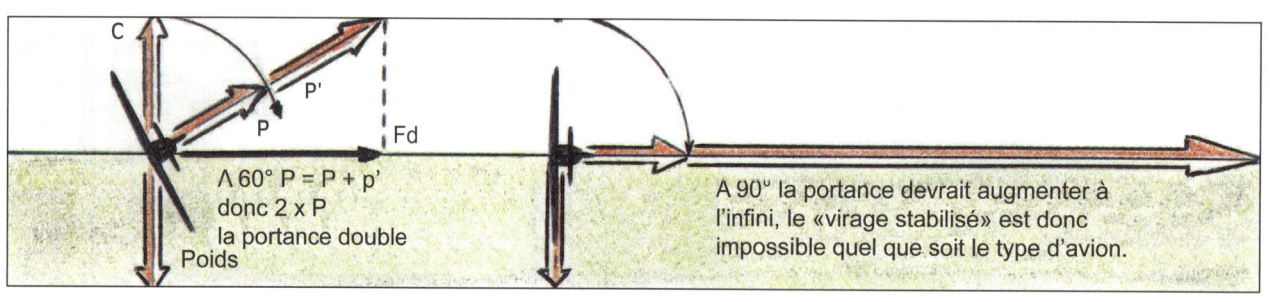

À 60° P = P + p' donc 2 × P la portance double

A 90° la portance devrait augmenter à l'infini, le «virage stabilisé» est donc impossible quel que soit le type d'avion.

Nous voyons qu'à 60° la portance devra doubler pour maintenir le vol horizontal. A 90° d'inclinaison, la portance devrait augmenter à l'infini ce qui est irréalisable, ce type de virage est donc impossible à maintenir constant en condition de vol normal symétrique.

COMMENT FAIRE VARIER LA PORTANCE EN VIRAGE ?

Pour augmenter la portance en virage et maintenir la trajectoire horizontale, le pilote devra avoir une action permanente du manche à tirer afin d'augmenter l'incidence donc la portance. Ce qui aura pour conséquence en virage d'avoir une assiette cabrée, et cela d'autant plus que l'inclinaison sera grande. L'ordre de grandeur de la variation d'incidence (en palier) sera de : - à 30° d'inclinaison ≅ 0,7°, - à 45° ≅ 1,2 ; à 60° ≅ 3° et remarquons que cette variation d'incidence et d'assiette est de faible amplitude, ainsi à 60°, elle est de 3°, mais 3° incliné à 60°, ce qui nous donne en réalité, une variation verticale de seulement 1,5° (voir page 151).

Remarque : Comme l'incidence augmente, la trainée, ou résistance à l'avancement augmente aussi. A puissance constante, la vitesse diminue. Si on désire maintenir la même vitesse, il faudra augmenter la puissance, mais, à partir d'une certaine inclinaison, il ne sera plus possible de conserver la vitesse en raison de l'excédent de puissance, qui ne peut être infini (lorsqu'on arrive plein gaz, vers 30° environ).

Plus l'inclinaison est importante, plus petit est le rayon de virage. (voir page 152).

LE GUIDE PRATIQUE DU PILOTAGE

ÉTUDE DU VIRAGE
PHÉNOMÈNES ASSOCIÉS AU VIRAGE : LE FACTEUR DE CHARGE

Préliminaire

QUEL EST L'OBJECTIF ?

C'est la connaissance des augmentations de charges que peut subir un avion particulièrement en virage, et de ses limites de résistance structurale.

CONSTATATION :

Si la portance doit augmenter en virage pour maintenir le vol horizontal par exemple, la force qui équilibre la portance en virage augmente de la même valeur, et donne l'impression au pilote de peser plus lourd que son poids **(Fig. 1)** et cela "*d'autant plus*" que l'inclinaison est grande : *c'est le poids apparent "Pa"*. A forte inclinaison si on essaie de lever les pieds du plancher, on a l'impression "*d'avoir des semelles de plomb*".

ÉTUDE DU POIDS APPARENT :

Le poids apparent "*Pa*", est le résultat du poids de l'avion "*P*" et de la force centrifuge "*Fc*". On le remarque en faisant tourner rapidement **(Fig. 2)** un seau d'eau à bout de bras "*qui tire dans la main*" comme si le seau d'eau devenait plus lourd. Il le devient effectivement comme d'ailleurs le pilote et son avion en virage. Son aile doit donc porter "*plus*". La relation entre le poids de l'avion et le poids apparent en virage s'appelle : **"*Le facteur de charge*"**.

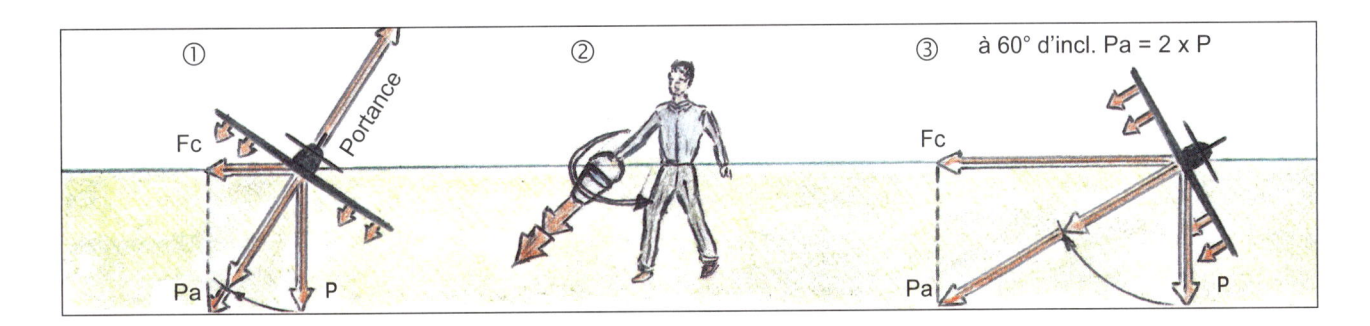

ÉTUDE DU FACTEUR DE CHARGE :

Le facteur de charge étant lié à l'inclinaison, il augmente avec celle-ci. Il nous est donné par la formule :

$$\text{Facteur de charge} = \frac{1}{\text{cosinus de l'inclinaison}}$$

Le cosinus nous est donné par des tables dont voici des valeurs approchées :

Inclinaisons :	30°	45°	60°	75°
Cosinus :	0,8	0,7	0,5	0,26

Ce qui nous permet de déterminer le facteur de charge :

à 30° → $\frac{1}{0,8} = 1,15$; à 45° → $\frac{1}{0,7} = 1,4$; à 60° → $\frac{1}{0,5} = 2$; à 75° → $\frac{1}{0,26} = 3,8$

A partir de cela pour connaître le poids apparent, il nous faut multiplier le facteur de charge par le poids de l'avion. Ainsi pour un avion de 1 000 kg, le poids apparent sera :
– à 30° d'inclinaison = 1 000 X 1,15 = **1 150 kg**
– à 60° d'inclinaison = 1 000 x 2 = **2 000 kg**

On voit ainsi que le poids apparent double à 60° d'inclinaison **(Fig. 3)** et ce poids l'aile devra le porter. Or le poids apparent ne pourra augmenter indéfiniment car il est une valeur qui met en cause la résistance de la structure de l'avion et de son aile. Ainsi les avions sont classés en 3 catégories de résistance, que le pilote *«doit»* connaître *en consultant le manuel de vol* au paragraphe des limites d'emploi. Les 3 catégories sont :
– Catégorie normale ou « N « dont le facteur de charge limite = + 3,8 – 1,52
– Catégorie utilitaire ou « U « dont le facteur de charge limite = + 4,4 – 1,76
– Catégorie acrobatique «A» dont le facteur de charge limite = + 6 – 3

ÉTUDE DU VIRAGE
PHÉNOMÈNES ASSOCIÉS AU VIRAGE : LE FACTEUR DE CHARGE

Le même avion peut appartenir à deux catégories, par exemple catégorie **"N"** lorsque l'avion est chargé avec réservoir plein, et devenir catégorie **"U"**, lorsqu'il emporte par exemple moins de passagers et réservoirs 1/2 plein.

Déterminer les facteurs de charge limites de votre appareil : _____

La ou les catégories : _____

REMARQUES IMPORTANTES :

1) Pour un avion de catégorie **"N"** l'inclinaison limite en virage, à ne pas dépasser est de 75°, au-delà l'aile risque de **"casser"**... A 60° inclinaison exceptionnelle, on est loin de la limite. C'est donc l'inclinaison maxi que l'on adoptera avec les appareils de cette catégorie qui sont plus particulièrement destinés aux voyages.

2) On peut également obtenir des facteurs de charge importants en effectuant une ressource et, dans ce cas, il est difficile de connaître les valeurs du facteur de charge autrement qu'à l'aide d'un **"accéléromètre"** donc prudence dans ce genre d'évolution **(Fig. 4)**.

3) Par temps turbulent, une rafale verticale peut également augmenter le facteur de charge et dans ce cas il faut voler d'une part avec une vitesse pas trop faible pour ne pas décrocher (voir page 82), et d'autre part avec des vitesses pas trop importantes et dans ce cas précis, ne pas dépasser la vitesse maxi en atmosphère agitée VNO (voir page 45).

4) Les facteurs de charge peuvent être **"négatifs"** lorsque l'avion évolue en vol sur le dos, mais attention, on peut obtenir le même résultat en vol normal, si on pousse fortement sur le manche. Il faut donc faire attention, si on veut donner des sensations à des passagers demandeurs, de ne pas pousser trop fort sur le manche, car la résistance structurale de l'avion est moins grande en vol négatif...

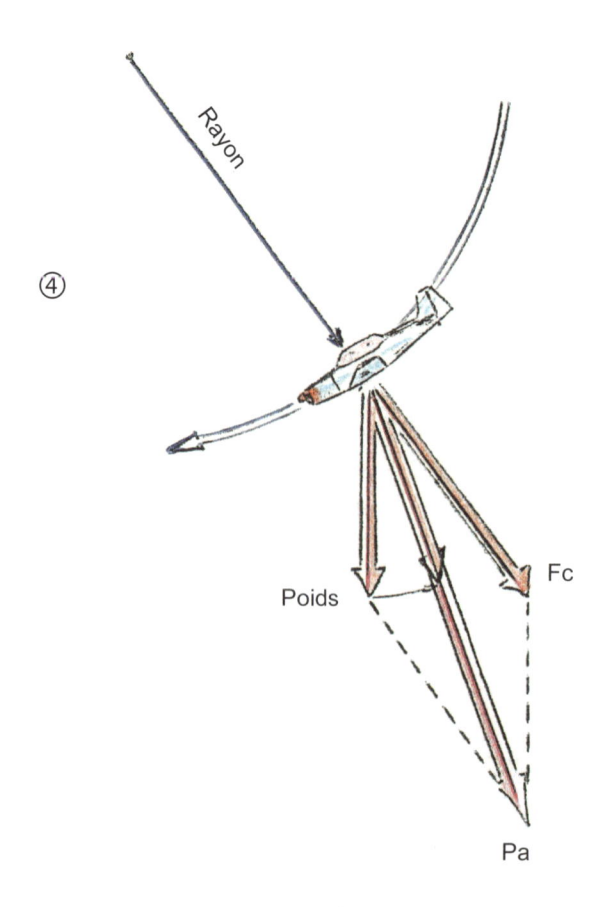

LE GUIDE PRATIQUE DU PILOTAGE

ÉTUDE DE PHÉNOMÈNES SECONDAIRES ASSOCIÉS A DES VARIATIONS D'INCLINAISON : LE LACET INVERSE

Préliminaire

OBJECTIF ?

Contrôler les phénomènes secondaires non recherchés qui tendent à perturber les trajectoires lors de variation d'inclinaison commandée (mise et sortie de virage, création ou annulation d'une inclinaison).

CONSTATATIONS :

Lorsqu'on agit latéralement sur le manche pour créer où annuler une inclinaison, on constate que l'avion s'incline bien du côté désiré, mais que parallèlement il s'écarte momentanément du côté inverse à son inclinaison par un dérapage. Il se produit uniquement quand les ailerons sont braqués, c'est-à-dire durant une variation d'inclinaison, ce qu'en principe nous voudrions éviter.

Exemple : Manche à gauche, l'avion s'incline bien à gauche, mais le capot se déporte momentanément durant la variation d'inclinaison du côté droit comme s'il allait amorcer un virage de sens contraire à l'inclinaison. Ce phénomène s'appelle le *"Lacet inverse"* (Fig. 1) inverse à l'inclinaison.

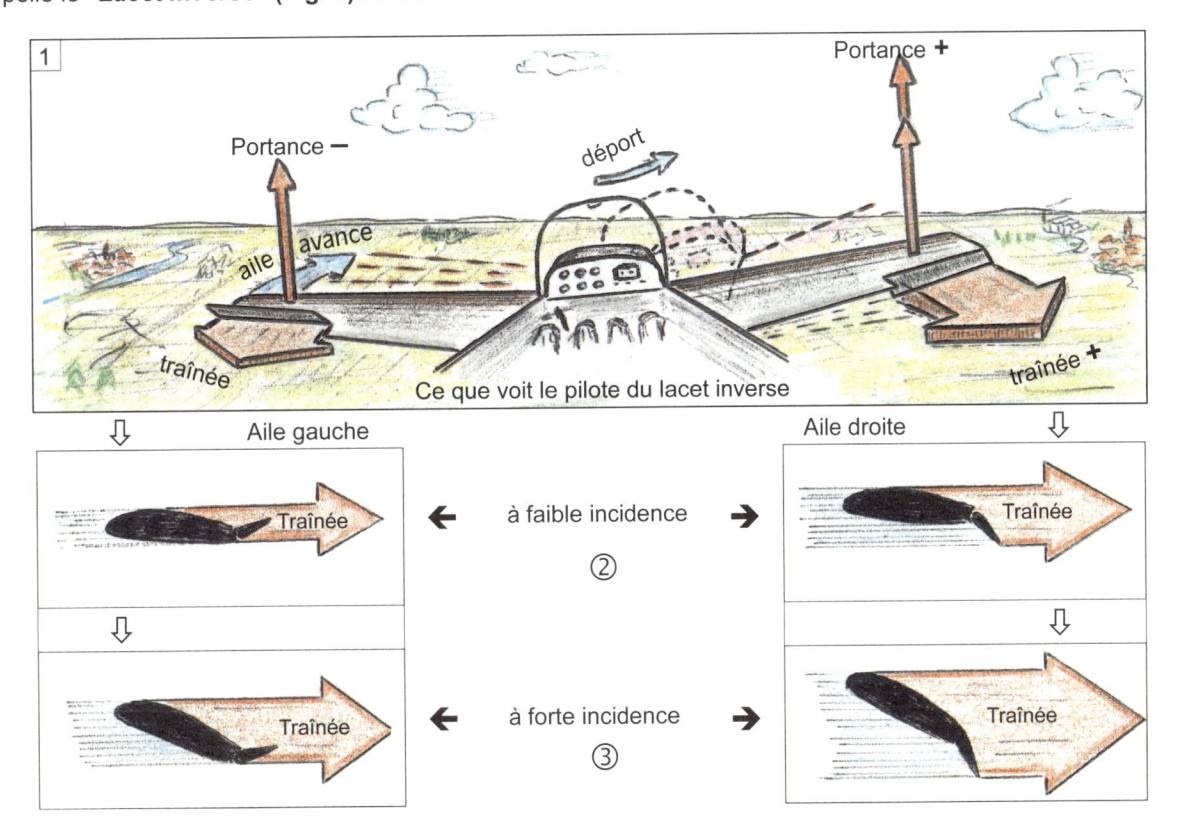

ANALYSE :

Prenons l'exemple du pilote qui incline l'avion à gauche par une action du manche de ce côté. L'aileron levé diminue la portance de son aile (peu), l'aileron baissé l'augmente. Le déséquilibre de portance entre les deux ailes provoque l'effet primaire recherché : l'inclinaison. Mais parallèlement on constate qu'en raison de la forme du profil d'aile, l'aileron levé modifie peu la résistance à l'avancement (appelée traînée), tandis que l'aileron baissé augmente cette traînée et freine cette aile. Il en résulte un mouvement secondaire "**non recherché**" par un déport du nez de l'avion, soit une rotation autour de l'axe de lacet en sens inverse de l'inclinaison d'où le nom de lacet inverse. *Ce phénomène se produit uniquement pendant la variation d'inclinaison,* il est accru à basse vitesse **(Fig. 2 et 3)** en raison de la traînée différentielle plus importante lorsque l'incidence est importante. Il est d'autant plus important que l'envergure de l'avion est importante (grand bras de levier).

MOYENS D'ACTION POUR COMBATTRE LE LACET INVERSE :

Les constructeurs ont toujours essayé de réduire ou d'annuler cet effet avec différentes astuces, par exemple (entre autres), le braquage différentiel des ailerons. Ainsi l'aileron levé est davantage braqué que celui qui est baissé qui engendre par conséquent moins de traînée. Mais comme le lacet inverse est variable en intensité avec l'incidence, il n'est jamais combattu totalement.

Le seul moyen de le combattre efficacement est un moyen de pilotage :

1) Que ce soit pour créer un virage, une inclinaison ou l'annuler, agir simultanément sur le manche et le palonnier dans le même sens, c'est le moyen le plus efficace de combattre le lacet inverse.

2) Limiter l'amplitude du débattement dans l'action du manche (si possible).

Application	ÉTUDE SPÉCIFIQUE DU VIRAGE COMMENT PRATIQUE-T-ON ?

QUELS SONT LES OBJECTIFS ?

Connaître les éléments qui nous permettent d'effectuer un virage correct en assurant le maintien d'une même trajectoire (horizontale initialement), ainsi que la symétrie du vol. Ne pas perdre de vue le vieil adage aéronautique, toujours valable qui dit : *"Savoir piloter, c'est savoir virer"*... Ce qui n'est pas si facile...

Jusqu'à présent nous avons étudié le virage "simplement" en suivant la définition *"s'incliner, c'est virer"*. Or nous avons analysé deux phénomènes influant sur le virage, le premier la nécessité d'augmenter la portance donc l'incidence si on désire maintenir le vol horizontal, le second le lacet inverse qui tend à perturber la mise ou la sortie de virage si on n'y prend garde.

Sécurité du virage : Élément très important à prendre en compte avant tout changement de direction en s'assurant qu'aucun aéronef n'est sur notre trajectoire ou que nous n'allons pas croiser la sienne. Avant la mise en virage, il faudra balayer du regard un secteur qui part de l'avant de votre appareil puis du côté du virage en insistant plus particulièrement dans le trois-quarts arrière ensuite on pourra regarder devant pour positionner ses assiettes, ce qui n'empêchera pas quelques coups d'œils furtifs pour prévenir tout abordage.

Choix de l'inclinaison du virage : Pour les virages en palier, on adoptera une inclinaison de 30° afin qu'il ne soit pas trop lent tout en assurant un confort satisfaisant des passagers.

COMMENT EFFECTUER LA MISE EN VIRAGE ?

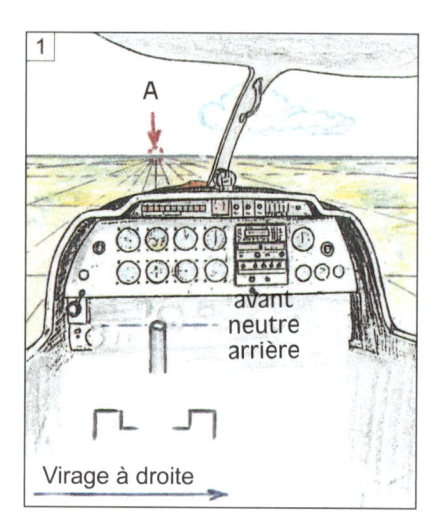

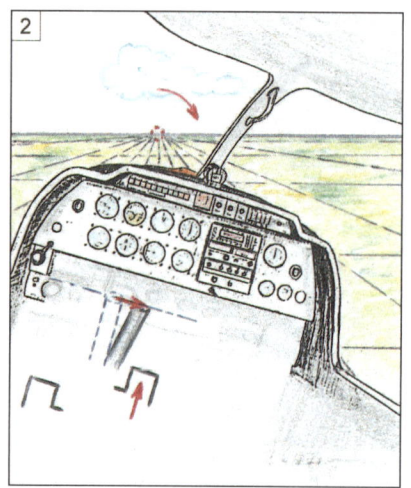

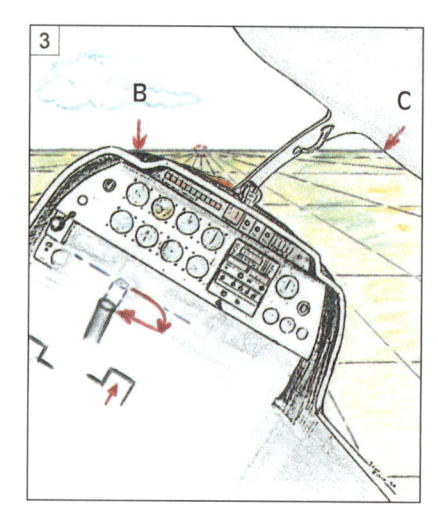

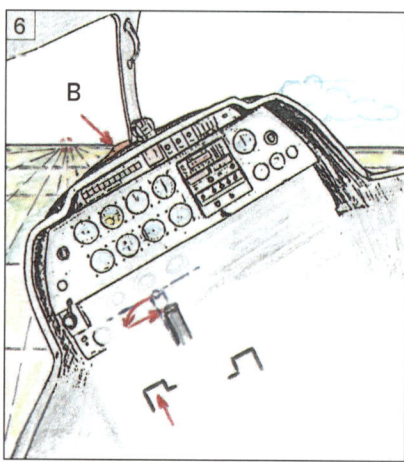

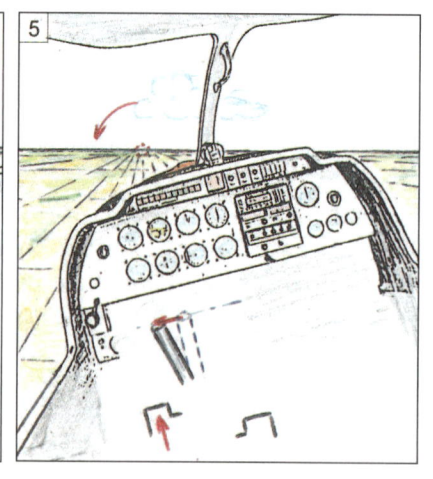

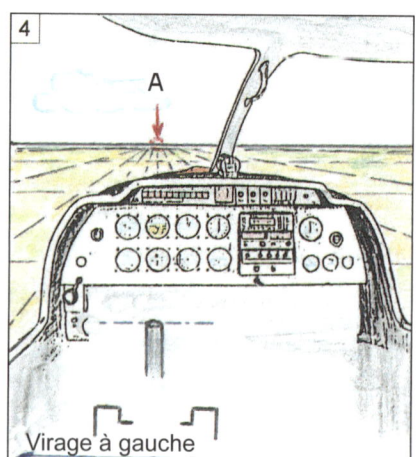

Au départ on supposera l'avion en vol horizontal en croisière, assiette zéro **(Fig. 1 et 4)**. On pourrait débuter le virage à partir d'une vitesse plus faible comme l'attente par exemple. Se choisir un axe d'articulation (flèche A, **Fig. 1 et 4**) par exemple une petite trace sur le pare-brise (voir l'étude page 18).

Actions : Débuter la mise en virage *par des actions simultanées du manche* (ou du volant) *et du palonnier* dans *le même sens* que le virage **(Fig. 2 et 5)** avec un mouvement qui s'accélère légèrement en faisant en sorte que l'axe d'articulation reste sur l'horizon, durant la variation de l'inclinaison.

L'action principale est celle du manche en considérant l'ordre d'importance. Comme il y a actions simultanées, on dit que *"l'on conjugue les commandes"*.

LE GUIDE PRATIQUE DU PILOTAGE

ÉTUDE SPÉCIFIQUE DU VIRAGE
COMMENT PRATIQUE-T-ON ? (suite)

Application

COMMENT STABILISER LE VIRAGE ?

A l'approche de l'inclinaison désirée (30°) tout en gardant le manche (ou le volant) braqué latéralement, amener le manche légèrement en arrière (car nous savons que portance et incidence doivent augmenter en virage, (rappel page 62) de façon à amener un point précis du capot (repère capot ou pare brise) sur l'horizon comme indiqué flèche **B** (Fig. 3 et 6).

Lorsque l'inclinaison désirée est atteinte, ainsi que le taux de virage correspondant, il faut les stabiliser, sans quoi il continue d'augmenter.

Actions : Inclinaison obtenue et repère capot (ou pare-brise) bien sur l'horizon "*stabiliser le virage*" en ramenant le manche *"sensiblement au neutre latéral"* en maintenant l'action arrière qui permet de maintenir le repère capot sur l'horizon (Fig. 3 et 6), le repère **C** permettant de matérialiser l'inclinaison. Parallèlement relâcher légèrement l'action du palonnier car il n'y a plus de lacet inverse en virage stabilisé les ailerons n'étant pratiquement pas braqués.

En réalité lorsque l'on neutralise l'inclinaison, on ne ramène pas le manche au neutre latéral mais légèrement opposé à l'inclinaison en raison d'un effet de roulis traité plus loin page 68. Durant le virage, on maintiendra **une action permanente du manche vers l'arrière** afin de maintenir le repère capot sur l'horizon, sans quoi la trajectoire deviendra descendante.

Au moindre écart agir fermement pour corriger.

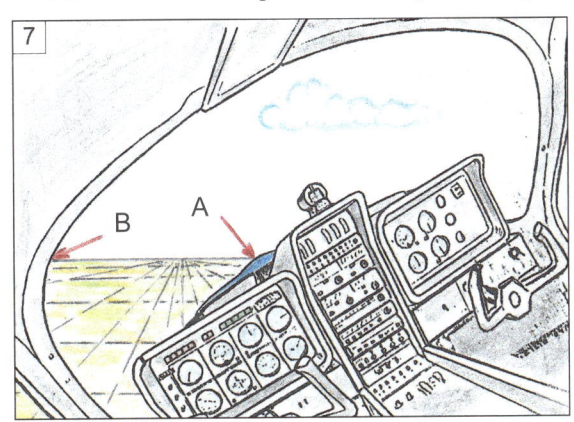

Remarques au sujet du repère capot : La connaissance de ce repère est une astuce qui permet d'effectuer un virage dans le plan horizontal sans avoir besoin de courir après un vario ou un alti. Pour le déterminer il suffit de se mettre en virage stabilisé, le vario bien à zéro, altitude constante et de regarder quel est l'endroit précis du capot qui touche l'horizon, c'est le repère capot à mettre en mémoire. La **Fig. 7** nous montre le repère capot indiqué par la flèche **A** tandis que la flèche **B** nous donne l'inclinaison de 30° à mémoriser.

Par ailleurs on entend souvent dire, "*il faut regarder son capot en virage*" ce à quoi l'on peut répondre "regarder quoi du capot ?" c'est vague, il faut plutôt dire qu'il faut positionner un point précis du capot. Sur un avion qu'on ne connaît pas il faut donc déterminer ces repères pour des virages aux inclinaisons usuelles.

Remarques au sujet de l'action arrière du manche : Sachant qu'en virage, portance et incidence doivent augmenter la tendance du débutant est souvent de tirer trop tôt à la mise en virage et trop fort durant celui-ci. Nous avons étudié page 62 que l'incidence devait augmenter de 0,7° à 30° d'inclinaison ce qui représente moins de 1 cm de variation donc une faible variation verticale.

CONCLUSION : Incliner sans tirer – tirer sur le manche proche de l'inclinaison de façon à positionner le repère capot sur l'horizon, pas plus haut, pas plus bas.

COMMENT EFFECTUER LA SORTIE DE VIRAGE ?

Elle consiste en une diminution d'inclinaison et du taux de virage jusqu'à annulation par une action simultanée sur les commandes de sens opposé au virage pour revenir à l'assiette initiale zéro dans l'exemple (Fig. 8 et 9).

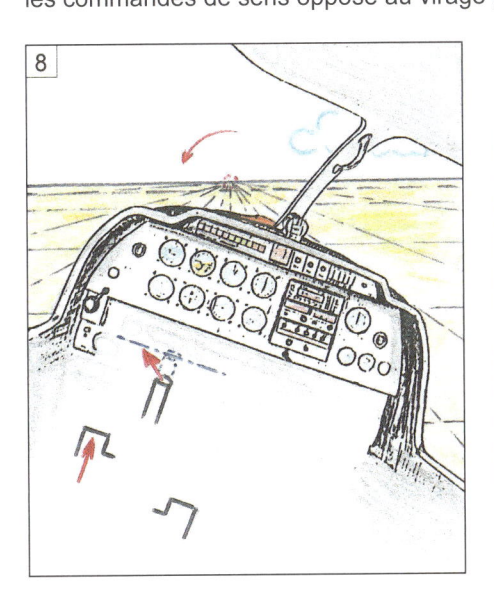

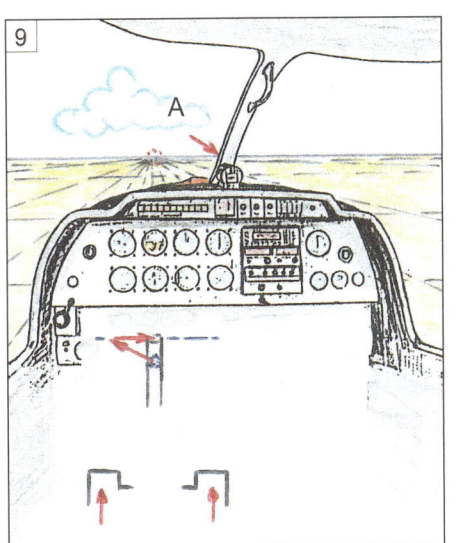

Actions : Pour ce faire l'action du manche se fera *en diagonale* latéralement vers l'avant (plus exactement vers le neutre transversal) sans quoi l'avion sortira en montant. Simultanément action sur le palonnier dans le même sens que le manche, le tout en faisant en sorte que le repère d'axe d'articulation reste sur l'horizon (Fig. 8).

Application	ÉTUDE SPÉCIFIQUE DU VIRAGE COMMENT PRATIQUE-T-ON ? (suite)

L'action du palonnier sera dominante en raison du lacet inverse qui aurait tendance momentanément à accroître le taux de virage qu'on souhaiterait voir se réduire et s'annuler.

L'action du manche devra être plus nuancée. Le mouvement de sortie devra s'effectuer en légère décélération, la tendance étant une certaine précipitation.

Lorsque l'avion sera revenu à inclinaison nulle avec l'assiette de départ *"zéro"*, c'est-à-dire le repère A **(Fig. 8)** sur l'horizon, ramener les commandes sensiblement au neutre **(Fig. 9)**.

REMARQUE : Tenir la tête droite dans les virages pour que la visualisation des assiettes ne soit pas faussée.

Ne pas effectuer les mises ou sorties de virage en saccades, c'est inconfortable pour les passagers, s'habituer à avoir des gestes précis.

Dosage : Il s'agit du dosage des palonniers qui est fonction des effets moteurs. Considérant notre avion dont le moteur tourne dans le sens des aiguilles d'une montre. Retenons :

– *Toute action nécessaire du palonnier à gauche sera plus faible que toute action du palonnier à droite.*

– *Actions faibles* aux mises en virage à gauche et en sorties de virage à droite.

– *Actions plus prononcée* aux mises en virage à droite et sorties de virage à gauche.

Les actions palonnier seront également plus importantes à basse vitesse en raison du lacet inverse plus important. Le travail des pieds n'est donc pas négligeable la partie artistique du pilotage repose sur eux, il faut les éduquer ... Cela reste vrai même sur certains avions modernes et sur 747...

PARTICULARITÉ EN VIRAGE STABILISÉ :

En virage stabilisé si le manche est ramené au neutre latéral, l'inclinaison ne reste pas constante et continue d'augmenter doucement. Pourquoi ?

Au regard de la **(Fig. 10)**, on voit que l'aile extérieure au virage porte davantage que l'aile intérieure. En effet, le rayon de virage de l'aile extérieure *R1* est plus grand que le rayon de virage de l'aile intérieure *R2*. En conséquence l'aile extérieure parcourt plus de chemin dans le même temps que l'aile intérieure. L'aile extérieure va donc plus vite, elle porte donc davantage que l'aile intérieure engendrant une variation d'inclinaison. Ce phénomène s'appelle *"roulis induit"* (voir page 19) induit par la différence de portance des deux ailes.

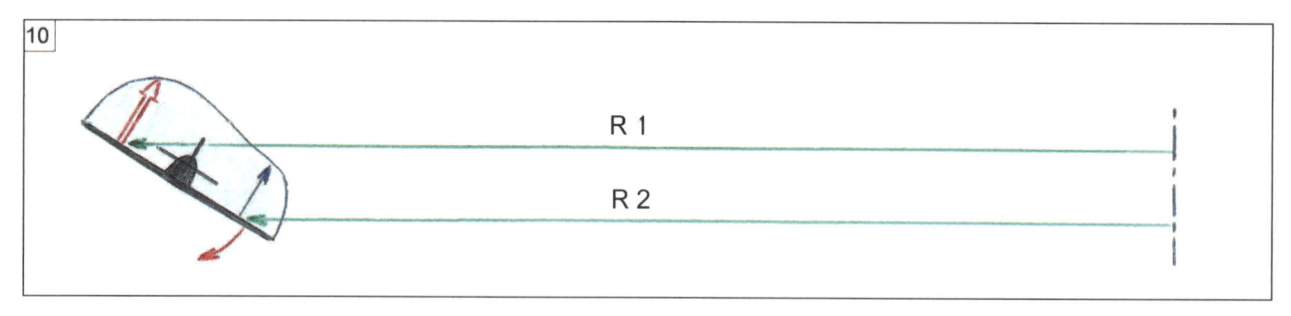

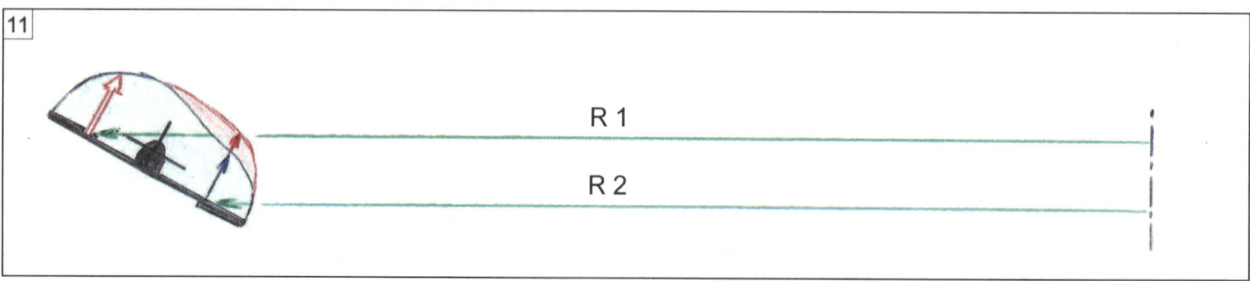

Pour combattre cet effet, il suffit de maintenir le manche légèrement braqué en sens inverse de l'inclinaison ce qui équilibre la portance et maintient l'inclinaison constante **(Fig. 11)**.

Remarquons cependant que les différences de chemin parcouru et de vitesse sont peu différentes. Ainsi sur un demi-tour pour un rayon d'environ 500 m, l'aile extérieure parcourt environ 1585 m alors que l'aile intérieure environ 1555 m soit 30 mètres... pour un avion léger.

Cet effet est d'autant plus important que l'inclinaison est faible, ainsi que la vitesse.

LE GUIDE PRATIQUE DU PILOTAGE

ÉTUDE SPÉCIFIQUE DU VIRAGE
AUTRES CAS DE VIRAGES

Application

Le principe du virage est le même qu'il soit en palier, montée ou descente. Initialement nous considérons les virages à puissance constante.

ÉTUDE DU VIRAGE EN MONTÉE :

Afin de maintenir au mieux les performances de montée, **limiter l'inclinaison à 20° maxi**. Par ailleurs durant le virage, il faut maintenir **la vitesse de montée** qui assure **les performances** et par conséquent, comme le virage absorbe de l'énergie, l'assiette de montée devra être légèrement moins cabrée qu'en montée en ligne droite.

Si on désire ou s'il est nécessaire de prendre **une inclinaison supérieure**, on s'apercevra qu'on devra afficher une assiette de moins en moins cabrée si on désire maintenir la vitesse ce qui **réduira le taux de montée**.

La vitesse de montée étant proche de 1,45 de Vs (voir page 88) l'inclinaison maxi pour virer en toute sécurité peut-être au maximum de 37°.

Il est possible de virer à des inclinaisons plus importantes, auquel cas, la vitesse devra être plus élevée, mais les performances de montée considérablement altérées, ce qui n'est plus l'objectif normal de la montée.

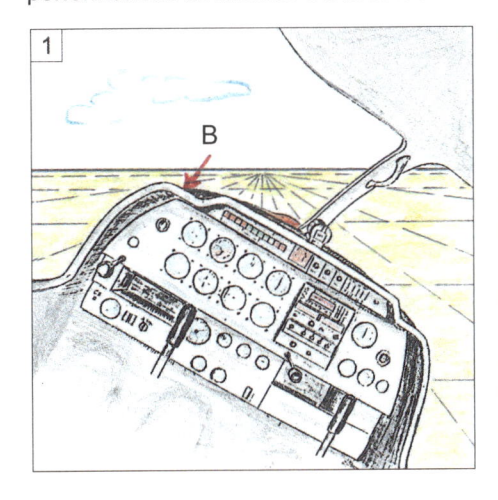

ÉTUDE DU VIRAGE EN DESCENTE :

Il n'y a pas de limite d'inclinaison comme pour le virage en montée, mais en pratique **on choisira moyennement 30°** de façon à ce que le virage ne s'effectue pas trop lentement avec un confort passager suffisant. En principe l'assiette de descente sera voisine de - 3°. Il suffira donc que le repère capot du virage en palier (**Fig. 3 et 6** - page 66), soit 3 cm plus bas que l'horizon comme le montre la **Fig. 1**.

Le taux de chute aura tendance à augmenter légèrement avec l'inclinaison (ce qui est négligeable aux inclinaisons usuelles). En conséquence si on désire maintenir le même taux de chute qu'en ligne droite, l'assiette devra être légèrement moins piquée et la vitesse diminuera légèrement. Par contre si on garde la même assiette qu'en ligne droite, le taux de chute augmentera légèrement. Tout dépendra de ce que l'on recherche ...Attention ! En descente lorsque vous constatez que le vario est trop fort, il faut bien entendu diminuer l'assiette, mais il faut faire en sorte que cette diminution ne prenne pas la valeur de l'assiette de palier en virage... car il n'y a que 3 cm de différence.

ÉTUDE DU VIRAGE AU TAUX STANDARD :

Forme de virage utilisé notamment en vol de nuit ou en I.F.R. (page 254) correspond à un **"taux de virage de 3° par seconde, soit 180° en une minute"**. On dit également virage au taux 1, nous l'utiliserons dans certains cas.

Le taux 1 de virage est indiqué par l'indicateur de virage (position de l'aiguille par rapport aux index) voir figures. On peut également se servir de l'horizon artificiel après avoir déterminé l'inclinaison par le calcul selon la formule :

$$\text{Inclinaison} = \frac{(V_i \text{ en kT})}{10} + \text{la moitié de ce résultat soit } 15/100^e \text{ de } V_i \text{ kT}$$

Soit pour 80 kT une inclinaison de $= \left(\frac{80}{10} = 8\right) + \left(\frac{8}{2}\right) = 12°$

pour 120 kT une inclinaison de $= \left(\frac{120}{10} = 12\right) + \left(\frac{12}{2}\right) = 18°$

Plus la vitesse est importante, plus l'inclinaison et grande, mais celle-ci est limitée à 25°. On peut également obtenir le rayon de virage lorsqu'il s'agit de virage standard par la formule :

$$\text{Rayon de virage} = V_i \text{ en kT} \times 10 \quad \text{le rayon est donné en mètres.}$$

Si l'indicateur de vitesse est en km/h, il suffit de diviser cette vitesse par deux pour obtenir approximativement la vitesse en kT.

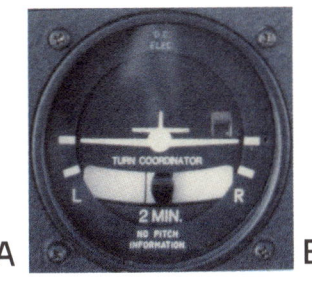

Le taux de virage (taux 1) peut-être pris à l'aide de l'horizon artificiel, en affichant la valeur de l'inclinaison précalculé, mais également en suivant les indications de l'indicateur de virage.

Exemples d'indicateur de virage :

Indicateur **A** : L'avion vire au taux 1 lorsque l'aiguille de l'indicateur est en face de l'index.

Indicateur **B** : L'indicateur est représenté par un petit avion, lorsque celui-ci est incliné aile face à l'index, il vire au taux 1.

| Application | **ÉTUDE SPÉCIFIQUE DU VIRAGE
AUTRES CAS DE VIRAGES (suite)** |

Remarque paradoxale : L'indicateur de virage n'indique pas forcément une inclinaison, mais une valeur de déplacement latéral, ceci même si l'avion virait à plat. Ainsi avec l'indicateur B, le fait que le petit avion soit incliné ne veut pas forcément signifier que l'avion le soit réellement, mais indique qu'il se déplace latéralement.

LE VIRAGE A VITESSE CONSTANTE :

C'est le cas notamment du virage en montée où l'on s'efforce de maintenir la vitesse en modifiant légèrement l'assiette (moins cabrée), la puissance étant proche du maxi, nous ne pouvons plus intervenir sur celle-ci. C'est aussi le cas des virages à vitesse plus lente comme l'attente où il faut maintenir la vitesse. En palier, le fait de devoir augmenter l'incidence, augmente parallèlement la traînée ce qui tend à diminuer la vitesse. Si on désire maintenir la même vitesse qu'en ligne droite (cas du virage au taux standard) il faut augmenter la puissance. Remarquons que cette possibilité n'est applicable que pour une certaine plage d'inclinaison (jusqu'à environ 30° maxi) au-delà de laquelle il n'est plus possible de garder la vitesse, la puissance étant arrivée au maxi.

Pour maintenir une vitesse constante, augmenter la puissance d'environ 100 tr/mn par 10° d'inclinaison.

LE VIRAGE A PUISSANCE CONSTANTE :

Application générale des virages que l'on a à effectuer au départ de la vitesse de croisière où il n'est pas nécessaire d'augmenter la puissance jusqu'à 45° d'inclinaison incluse (en principe), la vitesse diminuant légèrement.

Pour les virages en descente, si l'on désire maintenir le même taux de chute qu'en ligne droite la vitesse diminuera légèrement. Si l'on souhaite maintenir la vitesse à puissance constante le taux de chute augmentera légèrement.

Conseils : Pour contrôler correctement l'assiette en virage, le pilote ne doit pas regarder à l'intérieur du virage, mais le positionnement de son repère capot par rapport à l'horizon devant lui, après avoir assuré la sécurité, ce qui n'empêche pas des coups d'œil...

Si en virage, le pilote a besoin de porter son regard ailleurs avant de le faire, *bloquer* sa position des commandes *en prenant appui* sur l'accoudoir (volant) ou sur la jambe (manche).

LE GUIDE PRATIQUE DU PILOTAGE

ÉTUDE DES SECTEURS DE MISE ET SORTIE DE VIRAGE

Application

LE SECTEUR DE MISE OU SORTIE DE VIRAGE :

La mise ou la sortie de virage ne se fait pas instantanément surtout si on désire respecter le confort de ses passagers. A la mise en virage jusqu'à l'obtention de l'inclinaison désirée ou en sortie jusqu'au retour à inclinaison nulle, l'avion parcourt un certain secteur allant du 1/3 de l'inclinaison à la valeur de l'inclinaison **(Fig. 1 et 2)**.

On s'en rend particulièrement compte en sortie de virage. Si par exemple l'inclinaison est de 30°, si le pilote veut sortir face à un repère (l'axe de piste) il devra débuter la sortie 10° avant, s'il procède normalement ou 30° avant s'il veut sortir tranquillement, si le secteur de sortie n'a pas été respecté l'avion risque de dépasser l'axe prévu même en précipitant la sortie.

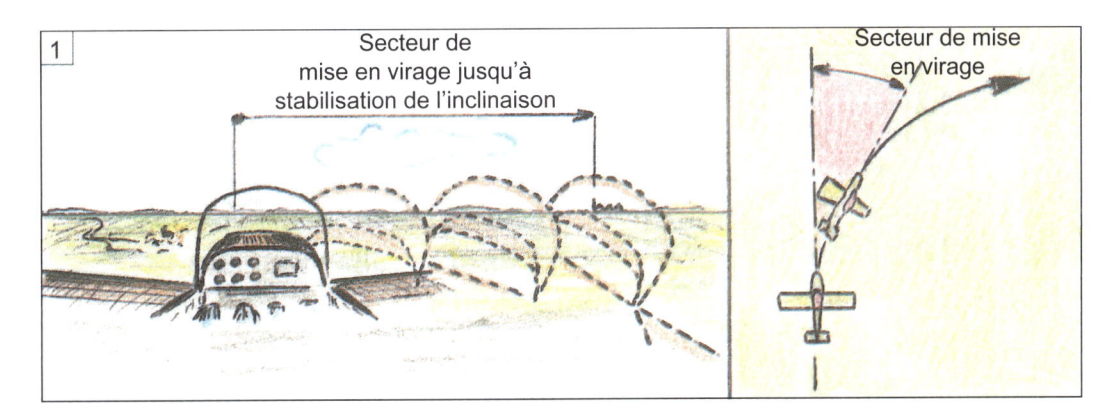

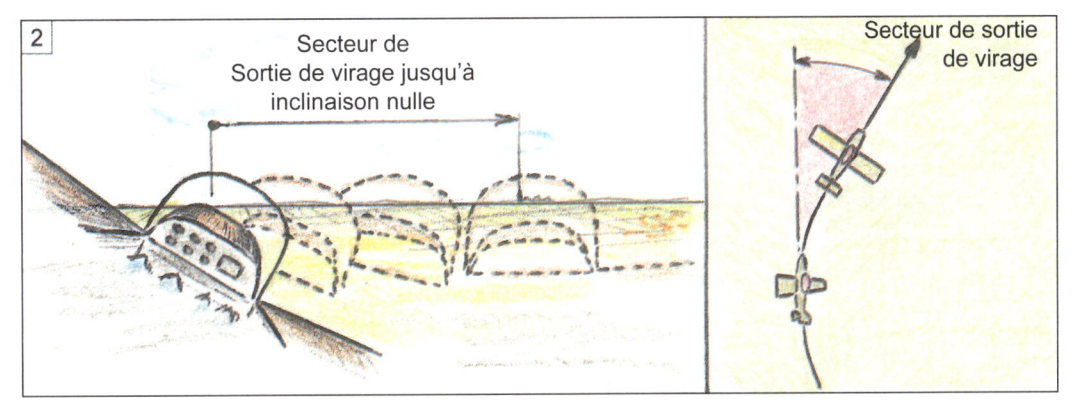

COMMENT MATÉRIALISER LE SECTEUR DE MISE OU SORTIE DE VIRAGE ?

A l'aide du directionnel : La mise en virage ne présente pas de difficulté particulière par contre la sortie devra se terminer au cap **"précis"** prévu. Il faudra donc anticiper celle-ci du 1/3 de l'inclinaison avec une certaine souplesse par exemple 3 à 4 secondes de mise en virage et autant pour la sortie d'un virage à 30° d'inclinaison.

A l'aide de moyens visuels : Sachant qu'empiriquement 1 cm = 1° ; si par exemple on doit sortir d'un virage à 30° d'inclinaison, il faudra anticiper la sortie de 10°. Pour cela débuter la sortie de virage 10 cm avant d'atteindre le repère en face duquel on devra se trouver aligné comme le montre la **Fig. 3**.

Application | **PRÉCISION DES VIRAGES**

QUELS SONT LES OBJECTIFS ?

Savoir exécuter des virages caractéristiques que nous devons pratiquer régulièrement avec précision.

En général, ils s'effectuent à l'aide du directionnel, ce qui ne présente pas de difficulté particulière, si ce n'est de bien prévoir l'anticipation de la sortie de virage (secteur de sortie) pour bien terminer au cap souhaité.

Si on ne dispose pas de directionnel, comme sur quelques avions anciens ou si celui-ci venait à tomber en panne, il faut évaluer les angles de virage à l'aide des repères extérieurs car nous ne pouvons pas nous fier au compas en virage (rappel page 11).

Pour être précis, les repères que nous choisirons seront pris le plus loin possible à l'horizon.

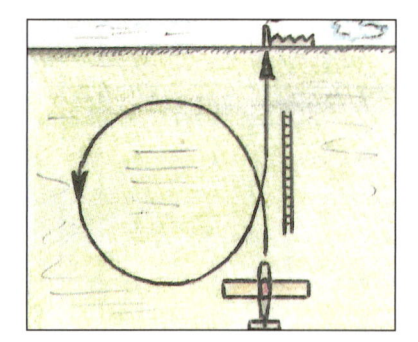

Le 360° : c'est un tour complet que peut nous demander un contrôleur de tour dans un circuit d'aérodrome pour permettre une priorité. Pour l'effectuer il suffit de prendre un repère devant soi, le plus loin possible pour ne pas altérer la précision (le prendre sur l'horizon) et de terminer le virage face à ce même repère.

On peut également se servir d'un repère au sol (axe routier - maison ligne d'arbres ou haies). Lorsqu'on travaille dans le circuit de piste les axes sont bien matérialisés par la piste.

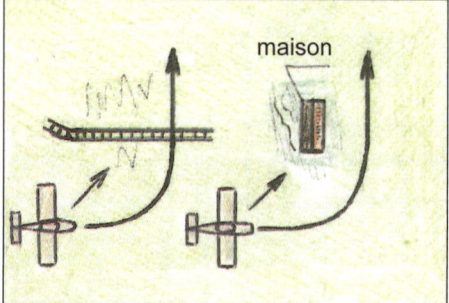

Le 90° : nous trouvons son application dans un circuit d'aérodrome par les 4 virages de 90° pour former le circuit rectangulaire. Pour cela il suffit de prendre un repère sur l'horizon en face du bout d'aile côté du virage et de terminer le virage face à ce repère. Une autre solution consiste à se servir de repères sol et de terminer le virage soit parallèle soit perpendiculaire à celui-ci, selon le cas, comme l'indiquent les figures.

Le 180° : une des principales nécessités d'application est le demi-tour face au mauvais temps en voyage. Plusieurs solutions sont applicables. Effectuer deux 90° sans interruption avec 2 fois un repère en bout d'aile, ou encore prendre un repère-horizon dans l'alignement d'un bout d'aile et terminer le virage avec l'autre bout d'aile face à ce même repère **(Fig. A)** ou encore en prenant un repère sol dans le 3/4 arrière derrière l'aile et de terminer parallèle ou perpendiculaire à ce repère selon le cas **(Fig. B)**.

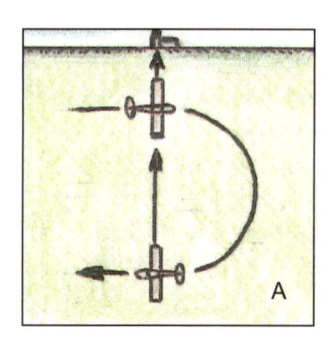

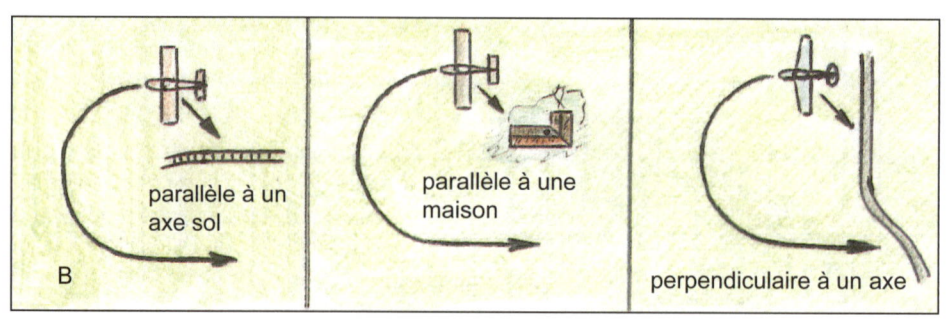

Dans le cas de repère horizon en bout d'aile, s'il s'agit d'avion à ailes basses, prendre le repère en bout d'aile côté inverse au virage, s'il s'agit d'avion à ailes hautes, prendre le repère du côté du virage, ceci dans un cas comme dans l'autre pour ne pas avoir le repère masqué par l'aile au moment d'entreprendre la sortie de virage.

Dans cette présente analyse, nous ne tenons pas compte des effets du vent sur les trajectoires sol.

LE GUIDE PRATIQUE DU PILOTAGE

ÉTUDE DES VOLETS - UTILISATION

Préliminaire

A QUOI SERVENT LES VOLETS ?

Lorsque les oiseaux volent lentement, ils creusent leurs ailes car *"l'aile à profil creux"* est celle qui donne la meilleure portance à basse vitesse, raison pour laquelle les premiers avions qui disposaient de faible puissance pour les tracter avaient des ailes à profils creux (phénomène identique sur les premiers U. L. M.).

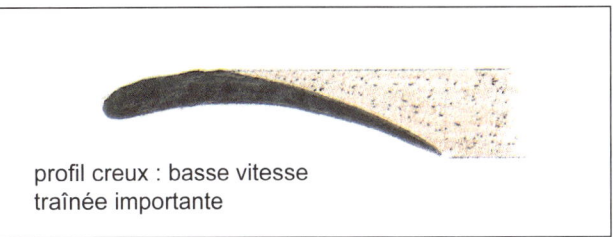

profil creux : basse vitesse
traînée importante

Malheureusement ce type de profil, s'il convient aux basses vitesses, convient beaucoup moins pour des vitesses plus importantes. On a donc été amené à trouver un compromis sur nos ailes rigides pour donner à nos avions de bonnes performances de vitesse en voyage et au contraire de pouvoir la réduire le plus possible (avec sécurité) dans les manœuvres de décollage, d'approche et d'atterrissage.

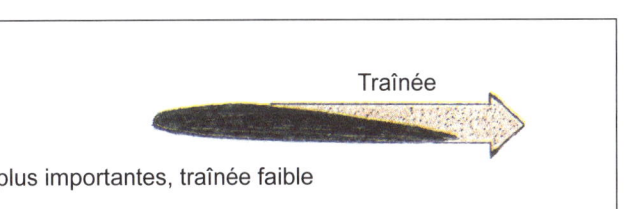

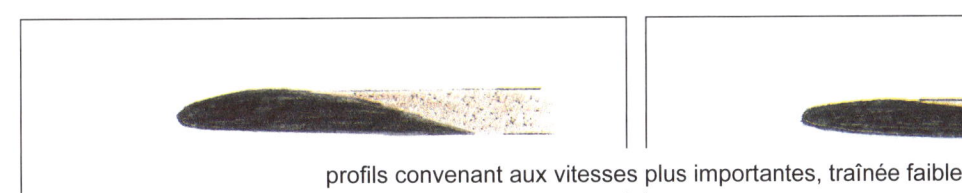

Traînée

profils convenant aux vitesses plus importantes, traînée faible

On a donc aménagé les volets qui sont des dispositifs hypersustentateurs qui lorsqu'ils sont braqués modifient la forme du profil d'aile et donnent en quelque sorte *"un profil creux"*.

profil avec volet rentré

profil volet sorti   Traînée +

l'aile se creuse

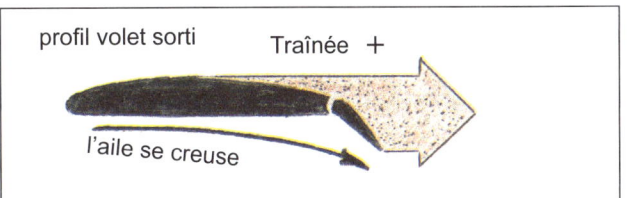

En résumé le premier but des volets est de maintenir **une bonne portance à basse vitesse** tout en conservant une incidence de vol compatible avec la sécurité.

Le second but, *à fort braquage*, est *d'augmenter la traînée* et par conséquent de *diminuer les longueurs d'atterrissage et de roulage, ainsi que la finesse.*

Avec un *braquage moyen*, où la *traînée est faible*, ils permettent au décollage d'être en vol à une vitesse plus réduite donc de **diminuer la longueur de roulage avant décollage**. De toute façon portance et traînée augmentent.

MANIPULATION DES VOLETS :

Ils sont actionnés par levier mécanique, ou par bouton de commande (moteur électrique). **Le braquage des volets "NE DOIT PAS" s'effectuer à n'importe quelle vitesse,** mais à partir d'une certaine valeur **JAMAIS AU DESSUS** appelée **VFO**.

Sur notre avion, la VFO a pour valeur (indiquée dans le manuel de vol) : _____ . De même qu'une fois sortis, il ne faut jamais dépasser une certaine vitesse appelée **VFE** (extrémité supérieure de l'arc blanc de l'anémomètre)*. Au-delà on risque de les ABÎMER voire même les ARRACHER... Remarquons que quelques fois, les limites supérieures VFE et VFO sont confondues.

Comme les volets font varier la portance, si on dispose de volets actionnés mécaniquement, *il faut les manipuler lentement surtout lorsqu'on les rentre», on supprime de la portance»,* il faut donc agir doucement surtout près du sol...

Remarque : Il existe d'autres moyens hypersustentateurs que nous analyserons plus loin dans le cadre de leurs principales fonctions.

En plus du but recherché, la sortie ou la rentrée des volets occasionne *des tendances ou des effets "non désirés»* (plus ou moins importants selon le type d'avion), qu'on appelle *des couples* que le pilote doit s'efforcer de combattre par une action dosée sur la gouverne de profondeur, s'il veut maintenir la trajectoire.

74	LE GUIDE PRATIQUE DU PILOTAGE
Application	**ÉTUDE DES VOLETS - UTILISATION (suite)**

A la sortie des volets, ce couple est généralement piqueur, mais comme la portance augmente cela provoque une tendance de l'avion à monter et inversement lorsqu'on les rentre. Comme impression physique, à la sortie des volets, le pilote a l'impression d'avoir un coussin qui gonfle sous les fesses et lorsqu'on les rentre que l'avion s'enfonce...

Ceci dit pour maintenir la même trajectoire :

– A la sortie des volets, l'action correctrice sera de mettre le manche vers _____

– A la rentrée des volets, l'action correctrice sera de mettre le manche vers _____

Il est à remarquer que pour **une même vitesse, l'incidence de vol** est **légèrement plus faible avec les volets sortis,** ce qui se traduit par une **assiette moins cabrée.**

Nota : Une expression courante lors de la manipulation des volets (et du train) est de dire "**sortir les traînées**". De

> - *À puissance constante et faible braquage, la vitesse diminue légèrement volets sortis.*
> - *La sortie des volets augmente la traînée, surtout aux forts braquages, il en résulte que pour garder une même vitesse, il faudra augmenter la puissance.*

même que la manipulation des volets, la manipulation du train d'atterrissage a ses normes, que voici :

– la **Vlo** : Vitesse maxi à laquelle on est autorisé à sortir le train, jamais au-dessus.

– la **Vle** : Vitesse maxi à laquelle on peut voler train sorti.

* L'arc blanc de l'anémomètre correspond aux vitesses d'utilisation ou de manœuvre d'éléments tels que train ou volets.

Il n'y a pas de contre-indication particulière à sortir les volets en virage, par contre le vol volets sortis est limité à un certain facteur de charge. En conséquence on veillera alors à avoir une inclinaison inférieure à celle donnant le facteur de charge limite volets sortis (voir le manuel de vol). Afin de maintenir la sécurité du vol, la vitesse oblige à limiter l'inclinaison en virage, **mais attention ! ce ne sont pas les volets qui limitent l'inclinaison en virage, mais la vitesse** (voir tableau page 88 et remarques et analyses page 182).

LE GUIDE PRATIQUE DU PILOTAGE

ÉTUDE DE LA CONFIGURATION APPROCHE

Application

QUEL EST L'OBJECTIF ?

La configuration approche, appelée également "*approche initiale*" ou "*approche palier*" permet de préparer votre avion à la phase précédant l'atterrissage par une vitesse qui autorise la sortie des traînées (volets ainsi que le train d'atterrissage sur avions à train rentrant). Cette vitesse doit permettre d'effectuer des virages avec une inclinaison maxi de 37° (voir explications page 88) en sécurité, en cas de nécessité. Elle est inférieure à la Vfe et Vle.

QUELLES SONT LES CARACTÉRISTIQUES DE LA CONFIGURATION APPROCHE ?

– *Une vitesse indiquée* à maintenir constante (égale à 1,45 de Vs1 approche, voir page 88) ____
– *Un certain braquage des volets*, faible braquage, exprimé en degré ou % ____
– *Le train* ____ Sorti
– *Une assiette moyenne* de ____
– *Une puissance moyenne* de ____ Tr/mn
– En principe *altitude constante* ____ Vz = 0
– Le vol est symétrique ____ Bille au milieu

Remarquons qu'en approche l'assiette n'a pas la même valeur qu'en attente (bien que vitesse proche), en raison de l'incidence plus faible due aux volets (voir page 74). La vitesse doit être maintenue constante. Faire attention de ne pas dépasser la limitation Vfe, souvent proche ainsi que la Vle.

Indiquer la valeur de la Vfe de votre avion : ____ ainsi que la Vle ____ si train rentrant. En conséquence de quoi, en atmosphère instable, assiette et puissance peuvent varier légèrement, mais nous savons déjà que le maintien de l'assiette et de la puissance conditionne la vitesse et la tenue d'altitude.

Il est possible de passer en *approche descente* à même vitesse (1,45 Vs1) auquel cas :

– L'assiette aura pour valeur ____ | A = |
– La puissance moyenne sera ____ | Tr/mn | } Enlever 50 à 100 tr/mn par 100 ft/mn
– Vz négative devra être ____ | Ft/mn |

COMMENT PASSER DE CROISIÈRE EN APPROCHE ?

Avant d'entreprendre le passage en approche, ne pas oublier de calibrer votre variation d'assiette en choisissant le repère que vous allez devoir positionner sur l'horizon, sachant que 1 cm = 1°, ensuite :

1 - l'avion étant en croisière, Assiette = 0, vitesse ____, régime ____ Tr/mn **(Fig. 1)**.

2 - dans un premier temps effectuer un préaffichage, soit réduire le régime à ____ Tr/mn, en maintenant l'altitude constante (alti constant, vario = 0) par variation progressive de l'assiette à cabrer soit vers une assiette de ____.

3 - lorsque la vitesse de manœuvre des volets Vfo ____ et du train Vlo ____ (si train rentrant) sont atteintes, sortir ces traînées dans l'ordre préconisé, en principe volets puis train sur avions modernes en **contrôlant les couples** par une **action momentanée** du manche vers l'avant durant la sortie des volets, puis continuer à cabrer pour maintenir l'altitude constante jusqu'à la vitesse d'approche.

4 - à l'approche de la vitesse d'approche ____ et de l'assiette correspondante ____ afficher la puissance nécessaire au maintien des éléments de l'approche soit ____ Tr/mn.

– Symétrie et altitude seront maintenues durant les variations de puissance.

5 - régler le compensateur.

6 - effectuer une check d'approche, exemple : freins en pression - train sorti les 3 vertes 1, 2, 3, - volets 10° - puissance x affichée - pompe marche - phare marche - essence sur le + plein - check approche terminée.

Sur votre avion, l'ordre de sortie des traînées sera ____.

LE GUIDE PRATIQUE DU PILOTAGE

Application — **ÉTUDE DE LA CONFIGURATION APPROCHE (suite)**

COMMENT PROCÉDER POUR REVENIR EN CROISIÈRE ?

L'avion étant en configuration approche, Assiette _____ Régime _____ Tr/mn, dans un premier temps préaffichage au régime maxi autorisé soit _____ Tr/mn pour compenser la perte de portance due à la rentrée des volets.

– Rentrer aussitôt les traînées, la plus pénalisante d'abord (voir manuel de vol), souvent le train, puis les volets.

– Lors de la rentrée des volets, contrôler les couples, puis reprendre progressivement l'assiette de croisière, A = 0, en maintenant l'altitude constante par variation de l'incidence qui doit diminuer lorsqu'on accélère.

– A l'approche de la vitesse de croisière _____ et de l'assiette zéro, afficher la puissance de croisière soit _____ Tr/mn en contrôlant la symétrie lors des variations de puissance.

– Régler le compensateur.

– Effectuer la check de croisière.

LE GUIDE PRATIQUE DU PILOTAGE

ÉTUDE DE LA CONFIGURATION ATTERRISSAGE PALIER

Application

QUEL EST L'OBJECTIF ?

Lorsqu'un avion est sur la trajectoire descendante qui précède l'atterrissage (voir page 106) il doit adopter une certaine configuration qui peut être la configuration-atterrissage et avoir une certaine vitesse. Si pour une raison technique il devait repasser en vol horizontal (voir page 104) il serait nécessaire d'afficher davantage de puissance afin de maintenir la même vitesse. La configuration-atterrissage palier permet donc au pilote de connaître ou de déterminer les paramètres à afficher pour maintenir le vol horizontal dans cette configuration.

Remarquons qu'un contrôleur d'aérodrome peut demander à un pilote de ralentir afin de respecter un espacement suffisant avec d'autres aéronefs. Dans ce cas, le fait de passer en configuration-atterrissage en palier permet de voler avec une vitesse minimum avec une marge de sécurité confortable.

QUELLES SONT LES CARACTÉRISTIQUES DE LA CONFIGURATION ATTERRISSAGE PALIER ?

– *Le braquage des volets* au maxi (exprimé en degré ou %) _____
– *Le train* _____ sorti
– *Une assiette moyenne* de _____
– *Une vitesse indiquée* à maintenir constante (égale à 1,3 Vs0, voir page 88) ___
– *Une puissance moyenne* de _____ Tr/mn
– *L'altitude constante* _____ Vz = 0
– *Le vol symétrique* _____ Bille au milieu

Dans cette situation afin de garder une marge de sécurité on limitera l'inclinaison en virage **à 20° maxi** (voir page 88).

Comme dans le cas de l'approche, vitesse et altitude doivent garder la même valeur, selon les mêmes règles.

COMMENT PASSER DE LA CROISIÈRE A LA CONFIGURATION ATTERRISSAGE EN PALIER ?

1 - l'avion étant en croisière, assiette = 0, vitesse _____ régime _____ tr/mn **(Fig. 1)**.

2 - dans un premier temps effectuer un préaffichage, soit réduire le régime à _____ tr/mn en maintenant l'altitude constante (alti constant, vario = 0) par variation progressive de l'assiette à cabrer.

3 - lorsque les vitesses de manœuvre des volets Vfo _____ et du train Vlo _____ sont atteintes, sortir les traînées dans l'ordre préconisé, en principe volets puis train sur avions modernes, les volets étant braqués initialement à la valeur d'approche soit _____ en contrôlant les couples par une action momentanée du manche vers l'avant, puis continuer à cabrer pour maintenir la trajectoire horizontale. Surveiller l'altimètre...

4 - lorsque l'on atteint la Vfe, soit _____ sortir les pleins volets en contrôlant à nouveau les couples comme précédemment.

5 - à l'approche de la vitesse de la configuration atterrissage _____ et de l'assiette correspondante _____ afficher la puissance nécessaire au maintien des éléments de la configuration-atterrissage soit un régime de _____ tr/mn.

6 - régler le compensateur.

Symétrie et altitude seront maintenues durant les variations de puissance.

1 ⟶ 2 ⟶ 3 ⟶ 4 ⟶ 5 ⟶ 6 ⟶

| Application | **ÉTUDE DE LA CONFIGURATION ATTERRISSAGE PALIER (suite)** |

COMMENT PROCÉDER POUR REVENIR EN CROISIÈRE ?

L'avion étant en configuration-atterrissage palier, vitesse _____ Assiette _____ Régime _____ tr/mn, volets braqués au maxi, train sorti, dans un premier temps effectuer un préaffichage au régime maxi autorisé soit _____ tr/mn, qui compensera momentanément la perte de portance due à la rentrée des volets.

– Rentrer aussitôt les volets vers le braquage intermédiaire (et le train dans l'ordre préconisé) en contrôlant les couples par une action momentanée du manche vers l'arrière durant la rentrée des volets. Pour cela prendre une assiette _____ en surveillant l'altimètre.

– Lorsque les volets sont au braquage intermédiaire (celui de l'approche) diminuer progressivement l'incidence au fur et à mesure de l'accélération de vitesse afin de maintenir la Vz = 0.

– Lorsque la vitesse atteint la valeur de _____ rentrer les volets vers zéro, en contrôlant à nouveau les couples (voir vitesse de rentrée des volets page 110).

– A l'approche de la vitesse de croisière _____ et de l'assiette zéro, reprendre le régime de croisière soit_____ Tr/mn, puis régler le compensateur.

– Maintenir le vol symétrique durant les variations de puissance.

Remarques : Il est possible de passer en configuration-atterrissage à partir d'autres configurations comme l'attente où l'approche auquel cas après avoir réduit la puissance, il sera possible de sortir les pleins volets en une seule fois.

Il est également possible d'accélérer vers l'attente (au lieu de la croisière), auquel cas on affichera la puissance maxi autorisée, puis on rentrera les traînées selon les séquences énoncées, à l'approche de la vitesse d'attente, on réduira "*sans mollir*" à la puissance d'attente.

Remarquons également que le repère d'assiette (qui est sur l'horizon) pour maintenir le vol horizontal en configuration atterrissage, sera celui qui servira de viseur du point d'aboutissement en finale (voir page 106, technique de tenue du plan...et fig 20 et 21).

LE GUIDE PRATIQUE DU PILOTAGE

RECHERCHE DE L'INCIDENCE MAXI DE VOL
ÉTUDE DU PHÉNOMÈNE AÉRODYNAMIQUE

Application

QUEL EST L'OBJECTIF ?

Rechercher l'incidence maximale à ne pas dépasser et visualisation de celle-ci par rapport au capot ; reconnaître les symptômes annonciateurs ; acquérir de nouveaux réflexes, permettant d'éviter la perte de contrôle. Effectuer et contrôler un vol à sa limite faible.

ANALYSE DES PHÉNOMÈNES LORSQUE L'INCIDENCE AUGMENTE :

Nous savons que lorsque la vitesse diminue, pour garder sa valeur à la portance, l'incidence doit augmenter. Or il faut savoir que l'incidence ne peut augmenter indéfiniment.

Étude du phénomène aérodynamique :

Lorsque l'incidence est faible, l'écoulement de l'air autour de l'aile est dit **"laminaire"**, c'est-à-dire que les filets d'air sont en couches parallèles assez régulières autour de tout le profil voir **A** (Fig. 1 et photos page 89).

Après avoir diminué la puissance, la vitesse diminue, le pilote doit tirer sur le manche pour augmenter l'incidence afin de conserver la portance et la même trajectoire. On constate alors que sur l'extrados (le dessus de l'aile), les filets d'air laminaires n'ont plus assez d'énergie pour coller jusqu'au bout du profil. A partir de l'endroit où ils décollent du profil, s'établit un écoulement **tourbillonnaire B**.

Plus la vitesse diminue, plus le pilote doit tirer sur le manche pour augmenter l'incidence et conserver la trajectoire. On remarque parallèlement à l'augmentation d'incidence que les filets d'air décollent de plus en plus du profil d'aile et que l'écoulement tourbillonnaire avance de plus en plus vers l'avant de celle-ci. Il en résulte qu'à partir d'une certaine valeur proche de la limite l'écoulement tourbillonnaire s'établit sur presque tout l'extrados **C** et se poursuit jusqu'aux empennages arrière occasionnant des vibrations que le pilote ressent par l'intermédiaire de ses fesses ... D'où l'ancienne expression **"piloter aux fesses"** qui n'est pas tout à fait dénuée de sens. On dit également qu'il vole **aux grands angles**, sous entendu angle d'incidence. Sur certains avions, ces vibrations n'étant pas assez nettes, on y a adjoint un signal sonore (ou lumineux) qui se déclenche un peu avant la limite d'incidence maxi.

Tant qu'il n'y a pas avertissement, il faut continuer à cabrer !...

Conclusions : Si on désire garder le contrôle du vol dès le premier avertissement, il ne faut plus continuer à cabrer car nous sommes à *l'incidence maximale de vol*. Si on continuait à cabrer, l'écoulement des filets d'air sur l'extrados deviendrait entièrement tourbillonnaire occasionnant une diminution rapide de portance.

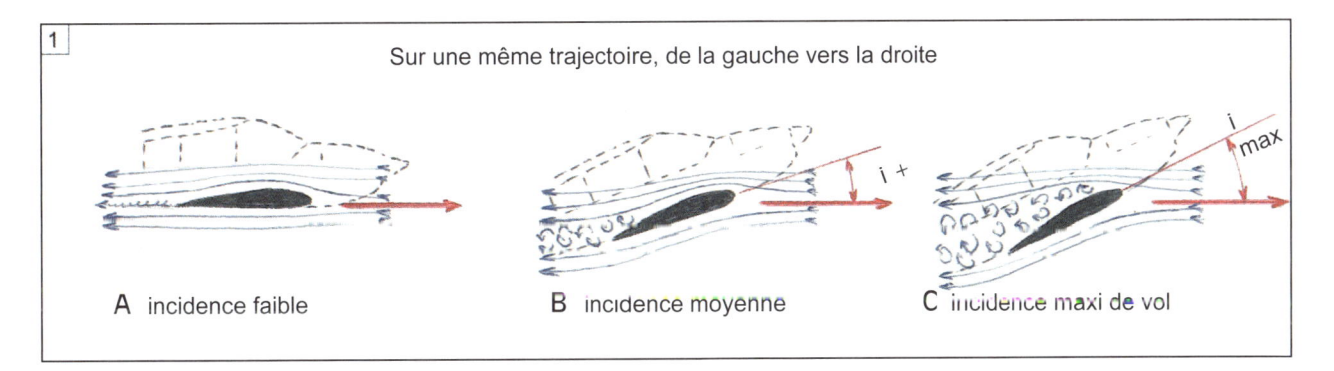

1 Sur une même trajectoire, de la gauche vers la droite

A incidence faible   B incidence moyenne   C incidence maxi de vol

A retenir : Vibrations ou signal sonore nous indiquent que nous sommes très proche de la limite du vol, ils constituent des **"symptômes annonciateurs"**.

Il ne faut pas continuer à tirer sur le manche sans quoi nous allons vers la perte de contrôle qu'on appelle **"décrochage"** que nous allons étudier progressivement dans les pages qui suivent.

Une apparition soudaine et inopinée de vibrations (appelée également **"buffeting"**) ou du signal sonore ou lumineux doit nous faire acquérir un nouveau réflexe :

> *Manche vers l'avant, pour revenir rapidement à une incidence plus faible,*
> *ce qui recolle les filets d'air au profil d'aile et supprime l'écoulement tourbillonnaire,*
> *car il redonne la portance en évitant la perte de portance et de contrôle.*

Deux processus peuvent être appliqués pour éviter la perte de portance et de contrôle ; voir étude page suivante.

LE GUIDE PRATIQUE DU PILOTAGE

Application — **RECHERCHE DE L'INCIDENCE MAXIMUM / ACQUISITION DE NOUVEAUX RÉFLEXES**

QUEL EST L'OBJECTIF ?

Acquérir des réflexes nouveaux en cas de positionnement à l'incidence maxi de vol inopinément, dès l'apparition des vibrations ou du signal sonore ou lumineux. Visualisation de l'incidence maxi.

QUELS SONT LES PROCESSUS ?

1ᵉ solution : A partir d'une trajectoire horizontale, réduire progressivement la puissance, en cabrant pour augmenter l'incidence et conserver ainsi la trajectoire horizontale **(Fig. 1)**. Dès l'apparition des vibrations ou du signal sonore ou lumineux, noter la valeur de l'incidence maxi comme le montre **(Fig. 2)**, soit une incidence de +_____ ou visuellement la position précise du capot sur l'horizon, ainsi que la vitesse de vol à cet instant _____

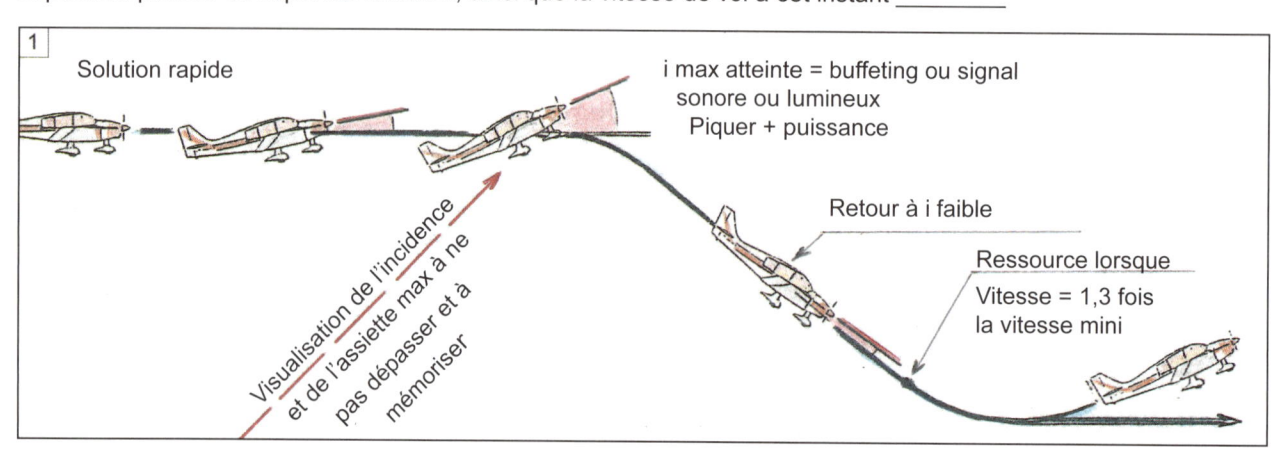

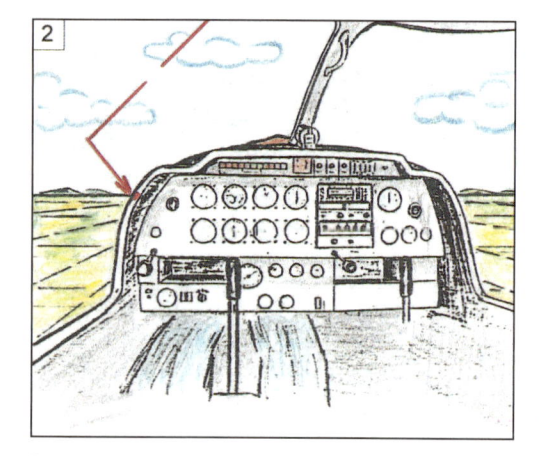

Figure 1 : Solution rapide — Visualisation de l'incidence et de l'assiette max à ne pas dépasser et à mémoriser — i max atteinte = buffeting ou signal sonore ou lumineux — Piquer + puissance — Retour à i faible — Ressource lorsque Vitesse = 1,3 fois la vitesse mini

Figure 2 : (vue cockpit)

Aussitôt les vibrations obtenues (ou signal sonore) et les valeurs d'assiette et vitesse mini notées :

Prendre rapidement, mais non brutalement une assiette d'environ – 15° en affichant la puissance maxi. Parallèlement contrôler la symétrie par une action sur le palonnier à_____, ce qui facilitera le maintien de l'inclinaison nulle.

Lorsque la vitesse est proche de 1,3 fois la vitesse de décrochage soit _____ (voir page 88), effectuer une ressource souple mais non brutale vers l'assiette de montée afin de rejoindre l'altitude initiale (éventuellement, retour en palier). Noter la valeur de la perte d'altitude...

Remarque : La valeur de l'incidence maxi de vol est d'environ 15° sur la plupart des avions légers, sans l'utilisation de dispositifs spéciaux.

2ᵉ solution : Même départ que la solution 1, mais dès l'apparition des symptômes annonciateurs, reprendre rapidement **"l'assiette voisine de zéro"** en affichant pleine puissance pour limiter la perte d'altitude **(Fig. 3)**. Parallèlement et plus que dans la solution 1, contrôle de la symétrie et de l'inclinaison nulle, **car la reprise est plus lente** et les phénomènes secondaires durent plus longtemps (effets moteur).

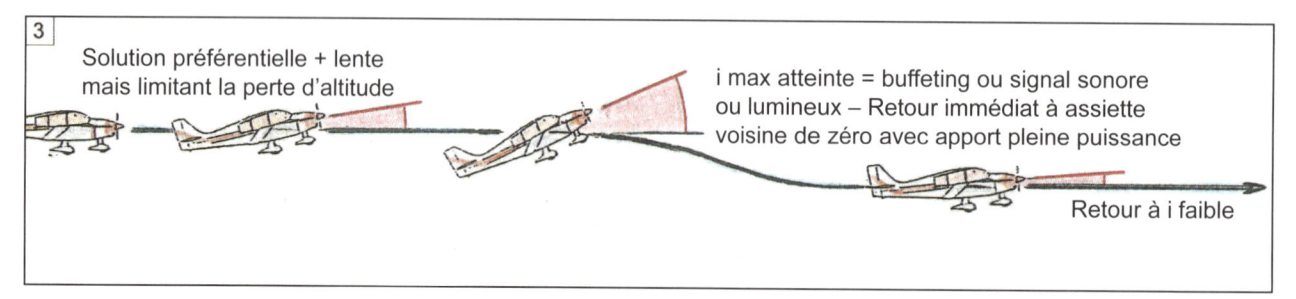

Figure 3 : Solution préférentielle + lente mais limitant la perte d'altitude — i max atteinte = buffeting ou signal sonore ou lumineux – Retour immédiat à assiette voisine de zéro avec apport pleine puissance — Retour à i faible

Ce dernier cas est particulièrement intéressant pour rattraper un rebond important à l'atterrissage ou lorsqu'il y a risque de décrochage près du sol... On ne peut pas trop piquer...

> Pour conclure, on peut dire que le fait de pousser sur le manche redonne une incidence faible qui recolle les filets d'air au profil et supprime l'écoulement tourbillonnaire ce qui éloigne du décrochage. La puissance ne sert qu'à accélérer le processus, seule elle n'empêche pas le décrochage !

Ce sont donc les réflexes à acquérir si symptômes annonciateurs ...

LE GUIDE PRATIQUE DU PILOTAGE

ÉTUDE DU VOL LENT DIT "AUX GRANDS ANGLES"

Application

QUEL EST L'OBJECTIF ?

Apprendre à contrôler le vol à la plus basse vitesse possible, pour aborder ce domaine en connaissance de cause avec moins d'appréhension. Utile dans le cas de nécessités techniques obligeant à voler lentement : Remise de gaz avant l'atterrissage, photos, besoin de ralentir pour raisons diverses, etc...

COMMENT PROCÉDER ?

Dans l'exercice précédent page 80 **(Fig. 2)**, nous avions visualisé la valeur de l'assiette et incidence max à ne pas dépasser (position précise du capot par rapport à l'horizon), ainsi que la vitesse minimum de contrôle. Partant de là il nous faudra déterminer par tâtonnements le régime nécessaire pour maintenir cette vitesse et, ce cas de vol horizontalement. Ceci fait, les noter, ensuite sur votre avion procéder comme le montre la **(Fig. 1)** selon les indications suivantes :

– Sur une trajectoire horizontale, à partir de la vitesse de croisière ou d'attente réduire progressivement la puissance à plein réduit en contrôlant la symétrie.

– Cabrer doucement à la valeur de l'assiette et incidence max + _____ afin de maintenir la trajectoire horizontale (rappel : en vol horizontal "**Assiette = Incidence**"). Une tendance du débutant est d'hésiter à cabrer vers la fin ce qui occasionne une perte d'altitude…

– Dès l'obtention des vibrations ou du signal sonore ou lumineux, ainsi que de la vitesse mini de _____, afficher le régime de _____ tr/mn, nécessaire au maintien du vol horizontal, en contrôlant les effets moteurs (symétrie). *La vitesse minimum doit être de 1,1 x la vitesse de décrochage* (voir page 88), maintenir l'assiette... *On considère le vol lent lorsque la vitesse est **inférieure 1,3 x la vitesse de décrochage*** (voir page 88), *dans notre cas, il s'agit du vol lent à vitesse minimum*.

– S'efforcer de maintenir la vitesse mini par légères variations de puissance et d'assiette (si nécessaire en atmosphère turbulente) pour assurer le contrôle, de même pour le maintien de l'altitude si nécessaire.

– Vibrations ou signal persisteront aussi longtemps que le vol lent sera maintenu.

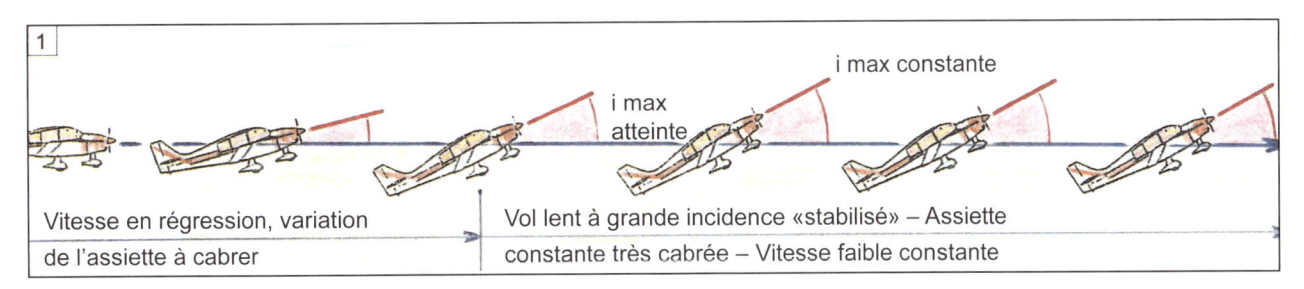

| Vitesse en régression, variation de l'assiette à cabrer | Vol lent à grande incidence «stabilisé» – Assiette constante très cabrée – Vitesse faible constante |

– Si virage, **l'inclinaison sera limitée à 10° maxi avec léger apport de puissance** pour maintenir la vitesse afin de se garantir une marge de sécurité suffisante, assurant le contrôle de l'avion.

QU'EST CE QUI CARACTÉRISE LE VOL LENT ?

– La vitesse indiquée (proche de la limite possible du vol) à maintenir constante.
– Vibrations ou signal constants (éventuellement).
– Position du manche assez arrière.
– Réactions des commandes lentes et molles (un grand débattement pour obtenir un faible effet).
– Une assiette très cabrée (qui rend souvent les débutants mal à l'aise).
– Le son provoqué par l'écoulement de l'air autour de l'avion, nettement plus faible.

Précautions : L'avion étant proche de l'angle d'incidence de décrochage, une augmentation d'incidence inopportune peut nous amener à la perte de contrôle. Il faut être vigilant sur le contrôle de la vitesse, l'assiette et la puissance. **Toute action sur le manche vers l'arrière doit se faire avec discernement.**

Particularité du contrôle de l'inclinaison aux grands angles : Sur la plupart des avions modernes il est possible de garder le contrôle de l'inclinaison aux ailerons à basse vitesse. Cependant en raison de la forte incidence, le phénomène de "**lacet inverse**" est très important (rappel page 65). **Une action seule du manche** pour redresser une inclinaison fortuite **pourrait provoquer une réaction contraire** à celle recherchée.

Exemple : L'avion s'incline à gauche. Pour le redresser le pilote agit sur le manche "*seul*" à droite. L'aileron droit se lève et bien sûr le gauche se baisse et provoque le lacet inverse qui freine l'aile gauche. Or cette aile est proche du décrochage et le fait d'être freinée diminue sa vitesse... donc sa portance ce qui peut la faire décrocher alors qu'on voudrait la redresser. Ceci associé à l'augmentation d'incidence de l'aile dont l'aileron est baissé...

Plus que jamais il faut donc **combattre le lacet inverse en conjuguant l'action du manche et du palonnier dans le même sens** en insistant éventuellement plus sur le palonnier.

| Application | **ÉTUDE DU VOL LENT DIT "AUX GRANDS ANGLES" (suite)** |

S'il y avait début de perte de contrôle, si l'avion s'inclinait à ce moment, plus que jamais, ne pas utiliser les ailerons pour éviter le décrochage de l'aile qu'on voudrait redresser. ***Pour rectifier une inclinaison, agir sur la gouverne de direction,*** donc le palonnier *"seul"* vers l'aile haute, comme le préconisait l'ancienne méthode française de pilotage.

Ceci provoque un dérapage qui se traduit par un effet de *"roulis induit"* (voir pages 19 et 68) qui redresse l'inclinaison (ou la fait varier) dans le sens de l'action du palonnier, en raison d'une part de la différence momentanée des vitesses des deux ailes, ***car l'aile qui avance accroît sa vitesse donc sa portance*** (**Fig. 2**). D'autre part le dérapage augmente la portance de l'aile qui est attaquée la première par la masse d'air. Des deux effets cumulés il en résulte l'effet de roulis recherché... (effet induit par le dérapage), cette méthode a l'avantage d'avoir une application plus générale.

Cependant quelle que soit la méthode employée *"le manuel de vol"* de votre avion vous indiquera la technique appropriée à votre machine.

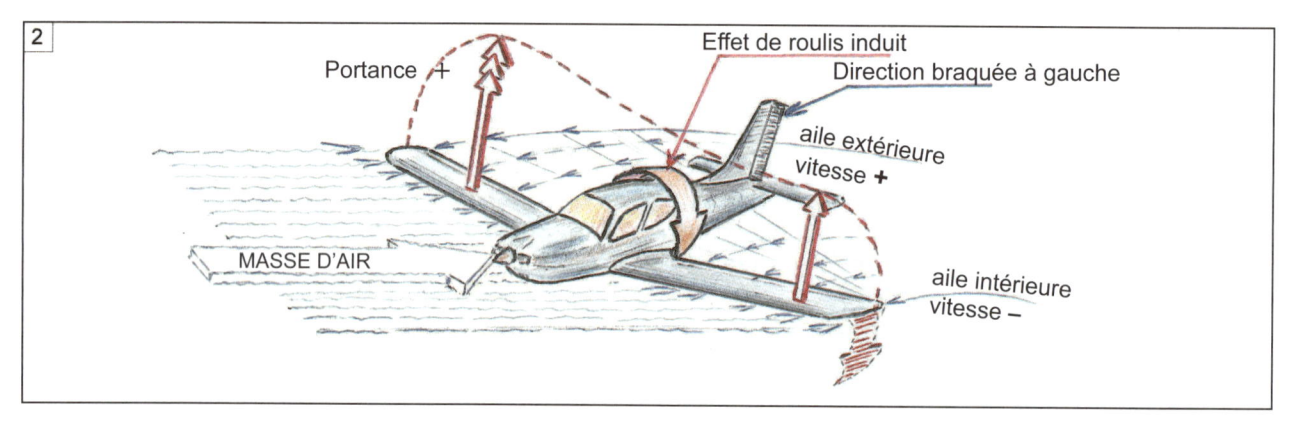

Remarques :

1) Il est possible de voler aux grands angles sur différentes trajectoires notamment celle qui correspond à la descente moteur réduit, qui nous donne la valeur de l'assiette à ne jamais dépasser en cas de panne de moteur...

2) Lorsqu'il y a des turbulences importantes le vol à forte incidence devient délicat (à proscrire près du sol). En effet, une turbulence ascendante peut accroître l'angle d'incidence déjà important et le porter au décrochage (**Fig. 3**). Dans ce cas, il vaut mieux ***MAJORER LA VITESSE MINI***. L'incidence sera plus faible et le risque écarté.

Exemple : Si l'incidence de décrochage est de 18°, si l'avion vole avec une incidence de 17°, une rafale verticale pourrait faire passer cette incidence à 19°, ce qui engendrerait un décrochage...

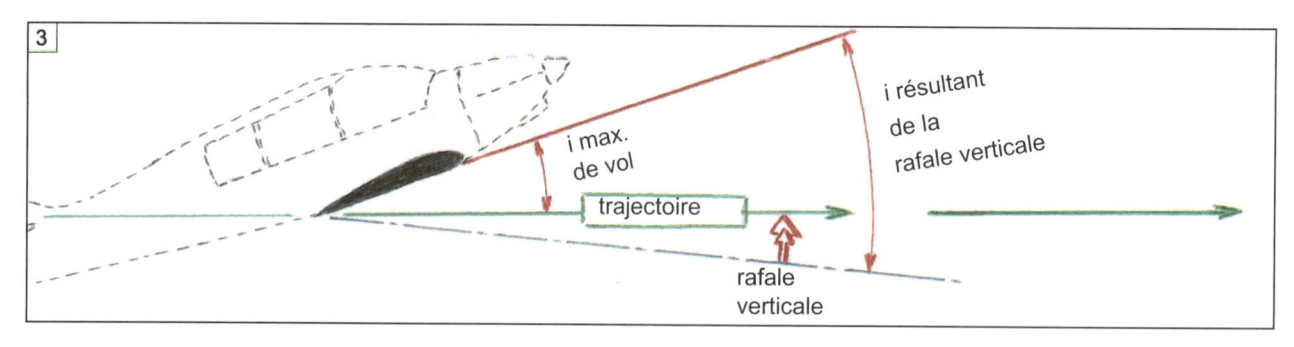

RÉSUMÉ ET RÈGLE IMPORTANTE DU VOL AUX GRANDS ANGLES :

> *Si lors d'une sollicitation de gouverne, la réaction tarde, ou si l'avion devient instable,*
> ***NE PAS HÉSITER A DIMINUER IMMÉDIATEMENT L'INCIDENCE***
> *en augmentant la puissance sans oublier le contrôle de la SYMÉTRIE et l'inclinaison.*
> ***LE RÉFLEXE A ACQUÉRIR : MANCHE VERS L'AVANT > PUISSANCE > palonnier.***

Cette réaction n'est pas naturelle car on aurait tendance à vouloir retenir l'avion en tirant sur le manche, ce qui ne ferait qu'aggraver le cas. ***Il faut s'éduquer !***

> ***REMARQUE AU SUJET DE L'ACTION AVANT DU MANCHE :*** *Cela ne signifie pas qu'il faille amener le manche au tableau de bord, le simple fait de relâcher l'action arrière suffit, il n'est donc pas nécessaire d'avoir des réactions spectaculaires (et désagréables) pour diminuer l'incidence...*

LE GUIDE PRATIQUE DU PILOTAGE

ÉTUDE DU DÉCROCHAGE ET DE LA REPRISE DE CONTRÔLE

Application

QUEL EST L'OBJECTIF ?

Amener l'avion à la perte de contrôle dite **"décrochage"** pour élaborer des réflexes rapides de reprise de contrôle avec une perte d'altitude minimum. Acquérir une connaissance plus approfondie du comportement de l'appareil dans ses limites pour mieux y parer.

ÉTUDE DU MECANISME DU DÉCROCHAGE :

Nous savons que lorsqu'on voisine l'incidence max de vol, l'écoulement de l'air est tourbillonnaire sur une bonne partie de l'extrados de l'aile, ce qui occasionne généralement le buffeting. Parvenu au buffeting (ou signal sonore ou lumineux) si on augmente encore l'incidence en tirant davantage sur le manche, l'écoulement de l'air devient alors entièrement tourbillonnaire sur l'extrados **(Fig. 2)** car les filets d'air n'ont plus suffisamment d'énergie pour coller au profil de l'aile. Il en résulte une diminution rapide et importante de portance qui se traduit par un basculement de l'avion vers l'avant, plus ou moins symétriquement avec une perte d'altitude non négligeable **(Fig. 1)**. L'avion "**tombe**" alors comme un objet inerte et bascule vers l'avant, c'est la perte de contrôle ou décrochage. Sur la plupart des avions, le **décrochage survient lorsque l'incidence voisine "18°"** quelle que soit la trajectoire.

COMMENT PROCÉDER POUR AMENER L'AVION AU DÉCROCHAGE ?

Il est tout d'abord indispensable d'assurer la sécurité environnante car il va y avoir perte de contrôle momentanée, par l'application d'une petite check : - altitude 2000 ft mini - pas au-dessus d'une agglomération - pas face au soleil - pilote et passagers attachés - rien de flottant à bord - virage de 360° ou 180° pour assurer la sécurité environnante et sous soi.

Ceci fait à partir de la croisière ou d'une configuration déterminée (attente, approche…) :

– Réduire toute la puissance en contrôlant la symétrie **(Fig. 1)**, c'est important.

– Maintenir la trajectoire horizontale par variation progressive et constante de l'assiette à cabrer (degré par degré) jusqu'à la perte de contrôle qui sera précédée des symptômes annonciateurs (buffeting ou signal sonore et lumineux). Ceux-ci obtenus, il faudra continuer à cabrer… (de A à B). Ne pas utiliser le compensateur en dessous de 1,3 fois la vitesse estimée de décrochage.

– **Le manche arrive en butée arrière** (ou proche) et **malgré cette position l'avion bascule vers l'avant** en s'inclinant plus ou moins d'un côté, **"c'est le décrochage"**. Ce basculement vers l'avant est appelé également **"abattée" (C)**.

– Noter la vitesse du décrochage de votre avion (en lisse) : _____

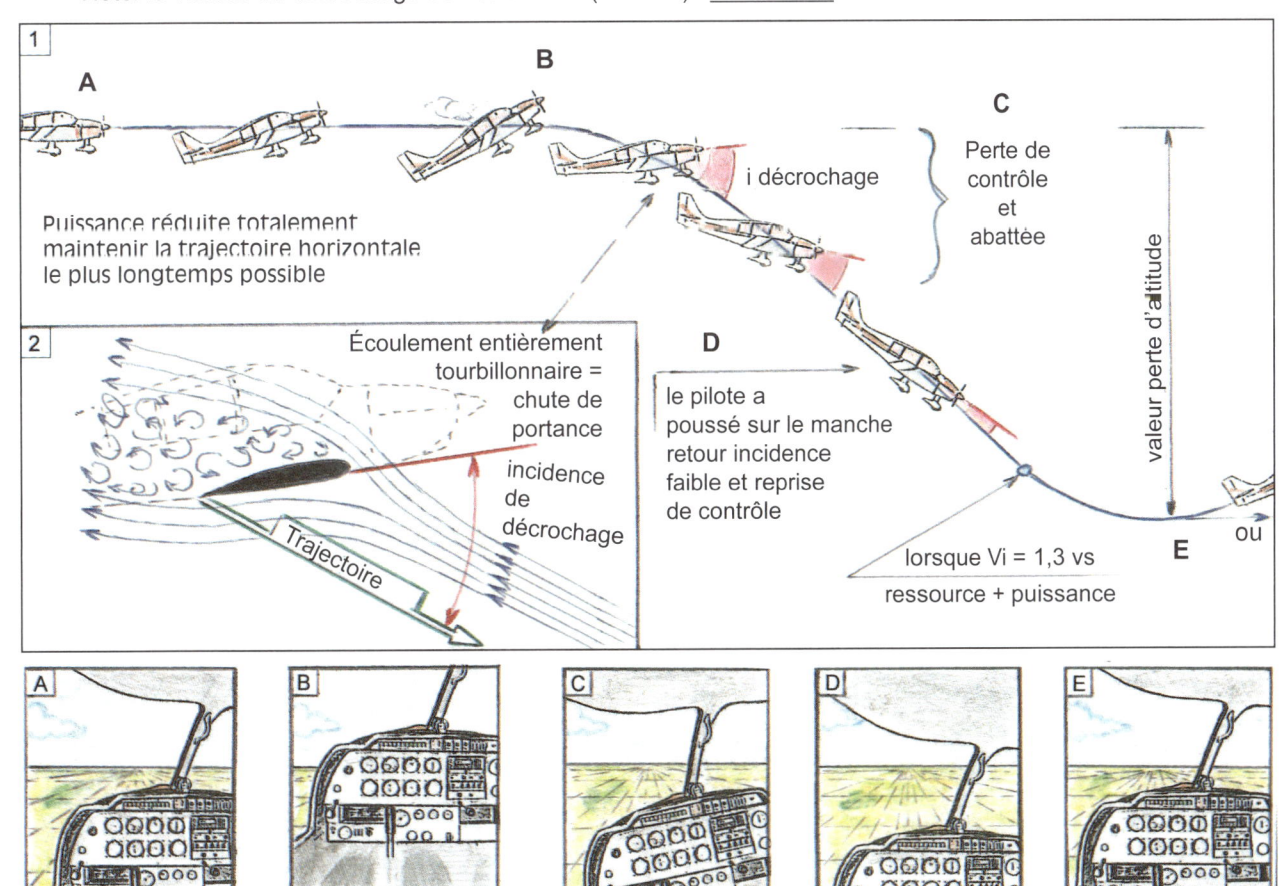

Ce basculement plus ou moins symétrique, sans être violent est assez rapide.

COMMENT REPRENDRE LE CONTRÔLE DE L'AVION ?

Dès le début de la perte de contrôle (abattée) *il ne faut surtout pas tenter de le retenir* en gardant le manche en arrière, car l'avion *resterait aux grands angles d'incidence* et continuerait sa chute vers le sol, avec au pire, risque de départ en vrille (voir page 154). Il faut donc sans tarder :

– Agir sans brutalité sur le **MANCHE VERS L'AVANT** pour revenir à faible incidence, ce qui recolle les filets d'air au profil et rétablit la portance. Pour cela prendre une assiette à piquer voisine A ≅ −15°, (manche vers l'avant "sans exagération", mais *proche du neutre* et le garder ainsi **(D)**.

– Durant le décrochage si l'avion s'incline rapidement, le *décrochage est dissymétrique*, pour redresser agir sur le *palonnier vers l'aile haute* (celle qui est dans le ciel) avec une amplitude assez importante car les gouvernes sont moins efficaces. Dès que l'inclinaison est nulle, palonnier au neutre.

– Lorsque la vitesse est approximativement égale à 1,3 fois la vitesse de décrochage soit une vitesse d'environ : _____ "pas avant", effectuer une ressource souple avec apport de la puissance maxi et retour vers l'assiette de montée pour revenir à l'altitude de départ (retour en palier éventuel) **(E)**.

– Noter la valeur de la perte d'altitude de votre avion : _____. Le fait de débuter la ressource 1,3 x Vs nous permet de limiter la perte d'altitude.

QUE FAUT-IL TIRER COMME LEÇON DU VOL AUX GRANDS ANGLES ET DÉCROCHAGE ?

1) Sa grande utilité pour bien connaître son avion, ses possibilités, son comportement pour éviter toute surprise et comment y parer, ainsi :
   – S'il y a signes précurseurs ou pas (sensations - vibrations).
   – La vitesse mini en dessous de laquelle il ne faut pas descendre en condition normale.
2) La forme de décrochage :
   – Comportement de l'avion aux grands angles
   – Tendance ou pas à la dissymétrie pendant le décrochage, de quel côté part-il ?
   – Violence ou douceur de l'abattée
   – Valeur de la perte d'altitude nécessaire pour la reprise de contrôle
   – Efforts à exercer sur les commandes pour redresser une inclinaison et la ressource.

QU'EST-CE QUI PEUT AMENER UN DÉCROCHAGE INVOLONTAIRE ?

– L'inattention du pilote lors des phases basses vitesses : décollage - montée - dernier virage - approche finale - remise de gaz - rebond à l'atterrissage.

– Conséquence d'une charge de travail trop importante lorsque le pilote a beaucoup de choses à faire et qu'il n'arrive pas à répartir ses tâches (mauvais temps - dans un circuit d'aérodrome avec du monde ...). **Se rappeler que lorsqu'on commence une opération ou manœuvre, il faut la terminer** avant de passer à la suite...

REMARQUES A RETENIR :

Il ne faut pas être impressionné à tort par un décrochage normalement effectué car il existe tout un "mythe traumatisant" à ce sujet. Il ne faut pas s'attendre à une perte de contrôle "super spectaculaire" surtout sur nos avions modernes, si on s'y prend normalement, ceci même si l'avion à une tendance à s'incliner. Bien sûr il faut être vigilant pour que cette manœuvre n'arrive pas involontairement, c'est là tout le but de ces exercices.

S'il est indispensable de savoir effectuer un décrochage et reprendre rapidement le contrôle de l'avion, il est encore plus important de pouvoir le prévenir et l'éviter comme nous l'avons étudié page 80. Un décrochage en altitude peut toujours se rattraper, au voisinage du sol, il est mortel ...

Nous retrouvons la règle sempiternelle :

APPARITION DE SYMPTÔMES ANNONCIATEURS =	MANCHE VERS L'AVANT POUR RETOUR ASSIETTE ≅ ZÉRO PLEINE PUISSANCE (symétrie)	SIMULTANÉMENT
LE BUT : Éviter le décrochage/limiter la perte d'altitude		

Dans ce cas ce n'est pas le moteur qui évite le décrochage, mais le seul fait de mettre le manche vers l'avant qui diminue l'incidence, recolle les filets d'air ce qui rétablit la portance. L'utilisation du moteur n'intervient que pour limiter la perte d'altitude, car utilisé seul il provoquerait un effet cabreur (page 35) qui au contraire accentuerait le décrochage.

ATTENTION : Il est possible d'obtenir le décrochage avec une assiette moins cabrée notamment en évoluant moteur réduit sur une trajectoire descendante. On a intérêt à connaître l'assiette de décrochage dans cette configuration car *l'incidence N'A RIEN A VOIR avec l'assiette*, mais avec la trajectoire. Il est donc possible de décrocher sur des trajectoires différentes (toujours à même incidence) dans ce cas, l'assiette au moment du décrochage aura des valeurs différentes (page 87) *"pas forcément cabrée"*.

LE GUIDE PRATIQUE DU PILOTAGE

FACTEURS INFLUENTS SUR LA VITESSE DE DÉCROCHAGE

Manœuvres délicates

Si le décrochage est lié à une augmentation exagérée de l'angle d'incidence la vitesse de décrochage peut être influencée par différents facteurs :

I - FACTEURS DIMINUANT LA VITESSE DE DÉCROCHAGE :

a) **Les dispositifs hypersustentateurs** tels que :

– **Les volets** : qui permettent de maintenir la portance à des vitesses plus faibles que sans volets, ceci sans que l'angle d'incidence ne soit trop affecté (très légère diminution).

– **Les becs** de bord d'attaque, qui en plus du maintien de la portance à vitesse notablement plus faible, permettent un accroissement de l'angle d'incidence d'une dizaine de degrés supplémentaires. En effet, nous savons que sur un profil d'aile normal, à l'incidence de décrochage (vers **18°**), les filets d'air n'ont plus assez d'énergie pour suivre le profil (**Fig. 1**) d'ou décollement, laissant place à l'écoulement tourbillonnaire sur tout l'extrados occasionnant le décrochage. A même incidence, *les "fentes" canalisent les filets d'air* en les obligeant à s'écouler dans une section plus réduite, ce qui leur redonne de l'énergie pour recoller au profil (**Fig. 2**). La portance peut être ainsi maintenue, *le décollement des filets d'air est retardé. L'angle d'incidence va croître jusqu'aux environs de 25°* avant d'obtenir une forme de décrochage moins prononcé. C'est le cas notamment des avions de type "**Rallye**" où en procédant normalement, il n'est pas possible d'obtenir un décrochage, l'avion s'enfonce "**manche en butée arrière**". Sur ces avions pour obtenir un décrochage avec une abattée, il faut prendre une assiette très cabrée ≅ A + 25°.

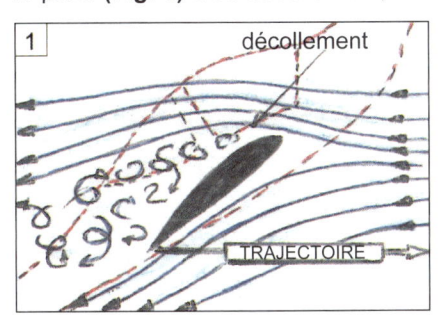

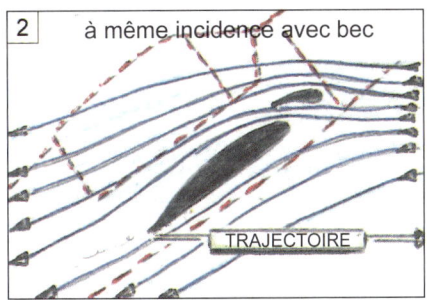

La combinaison volets-fentes permet de réduire considérablement la vitesse de décrochage, raison pour laquelle tous les avions de transport lourds (Airbus - B.747) en sont munis : *vitesses de décollage et atterrissage plus faibles = longueur de piste nécessaire plus réduite.*

b) **Le moteur** qui par son souffle sur la voilure participe à la portance et réduit la vitesse de décrochage. Pour obtenir un décrochage avec pleine puissance, on constate qu'il faut :

– Prendre une assiette plus cabrée que la normale (plus impressionnante qu'elle ne le mérite). Sur notre avion, l'assiette sera voisine de : + _____.

– Bien contrôler la symétrie et l'inclinaison car les effets moteurs sont plus importants à basse vitesse, d'où :

– Décrochage et abattée tendant à être dissymétriques. Sur votre avion noter la vitesse de décrochage au moteur : _____.

– Mais l'avion récupère plus vite : *abattée et perte d'altitude plus réduites* durant la recherche du décrochage car, durant cette recherche, on gagne de l'altitude...

II - FACTEURS AUGMENTANT LA VITESSE DE DÉCROCHAGE :

a) **La charge** : le même avion avec passagers décrochera à une vitesse plus importante qu'avec le pilote seul à bord.

b) **Virages** : nous avons traité page 63 que le virage accroissait le poids apparent donc la charge de l'avion et ceci d'autant plus que l'inclinaison est grande (facteur de charge croît avec l'inclinaison).

La vitesse de décrochage en virage croît comme $\sqrt{\text{facteur de charge}}$, car l'aile doit porter plus lourd ... ce qui nous donnera le coefficient de variation de vitesse de décrochage en virage en fonction de l'inclinaison, soit à **30°** : $\sqrt{1,15}$ = **1,07** ; à **45°** : $\sqrt{1,4}$ = **1,18** ; à **60°** : $\sqrt{2}$ = **1,4** ; à **75°** : $\sqrt{3,8}$ = **1,9**

Ainsi pour un avion qui décroche normalement en lisse (sans volets) à 70 kT, en virage, il décrocherait :

– à 30° d'inclinaison = 70 x 1,07 = 74,9 kT (≅ 75 kT).
– à 45° d'inclinaison = 70 x 1,18 = 81,8 kT (≅ 82 kT).
– à 60° d'inclinaison = 70 x 1,40 = 98 kT.
– à 75° d'inclinaison = 70 x 1,90 = 133 kT.

Manœuvres délicates
FACTEURS INFLUENTS SUR LA VITESSE DE DÉCROCHAGE (suite)

On constate qu'à partir de 60°, d'inclinaison, la vitesse de décrochage augmente de près de 50 %, au-delà elle croît encore plus rapidement. A 75° elle est presque double. Avant d'entreprendre un virage à forte inclinaison, s'assurer d'avoir une vitesse suffisante et un excédent de puissance qui sera vite limité, car on arrivera vite en butée plein gaz.

Conseils : Sur la plupart des avions légers, ***ne pas dépasser 60° d'inclinaison*** en raison d'une part du peu d'excédent de puissance disponible et d'autre part et surtout des ***limites structurales***, à fortiori si l'avion est chargé.

Exemple : un avion pesant 1 000 kg effectuant un virage à 75° multiplie son poids par 3,8... encore faut-il que l'aile ne casse pas... dans ce cas pour se défouler utiliser un avion de voltige spécialement conçu... (rappel de résistance structurale pages 63 et 64). ***Si on effectue un virage à faible vitesse, LIMITER L'INCLINAISON à des valeurs faibles, augmenter la puissance.***

> ***En cas de symptômes de décrochage en virage :*** Manche vers l'avant pour diminuer l'incidence, retour à inclinaison nulle par action combinée du manche et du palonnier côté opposé au virage (ou du palonnier seul), car si l'inclinaison diminue, le facteur de charge également et par conséquent la vitesse de décrochage diminue aussi…

c) **En ressource :** Il y a là aussi accroissement du facteur de charge donc vitesse de décrochage en croissance, mais dans cette situation, il n'est pas possible d'en déterminer la valeur comme en virage. Il n'y a que "***empiriquement***" l'expérience. En tout cas de ressource (notamment après décrochage ou à l'arrondi, avant l'atterrissage) de la souplesse...

d) **Décrochage en survitesse ou dynamique :** Forme de décrochage la plus violente et la plus dangereuse.
– A la suite d'un départ en chandelle mal exécuté (trop brutal).
– A la suite d'un piqué suivi d'une ressource trop vive (souvent vive parce que tardive).

Dans un cas comme dans l'autre, la vitesse est plus que suffisante pour amorcer la manœuvre, mais le pilote agit trop brutalement sur le manche vers l'arrière.

Résultat : L'avion se cabre bien... mais par inertie reste sur sa trajectoire initiale d'où augmentation exagérée de l'angle d'incidence malgré la vitesse... un peu comme une voiture qui roule à vive allure avec un brusque coup de volant...

Conséquences : L'avion décroche avec abattée ou casse...

> **Conclusion :**
> ***LE DÉCROCHAGE N'EST PAS FORCÉMENT LIÉ A UNE DIMINUTION DE VITESSE MAIS TOUJOURS A UNE AUGMENTATION EXAGÉRÉE DE L'INCIDENCE***
> Le décrochage survient toujours à même incidence, mais pas forcément à mêmes vitesse et assiette.

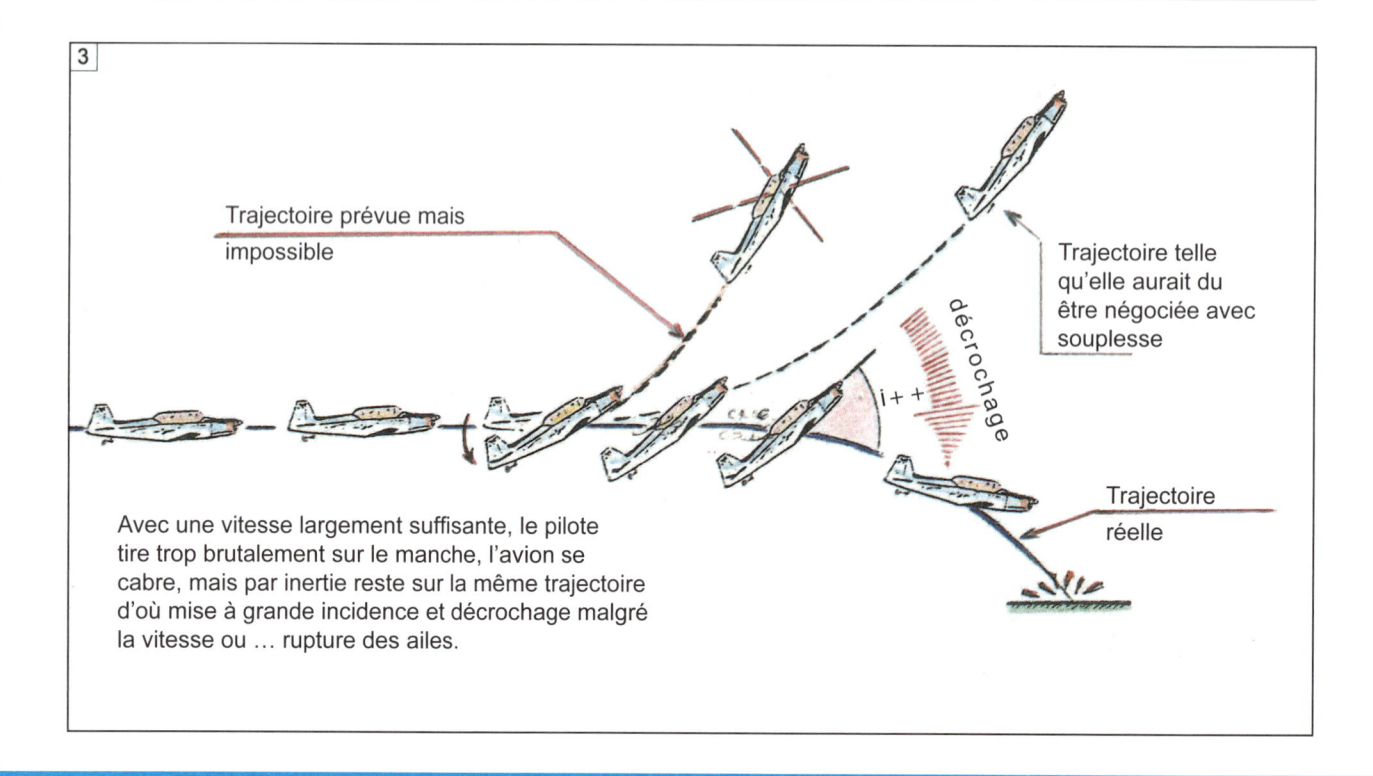

[3]

Trajectoire prévue mais impossible

Trajectoire telle qu'elle aurait du être négociée avec souplesse

décrochage
i + +

Trajectoire réelle

Avec une vitesse largement suffisante, le pilote tire trop brutalement sur le manche, l'avion se cabre, mais par inertie reste sur la même trajectoire d'où mise à grande incidence et décrochage malgré la vitesse ou … rupture des ailes.

LE GUIDE PRATIQUE DU PILOTAGE

FACTEURS INFLUENTS SUR LA VITESSE DE DÉCROCHAGE (suite)

Manœuvres délicates

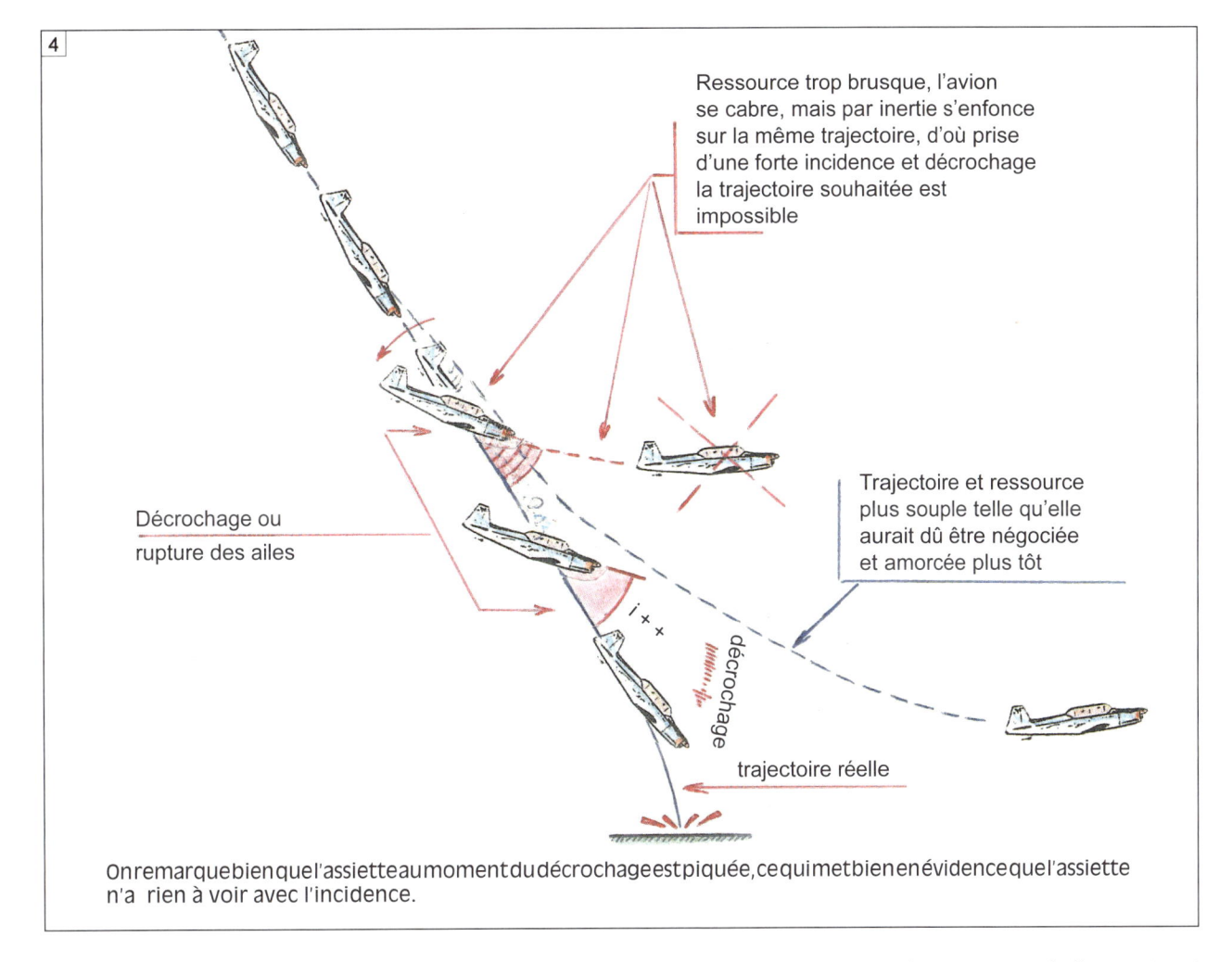

4

Ressource trop brusque, l'avion se cabre, mais par inertie s'enfonce sur la même trajectoire, d'où prise d'une forte incidence et décrochage la trajectoire souhaitée est impossible

Trajectoire et ressource plus souple telle qu'elle aurait dû être négociée et amorcée plus tôt

Décrochage ou rupture des ailes

décrochage

trajectoire réelle

On remarque bien que l'assiette au moment du décrochage est piquée, ce qui met bien en évidence que l'assiette n'a rien à voir avec l'incidence.

Toutes les manœuvres de chandelles ou de ressources après piqué peuvent être dangereuses si elles sont mal négociées, à fortiori près du sol.

DANS QUELS CAS PEUT-ON EFFECTUER CES MANŒUVRES ?

Une chandelle est une manœuvre qui peut servir pour reprendre rapidement de l'altitude (si la catégorie de l'avion le permet) elle est plus souvent utilisée pour "*épater*" les amis... C'est là le danger...

Un piqué suivi d'une ressource peut correspondre aux mêmes raisons que ci-dessus, ou à la suite d'une grosse erreur, ou d'un décrochage.

> **RETENONS BIEN :** Quelle que soit l'assiette de l'avion, quelle que soit sa trajectoire (montée - palier - descente - virage - ressource) le moindre symptôme annonciateur doit nous conduire à mettre le manche vers l'avant pour éviter le décrochage. C'est le point le plus important à retenir.

e) **Une rafale,** peut également produire un décrochage avec une vitesse plus élevée.

Notes particulières : Les vitesses de décrochage figurent dans le manuel de vol, elles sont généralement données à la masse maxi, voir page 88.

Conclusions : Toujours effectuer une chandelle, ou redresser un piqué avec douceur, suffisamment tôt et loin du sol...

Pour atténuer les dernières craintes : Si au cours d'un décrochage, l'avion s'incline rapidement d'un côté, si le palonnier est à peu près resté au neutre, le simple fait de mettre le manche vers l'avant, permettra la reprise de contrôle puisque l'incidence diminue. Le seul inconvénient est qu'à cette reprise de contrôle, le cap aura changé d'environ 90°... Ce n'est pas très élégant... mais sécurisant !

| Application | **MODE DE DÉTERMINATION DES VITESSES D'UTILISATION** |

QUELS SONT LES OBJECTIFS ?

Déterminer *les vitesses nécessaires à certaines phases de vol*, afin que celles-ci puissent s'effectuer avec une marge de sécurité suffisante. Par exemple, *la vitesse de présentation atterrissage, ne doit pas être trop élevée,* sans quoi le palier de décélération (voir page 112) et la distance de roulage trop importante seraient *incompatibles sur piste courte.* A l'inverse, il ne faut pas qu'elle soit *trop faible* afin de *permettre d'arrondir* à l'atterrissage *sans décrocher* car nous savons qu'en ressource il y a augmentation du facteur de charge comme d'ailleurs en virage où *plus l'inclinaison augmente, plus la vitesse de décrochage croit* (voir page 86).

On a donc été amené à établir des normes de vitesses et d'inclinaisons.

A PARTIR DE QUELS ÉLÉMENTS DÉTERMINE-T-ON CES VITESSES ?

C'est à partir d'un décrochage (Velocity stall, symbolisée Vs), effectué comme indiqué page 83, dans une configuration donnée que ces normes sont établies. Ainsi :

– *La vitesse de décrochage en lisse Vs1.*
– *La vitesse de décrochage à partir de la configuration atterrissage* (voir page 77) prend le nom de *Vs0.*
– *Toutes les autres formes de décrochage* autres que la configuration atterrissage, c'est-à-dire les décrochages - en configuration approche - en virage, etc... S'appellent des *Vs1*. Dans ce cas, il faudra spécifier la Vs1 (exemple : Vs1 lisse - Vs1 approche, etc. ...).

Il y a donc plusieurs Vs1, mais une seule Vs0.

Remarquons : Avec certains avions, il n'y a pas de perte de contrôle de l'un des trois axes, mais lorsque le manche atteint la butée arrière l'avion s'enfonce simplement (Vz négative), sans abattée, ni perte de contrôle d'un des axes, avec une assiette quasi constante.

Que dit la norme pour considérer le décrochage :

> *Vs1 ou Vs0 est la vitesse lue sur l'anémomètre lorsqu'il y a perte de contrôle de l'un des trois axes d'inertie ou lorsque le manche atteint la butée arrière s'il n'y a pas de perte de contrôle ou de buffeting important.*

Dans ce dernier cas en pratique, on admet qu'il y a décrochage lorsque le vario atteint - 500 ft/mn (il irait bien au-delà) pour revenir à incidence faible.

Partant de là, déterminer sur votre avion-école :

1 - la vitesse de décrochage en lisse Vs1 _____
2 - la vitesse de décrochage dans la configuration approche Vs1 ___
3 - la vitesse de décrochage dans la configuration atterrissage Vs0 __

Remarquons : Avec un avion certifié ces valeurs nous sont données par le Manuel de vol de l'appareil mais à la masse maxi.

Sur l'anémomètre la vitesse de décrochage en configuration atterrissage **Vs0**, est indiquée par l'extrémité inférieure de l'arc blanc, de même que la **Vs1 lisse** par l'extrémité inférieure de l'arc vert. Dans ces deux derniers cas à la masse maxi également.

Si nous ne sommes pas à la masse maxi, empiriquement sur avions légers *ces valeurs seront réduites d'environ 2 kT par 100 kg de moins*. En cas de besoin technique, il est possible de déterminer la Vs réelle, fonction de sa masse réelle.

QUELLES SONT LES NORMES A APPLIQUER ?

Il est indispensable que le pilote ait une connaissance précise de certaines vitesses à utiliser. Nous retiendrons particulièrement : – la vitesse mini nécessaire pour le décollage – la vitesse mini pour les évolutions (voir "**attente**" page 60 et "**approche**" page 75) – une vitesse mini pour l'approche finale (page 77) – une vitesse mini pour le vol lent - des inclinaisons maxi associées à ces phases. Dans le cadre non professionnel, on peut arrondir les valeurs calculées au *multiple de 5 kT supérieur* (à la masse maxi).

Vitesse de décollage (rotation) = indiqué par Manuel de vol ou 1,10 x Vs1			
Attente (en évolution)	Approche initiale (en évolution)	Finale précédent atterrissage	
		Configuration approche finale	Configuration atterrissage
Lisse	Volets partiels Train sorti	Volets partiels Train sorti	volets braquage maxi Train sorti
Vitesse considérée : 1, 45 x Vs1		Vitesse à considérer : 1,3 x Vs1 ou Vs0	
Inclinaison maxi conseillée : 37°		Inclinaison maxi conseillée : 20°	
Vol lent minimum = 1,1 x Vs1, ou Vs0			
Inclinaison maxi conseillée : 10°			

LE GUIDE PRATIQUE DU PILOTAGE

MODE DE DÉTERMINATION DES VITESSES D'UTILISATION (suite) — Application

Ces normes sont applicables aux avions, mais également aux ULM multiaxes

Toutes les inclinaisons maxi conseillées nous laissent *une marge de sécurité* assez importante. On s'aperçoit que si on fait le calcul (voir méthode page 85), il faudrait dans tous les cas, *augmenter l'inclinaison maxi conseillée de plus de 20°* pour obtenir le décrochage... Le fait de prendre 10° de plus (volontairement ou accidentellement) ne nous place pas en situation dangereuse, cela réduit bien sûr la marge de sécurité, mais il n'est donc pas nécessaire de *stresser inutilement* comme si nous étions en équilibre au bord du décrochage ...

Un bon exercice d'entraînement consiste à incliner jusqu'au début des signes annonciateurs puis diminuer l'inclinaison après en avoir noté la limite.

Exemple d'analyse :

Pourquoi avoir choisi 37° comme inclinaison maxi conseillée à 1,45 de Vs ?

Remarquons qu'à 1,45 de Vs, pour obtenir le décrochage, il faut justement incliner à près de 60°, la marge est donc grande (rappel page 85).

Exemple : la Vs est de 70 kT.

Pour voler à 1,45 de Vs, la vitesse à afficher sera de 70 x 1, 45 ... **101 kT***.

Calcul de la vitesse de décrochage à 37° :
– Pour cela déterminer le cosinus 37° = 0,7986.
– Calcul du facteur de charge = 1/cosinus 37° = 1/0,7986 = **1,252**.
– La vitesse de décrochage en virage croît comme la $\sqrt{n}$ donc $\sqrt{1,252}$, n = **1,119**.
Vitesse de décrochage à 37° d'inclinaison = Vs x $\sqrt{n}$ = 70 x 1,119 = **78 kT**.

Mais la vitesse mini en condition de vol normal nous conseille *une marge de 30 % au-dessus de la vitesse de décrochage* soit 78 x 1,3 = **101 kT**. Le résultat est le même que cité plus haut*.

Ainsi on s'aperçoit que sans avoir besoin de faire tout ce calcul, *le fait de multiplier la Vs par 1,45 nous garantira d'une marge de sécurité de 30 %* automatiquement lorsque nous serons incliné au maxi à 37°.

En pratique, si on incline à 40° (plus facile à évaluer que 37°), cette marge de sécurité diminue de 4%, il nous reste 26%... négligeable !

Par ailleurs si à 1,45 de Vs nous avons la possibilité de nous incliner à 37° avec une marge de 30%, à 1,3 de Vs en nous inclinant au maxi à 20° la marge de sécurité est de 25%.

Visualisation du phénomène de décrochage par la technique des fils de laine (aile du Lionceau). Ecoulement laminaire qui devient turbulent avec l'augmentation d'incidence.

Incidence faible :
les filets d'air sont laminaires

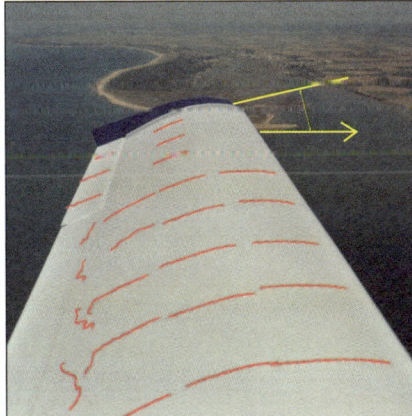

Incidence légère :
les filets d'air décollent en arrière du profil

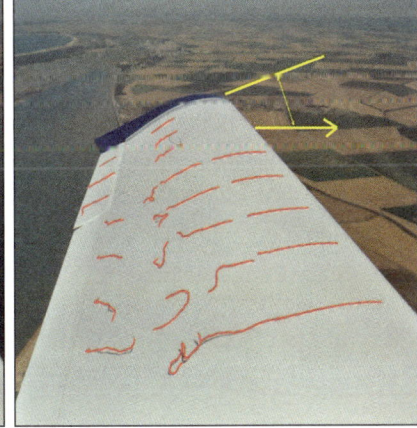

Incidence importante :
les filets d'air décollent de plus en plus, nous sommes proches du décrochage.

LE GUIDE PRATIQUE DU PILOTAGE

Application

LA SYMÉTRIE EN VIRAGE
IMPORTANCE ET CONTRÔLE

QUELS SONT LES OBJECTIFS ?

Assurer la symétrie du vol en virage ou rectifier une dissymétrie inopportune en conservant inclinaison et altitude (ou même trajectoire), en connaître les conséquences.

Remarque : C'est le dosage de l'action sur le palonnier qui conditionne la symétrie du virage comme d'ailleurs en vol horizontal (rappel page 19). Il résulte donc que :

LA BILLE EST AU MILIEU :

Le dosage sur le palonnier est correct, le virage est donc symétrique. Le poids apparent (*Pa*) résultant du poids de l'avion (*P*) et de la force centrifuge (*Fc*) est contenu dans le plan de symétrie de l'avion **(Fig. 1 et 2)**. De plus ce plan de symétrie est tangent à la trajectoire air **(Fig. 3)** (ou sans vent). Les filets d'air attaquent les ailes bien perpendiculairement et symétriquement. ***LE VIRAGE EST DONC CORRECT car la portance est uniformément répartie*** sur les deux ailes. Le plan de symétrie est comparable à une plaque de verre qui partage l'avion en deux parties égales **(Fig. 1)**.

En raison du poids apparent plus important que le poids de l'avion de la valeur "*d*" nous savons que pour un avion qui décroche en ligne droite à 70 kT, en virage à 30° d'inclinaison, il décrochera à 75 kT (voir page 85).

1 Comparable à une plaque de verre qui coupe l'avion en deux parties égales

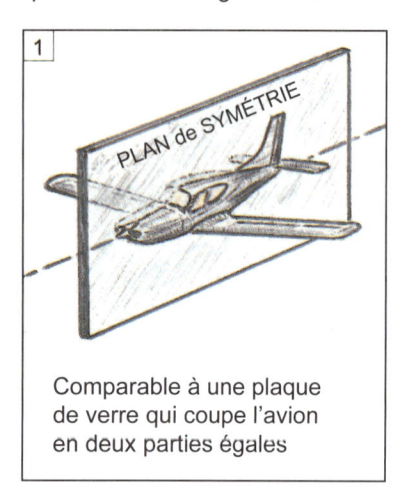

2 Plan de symétrie

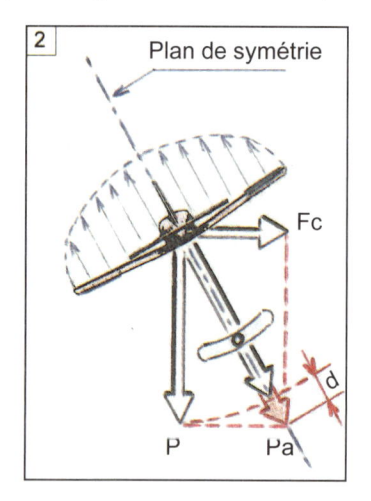

3 Vue par dessus : plan de symétrie tangent à la trajectoire

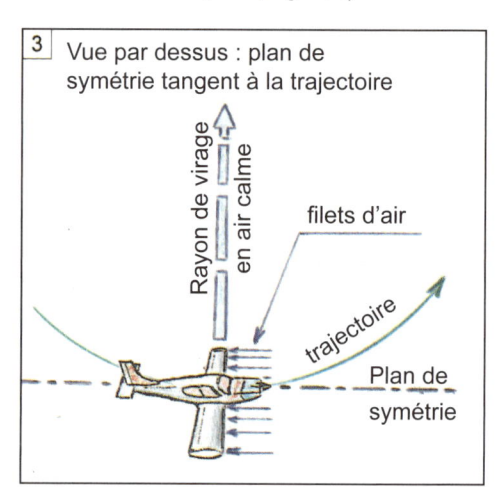

LA BILLE EST A L'EXTÉRIEUR DU VIRAGE :

Le dosage est incorrect car **l'action sur le palonnier est trop importante du côté du virage.** Le virage est dit **DÉRAPAGE EXTÉRIEUR** ou **"DÉRAPÉ"**. Il en résulte que le **poids apparent** (*Pa*) n'est plus contenu dans le plan de symétrie, il est à l'extérieur du virage comme la bille. De plus il a augmenté de la valeur "*d*" plus "*D*". **Il est donc plus important qu'en virage à même inclinaison bille au milieu** de la valeur "*D*" **(Fig. 4)**. Le plan de symétrie n'est plus tangent à la trajectoire car le nez de l'avion est nettement à l'intérieur de celle-ci. Par conséquent, les filets d'air attaquent l'avion et ses ailes obliquement par l'aile extérieure d'abord **(Fig. 5)**.

L'aile extérieure au virage subit donc une portance plus importante que l'aile intérieure masquée par le fuselage en raison de l'attaque oblique (rappel page 82).

L'avion a donc une forte tendance à *s'incliner davantage et à piquer,* on dit :

4 Plan de symétrie — Portance varie, inclinaison varie — Fc — P — Pa

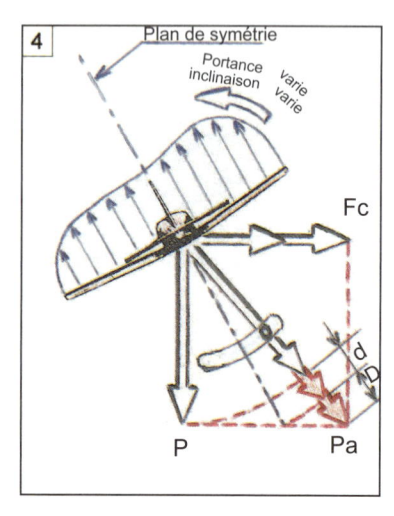

5 Vue par dessus — Rayon comparatif bille au milieu — Rayon se réduisant — trajectoire — Angle d'attaque oblique — Plan de symétrie

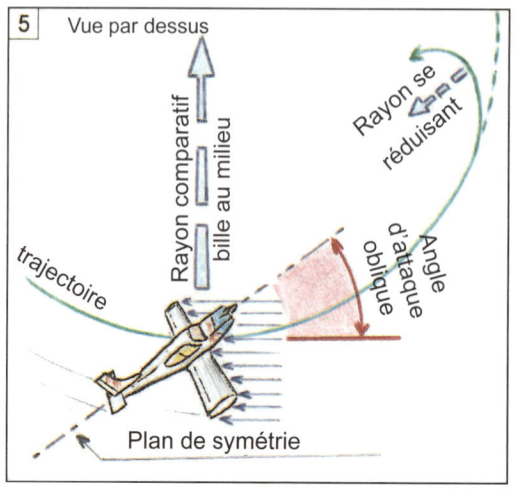

6 accroissement de portance dû à l'aileron baissé

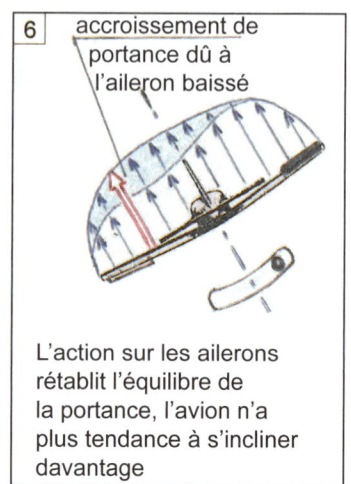

L'action sur les ailerons rétablit l'équilibre de la portance, l'avion n'a plus tendance à s'incliner davantage

LE GUIDE PRATIQUE DU PILOTAGE

LA SYMÉTRIE EN VIRAGE
IMPORTANCE ET CONTRÔLE (suite)

Application

Qu'il *"s'engage"* ce qui nous fait dire que le virage est instable d'où nécessité d'agir sur le manche latéralement vers l'extérieur du virage "*si on désire maintenir la même inclinaison*" **(Fig. 6)** car l'aileron baissé augmente la portance de son aile ce qui rééquilibre la portance. D'autre part l'avion étant en attaque oblique, il offre une résistance à l'avancement ou trainée plus importante qui réduit la vitesse et la portance, produisant une tendance à chuter. Le rayon de virage tend à se réduire de plus en plus pour, en finale, si ce cas de vol est maintenu *"amener l'avion au décrochage qui surviendra à une vitesse supérieure au même virage à 30°, d'inclinaison "bille au milieu"*, c'est-à-dire plus des 75 kT de notre exemple, ceci en raison de l'accroissement du facteur de charge qui peut être très important dans cette configuration.

A retenir : En virage bille extérieure, *la vitesse de décrochage est plus importante qu'au même virage bille au milieu*. La vitesse de décrochage sera d'autant plus importante que le dérapage sera lui-même important. La forme de décrochage sera dissymétrique avec **départ en vrille** (page 154) dans le même sens que le virage assez brutal. En conclusion, **CE CAS DE VOL EST DONC PARTICULIEREMENT DANGEREUX** notamment dans les phases délicates, basse altitude, comme le dernier virage. Il faut donc sans tarder revenir au vol symétrique et pour cela agir simultanément :

> *PIED DANS LA BILLE (vers l'extérieur du virage) MANCHE DANS L'AUTRE SENS VERS L'INTERIEUR DU VIRAGE (si on désire garder la même inclinaison), le tout en contrôlant l'assiette.*

LA BILLE EST A L'INTERIEUR DU VIRAGE :

Le dosage est également incorrect car **l'action sur le palonnier** dans le même sens que le virage *est insuffisante,* ou le pilote s'est trompé de sens d'action. Le virage est dit **DERAPAGE INTERIEUR ou "GLISSÉ"**. Dans ce cas, le poids apparent *Pa* n'est pas non plus contenu dans le plan de symétrie, il est à l'intérieur du virage comme la bille. Il est donc moins important qu'en virage à même inclinaison bille au milieu. En effet bille intérieure, le poids apparent est plus important que le poids de l'avion (*P*) de la valeur "*d1*" alors qu'en virage bille au milieu cette valeur serait de "*d*" **(Fig. 7)**.

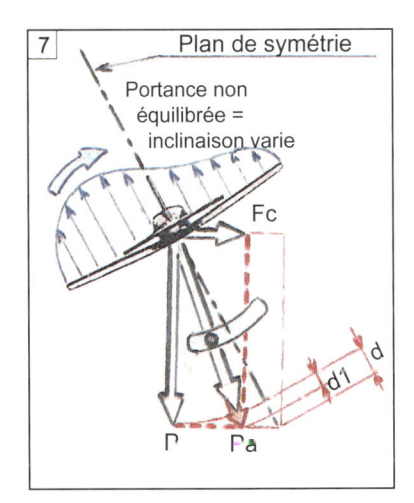

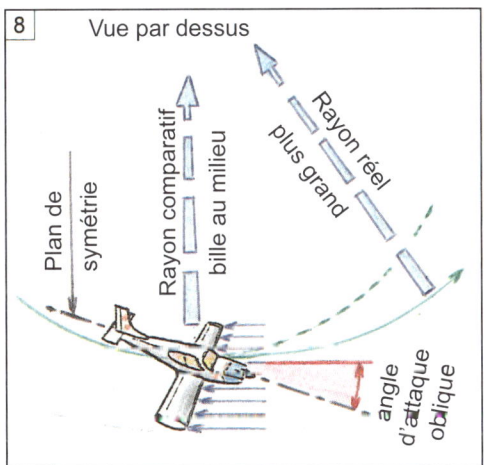

7 Plan de symétrie — Portance non équilibrée = inclinaison varie — Fc — d1 — d — P — Pa

8 Vue par dessus — Plan de symétrie — Rayon comparatif bille au milieu — Rayon réel plus grand — angle d'attaque oblique

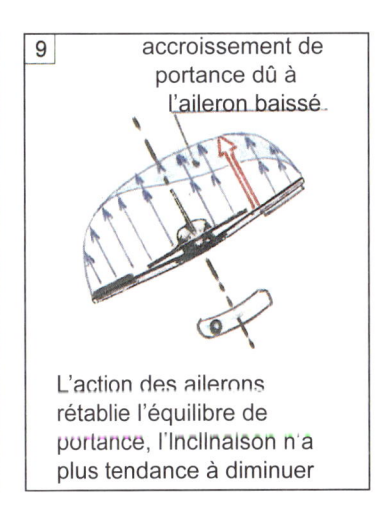

9 accroissement de portance dû à l'aileron baissé. L'action des ailerons rétablie l'équilibre de portance, l'inclinaison n'a plus tendance à diminuer

Le plan de symétrie n'est plus tangent à la trajectoire car le nez de l'avion est nettement à l'extérieur de celle-ci. Par conséquent, les filets d'air attaquent l'avion et ses ailes obliquement par l'aile intérieure au virage d'abord **(Fig. 8)**. De ce fait, l'aile intérieure subit une portance plus importante que l'aile extérieure masquée par le fuselage en raison de l'attaque oblique (rappel page 19). L'avion a donc une forte **tendance à revenir à inclinaison nulle** (signe de stabilité) si le pilote n'intervient pas sur le manche latéralement vers l'intérieur du virage pour maintenir la même valeur d'inclinaison **(Fig. 9)** car l'aileron baissé augmente la portance de son aile et rééquilibre la portance. D'autre part l'avion étant en attaque oblique, il offre une trainée plus importante qui tend à le faire chuter, ce qui dans certaines conditions peut être exploitable (fera l'objet d'une étude page 265). Le rayon de virage a tendance à s'élargir pour une même inclinaison que bille au milieu. Quant à la vitesse de décrochage, elle sera inférieure aux 75 kT de notre exemple en se rapprochant de *la vitesse de décrochage* en ligne droite (70 kT) ceci en raison du facteur de charge moins important qu'en virage bille au milieu. Le décrochage sera dissymétrique avec départ vers l'extérieur du virage.

LA SYMÉTRIE EN VIRAGE
IMPORTANCE ET CONTRÔLE (suite)

A retenir : Ce cas de vol **N'EST PAS DANGEREUX** car la vitesse de décrochage est plus faible qu'en virage symétrique à même inclinaison avec une tendance à revenir à inclinaison nulle, ce qui n'est pas le cas en virage avec dérapage extérieur. En cas de départ en vrille, celui-ci se fera vers l'extérieur du virage avec départ sur l'aile haute. *"Ce départ se fait toujours du côté où l'action du palonnier domine"*. Voir consignes pour sortir de vrille page 154. Mais il a l'inconvénient de faire chuter l'avion et d'être inconfortable pour des passagers, aussi il faut revenir en virage bille au milieu. Pour cela agir simultanément :

> *PIED DANS LA BILLE (vers l'intérieur du virage) MANCHE LATÉRALEMENT VERS L'EXTÉRIEUR DU VIRAGE (si on désire garder la même inclinaison), le tout en contrôlant l'assiette.*

QUELQUES CONSEILS :

Ne pas se laisser fasciner par la bille, effectuer un contrôle par coups d'œil furtifs après chaque mise et sortie de virage et adapter une correction si nécessaire sans précipitation. Éviter aux mises en virage, des actions trop importantes sur le palonnier et dans les phases de vol délicates comme le dernier virage, préférer un virage légèrement glissé...

Il vaut mieux ne pas appuyer sur le palonnier que d'appuyer trop... (côté virage).

Remarques : La symétrie peut également varier, si par inattention, le pilote contrôle mal son inclinaison à partir d'un virage symétrique, ainsi :

Si involontairement le pilote laisse l'inclinaison diminuer, le virage passera en *"dérapage extérieur"* avec une tendance à cabrer, qui est un indice.

Si involontairement l'inclinaison augmente, le virage deviendra *"glissé"* avec une tendance à piquer, qui est un indice.

Dans ces deux cas, il suffit de reprendre l'inclinaison de départ et la symétrie sera rétablie.

Par convention, les corrections de symétrie doivent s'effectuer à inclinaison constante. Si on a choisi une inclinaison, on devra s'efforcer de la maintenir.

LE GUIDE PRATIQUE DU PILOTAGE

ÉTUDE DU DÉCOLLAGE EN CONDITION NORMALE

Application

QUEL EST L'OBJECTIF ?

Consiste à mettre l'avion en vol avec une vitesse de sécurité suffisante afin de se dégager du sol le plus rapidement possible.

QUELS SONT LES ACTIONS ET MANŒUVRES DU DÉCOLLAGE ?

Après avoir effectué les vérifications avant décollage (voir exemple de check page 27), assurer la sécurité de l'approche (pas d'avion en finale car il est prioritaire) et demander l'autorisation de décoller sur aérodrome contrôlé, il faut :

1) Appareils à train tricycle :

– *S'aligner sur la piste* à vitesse réduite avec un maximum de précision. Pour cela effectuer une courte ligne droite de manière à positionner la roulette avant bien droite. Lorsque l'axe de piste est matérialisé **(Fig. 1)**, le pilote doit avoir l'impression d'être assis sur celui-ci. Attention à la parallaxe dans un avion côte à côte (rappel page 21). Dans ce cas évidemment, l'axe de l'avion et la roulette de nez ne sont pas sur l'axe (de peu...), ce qui présente l'avantage sur des pistes dont l'axe central comporte des plots lumineux, d'éviter des petits chocs successifs de la roulette avant sur ceux-ci durant le décollage. Sur piste non balisée (piste en herbe), prendre un repère d'axe dans l'alignement du bout de piste.

– *Immobiliser l'avion sans brutalité* (surtout ne pas mettre le frein de parking).

– *Effectuer sans tarder une check avant décollage* (à connaître par cœur), par exemple : - cap vérifié et calé (au QFU exact de la piste voir page 129) - altimètre réglé - pompe et phare sur marche.

– *Mise en puissance* progressive et à fond (environ trois vraies secondes), puis vérifier et annoncer : - le Badin actif - puissance mini décollage (sur votre avion _____ Tr/mn, (voir Manuel de vol) - paramètres moteur corrects - huile (températures et pression) - pas d'alarme (pavé lumineux rouge qui s'allume) - on poursuit.

Si la puissance mini nécessaire est insuffisante, le badin est inactif ou une alarme rouge qui s'allume, interrompre immédiatement le décollage, gaz complètement réduit et freiner. Si tout est correct :

– *Tenir l'axe de piste* à l'aide des palonniers avec une certaine fermeté.

– Lorsque l'on atteint la *vitesse de décollage* que l'on appelle la *vitesse de rotation*, agir souplement et continuellement sur le manche vers l'arrière jusqu'au décollage. Cette vitesse est indiquée dans le manuel de vol ; pour votre avion, elle a pour valeur _____ Kt, suivi de la prise d'assiette de montée initiale A = + _____. La rotation n'est pas le moment où les roues quittent le sol mais le début de l'action du manche vers l'arrière. Entre le moment où la roulette avant quitte le sol et la prise de l'assiette de montée, il doit s'écouler un certain temps avec une certaine *cadence de rotation qui doit être d'environ 2,5 à 3° par seconde*, ce qui évite une prise d'assiette trop brusque ou trop lente.

– *Montée initiale* **(Fig. 2)**, durant cette phase maintenir l'assiette de montée initiale jusqu'à 400 ft, que l'on considère comme étant la hauteur de sécurité (H.S.D.). Avec votre avion, cette vitesse a pour valeur _____ kT et doit être obtenue dans les cinq secondes qui suivent le décollage sans quoi l'assiette est trop cabrée (dangers). **Pendant la montée initiale, on effectuera des actions ponctuelles**, rien d'autre, car le maintien de la trajectoire (assiette - vitesse - cap) est prioritaire. Aussi dès que le vario est positif, annoncer et exécuter : - le vario est positif - l'alti confirme - freins - train rentré.

– *A 400 ft (H.S.D) :* – rentrer les volets, couper la pompe et les phares, réduire la *puissance de montée* si celle-ci ne s'effectue pas plein gaz (sur votre avion puissance _____) et afficher l'assiette de montée normale si celle-ci est différente de l'assiette de montée initiale. Pour votre avion A = + _____ Vitesse égale _____ kT. ensuite check après décollage : – train rentré – volets zéro - pompe et phare arrêtés - puissance de montée vérifiée - paramètres moteur verts.

– *A 500 ft mini :* – virage vers la route à suivre après avoir assuré la sécurité.

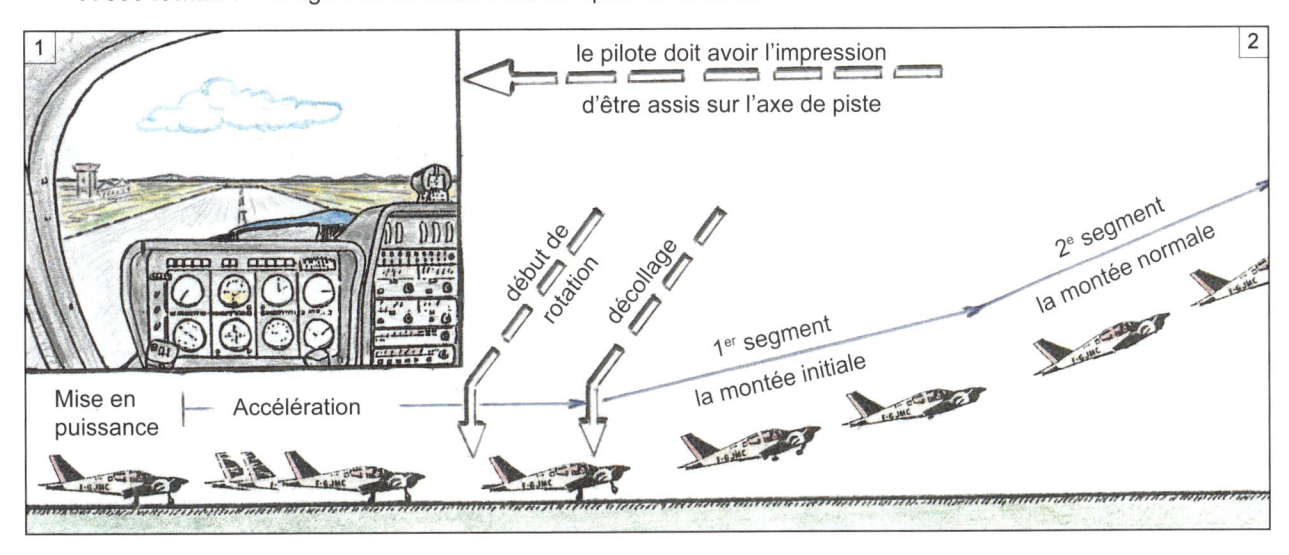

Application — ÉTUDE DU DÉCOLLAGE EN CONDITION NORMALE

A l'altitude du circuit (1000 ft en général) : Changement de calage altimétrique avec comparaison (voir page 243, puis check de montée, alti réglé à telle valeur QNH ou standard 1013).

> *Durant la phase comprise entre la mise en puissance et la H.S.D.,*
> *la main du pilote ne doit pas lâcher la manette de gaz,*
> *sauf pour des gestes ponctuels comme la rentrée du train et des volets*

Précautions et conseils :

Sur avion à train tricycle, *la mise en puissance doit s'effectuer profondeur sensiblement au neutre* ou légèrement avant. Il faut cependant ne pas agir trop fortement sur le manche vers l'avant, afin d'éviter de bourrer et tasser l'amortisseur du train avant, (qui a une certaine fragilité). De plus, certains appareils ont une fâcheuse tendance à faire du **brouettage**, c'est-à-dire à rouler comme une brouette sur la seule roulette avant, avec le train principal décollé, ce qui peut occasionner des dégâts au train avant mais surtout à l'hélice...

Le maintien de l'axe de piste à l'aide des palonniers doit être ferme en raison des effets moteurs importants (souffle hélicoïdal en particulier) durant cette phase. Sur votre avion dont le moteur et hélice tournent à_____, il faut s'attendre à avoir une **action dominante du palonnier à**_____, **mais ne pas être systématique car le pied doit obéir à l'œil.**

Éviter tout freinage (pas de pieds sur les freins, talons au plancher), ce qui serait préjudiciable à la longueur de décollage et à l'accélération, surtout sur piste courte.

Avec les avions dont la roulette avant est conjuguée avec les palonniers, lors de la rotation, au moment où celle-ci quitte le sol, si l'on désire rester sur l'axe, il faut s'attendre à devoir **renforcer l'action du palonnier** à droite (pour moteur tournant à droite et inversement pour ceux tournant à gauche), car cette roulette avant, *directrice*, s'oppose au souffle hélicoïdal et facilite la tenue d'axe tant qu'elle est en contact avec le sol, bien que l'effet gyroscopique, (rappel page 36) durant la rotation, annule une partie du souffle hélicoïdal qui reste malgré tout dominant.

Au moment du décollage bien afficher l'assiette de montée initiale, car si celle-ci est trop cabrée il peut y avoir risque de décrochage. La prudence s'impose durant cette phase d'accélération où la vitesse est faible. En cas d'inclinaison fortuite, provoquée par une turbulence, bien conjuguer les commandes pour redresser, afin d'éviter le lacet inverse (rappel page 65).

En principe (si nécessaire) *pas de virage avant le bout de piste et à moins de 200 ft.*

2) Appareils à train classique : Sur ces appareils, le processus de base est identique. Il diffère après la mise en puissance par :

– *La mise en ligne de vol* qui consiste à *"pousser sur le manche"* pour mettre l'avion sur le train principal. De cette façon, il offre moins de résistance à l'avancement (trainée) et accélère ainsi plus rapidement à la vitesse de rotation **(Fig. 3)**.

Pour que *la mise en ligne de vol soit possible en gardant "sûrement" le contrôle d'axe de piste, la vitesse doit au moins être égale à 0,6 Vs.* au moment de cette manœuvre afin que les gouvernes soient efficaces pour assurer le contrôle.

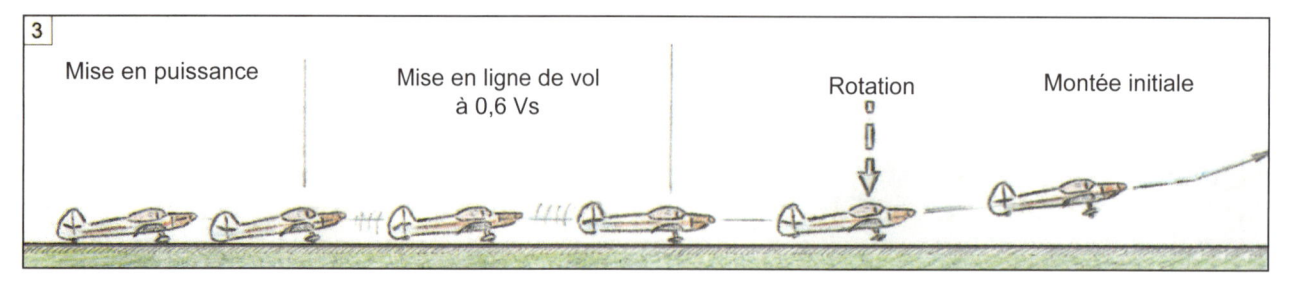

Fig. 3 — Mise en puissance — Mise en ligne de vol à 0,6 Vs — Rotation — Montée initiale

Précautions et conseils :

Un avion à train classique est instable au roulage, en raison de la position de son train d'atterrissage principal, par rapport au centre de gravité. Le contrôle de l'axe est par conséquent plus difficile qu'avec un train tricycle. Il faut donc être agile des pieds pour faire face à la **tendance "savonnette"** de ces types d'avions.

Pour cela *avant la mise en ligne de vol, garder le manche en butée arrière,* ce qui favorise la tenue d'axe en donnant davantage d'adhérence à la roulette arrière lorsque les gouvernes n'ont pas encore toute leur efficacité. **Les effets moteurs se ressentent davantage au début du roulage** ainsi qu'**au moment de la mise en ligne de vol,** où *l'effet gyroscopique se cumule au souffle hélicoïdal*, (rappel page 36), et accentue la tendance à quitter l'axe de piste (à gauche pour moteur tournant à droite). Pour garder l'axe au moment de la mise en ligne de vol il faut s'attendre à devoir renforcer l'action du palonnier (à droite moteur tournant à droite), en tous cas pas à moins de **0,6 Vs**.

LE GUIDE PRATIQUE DU PILOTAGE

ÉTUDE DU DÉCOLLAGE EN CONDITION NORMALE (suite)

Application

Si au départ, l'avion quittait dangereusement l'axe de piste, *mieux vaut réduire totalement la puissance, manche en butée arrière* pour favoriser le contrôle. En cas d'embardée, revenir doucement sur l'axe de piste.

QUELS SONT LES FACTEURS INFLUENTS ?

– **L'utilisation des volets et dispositifs hypersustentateurs :** Dans le cas de décollage normal, le braquage des volets à une valeur de 10° à 20° permet de **réduire** la distance de roulage sans trop altérer les performances de montée. On les rentrera *"lentement"* lorsque la vitesse normale de montée est obtenue ou plus généralement vers 400 ft et *après la rentrée du train d'atterrissage*. Lorsqu'on les rentre, le taux de montée diminue momentanément, pour être meilleur ensuite. Pour certains avions, le manuel de vol conseille le décollage sans volets, dans ce cas il faut se conformer au manuel de vol. Les performances de décollage étant déterminées dans ces conditions.

– **Le vent :** De face, il *réduit* le roulage et cela d'autant plus qu'il est fort, inversement vent arrière. On a donc *intérêt à décoller vent de face* chaque fois que c'est possible. En cas de décollage vent arrière (cas de temps orageux où le vent change souvent de direction), éviter de le faire avec plus de 8 kT vent arrière et de toute façon sur piste courte, vérifier si c'est faisable.

– **L'altitude :** Plus l'altitude de l'aérodrome est élevée, plus le décollage est long, empiriquement plus 20 % par tranche de 1500 ft.

– **La température :** Plus chaud, *plus de roulage,* empiriquement plus 1,5 % par degré au-dessus de 15°.

– **L'état du sol :** Par rapport à une piste en dur, majorer de + 10 % sur piste en herbe, + 25 % sur terrain mou, neige, herbe haute. Une piste montante défavorise d'autant plus que la pente est forte, et inversement si elle descend.

– **La charge :** Plus l'avion est chargé, plus les **performances** de roulage sont **altérées.**

Le manuel de vol donne des indications concernant quelques-uns de ces facteurs *"qui peuvent se cumuler"*, ne pas hésiter à le *consulter,* pour prendre la décision qui s'impose et peut conduire si nécessaire à ANNULER LE VOL.

D'une manière générale, se rappeler sur piste courte :

> *Avion chargé - terrain en altitude - température élevée = PRUDENCE*

Consulter le manuel de vol et si nécessaire se délester de carburant ou de passagers ou annuler le vol.

Déterminez à l'aide du manuel de vol de votre avion la longueur de roulement au décollage à la charge maxi (température ≅ 15° altitude terrain moins de 2000 ft) : _____

ATTENTION PARTICULIÈRE EN PHASE DÉCOLLAGE :

Au moment de la rotation, ne pas cabrer exagérément, ou trop brusquement (voir cadence de rotation page 93), ou encore effectuer celle-ci trop tôt avant l'obtention de la vitesse, votre avion se trouverait en posture dangereuse au second régime à incidence élevée. Dans ce cas, il n'arriverait plus à accélérer ou à monter car la puissance au vol deviendrait plus importante que la puissance disponible (nous sommes pleins gaz). Pour accélérer, il faudrait diminuer l'incidence et descendre. Il faut donc immédiatement interrompre le décollage avant de dépasser les limites de la piste (surtout si elle est courte) ou de décrocher !

ÉTUDE DE LA PANNE DE MOTEUR AU DÉCOLLAGE

Préliminaire

QUEL EST L'OBJECTIF ?

Connaître et se préparer à acquérir le bon réflexe, en cas de panne de moteur au décollage, car même si cette éventualité est rare de nos jours, cette situation est particulièrement dangereuse, si elle est mal négociée.

ANALYSE DES DEUX PRINCIPAUX CAS DE PANNE AU DÉCOLLAGE :

I) Panne durant le roulage : continuer droit devant, même si on doit sortir de piste, freiner dans la mesure du possible. En dehors de la piste si on se trouve face à un obstacle, dévier un peu. Si l'obstacle est important et qu'il est impossible de l'éviter, au dernier moment effectuer un *"cheval de bois"* en poussant énergiquement le palonnier du côté de l'évitement, ce qui engendrera une pirouette qui, si la vitesse est importante, fauchera probablement le train d'atterrissage, mais sera sans danger pour les personnes. Couper les contacts avant tout choc. A l'entraînement, la panne durant le roulage prend le nom d'une **accélération-arrêt.**

II) Panne après le décollage : c'est dans cette phase que la panne est la plus dangereuse si on ne réagit pas *"rapidement"*.

Conduite à tenir : surtout *ne pas conserver l'assiette de montée*, car rapidement la vitesse diminue, ce qui augmente l'incidence qui très vite va atteindre le décrochage *"l'avion tombe"* avec une **chute irrécupérable** (Fig. 1) et **dangereuse près du sol**.

Il faut donc sans tarder :

> *PIQUER pour garder la vitesse, gage de sécurité (manche avant)*
> *CONTINUER DROIT DEVANT en évitant les plus gros obstacles et se poser*

Le fait de piquer conserve une incidence permettant le vol, *c'est la règle.* Sortir les pleins volets si nécessaire, maintenir une vitesse voisine de 1,3 x la Vs (page 88)

1 Panne ! le pilote garde l'assiette de montée, la vitesse diminue rapidement, l'avion décroche dangereusement

2 Panne ! le pilote pique, l'avion garde sa vitesse pour se poser droit devant

CONSEILS A RETENIR :

Éviter tout virage caractérisé si l'altitude est comprise entre 0 et 300 ft car nous savons qu'un virage à basse vitesse peut nous amener à la vrille qui, près du sol, est irrattrapable (voir 154). Nous savons que le facteur de charge en virage, augmente la vitesse de décrochage, la vitesse étant déjà affaiblie en raison de la situation.

Un demi-tour est impossible en raison de la basse hauteur, l'avion percuterait le sol avant la fin du virage. De toute façon, le 1/2 tour ne ramène pas sur la piste.

Il est possible d'éviter les gros obstacles en déviant si nécessaire de **30° environ** de part et d'autre de l'axe, comme les exemples **(Fig. 3, 4, 5, 6)**, en appliquant *la règle : - piquer d'abord, dévier ensuite* pour ne pas risquer le décrochage.

Malgré l'effet de surprise provoqué par la panne, penser à couper les contacts avant l'impact pour ne pas risquer le feu en cas de choc.

Une fois posé il est toujours possible d'effectuer un cheval de bois pour éviter un obstacle.

LE GUIDE PRATIQUE DU PILOTAGE

ÉTUDE DE LA PANNE AU DÉCOLLAGE (suite)

Application

EXEMPLES DE SITUATIONS POSSIBLES DE DÉVIATIONS :

Si possible se poser dans le sens des sillons

solution par vent fort traversier — préférable — NON — vent fort

L'ÉVENTUALITÉ D'UN DEMI-TOUR :

Personnellement, je ne suis pas partisan du demi-tour en cas de panne au décollage, mais comme il ne faut pas être borné, on peut admettre que la règle du plus ou moins droit devant en évitant les plus gros obstacles s'adapte bien à une panne survenant en dessous de H.S.D., 400 ft, mais le devient beaucoup moins au-dessus. Avant d'envisager l'éventualité d'un demi-tour il faut connaître les performances de son avion et déterminer la valeur de la perte d'altitude durant un virage de 180°.

Pour cela se mettre en montée à la vitesse de montée normale et passant 2000 ft, réduire toute la puissance, piquer pour maintenir la vitesse et aussitôt virer. Déterminer la perte de hauteur pour un virage effectué :

– à 30° d'inclinaison, perte d'altitude = _____

– à 45° d'inclinaison, perte d'altitude = _____

Remarquons que le virage à 180° ne nous ramène pas sur la piste mais à côté. Déterminer la perte d'altitude pour un retour sur l'axe de piste soit environ 210°.

– à 30° d'inclinaison, perte d'altitude = _____

– à 45° d'inclinaison, perte d'attitude = _____

Possibilités si la panne au décollage survient à partir de ces hauteurs majorées de 100 ft, il est possible d'envisager un retour vers la piste. Nous choisirons l'inclinaison qui donne le meilleur **compromis de perte d'altitude, soit 45°**. Dans ce cas, il faudra surveiller et maintenir la vitesse nécessaire pour éviter le décrochage, très dangereux dans cette situation. Si la panne survient à la moitié de cette hauteur, on peut faire 90° si un terrain favorable se trouve sur cette trajectoire ...

Influence du vent s'il est de travers : Il est préférable de virer du côté **d'où vient le vent** ce qui aura pour avantage de **diminuer le rayon de virage** et facilitera le retour sur l'axe de piste, alors qu'un virage dans l'autre sens serait défavorable (rayon plus important, trajectoire agrandie rendant le retour sur l'axe plus difficile, voire impossible).

CONCLUSION : Si le demi-tour est possible, il faut tout de même avoir le temps de vérifier plusieurs choses : - hauteur suffisante - sens du virage en fonction du vent - inclinaison à prendre sans "*mollir*" et... le temps de réagir !!! **Ces informations sont donc données avec réserve...** Il faut préparer son mental, ce n'est pas évident... Et puis dans ce demi-tour, il faut être sûr, de ne pas se trouver face à un avion au décollage ou sur le taxiway ???

Afin de se préparer à de telles éventualités, il est conseillé d'introduire dans la check avant décollage, un **briefing**, indiquant les éventualités en cas de panne **et s'y tenir**, exemple :

- On va décoller de _____ à la masse de 1020 kg - configuration volets 10°. La VR sera de _____ La montée initiale _____.
- En cas de panne majeure, plus ou moins droit devant, on se pose.
- En cas de panne mineure, circuit adapté par la gauche (ou la droite).
- Si tout est normal à 500 ft, virage à gauche au cap _____, en montée vers le FL 45. Premier point de report : _____ qu'on estime vers _____ (heure), briefing terminé.

ÉTUDE DE LA PANNE AU DÉCOLLAGE (suite)

SITUATIONS DÉLICATES, PARADES :

1) La panne survient, le pilote pique correctement, mais s'aperçoit qu'il va aboutir au niveau d'une ligne d'arbres à quelques mètres du sol... Il ne faut pas continuer ainsi, ni cabrer pour tenter de passer au-dessus car on risque le décrochage...

SOLUTION : piquer jusqu'au ras de sol, en essayant de faire passer le fuselage entre les troncs, même si on y laisse les ailes, présentera le risque minimum **(Fig. 7)**, sortir si nécessaire les pleins volets.

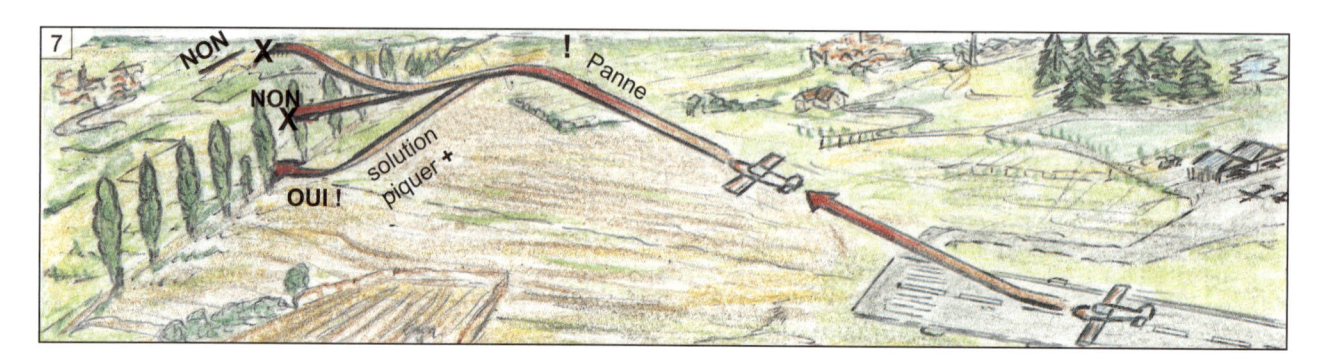

2) Panne, le pilote pique, la zone d'aboutissement se situe dans une forêt : tenter de se poser sur la cime des arbres avec les pleins volets en cabrant l'avion au maximum pour que les ailes amortissent au mieux le choc, semble être la meilleure formule, plutôt que de tenter de se poser dans une clairière trop étroite dont les troncs d'arbres feraient office de mur.

3) Si le moteur venait à cafouiller après le décollage mieux vaut tout réduire et se poser immédiatement que de poursuivre... avec danger d'arrêt moteur dans un secteur moins propice...

Si la panne n'est pas franche, le danger est grand sur la décision de poursuivre le vol ou de tout réduire, il est donc important de connaître la puissance mini permettant le maintien du vol horizontal. Pour votre avion, cette puissance a pour valeur : _____.

Si celle-ci n'est pas acquise, il faudra réduire la puissance et piquer pour atterrir.

4) Face à des obstacles proches, plaquer l'avion au sol, même si on le casse.

ATTERRISSAGE ET ROULAGE :

Poser l'avion comme traité pages 112 et 113, en le cabrant un peu plus que d'habitude, si possible pleins volets. Si obstacles agir comme panne durant le roulage.

Exemple vécu d'une panne au décollage, cas délicat :

L'avion un Pa 38, sur une piste courte, avec axe peu dégagé (autoroute - route - voies ferrées perpendiculaires à l'axe de décollage puis une forêt). La panne survint à environ 5 à 10 mètres de hauteur. L'atterrissage estimé devait se faire peu avant l'autoroute, très fréquentée à ce moment...

Solution choisie : l'avion fut mis au ras du sol en virage et posé en tournant avec à l'esprit *"si le décrochage survenait près du sol, dangers très amoindris !!!* Une fois posé le palonnier fut poussé à fond pour incurver la trajectoire avec le risque de faucher le train d'atterrissage, pas fait pour subir d'importants efforts latéraux. Mais finalement l'avion s'arrêta sans mal...

LE GUIDE PRATIQUE DU PILOTAGE

ÉTUDE DU PLAN D'APPROCHE

Préliminaire

QUELS SONT LES OBJECTIFS ?

Face à la piste et dans l'axe de celle-ci, apprendre à déterminer le moment de passer sur la trajectoire de descente et, à contrôler le maintien de cette trajectoire de façon à placer l'avion en bonne condition pour débuter les manœuvres d'atterrissage. *"D'une bonne approche dépend souvent un bon atterrissage"*.

QUELLES SONT LES CARACTÉRISTIQUES DU PLAN D'APPROCHE ?

Un avion peut se présenter à l'atterrissage sous différents angles de descente (donc différents plans) dont le plus important est celui de l'angle de plané *"puissance totalement réduite"*.

Réglementairement, il a été convenu d'utiliser un plan moyen de descente dont le but principal est de permettre à tous les avions établis sur celui-ci de *"SE VOIR"* par SECURITE. En effet, dans des plans différents deux avions pourraient faire leur approche l'un au-dessus de l'autre *"sans se voir"* avec un risque de collision...

Le plan réglementairement choisi a une valeur moyenne de "5 %" c'est-à-dire que l'avion descend de 5 m par tranche de 100 m. L'angle de ce plan est de *"3°"* **(Fig. 1)** (valeur moyenne des ILS, VASIS et PAPI, voir pages 256 pour ces deux derniers).

Lorsque l'approche d'un aérodrome n'est pas dégagée (obstacles) le plan peut avoir des valeurs plus importantes, mais jamais plus faibles.

Pour connaître la valeur de l'angle du plan, appliquer la formule.

Angle° = Valeur du plan $\times \dfrac{6}{10}$, soit pour un plan de 5 % → $5 \times \dfrac{6}{10} = 3°$

De même que la valeur en % du plan est donnée par la formule.

Plan % = Angle $\times \dfrac{10}{6}$, soit pour un angle de 3° → $3 \times \dfrac{10}{6} = 5 \%$

La valeur maxi d'utilisation possible des plans pour nos avions légers en approche, puissance *"tout réduit"* est de l'ordre de 10 à 13 % soit des angles de 6 à 8°. Si on prend des plans plus forts, il ne sera plus possible de maintenir la vitesse nécessaire qui ira en croissant comme le plan, compromettant ainsi l'atterrissage.

QUELLE VITESSE DOIT-ON ADOPTER EN APPROCHE ?

Qu'il s'agisse d'un avion ou d'un ULM, au plus bas, vers **300 ft,** la vitesse devra être stabilisée au minimum de 1,3 Vs, c'est-à-dire Vs sans volets ou volets braqués partiellement ou plus généralement à 1,3 de Vs0 (rappel page 88) car on a intérêt à approcher l'avion ou l'ULM à la vitesse la plus faible possible *"compatible avec la sécurité"* pour se poser sans avoir à trop rouler et utiliser les freins. Elle ne devra jamais être inférieure à 1,3 de la Vs choisie. Trop faible, on risque le décrochage qui, près du sol, est très dangereux. Trop forte, on ne pourra pas se poser dans les limites d'une piste courte. Remarquons que pour certains avions le manuel de vol donne une valeur différente de 1,3 de Vs. Dans ce cas c'est lui qui fait foi.

Se rappeler toutefois la règle qui dit que :

> *En approche, la vitesse, c'est la vie.*

Ainsi l'avion stabilisé dans le plan, par temps moyen devra avoir :

– Une vitesse à maintenir constante, *"jamais en dessous de 1,3 Vs"* réglementairement (sauf si vent fort, voir page 107). Si virage l'inclinaison sera limitée à 20° ce qui laisse une marge de sécurité de 25% par rapport au décrochage.

– Une assiette moyenne qui permettra le maintien de la trajectoire (à bien connaître).

– Une puissance moyenne qui permettra directement d'agir sur la vitesse au cas où celle-ci viendrait à varier.

Il est important de connaître ou de déterminer la puissance de base (voir tableau page 106).

– Un taux de chute qui permettra de maintenir le plan et qui devra rester le plus constant possible.

| Application | **ÉTUDE DU PLAN D'APPROCHE (suite)** |

QUELS SONT LES MOYENS DE CONTRÔLE ET D'ÉVALUATION DU PLAN ?

Plusieurs méthodes sont à disposition pour tenter d'évaluer visuellement le plan de 3° avec plus ou moins de succès. Analysons celles-ci :

1) **Par évaluation des distances/altitude :** Sachant que si nous sommes sur le plan, nous perdons **300 ft par Nautique (NM)**, ainsi :

- à 3 NM de la piste, il faut être à 900 ft
- à 2 NM de la piste, il faut être à 600 ft
- à 1,5 NM de la piste, il faut être à 500 ft
- à 1 NM de la piste, il faut être à 300 ft
- à 0,5 NM de la piste, il faut être à 150 ft
- à 0,3 NM de la piste, il faut être à 100 ft

} environ

Il est donc possible de tenter la comparaison avec une longueur de piste connue, sachant par exemple que telle piste mesure 2000 m, soit proche de 1 NM, si on reporte une longueur de piste avant celle-ci, cela nous donnera un repère au sol au-dessus duquel il faudra être à 300 ft pour être sur le plan. Mais cette comparaison n'est pas très exploitable sur un aérodrome auquel nous ne sommes pas habitués (cas d'un déroutement imprévu).

Cette approximation seule est donc insuffisante.

2) **Par évaluation du taux de chute :** L'avion étant sur le plan, pour y rester il faut adopter un certain taux de chute (Vz) contrôlé au variomètre et, qui est fonction de la vitesse par rapport au sol (Vs), en Nœuds (Kt), après avoir appliqué

> **Taux de chute en ft/mn = vitesse sol en kT x plan en %**

la formule :

Exemple : Sans vent, vitesse en finale 60 kT, plan 5 %. Pour rester sur le plan, le taux de chute devra avoir pour valeur :

60 x 5 = **– 300 ft/mn** (taux de chute de base, **Fig. 2**).

Remarquons que cela correspond à 300 : 3 = 100 ft/mn par degré.

Effet du vent sur le taux de chute : Avec vent de face, la vitesse par rapport au sol sera plus faible puisque le vent freine. Ainsi pour une vitesse de 60 kT indiquée à l'anémomètre, si l'avion subit un vent de 10 kT de face, la vitesse réelle par rapport au sol sera de 60 kT - 10 kT = 50 kT.

Dans ces conditions, le taux de chute aura pour valeur : 50 x 5 = – 250 ft/mn **(Fig. 3)**.

Avec du vent arrière sur la finale, supposons 10 kT, la vitesse sol aura pour valeur 60 kT + 10 kT = 70 kT et le taux de chute prendra pour valeur : 70 x 5 = – 350 ft/mn **(Fig. 4)**.

> **On peut conclure que vent de face, le taux de chute devra être plus faible et que vent arrière, il devra être plus fort que le taux de base.**

Les **Fig. 2, 3 et 4** ci-dessous mettent en évidence la nécessité d'avoir un taux de chute différent (Vz) pour des avions se déplaçant sur le même plan à des vitesses différentes, car au bout du même temps le plus rapide est plus bas et le plus lent est plus haut...

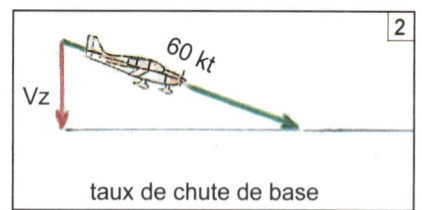

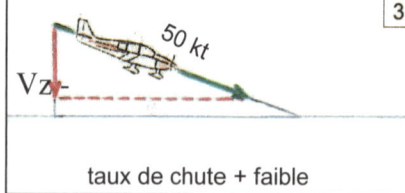

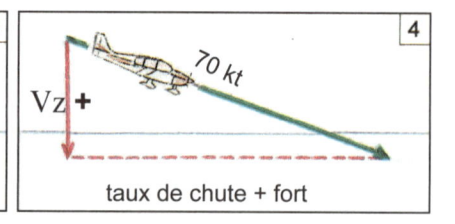

| 2 — taux de chute de base (60 kt) | 3 — taux de chute + faible (50 kt) | 4 — taux de chute + fort (70 kt) |

Conclusion : Ce moyen de contrôle est valable, à condition d'être sur le plan, mais il ne dit pas si nous y sommes. Comme le moyen précédent, il est insuffisant.

Effet du vent sur les paramètres (à bien connaître) : Sachant que selon la direction du vent le taux de chute varie, d'autres paramètres varient forcément, si nous souhaitons maintenir le plan, ainsi :

– **Vent de face,** le **taux de chute** doit être **plus faible**, pour cela **l'assiette** devra être **plus cabrée (ou moins piquée)** et pour maintenir la vitesse, la **puissance** devra être **plus importante**. Assiette varie, puissance également (l'un ne varie pas sans l'autre…).

– **Vent arrière,** le **taux de chute** doit être **plus important**, pour cela **l'assiette** sera **plus piquée (ou moins cabrée)** et pour maintenir la vitesse indiquée, la **puissance** devra être **plus faible**.

Remarque : Si l'anémomètre est gradué en km/h, pour obtenir la vitesse en kT, diviser la vitesse en km/h par deux, l'approximation sera suffisante. Si le vario est gradué en m/s pour obtenir la valeur en ft/mn, multiplier les m/s par 200 ou à partir des ft/mn pour obtenir des m/s, diviser les ft/mn par 200.

LE GUIDE PRATIQUE DU PILOTAGE

ÉTUDE DU PLAN D'APPROCHE (suite)

Préliminaire

QUEL EST DONC LE MOYEN D'ÉVALUER LE PLAN ?

Il nous faut mettre en application une chose que nous connaissons déjà (une fois de plus), à savoir que 1 cm correspond à 1° à environ 60 cm du pare-brise, donc 3 cm = 3°.

Si nous considérons **une petite piste simple** où le point d'aboutissement du plan doit se situer à l'entrée de piste qu'on appelle le seuil, pour être sur le plan de 5 % (ou 3°) **le pilote doit avoir un écart de 3 cm entre l'horizon et le seuil de piste** comme nous le montre **(Fig. 5)**. Si le plan est constant durant l'approche, cette valeur devra rester constante, il n'y a que la largeur de piste qui va s'élargir au fur et à mesure de la descente **(Fig. 6)**.

Cette appréciation visuelle du plan d'approche est le seul moyen fiable pour débutant ou pilote manquant d'expérience. Pour aider ces derniers, il nous faut savoir que moyennement pour la plupart des sujets, **deux doigts d'homme correspondent à environ 3 cm**, qu'il faut tenir à bout de bras pour qu'ils soient équivalents à 3°. Pour cela dans tous les cas, positionner l'index sous l'horizon apparent et si nous sommes sur le plan, l'entrée de piste devra se situer juste sous le majeur comme le montre **(Fig. 5 et 6)**.

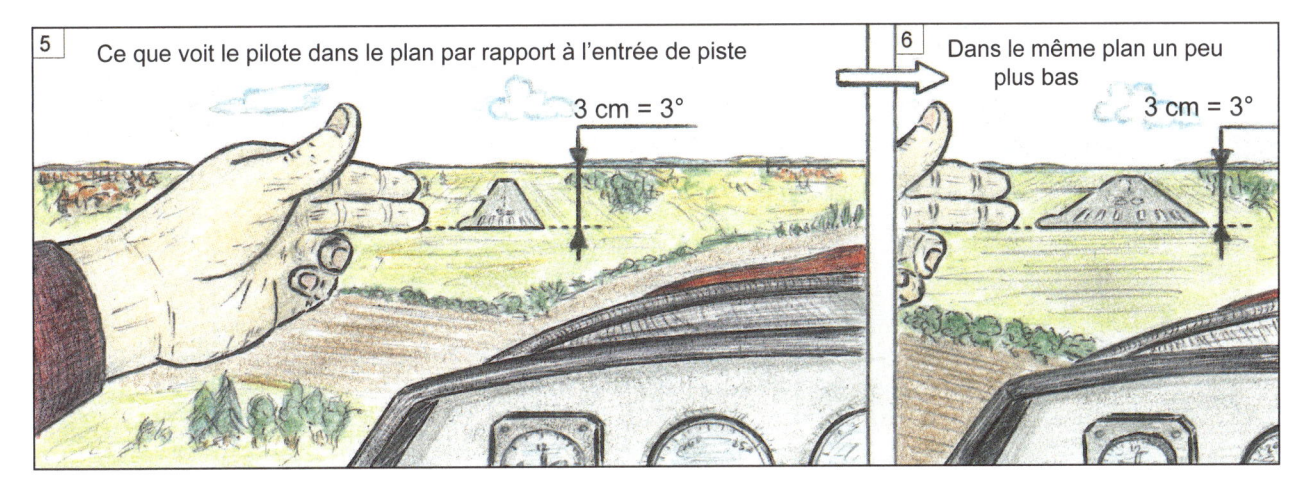

Fig. 5 — Ce que voit le pilote dans le plan par rapport à l'entrée de piste — 3 cm = 3°

Fig. 6 — Dans le même plan un peu plus bas — 3 cm = 3°

Au début, lorsque l'on manque d'habitude, en cas de doute sur la valeur du plan, le vérifier ponctuellement et rapidement avec ses doigts, bras tendu, en fermant un œil pour mieux viser. Les doigts feront office de **"VASIS ou PAPI de poche"**... En attendant d'avoir le compas dans l'œil. Le VASIS et PAPI sont des moyens lumineux qui se trouvent à côté de certaines pistes, qui nous indiquent si le plan est correct ou non. Bien qu'utilisable de jour, voir "Approche de nuit" page 256. Les informations données par ces moyens visuels doivent être impérativement prises en compte, il faut être sur le plan :

Si l'approche s'effectue sur un aérodrome important, on ne vise pas le seuil de piste marqué par des peignes car l'aspect réglementaire du plan de 5 % est différent. En effet dans ce cas, le point d'aboutissement du plan se situe sur des plots, marques blanches qui se situent à 300 mètres du seuil de piste **(Fig. 7)**. Ainsi lorsque l'avion passe à 50 ft (15 m) au-dessus des peignes, il est sur le plan de 3°. Ne pas avoir peur de laisser 300 m derrière soi car les performances publiées sont calculées selon ce principe (page 188) et consultation du manuel de vol.

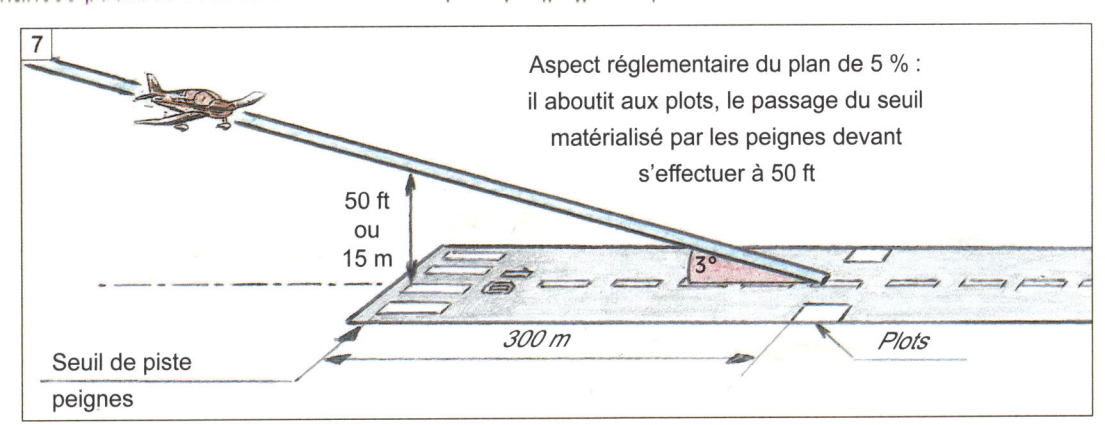

Fig. 7 — Aspect réglementaire du plan de 5 % : il aboutit aux plots, le passage du seuil matérialisé par les peignes devant s'effectuer à 50 ft — 50 ft ou 15 m — 3° — 300 m — Plots — Seuil de piste peignes

Ces pistes comportent un système de guidage du plan appelé **I.L.S.**, qui aboutit aux plots. Il permet la tenue du plan d'appareils évoluant sans visibilité. Ce système ne fait pas l'objet de notre étude (voir manuels spécialisés).

Remarque : il est bien entendu que durant l'approche il n'y a pas que le plan à maintenir, mais également l'axe de piste (voir fig 8, 9, 10 page 135) et la vitesse, aussi durant l'approche il faut répéter sans cesse 3 questions : - **Axe ? plan ? Vitesse !... Axe ? plan ? Vitesse !...** et corriger si nécessaire.

ÉTUDE DU PLAN D'APPROCHE (suite)

Préliminaire

Certains aérodromes de moyenne importance n'ont pas une zone d'approche suffisamment dégagée en raison d'obstacles. On a donc été amené à décaler l'ensemble *"peignes - plots"* comme le montre **(Fig. 8)**, afin de survoler ces obstacles avec une certaine marge de sécurité tout en respectant le plan de 5 %. On dit qu'il s'agit alors d'un seuil décalé. La zone avant les peignes est utilisable pour le décollage mais pas pour l'atterrissage.

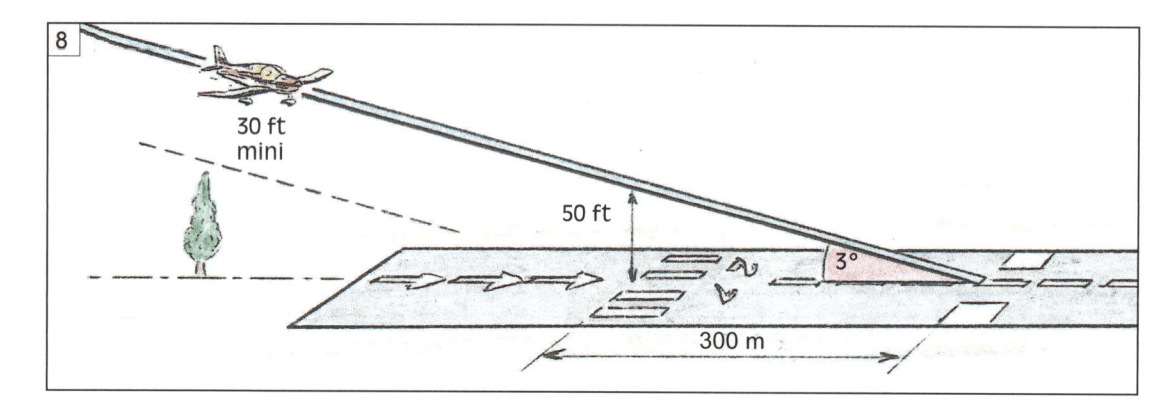

Dans ces derniers cas **(Fig. 7 et 8)**, pour l'atterrissage, *on considère que la piste commence aux plots*, que l'on doit viser comme point d'aboutissement de l'approche. En conséquence pour le contrôle visuel du plan, il devra y avoir 3 cm donc 3° entre l'horizon et les plots et non pas entre l'horizon et l'entrée de la piste **(Fig. 9 et 10)**.

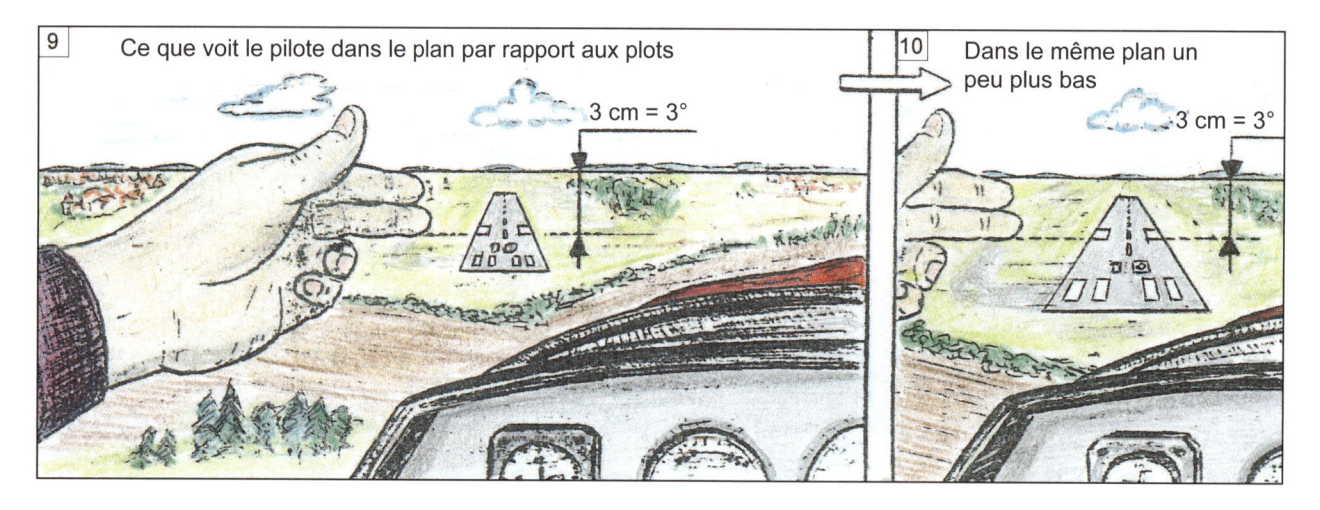

Cette situation est identique sur une petite piste en herbe avec seuil décalé en raison d'obstacles. Le point d'aboutissement du plan de 5 % qu'il faut viser est alors matérialisé par des Vés en béton **(Fig. 11 et 12)**.

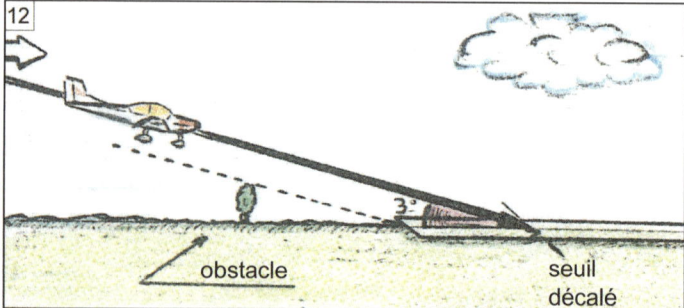

Quelle que soit la longueur de piste la mesure du plan se fait toujours entre l'horizon et la zone d'aboutissement du plan, ainsi pour un pilote qui désirerait se poser dans la seconde moitié d'une piste, la mesure du plan se ferait entre l'horizon et la moitié de piste.

LE GUIDE PRATIQUE DU PILOTAGE

ÉTUDE DU PLAN D'APPROCHE (suite)

Préliminaire

A un stade plus avancé, selon le même principe, sans avoir besoin de tendre le bras on peut faire une comparaison avec une partie de l'avion mesurant environ 3 cm, situé à environ 60 cm des yeux et s'en servir comme un jaugeur. Mais cela demande de reporter à un autre endroit une valeur que l'on vient d'apprécier... Il faut donc avoir un peu le compas dans l'œil !...

La partie la mieux adaptée se situe sur le compas qui est positionné sur le tableau de bord, **(Fig. 13)**.

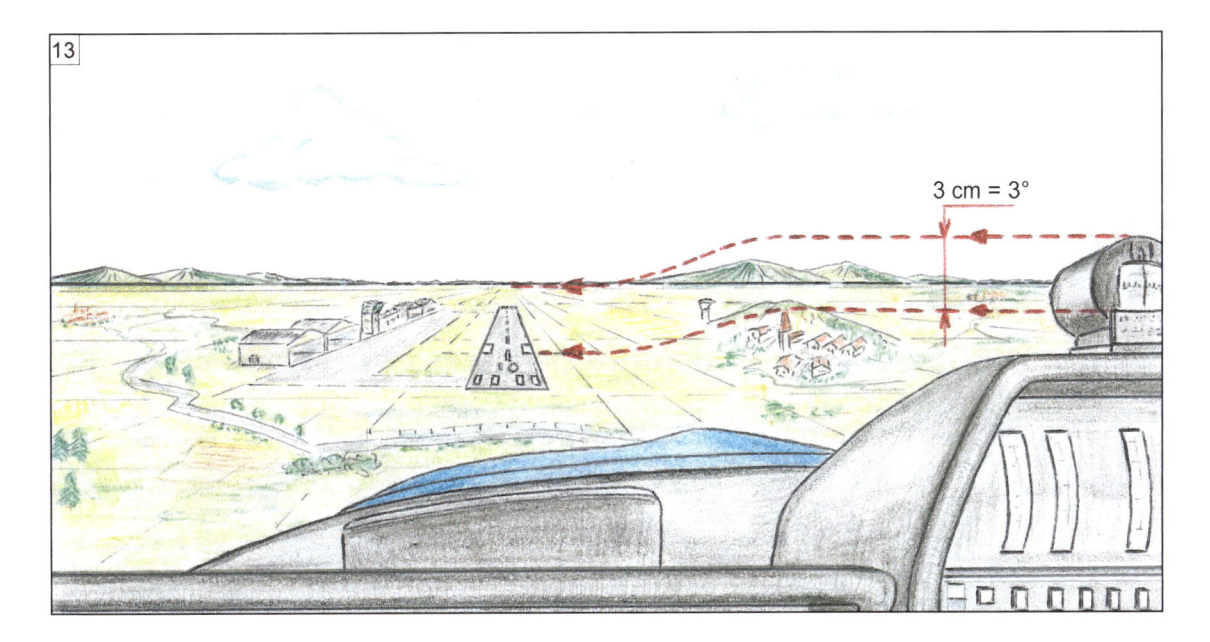

Remarque importante : La méthode que nous venons de traiter depuis la page 101, nous indique si nous sommes bien sur le plan, mais elle ne nous dit pas, si nous allons y rester, car pour cela il nous faut avoir le vario nécessaire (rappel page 100) en effet si celui-ci est trop faible nous passerons au-dessus du plan et inversement s'il est trop fort.

Les corrections nécessaires pour maintenir le vario souhaité doivent être de faible amplitude, se rappeler que pour la plupart des avions légers :

> *Une variation de 1° (ou 1 cm) = environ 100 ft/mn*

Cela signifie par exemple que si nous sommes sur le plan avec un vario de – 500 ft/mn alors qu'il devrait être de – 300 ft/mn pour corriger, varier l'assiette à cabrer de 2° donc 2 cm et attendre que le vario prenne la valeur en raison de l'inertie.

Particularités de visualisation : Comme le montre **(Fig. 14)** entre une grande et une petite piste (A et B), lorsque l'horizon est dans la brume (C), lorsque l'horizon est un relief montagneux (D).

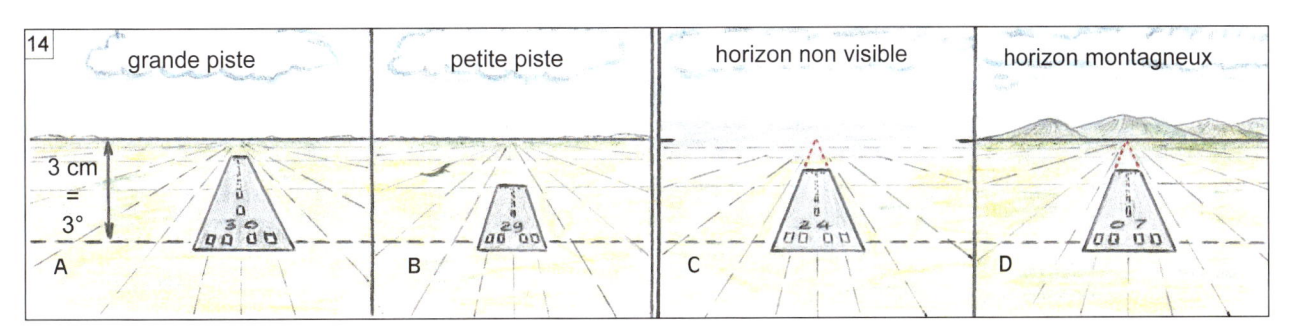

Sur le plan pour les deux pistes, il doit y avoir 3 cm (3°), mais l'espace restant entre l'extrémité de piste et l'horizon est plus petit sur la grande piste et inversement pour la petite.

Imaginez la prolongation des extrémités latérales de la piste, la où elles se rejoignent, se situe l'horizon qui permet d'évaluer les 3 cm. En zone montagneuse, on peut également situer l'horizon apparent de la même manière (voir page 15, **Fig. 8**), également de nuit, page 256.

ÉTUDE DU PLAN D'APPROCHE (suite)

Nous venons de traiter la manière d'évaluer le plan de 3° lorsqu'il est correct, cependant pour diverses raisons celui-ci peut varier, ce qu'il faut absolument déceler le plus tôt possible et établir sans tarder une correction pour revenir sur le plan. Lorsque les écarts sont faibles les corrections sont faciles à effectuer en raison de leurs faibles amplitudes, il suffit d'augmenter ou diminuer légèrement le taux de chute, momentanément, pour revenir sur le plan ce qui conduit à une légère sinusoïde autour de celui-ci. Lorsqu'elles sont importantes les corrections devront être plus franches.

COMMENT DÉCELER SI LE PLAN EST INCORRECT ? COMMENT CORRIGER ?

Deux cas possibles :

1) Le plan est faible ou faiblit : C'est le cas dangereux surtout en courte finale en raison du risque d'accrocher des obstacles. Visuellement lorsque le plan est faible, la piste est plus applatie et l'écart entre l'horizon et les plots ou l'horizon et l'entrée de piste sur petite piste est plus petit que 3 cm, donc plus faible que 3°, confirmé soit par les doigts ou le compas **(Fig. 15)**.

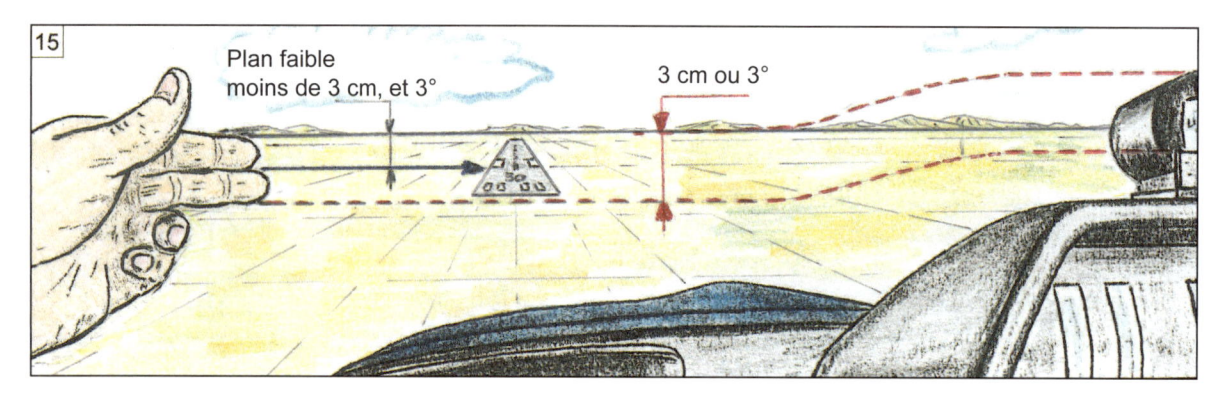

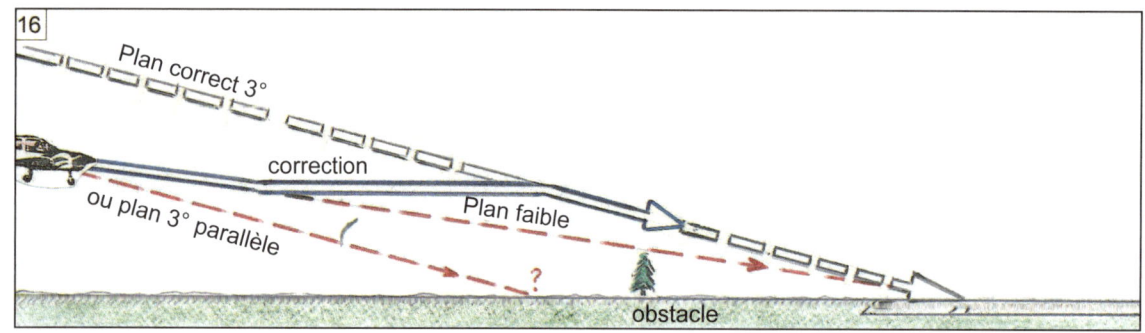

Correction : Dès que l'écart est perçu, sans hésiter, revenir en palier en appliquant la puissance assurant le maintien de la vitesse à 1,3 de la Vs en agissant dans l'ordre connu **"assiette - puissance"**. Ainsi si nous sommes en configuration atterrissage, afficher les paramètres de la configuration atterrissage palier (page 77).

Lorsque l'avion est revenu sur le plan, reprendre la descente sur celui-ci en appliquant la règle "**assiette, puis puissance**" qu'il faut réduire pour maintenir 1,3 de la Vs considérée **(Fig. 16)**. L'avion peut-être également sur un plan de 3° parallèle, mais plus bas, auquel cas si nous faisons bien attention, nous pourrons voir que la zone d'aboutissement du plan se situe avant la piste... Le résultat est aussi dangereux...

2) Le plan est fort ou se renforce : Ce n'est pas dangereux à condition que le plan ne soit pas supérieur au plan d'approche planée (6 et 8° en moyenne soit 6 à 8 cm), moteur réduit car s'il est supérieur à ces valeurs, il devient impossible d'arriver à la piste en maintenant la vitesse à 1,3 de la Vs considérée. La vitesse ira en croissant d'autant plus que l'angle de planée sera fort en compromettant l'atterrissage et devenant dangereux surtout sur piste courte.

Visuellement lorsque le plan est fort la piste s'allonge, l'écart entre l'horizon et les plots (ou l'horizon et l'entrée de piste sur petite piste) est plus important que 3 cm, donc plus grand que 3°, ce que confirment les doigts ou le compas **(Fig. 17)**.

Correction : Dès que l'écart est perçu, sans hésiter piquer et réduire toute la puissance (selon la règle assiette - puissance) afin de maintenir la vitesse à 1,3 de la Vs considérée. La piste commence à s'aplatir... Lorsque l'écart entre l'horizon et les plots (ou l'horizon et l'entrée de piste, sur petite piste) reprend la valeur de 3 cm ou 3°, revenir sur le plan en reprenant l'assiette initiale puis en appliquant la puissance nécessaire au maintien de la vitesse de 1,3 fois la Vs considérée **(Fig. 18)**.

LE GUIDE PRATIQUE DU PILOTAGE

ÉTUDE DU PLAN D'APPROCHE (suite)

Préliminaire

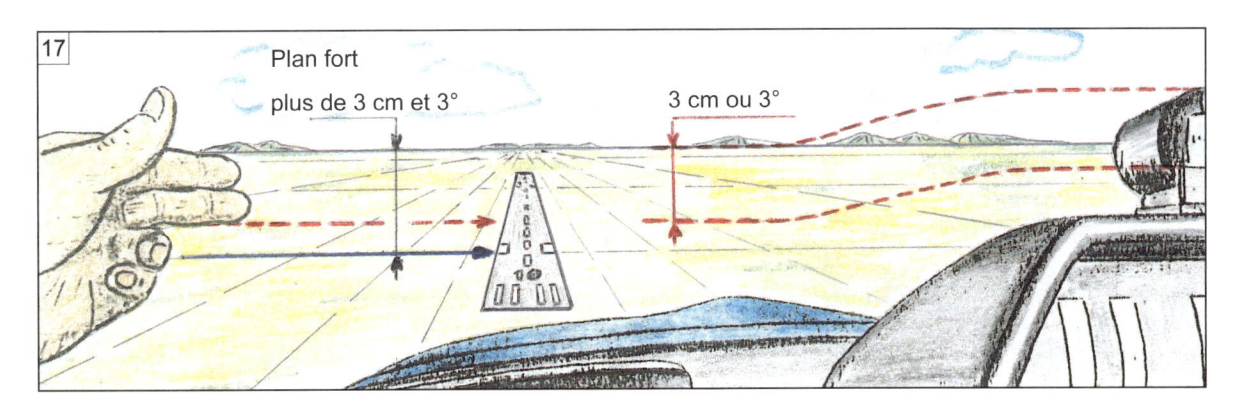

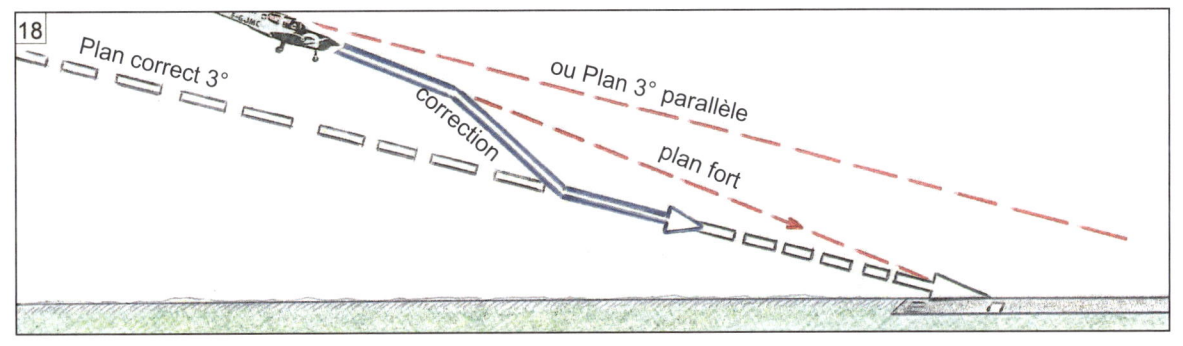

17 Plan fort — plus de 3 cm et 3° — 3 cm ou 3°

18 Plan correct 3° — ou Plan 3° parallèle — correction — plan fort

L'avion peut-être également sur un plan de 3° parallèle au-dessus du plan normal, ce que l'on peut facilement percevoir par la zone d'aboutissement de cette trajectoire qui aboutit plus loin sur la piste, on risque de se poser trop long...

Attention ! Au plan qui tend à faiblir en courte finale et de l'erreur qui consiste à cabrer pour arriver à la piste (ou aux plots) comme pour retenir l'avion **(Fig. 19)**, sans apport de puissance, ce qui entraîne une diminution de vitesse qui peut devenir dangereuse (risque de décrochage). Se rappeler que si l'on cabre pour garder une vitesse il faut augmenter la puissance. Cette tendance à s'enfoncer est souvent due au **gradient du vent** (sa vitesse diminue en se rapprochant du sol ce qui freine les couches successives qui se rapprochent du sol **(Fig. 19)**.

En pratique on s'aperçoit souvent qu'après avoir passé 150 ft (environ) en descente, pour rester sur le plan, il est quelquefois nécessaire de cabrer légèrement avec un petit apport de puissance afin de maintenir la vitesse, en-dessous de cette hauteur en raison du gradient.

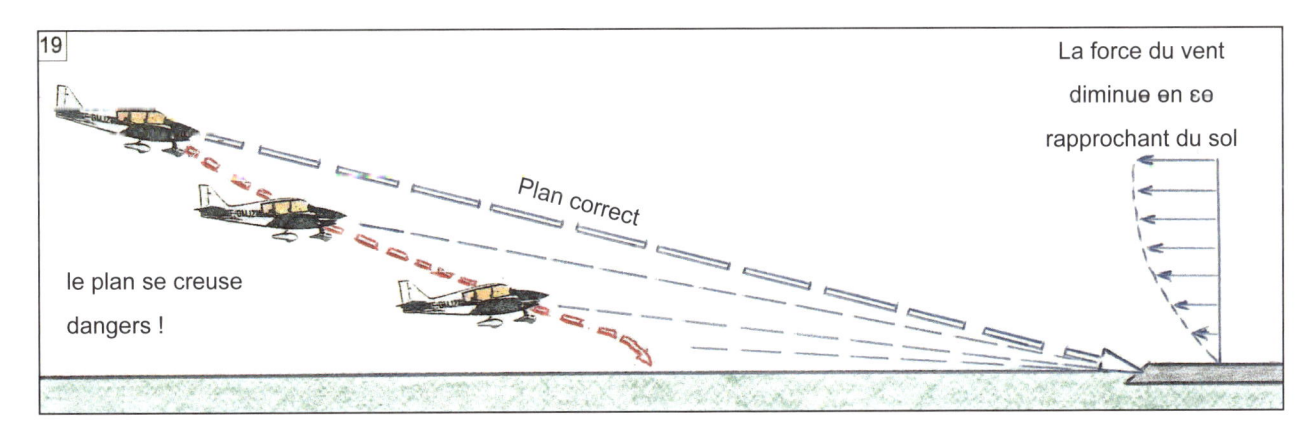

19 La force du vent diminue en se rapprochant du sol — Plan correct — le plan se creuse dangers !

CONSEILS SUR LE CONTRÔLE DU PLAN :

— Il est préférable de se trouver sur un plan légèrement trop fort que légèrement trop faible. La qualité du maintien du plan et de l'axe de piste est d'autant facilitée que les écarts sont décelés et corrigés rapidement. **Ne pas attendre d'être trop près du sol pour corriger.**

— La vitesse d'approche étant plus faible, les effets secondaires sont accrus, particulièrement le lacet inverse (page 65). Ainsi pour maintenir l'axe et corriger toute inclinaison fortuite, il faut conjuguer les commandes, une action seule sur le manche provoquerait une approche en zigzags...

— L'approche devra être stabilisée dans le plan, volets braqués et vitesse établie (1,3 Vs) au plus bas a 300 ft, il faudra donc s'y prendre à l'avance.

LE GUIDE PRATIQUE DU PILOTAGE

Préliminaire — **ÉTUDE DU PLAN D'APPROCHE (suite)**

TECHNIQUE DE TENUE DU PLAN EN PHASE DE DÉBUT :

En image, il doit être tendu comme un fil, pour cela lorsque le plan est correct, la vitesse et le vario adaptés, déterminer où se trouvent les plots sur le pare-brise. A l'aide d'un feutre tracer autour des plots, un cercle. Durant toute l'approche, les plots (où l'entrée de piste) seront maintenus à l'intérieur de ce cercle, comme s'il s'agissait d'un viseur **(Fig. 20 et 21)**. Ainsi la stabilité du plan sera assurée (voir également dernière remarque page 78).

Par la suite sans le tracé du cercle, il suffira de trouver une petite saleté (**x**) qu'il faudra s'efforcer de maintenir avec les commandes sur les plots. Ensuite, il faudra mettre en mémoire cette position quitte à la mesurer, car durant l'approche celle-ci est toujours située dans le même secteur sur le pare-brise. *Il faudra donc s'efforcer de maintenir les plots (ou le seuil sur petite piste) au même endroit sur le pare-brise.*

Erreur à ne pas commettre : Une tendance très fréquente chez les débutants, lors de la très courte finale est de ne pas viser les plots (où l'entrée de piste) jusque près du sol, laissant filer l'avion plus loin, comme si la trajectoire du plan aboutissait après les plots **(Fig. 22)**.

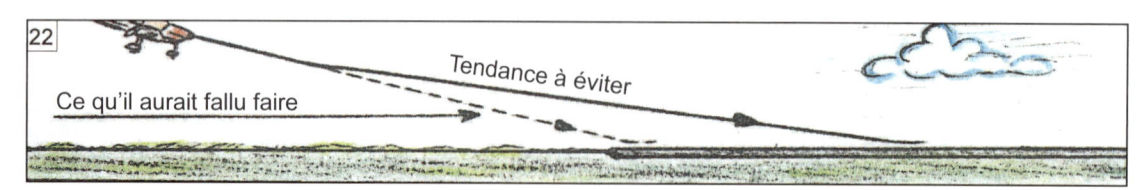

QUELS SONT LES PARAMÈTRES MOYENS A AFFICHER POUR MAINTENIR LE PLAN ?

Avec l'aide de votre instructeur et du manuel de vol, déterminer les paramètres moyens qui permettent de rester sur le plan à 1,3 de la Vs considérée :

En lisse (sans volets et train sorti) $1,3 \times Vs1$	Volets partiellement braqués Train sorti Approche finale $1,3 \times Vs1$	En configuration atterrissage Pleins volets - train sorti $1,3 \times Vs0$
Vitesse →	→	→
Assiette moyenne →	→	→
Puissance moyenne →	→	→
Taux de chute →	→	→

LE GUIDE PRATIQUE DU PILOTAGE

ÉTUDE DU PLAN D'APPROCHE (suite)

Ce sont les paramètres de base moyens qu'il faut bien connaître. Ils sont susceptibles de légères modifications en atmosphère agitée. Si la vitesse vient à varier alors que l'avion est bien sur le plan, intervenir directement sur la puissance et non pas sur la commande de profondeur qui nous ferait quitter le plan.

> *Une variation de 100 tr/mn fera varier la vitesse d'environ 5 kT*

Bien évidemment si la vitesse venait à chuter dangereusement ne pas hésiter à intervenir énergiquement sur la puissance quitte à mettre plein gaz, mais **attention ! Cette action sera souvent momentanée**, il faudra s'attendre à devoir réduire la puissance à sa valeur initiale lorsque la vitesse de 1,3 de Vs sera revenue.

> *Pour maintenir une vitesse constante, toute modification de puissance nécessitera une modification d'assiette et inversement afin de maintenir la même trajectoire, l'un ne varie pas sans l'autre*

SÉCURITÉ DE L'APPROCHE EN ATMOSPHÈRE AGITÉE :

D'après le vieil adage qui dit que *la vitesse c'est la vie*, si l'atmosphère est agitée (turbulence) par sécurité, il est fortement conseillé de majorer la vitesse d'approche. Si nous prenons l'exemple d'un avion dont la vitesse de décrochage serait de 45 kT et la vitesse d'approche de 60 kT (1,3 de Vs). Si celui-ci subi un vent de face de 20 kT, sa vitesse par rapport au sol passerait de 60 − 20 = 40 kT. Si le vent de face venait brusquement à cesser, comme cela se passe en atmosphère agitée, la vitesse réelle de l'avion serait de 40 kT soit 5 kT au-dessous de sa vitesse de décrochage... Ce serait la chute...

Pour éviter cette situation, il est conseillé de majorer la vitesse d'approche d'une certaine valeur.

Il n'y a pas de règle précise sur cette majoration qu'on appelle le **kve**, dont la valeur est laissée au choix de l'exploitant (aéro-club, sociétés ou compagnies aériennes). On peut retenir comme règle simple :

> *Pas de majoration pour vent inférieur ou égal à 10 kT. Au-dessus de 10 kT, majorer de la moitié du vent moyen, sans que cette majoration n'excède la valeur de 20 kT,*
> *le tout arrondi à la valeur la plus proche de 5 en 5 kT.*

Exemple : Vent 20 kT, rafales 28 kT. Le vent oscille entre 20 et 28 Kt, ce qui nous fait un vent moyen de 24 kT. Majoration de la moitié du vent moyen soit 12 kT qu'on arrondira à 10 kT. Ainsi pour notre exemple où l'avion approche à 60 kT sans vent, pour le faire en sécurité, il faudra afficher 70 kT en augmentant la puissance d'environ deux cents tr/mn.

Le calcul du vario (page 100) est fonction de la vitesse sol soit 70 kT − 24 kT = une vitesse sol de 46 kT arrondi à 45. En effet la vitesse sol est fonction du vent subi et non pas de la moitié du vent qui est une formule.

La Vz devra avoir pour valeur : Vs x plan, soit 45 x 5 = 225 ft/mn.

Quant à la vitesse majorée, on ne la conservera pas jusqu'au sol, il faudra la résorber à partir de 50 ft car la force du vent diminue toujours en se rapprochant du sol.

Remarques :

1) Lorsque le vent est plein travers, la majoration de vitesse n'est pas nécessaire puisqu'il n'a aucun effet sur la vitesse sol, mais un réflexe naturel tend à nous faire majorer.

2) En cas d'approche vent arrière, il ne faut surtout pas majorer le vitesse indiquée à l'anémomètre, en effet si le vent cesse brusquement, notre vitesse sera plus importante nous écartant ainsi du décrochage, ce qui n'est pas le cas du vent de face.

TECHNIQUES D'INTERCEPTION DU PLAN :

Il est possible d'intercepter le plan de différentes façons à la suite notamment d'une très longue finale appelée **"approche directe".** Deux possibilités :

1) L'interception du plan par-dessous : Ce qui est le cas le plus courant et le plus simple à effectuer **(Fig. 23)**. Pour cela il faudra être à une distance suffisante pour être sous le plan et pour que la précision soit acceptable à une hauteur d'environ 2000 ft maximum. Au-dessus, il faut disposer d'un ILS ou DME.

En effet, pour être sur le plan, plus on est loin, plus on doit être haut, dans ce cas l'interception à vue devient imprécise en raison de l'éloignement.

La **Fig. 23** nous montre les différents stades visuels de l'approche.

ÉTUDE DU PLAN D'APPROCHE (suite)

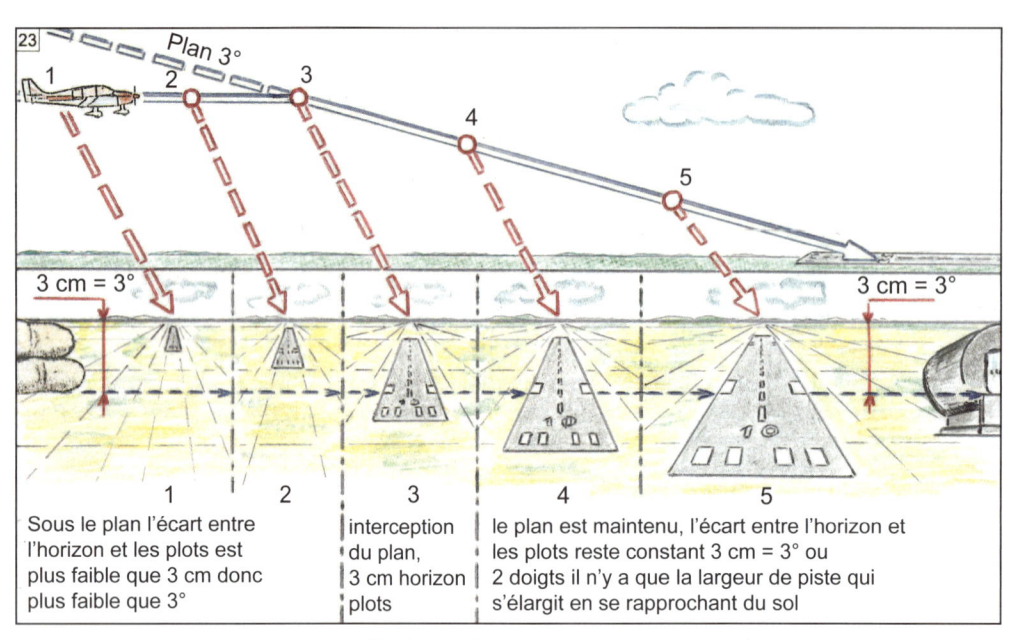

Préliminaire

23 Plan 3°

3 cm = 3° | 3 cm = 3°

1 — Sous le plan l'écart entre l'horizon et les plots est plus faible que 3 cm donc plus faible que 3°
2
3 — interception du plan, 3 cm horizon plots
4 — le plan est maintenu, l'écart entre l'horizon et les plots reste constant 3 cm = 3° ou 2 doigts il n'y a que la largeur de piste qui s'élargit en se rapprochant du sol
5

2) L'interception du plan par-dessus : Toujours dans le cadre d'une arrivée directe en étant assez loin. Cela ressemble à une correction de plan fort (page 105 – **Fig. 18**). On intercepte le plan sous un angle plus important avec une puissance plus faible, voire totalement réduite. Faire en sorte de respecter la règle qui demande d'être stable dans le plan avec une vitesse de 1,3 de Vs0 au plus bas a 300 ft. Il est même possible de sortir les pleins volets et le train et de piquer à la Vfe jusqu'à l'interception du plan. Le fait de piquer à la Vfe augmente fortement la traînée, qui croit comme le carré de la vitesse, ce qui permet de piquer plus fort pour rejoindre le plan de 5 % ce que l'on appelle un rattrapage de plan.

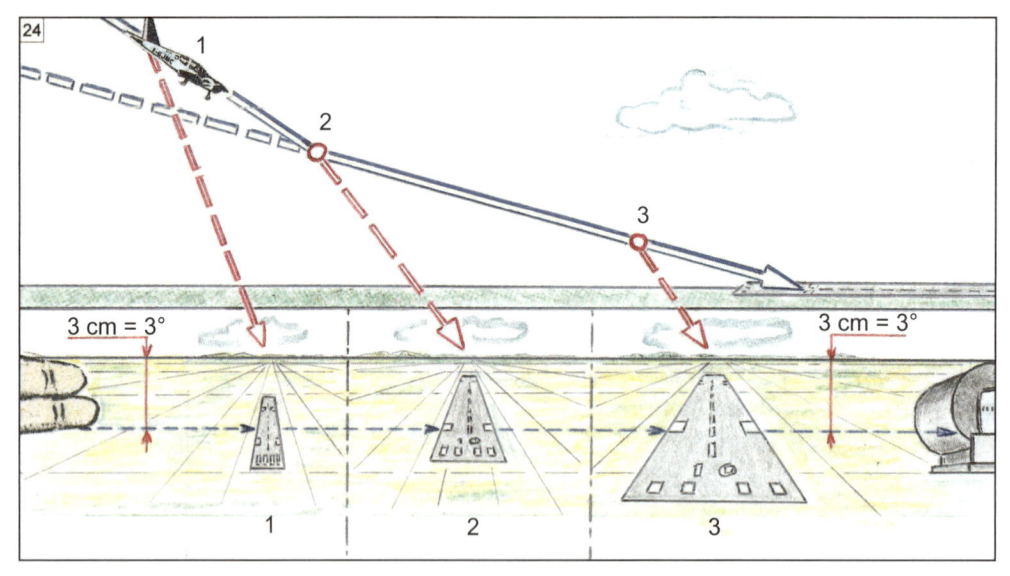

24

3 cm = 3° | 3 cm = 3°

Nota : Les plans d'approches peuvent avoir des valeurs supérieures à 3°, ce qui est indiqué sur les cartes d'aérodromes. Ils concernent des aérodromes se situant dans les vallées, en zone montagneuse et lorsque l'approche n'est pas bien dégagée.

REMARQUE SUR L'UTILISATION DES VOLETS EN APPROCHE :

– ***Chaque fois que c'est possible utiliser les pleins volets*** en dessous de 300 ft, car ils permettent d'avoir un avion mieux sustenté et surtout de réduire la distance d'atterrissage, d'où il résulte une usure moins importante des pneus et des freins ce qui réduit les coûts de l'heure de vol...

– En règle générale pour les approches dans le plan, les volets ne constituent pas un moyen de correction du plan, l'approche se faisant au moteur, le pilote a le choix précis de la zone d'aboutissement (plots - entrée de piste ou autres choix), contrairement aux approches planées (moteur réduit) où il devient difficile d'être aussi précis, ce que nous étudierons plus loin.

– Lorsque les pleins volets sont sortis, en dessous de 300 ft, il n'est plus question de les rentrer, car une suppression de portance près du sol est ***dangereuse***. Si l'on désire les rentrer, il faut le faire dans le cadre d'une remise de gaz traitée page suivante.

LE GUIDE PRATIQUE DU PILOTAGE

L'APPROCHE INTERROMPUE OU LA REMISE DE GAZ

Application

QUEL EST L'OBJECTIF ?

Au cours d'une approche, un mauvais espacement avec un appareil qui nous précède ou qui occupe la piste alors que nous sommes en courte finale ou une approche mal négociée peut nous conduire à interrompre celle-ci. Il ne faut pas hésiter à prendre cette décision !

Face à cette situation, l'objectif est de reprendre rapidement de la hauteur avec une vitesse de sécurité (vitesse de montée normale ou Vz maxi traité page 179), c'est ce que nous appelons "***remise de gaz***" dans le jargon aéronautique.

Cette manœuvre est délicate à effectuer à partir de la configuration atterrissage car la traînée qui en résulte est un obstacle aux performances de montée. Il faut donc procéder selon un certain ordre.

QUELS SONT LES POINTS IMPORTANTS DE LA REMISE DE GAZ ?

1) La décision doit être prise d'une façon nette et précise. Il faut se dire par exemple : Si l'avion qui nous précède et qui est posé, se trouve toujours sur la piste lorsque nous passerons 100 ft, nous remettrons les gaz. Il ne faudra pas revenir sur cette décision. Il en est de même si celle-ci est demandée par un contrôleur, il faut exécuter... Il est toujours possible de discuter après...

2) Prendre initialement ***une assiette de montée intermédiaire*** c'est-à-dire plus faible que l'assiette de montée normale qui va suivre, afin de permettre d'avoir un vario positif tout en conservant la vitesse à 1,3 de Vs0 car nous allons supprimer de la portance en rentrant les volets. Si la vitesse est inférieure à cette valeur, les performances de montée déjà altérées par les traînées le seront encore davantage, l'avion pourrait même avoir tendance à s'enfoncer ...

3) Parallèlement afficher toute la puissance selon la règle "***assiette - puissance***".

4) Supprimer les traînées selon l'ordre prescrit par le manuel de vol (la plus pénalisante d'abord) en s'assurant avant de le faire que la trajectoire est bien ascendante, puis aussitôt prendre ***l'assiette de montée normale***.

COMMENT PROCÉDER ?

L'avion étant en courte finale **(Fig. 1 et 2)** annoncer : "*Remise de gaz*", puis :

1) Rotation vers l'assiette de montée intermédiaire **(Fig. 3)** soit la moitié de l'assiette de montée en général.

2) Simultanément afficher toute la puissance avec souplesse, en contrôlant la symétrie.

3) Dès que le vario est positif, que l'altimètre le confirme et que la vitesse est égale au minimum à 1,2 de la configuration suivante Vs1, soit _____ rentrer les traînées dans l'ordre préconisé, soit souvent par exemple, volets vers le braquage intermédiaire, puis le train **(Fig. 1)**.

4) Aussitôt afficher l'assiette de montée normale **(Fig. 4)**.

5) Lorsque la vitesse de 1,3 de Vs1 (braquage des volets intermédiaires) est atteinte, soit _____ (voir tableau page 106), rentrer les volets vers zéro. Ceci peut-être fait passant 400 ft (H.S.D.).

6) Si nécessaire (trafic au décollage qui vous a obligé à remettre les gaz) dévier légèrement par une petite baïonnette à droite, afin de ne pas perdre la vue de celui-ci.

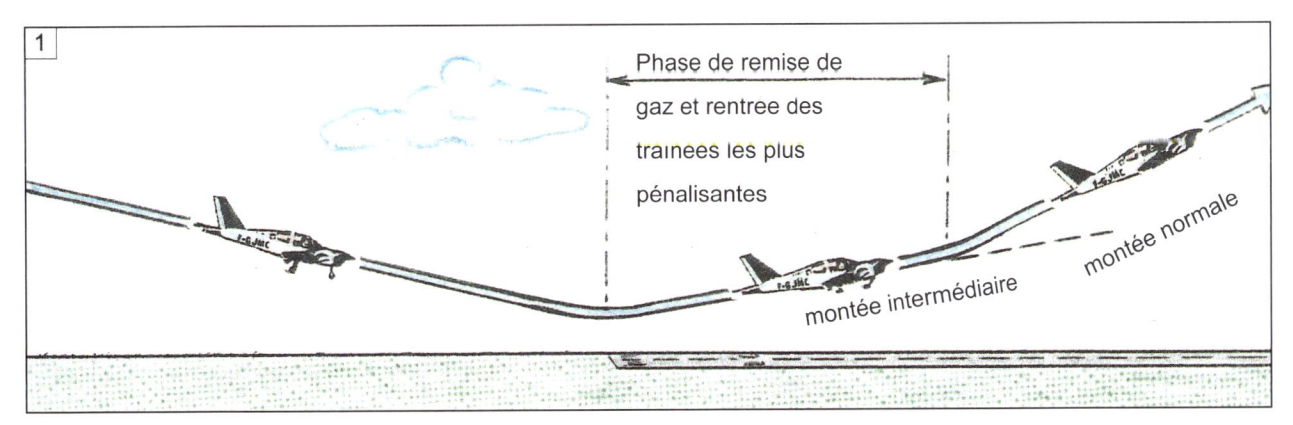

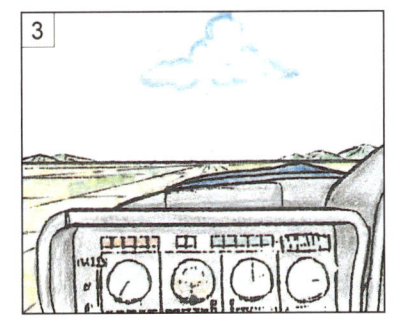

L'APPROCHE INTERROMPUE OU LA REMISE DE GAZ (suite)

LES ERREURS A ÉVITER :

– Rentrer les volets avant l'apport de puissance, en raison d'une part de la faible vitesse et d'autre part de la diminution de portance occasionnée par la rentrée des volets, qui près du sol pourrait avoir de graves conséquences si elle n'est pas compensée par de la puissance ; une règle :

> *En cas de remise de gaz, la puissance doit toujours précéder la rentrée des volets.*

– Prendre l'assiette de montée normale, dès le début de la rotation, ce qui entraîne une diminution de vitesse, en dessous de 1,2 de la configuration suivante Vs1, trop faible pour rentrer les volets avec sécurité auquel cas, il serait nécessaire d'effectuer un palier pour accélérer avant de reprendre la montée et rentrer les traînées. Mais cela ne correspondrait plus à l'objectif de la remise de gaz qui veut que l'on s'éloigne du sol le plus rapidement possible.

Remarque : La remise de gaz peut s'effectuer à partir d'autres configurations (sans volets ou volets partiellement braqués) auxquels cas, elle est moins délicate à pratiquer car moins de traînée, moins de perte de portance et ascension plus facile.

Conclusions : Tous les gens d'expérience savent que souvent dans la vie, il y a deux types de décision, la bonne et la mauvaise, la remise de gaz fait appel à ceux qui savent décider, elle ne doit pas être considérée comme un échec, en aucun cas elle ne peut être mauvaise.

LA TURBULENCE DE SILLAGE OU VORTEX :

En extrémité des ailes, la légère surpression sous l'intrados à tendance à provoquer un courant d'air vers la dépression de l'extrados (portance), qui allié au mouvement de déplacement, engendre les tourbillons marginaux, sortes de remous hélicoïdaux derrière les ailes de tous les avions. Ceux-ci s'élargissent en s'éloignant et sont bien plus importants que le souffle des hélices ou des réacteurs. Derrière les avions gros porteurs, ils sont extrêmement dangereux, ils peuvent persister 3 minutes en atmosphère calme sur une distance de 1 à 3 NM.

Prudence est donc recommandée au voisinage des aérodromes ; en phase de décollage après un appareil important où la turbulence naît à la rotation ; en approche où ils cesseront à l'atterrissage. Dans ces cas, évoluer au-dessus des trajectoires des gros porteurs, préférer une approche haute et se poser après le point d'impact de ceux-ci.

Les dangers :

a) efforts verticaux alternés importants affectant la voilure d'un facteur de charge élevé.

b) efforts de torsion sur la voilure avec une rotation en roulis, l'avion passera sur le dos.

Dans ces deux cas, l'avion est incontrôlable d'où le danger près du sol…

Règle : Eviter les mêmes trajectoires et garder une bonne distance.

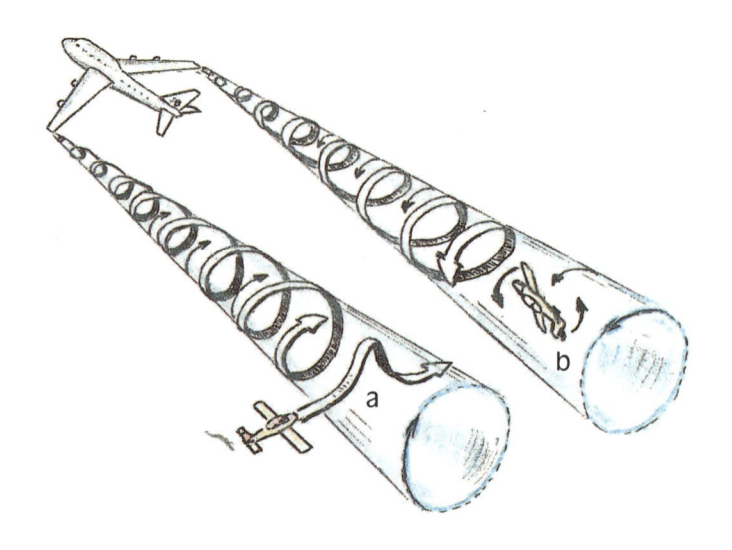

LE GUIDE PRATIQUE DU PILOTAGE

ÉTUDE DE L'ATTERRISSAGE EN CONDITION NORMALE

Application

QUEL EST L'OBJECTIF ?

Amener l'avion en contact tangentiel avec le sol et l'arrêter sur une distance minimum compatible avec la longueur de la piste et les performances de l'avion **(Fig. 1)** en le maintenant sur l'axe de piste.

QUELLES SONT LES DIFFÉRENTES PHASES DE L'ATTERRISSAGE ?

1) APPAREILS A TRAIN TRICYCLE :

– **L'approche** ou trajectoire de descente précédant les manœuvres d'atterrissage que nous venons d'étudier des pages 99 à 108.

– **L'arrondi** qui consiste à transformer la descente en une trajectoire sensiblement parallèle au sol. Bien que le moment d'arrondir ne s'explique correctement qu'avec un instructeur dans un avion et non pas dans un livre, empiriquement on peut dire que dans un premier temps, le pilote voit l'entrée de piste ou les plots toujours au même endroit sur le pare-brise dans une **"zone d'immobilité apparente"**. Elle se rapproche en s'élargissant. Dans un second temps, lorsque les marques d'entrée de piste (bandes blanches ou herbe) commencent à défiler ou à courir **"c'est le moment d'arrondir"** en réduisant d'abord totalement la puissance et en tirant sur le manche pour cabrer notre avion à une certaine valeur d'assiette soit A ≅ + _____ qui permette de transformer la trajectoire descendante en trajectoire sensiblement horizontale proche du sol.

– **Le palier de décélération** dont la hauteur, fonction du type d'appareil doit se situer aux environs de 1 à 1,5 m sur nos avions-écoles. L'arrondi étant effectué, la puissance totalement réduite, pour ralentir en restant parallèle au sol, il faut cabrer progressivement pour augmenter l'incidence au fur et à mesure de la diminution de vitesse, afin d'amener le capot de l'avion, à l'enfoncement **"dans une certaine position"** (par exemple, capot tangent à l'horizon sur la plupart des appareils actuels). Pour apprécier la hauteur du palier de décélération, le regard doit se porter loin devant afin de contrôler la variation d'assiette avec quelques brefs coups d'œil vers le sol pour saisir le détail d'évaluation de hauteur. (maintenir l'inclinaison nulle pour tenue d'axe).

La vitesse d'approche qui doit voisiner 1,3 de la Vs considérée, a une grande importance car trop rapide, le palier de décélération sera long et la variation d'assiette à cabrer devra s'effectuer lentement avec le risque de dépasser les limites de piste si elle est courte. Trop lente, le palier de décélération sera court et la variation d'assiette à cabrer devra être rapide, avec un risque de décrochage au moment de l'arrondi en raison de l'accroissement du facteur de charge avec un impact brutal avec le sol, nuisible pour la cellule de l'avion.

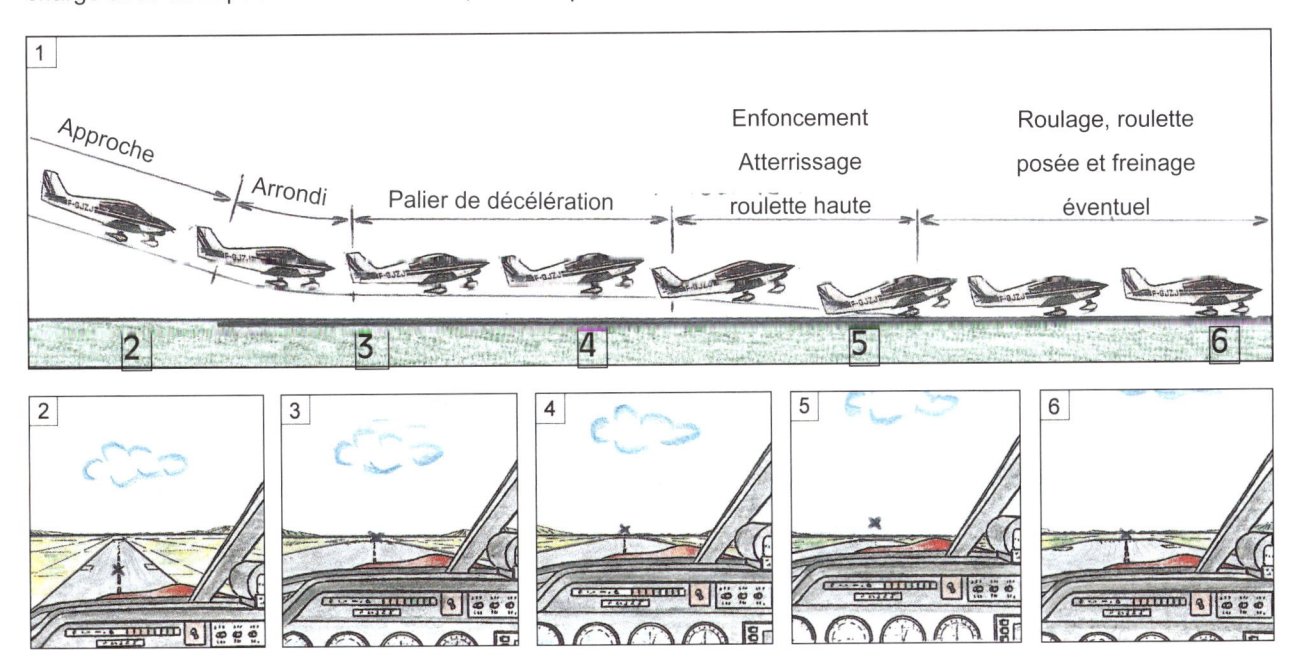

Enfoncement et atterrissage : Progressivement en augmentant l'incidence au fur et à mesure que la vitesse diminue, nous allons atteindre l'assiette d'atterrissage. L'attitude de l'avion sera alors cabrée de façon à poser le train principal d'abord **(Fig. 1)**, la béquille arrière proche du sol afin que la vitesse soit réduite au minimum. Sur la plupart des avions légers actuels cela consiste à amener le capot de l'avion sensiblement tangent à l'horizon **(Fig. 5)** et de le maintenir ainsi jusqu'au contact avec le sol (l'avion s'enfonce légèrement). Durant cette phase, il faut continuer à tirer sur le manche afin de maintenir le capot de l'avion tangent à l'horizon (car il tend à descendre, rendant le contact avec le sol moins souple et moins cabré).

Application
ÉTUDE DE L'ATTERRISSAGE EN CONDITION NORMALE (suite)

Durant ce léger enfoncement, l'avion a une incidence élevée, mais précédant largement celle du décrochage puisque la plupart des avions légers actuels ont une assiette voisine de + 6° au moment du contact au sol, en tout cas rarement plus de 10° sauf pour quelques machines anciennes à train classique. L'incidence est donc proche de ces valeurs en raison de sa trajectoire tangentielle.

Remarque : Si l'avion était posé *"à plat"* (ce qui est plus facile à apprendre et représente moins de travail pour un instructeur) la vitesse d'impact serait plus élevée, ce qui est moins artistique. Les oiseaux se posent toujours cabrés...

Au début pour vous aider : Votre instructeur peut faire une petite marque sur le pare-brise (**x**) ou repérer une petite mouchette qu'il faut maintenir sur les plots ou l'entrée de piste **(Fig. 2)** selon les explications page 106.

Au moment d'arrondir, réduire toute la puissance (en contrôlant les effets moteurs) et sans *"mollir"*, avec souplesse cabrer de manière à amener ce repère sur l'horizon **(Fig. 3)** ce qui correspond à une assiette de + _____. Puis on conservera cette assiette une à deux secondes en raison de l'inertie. Ensuite afin de maintenir une trajectoire sensiblement parallèle au sol, il faudra continuer à augmenter progressivement l'incidence **(Fig. 4 et 5)** sans toutefois dépasser l'assiette d'atterrissage, jusqu'au contact avec le sol (en souplesse...).

– **Le roulage :** D'abord sur le train principal, puis selon les indications éventuelles du manuel de vol, poser la roulette avant. En effet, il est parfois conseillé de maintenir la roulette haute, la plus longtemps possible, ce qui constitue un excellent moyen de freinage aérodynamique. Roulette posée il est possible d'utiliser le freinage mécanique si la longueur de piste le nécessite, sinon s'abstenir. Le contrôle de l'axe s'effectuera au palonnier *"assez fermement"* **(Fig. 6)**. Tant que le roulage n'est pas terminé, l'atterrissage n'est pas fini.

Remarque : Durant le palier de décélération, s'abstenir de trop rectifier la tenue d'axe au palonnier ce qui pourrait amener un atterrissage de travers.

2) APPAREILS A TRAIN CLASSIQUE :

La technique d'atterrissage d'un avion à train classique ne diffère pas de celle d'un avion à train tricycle jusqu'au contact sol car il faut poser ce genre d'avion "trois points", c'est-à-dire que le train principal et la roulette de queue soit posés en même temps **(Fig. 2)** pour éviter de rebondir. Pour cela, il faut amener le capot de l'avion dans une certaine position par rapport à l'horizon comme pour un train tricycle.

Le secret d'un bon atterrissage consiste à amener le capot de l'avion 1 à 2 cm plus haut (par rapport à l'horizon) que la position qu'il occupe normalement au sol à l'arrêt, cela dès le début de l'enfoncement et jusqu'à l'atterrissage, ceci en raison des amortisseurs détendus en vol. Ne pas cabrer davantage.

Mieux vaut poser la queue *"légèrement"* avant le train principal, car le train principal d'abord, occasionne 90 % des cas de rebondissements.

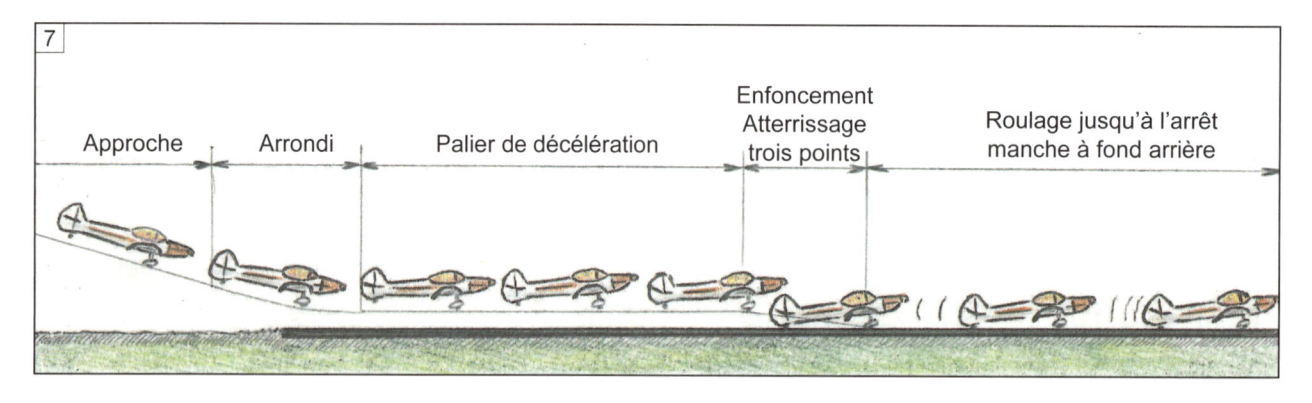

Lorsque le repère d'assiette d'atterrissage atteint l'horizon, surtout ne plus cabrer, mais continuer l'action constante du manche vers l'arrière pour maintenir cette assiette, sans quoi l'efficacité des gouvernes diminue, le capot redescendrait engendrant un atterrissage insuffisamment cabré avec risque de rebond.

Dès l'atterrissage garder le manche à fond arrière afin de donner davantage d'adhérence à la roulette pour le contrôle de l'axe. En effet, contrairement au train tricycle sur avion à train classique, il ne faut pas relâcher son attention car on retrouve la tendance *"savonnette"* de ce genre de machine. Il faut donc ***être vigilant aux pieds***. Ainsi si pour assurer le contrôle de l'axe de piste, nous sommes obligés d'avoir une **action importante** du palonnier ***d'un côté***, s'attendre ***aussitôt à*** devoir ***mettre la même quantité*** de l'autre avec rapidité. Si, par mauvais dosage, on venait à perdre le contrôle de l'avion avec départ en *"cheval de bois"*, bien garder le **manche arrière et vers l'intérieur** de la trajectoire, **palonnier extérieur.** Pour éviter ce genre de mésaventure l'attention ne se relâchera que lorsque l'avion aura atteint la vitesse d'un homme au pas de gymnastique.

LE GUIDE PRATIQUE DU PILOTAGE

ÉTUDE DE L'ATTERRISSAGE EN CONDITION NORMALE (suite)

Application

Voilà donc les seuls conseils que l'on puisse donner, votre instructeur et de la pratique feront le reste…

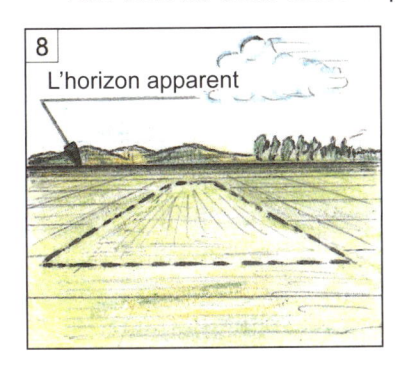

Fig. 8 — L'horizon apparent

Remarque sur l'horizon à l'atterrissage : En courte finale (en région accidentée surtout) si on continue à se servir de l'horizon comme ligne de référence, cette référence devient fausse car trop haute. Il faut alors se servir de "*l'horizon apparent*" sorte de ligne sombre à la base de la zone accidentée ou boisée, sorte d'horizon en fond de piste, comme le montre la **Fig. 8**.

En courte finale et de l'arrondi à l'atterrissage le positionnement du capot (ou de l'assiette) se fera donc par rapport à cet "*horizon apparent*" pour ne pas avoir un positionnement d'assiette *"faussé"*.

COMMENT RATTRAPER UN ATTERRISSAGE COMPROMIS ?

I) L'arrondi est effectué au bon moment, mais la variation d'assiette qui suit est trop rapide.

a) l'avion tend à remonter, *"mais dès qu'on le perçoit"*, on arrête immédiatement de cabrer en relâchant éventuellement "un peu" l'action du manche arrière et l'avion reprend aussitôt la trajectoire de palier prévue, reste ensuite à poursuivre la manœuvre d'atterrissage normalement, en continuant à cabrer.

b) l'avion est remonté trop haut car on a perçu le mouvement vers le haut trop tard ce qui revient au même que si :

II) L'arrondi est effectué trop haut : Il y a risque de décrochage ou d'atterrissage dur, avec risque de casse, et dans ce cas :

Fig. 9 — arrondi trop haut / ou remonte / NE PAS POUSSER SUR LE MANCHE / Puissance + pour amortir la chute

Erreur à ne pas commettre : Surtout *"ne pas pousser sur le manche"* ce qui serait dangereux, mais immédiatement assouplir la chute avec "un peu de puissance" que l'on réduit ensuite doucement en prenant l'assiette d'atterrissage normale **(Fig. 9)** ou repartir si la piste est courte (remise de gaz) en contrôlant les effets moteurs, comme en **(Fig. 10)**.

III) L'arrondi est effectué au bon moment, mais la variation d'assiette qui suit est trop lente, l'avion touchera le sol *"à plat"* à vitesse plus élevée qu'en atterrissant cabré. Il en résulte un risque de rebond (auquel les avions à train classique sont sensibles) ou l'arrondi est insuffisant, l'avion percute et… casse ou rebondit… Dans ces deux cas, il y aura risque de décrochage si on ne réagit pas immédiatement par une augmentation de puissance rapide en reprenant une assiette moins cabrée ou, ce qui est conseillé, *"de repartir franchement"* **(Fig. 10)**, ce qui correspond à un rattrapage de décrochage (rappel page 80 – **Fig. 3**), mettre plein gaz sans hésiter.

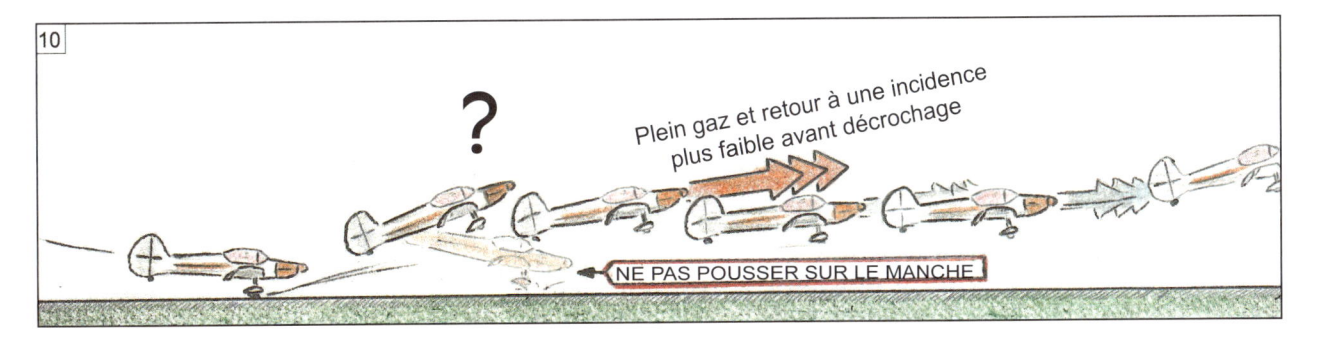

Fig. 10 — ? / Plein gaz et retour à une incidence plus faible avant décrochage / NE PAS POUSSER SUR LE MANCHE

Erreur à ne pas commettre : Trop d'amplitude dans l'action du manche vers l'avant (dont on devra plutôt relâcher un peu l'action arrière) et retard dans la remise *"plein gaz"*.

Remarque : Lorsqu'il s'agit d'un rebond faible, il suffit de continuer à cabrer l'avion sans apport de puissance, car :

Application — ÉTUDE DE L'ATTERRISSAGE EN CONDITION NORMALE (suite)

> *Un avion qui rebondit, rebondit dans la plupart des cas*
> *parce qu'il n'est pas assez cabré au moment de l'atterrissage…*

Conseil : Comme pour le décollage, la main du pilote ne doit pas quitter la manette de gaz durant la phase d'atterrissage pour intervenir rapidement en cas d'atterrissage manqué.

QUELS SONT LES FACTEURS INFLUENTS SUR L'ATTERRISSAGE ?

– **Les volets :** Qui lorsqu'ils sont braqués au maxi permettent de réduire le palier de décélération et la longueur du roulage (usure des pneus et freins moindre…).

Sur avion à train tricycle lorsque l'avion est posé, on conseille "*parfois*" de rentrer les volets pour donner davantage d'adhérence aux roues, ce qui permet un freinage mécanique plus efficace, en cas de nécessité, ce qui n'est pas une priorité, mieux vaut tenir l'axe piste !...

Sur train classique, on a intérêt à les garder braqués en raison de la position de l'avion qui permet un bon freinage aérodynamique et du freinage mécanique qui ne peut être important sans risquer de faire passer l'avion sur le nez...

– **Les aérofreins :** Qui ne modifient pas la portance comme les volets, mais augmentent la trainée, ce qui réduit le palier de décélération et le roulage. On a intérêt à les garder braqués jusqu'à l'arrêt.

– **La charge :** Plus l'avion est chargé, plus long sera le roulage.

– **L'état du sol :** Sur herbe, neige, terrain gras, le roulage sera plus réduit que sur piste en dur. La pente du terrain, montante, diminue le roulage ; descendante, le rallonge et si la pente est forte dans ce cas, mieux vaut se poser en montant, même avec vent arrière.

– **La température et l'altitude :** Plus élevées, plus important est le roulage...

– **Le vent :** De face, plus il est fort, plus il contribue à réduire le palier de décélération et le roulage alors que vent arrière, il augmente les distances. Plein travers, il n'a aucune influence sur les distances. On a donc intérêt à se poser vent de face chaque fois que c'est possible. Remarquons que sur aérodrome contrôlé le pilote **peut exiger** d'utiliser une piste plutôt que celle indiquée par le contrôleur. Eviter d'atterrir avec plus de 8 kT arrière.

– **L'effet de sol :** Comme image, on pourrait dire que lorsque l'avion se trouve en palier de décélération, il comprime l'air entre le sol et l'aile donnant un surcroît de portance qui rallonge le palier de décélération. En réalité au voisinage du sol, la trainée induite par les tourbillons marginaux (**Fig.** page 110) diminue ce qui donne à l'avion plus de finesse (**Fig. 11**). Ce phénomène est plus sensible sur avion à aile basse. Le vol devient possible avec une vitesse moindre qu'en altitude. On le remarque également au décollage, ou l'avion pourrait décoller à une vitesse plus faible, mais dangereuse si on poursuit la montée, l'effet de sol s'estompe... risque de décrochage.

Cet effet s'observe lors de l'atterrissage de la Navette spatiale ou du Concorde par le soulèvement de poussière qu'ils provoquent près du sol. Il est moins important sur les avions à ailes hautes.

Atterrissage compromis : S'il y a le moindre doute, *il faut décider*, soit remettre les gaz, cela vous évitera peut-être de casser l'avion…

Conseils : Comme pour le décollage, le manuel de vol donne des indications concernant ces facteurs *"qui peuvent se cumuler"*. Ne pas hésiter à le consulter.

Déterminez à l'aide de celui-ci la longueur de roulage (à la masse maxi) pour une température de 15° et d'une altitude inférieure à 2.000 ft : _____ (Vs1 ou Vs0 selon la configuration).

LE GUIDE PRATIQUE DU PILOTAGE

ÉTUDE DU TOUR DE PISTE

Application

QUEL EST L'OBJECTIF ?

Dans un souci de sécurité afin d'avoir la vue des autres appareils venant atterrir sur un aérodrome ou à l'entraînement autour de celui-ci, le suivi de trajectoires moyennes définies sur les cartes d'aérodrome, qu'on appelle circuit de piste ou tour de piste, a été imposé.

Le tour de piste résume les principaux éléments du pilotage de base acquis jusqu'à présent.

QUELS SONT LES ÉLÉMENTS QUI CONSTITUENT LE TOUR DE PISTE ?

En principe le tour de piste est de forme **rectangulaire** et s'effectue par la gauche à une hauteur de 1000 ft généralement, mais pour des raisons diverses, il peut s'effectuer par la droite et à des hauteurs telles que 800 ft, 700 ft ou 500 ft voir 1500 ft. Pour le savoir, il suffit de consulter les cartes d'aérodromes. Il comporte **(Fig. 1)** :

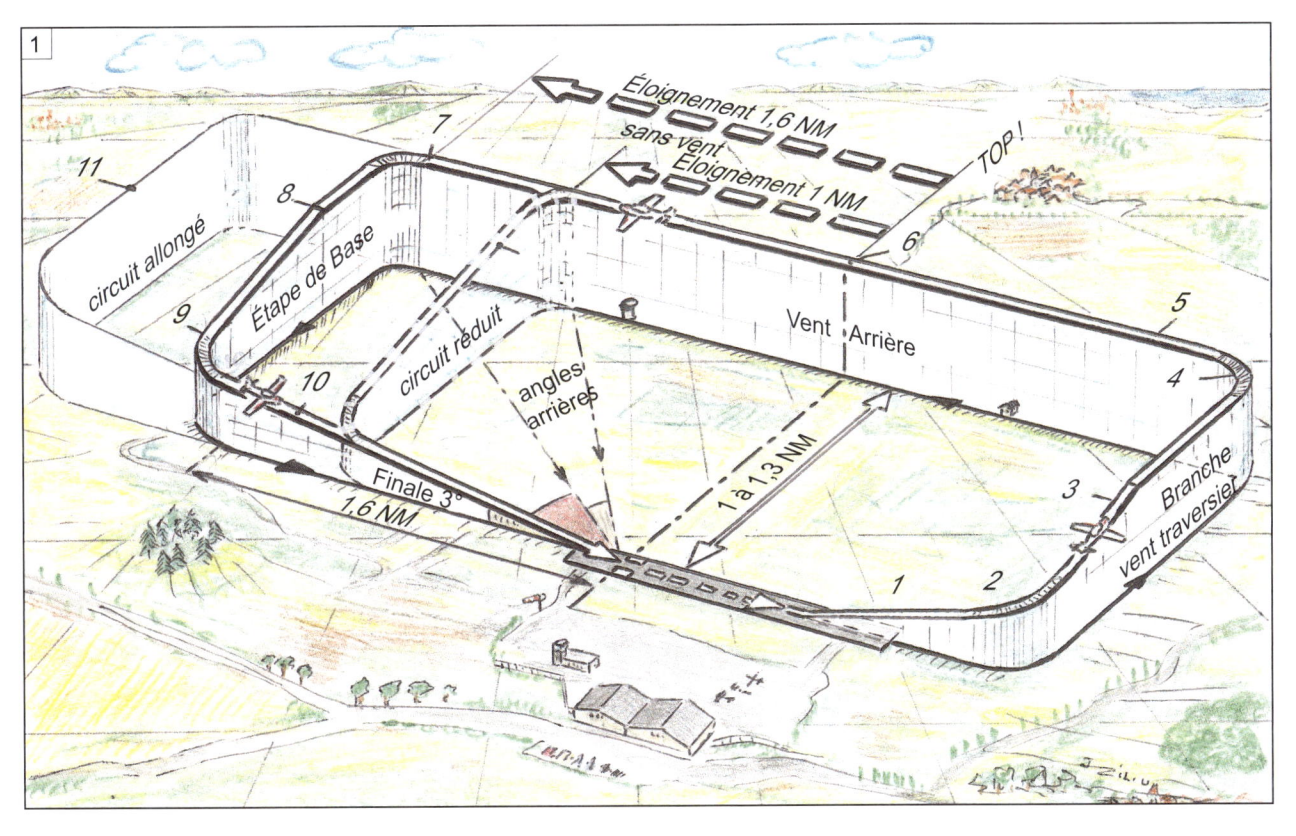

1) Une montée après le décollage : Qui s'effectue la plupart du temps dans le prolongement de l'axe de piste. Durant celle-ci, on effectuera certaines opérations ponctuelles telles que freiner les roues, rentrer le train et vers 400 ft rentrer les volets (voir décollage).

2) Un premier virage qui va placer notre avion sur une trajectoire perpendiculaire à l'axe de décollage. Sauf cas exceptionnel, il ne sera jamais amorcé à moins de 500 ft. La sortie de virage est contrôlée soit au directionnel, soit par un repère visuel pris dans l'alignement du bout d'aile (voir page 72).

3) Une branche vent traversier, perpendiculaire à l'axe de décollage sur laquelle s'effectuera la mise en palier qui interviendra plus ou moins tôt en fonction de la hauteur du circuit, des performances de montée de l'avion et des effets du vent. Deux méthodes possibles de mise en palier :

   a) à la vitesse d'attente qui présente l'avantage d'une tenue machine plus facile, la vitesse étant maintenue assez constante sur une grande partie du circuit. C'est la méthode usuelle.

   b) à la vitesse de croisière qui permet un gain de temps, mais présente l'inconvénient d'une tenue d'altitude plus difficile, en raison des variations fréquentes de vitesse et d'incidence durant les phases d'accélération et de décélération, obligeant une attention plus soutenue. Convient à des machines lentes.

| Application | **ÉTUDE DU TOUR DE PISTE (suite)** |

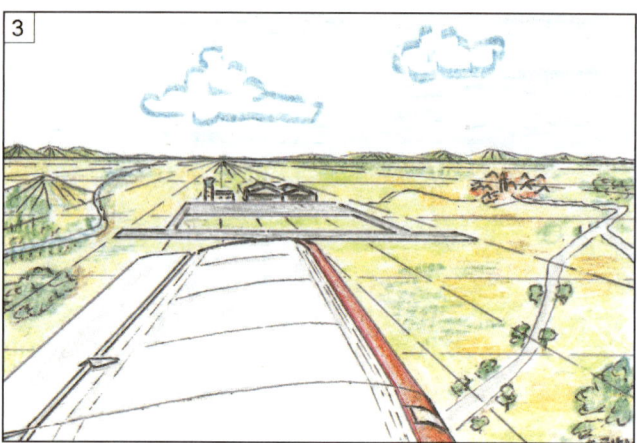

4) Un deuxième virage pour placer l'avion sur la trajectoire dite *"vent arrière"* qui débutera à une distance comprise entre environ 1 NM à 1,3 NM de la piste. Comme référence visuelle et empirique, passer en virage lorsque les empennages arrières arrivent au niveau du prolongement de l'axe de piste comme le montre la **(Fig. 2)**.

5 à 7) une branche vent arrière, appelée *"vent arrière gauche"* ou main gauche, si les circuits s'effectuent par la gauche ou *"vent arrière droite"* si le circuit s'effectue par des virages à droite. Sur cette branche, au plus tard au travers du milieu de piste préparer la machine à la configuration approche.

Le parallélisme à la piste sera vérifié :

a) au directionnel.

b) par des repères pris devant, sur l'axe de la vent arrière et au-dessus desquels il faudra passer (ce moyen est simple et efficace).

c) la position de l'aile par rapport à la piste : un point précis de celle-ci doit rester sur la piste si nous restons parallèle. Ce point est voisin du bout d'aile et de son prolongement pour avion à ailes basses **(Fig. 3 et 4)**. Pour un avion à ailes hautes, position de la piste par rapport à la hauteur de la vitre latérale ou du mât. Si l'écartement est correct le même point devra être sur la piste, sinon il faudra faire le nécessaire pour que ce soit le cas.

6 et 7) L'éloignement : Au passage du travers de l'entrée de piste ou des plots ou du seuil décalé, effectuer un éloignement suffisant **(Fig. 1)** qui va déterminer le troisième virage. Cet éloignement sans vent doit avoir une valeur de 1,6 NM, mais il peut avoir des valeurs plus grandes ou plus courtes en fonction du contrôle, de la visibilité ou du trafic. On profitera de celui-ci pour effectuer l'indispensable check vent arrière, qu'un simple terme mnémotechnique permet de garder en mémoire :

– "**Fais-Ton-Métier-Pour-Vivre-Entier**". Ex. :
– "Freins en pression - Train sorti les 3 vertes 1-2-3 – Moteur (puissance x affichée) - Pompe – Phares sur marche – Volets 10° - Essence sur réservoir le plus plein".

Quatre possibilités d'évaluer celui-ci :

a) par évaluation de distance par rapport à la longueur de piste (très empirique).

b) à l'aide d'un chronomètre, sachant que pour parcourir 1,6 NM, il faut un certain nombre de secondes. Remarquons que 1,6 Nm est égal à 3 Km.

Exemple : – sans vent, à 80 kT il faut 70 s, à 100 kT il faut presque 60 s. Voir tableau page 118.
– avec vent, si celui-ci est bien vent arrière, retenir qu'il faut enlever au temps sans vent :

| **1/2 seconde par Nœud de vent** |

En effet avec du vent arrière, l'avion mettra moins de temps pour parcourir 1,6 NM.

c) visuellement, par évaluation de l'angle arrière donné par une position précise de l'entrée de piste (ou des plots) par rapport à la vitre arrière **(Fig. 5 et 6)**. Cette évaluation pour être efficace nécessite que l'écartement de la vent arrière soit toujours le même (le point de l'aile qui doit courir sur la piste a donc une grande importance **(Fig. 3 et 4)**.

d) par l'évaluation du plan par l'arrière qui doit faire environ 5 à 6° (5 à 6 cm) car environ deux fois plus haut sur le plan 5 %.

LE GUIDE PRATIQUE DU PILOTAGE

ÉTUDE DU TOUR DE PISTE (suite)

Application

5 Tour de piste par la gauche

7) Troisième virage donné par l'éloignement, plaçant l'avion en étape de base, dite base gauche si le circuit s'effectue par la gauche ou base droite s'il s'effectue par la droite.

6 Tour de piste par la droite

8) Décision de mise en descente : comme on doit intercepter le plan latéralement, il faudra débuter la descente lorsque l'angle que fait l'axe de la piste par rapport à notre position fait 30° ou lorsque l'angle entre l'horizon et le seuil de piste (plots) fait environ 6° (soit 4 doigts) **(Fig. 7)**. Avant les 6° en début de base, cet angle est plus faible à condition qu'en vent arrière l'écartement latéral ait été suffisant.

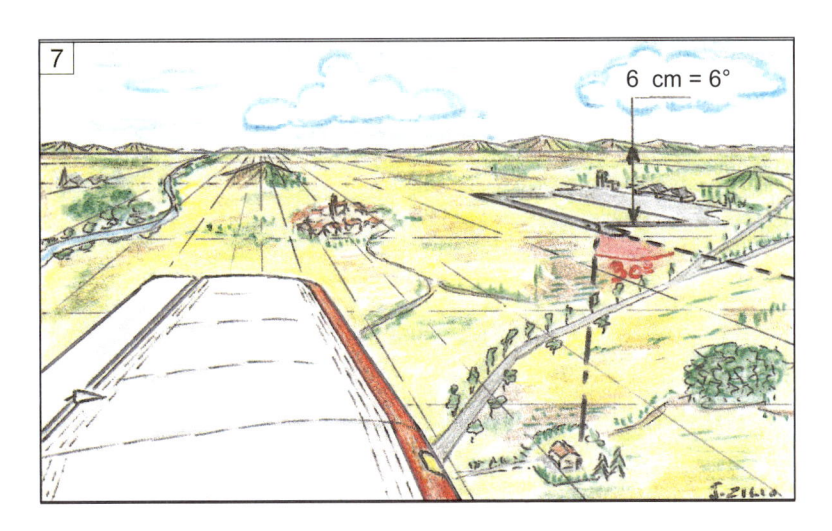

7 6 cm = 6°

ÉTUDE DU TOUR DE PISTE (suite)

9) Dernier virage amorcé vers 650 - 700 ft pour terminer à 500 ft à 1,6 NM des plots (ou de l'entrée de piste). Or 500 ft et 1,6 NM fait que nous sommes sur le plan de 5 % = 3°. C'est le point auquel il faudra nous raccrocher.

Celui-ci sera amorcé en maintenant la vitesse à 1,45 de la Vs1 approche, visuellement on le débutera à environ une largeur d'aile avant l'axe de piste **(Fig. 8)**.

10) Finale dans le plan, dès la fin du dernier virage réduire la vitesse à 1,3 de Vs1 ou Vs0 de manière à être stable sur le plan avec la vitesse préconisée au plus bas à 300 ft.

Effectuer une check avant atterrissage pour ultime vérification.

Ex. : – "*Train sorti les 3 vertes 1-2-3 – Plein riche – Plein petit pas – Volets à la demande*".

Remarques :
– Tous les virages du tour de piste s'effectueront à 30° d'inclinaison, sauf le premier en montant qu'on limitera à 20°.
– Si trafic, le circuit peut être prolongé **(Fig. 1) (11)**.

Les circuits adaptés :

A l'entraînement, ou si nous sommes seuls dans le circuit afin de ne pas trop pénaliser le porte-monnaie du pilote, il est possible de réduire l'éloignement à 1 NM **(12)**. L'éloignement chronométré correspond alors pour un avion se déplaçant à 80 kT (sans vent à 45 secondes et 36 secondes pour 100 kT).

En évaluation visuelle, si latéralement nous sommes à 1 NM de la piste, le troisième virage interviendra lorsque les plots (ou l'entrée de piste) seront vus sous un angle de 45° et le dernier virage devra alors se terminer à 300 ft. ***300 ft et un 1 NM = le plan de 5 %.***

Pour des circuits s'effectuant à des hauteurs différentes on prendra un éloignement égal au ***1/10e du temps de l'éloignement habituel par centaines de pieds de hauteur.*** Ainsi si l'éloignement de 1,6 NM se fait sans vent en 60 secondes, on prendra 6 secondes par 100 ft, si celui-ci est de 70 secondes, 7 secondes par 100 ft. Exemple pour ce dernier cas : un circuit à 700 ft = 49 secondes.

La décision de mise en descente interviendra lorsque le plan sera intercepté comme pour le circuit à 1000 ft.

Message radio : Le premier message sera souvent donné en vent arrière, il faudra spécifier notre position précise (début, milieu ou fin de vent arrière), puis en étape de base, en dernier virage et en finale selon les instructions du contrôle (voir page 131).

Conseils : Pilotes ne soyez pas fascinés par le contrôle, donc pas de précipitation, occupez-vous de vos manœuvres en assurant la sécurité et pas de message radio inutile.

TEMPS CHRONO POUR PARCOURIR 1 NM ET 1,6 NM A DIFFÉRENTES VITESSES :

Vitesses (correspondance kT - km/h)	Temps pour 1 NM	Temps pour 1,6 NM
60 kT ou 120 km/h	60 secondes	96 secondes
70 kT ou 140 km/h	51 secondes	82 secondes
80 kT ou 150 km/h	45 secondes	71 secondes
90 kT ou 170 km/h	40 secondes	64 secondes
100 kT ou 180 km/h	36 secondes	58 secondes
110 kT ou 200 km/h	33 secondes	53 secondes
120 kT ou 220 km/h	30 secondes	48 secondes
130 kT ou 240 km/h	26 secondes	42 secondes
150 kT ou 280 km/h	24 secondes	39 secondes
160 kT ou 300 km/h	22 secondes	35 secondes

Il existe, bien entendu, une gamme de circuits moins académiques que celui que nous venons de traiter, pour diverses raisons, par exemple protéger les riverains du bruit par le suivi de trajectoires pas forcément rectangulaires. Ce que nous venons de traiter correspond à la généralité, pour plus de renseignements consulter les cartes d'aérodromes.

LE GUIDE PRATIQUE DU PILOTAGE

ÉTUDE DU TOUR DE PISTE (suite)

Application

COMMENT RESPECTER LES ESPACEMENTS ?

Sur les aérodromes à forte densité de trafic, il est bien évident que tous les appareils n'ont pas les mêmes vitesses, les uns risquant de dépasser les autres, il faut avoir les yeux grands ouverts...

Lorsque les vitesses ne sont pas compatibles (entre des types d'appareils différents). Il faut parfois savoir **"RALENTIR"** à une vitesse assurant la sécurité en passant **"en configuration d'atterrissage"** (pleins volets) avec une vitesse mini de 1,3 de Vs0, virages limités à 20° d'inclinaison. Il faudra bien sûr tenir compte de l'atmosphère si elle est agitée pour majorer ces vitesses mini. Il faut également savoir **"ACCÉLÉRER"** lorsque c'est possible.

Ces ralentissements pourront intervenir, sur la vent arrière ou l'étape de base. S'ils s'avèrent impossibles, les plus rapides doubleront les plus lents ou selon instructions du contrôle, pourront être amenés à effectuer un circuit d'attente par des virages de 360° intervenant en vent arrière ou en base. Sur certains aérodromes à fort trafic les 360° ne sont pas autorisés, on refait le tour de piste complet.

QUE FAIRE EN CAS DE PANNE DE MOTEUR DANS LE CIRCUIT ?

La panne au décollage a été traitée pages 96 à 98. C'est un cas délicat de même qu'en approche ou en dessous de 300 ft, continuer plus ou moins droit devant en évitant les plus gros obstacles.

Sur les bases, mieux vaut choisir un champ par une prise de terrain en **"L"** ou en **"U"** traitées pages 172, 195. De même qu'en début et fin de vent arrière. Sur une bonne partie de la vent arrière dans la mesure du possible rejoindre la piste, quitte à se poser à contre-sens ou en travers, après avoir averti la tour. Si c'est plus pratique, choisir des champs ou des prés environnants, en adoptant les mêmes techniques qu'en cas de panne sur les bases.

Dans tous cas, piquer à l'assiette nécessaire pour maintenir la vitesse d'approche nécessaire.

QUELLE EST L'INFLUENCE DU VENT SUR LE TOUR DE PISTE ? COMMENT Y REMEDIER ?

Nous savons qu'un tour de piste bien fait doit généralement avoir une forme rectangulaire. Or le vent a tendance à perturber cette forme si le pilote n'y prend pas garde. Il doit s'imprégner de la direction d'où vient le vent en prenant la trajectoire en correction de dérive. Ainsi se rappeler :

– Vent venant de droite, le nez de l'avion devra être à droite de la route suivie.

– Vent venant de gauche, le nez de l'avion devra être à gauche de la route suivie si l'on veut respecter la trajectoire. L'angle de dérive sera d'autant plus fort que le vent sera lui-même fort. En résumé par vent de travers, sur une trajectoire précise :

> *Le nez de l'avion doit toujours être du côté d'où vient le vent*

1) Le vent est dans l'axe de piste : Sur les axes de décollage, de vent arrière et d'approche, le vent n'a aucune incidence pour perturber ces trajectoires **(Fig. 9)**.

Par contre sur les bases qui sont perpendiculaires au vent, il faut voler en correction de dérive (avion noir), sans quoi si l'axe avion est perpendiculaire, il sera poussé par le vent et suivra la trajectoire pointillée (avion blanc).

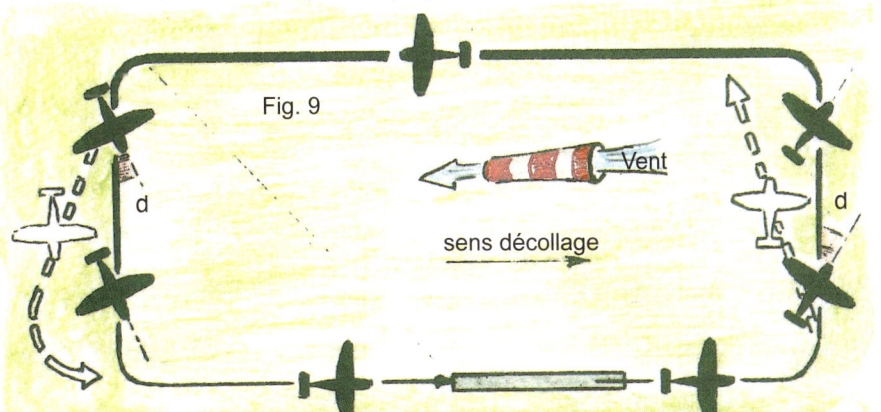

Fig. 9

d = angle de dérive

sens décollage

2) Le vent est de travers par rapport à l'axe de piste : Si le vent est plein travers, il n'a pas d'incidence sur les bases perpendiculaires donc pas de correction de dérive. S'il n'est pas perpendiculaire, le vent influera sur tout le circuit (avion noir) pour ne pas se trouver déporté (avion blanc).

Dans les deux cas **(Fig. 10)** la dérive sera corrigée après le décollage et en approche si l'on veut rester sur l'axe.

| Application | **ÉTUDE DU TOUR DE PISTE (suite)** |

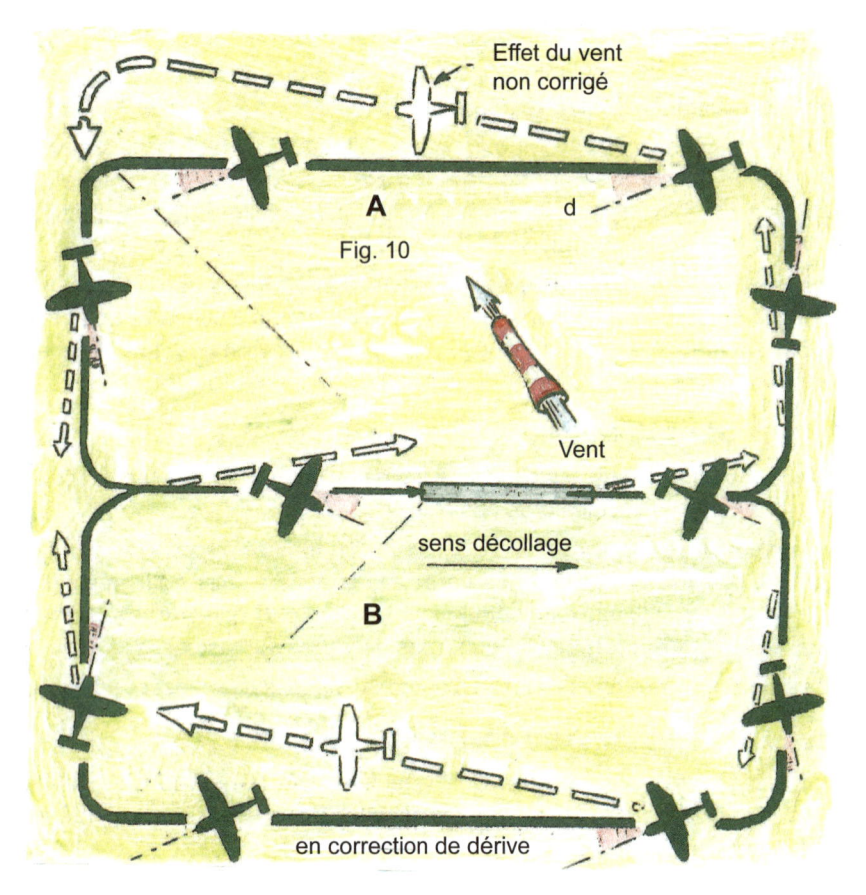

Fig. 10

Effet du vent non corrigé
A
d
Vent
sens décollage
B
en correction de dérive

Cas **(Fig. A)** : en vent arrière, le vent a tendance à éloigner l'avion de la piste ; pour rester sur la trajectoire vent arrière le nez de l'avion devra être orienté *vers l'intérieur* du circuit. En base, la décision de *mise en descente* devra *soit* intervenir *plus tard, soit* avoir un *taux de chute plus faible* et une *puissance plus importante* que le vent dans l'axe si on veut terminer le dernier virage à 500 ft.

Cas **(Fig. B)** : en vent arrière, le vent a tendance à rapprocher l'avion pour rester sur la vent arrière le nez *de l'avion* sera orienté *vers l'extérieur* du circuit. En base, la décision de passer en descente devra *soit intervenir plus tôt,* soit afficher un taux de chute plus fort et une puissance plus faible que sans vent pour conserver la même vitesse de façon à terminer le dernier virage à 500 ft dans l'axe de piste, sur le plan de 5 %.

COMMENT ÉVALUER LA DÉRIVE EN TOUR DE PISTE ?

Empiriquement on peut employer la formule simple

| *0,5 degré de dérive par Nœud de Vent* |

si le vent est plein travers

s'il est à moins de 40°, prendre la moitié du résultat donné par la formule, l'approximation sera suffisante. Le cap à prendre en correction de dérive sera :

- *plus faible si le vent vient de la gauche*
- *plus fort si le vent vient de la droite*   } à retenir

Pour visualiser la dérive (d), il suffit de déporter l'axe habituel d'environ 1 centimètre par degré par tranche de 5° sachant que la largeur d'une main correspond à environ 10 cm soit 10° sur le pare-brise **(Fig. 11)**.

Ensuite baliser le sol de repères comme le montre **(Fig. 11)**, maintenir ces repères dans le même alignement sur le pare-brise de façon à passer au-dessus. (voir également **(Fig. 4 et 5)** page 22.

Il est très important de prendre des repères qui constituent un moyen simple et efficace de tenue d'axe.

COMMENT ÉVALUER LA FORCE DU VENT AU SOL ET EN VOL ?

Si celle-ci n'est pas donnée par une tour de contrôle (aérodrome non contrôlé), c'est d'après la position qu'occupe la manche à air (angle par rapport à la verticale), on peut conclure approximativement ce qu'indiquent les figures qui suivent **(Fig. 12, 13, 14 et 15)** ainsi lorsque la manche fait un angle d'environ 45°, il y a environ 10 kT, etc… ça marche mieux que 5 kT par tranche de manche à air, ce qui n'est pas souvent le cas, il suffit d'être un peu observateur…

LE GUIDE PRATIQUE DU PILOTAGE

ÉTUDE DU TOUR DE PISTE (suite)

Application

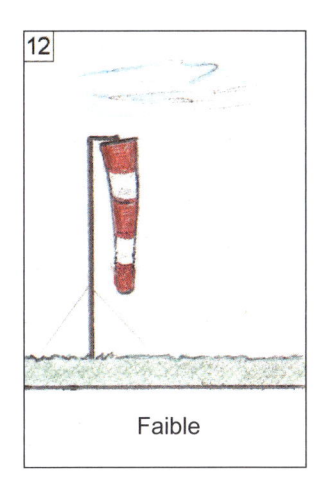

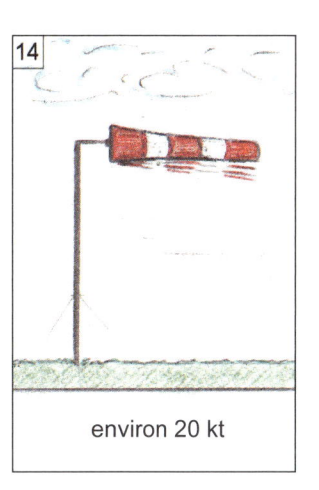

| 12 Faible | 13 environ 10 kt | 14 environ 20 kt | 15 Rafale + 30 kt |

En altitude la force du vent est approximativement **égale à 1,5 x le vent au sol**, ceci dans les basses couches pour évaluer la dérive en tour de piste (remarquons que le vent tourne légèrement vers sa droite en montant).

REMARQUE SUR LE TOP CHRONO AVEC VENT DE TRAVERS :

Le top chrono qui précède l'éloignement doit être pris travers des plots pour être pris au bon moment. Or lorsque le vent est de travers notre avion doit voler avec une dérive, ce qui a tendance à introduire une erreur si on n'y prend garde :

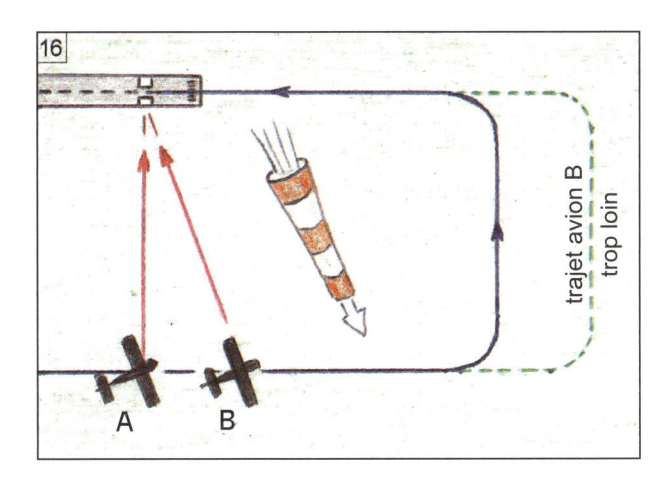

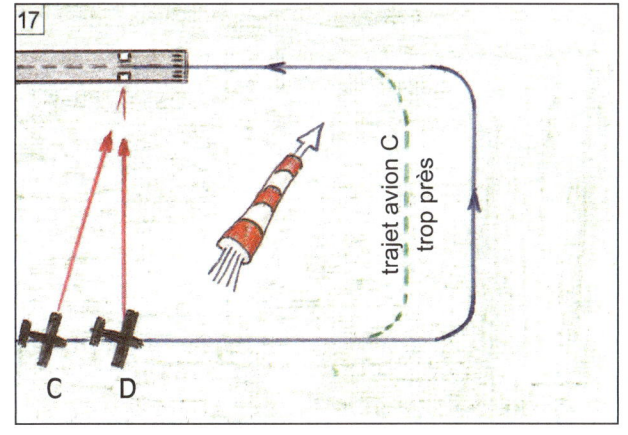

Lorsque le vent vient de la piste **(Fig. 16)**, la tendance est de toper lorsque l'on voit le bout d'aile en face des plots (avion B), ce qui fausse l'éloignement et le rend plus important que prévu. Dans ce cas considérer que l'aile a du retard, il faut toper avant qu'elle ne passe le travers des plots (avion A).

Lorsque le vent va vers la piste **(Fig. 17)**, l'aile a de l'avance, il faut toper après qu'elle a passé les plots (avion D), sans quoi si on tope lorsqu'elle l'aile est en face des plots (avion C) l'éloignement sera plus court que prévu.

SÉCURITÉ ET TENUE D'ALTITUDE :

Surtout par fort trafic, regarder attentivement autour de vous. Si vous êtes en fin de vent arrière, ne virez pas en étape de base ou en finale, sans avoir la vue sur le ou les précédents. Dans le doute n'hésiter pas à demander sa position.

Tenir l'altitude du circuit avec rigueur, si vous vous en écartez, il faut y revenir sans tarder, c'est un gage de sécurité, on se voit bien mieux.

Faire en sorte que le dernier virage soit bien symétrique, éventuellement cette phase étant délicate, préférer une bille à l'intérieur du virage qu'à l'extérieur (voir pages 90 à 92).

LE GUIDE PRATIQUE DU PILOTAGE

Application — **LE TOUR DE PISTE RECTANGULAIRE**

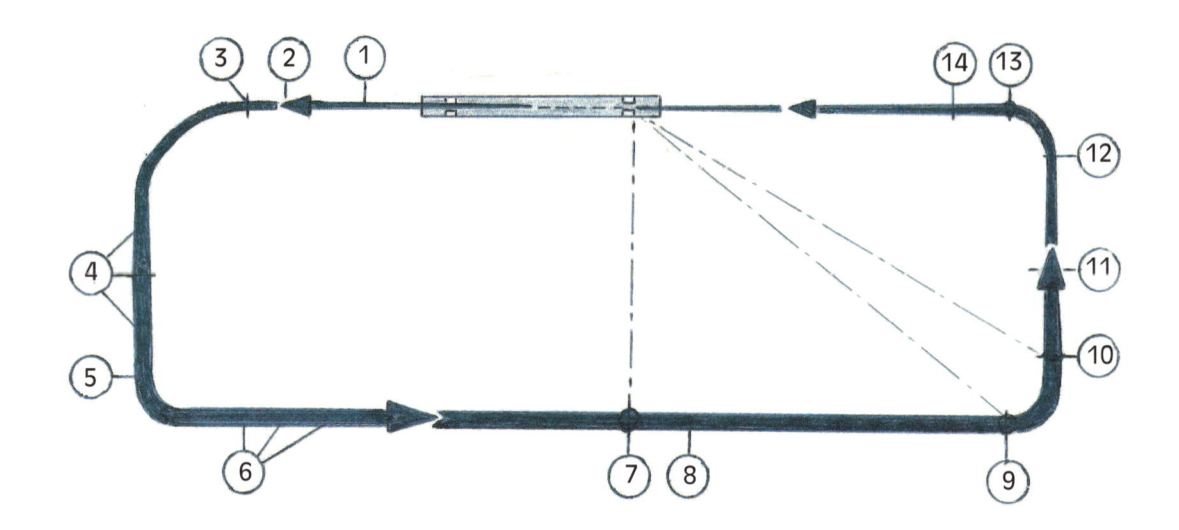

1	Montée initiale : Vitesse _____ volets braqués _____
2	400 ft H.S.D. : Volets zéro – pompe – phares coupés, vitesse _____ puissance _____
3	500 ft mini : 1er virage de 90° de secteur - inclinaison 20° maxi.
4	Mise en palier intervenant +/- tôt en fonction des performances de l'avion. Deux possibilités de mise en palier : A) cas préférentiel : à la vitesse d'attente Vitesse _____ puissance _____ B) à la vitesse de croisière _____ Puissance _____
5	2ᵉ virage plaçant avion en vent arrière lorsque les empennages arrières arrivent au niveau de la piste soit ≅ 1 à 1,3 NM - inclinaison 30°.
6	En vent arrière vérifier si écartement correct : Bout d'aile sur la piste. Préparer la machine à la configuration approche initiale : A) à partir de l'attente : - Pompe - phares sur marche. - Réchauffage carburateur si nécessaire. - Sortie des traînées (volets à _____ - train). - Puissance réajuster si nécessaire à : _____ – Vi = _____ (soit 1,45 Vs1) B) à partir de la croisière : - Pompe - phares sur marche. - Réchauffage carburateur si nécessaire. - Préaffichage puissance (réduire) à : À Vfo _____ sortir les volets à _____ puis à la Vlo, le train. À vitesse d'approche _____ _____ réajuster puissance à : _____
7	Début d'éloignement soit top chrono de _____ secondes (sans vent) pour 1,6 NM.
8	Check approche : _____
9	Éloignement accompli ou position de la piste sur la vitre arrière, 3ème virage à 30° d'inclinaison plaçant l'avion en étape de base, +/- dérive.
10	Plan de 6° atteint (estimation visuelle ou angulaire 30°) passer en descente approche : Vz _____ puissance _____ vitesse maintenue à : _____
11	Mi base hauteur ≅ 750 ft sinon réguler la descente.
12	Dernier virage aux environs de 650 ft - inclinaison 30° en maintenant la vitesse d'approche.
13	500 ft aligné sur l'axe de piste à 1,6 NM sur le plan, réduire puissance à : _____ Éventuellement sortir les pleins volets, vitesse ramenée à 1,3 de la Vs choisie, voir tableau ci-dessous. À l'approche de la vitesse de 1,3 réajuster puissance à : _____
14	À 300 ft au plus bas l'avion doit être stable en plan et en vitesse soit : _____ A) si volets partiels, braquage à _____ vitesse _____ puissance moyenne _____ Vz moyenne _____ B) configuration atterrissage : Volets à _____ vitesse _____ puissance moyenne _____ Vz moyenne _____ ft/mn. Check finale : _____

LE GUIDE PRATIQUE DU PILOTAGE

ÉTUDE DU TOUR DE PISTE (suite)
LE CIRCUIT STANDARD 1000 ft

Application

LE CIRCUIT STANDARD 1000 ft :

C'est un circuit en forme d'hippodrome, puisqu'il comporte deux virages de 180° **(Fig. 1)**.

QUELS SONT LES OBJECTIFS ?

Effectuer un circuit précis, sur des bases chronométrées (ou à vue), sur des distances imposées, avec deux virages de 180° au taux standard (rappel page 69), le premier, de l'axe de décollage, à la vent arrière et le second, de la fin de vent arrière vers la finale l'amenant sur le plan de 5% (3°).

Prépare aux circuits de piste des machines plus importantes et plus rapides auxquelles le tour de piste rectangulaire ne convient pas (espacement latéral en vent arrière trop important en raison de la vitesse et des rayons de virages trop grands résultants). Utilisable de nuit. Il est important de connaître la forme du circuit que l'on va devoir dessiner dans l'espace.

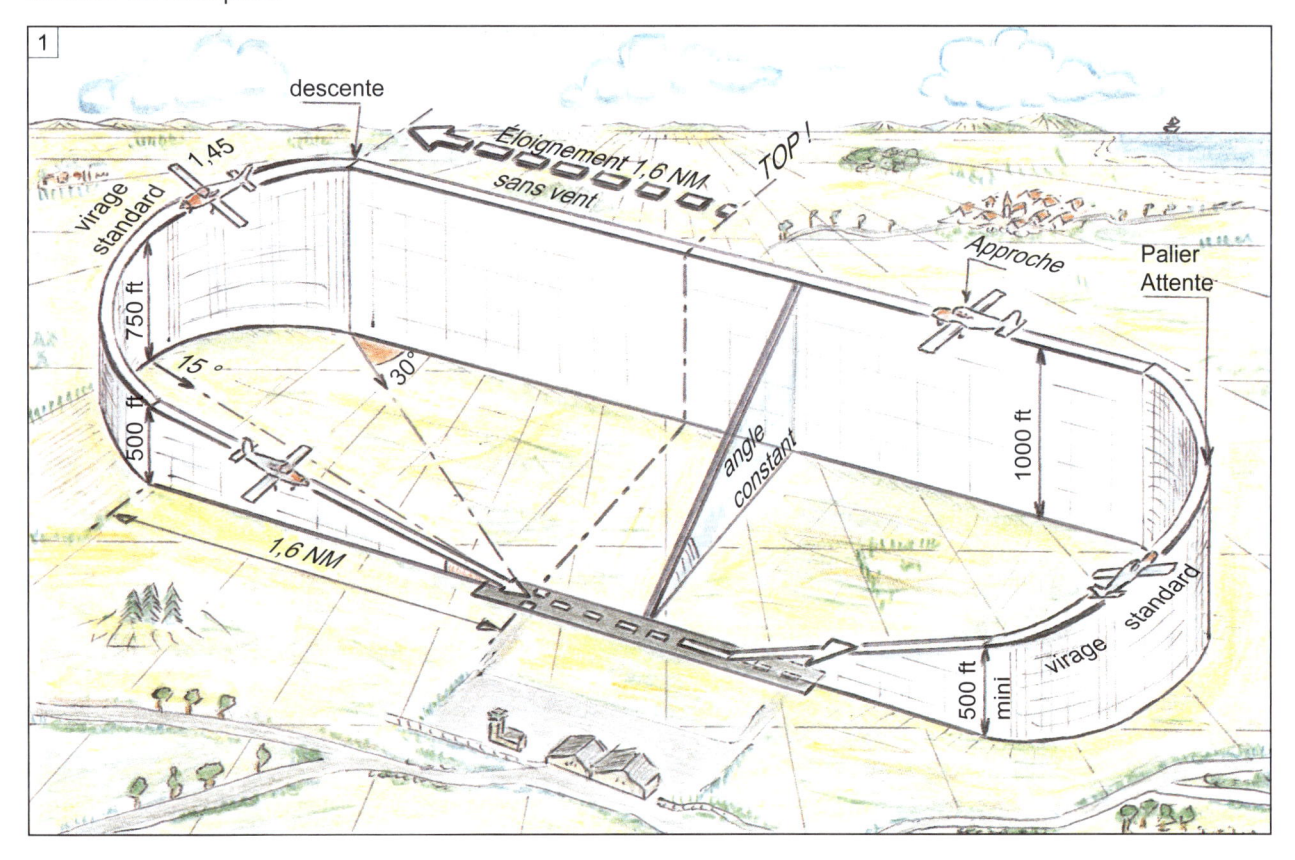

QUELS SONT LES POINTS CARACTÉRISTIQUES DE CE CIRCUIT ?

1) Après le décollage une montée dans l'axe selon les règles du décollage traité page 93. Avec à 400 ft la rentrée totale des traînées. Cette montée en ligne droite devra se poursuivre au moins jusqu'à 500 ft. A 700 ft si vent fort de face.

2) A 500 ft mini un virage de 180° en montant au taux standard (durée 1 minute).

3) Sur ce virage à 1000 ft interviendra la *mise en palier* (plus ou moins tôt en fonction des performances de l'avion), ceci à la vitesse d'attente tout en poursuivant le virage.

4) Début de vent arrière (au cap prévu), puis contrôler si l'écartement latéral de la vent arrière est correct (sinon corriger), il est indispensable de **connaître l'endroit précis de l'aile** qui doit courrir sur la piste, c'est lui qui nous dit si l'écart est compatible.

ÉTUDE DU TOUR DE PISTE (suite)
LE CIRCUIT STANDARD 1000 ft

Trois positions possibles : – **(Fig. 2)** la bonne – **(Fig. 3)** trop près – **(Fig. 4)** trop loin.

Ce repère n'est pas identique sur le deux ailes, puisque nous ne sommes pas assis au centre de l'avion, il est un peu plus près sur l'aile droite.

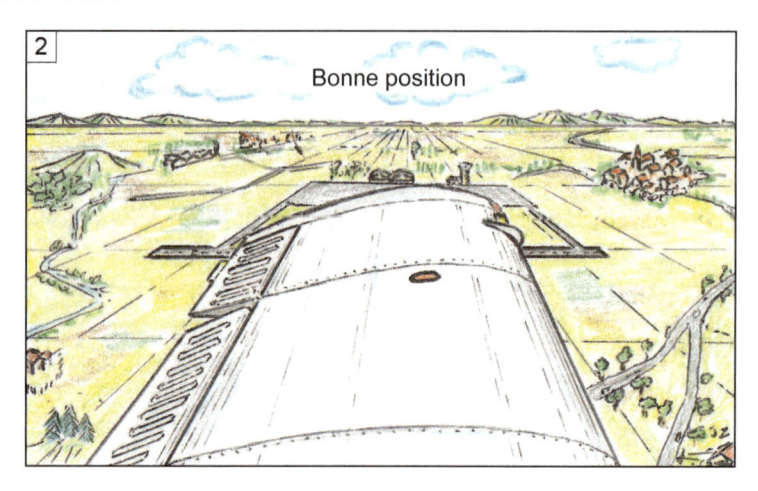

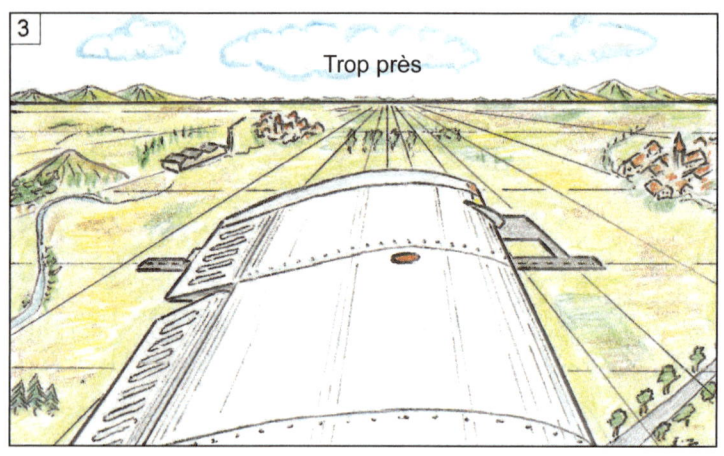

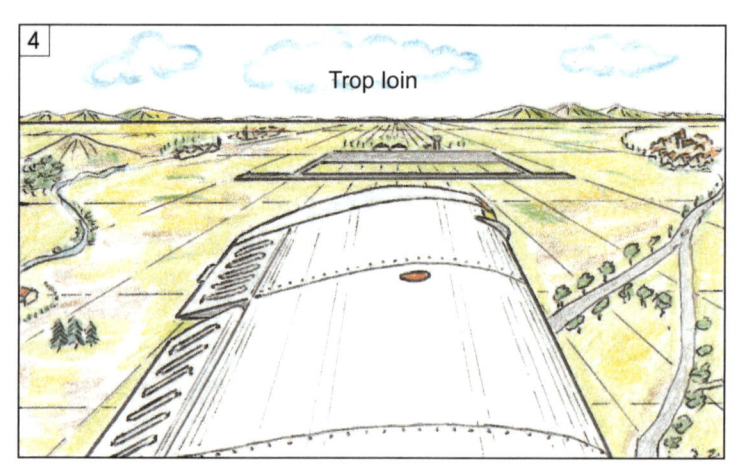

2 Bonne position

3 Trop près

4 Trop loin

5) Avant la mi piste passer en *configuration approche* initiale (ajuster la puissance si nécessaire), message radio éventuellement si possible.

LE GUIDE PRATIQUE DU PILOTAGE

ÉTUDE DU TOUR DE PISTE (suite)
LE CIRCUIT STANDARD 1000 ft

Application

125

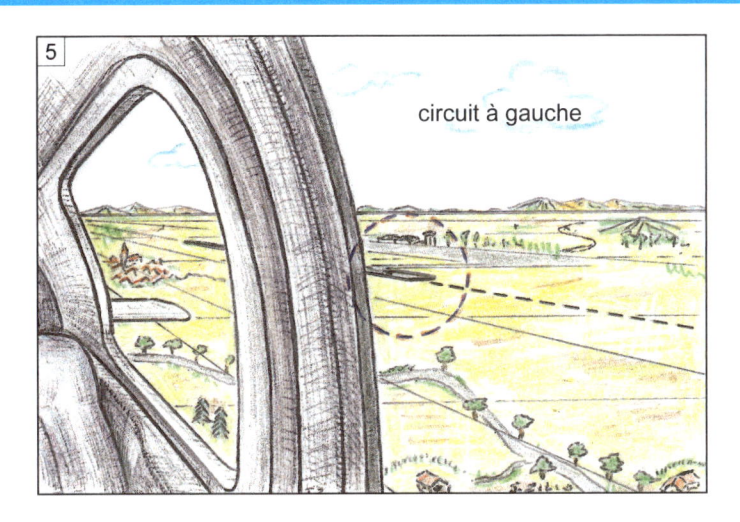

6) Travers des plots, effectuer un top pour s'éloigner de 1,6 nautique sans vent. Cet éloignement sera chronométré en référence du tableau page 118. Profiter de la durée de cet éloignement pour effectuer la check approche (voir page 75) et contrôler si l'écartement latéral garde la valeur prévue **(Fig. 5)**. Cet éloignement pourra également s'évaluer à vue pour cela il suffit de connaître la position que doit occuper la piste par rapport aux vitres arrières **(Fig. 5 et 6)** ou l'angle arrière environ 30°. Cela peut servir sans chrono ou si on a oublié de prendre un top, car il détermine le moment de passer à la phase 7.

7) Éloignement effectué, mise en descente à 500 ft/mn, puissance adaptée afin de maintenir la vitesse à 1,45 de Vs1 et pratiquement simultanément virage de 180° au taux standard (durée 1 minute). Si travail au chrono, anticiper la mise en virage de 3 secondes.

8) Lorsque l'avion arrive perpendiculaire à l'axe de piste, il devra être à 750 ft si l'opération a bien été menée. Si ce n'est pas le cas le taux de chute sera augmenté ou diminué en fonction.

9) A 500 ft le virage devra se terminer sur l'axe de piste et sur le plan de 5% (3°) a 1,6 nautique. Il faudra ensuite réduire la puissance et passer en configuration atterrissage.

10) Au plus bas à 300 ft, l'avion devra être stabilisé sur le plan de 3° à 1,3 de Vs0 puissance adaptée (tableau page 106) suivi d'une check avant atterrissage. Au point de vue des messages radio, on considérera comme étape de base, les deux premiers tiers du dernier virage et le dernier virage pour le dernier tiers.

REMARQUE AU SUJET DU DERNIER VIRAGE : Si le circuit de piste a été conduit parfaitement, le dernier virage s'effectuera comme prévu au taux standard. Mais pour diverses raisons, vers la fin de celui-ci, il peut-être nécessaire de serrer ou desserrer ce dernier virage afin de bien terminer sur l'axe de piste et sur le plan, l'essentiel étant de ne pas passer à côté de l'axe de piste ce que l'on appelle en anglais "*overshoot*". Pour éviter de passer à côté de l'axe, lorsque l'on arrive perpendiculaire à l'axe de piste, on devrait être à environ 15° de celui-ci **(Fig. 7)** visualisable sur les vitres **(Fig. 8)**. Si cet angle est plus faible **(Fig. 8')**, il faudra serrer le virage et augmenter le taux de chute. Si il est plus grand **(Fig. 8")** exécuter une courte ligne droite en palier, un peu comme dans le cas **(Fig. 12)**. Lorsque la piste est en vue à 15° **(Fig. 8)**, reprendre le virage et la descente.

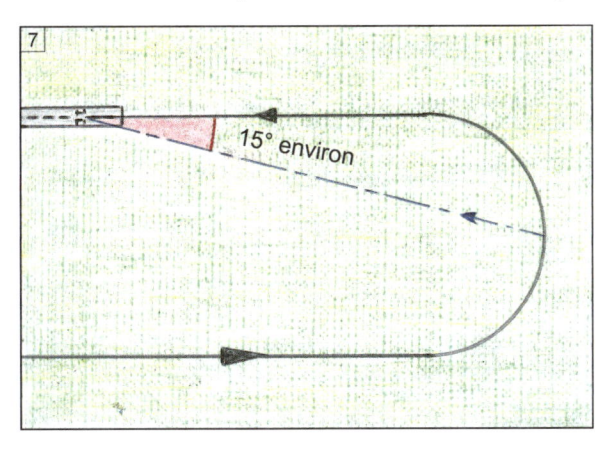

ÉTUDE DU TOUR DE PISTE (suite)
LE CIRCUIT STANDARD 1000 ft

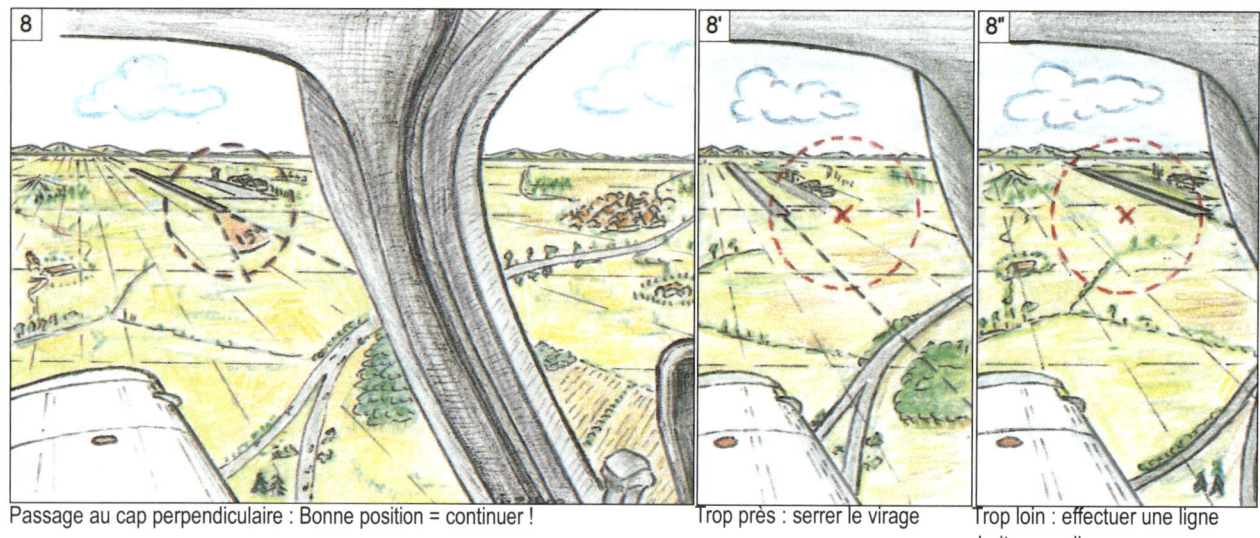

Passage au cap perpendiculaire : Bonne position = continuer !   Trop près : serrer le virage   Trop loin : effectuer une ligne droite en palier

CORRECTION DES EFFETS DU VENT :

a) Vent de face : on réduira le temps d'éloignement en vent arrière d'environ deux fois la valeur de la dérive maxi Xm (voir page 221) transformée en secondes pour qu'en fin de virage on se trouve bien sur le plan à 1,6 nautique.

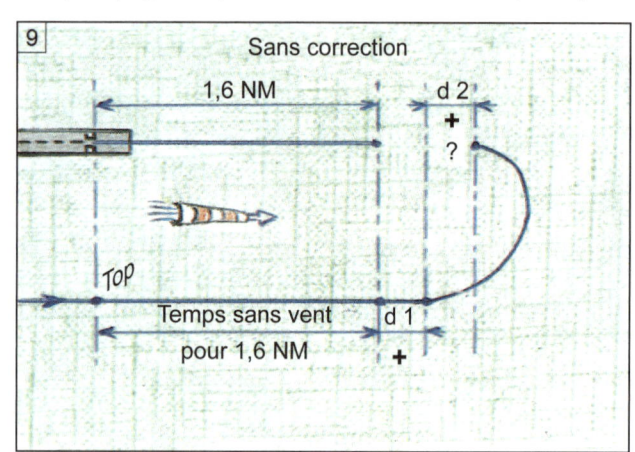

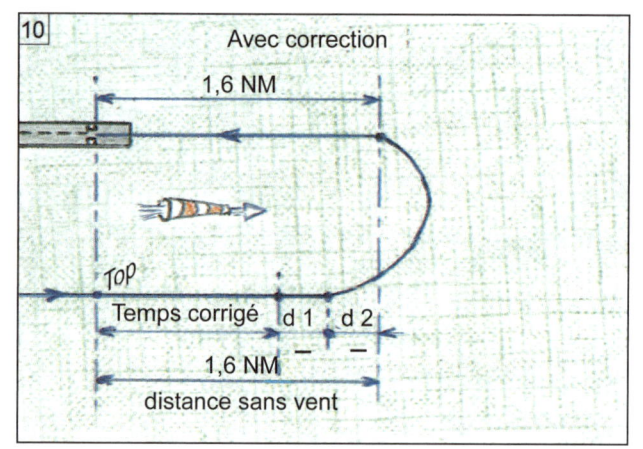

Empiriquement avec nos avions légers on peut employer une formule simple pour réduire les éloignements :

> *1 seconde par nœud de vent*

Remarquons que cela correspond au double du temps (à minorer si le vent est de face à l'atterrissage) que pour un circuit rectangulaire (rappel page 120). En effet, on s'aperçoit au regard de la **(Fig. 9)**, que l'on subit deux fois l'effet du vent : La première fois sur l'éloignement (comme nous allons plus vite vent arrière) il nous décalera de la quantité **d1** et la seconde dans le virage qui nous décalera de la quantité **d2**. À la fin du virage, si nous sommes à 500 ft, nous ne serons pas sur le plan... La **(Fig. 10)** nous montre que pour terminer sur l'axe à 1,6 NM et 500 ft, il faudra prendre un top égal à l'éloignement sans vent **– (d1 + d2)** ainsi à la fin du virage nous arriverons au point souhaité...

LE GUIDE PRATIQUE DU PILOTAGE

ÉTUDE DU TOUR DE PISTE (suite)
LE CIRCUIT STANDARD 1000 ft

Application

b) Avec du vent de travers : Là encore il faudra corriger l'effet du vent, d'une part en vent arrière en affichant une correction de dérive et d'autre part sur l'un des virages :

– **Le vent tend à nous rapprocher de la piste (Fig. 11) :** Dans ce cas, il faudra effectuer une ligne droite sur le premier virage afin de remonter l'effet du vent car le dernier virage sera élargi, par le vent.

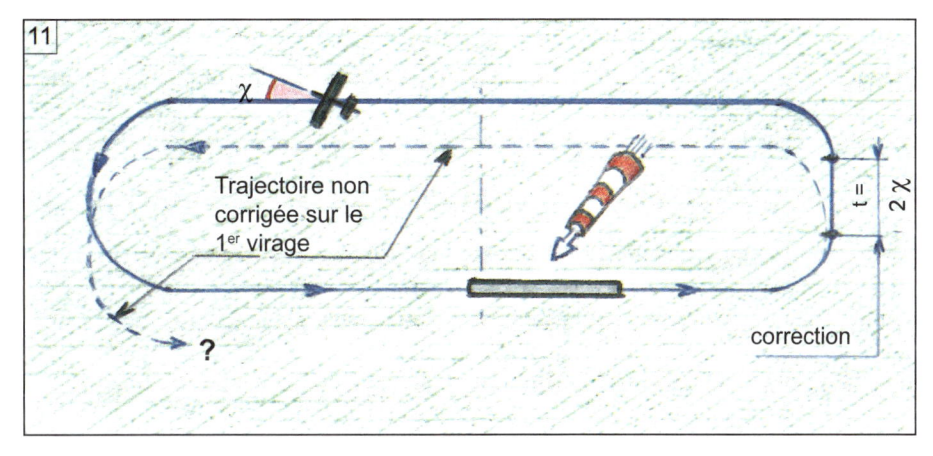

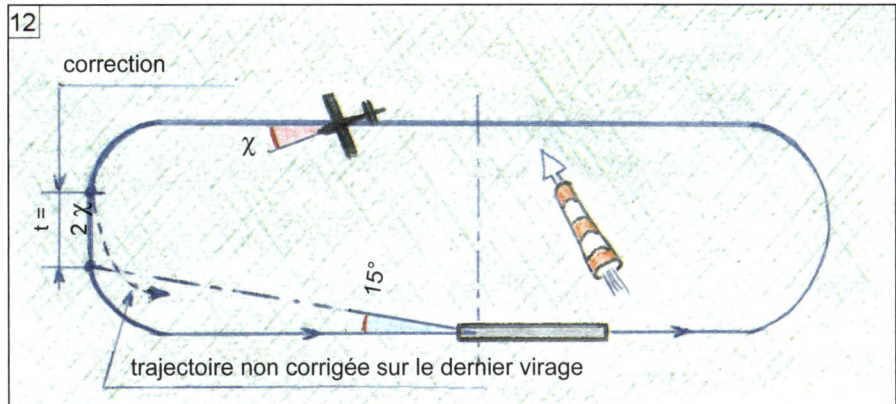

– **Le vent vient de la piste (Fig. 12) et tend à nous en écarter :** Dans ce cas, il faudra effectuer une ligne droite sur le 2ᵉ virage au cap perpendiculaire (en palier).

Si nous travaillons au chrono, comme le vent est subi sur les deux virages, retenons que le temps des lignes droites emploiera les mêmes formules que précédemment soit deux fois la valeur de la dérive maxi en seconde ou plus simplement 1 seconde par kT de vent... (soit $2 \times \chi$).

Dans ces deux cas, l'écartement latéral de la vent arrière est modifié, le repère d'aile habituel ne sera pas sur la piste. Selon l'exemple **(Fig. 11)** nous serons un peu plus près alors que **(Fig. 12)** nous serons un peu plus loin. En situation **(Fig. 12)** il est également possible de serrer un peu le 1ᵉʳ virage, l'inclinaison devant varier d'une demi-dérive (ex.: dérive 10° = 5 ° d'inclinaison en plus).

Si nous prenons l'écartement habituel (donc à vue) il faudra travailler avec l'angle de 15° (voir page 126) soit faire une ligne droite si l'angle est plus grand ou serrer le virage en inclinant davantage si l'angle est plus faible. Cet angle peut s'évaluer avec des repères pris sur l'avion. Ainsi arrivée au cap perpendiculaire, la piste doit se trouver dans l'alignement du repère, si nous sommes en bonne position. Si elle se trouve en avant ou en arrière de celui-ci il faudra apporter une des corrections citées plus haut.

LE CIRCUIT STANDARD 1000 ft

Application

DÉTERMINER POUR VOTRE AVION LES PARAMÈTRES DU CIRCUIT STANDARD :

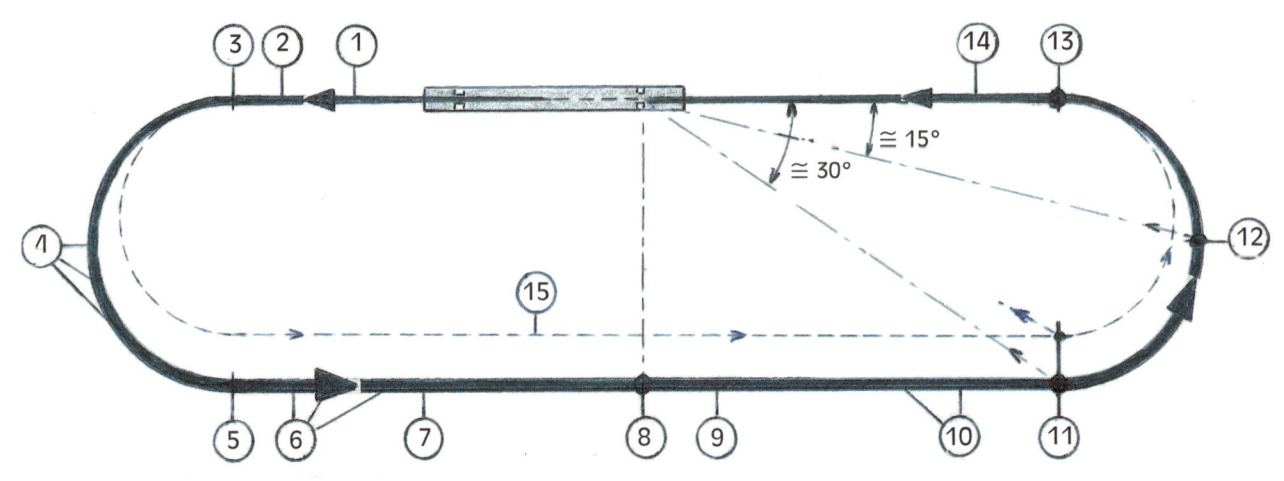

1	Montée initiale : Vitesse _____ volets braqués à _____
2	400 ft H.S.D. volets zéro - pompe - phares coupés, vitesse _____ puissance _____
3	500 ft mini (700 si vent fort) virage au taux standard, inclinaison : _____
4	Mise en palier en attente : Vitesse _____ puissance _____ Celle-ci interviendra +/- tôt en fonction des performances de l'avion.
5	Sortie de virage au cap vent arrière ± la dérive – puissance réajustée à _____
6	Préparer l'avion à la configuration approche initiale : Volets braqués _____ train sorti. Puissance réajustée si nécessaire à : _____ Pompe - phares sur marche. Réchauffage carburateur si nécessaire – Vitesse _____ (soit 1,45 de Vs1).
7	Vérifier si l'écart est compatible (position aile par rapport à la piste) sinon corriger.
8	Début d'éloignement soit top chrono de _____ secondes (sans vent pour 1,6 NM)
9	Check approche _____
10	Vérifier si l'écartement latéral a gardé la même valeur qu'en **7**, corriger si nécessaire.
11	Éloignement accompli ou position de la piste par rapport à la vitre arrière ou angle arrière voisinant 30°, passer en descente approche selon l'ordre (assiette - puissance - virage). Soit afin de maintenir la vitesse d'approche en descente, afficher puissance de _____ pour une Vz de - 500 ft/mn _____ virage au taux standard, soit une inclinaison constante de _____. - Vitesse maintenue à : _____
12	Arrivée à 750 ft (faire le nécessaire) et vérifier si l'angle avec la piste fait bien environ 15°. Si plus faible serrer le virage, plus important effectuer une ligne droite en palier jusqu'à interception de celui-ci pour reprendre descente et virage (assiette - puissance).
13	Terminer le virage à 500 ft (faire le nécessaire). Sur le plan, ailes horizontales réduire la puissance à : _____ pour aller chercher 1,3 de la Vs, sortir les pleins volets. À l'approche de 1,3 de Vs0 soit _____ réajuster la puissance à _____ et maintenir la Vz nécessaire au maintien du plan _____ (sans vent).
14	À 300 ft au plus bas, il faut être stable sur le plan, vitesse stabilisé à 1,3 de la Vs. Check avant atterrissage : _____
15	Le circuit pointillé correspond à celui dont la vitesse d'approche est plus faible. Exemple : l'extérieur à 100 kT, le pointillé à 80 kT.

LE GUIDE PRATIQUE DU PILOTAGE

PRINCIPAUX ÉLÉMENTS DES PROCÉDURES RADIO

Radio

QUELS SONT LES ÉLÉMENTS ESSENTIELS DONNÉS PAR RADIO QU'IL FAUT RÉPÉTER ?

Au départ :
- La piste en service, **QFU** appelée également Québec Fox Uniforme.
- Le **QNH*** appelé également Québec Novembre Hôtel.
- Le **QFE*** appelé également au Québec Fox Écho.
- Éventuellement la direction et force du vent pour un choix de piste.

Avant décollage :
- La direction et force du vent (1).
- Éventuellement le point de sortie ou le secteur, ou la destination.

A l'arrivée :
- La piste en service ou **QFU***.
- Le **QNH** et le **QFE**.

En vent arrière :
- Le numéro d'ordre à l'atterrissage.
- Le prochain point de report dans le circuit.

En dernier virage ou en finale : – La direction et la force du vent (1).

> Il est indispensable d'accuser réception de ces différents éléments sauf (1)

DÉFINITION :

Des expressions particulières sont couramment employées, issues d'un code spécifique, le code Q, dont nous retiendrons les plus courantes :

QNH : Réglé à cette pression, l'altimètre indiquerait zéro au niveau de la mer. Utile en voyage pour connaître son altitude par rapport aux obstacles. Il suffit de soustraire l'altitude topographique indiquée sur la carte de l'altitude indiquée à l'altimètre pour connaître sa hauteur par rapport aux obstacles (voir page 198). On dit également que le QNH est une **ALTITUDE**. Ainsi dans les expressions employées, si un contrôleur vous demande (par exemple) : "*Quelle est votre altitude ?*", il ne faut pas répondre : "*Nous sommes à 2500 ft QNH*", mais simplement : "*Nous sommes à 2500 ft*" ce qui sous entend forcément QNH.

La valeur du QNH est donnée par une tour de contrôle, mais il est possible de la déterminer au sol en affichant à l'altimètre, l'altitude de l'aérodrome par rapport au niveau de la mer (celle-ci figure sur les cartes aéronautiques) et de lire sur l'altimètre la pression qui en résulte (voir page 197).

QFE : Réglé à cette pression, l'altimètre indiquera zéro au sol sur l'aérodrome concerné. Si un pilote exprime la hauteur de son appareil par rapport à cette référence, il doit indiquer, exemple : "*Je suis à 1500 ft QFE*". Dans ce cas, il faut bien faire le **DISTINGUO**, il s'agit ***d'une hauteur*** et pas d'une altitude... QNH et QFE sont exprimés en hectoPascal (hPa) unité de pression atmosphérique.

QFU : Le numéro de la piste exprimé en dizaine de degrés par rapport à son orientation magnétique. Ainsi une piste orientée au cap 280° sera mentionnée "*piste 28*", une autre au cap 010 sera dite "*zéro une*" et non pas "*piste 1*", ceci afin d'éviter des **CONFUSIONS** car dans ce cas précis, il peut exister des pistes au 100° dite "*piste 10*", à ne pas confondre avec "*01*". Les mots ont donc leur importance !!! Le QFU exact correspond à l'orientation magnétique de la piste au degré près indiquée sur la carte d'aérodrome.

LES MOTS A DIRE ET NE PAS DIRE :

Régulièrement dans notre pays on a tendance à modifier la phraséologie et souvent il arrive qu'on brûle aujourd'hui ce que l'on a adoré hier...

Hier le pilote ne devait plus prononcer le mot "autorisé" afin d'éviter des confusions.

Aujourd'hui de nouveau, il doit répéter qu'il est "autorisé".

Accusez réception des éléments ayant trait à la sécurité, QNH, QFE, piste, ne pas répéter le vent qui est l'affaire du pilote et indiquer ce que vous effectuez.

– Si vous demandez l'alignement sur la piste, vous ne pouvez pas décoller sans l'avoir demandé ou en avoir reçu l'ordre.

– On ne dit pas "*Virage à droite après décollage*", mais "*Virage à droite après envol*", le mot décollage est réservé au contrôle.

– Employer le mot "*affirme*" et non pas "*affirmatif*" (comme les militaires), par contre et pour ne pas confondre vous pouvez dire "*négatif*" en entier.

– Une tour de contrôle vous dira : – "*Derrière le TB 20 en courte finale, alignez-vous derrière*".

– Vous répondrez : – "*Derrière le TB 20 en courte, je m'aligne et je maintiens*".

– Le mot "*derrière*" est employé deux fois par un contrôleur, mais une seule fois par le pilote.

| Radio | **PRINCIPAUX ÉLÉMENTS DES PROCÉDURES RADIO (suite)** |

– Lorsque le trafic est faible, le contrôleur peut escamoter un des éléments de la procédure, par exemple, demander au pilote de rappeler seulement en finale. Dans ce cas ne pas se signaler avant (sur la base par exemple).

Ne pas employer de mots anglais dans une procédure française, par exemple : "**Touch and go**" on dit "**pour un toucher**", ou "**Rolling take off**" on dit "**décoller en roulant**" ou "**décollage immédiat**".

L'ATIS : Sur des aérodromes à fort trafic, on n'a pas à demander les consignes pour le départ ou l'arrivée. Celles-ci sont automatiquement diffusées sur la fréquence précise qu'il suffit d'écouter (c'est un répondeur quasi permanent). Par contre au premier contact avec la fréquence prévue, vous devrez indiquer que vous avez les infos ATIS ainsi que sa nature donnée par une lettre (**alpha - bravo**, etc.) qui peut varier dans la journée. Exemple : "**Montpellier du TB 20, F-MB, au parking Alpha avec l'info Charlie, bonjour !**"

Conseils : Dans la mesure du possible, on évite d'encombrer une fréquence, pas de longues conversations !...
– Attention de ne pas couper un message, écouter un instant avant de parler.
– A moins qu'il ne s'agisse d'un ordre concernant la sécurité, penser au pilotage d'abord car le contrôleur n'est pas dans l'avion... Ainsi, si vous effectuez une opération, il faut d'abord la terminer avant de répondre, ce qui n'empêche pas l'exécution de l'ordre. Exemple : en phase de décollage, le micro tombe sur le plancher, ne pas le ramasser avant que la phase de décollage et montée initiale ne soit terminée.

ATTERRIR AU QNH : Il est possible d'atterrir avec l'altimètre réglé au QNH. Dans ce cas, l'altimètre n'indiquera pas zéro à l'atterrissage, mais l'altitude topographique de l'aérodrome. Exemple : - Aérodrome dont l'altitude est de 280 ft, l'altimètre indiquera cette altitude lorsqu'il sera au sol et si le tour de piste doit s'effectuer à 1000 ft sol, il indiquera 1280 ft pour être à cette hauteur. Sur des altimètres bien équipés figurent des index qu'on règle à l'altitude de l'aérodrome pour disposer d'une référence.

EXEMPLE D'APPAREILLAGE RADIO ET RADIONAVIGATION :

Boite de mélange permettant la gestion et l'identification des différents moyens radio.

Fréquences radio permutables, celle utilisée est 118.7, 120.60 est en attente.

Fréquence des moyens radionavigation V.O.R. ou I.L.S., permutables ici 117.4 en utilisation, 108.55 est en attente.

Fréquence des moyens radionavigation A.D.F. permutables, ici 339.

Transpondeur permettant de se faire identifier précisément par un radar. ici notre pilote a dû afficher le code 54.02 demandé par le contrôleur.

LE GUIDE PRATIQUE DU PILOTAGE

EXEMPLE DE PHRASÉOLOGIE EMPLOYÉE

Radio 2

Dans cet exemple, nous considérerons l'avion DR-400 F-GIKB dit Fox-Golf-India-Kilo-Bravo avec la tour de contrôle de l'aérodrome de La Rochelle.

LIEU AVION	PILOTE	TOUR DE CONTRÔLE
Au parking pour le départ :	1) – La Rochelle du Fox-Kilo-Bravo, bonjour.	2) – F-KB, bonjour.
	3) - La Rochelle du Robin F-GIKB au parking, demande le roulage pour un vol local (ou tours de piste ou destination de…)	4) - F-KB roulez pour le point d'arrêt de la piste 10, QNH 1021 QFE 1018.
	5) - Je roule pour la piste 10 avec 1021 et 1018, F-KB.	
Au point d'arrêt prêt au décollage et en sortie de la zone d'aérodrome :	6) - La Rochelle du F-KB prêt pour alignement et décollage.	7) - Autorisez à vous aligner et à décoller F-KB vent du 110° pour 15 nœuds.
	8) - Autorisé F-KB	
	9) – La Rochelle du F-KB en sortie de zone pour quitter.	10) – Pouvez quitter la fréquence F-KB, au revoir.
	11) – Au revoir, F-KB.	
A l'arrivée :	12) - La Rochelle de F-KB bonjour.	13) - F-KB bonjour.
	14) - La Rochelle du Robin F-GIKB en provenance de…. (ou retour de vol local) pour atterrissage.	15) - F-KB rappelez en vent arrière gauche pour la piste 10 – QNH 1024 – QFE 1021
	16) - Je rappelle en vent arrière gauche pour la piste 10, 1024 et 1021, F-KB	
En vent arrière :	17) - La Rochelle du F-KB en vent arrière gauche pour la piste 10	18) - Poursuivez F-KB vous êtes N° 2 derrière un TB. 20, rappelez en base
	19) - Reçu F-KB, N° 1 en vue, je rappelle en base.	
En étape de base :	20) F-KB en base gauche	21) - Rappelez dernier virage F-KB
	22) - Rappelle dernier virage F-KB	
Dernier virage :	23) - F-KB en dernier virage	24) – Autorisez atterrissage F-KB, N° 1 maintenant, vent du 060° pour 15 nœuds
	25) - Autorisé F-KB	
Après l'atterrissage et arrivée au parking :	26) - F-KB la piste est dégagée	27) - Reçu F-KB rappelez au parking pour quitter
	28) – Je rappelle au parking F-KB	
	29) – La Rochelle, F-KB au parking pour quitter - Au revoir	30) - Au revoir F-KB

CONTROLE DES TRAJECTOIRES SOL
L'INTERCEPTION DE L'AXE DE PISTE

QUEL EST L'OBJECTIF ?

Apprendre à intercepter l'axe d'atterrissage en corrigeant les effets éventuels du vent, en vue notamment de respecter les trajectoires d'approche. Sur certains aérodromes, la densité du trafic nécessite l'utilisation de deux pistes parallèles. Il est bien évident que dans ces conditions le respect des trajectoires est **indispensable**, chacun devant rester sur son axe.

COMMENT ABORDER L'AXE D'APPROCHE ET MOYEN DE CONTRÔLE ?

En fonction de la façon dont l'avion se rapproche de l'axe d'approche ne pas hésiter à **MODIFIER L'INCLINAISON** pour contrôler cette interception par l'exploitation de la relation "*inclinaison - rayon de virage*".

> *Plus l'inclinaison est grande, plus petit sera le rayon de virage.*
> *Plus l'inclinaison est faible, plus grand sera le rayon de virage.*

Ainsi si on s'aperçoit qu'on va déborder l'axe : "**INCLINER DAVANTAGE**" pour serrer le virage. Inversement si on s'aperçoit que le virage va se terminer avant l'axe, **DIMINUER L'INCLINAISON** quitte à faire une ligne droite.

> *Si accidentellement on déborde l'axe, limiter les variations d'inclinaison pour se réajuster, ce qui évitera de "slalomer"*

Le vent lorsqu'il est de travers, a une influence notable sur la façon d'intercepter l'axe de piste, aussi "*il faut être imprégné de la direction d'où il vient, si l'on veut bien conduire la manœuvre*".

Cette phase étant délicate, veiller à bien maintenir une vitesse minimum de 1,45 de Vs ainsi que la symétrie, préférer une bille légèrement intérieure au virage plutôt qu'extérieure, ce qui peut être dangereux. 1,45 de Vs permet si nécessaire d'incliner à 37°.

Une bonne approche conditionnera souvent un bon atterrissage...

COMMENT INTERCEPTER L'AXE PAR VENT DE TRAVERS ?
LE VENT VIENT DE L'INTÉRIEUR DU VIRAGE

(Fig. 1) L'avion a tendance à être chassé vers l'extérieur de la courbe prévue, le rayon de virage tend à s'élargir. L'avion ne termine pas son virage sur l'axe.

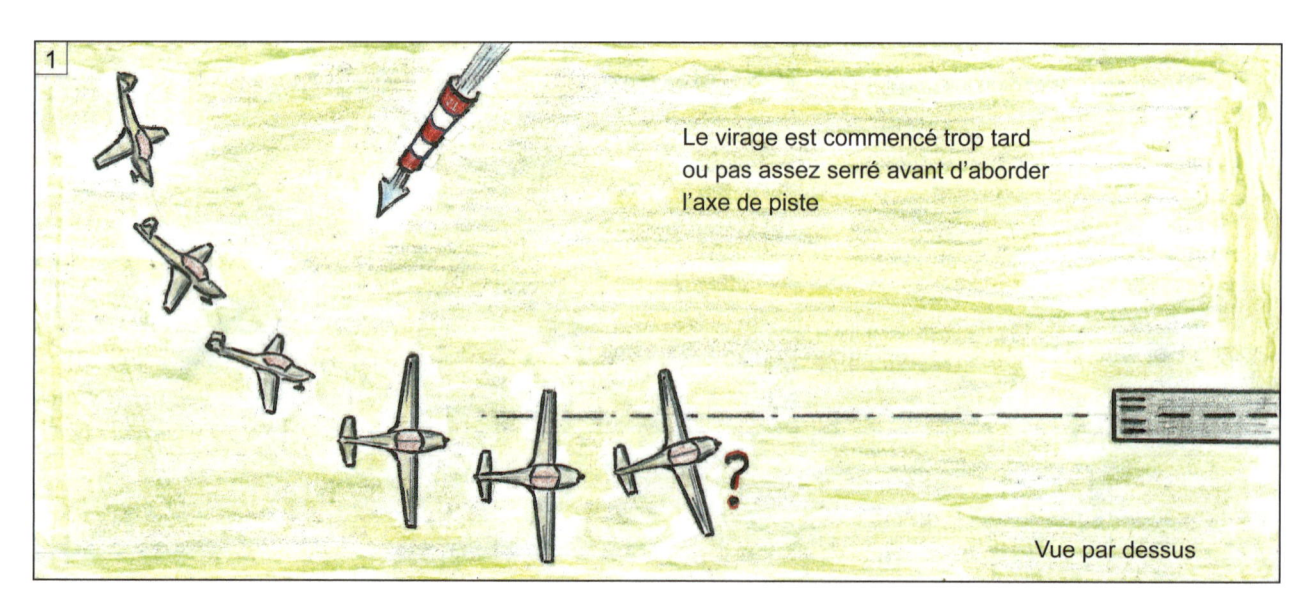

Le virage est commencé trop tard ou pas assez serré avant d'aborder l'axe de piste

Vue par dessus

Pour revenir sur l'axe, faire une correction franche.

LE GUIDE PRATIQUE DU PILOTAGE

CONTRÔLE DES TRAJECTOIRES SOL
L'INTERCEPTION DE L'AXE DE PISTE (suite)

Application

(Fig. 2) Pour éviter ce déport, commencer à virer plus tôt et **si nécessaire "incliner davantage"** pour serrer le virage. Ne revenir à inclinaison nulle, qu'après avoir appliqué la correction de dérive **"d"** ou un peu avant d'intercepter l'axe, se laisser glisser vers l'axe et prendre rapidement la correction de dérive.

Bonne solution avec vent venant de l'intérieur du virage, ou à composante arrière

Vue par dessus

Le nez de l'avion sera du côté VENT.

Nota : on dit également de l'approche en correction de dérive qu'il s'agit d'une approche "*en crabe*".

LE VENT VIENT DE L'EXTÉRIEUR DU VIRAGE

L'avion est chassé vers l'intérieur du virage, qui risque de se terminer avant et à côté de l'axe prévu. Dans ce cas, revenir **franchement** sur l'axe.

Le pilote n'a pas tenu compte des effets du vent

Vue par dessus

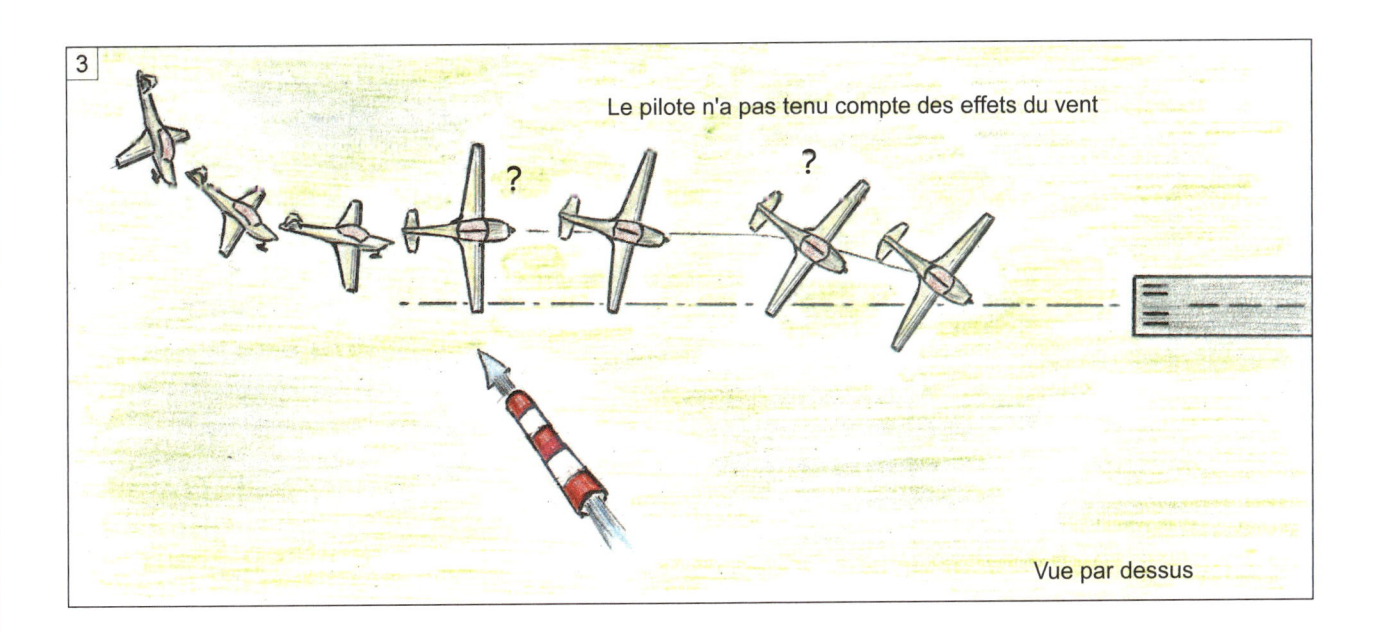

Application	**CONTRÔLE DES TRAJECTOIRES SOL** **L'INTERCEPTION DE L'AXE DE PISTE (suite)**

(Fig. 4) Pour éviter cette situation, commencer le virage plus tard **en limitant l'inclinaison à une valeur plus faible.** "*Si nécessaire*" terminer le virage "***avant l'axe***" en appliquant la correction de dérive **"d"**, le nez de l'avion toujours du côté du vent ou encore employer la solution **(Fig. 5)** "B" en terminant le virage avant l'axe et se laisser ensuite pousser latéralement par le vent. Lorsque l'axe est atteint, prendre la correction de dérive.

Bonne solution avec vent venant de l'extérieur du virage, ou à composante avant

Vue par dessus

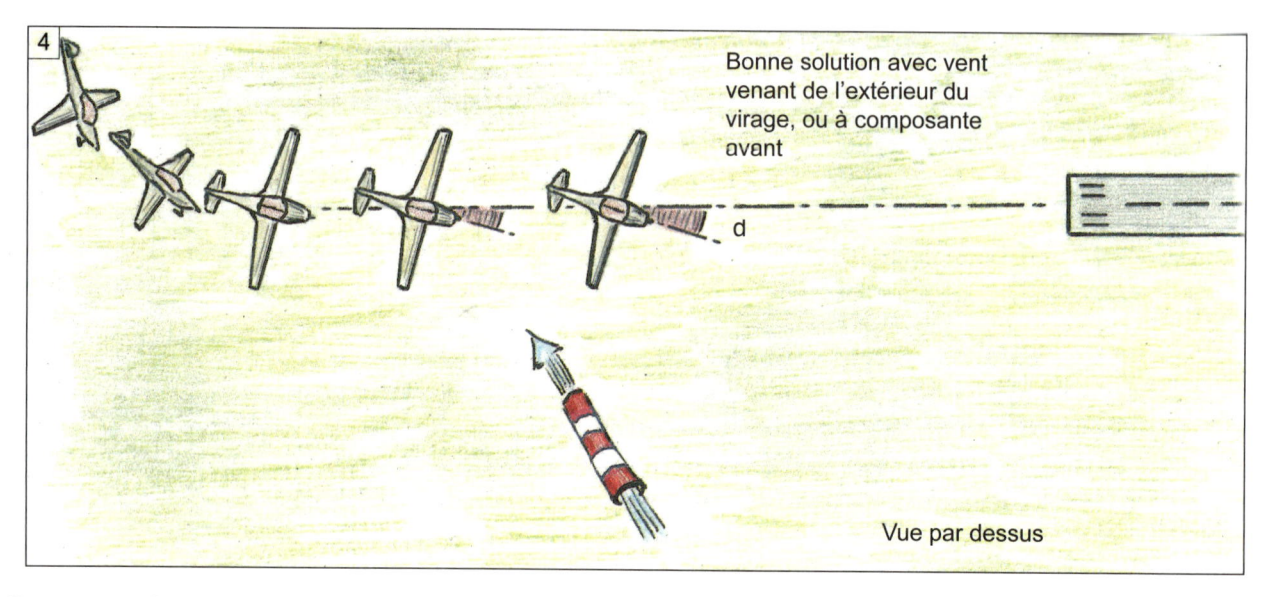

Remarques à retenir :

1) L'approche en correction de dérive (ou en crabe) s'effectue en vol symétrique, bille au milieu.

2) Les corrections ou réajustements d'axe ne s'effectuent pas "*aux palonniers seuls*", mais par des petites variations d'inclinaison en conjuguant les commandes pour éviter le lacet inverse (voir page 65). S'incliner c'est virer...

Si l'interception d'axe est mal négociée et que l'avion se retrouve parallèle à l'axe, **il est plus facile de se laisser ramener sur l'axe lorsqu'on se trouve côté vent (Fig. 5)** car le vent nous y pousse. Si on se retrouve côté opposé au vent **(Fig. 1)** et **(Fig. 3)**, il tend à nous écarter davantage et rendra le retour sur l'axe difficile. Les solutions **(Fig. 5)** peuvent d'ailleurs, être exploitées...

Une bonne solution consiste à terminer le virage côté vent, se laisser ramener sur l'axe et prendre rapidement la correction de dérive «d»

Vue par dessus

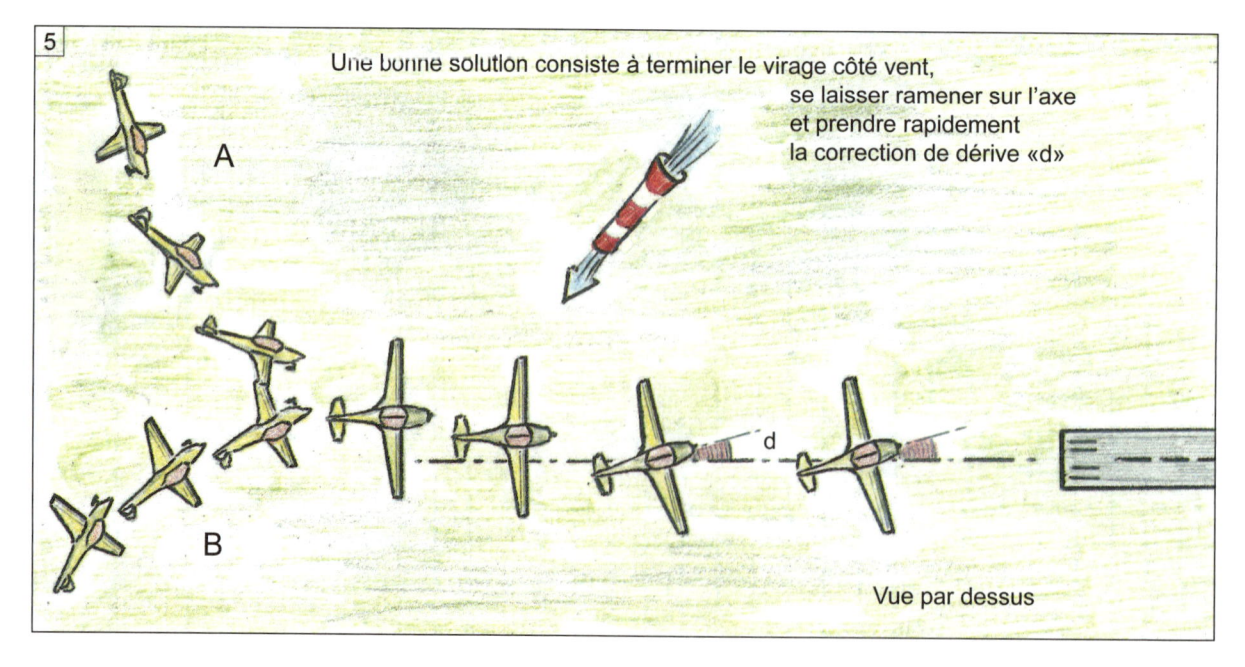

En approche pour identifier avec certitude le côté d'où vient le vent, il suffit d'observer de quel côté on est obligé de maintenir le nez de l'avion pour rester sur l'axe, ainsi si le nez est à gauche le vent vient de la gauche, s'il est à droite, le vent vient de droite.

LE GUIDE PRATIQUE DU PILOTAGE

CONTROLE DES TRAJECTOIRES SOL
L'INTERCEPTION DE L'AXE DE PISTE (suite)

Application

COMMENT S'ASSURER QUE L'ON EST BIEN SUR L'AXE PAR VENT DE TRAVERS ?

C'est par l'image de la forme de la piste. Sur l'axe, la piste doit avoir la forme d'un parallélogramme symétrique **(Fig. 6)**. Lorsque le parallélogramme n'est pas symétrique, nous sommes à côté de l'axe **(Fig. 7)** (à gauche sur l'exemple) ou **(Fig. 8) (Fig. 9) (Fig. 10)**.

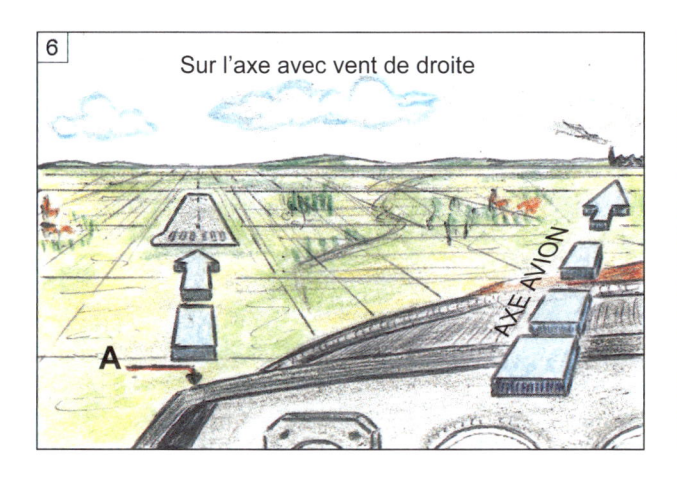

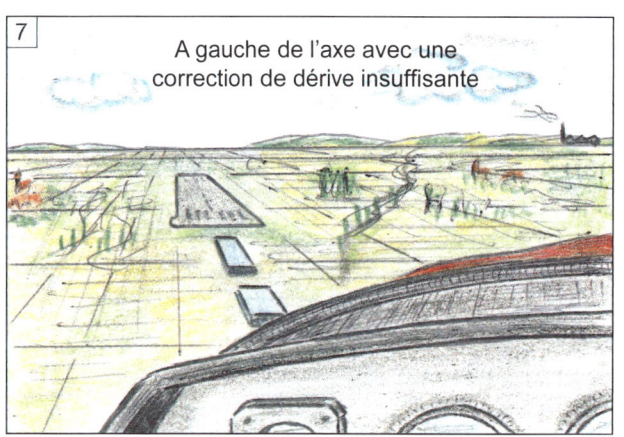

6 Sur l'axe avec vent de droite

7 A gauche de l'axe avec une correction de dérive insuffisante

Lorsque nous sommes bien établis sur l'axe **(Fig. 6)**, si la dérive est bonne, l'axe de piste restera au même endroit par rapport au pare-brise ou au tableau de bord (point **A**) une bonne partie de l'approche, **on remarque :**

> **POUR RESTER SUR L'AXE L'ANGLE DE DERIVE "D" DEVRA DIMINUER PRES DU SOL CAR GENERALEMENT LA FORCE DU VENT DIMINUE DANS LES BASSES COUCHES...**

L'expérience montre que cet angle de dérive doit diminuer de moitié vers 150 ft (**pages 144 et 145**).

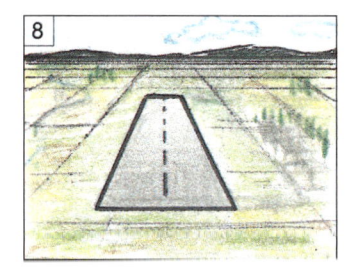

8 Nous sommes bien sur l'axe d'approche, la piste a la forme d'un parallélogramme régulier. Même si l'approche se fait en dérive, si l'avion est sur l'axe, la vision de la piste doit garder cette image symétrique.

BON A MAINTENIR.

9 Nous sommes à gauche de l'axe d'approche, la forme du parallélogramme est déformée vers la droite. Même si l'approche se fait en dérive, la piste ne doit pas donner cette image dissymétrique qui indique que nous ne sommes pas sur l'axe d'approche.

A CORRIGER VERS LA DROITE.

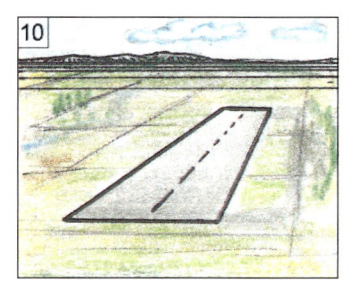

10 Nous sommes à droite de l'axe d'approche, la forme du parallélogramme est déformée vers la gauche.

A CORRIGER VERS LA GAUCHE.

| Application | **L'INTÉGRATION DU CIRCUIT D'AÉRODROME CONTRÔLÉ** |

COMMENT INTÉGRER LE CIRCUIT D'UN AÉRODROME CONTRÔLÉ ?

A l'issue d'un voyage ou d'un vol local, l'intégration du circuit de piste peut s'effectuer directement en vent arrière, mais également, si la direction d'où l'on vient est plus proche, ou pour faciliter l'écoulement du trafic, le contrôleur de tour (TWR) peut nous demander de faire une arrivée "*semi-directe*" (c'est-à-dire directement en base) ou encore une arrivée "*directe*" (pratiquement dans l'axe de piste) par une longue finale **(Fig. 1)**. On considère ici une arrivée à une hauteur de 1000 ft (celle du circuit). Plus tard seront traitées les arrivées à la suite d'un voyage relevant un côté opérationnel (page 185).

Il est également possible au pilote, de demander le type d'arrivée qui lui convient le mieux ce qui ne lui sera jamais refusé, si c'est possible.

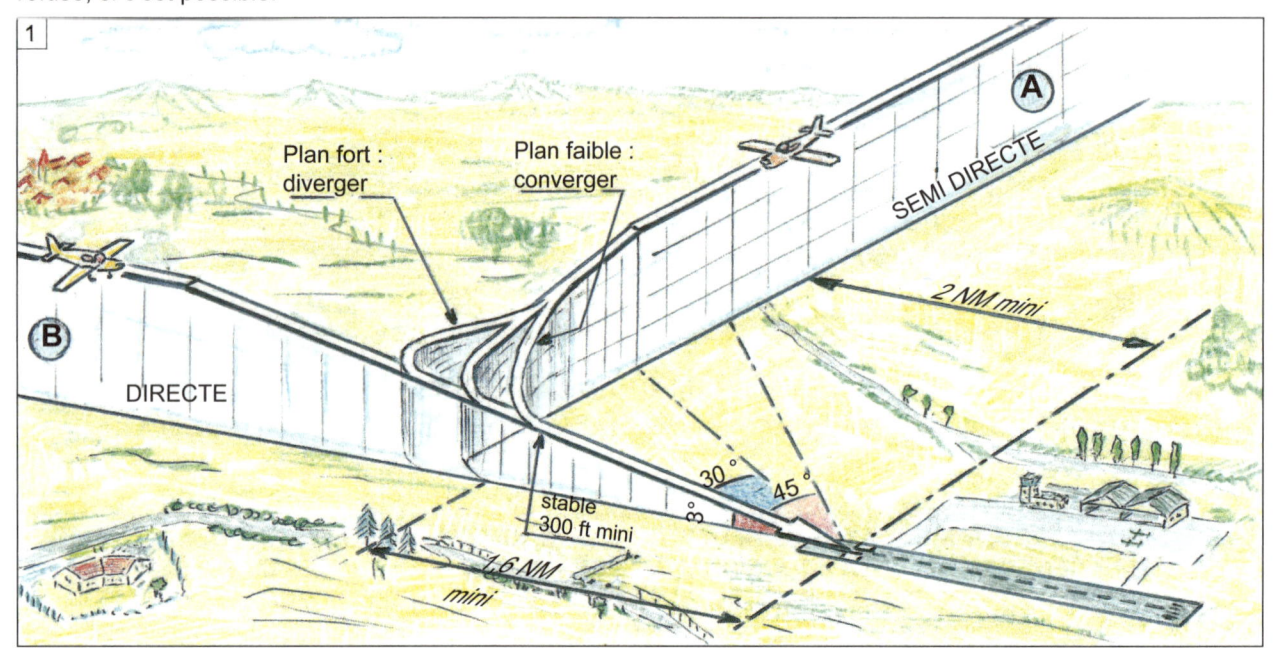

A) En approche semi-directe, il faudra estimer l'espace latéral d'au moins 2 NM (par rapport à la longueur de la piste). A 45° de l'axe de piste, on préparera notre avion à la configuration "*approche*" suivie de la check. On évaluera l'interception du plan latéralement lorsque les 6° (6 cm) sont atteints **(Fig. 7)**, page 117, pour débuter la descente (ou 30° de l'axe), puis on procédera comme d'habitude de la base à la finale. Si le plan est incorrect, possibilité de converger ou diverger **(Fig. 1)**.

B) En approche directe, l'interception du plan se fera généralement par le dessous (page 108). La préparation de l'avion à la configuration "*approche*" interviendra un peu avant l'interception du plan de 5 % soit un peu avant les 3 cm…

C) Par mauvaise visibilité ou autres raisons techniques, il est possible de demander au contrôleur une arrivée par la verticale (environ 500 ft au dessus du circuit) et d'intégrer directement la vent arrière (si on est seul dans le circuit) selon la méthode **(Fig. 2)**. Au passage vertical, effectuer une ligne droite perpendiculaire à la piste (de 20 secondes plus ou moins le vent, si celui-ci est de travers), suivie d'un virage en descente permettant de rejoindre la vent arrière en faisant en sorte d'avoir l'écartement latéral habituel. Arrivé à la hauteur du circuit, mise en palier, préparation à la configuration "*approche*" et poursuivre le reste du tour de piste comme d'habitude…

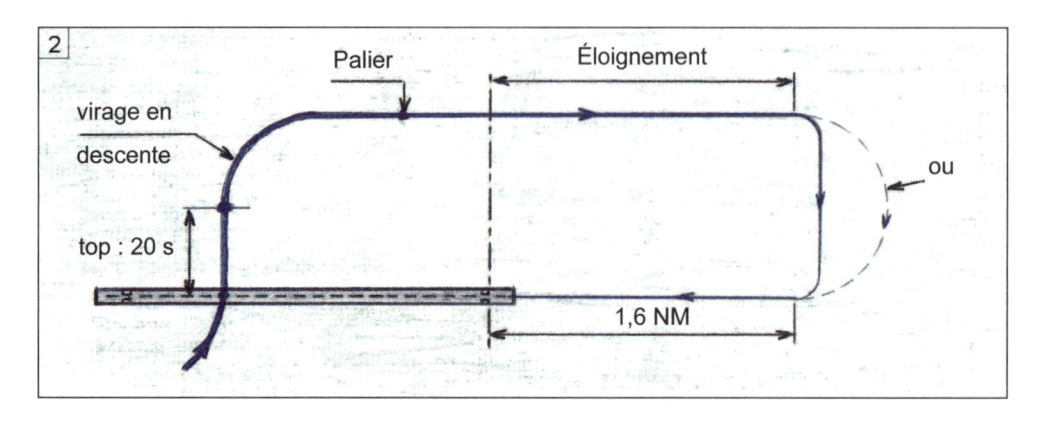

LE GUIDE PRATIQUE DU PILOTAGE

L'INTÉGRATION DU CIRCUIT D'AÉRODROME CONTRÔLÉ (suite)

Application

Dans le cas où nous ne sommes pas n° 1 dans le circuit, il est possible d'intégrer celui-ci comme indiqué **(Fig. 4)** (page 140), afin de ne pas gêner les autres trafics et de passer derrière ceux-ci, ce qui est à voir avec le contrôleur. Annoncer que vous allez vous reporter en début de vent arrière et essayer d'avoir la vue du trafic qui vous précède.

Autres possibilités : A la hauteur du circuit, vous arrivez à peu près perpendiculaire à la vent arrière et la piste. La préoccupation du débutant est de savoir à quel moment virer vers la vent arrière. Comme méthode empirique, sur avions légers on peut dire qu'il faudra débuter le virage à environ 30° d'inclinaison, lorsque le nez de votre avion sera presque tangent à la piste comme nous le montre **la (Fig. 3)**. Durant ce virage on décélérera vers la configuration "*approche*" pour se retrouver en situation habituelle du tour de piste. Il est encore possible d'arriver sur la vent arrière en maintenant une vitesse élevée ce que nous traiterons page 184. En pratiquant ainsi, nous retrouverons approximativement l'écart latéral habituel.

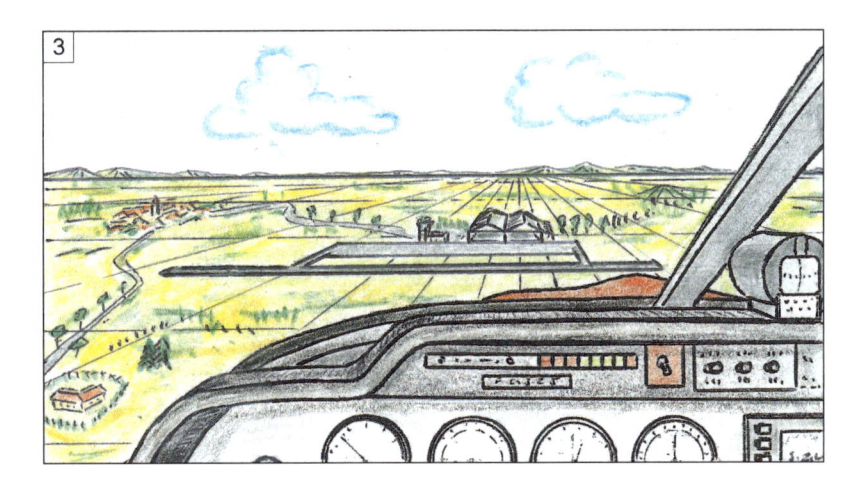

Toutes ces intégrations, directe, semi-directe ou celle de la **(Fig. 2)**, ne sont pas applicables sur aérodromes non contrôlés. Privilégiez la sécurité, faites vos annonces radio et surtout demandez la position de celui qui vous précède, si vous ne le voyez pas, avant d'entreprendre tout changement de trajectoire.
Tous ces conseils sont là pour vous aider, dans vos débuts, par la suite cela vous donnera le coup d'œil nécessaire pour conduire vos trajectoires correctement.

| Application | **L'INTÉGRATION DU CIRCUIT D'AÉRODROME NON CONTRÔLÉ** |

COMMENT CONNAÎTRE LA PISTE EN SERVICE ?

Prendre l'écoute sur 123,5, au moins 5 minutes avant l'arrivée. Appliquer la procédure radio, prévue pour aérodrome non contrôlé (voir page 244).

Cette fréquence est celle attribuée à la plupart des aérodromes non contrôlés ou non dotés d'une fréquence dite "**opération**". C'est une fréquence d'information et non pas de contrôle. **Attention sur 123,5 vous êtes seul responsable de vos manœuvres, utilisez avec réserve les renseignements fournis** par une personne soucieuse de rendre service, mais pas forcément habilitée. Il existe des aérodromes non contrôlés avec des fréquences auto-info autres que 123.5.

Que dit la règlementation ? Elle demande d'intégrer le circuit par le dessus en sécurité. Aucune méthode n'est imposée, il n'y a donc pas d'intégration dite "standard"... ensuite tout est discutable ou question d'estimation. Ceci dit un grand nombre d'écoles de pilotage ont choisi comme une sorte de convention, d'arriver à la hauteur du circuit +500 ft, ce qui permet à tous les appareils désirant intégrer le circuit de mieux se voir. Déterminer la piste en service en faisant à cette hauteur une verticale terrain sauf en cas de voltige ou de parachutage où on observera attentivement de loin le sens du trafic ou en tenant compte de l'info-météo du vent au sol. Ne pas hésiter à tourner pour déterminer la piste en service.

A la verticale du terrain vérifier l'aire à signaux pour les consignes et précautions concernant l'aérodrome. Choisir le sens d'atterrissage indiqué par la manche à air., Le sens d'atterrissage doit toujours se faire en entrant par le petit trou de la manche à air...

En cas de vent plein travers, consulter la carte d'aérodrome (VAL, Delage) qui indique parfois la piste préférentielle par vent faible ou cas litigieux. De toute façon, observer le sens éventuel du trafic pour éviter de se trouver face à d'autres appareils...

Ecouter attentivement les autres trafics et même s'il n'y a personne "**annoncer pour information**" vos positions dans le circuit (vertical... vent arrière... etc...) car un autre appareil arrivant, peut être sur écoute et, être averti de votre présence. Indiquez à chaque message le nom de l'aérodrome car plusieurs aérodromes voisins peuvent avoir leur piste orientée dans le même sens donc avec le même numéro.

QUELLES SONT LES MÉTHODES D'INTÉGRATION DE CIRCUIT ?

Elles ne sont pas universelles, l'objectif étant d'intégrer le circuit en sécurité sans risque de gêner les autres appareils évoluant en tour de piste et de permettre une vue permanente sur le trafic avec une arrivée sur une trajectoire extérieure au tour de piste. Plusieurs méthodes sont proposées, aucune n'est parfaite...

(Fig. 1) - MÉTHODE DITE "LA CHAUSSETTE" : 500 ft au-dessus du circuit après avoir déterminé la piste en service, il faut la remonter dans le sens d'atterrissage et vérifier que le cap de l'avion voisine le QFU. Au bout de la piste et dans le sens du circuit, (par la gauche ou la droite) s'éloigner à 45° de l'axe sur une branche qui fera environ 2 NM, en tenant compte de la dérive éventuelle. L'avion arrive ainsi en dehors du circuit. Ensuite passer en descente en maintenant la vitesse de croisière avec un taux de chute de 500 ft/mn, et effectuer un virage de 180° toujours en descente, qui sera maintenu jusqu'à l'interception de la hauteur du circuit.

Ensuite retour en palier à la vitesse de croisière et intégrer le vent arrière normalement avec la préparation de la machine (configuration approche).

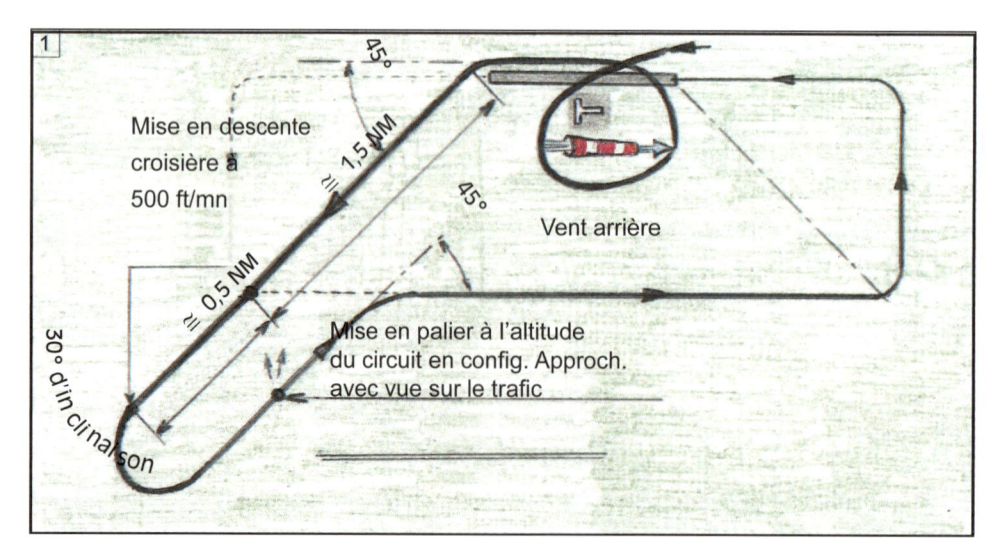

Remarque : la branche d'éloignement à 45° peut s'évaluer ou se faire au chronomètre, sachant qu'elle représente environ 2 NM) **(Fig. 1)**.

LE GUIDE PRATIQUE DU PILOTAGE

L'INTÉGRATION DU CIRCUIT D'AÉRODROME NON CONTRÔLÉ (suite)

Application

Ainsi pour un avion évoluant à 110 kT (200 km/h) pour parcourir 2 NM il faudra environ 66 secondes avant de descendre. Il est préférable de légèrement majorer ces temps d'éloignement de façon à pouvoir arriver en palier à la hauteur du circuit avant d'intercepter la vent arrière afin de mieux assurer la sécurité.

Inconvénients pour débutants - confusions des caps possibles. Sur des terrains de petites dimensions où ils contrastent mal avec le paysage, lorsque le vent est fort et la dérive mal corrigée, à la fin du 180° en descente risques de ne plus se trouver en face du terrain que l'on perd ainsi de vue...

(Fig. 2) MÉTHODE EN HIPPODROME : plus facile, principe plus simple. Permet d'aborder le circuit **par l'extérieur** de celui-ci pour assurer la sécurité. Toujours à 500 ft au-dessus de la hauteur du tour de piste on détermine *la piste en service que l'on remonte dans le sens d'atterrissage, mais légèrement décalé (Fig. 3)* à droite pour observer le trafic au décollage et en montée, en tenant compte de la dérive éventuelle. Vérifier que le cap avion voisine le Q.F.U. *Maintenir la même hauteur*.

A partir du bout de piste, *effectuer un éloignement d'environ 1 minute* que l'on majorera de 1 seconde par Nœud de vent. Profiter du temps d'éloignement pour déterminer le cap de la vent arrière. Cet éloignement peut aussi s'évaluer à vue. Il nous amènera en dehors du tour de piste.

Eloignement terminé simultanément "*Piquer - Réduire - Virer*" dans le sens du circuit, c'est-à-dire passer en descente en maintenant la vitesse de croisière avec un taux de chute de **500 à 700 ft/mn maxi** par un virage de 180°. Durant ce virage on peut avoir un œil sur le trafic, et assurer la sécurité.

L'inclinaison à prendre sera fonction de la vitesse **pour permettre un diamètre voisin de 1 NM.** Ainsi pour des avions dont la vitesse sera inférieure ou égale à 120 kT l'inclinaison sera comprise entre 10 et 20°, pour des vitesses supérieures de 20 à 30°.

Durant le virage surveiller le taux de chute et l'inclinaison et "**attendre le cap vent arrière et l'altitude du circuit pour repasser en palier en ligne droite**".

Préparer la machine pour passer en configuration approche initiale, ensuite regarder vers l'intérieur du circuit on verra forcément la piste au bout de son aile.

Poursuivre le tour de piste normalement.

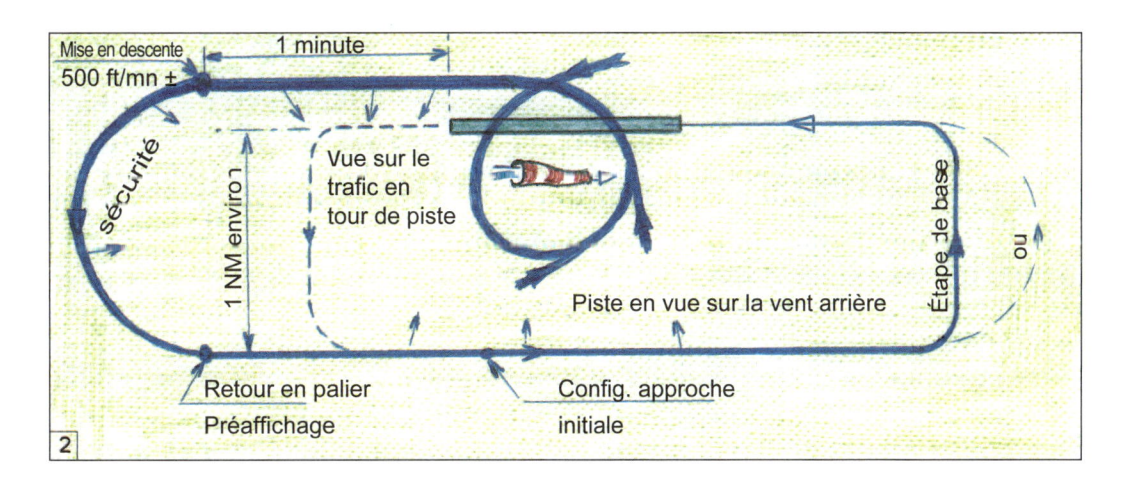

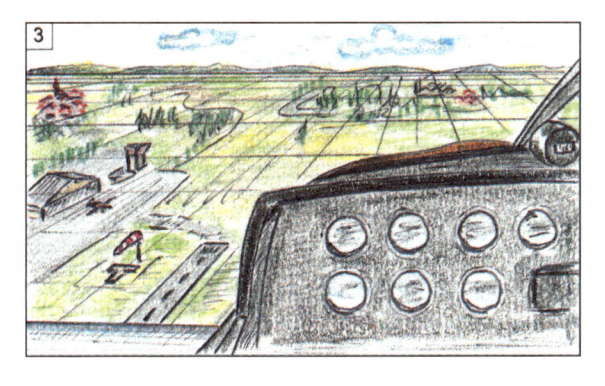

En résumé :

– Remonter la piste dans le sens d'atterrissage.

– En bout de piste s'éloigner de 1 minute.

– Passer en descente et en virage de 180°, permettant un diamètre d'environ 1 NM mini.

– Circuit intégré, préparer la machine et poursuivre le tour de piste normalement. Surtout **utilisez** votre **compensateur** pour une meilleure tenue de la machine, ce qui permet de **mieux disperser son attention.**

La **Fig. 4** nous montre une autre méthode d'intégration par la verticale.

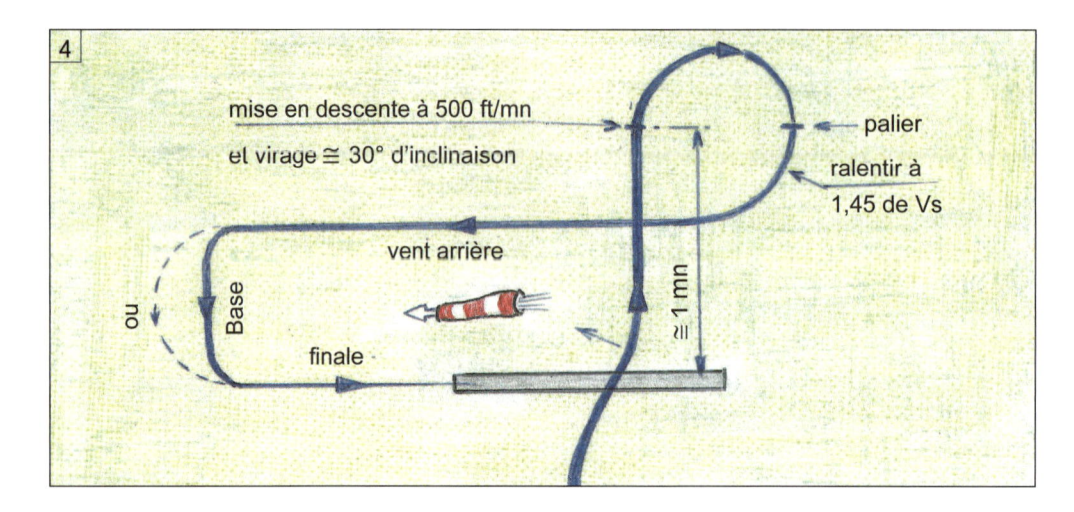

Figure 4 : Méthode d'intégration par la verticale — mise en descente à 500 ft/mn et virage ≅ 30° d'inclinaison ; palier, ralentir à 1,45 de Vs ; vent arrière, Base (ou), finale ; ≅ 1 mn.

En cas de parachutage ou de voltige au-dessus d'un aérodrome non contrôlé, on abordera le circuit avec prudence en évitant la verticale du terrain. Pour cela on passera un peu plus au large.

On observera vers le haut les manœuvres éventuelles de l'avion largueur, des parachutistes ou de l'avion de voltige de façon à éviter leurs trajectoires, il en est de même, des aérodromes où se pratique le vol à voile, attention au câble de treuillage.

CONDITIONS D'INTÉGRATION D'UN AÉRODROME NON CONTRÔLÉ :

1) Intégrer par la verticale obligatoirement par une hauteur supérieure au circuit de piste.
2) Aérodrome ouvert à la circulation aérienne publique ou le permettant.
3) Aérodrome accessible (indiqué par l'aire à signaux, c'est-à-dire pas de croix jaune sur fond de carré rouge ❌ – pas de croix blanche sur la piste (travaux ou autres choses possibles).
4) Vent pour le choix de la piste, temps d'éloignement et vario.

CONDITIONS D'INTÉGRATION D'UN AÉRODROME DISPOSANT D'UN ORGANISME APPELÉ AFIS :

Dans ce cas, la personne qui vous répond n'est pas un contrôleur de la navigation aérienne. Il n'a pas les mêmes prérogatives, c'est un agent AFIS susceptible de vous donner des informations et non pas des autorisations. De même pour le pilote, il ne doit pas demander d'autorisation mais des informations, par exemple pour le départ : – *Aubenas du DR 400 F-GJZJ quels sont les paramètres pour un départ vers Marseille ?*

Voici les conditions générales :

1) Si aérodrome autorisé aux appareils sans radio, comme sur aérodrome non contrôlé par une verticale de l'aérodrome, mêmes conditions d'intégration.
2) Si aérodrome non autorisé aux appareils sans radio (parfois approches IFR possibles) :
   a) si trafic dans le circuit, intégrer par une verticale puis intégration ou en vent arrière si elle est directe,
   b) si aucun trafic, une approche directe est possible si le service AFIS est actif et qu'il indique qu'il n'y pas de trafic connu dans le circuit.
3) Dans tous les cas si le service AFIS n'est pas assuré (en dehors des horaires par exemple), l'intégration devra s'effectuer comme sur un aérodrome non contrôlé, par une verticale, et reconnaissance de l'aire à signaux.

Remarques : Dans tous les cas, en Finale, un petit coup d'œil au directionnel permettra de s'assurer que le cap correspond bien au N° de la piste (QFU).

LE GUIDE PRATIQUE DU PILOTAGE

ÉTUDE DU DÉCOLLAGE PAR VENT DE TRAVERS

Application

QUEL EST L'OBJECTIF ?

Par une technique appropriée, contrôler la trajectoire de l'avion rendue plus difficile par vent de travers, lorsqu'il n'y a pas de possibilité de décoller face au vent.

Analyse : tant que l'avion est en contact avec le sol, il s'agit d'un cas de roulage au sol par vent de travers, en ligne droite (rappel page 31) avec une vitesse qui va en croissant, donnant aux gouvernes une efficacité de plus en plus grande au fur et à mesure que la vitesse croît.

Il faut vaincre d'une part, "*l'effet de girouette*" provoqué par le vent, effet qui tend à faire pivoter l'avion face au vent et occasionner une sortie de piste, et d'autre part, les effets moteur qui se cumulent ou se retranchent à l'effet de girouette, selon que le vent vient d'un côté ou l'autre. Sur la plupart de nos avions dont le moteur tourne à droite, la tendance à l'embardée sera plus importante à gauche qu'à droite, en raison des effets moteur qui se cumulent à l'effet de girouette et inversement pour moteur tournant à gauche (rappel effets moteur au décollage pages 93/94). De plus, il faudra vaincre également la tendance à se faire soulever l'aile du côté d'où vient le vent, surtout s'il est fort...**(Fig. 1)** et **(Fig. 2)**.

QUELLE TECHNIQUE EMPLOYER ?

Avant le décollage "*un coup d'œil à la manche à air*" ou au début du roulage une aile qui "tend" à se soulever donne une indication de la direction globale d'où vient le vent (gauche ou droite). A partir de ces informations appliquer **la règle :**

> Par vent de travers et durant toute la phase du roulage «**MANCHE DANS LE VENT**» c'est-à-dire du côté d'où il vient «**PALONNIER A L'OPPOSE DU VENT**» avec une action plus ou moins importante, selon l'effet et la direction du vent qui se cumule ou se retranche aux effets moteur. Pour cette raison attention ! l'action du palonnier **NE DOIT PAS ETRE SYSTEMATIQUE**, il faut rester sur l'axe de décollage ... **(Fig. 1)**

Exemple : moteur tournant à droite, vent venant de droite. Une certaine force de vent peut annuler les effets moteur, ne nécessitant pas d'action prédominante du palonnier à l'opposé (gauche).

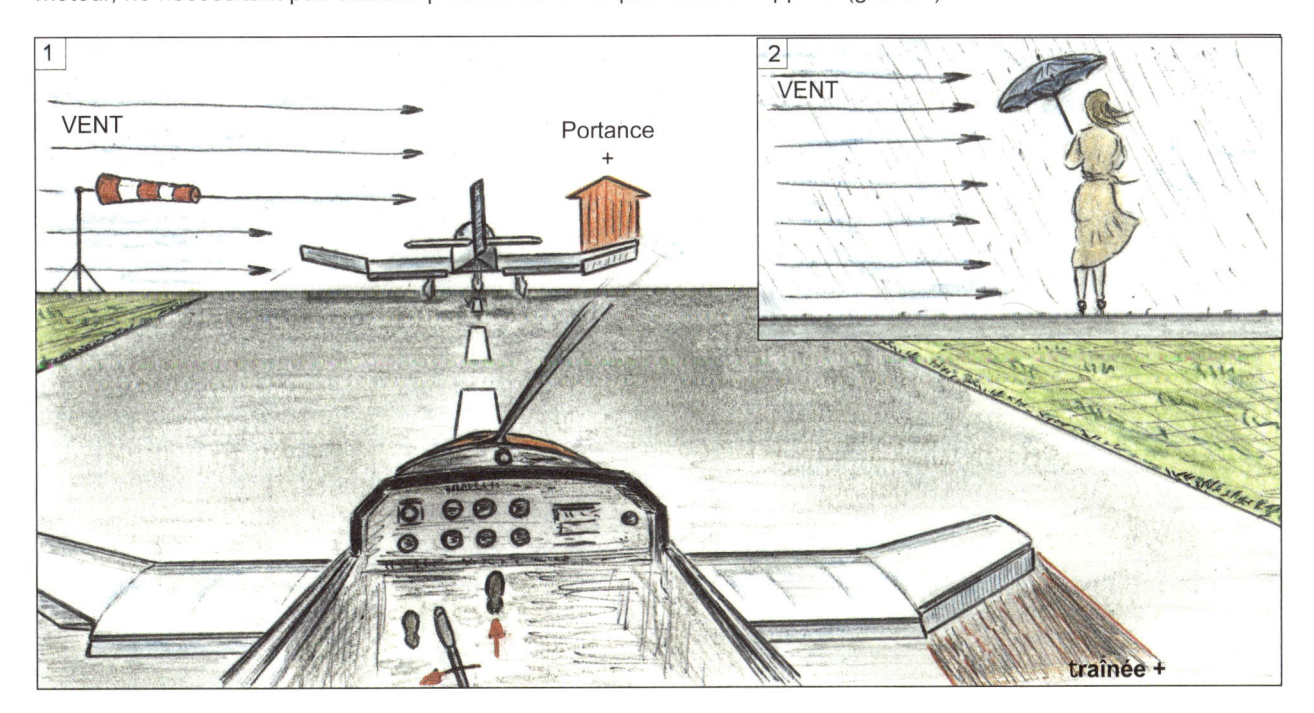

Remarquez l'analogie du manche "*dans le vent*" et du parapluie, même côté par vent de travers, à gauche dans les exemples.

ÉTUDE DU DÉCOLLAGE PAR VENT DE TRAVERS (suite)

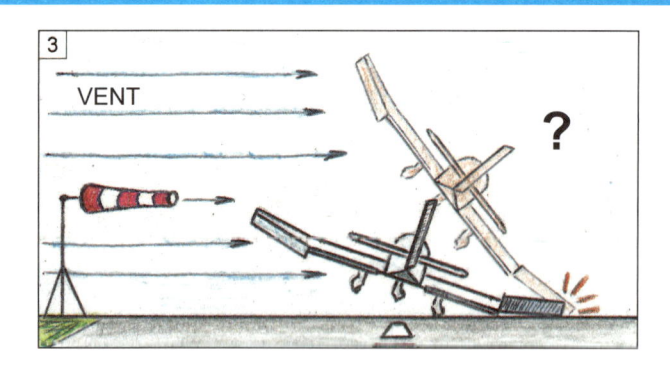

Erreur à ne pas commettre par vent "très fort", manche "à l'opposé du vent", là encore on remarque l'analogie avec le parapluie...

En dehors de cette position principale (de base) des commandes, la technique de décollage est identique à vent dans l'axe "*le moment délicat*" intervenant :

1) Sur appareil à train tricycle : au moment de la rotation (décollage) ***surtout si le vent vient du côté défavorable***, car la roulette avant, crée un couple qui contre une partie de l'effet de girouette et des effets moteur tant qu'elle est en contact avec le sol. Pour faciliter la tenue d'axe il est souvent conseillé d'appliquer la roulette de nez au sol durant toute la phase de roulage par une légère action du manche vers l'avant. Au moment du décollage, il faudra s'attendre à devoir renforcer l'action sur le palonnier à l'opposé du vent ***surtout du côté défavorable*** (à gauche sur la plupart de nos avions, d'ou action nécessaire du palonnier à droite) car la roulette ne s'oppose plus aux effets cités. (Ces effets et remèdes sont moins sensibles avec vent de droite en raison des effets moteur).

2) Sur appareil à train classique : c'est au moment de la mise en ligne de vol ***surtout avec vent de côté défavorable*** car dans ce cas précis l'effet gyroscopique (page 36) se cumule aux autres effets moteur et à l'effet de girouette.

Il faudra donc s'attendre à renforcer l'action sur le palonnier à ce moment. Pour ces raisons, la mise en ligne de vol, ne devra jamais intervenir à moins de **0,6 Vs** afin de garantir l'efficacité des gouvernes.

Bien entendu phénomènes et actions sont inversés si le moteur tourne à gauche.

> **CONCLUSION À RETENIR :** Sur les avions dont le moteur tourne à droite **L'ACTION SUR LE PALONNIER A L'OPPOSE DU VENT DEVRA SE RENFORCER,** surtout par vent de gauche :
> – Au moment de la rotation (décollage) sur train tricycle
> – Au moment de la mise en ligne de vol sur train classique

MANŒUVRES DE DÉCOLLAGE ET MONTÉE :

Le pilote doit "*épauler le vent*" comme une femme qui tient son parapluie du côté du vent **(Fig. 2)** pour éviter de se faire emporter si le vent est fort **(Fig. 3 et 4)**. Avec l'accélération, les commandes vont devenir plus efficaces, on réduira donc l'action latérale du manche au fur et à mesure que l'avion accélère, mais cette action ne devra pas être annulée au moment de la rotation si on veut décoller ailes horizontales. En effet, l'avion est attaqué obliquement par la masse d'air et l'aile au vent porte davantage **(Fig. 5)**. Il est même tolérable de voir l'avion décoller légèrement incliné du côté vent **(Fig. 6)** plutôt que le contraire... qui serait le cas si le manche était ramené au neutre latéral... De plus, manche dans le vent va dans le bon sens pour la prise de dérive après le décollage.

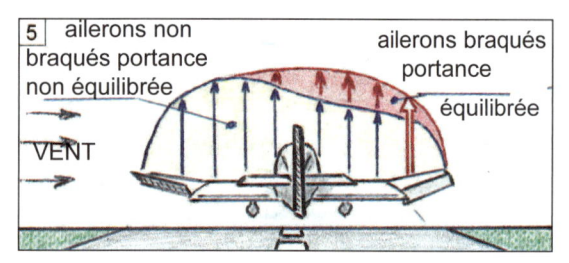

Dès qu'il est dégagé du sol, avec un vario positif, pour conserver l'axe de décollage, il faut se mettre en dérive **(Fig. 7 et 8)** en neutralisant l'inclinaison, ceci en ramenant le manche sensiblement au neutre latéral et, simultanément en relâchant l'action du palonnier, de façon à revenir en vol symétrique (bille au milieu) qui permet l'obtention d'un meilleur taux de montée, plutôt que de continuer à monter incliné.

LE GUIDE PRATIQUE DU PILOTAGE

ÉTUDE DU DÉCOLLAGE PAR VENT DE TRAVERS (suite)

Application

Exemple : Décollage par vent de gauche. Le manche (ou le volant) est à gauche et le palonnier domine à droite au moment de la rotation. Dès que l'avion est bien dégagé du sol avec un vario "***positif***" ramener la bille (qui est à gauche) au milieu, par une action "***dosée***" du palonnier que l'on relâche et du manche qu'on ramène simultanément sensiblement au neutre latéral, image que l'on peut rapprocher d'une façon simpliste par :

– ***PALONNIER CÔTÉ VENT, MANCHE A L'OPPOSÉ***, ce qui permet un retour en vol symétrique à inclinaison nulle en correction de dérive ou en crabe **(Fig. 8)**.

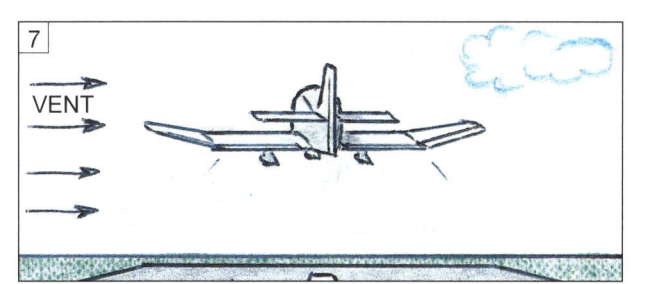

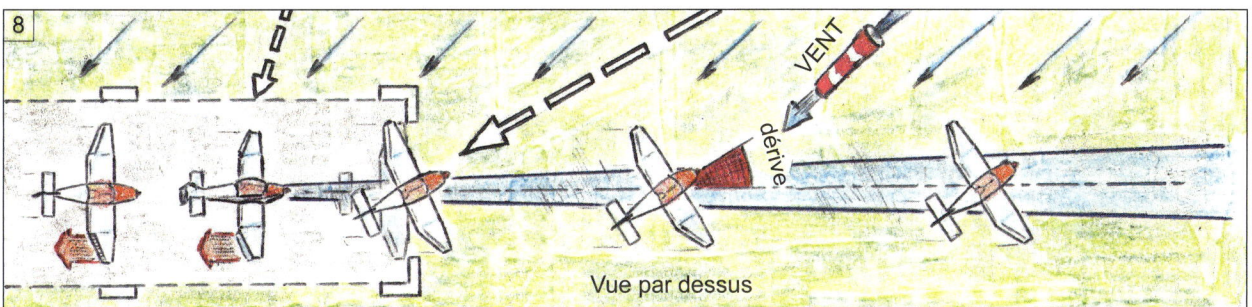

Le dosage sur les commandes : sera fonction de la force du vent et des effets moteur ainsi que l'efficacité des gouvernes qui croît avec la vitesse d'où braquage nécessaire moindre, au fur et à mesure de l'accélération. Nous remarquons cependant que l'action du palonnier sera "***prédominante***" du côté opposé au vent. Ainsi au roulage si l'avion fait une embardée, pour revenir sur l'axe il faut :

a) embardée côté vent : renforcer l'action du palonnier à l'opposé du vent.

b) embardée côté opposé au vent : relâcher seulement l'action du palonnier (vers le neutre), l'effet de girouette contribuera au retour sur l'axe.

ATTENTION !

Les avions sont limités à une certaine force de vent de côté, au-delà de laquelle les gouvernes risquent de ne plus avoir assez d'efficacité pour maintenir l'avion sur la piste. Un cas extrême peut nous conduire au même résultat que **(Fig. 3)**. Consultez le manuel de vol ! Limite de votre avion école _____

A titre indicatif, effet du vent latéral = ***Vitesse du vent*** × ***sinus angle au vent*** (voir page 221), ainsi :

– **Plein travers :** le vent a toute sa valeur, c'est là qu'il faut être le plus vigilant.

– **A 30° de l'axe de piste :** il équivaut à la moitié de sa force. Ainsi pour un avion limité à 20 Kt plein travers à 30°, de l'axe de piste, l'influence de ce vent de travers sera équivalente à 10 Kt. La limite sera alors atteinte avec un vent de 40 Kt × ½ = 20 Kt (de force effective latérale).

– **A 60° de l'axe de piste :** le vent a encore 80 % d'effet de sa force.

Remarque : Si au départ d'un décollage avec vent du côté défavorable la tenue d'axe et le maintien sur la piste s'avèrent impossibles, si la longueur de piste le permet il est parfois possible de tenter de décoller en sens inverse même avec une légère composante de vent arrière. Le vent viendra alors du côté favorable donnant plus de marge de braquage des gouvernes avant d'atteindre les butées (de l'effet de girouette se retranchent les effets moteur).

| Application | **ÉTUDE DE L'APPROCHE ET DE L'ATTERRISSAGE PAR VENT DE TRAVERS** |

QUEL EST L'OBJECTIF ?

Comme pour le décollage, par une technique appropriée, contrôler la trajectoire d'atterrissage rendue plus difficile par vent de travers lorsqu'il n'y a pas de possibilité de se poser face au vent.

Dans sa généralité la manière d'atterrir diffère peu d'un atterrissage classique hormis les effets du vent traversier à corriger. Sans perdre de vue les limites du vent de travers, en conditions normales celui-ci doit être considéré comme un jeu et non une difficulté.

ANALYSE : Nous savons qu'au départ pour rester sur l'axe d'approche, l'avion est en "***correction de dérive***" en vol "***symétrique***" (bille au milieu), c'est à dire que l'approche se fait "***en crabe***" (voir pages 132 à 135). On s'aperçoit que cette correction va devoir se réduire un peu vers 150 ft (environ de moitié), car dans les basses couches le vent est freiné par son frottement au sol **(Fig. 3 - et rappel page 105 - Fig. 19)**. On diminue alors la dérive d'environ la moitié vers 150 ft.

Si le vent est fort, la correction de dérive est importante, il est bien évident que si l'avion prenait contact avec le sol en "***crabant***", il pourrait résulter des dégâts: enlever de la gomme aux pneus, ou déjanter, ou pire encore faucher le train d'atterrissage... Il faut donc, qu'au moment du contact avec le sol, les roues et l'axe du fuselage soient sensiblement alignés sur l'axe d'atterrissage. Deux méthodes sont possibles pour obtenir ce résultat :

1) Décraber l'avion au dernier moment, avant le touché de roues, par une action sur le palonnier à l'opposé du vent (à droite avec vent de gauche) en maintenant l'inclinaison nulle. Cette technique convient mieux aux avions lourds en raison de "***leur inertie***" qui les maintient plus longtemps sur une même trajectoire, mais convient moins aux avions légers surtout s'il y a des rafales, car le dernier moment est alors plus difficile à percevoir, à fortiori pour un pilote qui ne vole pas assez souvent. En effet, si le décrabage intervient "***trop tôt***", ou "***trop tard***", le résultat est le même que si on n'avait pas décrabé... La tendance des années 90 a été de confondre les avions légers avec des Airbus...

2) Technique mieux adaptée aux avions légers et aux pays à vent fort de travers. On préfère alors décraber l'avion plus tôt, de façon à ce que l'axe du fuselage et les roues coïncident avec l'axe d'atterrissage et "***incliner***" si nécessaire aussitôt du côté d'où **VIENT** le vent, pour compenser l'effet de dérive. On épaule le vent comme un parapluie (rappel pages 141-142), tout en agissant sur le palonnier en sens inverse de l'inclinaison pour l'empêcher de virer et contrer l'effet de girouette (rappel page 31), ***ce qui nécessite un dosage*** bien sûr. Car par vent faible nous constaterons souvent qu'il n'est pas forcément nécessaire d'incliner, pour rester sur l'axe... il faut voir...

Le fait d'incliner l'avion du côté du vent ne constitue pas une acrobatie, il ne faut pas faire la comparaison "***terrestre***" d'un avion qui vole incliné avec celle d'un homme en équilibre sur une jambe.. Un avion vole très bien incliné, rappelez-vous de vos premiers vols et des difficultés à maintenir une inclinaison nulle ...

Ne pas avoir peur d'incliner près du sol, l'inclinaison nécessaire n'est jamais assez importante pour que l'aile touche le sol. Bien entendu, durant cette phase le vol n'est plus symétrique, il ne faut donc pas s'étonner de voir la bille "couler" du côté de l'inclinaison. L'atterrissage se fera "***si nécessaire***" (surtout si le vent est fort) sur "***une roue***", celle du côté d'où vient le vent, ce n'est pas une erreur, même sur le plan mécanique les efforts latéraux sur le train sont très compatibles contrairement à quelques idées qui courent... Cette inclinaison par vent limite, dépasse rarement 5°.

Remarquons : de l'arrondi jusqu'à l'arrêt la vitesse ira en décroissant donnant aux gouvernes une efficacité de moins en moins grande ce qui nécessitera un braquage des commandes de plus en plus important. Une fois posé il s'agit d'un cas de roulage au sol par vent de travers à vitesse dégressive (rappel page 31). Les effets moteur sont quasiment nuls, puisque la puissance est minimum, il n'y a donc pas de côté favorable ou défavorable comme au décollage.

Il faut combattre avec les palonniers l'effet de girouette qui se manifeste et s'intensifie au fur et à mesure que la vitesse décroît. Par le manche, l'action des ailerons y participe également, comme d'ailleurs lorsque le vent est très fort pour combattre la tendance à se faire soulever l'aile, côté d'où vient le vent, ce qui pourrait au pire conduire à aller toucher le sol de l'autre aile **(même résultat que page 142 - Fig. 3)**.

Le vent de travers, surtout s'il est fort réclame de la vigilance !... Surtout ne pas relâcher les actions ce qui est encore plus vrai avec avions à train classique, plus sensible encore au vent de travers. L'atterrissage est terminé lorsque l'avion est arrêté, avant attention !...

LE GUIDE PRATIQUE DU PILOTAGE

ÉTUDE DE L'APPROCHE ET DE L'ATTERRISSAGE PAR VENT DE TRAVERS (suite)

Application

QUELLE TECHNIQUE EMPLOYER ?

Au départ l'avion est bien maintenu sur la trajectoire d'approche en "*correction de dérive*" (ou en crabe), le nez orienté du côté d'où VIENT le vent sans quoi on ne reste pas sur l'axe. Le vol est symétrique "*bille au milieu*". Pour identifier à coup sûr la direction globale (gauche ou droite) d'où vient le vent et, se préparer à la suite des manœuvres, il faut se poser la question :

> *POUR CONSERVER L'AXE D'APPROCHE*
> *DE QUEL CÔTÉ SUIS-JE OBLIGÉ DE MAINTENIR LE NEZ DE MON AVION ?*

Et d'en tirer immédiatement la conclusion,

> *C'EST LE CÔTÉ D'OÙ VIENT LE VENT.*

Le contrôle de cette approche s'effectue si nécessaire par de petites variations d'inclinaison pour se **RÉAJUSTER**, surtout en courte finale lorsqu'il sera nécessaire de réduire la correction de dérive "*d*" **(Fig. 1 et 3)**. Éviter d'avoir des actions latérales sur le manche, de trop grande amplitude, ce qui est générateur de lacet inverse (rappel page 65) provoquant des "*désaxes*", alors qu'on veut se réajuster. ***Des petites corrections rapides sont plus efficaces.***

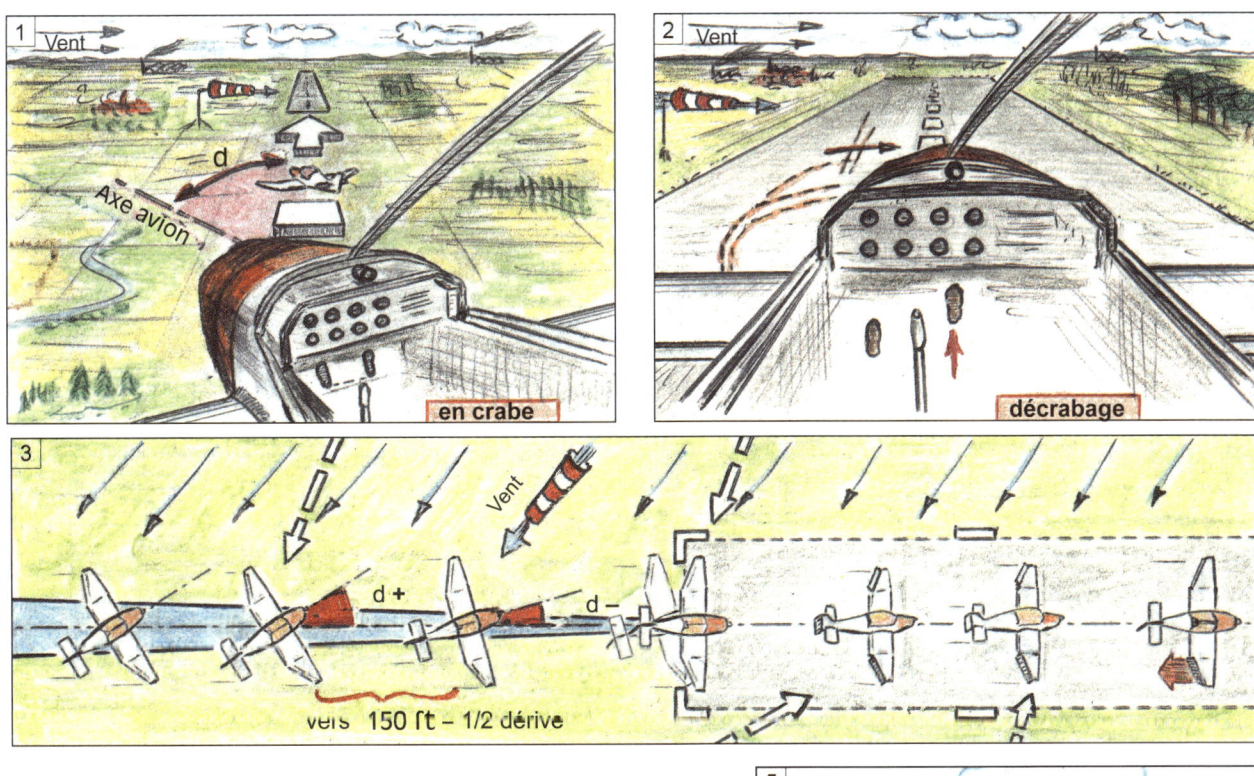

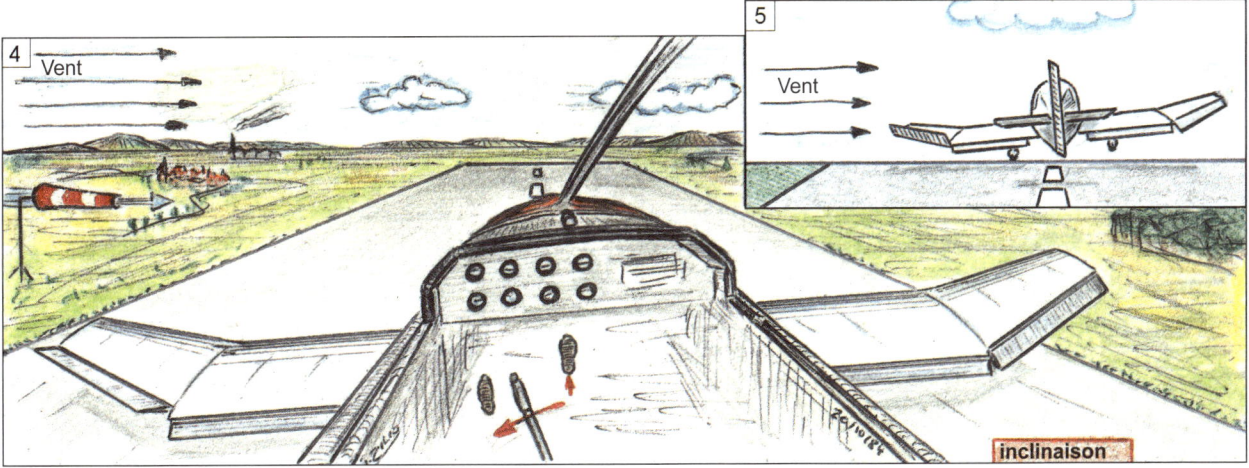

A l'approche du sol, il va falloir décraber et incliner dans le sens prévu par la question et réponse citées plus haut, c'est-à-dire palonnier opposé (soit vers l'axe), manche dans le vent comme le parapluie...

ÉTUDE DE L'APPROCHE ET DE L'ATTERRISSAGE PAR VENT DE TRAVERS (suite)

Quand décraber et incliner ? C'est un cas de polémique... une querelle d'école ! En gros, vers le moment de l'arrondi ou tout de suite après au début du palier de décélération. Mais si pour un pilote entraîné, décraber et incliner tout en continuant à cabrer pour amener l'avion à son assiette d'atterrissage, ne constitue pas une difficulté majeure pour un débutant ou un pilote peu entraîné, faire plusieurs manœuvres en même temps peut être un handicap. *Pédagogiquement* l'instructeur devra, si nécessaire, adapter une solution plus simple en décrabant sur la très courte finale, après 50 ft et faire une courte approche inclinée. L'avion sera ainsi **ETABLI** en axe et en inclinaison, il n'y aura qu'à poursuivre la manœuvre d'atterrissage en maintenant l'avion incliné comme on maintiendrait d'ailleurs une inclinaison nulle sans vent de travers.

Et l'approche inclinée ? C'est une formule également. Elle a l'inconvénient d'être inconfortable pour les passagers et surtout, pour maintenir le plan et vitesse, de nécessiter davantage de puissance. En effet l'avion est en attaque oblique (rappel pages 19 et 82) il offre donc plus de trainée. Il en résulte que la puissance qui reste disponible en cas de nécessité est moins importante, raison pour laquelle on préfère l'approche en crabe. Si pour des raisons de facilité on décrabe plus tôt, *après 50 ft, NE PAS OUBLIER D'AUGMENTER UN PEU LA PUISSANCE* et de cabrer un peu afin de maintenir plan et vitesse. Par contre cela peut être un exercice d'entraînement.

Comment agir ? Peu avant l'arrondi, à l'arrondi ou tout de suite après, selon le degré d'entraînement décraber par une action du palonnier à l'opposé du vent **(Fig. 2)** (à droite avec du vent de gauche dans l'ex.) et incliner **aussitôt**, si nécessaire "*manche dans le vent*" **(Fig. 4 et 5)** comme le fameux parapluie (voir décollage vent de travers).

Contrôle final de l'axe : le palier de décélération se fait donc "*si nécessaire*" incliné, l'action du palonnier est donc en principe ÉTABLIE pour maintenir l'axe fuselage "*sensiblement*" parallèle à l'axe d'atterrissage. Le maintien de l'axe de piste s'effectuera si nécessaire par de petites actions latérales rapides du manche, quitte à revenir à inclinaison nulle... Cette inclinaison même par vent fort n'est jamais importante et le débutant ne doit pas craindre de voir son aile toucher le sol (il doit regarder devant). Par contre, plus la vitesse diminue, plus il faut amplifier l'action latérale sur le manche en raison de la diminution d'efficacité des gouvernes.

Si l'avion a tendance à quitter l'axe du côté d'où vient le vent (ou côté inclinaison) *C'EST QU'IL EST TROP INCLINÉ : réduire cette inclinaison.*

Si l'avion a tendance à quitter l'axe du côté où va le vent (opposé à l'inclinaison) *C'EST QU'IL N'EST PAS ASSEZ INCLINÉ : augmenter l'inclinaison.*

Éviter toute action du manche en sens inverse de l'inclinaison surtout si le vent est fort car le simple fait de ramener le manche latéralement au neutre suffit à revenir à inclinaison nulle. Toujours proscrire les coups de manche latéraux de fortes amplitudes, ce qui provoque le lacet inverse nuisible à la tenue d'axe.

Par vent très fort l'atterrissage se fera si nécessaire sur une roue **(Fig. 5)**. Ensuite une fois le contact sol, conserver le manche dans le vent et l'amplifier. Sur appareil à train tricycle, poser doucement la roulette avant avec une légère pression du manche vers l'avant pour, faciliter la tenue d'axe. L'action dominante du palonnier à l'opposé du vent devra se faire avec vigilance car l'effet de girouette s'intensifie. En cas d'embardée :

– Embardée du côté d'où vient le vent : renforcer l'action du palonnier à l'opposé et **surtout** garder le manche dans le vent (**contrairement à la tendance**...)

– Embardée côté où va le vent : relâcher l'action dominante du palonnier car l'effet de girouette contribuera au retour sur l'axe. Éviter une action du palonnier côté vent car avec l'effet de girouette et l'action de la gouverne la réaction sera intensifiée, donc plus rapide que prévue.

QUELLES SONT LES LIMITATIONS ?

Le vent : plus encore qu'au décollage, il y a une limite vent de travers d'autant plus que la vitesse va en décroissant donnant aux gouvernes une efficacité qui s'amoindrit. Au-delà de la limite mieux vaut s'abstenir, ou se dérouter vers un aérodrome avec une piste mieux orientée au vent. (voir paragraphe concernant les limites page 143). Pour votre avion la limite de vent plein travers est de : _____

Les volets : consulter le manuel de vol, en principe on déconseille un atterrissage par "*fort vent*" de travers pleins volets. Reste à voir de quels volets il s'agit, car des volets de petites largeurs n'ont pas de grandes influences. Par contre, des volets importants en attaque oblique peuvent provoquer un effet de masque aux gouvernes arrières (voir manuel de vol). Remarquons que la dérive est accrue en raison de la vitesse d'approche plus faible, ce qui rend le décrochage plus difficile puisque plus important.

LE GUIDE PRATIQUE DU PILOTAGE

ÉTUDE DE L'APPROCHE ET DE L'ATTERRISSAGE PAR VENT DE TRAVERS (suite) — Application

Le vent de travers et les roulettes de nez : sur certains avions, le fait de poser la roulette de nez assez tôt peut occasionner un important shimmy (sorte d'oscillations latérales rapides de la roulette et des palonniers, lorsque la roulette est conjuguée à ceux-ci). On a l'impression qu'il y a quelque chose de cassé, ou qui va casser... Dans ce cas, soulager immédiatement la roulette par une action du manche vers l'arrière à maintenir ainsi. Surtout ne pas freiner. Une autre solution consiste à pousser sur le manche pour appuyer la roulette avant au sol et limiter le shimmy.

Nota : On dit également de l'atterrissage incliné, qu'il s'effectue en glissade.

Remarque : On voit souvent des pilotes demander le vent à la tour de contrôle, presque jusqu'au touché des roues, comme s'ils étaient incapables d'en déterminer les effets et la direction pour la manœuvre d'atterrissage. Or il faut pouvoir apprécier ces éléments SEUL !!! d'autant que sur certains aérodromes, il n'y a pas de contrôle, et même s'il y en a un, il peut y avoir des inexactitudes...

En conclusion, si en approche le pilote est obligé d'obliquer d'un côté, il saura que le vent vient de ce côté. Quant aux turbulences, si elles sont fortes elles se sentent sans avoir besoin de trop de commentaires...

Une autre manière de piloter... un beau Zlin 326...

QUELQUES CONSIGNES D'URGENCE

LE FEU AU MOTEUR :
Au démarrage : risques fréquents l'hiver.
- Fermer l'essence.
- Continuer à actionner le démarreur jusqu'à l'arrêt du feu.
- Mélange sur étouffoir.
- Plein gaz.
- Extincteur si nécessaire.

En vol : cas rares de nos jours, surtout si le moteur est bien entretenu.
- Fermer l'essence.
- Plein gaz.
- Mélange sur étouffoir.
- Couper batterie et alternateur, chauffage ou aération.
- Agir sur extincteur si muni.
- Choisir un champ pour se poser.

Le déclenchement de l'avertisseur d'incendie ne prouve pas qu'il y ait feu, ne pas se précipiter. Essayer de sentir...

Feu des câbles électriques : couper batterie, alternateur, radio et moyens radionav. - Vérifier disjoncteurs et fusibles. Ne pas couper les magnétos. Remettre un à un les interrupteurs sur marche pour essayer d'en déterminer l'origine et, se dérouter vers l'aérodrome le plus proche.

LA PRESSION D'ESSENCE CHUTE :
Mettre la pompe électrique sur marche, après avoir vérifié que l'on est bien sur le réservoir le plus plein et se dérouter vers un aérodrome proche.

LA PRESSION D'HUILE CHUTE :
Ne pas se précipiter.
Vérifier immédiatement la température d'huile.
Si elle ne varie pas, c'est l'instrument de pression d'huile qui est en panne, ne pas s'alarmer, le signaler au retour du vol.
Si la température augmente au-delà de la tolérance, commencer par réduire un peu la puissance, puis si celle-ci ne diminue pas, envisager un atterrissage immédiat dans un champ.

PANNE D'ALTERNATEUR :
Ne pas se précipiter, vérifier le breaker qui doit rester enclenché. Si ce n'est pas le cas : - Couper les accessoires électriques qui ne sont pas nécessaires pour ne pas vider la batterie. Utilisez la radio au minimum, en remettant la batterie le temps nécessaire d'un message, et la couper. Se dérouter vers un aérodrome proche.

PANNE D'ANÉMOMÈTRE :
Si vous connaissez à l'œil ou à l'horizon artificiel la valeur de vos assiettes en affichant la puissance correspondant à la configuration, et en approche d'avoir le vario nécessaire, vous êtes sûr d'avoir à peu près la bonne vitesse. Par sécurité, vous pouvez majorer légèrement la puissance, (voir règle page 57).

ATTERRISSAGE SANS GOUVERNE DE PROFONDEUR :
A l'aide du compensateur et de la puissance, régler la vitesse d'approche - volets à la demande. En finale, régler la puissance à la demande pour essayer d'obtenir une vitesse de chute (Vz) égale ou inférieure à 300 ft/mn pour l'impact. Manœuvrer le compensateur avec douceur. Condition : - la gouverne de profondeur n'est pas bloquée. Si blocage, c'est extrêment grave car l'avion est réglé pour une vitesse (Remarque **page 47**), qu'il est impossible de diminuer sauf en agissant sur le centrage (déplacer des passagers vers l'arrière avec une extrême prudence pour augmenter l'incidence et diminuer la vitesse). Voir centrage **pages 257 à 261**.

PANNE DE VOLETS :
Vérifier si le breaker des volets est enclenché, si celui-ci ne tient pas, prévoir l'atterrissage sans volets et :
- Majoration de la vitesse d'approche à 1,3 la Vs de décrochage volets rentrés (1,3 Vs1).
- Calculer le vario adapté pour maintenir le plan.
- Tenir compte de l'augmentation de la longueur d'atterrissage d'environ 100 m et par conséquent sur piste courte s'assurer que celle-ci n'est pas limitative... l'atterrissage et l'arrêt sur la piste sont-ils possibles (voir manuel de vol et page 188) ? Ou bien dérouter vers un aérodrome le permettant.

Remarque : Sous la rubrique du manuel de vol "*Procédures d'urgences*", vous trouverez autre chose que des lignes générales, et surtout mieux adapté à votre avion. Consultez-le, vous serez mieux armé pour entreprendre vos premiers vols, seul à bord.

Règle : quel que soit le problème il faut continuer à piloter (maintenir vitesse et trajectoire).

LE LÂCHÉ

C'est le premier vol seul à bord, avec l'impression d'avoir un gros trou à la place de l'instructeur...

L'émotion est grande… mais la réaction est heureuse…

C'est le moment dont tout pilote garde le souvenir.

QUAND SURVIENT-IL ?

Lorsque votre instructeur vous sentira prêt pour ce grand événement et que depuis quelque temps déjà vous aurez remarqué que ses mains et ses pieds ne touchent plus les commandes en phases délicates (décollage - approche et atterrissage), et qu'il semblera parfois distrait par d'autres choses durant le vol.

Cela se produira dans la phase active des tours de piste. Soyez patient car pour savoir poser un avion "*correctement*" il faut du temps et avoir pratiqué entre 50 et une centaine d'atterrissages. Ne vous attendez pas à une progressivité, tantôt ça ira bien, tantôt moins bien, et puis un jour... "*la petite lumière s'allume*" on a compris !... et le lâché ne tarde pas...

Après ce premier vol vous aurez l'impression que ça a été facile...

LÂCHÉ TÔT OU TARD ?

Disons de suite "*quand votre instructeur le jugera bon*". En tous cas ce n'est pas parce qu'on est lâché tôt qu'on est meilleur ... ni même mauvais parce qu'on est lâché tard !

Il faut s'adapter à l'élément aérien "*personne n'est né oiseau ni le deviendra*", certains s'adaptent vite, d'autres plus lentement.. mais aussi sûrement. Comme dans tout apprentissage, **PATIENCE ET PERSÉVÉRANCE**, le temps passé en double commandes n'est jamais du temps perdu...

Comme disait mon ancien instructeur :

"*Personne n'a le sens naturel du vol, tout ce qui le développe s'apprend et se travaille longuement. La réflexion est plus utile que l'indispensable réflexe*" (Jean BARBIER).

Une progression doit être assimilée avec un maximum de sérieux. Le bachotage du tour de piste uniquement n'est pas la solution d'une formation sérieuse.

Il faut le temps d'acquérir le sens de l'air, sans limiter le savoir à des montées ou descentes sur faibles pentes et des virages à pas plus de 15° d'inclinaison. C'est aussi la différence entre piloter… et conduire… Il ne faut pas s'effrayer à la moindre turbulence, cela s'apprend !

QUEL SERA LE THÈME DE VOTRE 1er VOL SEUL ?

Il s'agira d'un "*tour de piste*" qui résume bien l'ensemble de ce que vous avez pu apprendre. Plus tard, lorsque vous serez mieux habitué à voler seul, votre instructeur vous permettra de faire un petit vol local, et d'autres exercices.

Souvenir d'un lâché 03/07/77.

LE GUIDE PRATIQUE DU PILOTAGE

Application

LES INQUIÉTUDES DU DÉBUTANT LORS DES PREMIERS VOLS SEUL A BORD

Les premiers vols "***seul à bord***" sont souvent accompagnés de quelques petites aventures. Afin d'en être averti, voici une liste de ce qui pourrait vous arriver. Lorsque vous vous sentirez proche du lâché, prenez-en note...

Dès le décollage, vous allez vous apercevoir que :

– l'avion décollera sur une distance plus courte, car il faudra moins de temps pour atteindre la vitesse de décollage,

– l'avion est plus léger car allégé du poids de l'instructeur ;

– les commandes seront plus sensibles ;

– vous monterez plus vite aux altitudes préconisées. Ainsi, il faudra surveiller attentivement la hauteur du 1er virage, et celle de mise en palier pour ne pas les dépasser... c'est une tendance.

QUELS SONT LES SUJETS D'INQUIÉTUDE ?

Ils proviennent souvent d'une mauvaise manipulation ou d'oublis.

1) Au décollage, le moteur vibre :
   a) le réchauffage carburateur est resté branché : le repousser
   b) les magnétos ne sont pas branchées sur 1 + 2 : les mettre.

2) Au décollage, l'avion accélère mal ou ne monte pas comme d'habitude
   a) vous n'avez pas mis les gaz à fond : les mettre ;
   b) vous avez décollé avec les pleins volets : les rentrer doucement, lorsque le vario est positif.

3) En vent arrière, on peut rencontrer les mêmes problèmes qu'au décollage mais en plus
   a) à la mise en palier, l'avion ne prend pas sa vitesse : c'est qu'on a oublié de rentrer les volets les rentrer ;
   b) un réchauffage carbu. branché lorsque ce n'est pas nécessaire peut occasionner des vibrations, le repousser ;
   c) le moteur s'arrête après avoir tiré le réchauffage carbu : on s'est trompé, on a tiré la mixture, la repousser ;
   d) à la sortie des volets, la vitesse faiblit anormalement - soit parce que l'avion monte (corriger) ;
   – soit que l'on a braqué les pleins volets involontairement (revenir au braquage préconisé)
   – soit que l'on a oublié de réajuster la puissance (le faire).

4) En approche, la vitesse a tendance à être élevée :
   – on a oublié de sortir la quantité de volets nécessaires et la puissance n'est donc pas adaptée.

5) A l'atterrissage, l'avion semble ne pas vouloir se poser : vous n'avez pas réduit totalement les gaz.

Bien entendu, si votre avion dispose de plusieurs réservoirs, surveiller la consommation et si nécessaire les permuter, sur la vent arrière, (pas en montée, ni en descente !...).

La panne de radio : si vous êtes sur un aérodrome contrôlé :

– vérifier le volume que vous avez peut-être réduit par inadvertance

– s'il s'agit d'une panne effective, noter les consignes locales pour entrer dans le circuit à la suite d'un vol local
    - Soyez vigilant !

Consignes : _____
_____
_____
_____
_____
_____
_____

LE GUIDE PRATIQUE DU PILOTAGE

ÉTUDE DU VIRAGE A FORTE INCLINAISON

Pilotage avancé

QUELS SONT LES OBJECTIFS ?

Apprendre à contrôler l'avion dans ses limites d'inclinaison sans craindre celle-ci, pour accroître d'une part vos capacités manœuvrières et d'autre part, savoir changer rapidement de direction en cas de nécessité (risques d'abordage - obstacle - nuage...) Exploitation du rayon de virage minimum possible.

Faire également connaissance des accélérations (plus légendaires que terribles) et s'y adapter progressivement avec l'aide de votre instructeur.

Remarque : c'est un exercice utile auquel il faut s'entraîner régulièrement pour la maîtrise qu'il apporte (permet de porter un jugement sur l'habileté d'un pilote). Il est regrettable de voir qu'une majorité de pilotes soit paralysée devant cet exercice qui leur a été le plus souvent mal présenté.

QUELLE EST LA TECHNIQUE ?

On considère généralement comme forte inclinaison, celle qui voisine 60°. La technique ne diffère pas de celle d'un virage normal, si ce n'est dans le dosage sur les commandes plus important. On conseille d'amorcer ce virage avec une certaine énergie pour s'entraîner à l'éventualité d'un évitement.

Là encore on a intérêt **à connaître** (ou à déterminer), *le repère capot ou arceau à amener et maintenir sur l'horizon* pour assurer plus facilement le virage dans le plan horizontal, plutôt que de courir après le vario. Ce repère ne sera pas le même que pour l'inclinaison de 30°, car à 60° pour assurer la portance qui doit doubler, il faut augmenter l'incidence d'une valeur plus importante qu'à 30°, ce qui se traduit par une position capot plus haute que d'habitude **(Fig. 1 et 2)**, mais ne pas l'exagérer, c'est une tendance...

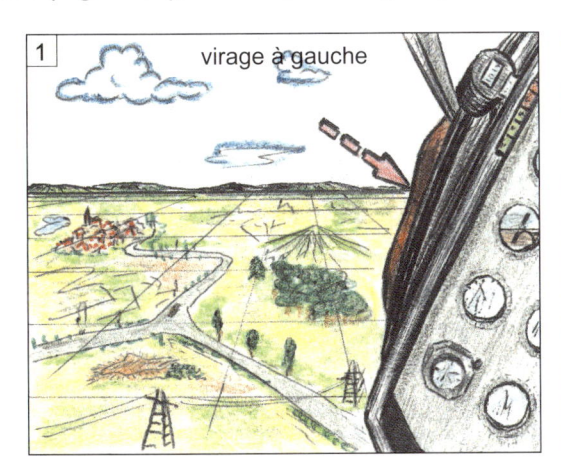

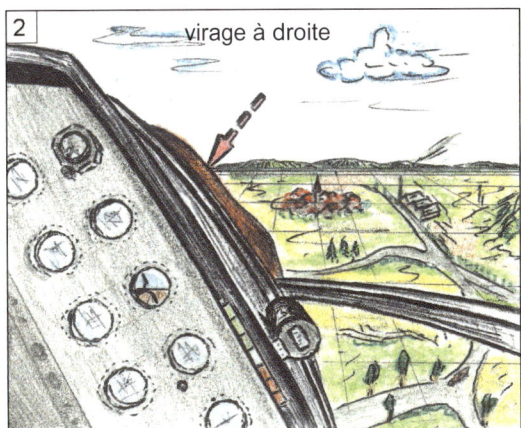

En effet, à 60° d'inclinaison, l'incidence doit augmenter de 3° (page 62) mais 3° inclinés à 60°, ne font qu'une variation verticale de 1,5° soit 1,5 cm, ce qui est peu.

La mise en virage : se fera normalement en conjuguant les commandes dans le même sens, un peu plus rapidement que d'habitude, mais sans brutalité. Ne pas augmenter l'incidence de suite en tirant sur le manche trop tôt, ce qui se traduirait par une mise en virage en montant… Se servir de l'axe d'articulation expliqué page 18. L'avion s'inclinera autour de celui-ci, *puis à l'approche* de l'inclinaison de 60°, agir sur le manche vers l'arrière afin d'amener le repère capot sur l'horizon et l'y maintenir fermement. L'action sur le manche vers l'arrière assez importante pourra surprendre le débutant qui hésitera à tirer si fort… Ce qui ne veut pas dire qu'il faut y aller comme un bûcheron ...

La stabilisation : elle interviendra vers 60° d'inclinaison généralement. Elle sera plus marquée que pour un virage normal. En effet, il faut contrer un effet de roulis assez important en raison de la différence de vitesse et de portance des deux ailes (rappel page 68), qui tend à augmenter l'inclinaison. Pour bien stabiliser l'inclinaison le manche sera ramené non pas au neutre latéral, mais en opposition à l'inclinaison.

Ex. : en virage à gauche stabilisé, le manche sera arrière bien sûr, mais côté droit d'une valeur assez marquée.

La sortie : là encore, action des commandes plus marquée, manche en diagonale "*vers l'avant*" opposé à l'inclinaison ainsi que le palonnier. La tendance du débutant sera de ne pas assez pousser sur le manche en sortie (ou plutôt de ne pas assez relâcher l'action arrière), ce qui occasionnera une sortie de virage en montant, revenir au repère d'assiette zéro…

LE GUIDE PRATIQUE DU PILOTAGE

ÉTUDE DU VIRAGE A FORTE INCLINAISON (suite)

Pilotage avancé

Utilisation de la puissance : en règle générale on aura intérêt à augmenter la puissance et la maintenir au maxi, car nous savons que le facteur de charge est très important vers 60° d'inclinaison. L'aile doit donc porter "***plus***" (rappel pages 63 et 64). Incidence et portance, vont devoir augmenter (manche arrière) ce qui amènera parallèlement une augmentation de traînée, qui tendra à réduire la vitesse. Pour que l'avion demeure en équilibre de vol avec une marge de sécurité suffisante (supérieure de 20 % minimum au-dessus de 1,4 de Vs) il faudra augmenter la puissance surtout sur les avions disposant de peu d'excédent de puissance, pour éviter le décrochage en virage, qui interviendrait à 1,4 Vs. Il faudra cependant faire bien attention de ne pas dépasser le régime maxi autorisé, ce qui est parfois une tendance.

Cette mise en puissance se fera dès le début de la mise en virage. Lors de la sortie de virage, il ne faudra pas oublier de revenir à la puissance initiale.

Remarque sur la vitesse : si on effectue ce type de virage sans apport de puissance ou à puissance plus réduite (qu'il faut déterminer), *la vitesse ne devra jamais être inférieure à 1,5 de Vs* (proche du buffeting ou début avertisseur de décrochage), **ON OBTIENDRA ALORS LE VIRAGE AU RAYON MINIMUM**. Dans ce cas, il faudra être vigilant pour éviter le décrochage (page 86).

La symétrie : plus encore qu'en virage normal, il faut éviter le dérapage extérieur (rappel pages 90 et 91) qui peut accroître la vitesse de décrochage au-delà de **1,4 Vs à 60° d'inclinaison.**

Nota : en cas de décrochage en virage, l'avion aura tendance à s'engager vers le sol ou amorcer une vrille si le virage est dissymétrique.

Contrôle de l'altitude : Si en cours de virage, l'avion tend à descendre, pour revenir en vol horizontal (ou pour monter) ***DIMINUER LÉGÈREMENT L'INCLINAISON*** en conservant l'action arrière du manche, constitue le meilleur moyen de contrôle d'assiette.

Si en cours de virage, l'avion tend à monter, pour revenir en vol horizontal, ***RELÂCHER L'ACTION ARRIÈRE DU MANCHE ou AUGMENTER LÉGÈREMENT L'INCLINAISON.***

Il convient de bien contrôler l'inclinaison lorsque le virage est stabilisé car si l'inclinaison tend à diminuer l'avion montera, si l'inclinaison augmente l'avion tendra à descendre.

NOTIONS DE RAYONS DE VIRAGES EN FONCTION DE VITESSE/INCLINAISON :

Vitesse kT et km/h	Rayon à 30° d'inclin.	Rayon à 45° d'inclin.	Rayon à 60° d'inclin.
80 – 150	300 m	150 m	100 m
100 – 180	450 m	250 m	150 m
120 – 220	600 m	350 m	200 m
150 – 280	1000 m	550 m	320 m

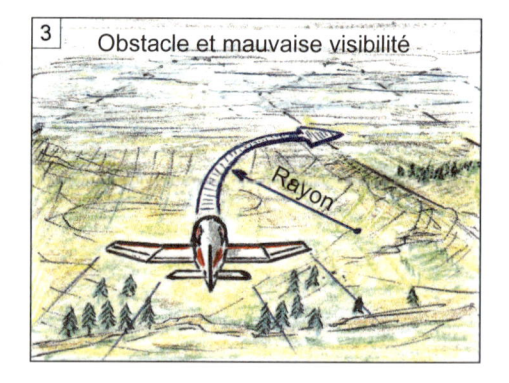

Fig. 3 — Obstacle et mauvaise visibilité

La conjugaison des deux facteurs "*inclinaison - vitesse*" permet des différences de rayons très importantes mais "*attention*" faibles vitesses grandes inclinaisons ne sont pas toujours compatibles, il convient de choisir un compromis (rappel pages 85 et 86).

La réglementation donne comme limite permettant le vol à vue, une visibilité horizontale de 1,5 km minimum, ou la distance parcourue en 30 secondes de vol si cette valeur est supérieure à 1,5 km. Ainsi, pour un avion se déplaçant à 120 kT, il lui faut une visibilité minimale de 1,8 km, car celui-ci parcourt 1 NM en 30 s, soit 1,8 km. Par mauvaise visibilité ou plafond bas, on se rend compte immédiatement qu'on est vite sur un obstacle **(Fig. 3)**, surtout avec un avion rapide, auquel cas, mieux vaut ralentir à la vitesse d'attente, ou annuler le vol...

AVERTISSEMENT : Lors d'un virage à 60° d'inclinaison prolongé au delà de 360° de secteur, il peut arriver (surtout en atmosphère calme) de passer dans notre propre turbulence de sillage. Cela peut-être très déconcertant car pendant 2 ou 3 secondes, on a l'impression de perdre le contrôle de l'avion (il ne répond plus) avec la désagréable sensation (fausse), qu'on va passer sur le dos. Sensation de perte de contrôle également à la suite d'un virage moins incliné ou si on croise la trajectoire d'un autre avion léger (ne pas évoluer derrière). On comprend alors ce que pourrait être le sillage d'un gros porteur (rappel page 110)…

LE GUIDE PRATIQUE DU PILOTAGE

SITUATIONS INHABITUELLES
COMMENT EN SORTIR ?

Pilotage avancé — 153

QUEL EST L'OBJECTIF ?

Apprendre à réagir correctement et rapidement face à une situation qui peut très vite devenir dangereuse, si les réactions sont mauvaises ou trop lentes. Les situations sont les suivantes : Le virage engagé – le cabré excessif – la vrille et la sortie dos accidentelle.

QU'EST-CE QU'UN VIRAGE ENGAGÉ ? QU'EST-CE QUI PEUT NOUS Y AMENER ?

C'est souvent à partir d'un virage à forte inclinaison qu'on a mal contrôlé au départ et qui prend une valeur d'assiette piquée, assez importante avec une vitesse croissante qui peut rapidement atteindre et dépasser la **VNE** (rappel page 45), si on ne réagit pas assez vite. Le variomètre accuse une chute importante. Bien qu'il puisse survenir à des inclinaisons plus faibles, c'est à forte inclinaison qu'il peut devenir dangereux.

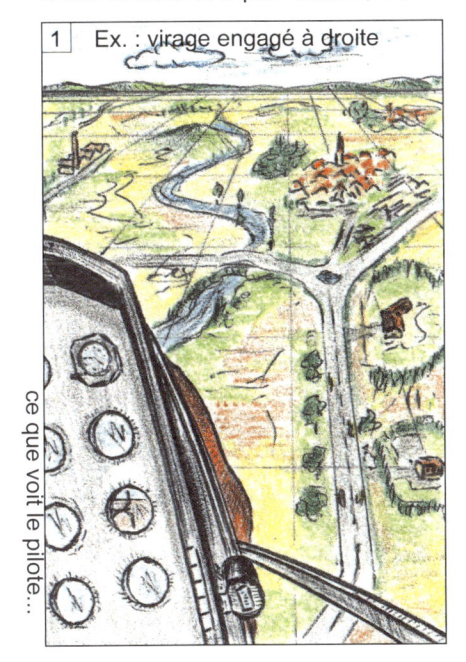

1 Ex. : virage engagé à droite

ce que voit le pilote...

Il peut être dû à l'inattention du pilote qui, distrait par autre chose, relâche inconsciemment l'action arrière du manche, ou par manque d'entraînement, de l'hésitation à tirer suffisamment sur le manche pour maintenir le vol horizontal au départ du virage.

Le premier réflexe serait de vouloir cabrer en tirant davantage sur le manche, conséquence le taux de virage croît puisque l'avion est incliné. Comme celui-ci augmente le rayon de virage diminue, entraînant une augmentation de la vitesse et de la portance de l'aile extérieure au virage (rappel page 68) puisque l'effet de roulis résultant n'est pas contré aux ailerons.

Résultat l'avion s'incline d'avantage et pique encore plus. Voyant cela, le pilote surpris tire encore sur le manche, ce qui entraîne et accentue les mêmes effets… avec en plus l'augmentation du facteur de charge (rappel page 63) et de la vitesse puisque l'avion pique.

L'accroissement rapide de ces facteurs (qui peuvent s'accentuer si on reste passif) prend des proportions qui peuvent rapidement devenir dangereuses, pouvant même conduire l'avion à la rupture (facteurs de charge importants, dépassement de la VNE !!!

> *SI VISUELLEMENT*, l'ensemble du capot de l'avion est sous l'horizon **(Fig. 1)** ou si à l'horizon artificiel, la maquette voisine des assiettes de – 10° à – 15°, à forte inclinaison, avec un vario **FORTEMENT NÉGATIF**.
> ***NOUS POUVONS CONSIDÉRER QUE NOUS SOMMES EN VIRAGE ENGAGÉ***

ATTENTION ! Les débutants confondent quelquefois le virage engagé avec un départ en vrille. Le départ en vrille est le résultat d'un décrochage dissymétrique (voir page suivante), alors que le virage engagé est un virage dont la vitesse accélère…

COMMENT SORTIR DE CETTE SITUATION DÉLICATE ?

Pour un pilote distrait le virage engagé peut être perçu par une sensation d'accélération de vitesse et de circulation d'air autour de la cabine, en tous cas :

Dès que l'on s'aperçoit qu'on est parti en virage engagé, il faut **SANS TARDER** et dans l'ordre

– Réduire immédiatement les gaz à fond

– Retour rapide à inclinaison nulle

– Effectuer une ressource avec souplesse en évitant d'appliquer des facteurs de charge trop importants surtout si on est proche de la VNE. Pour cela il faudra avoir une action sur le manche vers l'arrière (douce), qui va en s'amplifiant de façon à ce que le défilement du capot vers l'horizon soit constant.

– Remettre la puissance à la valeur nécessaire lorsque le vol horizontal (ou la montée) est repris ainsi que la vitesse désirée atteinte.

Erreur à ne pas commettre : éviter de composer les efforts, c'est-à-dire revenir à inclinaison nulle en effectuant simultanément la ressource, car il y a cumulation des efforts sur la cellule de l'avion qui peuvent l'endommager.

Conseil : si vous avez dépassé la VNE, ou voisiné, si vous avez eu l'impression d'avoir atteint des facteurs de charge importants, signalez-le à votre retour de vol à une personne compétente (instructeur-mécanicien...), ou faites examiner votre avion, quelle qu'en soit la cause…

Positions inhabituelles

SITUATIONS INHABITUELLES
COMMENT EN SORTIR ? (suite)

LE CABRÉ EXCESSIF :

Suite à une forte turbulence ou à la traversée inopinée du sillage d'un avion important, l'avion pourrait se trouver involontairement fortement cabré.

Dans ce cas surtout ne pas pousser sur le manche, ce qui mettrait en état d'apesanteur tous les objets flottants se trouvant dans la cabine…

CONDUITE A TENIR : Mettre plein gaz rapidement, puis incliner votre avion à 40° d'inclinaison mini sans tirer sur le manche. Automatiquement le nez de votre appareil va redescendre pour revenir à une situation habituelle. Il suffit alors de reprendre une inclinaison nulle et de réadapter puissance et assiette.

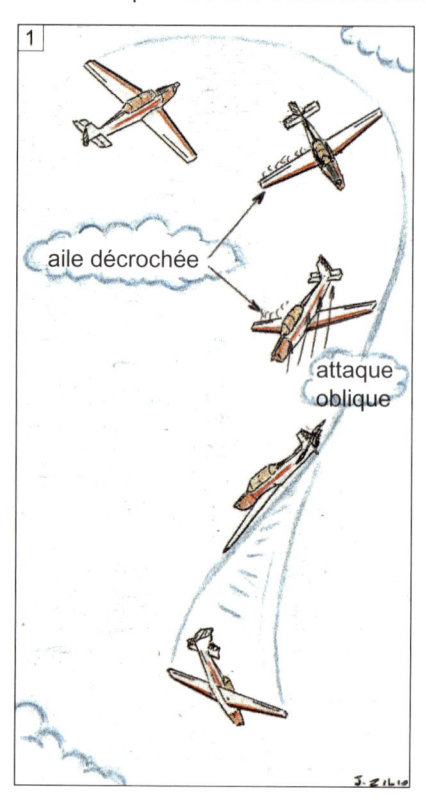

L'AUTOROTATION OU LA VRILLE : Cette manoeuvre peut-être volontaire (si l'avion le permet) ou fait suite à une grave erreur de pilotage, *faible vitesse et, dérapage important* peuvent nous conduire à l'autorotation. Il en résulte une chute assez importante en spirale "*dérapée*", ce qui masque partiellement l'aile intérieure qui est décrochée comme le montre la **Fig. 1**, alors que l'aile extérieure ne l'est pas, ce qui fait que ce mouvement a tendance à s'entretenir, si on ne fait rien pour l'arrêter, d'où le nom *d'autorotation* plus exacte que vrille. Pour une vrille volontaire (si l'avion est autorisé), au moment du décrochage pousser le palonnier à fond du côté choisi, manche à fond en arrière au neutre latéral. Maintenir les commandes ainsi durant la vrille.

L'avion est donc attaqué obliquement par la masse d'air. Il partira en vrille toujours du côté ou domine l'action du palonnier qui provoque la dissymétrie.

Sur tout avion, même ceux qui ne sont pas certifiés pour cette manœuvre, il est possible de sortir de cette situation accidentelle à condition de réagir rapidement et d'être suffisamment haut, car la perte d'altitude moyenne pour nos avions voisine 300 ft par tour, en rotation rapide.

Après l'arrêt, il faut en plus rajouter la ressource... près du sol, dernier virage par exemple cette manoeuvre est fatale !...

Des consignes précises de sortie de vrilles sont données par le manuel de vol de votre appareil. Il faut les connaître par cœur et les appliquer *avec la plus grande rigueur* en cas de nécessité, et surtout patienter le temps qu'il faut, (même s'il parait lent), jusqu'à l'arrêt de la rotation.

Dans tous les cas de départ en vrille, *réduire toute la puissance.*

Exemple d'une consigne de sortie vrille assez généralisée sur beaucoup d'avions :

GAZ REDUIT – PALONNIER A FOND CONTRAIRE AU SENS DE VRILLE – MANCHE AU NEUTRE
à maintenir ainsi jusqu'à l'arrêt

Dès l'arrêt ramener le palonnier au neutre pour éviter de repartir en vrille de l'autre côté et effectuer une ressource souple.

Une commande mal placée peut retarder ou empêcher la sortie, si celle-ci tarde, vérifier les positions données par la consigne, qui a été déterminée par des spécialistes.

Remarque : rien ne sert d'être le champion de la sortie de vrille, il vaut mieux savoir la déceler avant son départ, éviter grande incidence et dérapage cumulés. En cas de symptômes annonciateurs (vibrations, avertisseur sonore) les consignes sont les mêmes qu'à l'approche du décrochage (rappel pages 82 et 86).

Indiquez quelles sont les consignes de sortie de vrille de votre appareil, données par le manuel de vol :
_____

SORTIE DOS ACCIDENTELLE :

C'est un cas extrêmement rare (turbulence - vortex - perte de contrôle...). Si vous n'avez aucune notion de voltige, la consigne est la suivante : *poussez* assez fortement sur le manche, de façon à maintenir le nez de l'avion au-dessus de l'horizon et sans hésitation manche à gauche ou à droite (peu importe) avec une bonne amplitude, tout en le gardant poussé jusqu'à ce qu'il passe sur la tranche, et simultanément réduire la puissance.

Surtout ne pas avoir la tendance à tirer sur le manche pour revenir en vol ventre, l'accroissement de vitesse résultant pourrait nous conduire à la rupture. De même que si, sur le dos, on restait "*passif*", l'avion passerait en piqué dos, avec une vitesse croissante et dangereuse : – il faut pousser !...

Remarque : Il ne s'agit pas de faire une sortie dos "*voltige*", peut importe si l'avion désaxe monte ou descend, c'est avant tout une manœuvre de sauvegarde...

LE GUIDE PRATIQUE DU PILOTAGE

155

CONNAISSANCE DES ANGLES UTILES EN CAS DE PANNE DE MOTEUR

Pilotage avancé

QUEL EST L'OBJECTIF ?

Connaître les angles caractéristiques qui peuvent nous permettre de nous positionner correctement par rapport au terrain choisi en cas de panne de moteur de façon à assurer l'atterrissage avec un maximum de précision.

PHILOSOPHIE DU PROBLÈME :

Dans le pilotage en conditions normales, la connaissance des prises de terrain moteur réduit (ou sans moteur) est devenue superficielle. En effet, la probabilité de panne est faible, en raison de la grande fiabilité de nos moteurs actuels. Cependant le risque existe, le pilote qui s'est laissé surprendre par le givrage carburateur se trouve dans une situation analogue, bien que dans ce cas le résultat ne figure pas dans les statistiques "***Pannes de moteur***"...

Certains spécialistes vous diront qu'en cas de panne : "***Le pif...***" Cela peut être vrai... mais reste valable pour un pilote expérimenté et surtout habitué à évoluer dans ce style de manœuvre. Or ce n'est pas le cas d'une majorité de pilotes qui ont l'habitude de faire leurs approches au moteur, dans le plan de 5 % (ce qui est normal), donc mal à l'aise dès que celui-ci est réduit. Il en est de même des pilotes qui volent peu, voir la moyenne nationale... Pour ceux-là, il vaut mieux essayer de se raccrocher à un cadre, c'est là qu'intervient la connaissance des angles caractéristiques et des techniques appropriées, plutôt que de laisser le hasard faire les choses...

Ces angles, tout pilote "***devrait***" les déterminer et les connaître sur toute nouvelle machine qu'il prend en main... ou que son instructeur devrait lui montrer et de ce fait l'entraîner aux techniques de pannes : – ce qui permettrait de rafraîchir la mémoire...

En tout cas, s'entraîner à ces exercices de style, est le moyen le plus efficace de faire d'un pilote un pilote sûr dans une des situations les plus critiques.

A QUOI PEUVENT SERVIR CES ANGLES ET POURQUOI ?

On matérialise ces angles avec une certaine précision à l'aide d'une technique appropriée que nous allons étudier. Il faut situer ces angles sur des points précis de l'avion, par exemple sur un point de l'aile, du pare-brise ou du capot, etc...

Le fait de travailler avec des angles permet au pilote à l'entraînement ou en panne, de se positionner d'une façon précise sur tous terrains choisis de façon à garantir l'atterrissage dans des limites acceptables. Cela à l'aide de repères pris sur l'avion et non pas par habitude sur le seul aérodrome que l'on connaît bien, parce qu'on sait qu'il faut virer au-dessus de tel point sol connu (maison, arbre..) qui n'existe pas sur un terrain qu'on n'a pas l'habitude de fréquenter.

Travailler avec des angles est une garantie de précision sur tous terrains en cas de panne moteur, sans rien laisser au hasard... hasard qui ne fait pas forcément toujours bien les choses... Il faut s'entraîner régulièrement.

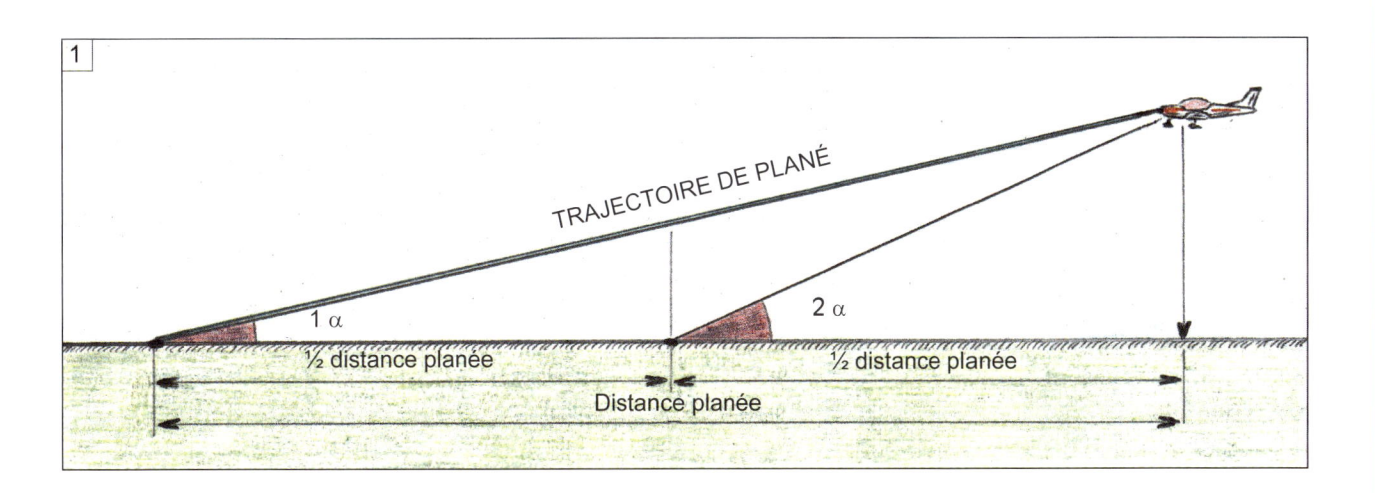

CONNAISSANCE DES ANGLES UTILES EN CAS DE PANNE DE MOTEUR (suite)

QUELS SONT CES ANGLES CARACTÉRISTIQUES ? DÉFINITIONS SIMPLES :

1) **L'angle de plané appelé 1 α :** cet angle nous donne au sol le point d'aboutissement de la trajectoire planée (début de l'arrondi) si on arrêtait le moteur (ou réduction totale de la puissance) au moment de la visée **(Fig. 1)**.

2) **L'angle double de l'angle de plané appelé 2 α :** cet angle qui n'est pas un angle de plané, nous donne au sol un point qui correspond à la moitié de la distance planée au moment de la visée (voir **(Fig. 1)**.

Remarques : un avion sera pratiquement toujours amené à descendre sur une trajectoire très voisine de l'angle de plané 1 α en cas de panne. Il ne sera *JAMAIS* amené à descendre sur la trajectoire donnée par l'angle 2 α, car la vitesse croissante qui en résulterait, compromettrait tout atterrissage normal.

Ces angles restent valables quelle que soit la hauteur, car la distance planée ou la ½ distance reste proportionnelle à celle-ci.

Chaque avion possède ses angles 1 α et 2 α propres qui sont fonction de sa finesse. Ce ne sont donc pas des angles au hasard...

QUELQUES REMARQUES SUR LE VOL A FINESSE MAX. :

Nous avons déjà traité page 55, le vol à la vitesse de finesse max. dont résulte la meilleure distance planée possible, d'une altitude donnée pour un type d'avion. C'est d'ailleurs dans ce cas que l'angle 1 α sera le plus faible.

L'élément numéro 1 est donc le maintien de cette vitesse qui donne la meilleure finesse.

A vitesse plus faible, l'avion s'enfoncera et la distance planée se réduira

A vitesse plus forte l'avion piquera davantage et perdra également en distance planée. Dans ces deux cas, la finesse se réduira. D'autres effets peuvent également diminuer la finesse :

– la sortie des volets qui accroît la trainée

– le virage qui demande toujours une augmentation de portance donc d'incidence d'où trainée supplémentaire et cela d'autant plus que l'inclinaison est grande.

Conclusion : en cas de panne de moteur **on a intérêt à maintenir** la **vitesse de finesse max.**, à utiliser les volets le plus tard possible et à ne pas virer trop incliné (voir perte altitude en virage, page 97), ce qui ne veut pas dire qu'il faut avoir peur de virer... (Attention vitesse en virage 1,45 Vs).

– la symétrie du vol est un élément également (rappel pages 19 et 20, et 90 à 92)

Remarque philosophique au **sujet des angles 1 α et 2 α :**

Aujourd'hui ils sont appelés angle de plané et angle double. En respect de ceux qui ont mis au point cette technique, je maintiendrai les anciens termes, tellement plus simples en explication sur un dessin, les nouveaux étant comme les réformes politiques (parfois)... chaque nouveau ministre amène la sienne pour marquer son passage...

D'après le manuel de vol de votre avion, trouver :

1) La vitesse de finesse max : _____
2) La valeur de la finesse max : _____

LE GUIDE PRATIQUE DU PILOTAGE

COMMENT DÉTERMINER PRATIQUEMENT L'ANGLE DE PLANÉ 1 α

Pilotage avancé

QUEL EST L'OBJECTIF ?

Savoir déterminer le moment précis de réduction totale de puissance et de mise en descente, pour amener l'avion au début de piste, en contrôlant la trajectoire planée de façon à ce qu'il soit placé en bonne condition pour débuter les manœuvres d'atterrissage.

COMMENT DÉTERMINER L'ANGLE DE PLANÉ 1 α :

Pour déterminer valablement l'angle de plané, il faut le faire à partir de la configuration "**approche initiale**", c'est-à-dire en vol horizontal, volets partiellement braqués, train sorti. Cette mesure, pour être précise, devra se faire sans vent ou très faible, ou par vent plein travers pour ne pas perturber la trajectoire planée. Dans ces conditions la finesse sera légèrement inférieure à la finesse-max ou l'avion est en configuration "*lisse*" train et volets rentrés ce qui en cas de panne constituera une petite garde...

Technique : A partir d'une altitude fixée d'avance (par exemple 800 ft), passer en vol horizontal au-dessus d'un point précis fixé d'avance, une ligne d'arbres attaquée perpendiculairement dans l'exemple **(Fig. 1)**.

Lorsqu'on arrive au-dessus du point précis, réduire totalement la puissance et passer en descente à la vitesse d'approche de la configuration, soit pour votre avion _____ en se rappelant qu'en vol plané, le contrôle de la vitesse s'effectue grâce aux variations d'assiette, si nécessaire (page 55).

Déterminer le "*point d'aboutissement*" de la trajectoire (on ne l'a pas choisi, il est ce qu'il est) une maison dans l'exemple **(Fig. 2)**. Le point d'aboutissement se détermine en observant sur le pare-brise la zone qui ne bouge pas par rapport au capot de l'avion, et qui reste toujours au même endroit sur le pare-brise. C'est une "**zone d'immobilité apparente**", cas de la maison dans l'exemple qui reste au même endroit du pare-brise et ne fait que grossir avec le rapprochement **(Fig. 3)**.

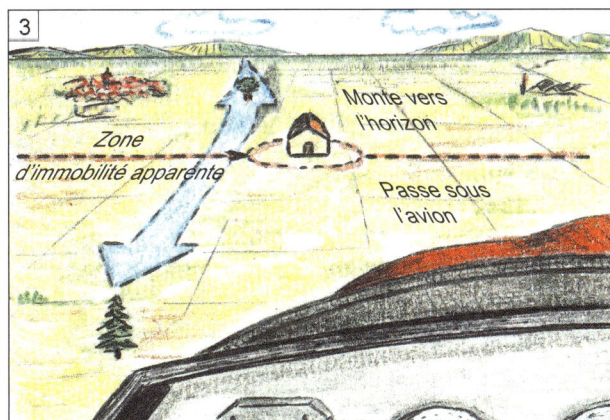

COMMENT DÉTERMINER LA ZONE D'IMMOBILITÉ APPARENTE ? :

Tous les points qui sont vus avant cette zone, bougent et tendent à passer sous l'avion. Tous les points qui sont vus après cette zone, tendent à monter vers l'horizon comme le montrent les **(Fig. 2 et 3)**.

LE GUIDE PRATIQUE DU PILOTAGE

Pilotage avancé

COMMENT DÉTERMINER PRATIQUEMENT L'ANGLE DE PLANÉ 1 α (suite)

Lorsque la zone d'aboutissement est déterminée avec certitude, remettre les gaz et revenir au point de départ en vol horizontal, même altitude, même configuration **(Fig. 4)**. Au moment précis où l'on arrive à la verticale du point fixe d'avance (ligne d'arbres) déterminer *très rapidement où se situe exactement la zone d'aboutissement (maison dans les exemples) par rapport au capot ou au pare-brise* (selon la taille du pilote ou du capot) **(Fig. 5)**. Elle se situe sur un point qui correspond à l'angle plané, à partir du vol horizontal. On l'appellera **"point α"**.

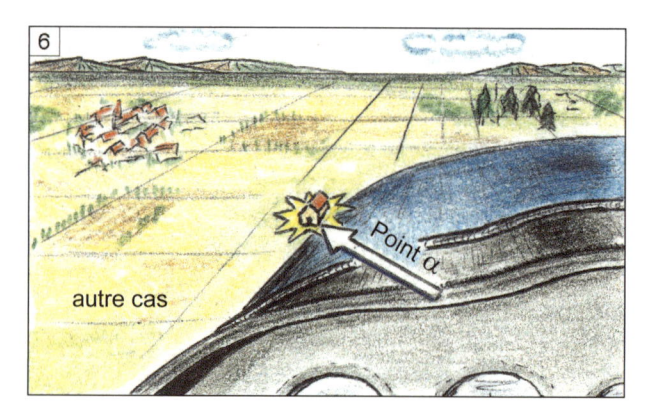

[Figure 4: 800 ft, Top ! détermination de l'angle, 1 α]

[Figure 5: Ex. Point α sur le capot]

[Figure 6: autre cas, Point α]

Sur certains appareils le nez de l'avion est long. Pour pouvoir situer ce point α, le passage devra se faire légèrement désaxé pour pouvoir voir la zone d'aboutissement et situer le point α, sans quoi elle serait cachée par le capot **(Fig. 6)**.

L'angle α par le travers : Il est bon de connaître la valeur de l'angle α, par le travers. On le détermine dans la foulée des exercices que nous venons de voir en effectuant un 3e passage, mais perpendiculaire au point d'aboutissement comme le montre la **(Fig. 7)** et de situer le point α par rapport à l'aile **(Fig. 8)**.

Selon les caractéristiques aérodynamiques de notre avion le point α se situera plus ou moins loin vers le bout de l'aile, voire même plus loin, légèrement au-dessus du bout d'aile, lorsqu'il s'agit bien sûr, d'avions à ailes basses.

[Figure 7: 800 ft, Top ! détermination de l'angle, 1 α travers]

LE GUIDE PRATIQUE DU PILOTAGE

COMMENT DÉTERMINER PRATIQUEMENT L'ANGLE DE PLANÉ α

Pilotage avancé

Lorsqu'il s'agit d'avions à ailes hautes cette estimation s'effectuera par rapport aux mâts ou de la hauteur par rapport à la vitre (s'il n'y a pas de mat) **(Fig. 9)**.

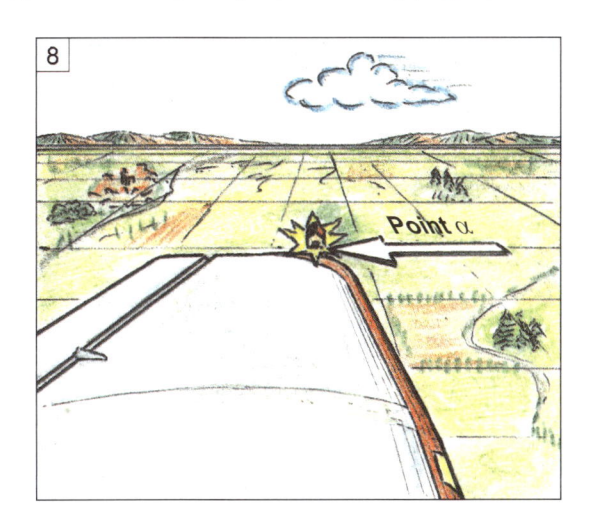

Quelle que soit la hauteur, ces angles restent valables, il n'y a que la distance planée qui varie... plus haut, plus loin... Évidemment plus on est haut moins bonne est la précision. On peut donc dire qu'en approche sous α, 2000 ft est un maximum, en dessous de 1000 ft l'estimation est bonne.

QUELLE EN EST L'APPLICATION ?

Pour effectuer une approche planée en ligne droite, le point α sur l'avion va nous permettre de décider à quel moment il va falloir réduire totalement les gaz et passer en descente pour arriver avec un maximum de précision dans les premiers mètres qui suivent l'entrée de piste ou le seuil.

Pour cela, d'assez loin on amène l'avion en vol horizontal face à la piste (ou légèrement décalé si capot long) en bonne configuration **(Fig. 10)**.

L'avion se rapproche de la piste ...

Au moment précis où le point α sera confondu avec l'entrée de piste **(Fig. 11)** réduire totalement la puissance et passer en descente planée en maintenant la vitesse préconisée. Si l'opération est bien menée la zone d'aboutissement et d'immobilité apparente sera l'entrée de piste.

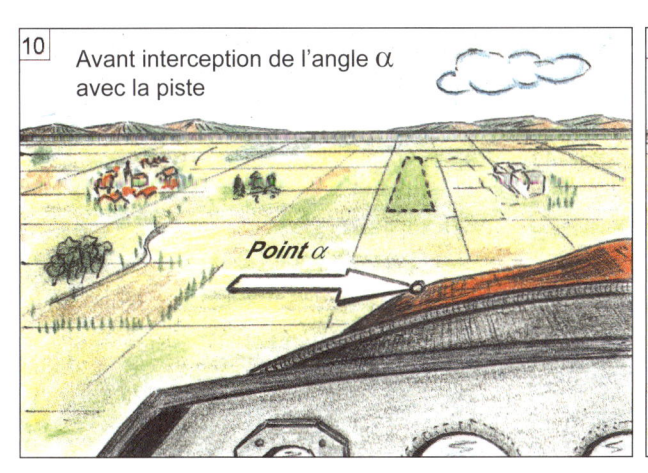

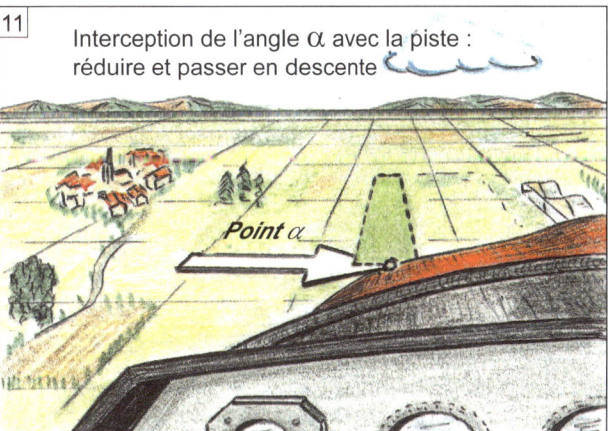

On considérera que l'approche est correcte si la zone d'aboutissement se situe entre l'entrée de piste et le premier quart de celle-ci (pour une piste de l'ordre de 1000 m maximum).

Remarque : Au moment de l'arrondi, l'angle de redressement est plus important qu'en approche normale dans le plan de 5 %, (environ du double pour nos avions légers).

COMMENT EXPLOITER PRATIQUEMENT L'ANGLE DE PLANÉ α

Pilotage avancé

QUELS SONT LES PRINCIPAUX CAS D'UTILISATION DE L'APPROCHE PLANÉE EN DIRECT ?

1) Pour entraînement.

2) Lorsque par temps de mauvaise visibilité en approche directe (possible sur aérodrome contrôlé avec accord du contrôleur) on a manqué l'interception du plan de 5 %, on attendra d'intercepter l'angle α pour effectuer l'approche **(Fig. 12)**.

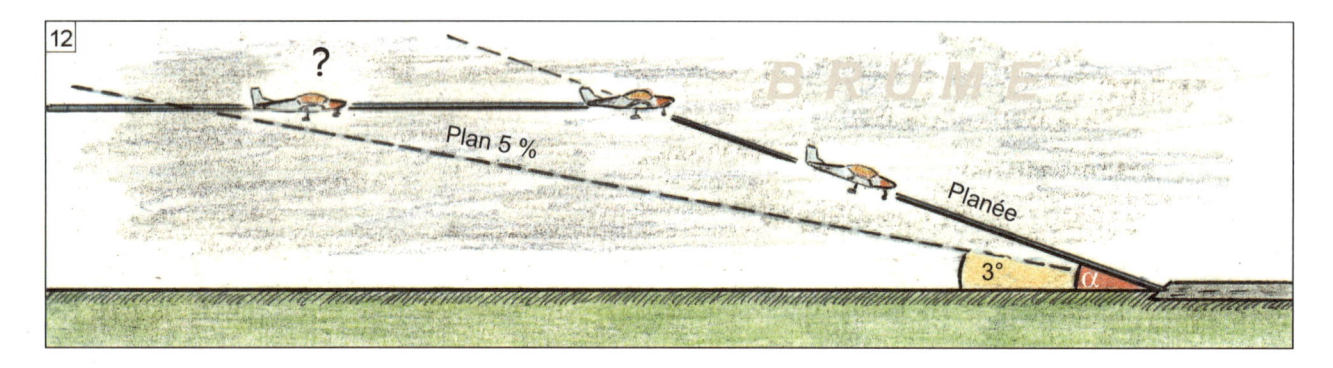

3) Lorsqu'on survole la mer parallèle à la côte, la côte devra se situer au plus loin sous α travers pour qu'en cas de panne, on puisse rejoindre le rivage.

QUELS SONT LES FACTEURS INFLUENTS ? EFFETS / REMÈDES :

Le vent : – de face, il va réduire la distance planée.

– arrière, il va l'augmenter.

– de travers, il n'a pas d'effet sur celle-ci.

Conclusion : Décaler le point de visée α *d'environ 15 mètres par Nœud de vent* par tranche de 10 Kt et de 500 ft (appréciation empirique suffisante), par exemple :

– Sans vent, on réduit lorsqu'on voit l'entrée de piste sous α **(Fig. 10 et 11)**.

– Avec un vent de 10 Kt de face, on réduira lorsque le point α aura pénétré de 150 mètres à l'intérieur de la piste (puisque 15 x 10 = 150).

– Par vent, arrière de même force, il faudrait réduire lorsque le point α serait confondu avec un point au sol situé 150 m avant la piste.

Avec un peu d'expérience et des habitudes d'évaluation de distance par rapport au terrain habituel, dont on connaît la longueur, on arrive à apprécier ce décalage ailleurs.

Les volets : Nous savons qu'ils diminuent la finesse par l'augmentation de trainée qu'ils provoquent (rappel pages 73 et 74). Ils peuvent donc servir à corriger une approche "*trop haute*" en prenant une trajectoire plus piquée sans variation de vitesse.

Remarque : En cas d'approche planée, les volets servent à modifier la trajectoire lorsqu'elle a besoin d'être corrigée, ce qui **N'EST PAS** le cas lorsqu'il s'agit d'une approche-moteur ou seules les variations d'assiette et de puissance suffiront à modifier la trajectoire.

A retenir : Contrairement à l'approche dans le plan 5 % la zone d'aboutissement ne se choisit pas avec la même précision. Si la visée α est bien faite, elle peut correspondre au souhait. En finale, il ne faut donc pas vouloir à tout prix viser l'entrée de piste, ce qui peut occasionner :

a) En cas d'approche haute un accroissement de vitesse compromettant l'atterrissage dans les limites d'une piste courte. Corriger en braquant plus les volets.

b) En cas d'approche courte de faire chuter dangereusement la vitesse avec risques de décrochage. Corriger en repassant en palier avec puissance jusqu'à ce que la correction soit effectuée et repasser en descente planée.

> LE PLUS IMPORTANT ETANT TOUJOURS LE MAINTIEN DE LA VITESSE

Nota : Moyennement pour beaucoup de nos avions la finesse voisine 10, ce qui leur fait un angle α de 5 à 6° donc un plan voisinant 10 %.

LE GUIDE PRATIQUE DU PILOTAGE

COMMENT DÉTERMINER PRATIQUEMENT L'ANGLE 2 α

Pilotage avancé

QUEL EST L'OBJECTIF ?

Savoir déterminer l'angle principal avec lequel on aurait à travailler en cas de panne de moteur. C'est par le travers qu'il a la plus grande importance. Nous en comprendrons mieux l'utilité lorsque nous étudierons les techniques de pannes de moteur.

COMMENT DÉTERMINER SUR L'AVION L'ANGLE 2 α ?

Appelé également "**angle double**". Pour le déterminer, comme pour l'angle 1 α (on le fait à partir de la configuration "**approche initiale**", au-dessus d'un secteur dont on connaît la hauteur précise (aérodrome ou secteur de même altitude topographique).

Technique : Dans un premier temps, on pratique comme pour la mesure de l'angle 1 α. On passe au-dessus d'un point au sol fixé d'avance (ligne d'arbres attaquée perpendiculairement dans l'exemple **(Fig. 1)** à une hauteur précise de 800 ft sol).

Arrivé au-dessus du point fixé, réduire totalement la puissance et passer en descente planée à la vitesse préconisée. Déterminer la zone d'aboutissement qui est une maison dans notre exemple.

Lorsqu'on est sûr de la zone d'aboutissement remettre les gaz et remonter.

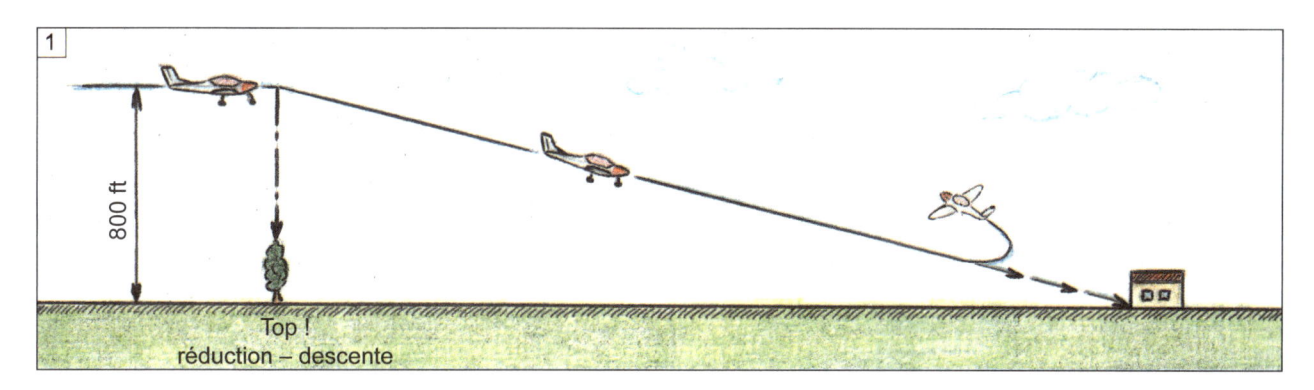

Pour déterminer l'angle 2 α (il suffira d'effectuer un second passage perpendiculaire au point d'aboutissement. Au-dessus du point fixé d'avance (ligne d'arbres dans l'exemple) mais au "**double de la hauteur sol**", c'est-à-dire 1600 ft **(Fig. 2)** et de situer avec précision, l'endroit où se trouve ce qui était la zone d'aboutissement (maison dans l'exemple), par rapport à l'aile (pour avion à aile basse) **(Fig. 3)** ou du mât ou vitre pour avion à aile haute, comme pour l'angle 1 α page 160.

L'endroit précis où se trouve la maison par rapport à l'aile de l'exemple est vu sous 2 α travers. Reste à s'en rappeler...

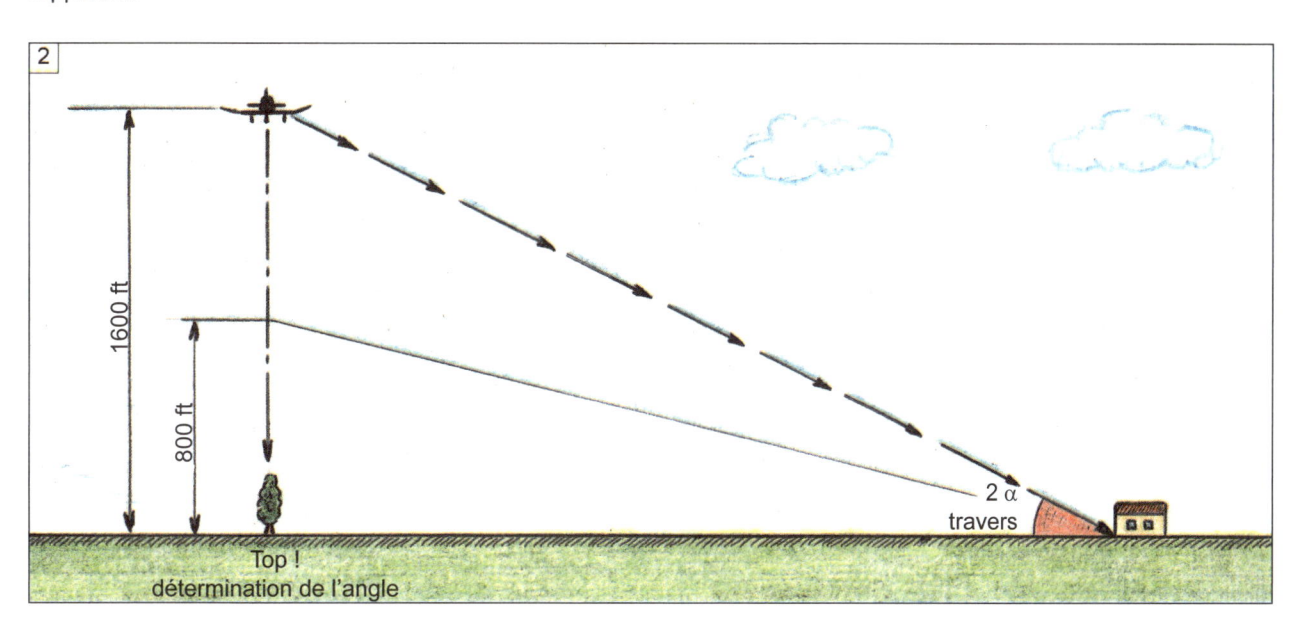

Pilotage avancé — LE GUIDE PRATIQUE DU PILOTAGE

COMMENT DÉTERMINER PRATIQUEMENT L'ANGLE 2 α (suite)

Dans cet exercice, il est très important de connaître la hauteur précise par rapport au sol, puisqu'il faut effectuer le second passage au double de hauteur, pour que l'estimation de l'angle 2 α sur l'avion, soit la plus exacte possible.

Bien entendu, au moment de situer l'angle, il faut que l'inclinaison soit bien nulle.

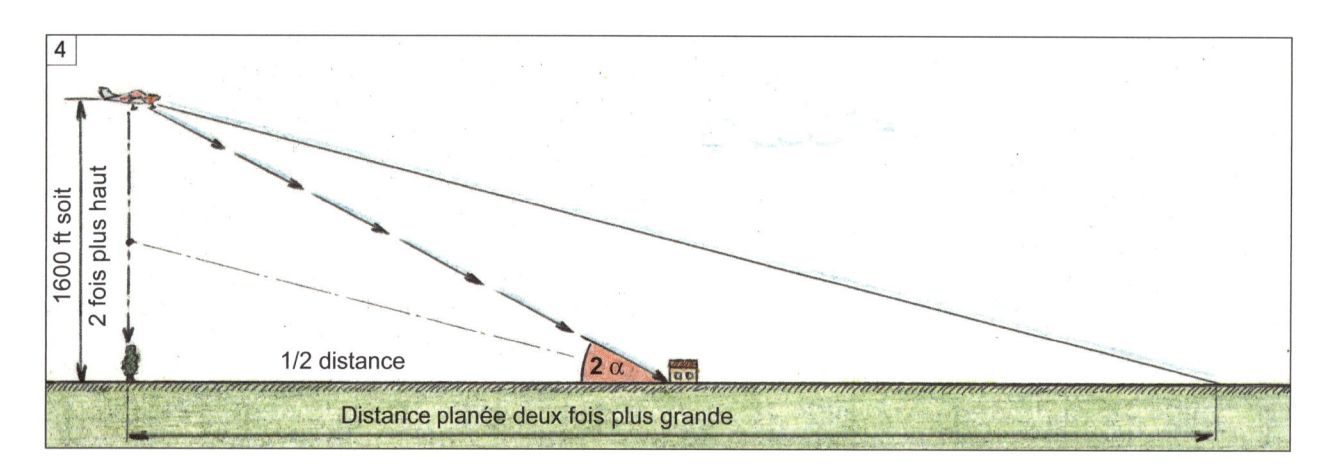

Remarque : Lorsque l'avion est deux fois plus haut **(Fig. 2 et 4)** au-dessus du point de référence (arbres) il plane deux fois plus loin, donc dans le cas du second passage au double de l'altitude, le point d'aboutissement (maison) correspond bien à la moitié de la distance planée de 1600 ft **(Fig. 4)**.

Évidemment, le point 2 α sera plus près du pilote que le point 1 α.

Nota : lorsqu'il s'agit d'avion côte à côte, la position des points α et 2 α travers, n'est pas symétrique sur l'aile gauche et l'aile droite, puisque nous ne sommes pas au centre de l'avion.

LE GUIDE PRATIQUE DU PILOTAGE

ÉTUDE DE LA PRISE DE TERRAIN PAR ENCADREMENT DITE PTE

Pilotage avancé

QUEL EST L'OBJECTIF ?

S'initier à la technique à adopter en cas de panne de moteur et, s'habituer à travailler dans des plans permettant d'assurer la précision d'atterrissage, avec un maximum de sécurité

ANALYSE DES POSITIONNEMENTS :

On utilise la P.T.E. lors d'une panne de moteur d'une altitude comprise entre 1200 ft sol mini et 2500 ft sol maxi. Pour réussir correctement cette technique, il faut venir se placer "***rapidement***" sous 2 α travers de l'axe du terrain choisi, ou de son prolongement, **(Fig. 1 et 4)** sensiblement en vent arrière et, de se maintenir sur ce plan 2 α. Or, nous perdons de l'altitude et, pour rester sur le plan, **il est nécessaire de converger de 30°** vers le prolongement de l'axe de piste, cela pour rester sous un angle constant, car plus nous sommes bas, plus nous devons en êtres rapprochés **(Fig. 2 et 3)**. Le point 2 α de l'avion doit être maintenu sur la piste **(Fig. 1)**, durant la vent-arrière.

Si le plan est maintenu, le point 2 α doit courir sur la piste à inclinaison bien nulle

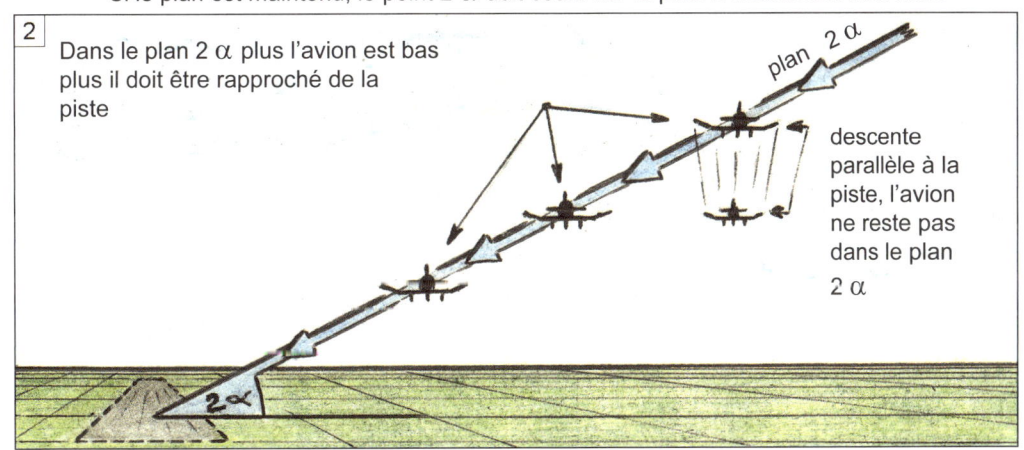

Dans le plan 2 α plus l'avion est bas plus il doit être rapproché de la piste

descente parallèle à la piste, l'avion ne reste pas dans le plan 2 α

POURQUOI CONVERGER DE 30° ?

Prenons le cas du triangle rectangle formé par **A-B-C (Fig. 3)**. L'axe de piste serait matérialisé par **A-B**. La distance de l'avion à la piste serait de **A-C** au début de la manœuvre et le trajet prévu **C-B**. La distance **A-C**, de l'axe de piste sera égale à la moitié de **C-B** lorsque l'avion sera en **C**. Si la convergence est de 30° et que l'avion est bien sous 2 α travers, quelle que soit la position de l'avion sur l'axe **C-B**, celui-ci sera toujours à la moitié de la distance restant à planer par rapport à l'axe de piste **A-B**. Ainsi lorsque l'avion est en **E**, la distance **E-F** est égale à la moitié de **E-B**. Lorsqu'il est en **G**, la distance **G-H** est toujours égale à la moitié de **G-B**.

ÉTUDE DE LA PRISE DE TERRAIN PAR ENCADREMENT DITE PTE (suite)

Comme exemple pratique, considérons un avion de finesse 10 planant donc, dix fois sa hauteur :

S'il est à 500 m de hauteur en **C** il planera 10 fois sa hauteur soit 5000 m ce qui l'amènera en **B** en convergeant de 30°. Comme il est sous 2 α travers, il est donc à la ½ distance plané soit **A-C** = 2500 m de l'axe de piste. Lorsqu'il arrive en **E** supposons qu'il soit à 300 m de hauteur, il va donc lui rester à planer 3000 m jusqu'au point **B**, il sera donc à 1500 m de la piste **E-F** puisqu'il est toujours sous 2 α travers et, ainsi de suite...

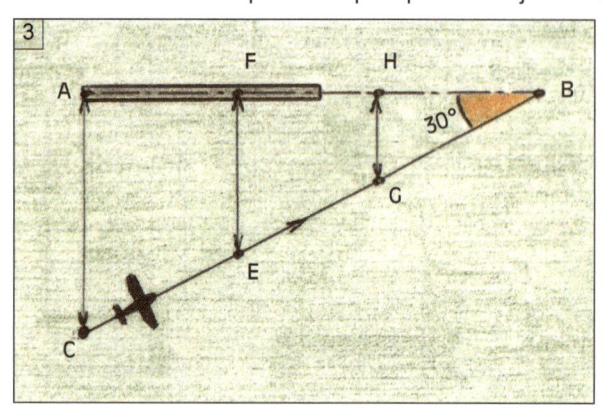

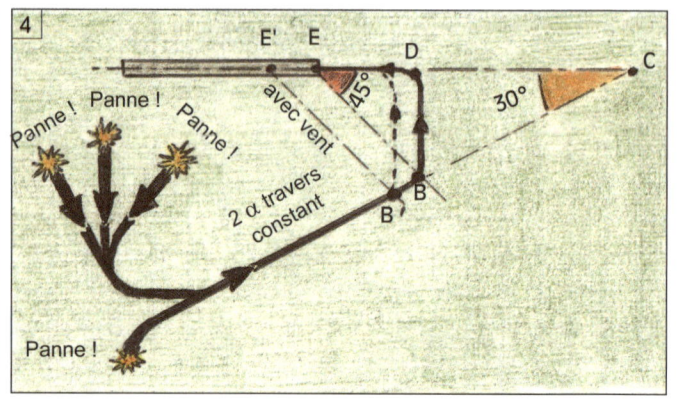

En résumé : *QUELLE QUE SOIT LA HAUTEUR DE L'AVION, IL EST TOUJOURS PAR RAPPORT A LA PISTE OU SON PROLONGEMENT A LA MOITIÉ DE LA DISTANCE QU'IL LUI RESTE A PLANER EN LIGNE DROITE.*

QUELLE EST LA TECHNIQUE FINALE DE L'ENCADREMENT ?

Par vent faible lorsque nous coupons **l'axe qui fait 45°** par rapport à l'entrée de piste (**Fig.4 et 5**), nous sommes en **B**. Il faut alors effectuer le virage qui nous place perpendiculaire à l'axe de piste soit **B-D**, parcours sur lequel nous allons perdre la moitié de la distance planée et de hauteur, et, de **D** à **F** l'autre moitié pour aboutir sensiblement en **E**. Si de **B** on continuait en ligne droite, le point d'aboutissement serait **C**, or la distance **B-C** est la même que le parcours **B-D-E** ; **B-D et D-E sont des branches de longueurs égales grâce à l'angle de 45°.** S'assurer que la branche perpendiculaire soit d'égale longueur à la branche finale.

Exemple chiffré avec avion de finesse 10 : – Si en **B** l'avion est à 200 m de hauteur B-C = 2000 m et puisque l'avion est sous 2 α **B-D** = 1000 m et **D-E** = 1000 m, également ce qui correspond bien aux 2000 m restant à planer du point **B**.

Si le vent est fort on décalera le point de départ des 45° d'environ 15 m par nœud de vent. Ainsi on effectuerait notre avant-dernier virage en **B'** lorsque **E'** est vu à 45°. Une fois en finale, le vent freinant on arriverait en **E** grâce à cette correction sans laquelle la finale serait trop courte et n'aboutirait donc pas à la piste...

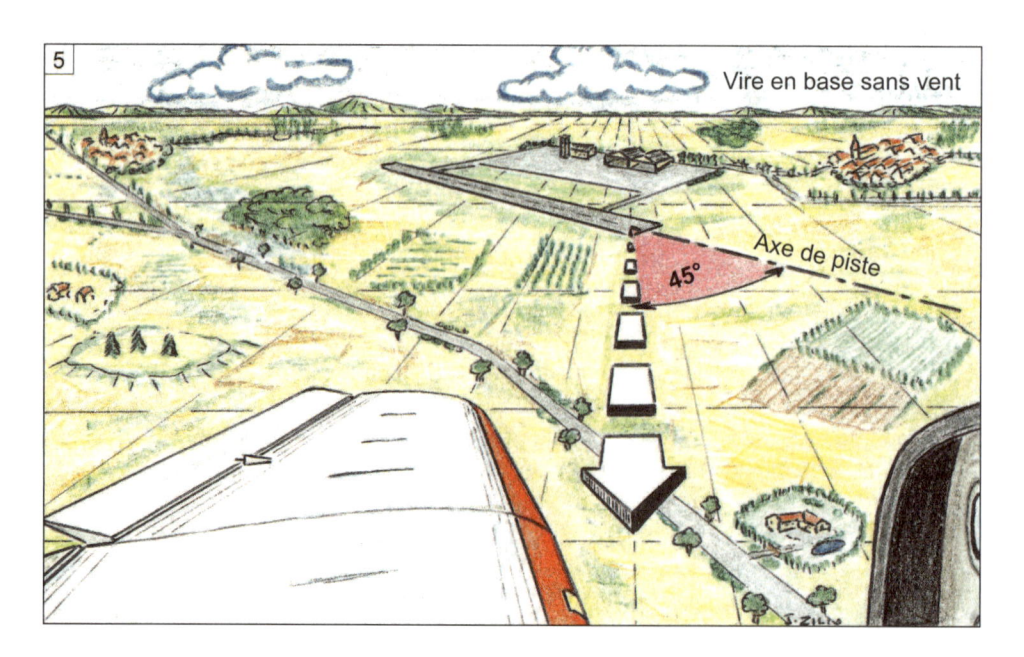

LE GUIDE PRATIQUE DU PILOTAGE

ÉTUDE DE LA PRISE DE TERRAIN PAR ENCADREMENT DITE P.T.E. (suite)

Pilotage avancé

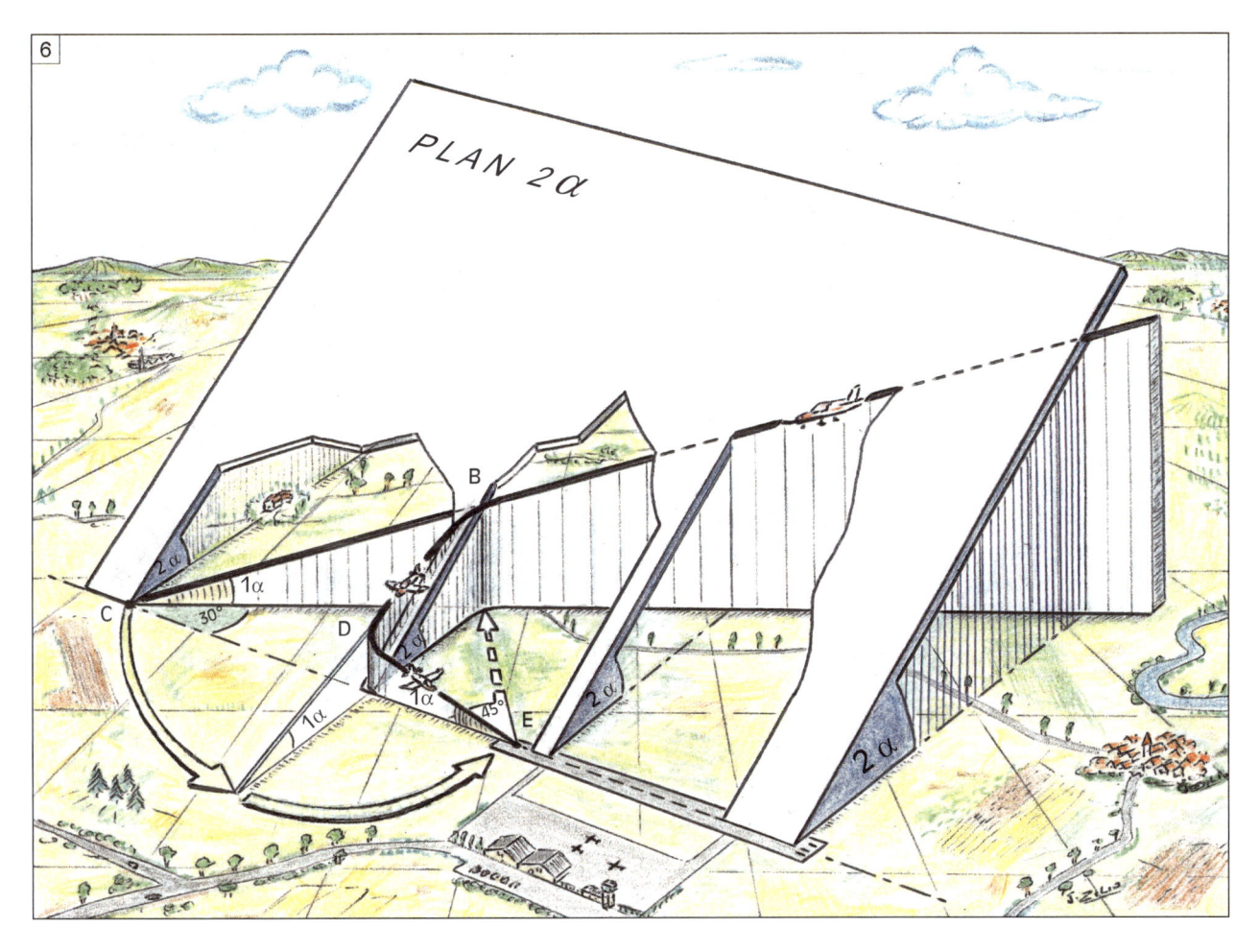

Pour compléter ce que nous venons de traiter, la **Fig. 6** nous montre bien que si l'avion continuait sur la trajectoire convergente de 30°, il aboutirait en **C**.

Or, s'il vire en **B** lorsqu'il coupe l'angle qui fait 45° par rapport à l'axe de piste, la trajectoire **B-D-E** est égale à **B-C**, comme si **B-C** était rabattu. Sur **B-D** il va parcourir la moitié de la distance **B-C** et perdre la moitié de la hauteur qu'il a en **B**. Ensuite de **D** à **E** il parcourra l'autre moitié de distance et de hauteur. Si par exemple sa hauteur est de 600 ft en **B**, elle sera de 300 ft en **D**.

QUELS SONT LES POINTS IMPORTANTS DE LA P.T.E. ?

a) **les limites :** si on analyse la P.T.E. on s'aperçoit que cette technique ne peut s'employer correctement que lorsqu'au départ l'avion se trouve à une hauteur de 1200 ft minimum. Plus bas il sera préférable d'employer d'autres méthodes, ce que nous traiterons plus loin. Si l'avion est très haut, il faudra descendre aux environs de 2500 ft pour débuter l'encadrement car en altitude la précision de l'angle 2 α devient douteuse en raison de la distance. L'excédent de hauteur pourra se perdre en tournant au-dessus du terrain ou en faisant des **S**. Une hauteur de départ courante à l'entraînement est 2000 ft. Mais il est bon de varier...

Il faut savoir également que la P.T.E. moyenne s'effectue par rapport à un terrain de l'ordre de 1000 m de longueur maxi si on désire se poser sur ledit terrain dans le bon sens. Remarquons que dans certaines régions, trouver en cas de panne des terrains plus grands que 1000 m est un luxe... En tous cas, si le terrain est plus grand que ces 1000 m, ne travailler que par rapport à cette longueur comme le montre la **Fig. 7**, quitte à débuter la manœuvre au milieu du terrain (pour un terrain de 2000 m par exemple).

b) **le point-clé de l'encadrement :** le point-clé de la P.T.E. se situe au début de la vent arrière (**Fig. 7**). En cas de panne c'est donc le point à rejoindre "*le plus rapidement possible*" en maintenant la **vitesse de finesse maxi** car c'est à partir de ce point que débute réellement la P.T.E. A cet endroit la hauteur devra se situer aux environs de 2000 ft à 1200 ft minimum, c'est-à-dire que si la panne survient en **A-B-C-D-E** il faudra être plus haut (2000 à 3000 ft maxi).

Si elle survient en **F** ou **G** il faudra être aux environs de 1500 à 1200 ft sol ou choisir une technique différente, ou encore démarrer la P.T.E. en **H** ou **I**, soit vers le milieu de terrain standard, mais elle devient difficile à réaliser, dans ce cas on pourra terminer par un P.T.U. (voir pages 172 à 174).

ÉTUDE DE LA PRISE DE TERRAIN PAR ENCADREMENT DITE P.T.E. (suite)

Pilotage avancé

Remarques : il est bien entendu qu'en cas de panne, ces altitudes ne pourront être estimées, car on ne connaît pas avec précision l'altitude topographique de chaque lieu, aussi, un peu d'habitude sera nécessaire.

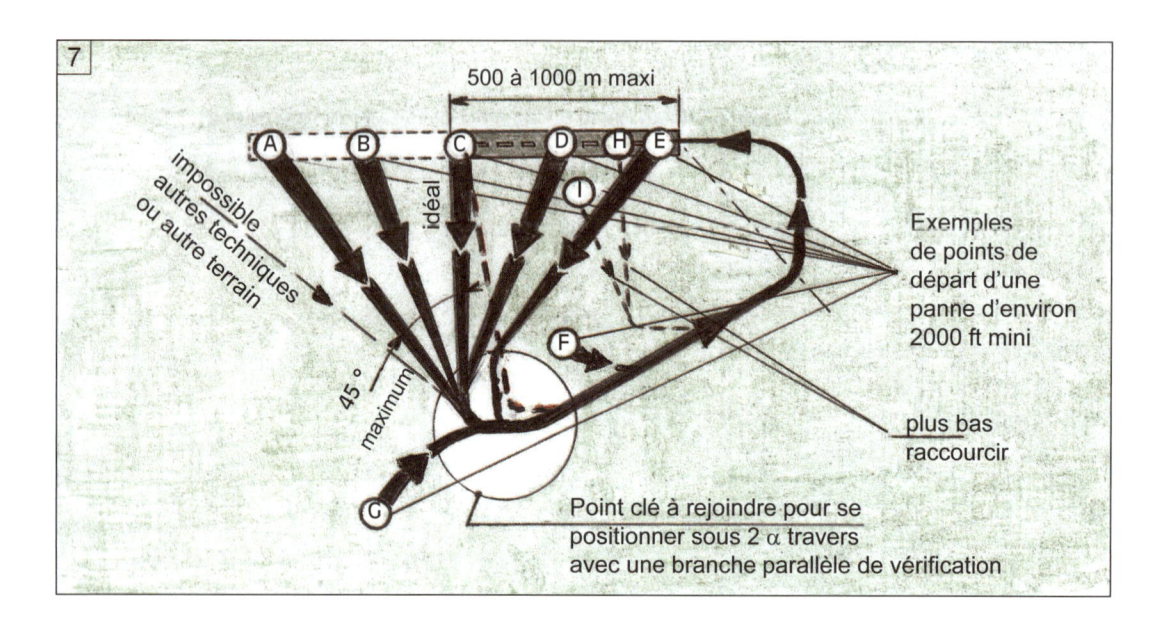

Fig. 7 : 500 à 1000 m maxi — impossible autres techniques ou autre terrain — idéal — 45° maximum — Exemples de points de départ d'une panne d'environ 2000 ft mini — plus bas raccourcir — Point clé à rejoindre pour se positionner sous 2 α travers avec une branche parallèle de vérification

Si la hauteur est suffisante pour rejoindre le point-clé, depuis **A-B-C-D** ou **E** il faudra estimer "*empiriquement*" le point 2 α par l'arrière sur l'avion, qui permettra de déterminer le moment de passer en vent arrière lorsque ce point sera confondu avec la piste, comme le montre la **Fig. 8** en exemple. Si on ne voit pas la piste, converger de 10 à 20° vers l'intérieur du circuit comme le montre le pointillé qui part du point **C**. Il faut d'ailleurs faire en sorte de voir le point 2 α arrière rejoindre la piste **(Fig. 8)** ce qui détermine le moment de passer en vent arrière. Remarquons que ce point s'estime au sol "avant" de réaliser des P.T.E., mais après avoir déterminé l'angle 2 α (pages 161-162).

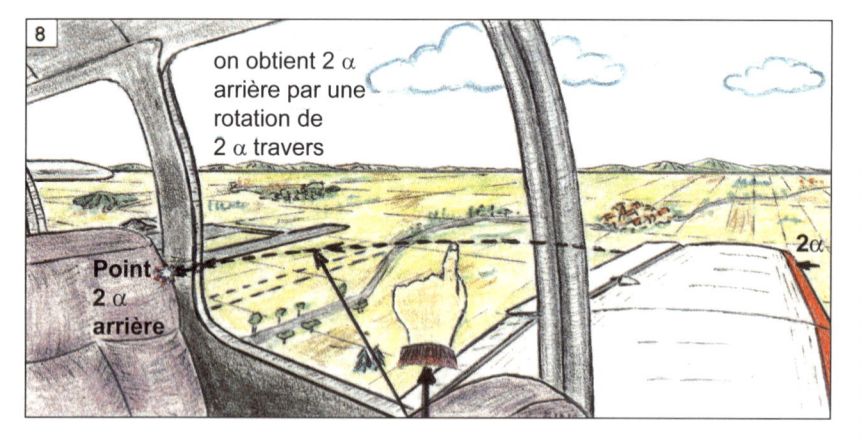

Fig. 8 : on obtient 2 α arrière par une rotation de 2 α travers — Point 2 α arrière — 2α

On effectuera alors une courte branche parallèle à la piste à inclinaison nulle pour vérifier si le plan est correct, pour éventuellement se réajuster avant de converger de 30°. Ces positionnements devront se faire avec une certaine énergie (ce qui ne veut pas dire brutalité). Ne pas craindre de virer à 35°, 37°, d'inclinaison pour se positionner, car l'avion n'attend pas... il descend. De plus dans ces moments on ne pilote plus pour le confort de ses passagers, mais pour amener tout le monde au sol dans le meilleur état possible... La vitesse devra être à 1,45 de Vs1 dans ces virages, proche de la vitesse de finesse max. Sur cette branche sortir les volets au braquage intermédiaire (config. approche, 1,45 de Vs1).

On prendra soin de régler le compensateur, de façon à ce que l'avion tienne sa vitesse seul, ce qui nous permettra de mieux pouvoir disperser notre attention pour s'occuper d'autres charges...

c) les corrections lorsque l'avion n'est pas dans le plan 2 α : il faut l'y ramener sans tarder par une baïonnette, trop près, dans un plan fort en s'éloignant momentanément de la convergence. Trop loin, dans un plan faible en se rapprochant momentanément. Lorsque le plan 2 α est rejoint, reprendre la convergence de 30° et prendre un repère devant soi qui assurera visuellement le contrôle de cette convergence **(Fig. 9)**.

LE GUIDE PRATIQUE DU PILOTAGE

ÉTUDE DE LA PRISE DE TERRAIN PAR ENCADREMENT DITE P.T.E. (suite)

Pilotage avancé

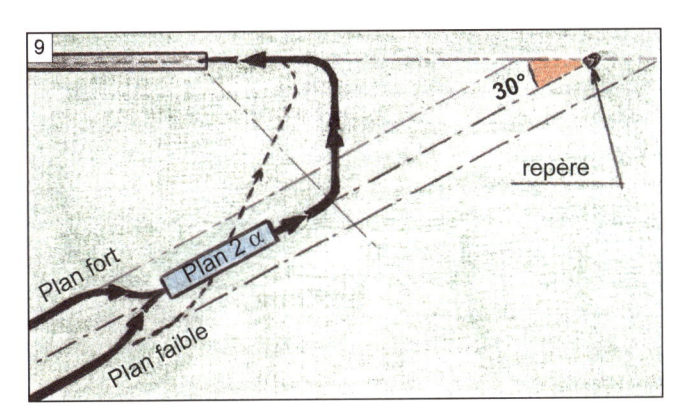

Si le plan est vraiment faible et ne revient pas, maintenir une convergence forte, quitte à suivre une trajectoire raccourcie, voir trajectoire pointillée **(Fig. 9)**.

Si le plan est vraiment trop fort, il faut diverger d'environ 30° afin de rejoindre le plan 2 α au plus vite **(Fig. 10)** puis reprendre la convergence.

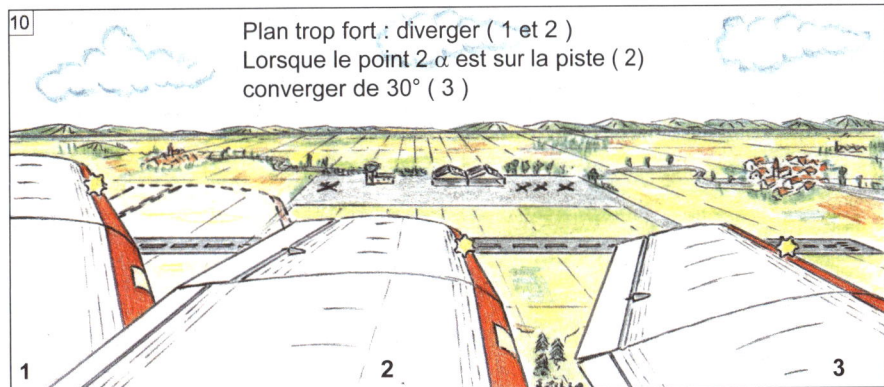

Plan trop fort : diverger (1 et 2)
Lorsque le point 2 α est sur la piste (2) converger de 30° (3)

d) **les corrections éventuelles pour le maintien du plan 2 α** : lorsque l'avion est sur le plan 2 α, il faut qu'il y reste, or, il peut arriver qu'il s'écarte un peu. Dans ce cas, il suffit de modifier légèrement la convergence en changeant le repère sol vers lequel on se dirige, ainsi :
 – Si le plan a tendance à faiblir, converger un peu plus (avion trop loin) d'environ 10° donc 10 cm.
 – Si le plan a tendance à devenir fort, converger un peu moins (avion trop près).

e) **effets du vent sur la convergence** : il faut particulièrement en tenir compte lorsque le vent est de travers, ainsi si le vent "*va vers la piste*" il aura une tendance naturelle à rapprocher l'avion de celle-ci. Il en résultera que pour garder la trajectoire convergente de 30°, le cap avion sera moins convergent en raison de la correction de dérive nécessaire **(Fig. 11)**. Ce cas est favorable car il tend à rapprocher l'avion de la piste.

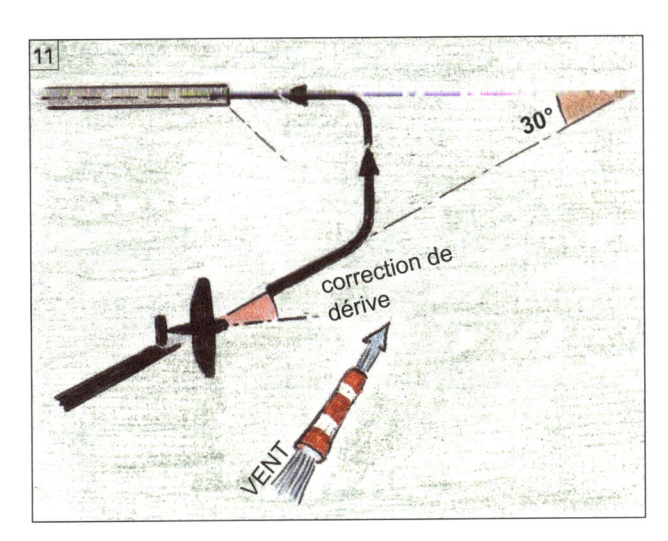

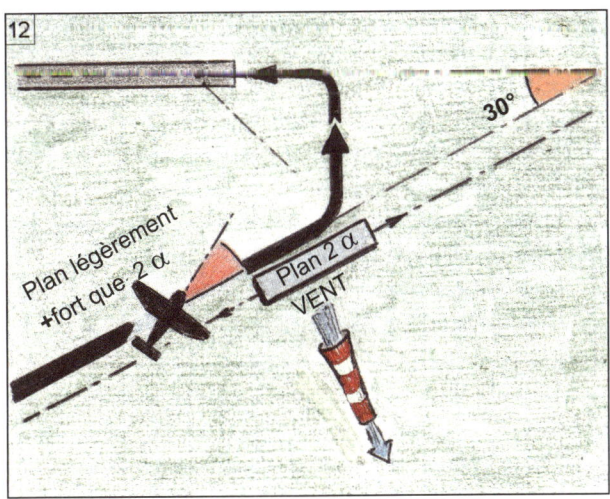

Il n'en n'est pas de même lorsque le vent "*vient de la piste*", la tendance étant d'éloigner l'avion de celle-ci. Le cap avion devra être plus convergent que les 30°, il est même conseillé de prendre un plan légèrement plus fort que 2 α, surtout si le vent est fort, **(Fig. 12)**. C'est donc le cas défavorable... (même considération avec vent très fort dans l'axe).

En conclusion : lorsque l'on a le choix, mieux vaut effectuer l'encadrement avec vent ramenant vers la piste.

ÉTUDE DE LA PRISE DE TERRAIN PAR ENCADREMENT DITE P.T.E. (suite)

QUELLES SONT LES DERNIERES SOLUTIONS DE RATTRAPAGES EVENTUELLES ?

Au cours de la P.T.E. il peut arriver que le positionnement 2 α travers ou l'estimation des 45° aient été mal évaluées. Dans ce cas, on risque de se retrouver mal positionné sur la finale, c'est-à-dire trop long, ou pire encore, trop court ... Or, nous disposons d'un moyen efficace de contrôle ceci, "**vers le milieu de l'étape de base**" par l'intermédiaire du point 1 α travers, dont nous allons comprendre ici tout l'intérêt par le réajustement qu'il permet. Trois cas peuvent se présenter :

1) **L'avion est en bonne position,** mais comment en être sûr ?

Prolonger horizontalement le point α travers jusqu'à la piste par imagination, comme le montrent les **(Fig. 13 et 14)**... S'il arrive dans les premiers mètres de l'entrée de piste, l'avion est en bonne position, poursuivre la P.T.E. normalement. Il se posera alors en début de piste, comme souhaité.

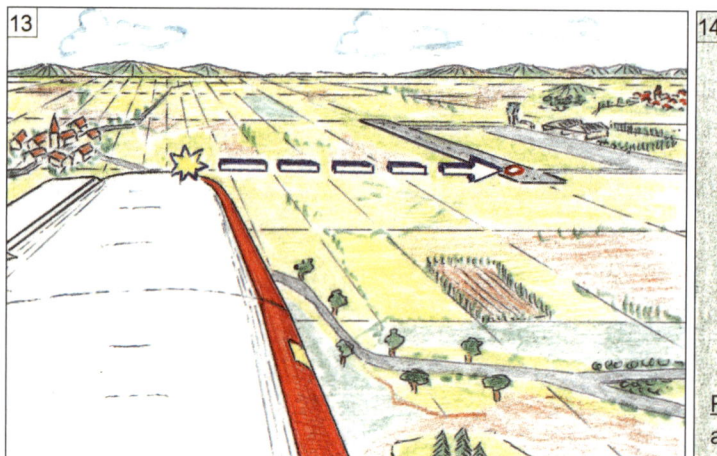

Fig. 13

Fig. 14 — Bon. Position correcte : le point α est confondu avec ce qui sera la zone d'aboutissement

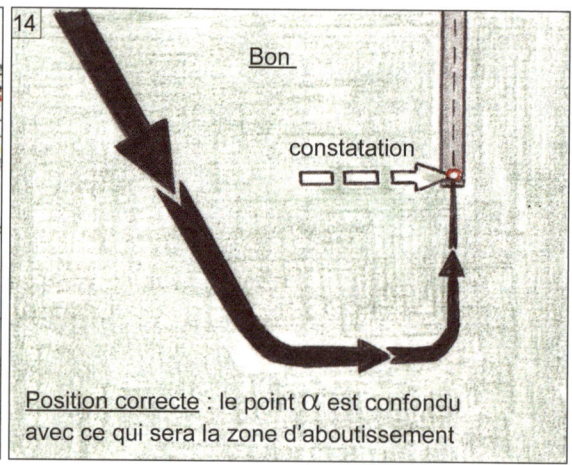

2) **L'avion est trop haut :**

En effet, en prolongeant le point α, on s'aperçoit qu'il aboutit nettement à l'intérieur de la piste **(Fig. 15 et 16)**. Si on poursuit normalement, l'atterrissage se fera trop loin. La solution de rattrapage consiste alors à s'écarter un peu sur la base ou à déborder légèrement l'axe, mais la divergence est préférable jusqu'à ce que le point α corresponde à l'entrée de piste comme le montrent les trajectoires pointillées **(Fig. 16 et 22)**. Sans corrections sur piste courte, l'atterrissage risque de se faire avec une sortie de piste et tous les risques que cela peut présenter. Il est également possible de corriger en sortant les pleins volets (voir page 171).

Fig. 15

Fig. 16 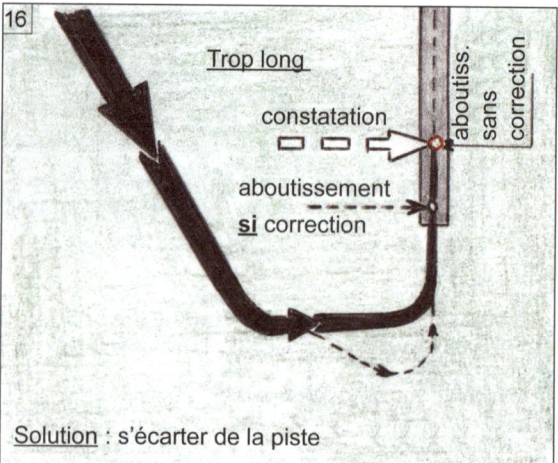 — Trop long. constatation / aboutiss. sans correction / aboutissement si correction. Solution : s'écarter de la piste

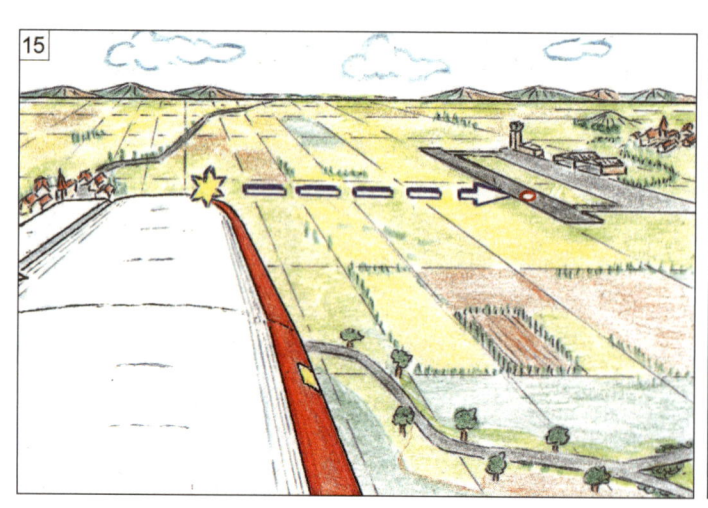

En instruction, en phase de début, comme éducatif, on peut tracer un trait à l'aide d'un feutre, sur la verrière ou vitre latérale, qui prolonge l'angle α vers l'avant, comme les pointillés et flèches **(Fig. 13, 15, 17 et 19)**. On verra ainsi directement, si on est bien ou mal positionné.

LE GUIDE PRATIQUE DU PILOTAGE

ÉTUDE DE LA PRISE DE TERRAIN PAR ENCADREMENT DITE P.T.E. (suite)

Pilotage avancé

3) L'avion va être trop court :

Dans ce cas, en prolongeant le point , on s'aperçoit qu'il est nettement avant l'entrée de piste **(Fig. 17 et 18)**. Si on poursuit normalement, on se posera avant la piste ... La solution consiste alors à raccourcir le chemin en virant plus tôt ou en coupant au plus court, si toutefois il est encore temps de le faire ...

Il faut éviter de se trouver dans cette situation...

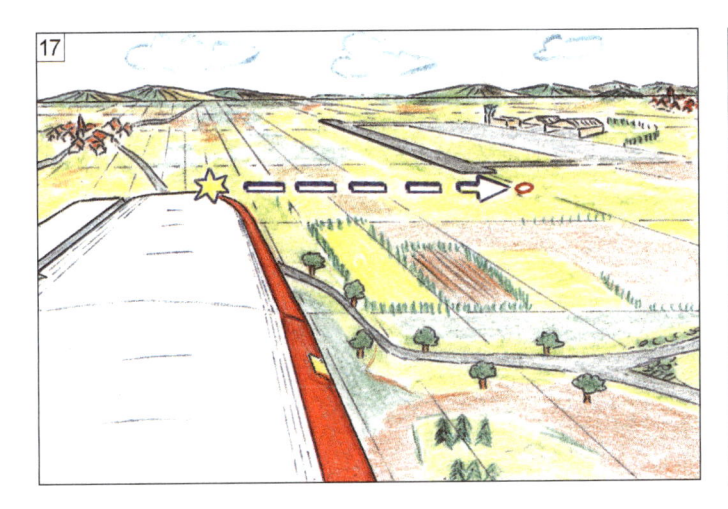

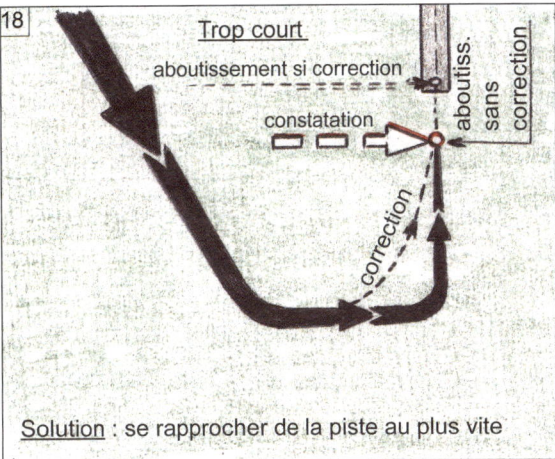

Remarques : avec vent fort nous savons qu'il faut décaler le point α de 15 mètres par nœud de vent environ, à l'intérieur de la piste par vent de face sur la finale **(Fig. 19 et 20)** ou à l'extérieur si vent arrière, de façon à arriver à l'entrée de piste en finale. Avec vent c'est donc par rapport à ce décalage que s'effectueront les solutions éventuelles de rattrapage. Pour cela on passera en base lorsque le point décalé sera vu à 45° de l'axe de piste.

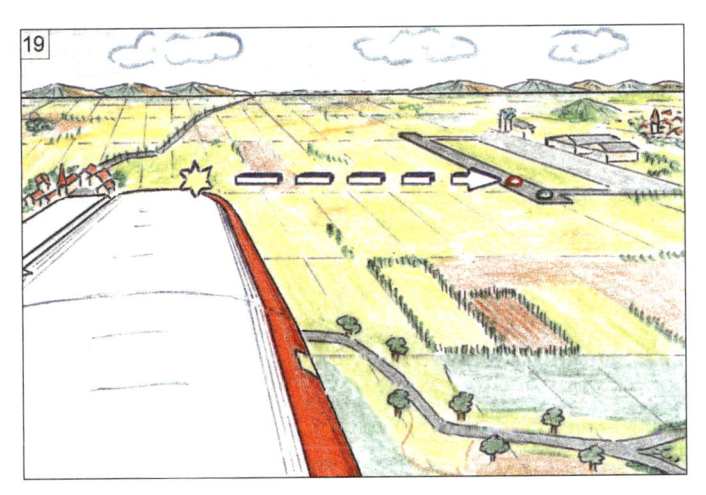

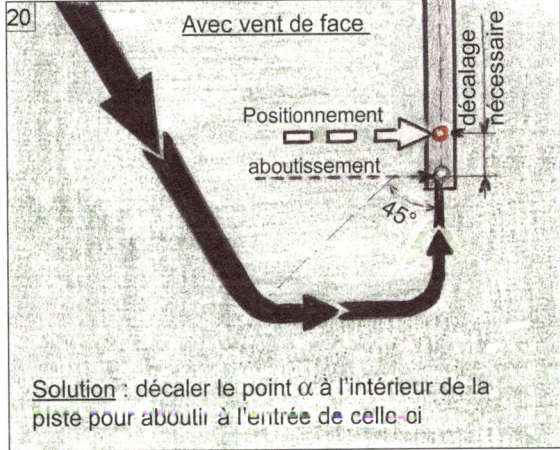

Conclusions : *NE PAS PERDRE DE VUE* qu'il vaut mieux préférer une approche un peu haute car on pourra toujours réajuster en utilisant les volets ou en faisant des petits "**S**" car en cas de panne "*il est toujours possible de perdre l'excédent d'altitude, mais jamais d'en gagner*"...

Bien entendu, pour mener à bien ces manœuvres, il est indispensable de connaître les positions α et 2α d'un avion donné, sans quoi en cas de panne il faut, pour se poser dans les premiers mètres d'un terrain, beaucoup de chance ou une bonne expérience...

Dès que l'on est axé il faudra aller chercher la vitesse de 1,3 de la Vs considérée (Vs1 ou Vs0).

La finale pourra donc s'effectuer à 1,3 de Vs1 (volets au braquage intermédiaire) ou 1,3 de Vs0 (pleins volets), selon besoin (voir page 171), cette vitesse devra être acquise au plus bas à 100 ft sol.

A cette technique, il faudra vous entraîner régulièrement quitte à vous faire accompagner d'un instructeur, vous accroîtrez vos capacités manœuvrières et surtout votre aisance...

Inutile de dire, par exemple, qu'avec tel type d'avion on n'a pas le temps de faire tout cela, c'est une question d'entraînement à la technique et quand on ne la possède pas, on cherche des excuses...

Nota : avec un avion à ailes hautes, on travaillerait de la même façon, mais par rapport à la référence α donnée en exemple page 159.

Pilotage avancé
ÉTUDE DE LA PRISE DE TERRAIN PAR ENCADREMENT DITE P.T.E. (suite)

Pour être un peu plus sûr de la réussite de la PTE, il est possible de virer en base un peu avant d'atteindre les 45°, mais pas trop **(Fig. 21)**. Ceci va nous garantir une approche haute. La base s'effectuera alors systématiquement en divergence de 10 à 20°, ainsi α travers sera en début de base à l'intérieur de la piste, puis au fur et à mesure de l'avancée sur celle-ci, on verra le prolongement du point α travers, se rapprocher de l'entrée de piste **(Fig. 22)**. Il sera alors temps d'entamer le dernier virage.

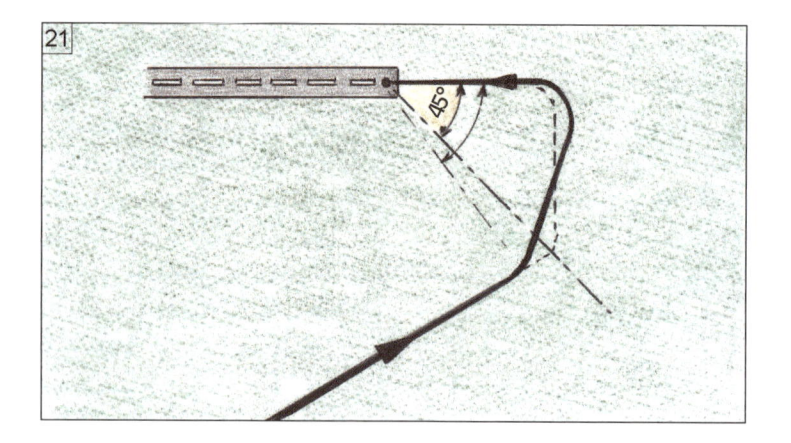

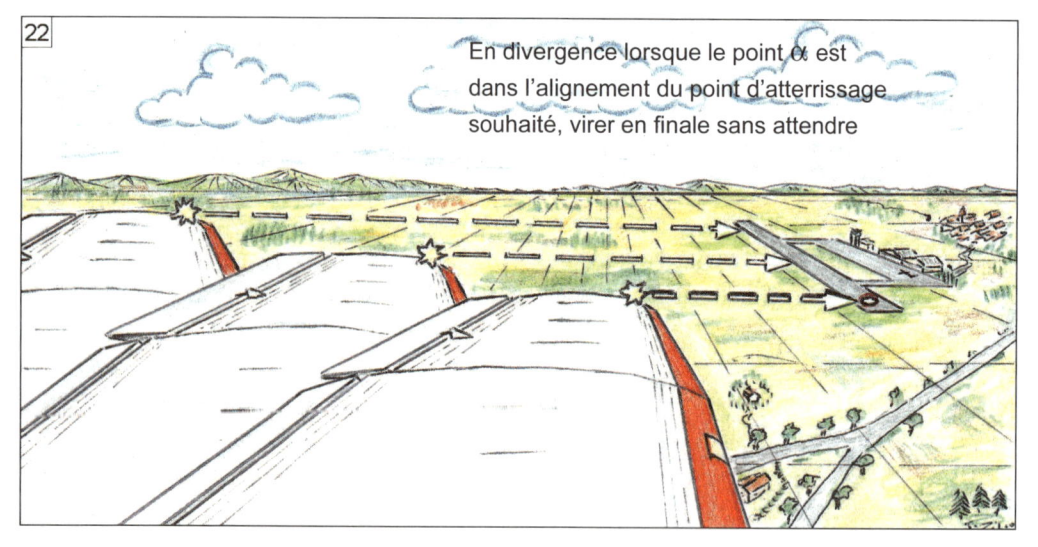

Fig. 21

Fig. 22 — En divergence lorsque le point α est dans l'alignement du point d'atterrissage souhaité, virer en finale sans attendre

Il en a formé des élèves ce J3...

LE GUIDE PRATIQUE DU PILOTAGE

CORRECTION D'UNE APPROCHE PLANÉE TROP HAUTE
L'APPROCHE PLANÉE TROP COURTE A ÉVITER

Pilotage avancé

Si en approche planée la finale nous conduit beaucoup plus loin que l'entrée de piste, c'est que la présentation est trop haute (ou trop longue), il va falloir décider de braquer davantage de volets afin de ramener la zone d'aboutissement vers le début de piste, par l'augmentation de trainée qu'ils provoquent.

COMMENT PERCEVOIR QUE L'APPROCHE EST HAUTE ?

Durant l'approche, observer "*l'entrée de piste*" car c'est elle qui va nous indiquer s'il faut ou non sortir les volets. Trois observations possibles :

1) Si l'entrée de piste reste dans une zone d'immobilité apparente "*AU MEME ENDROIT SUR LE PARE-BRISE*" **(Fig. 1)** l'approche est correcte, maintenir les mêmes paramètres (vitesse 1,3 de Vs1- trajectoire). Il sera cependant possible de sortir les pleins volets sur la très courte finale avant l'arrondi pour réduire le palier de décélération et le roulage.

2) Si elle a tendance "*A NE PAS RESTER AU MEME ENDROIT ET DESCENDRE SUR LE PARE-BRISE*", c'est le signe qu'elle va passer sous l'avion **(Fig. 1)** l'approche est trop haute car la zone d'aboutissement se situe plus loin que l'entrée de piste **(Fig. 2)**.

C'est donc l'indice qu'il faut corriger en sortant les pleins volets pour diminuer la finesse et modifier la trajectoire. Lors de la sortie des pleins volets, maintenir momentanément la même assiette pour réduire la vitesse à 1,3 Vs0. A l'approche de cette vitesse, prendre une assiette plus piquée afin de maintenir la vitesse d'une part, et d'autre part de rapprocher la zone d'aboutissement de l'entrée de piste par la modification de trajectoire occasionnée (sans accélération de vitesse). A l'entraînement, si l'atterrissage n'est pas réalisable avant le 1er tiers de la piste, *NE PAS HÉSITER A REMETTRE LES GAZ.*

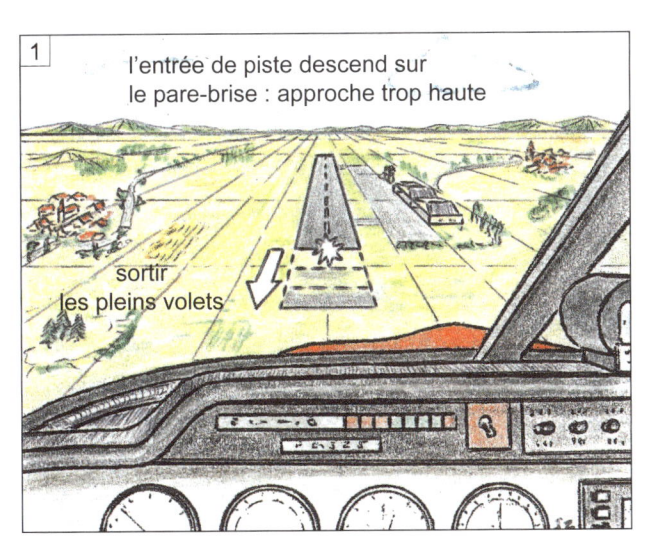

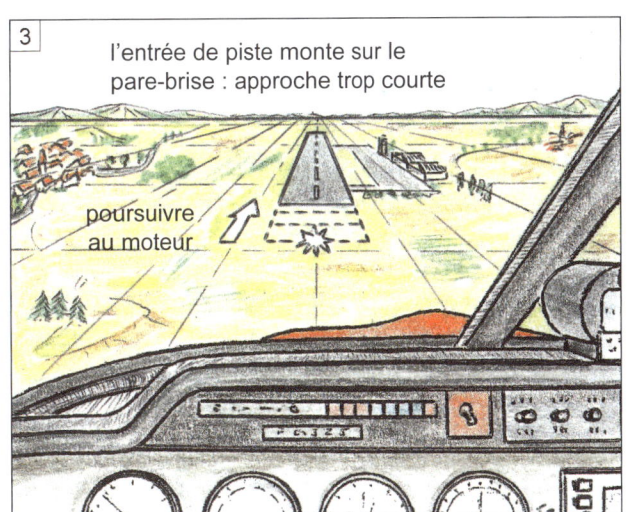

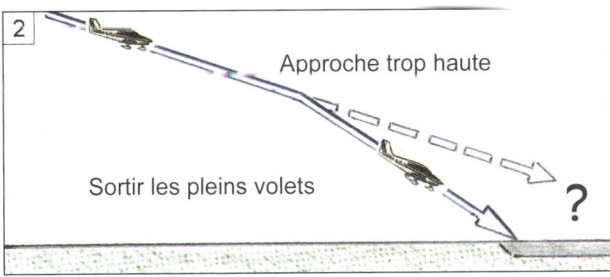

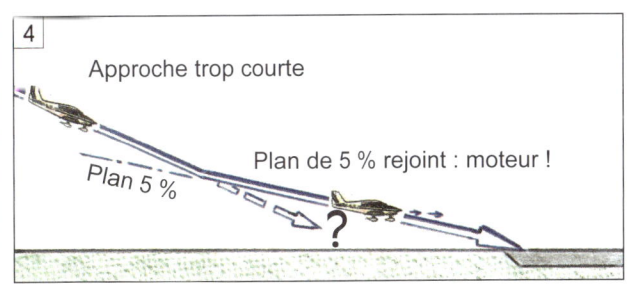

3) Enfin le troisième cas, où l'entrée de piste tend à monter sur le pare-brise **(Fig. 3)** car l'approche est trop courte. La zone d'aboutissement se situe alors "*AVANT*" l'entrée de piste. C'est la situation qu'il faut absolument éviter en cas de panne de moteur réelle, où il y a impossibilité de remettre les gaz. Il faudra se poser avant "*tant pis !..*" Solution qui réduira le risque dangereux. Ne pas cabrer comme pour vouloir à tout prix "*retenir l'avion*" jusqu'à la piste, car on risquerait le décrochage (rappel page 105). A l'entraînement, dès que l'on intercepte le plan de 5 % poursuivre l'approche au moteur **(Fig. 4)** sur celui-ci, surtout ne pas passer dessous.

Remarque : dans le cas d'une approche haute, faire attention de ne pas sortir les pleins volets trop tôt. En effet, cela pourrait conduire à une approche trop courte car nous savons que *lorsqu'en finale les volets sont braqués, Il ne faut plus les rentrer,* (rappel page110) *sauf sur remise de gaz.* Pour éviter cette situation pour sortir les volets, ne considérer qu'une approche est longue (ou haute) que lorsque la zone d'aboutissement se situe au moins à 250/300 m de l'entrée de piste ou après le 1er tiers d'un terrain en campagne.

Pilotage avancé

ÉTUDE DE LA PRISE DE TERRAIN EN U
DITE P.T.U. OU PRISE DE TERRAIN A 180°

QUEL EST L'OBJECTIF ?

S'entraîner à un exercice de panne de moteur à basse altitude ne permettant qu'un faible espace d'évolution donné par une courte vent arrière suivie d'un virage de 180° pour assurer la précision d'atterrissage. Permet également de réduire le circuit.

QUELLES SONT LES LIGNES GÉNÉRALES D'ÉXÉCUTION ?

En vent arrière, par le travers du point estimé d'atterrissage la hauteur devra être comprise entre 1200 ft maxi et 300 ft mini (moyennement pour nos avions). Au-dessus de 1200 ft il n'est plus vraiment nécessaire d'adopter cette technique, en dessous de 300 ft la distance planée n'est plus suffisante pour effectuer le virage de 180° pour arriver à la piste (pour des appareils dont la vitesse d'approche voisine 80 Kt). 500 ft est une hauteur courante d'entraînement, pour la plupart des avions écoles légers. Avec l'aide de la **Fig. 1** examinons les lignes générales :

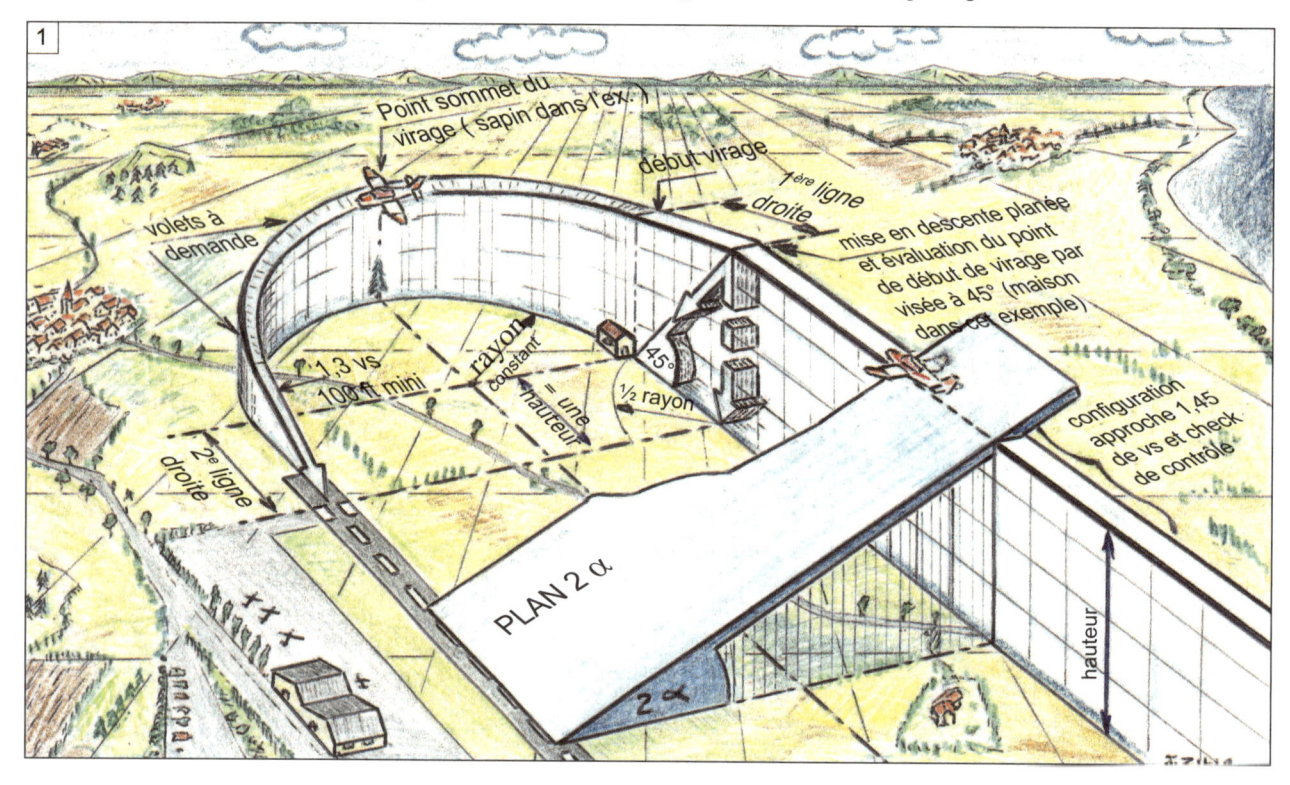

1) Se présenter sensiblement en vent arrière en "***configuration approche initiale***" sous un angle voisinant 2·α travers (déjà connu) de préférence un peu plus près si le vent est fort ou s'il vient de la piste. Effectuer la check de contrôle.

2) Par le travers de l'entrée de piste ou du point estimé d'atterrissage réduire totalement la puissance et simultanément :

   a) passer en descente planée en ligne droite (vitesse de finesse max.).

   b) estimer l'angle β (moyennement 45°) qui nous donne au sol l'endroit à partir duquel il faudra débuter le virage (une maison dans l'exemple **Fig. 1 et 2**). La valeur de la ligne droite sera voisine d'une hauteur. On dit parfois qu'elle équivaut à environ ½ rayon de virage, ce qui est plus difficile à estimer en raison de la vue en perspective.

3) Arrivée au-dessus du point déterminé par l'angle β (la maison) débuter le virage. Afin d'obtenir au mieux une trajectoire circulaire essayer d'évaluer "***le sommet de la courbe***" dit "***point sommet***" (sapin dans l'exemple) au-dessus duquel il faudra s'arranger pour que l'avion soit perpendiculaire à l'axe d'atterrissage. La vitesse en virage devra voisiner 1,45 Vs1. L'inclinaison à prendre en considération sera fonction de la hauteur de départ de l'exercice (plus haut, moins incliné et inversement), mais on peut dire que pour un avion-école moyen à 500 ft elle voisinera 30°, pour des altitudes supérieures elle sera plus faible.

4) Du point sommet, évaluer la courbe qu'il faudra suivre de façon à ce que la trajectoire se termine par une ligne droite égale à celle du départ, c'est-à-dire environ une hauteur. En principe l'inclinaison ira en diminuant avec une vitesse se rapprochant de 1,3 Vs vers le dernier quart du virage.

Après le passage du point sommet sur le reste de la trajectoire le pilote pourra, s'il le juge nécessaire, utiliser les volets à la demande si l'arrivée est trop haute, en se rappelant bien qu'une fois les volets braqués, plus question de les rentrer... (rappel pages 110 et 171).

LE GUIDE PRATIQUE DU PILOTAGE

ÉTUDE DE LA PRISE DE TERRAIN EN U
DITE P.T.U. OU PRISE DE TERRAIN A 180° (suite)

Pilotage avancé

173

Pourquoi reporter la valeur d'une hauteur en ligne droite : prenons l'exemple d'un avion de finesse 10 (ce qui correspond à peu près à la moyenne de nos avions école) à 650 ft soit 200 m de hauteur.

- distance planée : (10 x la hauteur) = **2000 m**
- l'avion étant sous 2 α travers, il est éloigné de la piste de : 2000 : 2 = **1000 m**
- longueur de la ½ circonférence : $\dfrac{1000 \times 3,14}{2}$ = **1570 m**

Or notre avion plane 2000 m, il reste donc 2000 m – 1570 m = **430 m** de plané en trop, qui divisé par deux **(430 : 2)**, nous donne **215 m**, ce qui représente la valeur de chaque ligne droite. Nous remarquons qu'à **15 m** près, cela équivaut à une hauteur (200 m), d'où la nécessité de la visée à 45°, qui reporte au sol en ligne droite la valeur de cette hauteur et, nous donne le point où devra débuter le virage de la PTU. Cette notion est plus exacte qu'un demi rayon qui aurait pour valeur (1000 : 4) = **250 m** où la marge d'erreur est plus grande... 50 m au lieu de 15 m (x 2)... car deux lignes droites, quel que soit le cas.

Valeur de l'angle β : dans ces mêmes conditions de finesse l'angle β a pour valeur, si on le mesure, 42°. Pour un avion de finesse 8, il fait 49° et pour une finesse de 12 il passe à 37°. Empiriquement et compte tenu des imprécisions de trajectoire (pas forcément très circulaire) et de la finesse qui diminue en virage, on peut considérer que l'angle β est proche de 45°, pour la plupart de nos avions. De plus, cet angle est facile à évaluer.

EXEMPLE PRATIQUE D'ÉVALUATIONS :

La (Fig. 2) nous montre bien ce que devrait voir et imaginer le pilote, au passage du travers de l'entrée de piste, en deux simples opérations:

La matérialisation sur l'avion de l'angle β, donnée dans l'exemple par la jonction du fuselage et du tableau de bord, qui donne au sol au moment de la visée, une maison (qui se trouve là, par hasard). C'est au travers de celle-ci que devra débuter le virage. Ensuite on évaluera le sommet du virage "*empiriquement*" (sapin) au-dessus duquel l'avion devra se trouver, sensiblement perpendiculaire à l'axe d'atterrissage. Résumé ainsi, on s'aperçoit que cet exercice n'est pas très compliqué.

Remarques : Pour évaluer le report de hauteur il est préférable de prendre l'angle β comme référence, plutôt qu'un temps, comme le font certaines écoles. En effet, l'angle qui donne la valeur de la ligne droite assure une valeur **proportionnelle** à la hauteur, alors qu'un temps ne donnera cette même valeur que pour une hauteur précise car plus on est haut, plus grand est le rayon de virage et inversement*. Or, en cas de panne de moteur, il n'est pas possible de déterminer avec précision sa hauteur, seule la valeur donnée par l'angle β permettra d'approcher au mieux la valeur de la ligne droite.

* **Exemple :** vitesse 80 Kt, finesse 10, à 500 ft, il faut environ 4 secondes pour effectuer la ligne droite, alors qu'un départ de 800 ft nécessiterait 6 s.

LE GUIDE PRATIQUE DU PILOTAGE

Pilotage avancé

ÉTUDE DE LA PRISE DE TERRAIN EN U
DITE P.T.U. OU PRISE DE TERRAIN A 180° (suite)

MISE EN PLACE A L'ENTRAÎNEMENT : Consiste à placer l'avion en vent arrière sous le plan 2 α travers en configuration approche afin de pouvoir débuter l'exercice travers des plots (ou du bout de piste).

Le souci du débutant est "**comment faire pour ramener l'avion en vent arrière sur le plan 2 α sans trop de manœuvres**". Deux solutions proposées :

1) **Pour une P.T.U. à 800 ft et au dessus :**

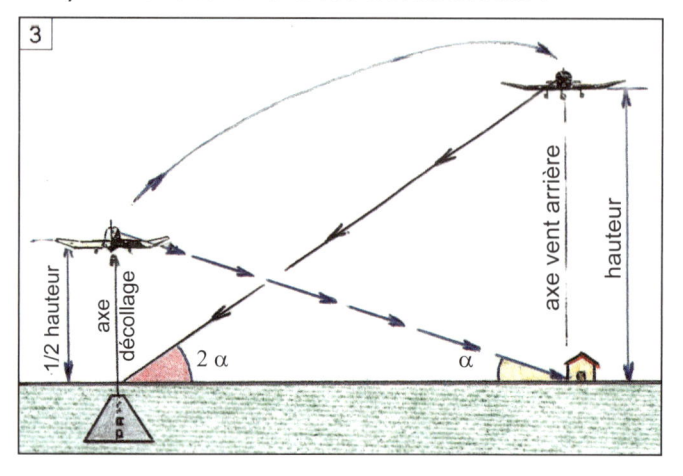

a) montée dans l'axe qui suit le décollage ; passant la demie hauteur prévue pour la vent arrière (500 ft pour PTU à 1000 ft).

b) effectuer une visée latérale 1 α travers c'est-à-dire déterminer un repère, une maison dans l'exemple **(Fig. 3)** qui se trouve en face du point 1 α. Ce repère correspond au début de vent arrière.

c) virer vers la vent arrière de manière à se retrouver au dessus du repère, deux fois plus haut, c'est-à-dire à 1000 ft.

Ainsi l'avion se trouvera automatiquement avec la piste vue sous 2 α travers.

2) **Pour une P.T.U. à moins de 800 ft :**

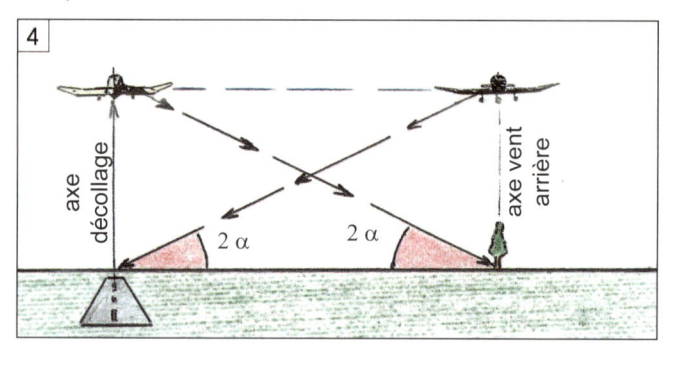

a) montée dans l'axe de piste qui suit le décollage jusqu'à la hauteur prévue pour la PTU (ici 700 ft). Se mettre en palier.

b) effectuer une visée 2 α travers, qui vous donne un repère au sol (ici un sapin) qui sera le début de la vent arrière.

c) venir se placer au cap de la vent arrière au dessus de ce repère, à la même hauteur soit à 700 ft.

d) l'avion se trouvera ainsi automatiquement sous 2 α par rapport à la piste **(Fig. 4)**.

EXEMPLES D'APPLICATIONS DE P.T.U. EN CAS DE PANNE DE MOTEUR :

1) **A la suite d'un encadrement :** Lorsque celui-ci est débuté plus bas (vers 1200 ft à 1500 ft estimé) **(Fig. 5)** ou quand, à la suite d'un encadrement normal, on s'aperçoit qu'on est trop bas, au travers de l'entrée de piste, pour terminer l'exercice normalement. Dans ce cas, on effectuera la visée β donnant la valeur du ½ rayon en ligne droite **(Fig. 6)** ou du report de hauteur.

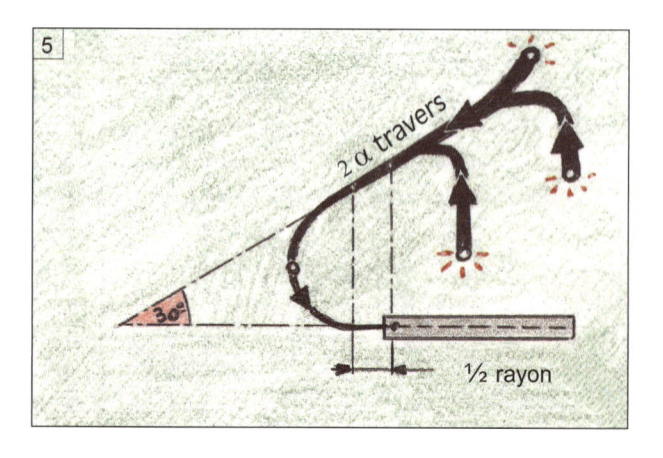

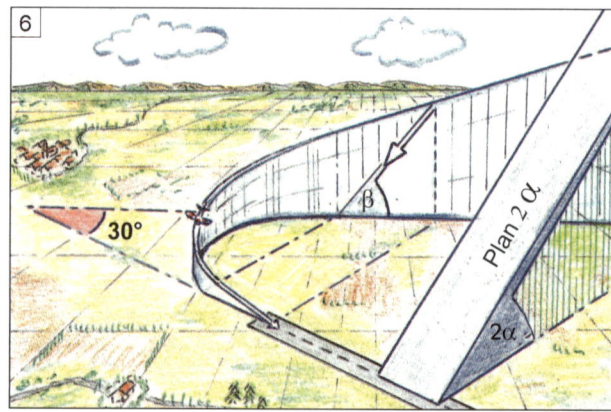

2) **Par une prise de terrain en "O" dite P.T.O. :** C'est une variante de la P.T.U. qu'on applique d'une hauteur voisinant 1000 à 1500 ft lorsqu'on est proche de la verticale de l'entrée de piste. Face à celle-ci, pénétrer d'une centaine de mètres à l'intérieur, puis effectuer un virage qui devra nous amener en vent arrière sensiblement sous

LE GUIDE PRATIQUE DU PILOTAGE

ÉTUDE DE LA PRISE DE TERRAIN EN U
DITE P.T.U. OU PRISE DE TERRAIN A 180° (suite)

Pilotage avancé

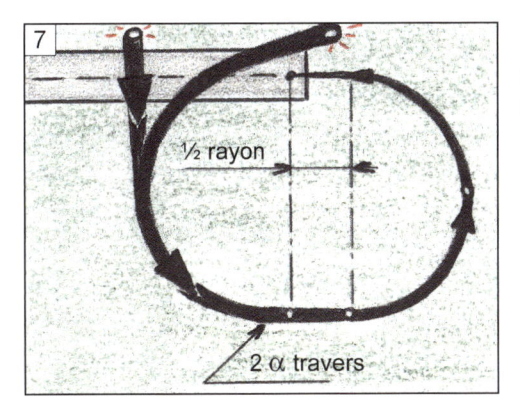

2 α travers. Au travers de l'entrée de piste, on se retrouvera dans les conditions normales de P.T.U. **(Fig. 7)** avec la visée β suivie de l'évaluation du point sommet. On peut également dire qu'il s'agit d'une spirale descendante de 360° avec une courte ligne droite sur la vent arrière.

Comment contrer les effets du vent ? pour arriver à l'entrée de piste avec du vent qui tend à décaler, il suffit de réduire ou d'annuler les lignes droites, ou de se positionner plus près que 2 α travers.

Pour respecter la trajectoire circulaire, avec du vent dans l'axe, *il faudra serrer le virage lorsque le vent sera à composante arrière et desserrer à composante avant* **(Fig. 8).** De même avec du vent de travers **(Fig. 9).**

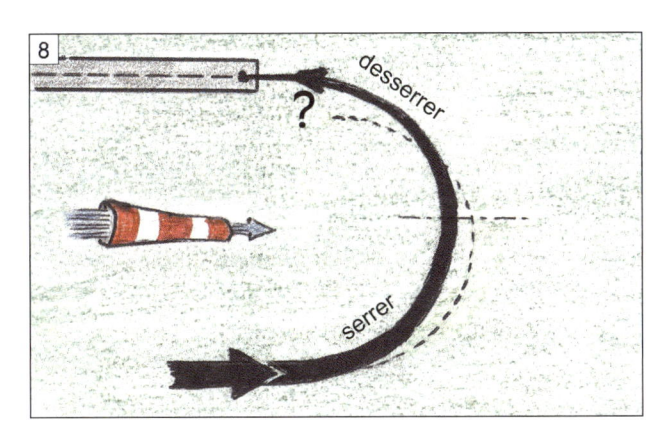

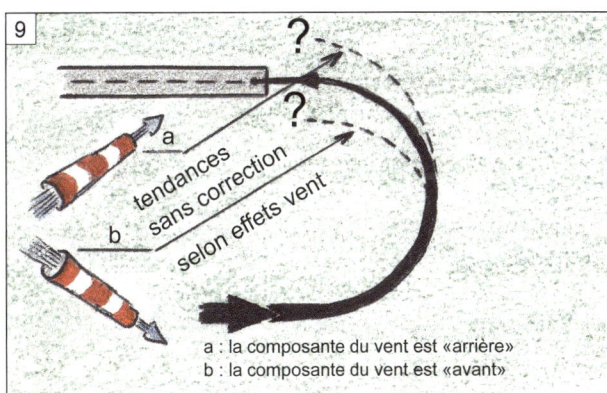

a : la composante du vent est «arrière»
b : la composante du vent est «avant»

Pour éviter le déport "*a*" il faudra serrer le virage dans la seconde moitié ; pour éviter le déport "*b*" desserrer le virage dans la seconde moitié.

CAS DE DÉCOLLAGES EN CONDITIONS PARTICULIÈRES

Pilotage avancé

QUELS SONT LES OBJECTIFS ?

Savoir décoller l'avion en conditions particulières, sur terrain court, mou ou enneigé.

LE DÉCOLLAGE COURT SUR TERRAIN PARTICULIER :

Dans les limites dictées par la sécurité, il peut être nécessaire de décoller sur une distance plus courte que la normale, soit parce que la piste est courte, soit que l'état du sol (cahots) nécessite de mettre l'avion en vol le plus tôt possible. (Ne pas confondre avec décollage court sur piste limitative (pages 95 et 180).

Pour cela, il peut être nécessaire :

1) D'alléger l'avion au maximum (bagages - passagers - carburant).

2) D'adopter une technique appropriée.

3) Tenter ce décollage le matin tôt lorsque la température est la plus faible, ce qui améliore les performances de l'appareil.

4) De cumuler ces trois données, ou ne pas hésiter à annuler le vol si les conditions sont trop précaires.

QUELLE EST LA TECHNIQUE ?

1) Sur freins, appliquer toute la puissance (volets rentrés).

2) Puissance atteinte, lâcher les freins (mise en ligne de vol sur avion à train classique).

3) Lorsque la vitesse est inférieure de 10 % de la valeur normale de décollage, sortir les pleins volets (rapidement) et décoller franchement (profiter de l'effet de sol).

4) L'avion étant proche du décrochage, effectuer un palier d'accélération au ras du sol.

5) Lorsque la vitesse est suffisante, rentrer doucement les volets à la valeur de décollage et prendre l'assiette de montée.

Inconvénient : nécessite un axe de décollage dégagé car la trainée offerte par les volets après le décollage ne permet pas une accélération rapide à la vitesse de montée en sécurité. Le palier est donc nécessaire, mais il prend du chemin...

LE DÉCOLLAGE SUR TERRAIN MOU OU ENNEIGÉ :

Toujours dans les limites de sécurité : (volets en position décollage)

Avions à train tricycle : déjauger la roulette de nez dès que possible, par une action du manche à fond arrière, ceci dès le début du roulage, de façon à placer et tenir l'avion sur le train principal, ce qui l'allège au mieux pour accélérer. Si la roulette était maintenue au sol, elle constituerait un bourrage néfaste à l'accélération.

Lorsque l'avion atteindra une certaine vitesse, il aura tendance à se cabrer davantage. On veillera alors qu'il ne dépasse pas la valeur de l'assiette d'atterrissage en relâchant progressivement l'action du manche à tirer. L'appareil décollera pratiquement seul. On pourra éventuellement l'aider en braquant davantage les volets. Le roulage semblera long et le sera plus que d'habitude. Après le décollage, un palier d'accélération sera nécessaire **(Fig. 1)** car l'avion est aux "*grands angles*" avec un risque de décrochage si on monte. Le palier permettra de reprendre une incidence de vol plus confortable, et une sécurité.

[1] Roulette déjaugée — Palier d'accélération

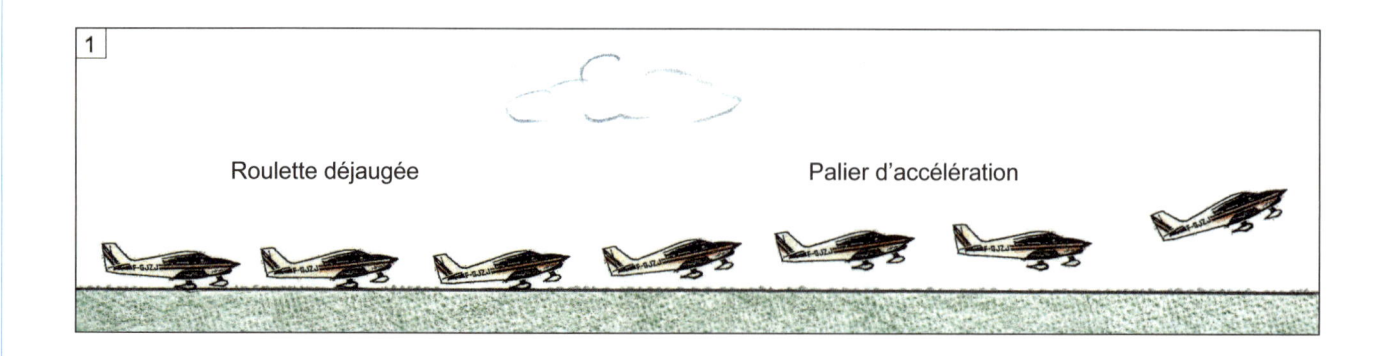

LE GUIDE PRATIQUE DU PILOTAGE

CAS DE DÉCOLLAGES EN CONDITIONS PARTICULIÈRES (suite)

Pilotage avancé

Avions à train classique : Au départ il faut maintenir la queue appliquée au sol (manche à fond arrière) car la tendance de l'avion est de passer sur le nez. Accélérer ainsi jusqu'à 0,6 de Vs, puis :

Relâcher doucement l'action du manche arrière de façon à déjauger la roulette arrière mais sans amener l'avion en ligne de vol, c'est-à-dire en gardant la queue basse. Si le décollage ne s'effectue pas seul, l'arracher du sol par une légère sollicitation du manche arrière (pleins volets si nécessaire), puis palier d'accélération, avant la montée **(Fig. 2)**.

Figure 2 : Roulage queue basse — Palier d'accélération

Remarque : On s'aperçoit que dans les deux cas, on essaie de faire rouler l'avion en position "cabrée" donc avec une trainée plus importante, mais la portance qui en résulte (en raison de l'incidence) allège l'avion qui pèse moins sur le sol, ce qui est "*le meilleur compromis*" pour accélérer sur ces types de terrains.

ATTENTION !

La neige ou un terrain gras peut facilement accroître la distance de décollage de 25 %. Si le terrain est trop gras ou si la couche de neige dépasse 6 cm, ***S'ABSTENIR DE DÉCOLLER***. De même que si en phase de décollage, l'avion accélère mal ou prend trop de piste ***INTERROMPRE LE DÉCOLLAGE*** sans tarder, le freinage se fera naturellement selon l'état du terrain.

Se méfier de la neige fondante car celle-ci est projetée comme du mortier sous l'aile et colle à celle-ci, alourdissant dangereusement l'avion, dans ce cas s'abstenir.

Par temps de neige ***NE PAS FREINER LES ROUES APRÈS LE DÉCOLLAGE*** car les roues tournent, elles dégagent naturellement de la chaleur, la neige qui adhère fond et se transforme en eau, que la force centrifuge élimine, alors que si on les freine, l'eau va se transformer en glace et, les bloquer ce qui peut être ennuyeux à l'atterrissage.

Bien entendu, on aura pris soin d'enlever les carénages de roues pour éviter qu'ils se bourrent de terre ou neige, éclatent, ou freinent les roues.

ÉTUDE DE CAS D'ATTERRISSAGES EN CONDITIONS PARTICULIÈRES

QUELS SONT LES OBJECTIFS ?

Connaître les techniques permettant l'atterrissage sur des terrains en mauvais état (terrain gras, enneigé ou caillouteux) ainsi qu'avec du vent très fort.

ATTERRISSAGE SUR TERRAIN MOU OU ENNEIGÉ :

Approche normale, pleins volets avec atterrissage cabré. Sur avion à train classique, on posera de préférence **"*queue première*"** sans exagération, la référence du capot par rapport à l'horizon sera légèrement plus haute que d'habitude et le palier de décélération se fera un peu plus haut. Dès le contact sol, il faudra tenir le manche à fond arrière afin d'empêcher la roulette avant de bourrer au sol sur avion à train tricycle ou pour maintenir la roulette de queue appliquée au sol sur avion à train classique, et l'empêcher de passer sur le nez...

ATTERRISSAGE PAR VENT TRÈS FORT, IRRÉGULIER :

Majorer la vitesse d'approche comme nous l'avons mentionné page 107 et si nécessaire **poser l'avion moins cabré que d'habitude,** pour train tricycle.

Pour avion à train classique, il peut être préférable d'effectuer ce qu'on appelle **"*un atterrissage de piste*"** qui consiste à amener l'avion au palier de décélération un peu plus bas que d'habitude à une assiette voisine de zéro et prendre contact avec le sol de cette manière. Dès le contact sol, il faudra pousser sur le manche de 2 à 3 cm pour placer l'avion à incidence légèrement négative, queue haute pour éviter de rebondir **(Fig. 1)**. En fin de course, la queue se posera seule, amener alors manche arrière.

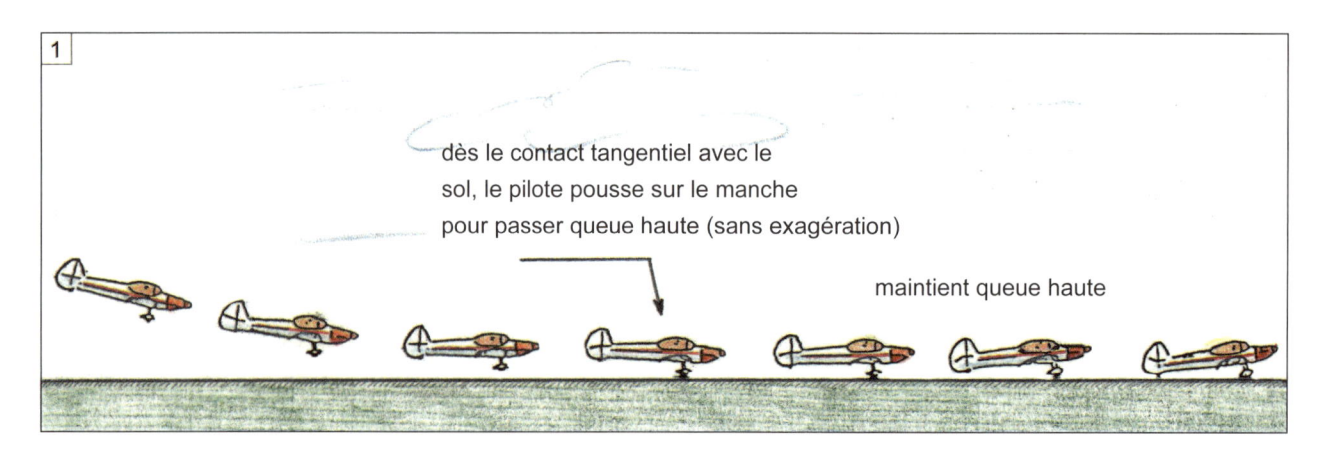

1 dès le contact tangentiel avec le sol, le pilote pousse sur le manche pour passer queue haute (sans exagération)

maintient queue haute

Si on voulait poser l'avion cabré normalement, les rafales pourraient tendre à le faire remonter rendant l'atterrissage plus difficile, auquel cas, par facilité, on préfère l'atterrissage de piste. Il est toutefois possible de poser l'avion normalement. Dans ce cas, il faudra être patient et précis pour contrôler la trajectoire précédant l'atterrissage.

Remarques : Pour cette manœuvre, veiller à ce que votre avion ne dispose pas d'un train d'atterrissage trop élastique du style **"*train à lames*"** (ancien Cessna à train classique). En effet, il favorise les rebonds qu'il est impossible d'atténuer, dans ce cas mieux vaut-il faire un atterrissage normal, malgré la difficulté causée par le vent.

L'atterrissage de piste est possible sans vent, mais attention sur piste courte la distance de roulage est plus importante car l'avion offre moins de résistance à l'avancement **"*en ligne de vol*"** qu'en position cabrée...

LE GUIDE PRATIQUE DU PILOTAGE

QUELLE TYPE DE MONTÉE CHOISIR EN FONCTION DE LA PERFORMANCE RECHERCHÉE

Pilotage avancé

Nous savons qu'il est possible de monter de différentes façons, cependant trois principaux cas de montées peuvent êtres adoptés selon le but recherché :
1) La montée normale (déjà traitée page 51).
2) La montée à meilleure Vz.
3) La montée à pente-max.

} sont des montées qui font intervenir les performances de votre appareil.

LA MONTÉE A Vz MAX :

Quel en est l'objectif ? – permettre d'atteindre une altitude donnée le plus rapidement possible. Ce sont les paramètres qui donnent le meilleur "*taux de montée*" (Fig. 1) indiqué au variomètre. On ne l'utilise pas forcément après le décollage, mais par ex : – pour changer rapidement de niveau.

Quels sont les points qui caractérisent la Vz max ?

– Une vitesse qui est l'élément essentiel à maintenir. Elle est donnée dans le manuel de vol. Pour votre avion-école, elle aura pour valeur _____ :

– Une assiette moyenne de _____

– La puissance maximale autorisée (sur bien des avions à hélice à calage fixe comme la montée se fait de toute façon plein gaz, souvent montée normale et montée à meilleure Vz sont confondues). Cette puissance = _____

– La configuration qui en principe est lisse (volets et train rentrés), mais voir ce que "*dit*" le manuel de vol de votre avion _____ car cela correspond aux fruits des essais en vol effectués par le constructeur.

LA MONTÉE A PENTE MAX :

Quel en est l'objectif ? – permettre l'angle de montée le plus important possible compatible avec la sécurité. On l'utilise notamment lorsque, après le décollage, on veut franchir des obstacles avec une marge de sécurité, **(Fig. 1)** ou une colline... associée à un décollage court (cas de piste limitative), mais également pour changer d'altitude sur une distance plus courte.

Quelles sont les caractéristiques de la pente-max ?

– Une vitesse qui est l'élément essentiel à maintenir. Donnée dans le manuel de vol. Celle de votre avion a pour valeur _____.

– Une assiette moyenne de _____.

– La puissance maxi autorisée _____.

– La configuration en principe lisse, sauf indication particulière du manuel de vol. Ainsi pour votre avion, la configuration est : _____

La vitesse ascensionnelle (*Vz*) est plus faible qu'à Vz max, malgré l'attitude plus cabrée de l'avion.

Bien entendu, la vitesse indiquée est donc plus faible également qu'à Vz max ou montée normale. Éviter de maintenir la pente max trop longtemps en raison du "*mauvais*" refroidissement du moteur occasionné par l'incidence sur trajectoire plus importante. Dès que les obstacles sont franchis, reprendre la montée normale. Les virages doivent s'effectuer à faibles inclinaisons. Éviter la pente max. en atmosphère turbulente.

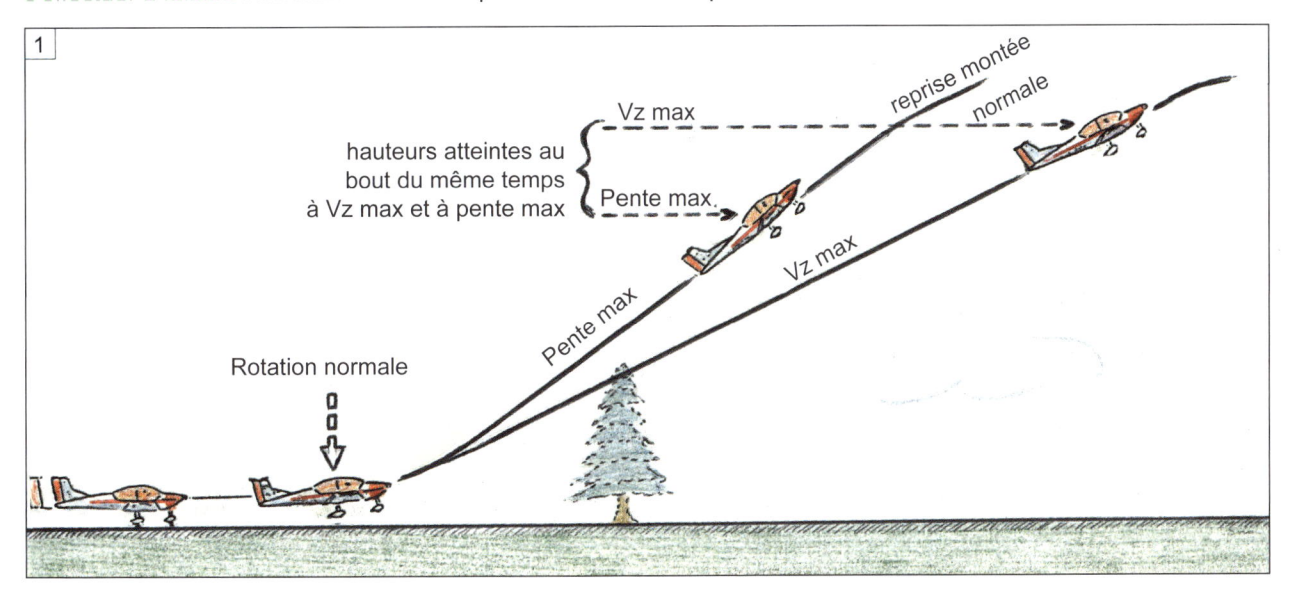

LE GUIDE PRATIQUE DU PILOTAGE

Pilotage avancé

QUELLE TYPE DE MONTÉE CHOISIR EN FONCTION DE LA PERFORMANCE RECHERCHÉE (suite)

COMMENT PRATIQUER A LA SUITE D'UN DECOLLAGE ?

Pour les deux types de montées, on applique toute la puissance sur freins, on vérifie que celle-ci est obtenue et on lâche les freins. A la vitesse de décollage normale, on effectue la rotation, la montée "*initiale d'accélération*" et lorsque la vitesse (de Vz max ou pente-max selon choix) est obtenue, prendre l'assiette correspondante.

Durant la montée veiller au maintien de cette vitesse, puis lorsque l'altitude désirée est atteinte ou que l'obstacle est passé, reprendre la montée normale.

Remarque : dans le cas de décollage pente-max, l'angle de montée est plus important qu'à Vz max, mais le temps pour atteindre une certaine hauteur est plus lent, ainsi au bout de 1 minute à pente-max, on sera moins haut qu'une minute à Vz max **(Fig. 1)**.

Facteurs influents : comme pour le décollage, le vent, l'altitude, la température, l'état du sol et la charge influent sur les performances (voir page 95).

ATTENTION !

Pas question de dire : "*il y a des obstacles après la piste, on va prendre la pente-Max !*" Il faut consulter le manuel de vol pour s'assurer que c'est possible...

Dans le manuel, cette notion est donnée par la distance nécessaire pour franchir un obstacle de 15 m de haut (ou 50 ft). La valeur de l'angle de montée n'est pas donnée, mais on peut extrapoler approximativement d'après les formules :

$$\text{Valeur du plan de montée en \%} : \frac{\text{Vitesse ascentionnelle en ft/mn}}{\text{Vitesse sol en kT}}$$

$$\text{Angle de montée en degré} : \text{Valeur du plan} \times \frac{6}{10}$$

DÉTERMINER DANS LE MANUEL POUR VOTRE AVION :

Sur piste en dur, à la masse maxi, avec une température standard de 15° C :

– Longueur du roulage : _____

– Longueur du départ jusqu'au passage des 15 m (50 ft) _____ Voir **(Fig. 2)**

Idem sur piste en herbe :

– Roulage : _____

– Jusqu'au passage des 15 m : _____

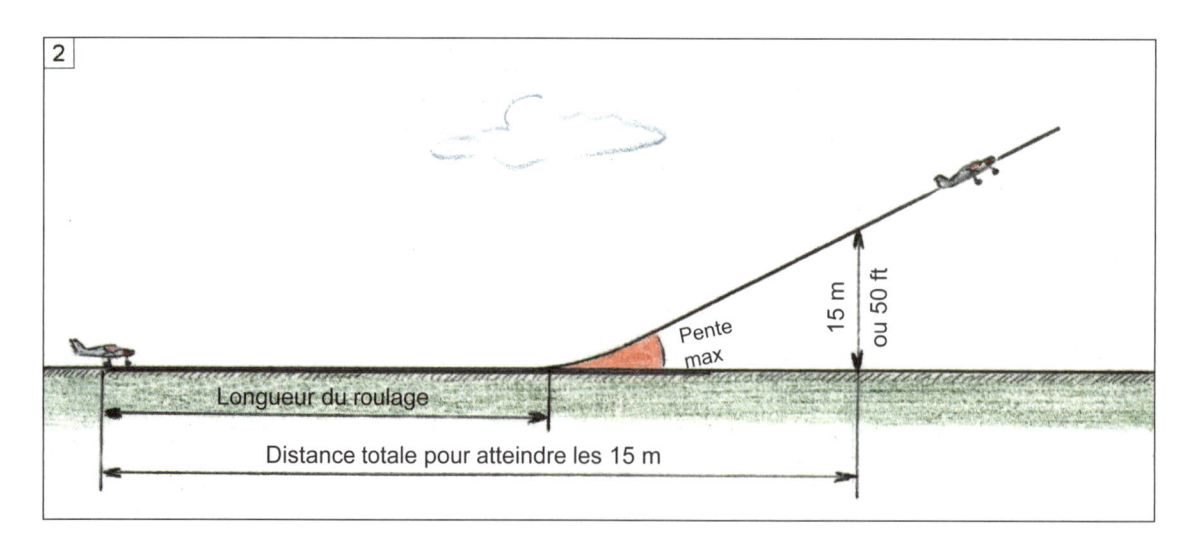

L'esprit de décision dans tous les cas où les conditions (après consultation du manuel de vol) semblent trop précaires, "*ne pas hésiter*" à annuler le vol.

Remarque : Règlementairement (en aviation générale) la distance de décollage est la distance jusqu'au passage des 15 m. Le pilote doit donc s'assurer que la piste minimale ne doit pas être inférieure à cette valeur et non pas à la seule distance de roulage.

LE GUIDE PRATIQUE DU PILOTAGE

ÉTUDE DU CIRCUIT BASSE HAUTEUR

Pilotage avancé

QUEL EST L'OBJECTIF ?

C'est un circuit a adopter par mauvaise météo (plafond bas - mauvaise visibilité) qui doit permettre de garder en permanence la vue de la piste, grâce à sa faible hauteur, sa vent arrière rapprochée et son éloignement réduit afin d'arriver sur le plan de 5% (3°) au plus bas à 100 ft, vitesse stabilisée à 1,3 de Vs0. La hauteur du circuit sera de 300, 400 ou 500 pieds selon les conditions météo. ***Il ne s'agit pas d'un circuit adapté*** dont l'éloignement est conditionné par la hauteur (plus haut, plus loin), mais par son volume réduit, pour ne pas perdre la piste de vue. Peut également s'employer en cas de petits problèmes techniques après le décollage ne nécessitant pas l'interruption de celui-ci.

COMMENT L'ABORDER EN CONDITIONS MÉDIOCRES :

A l'issue d'un voyage qui se termine en condition météo en dégradations (mais réglementaires) afin de ne pas manquer l'aérodrome en arrivant trop vite, avant d'apercevoir celui-ci, on a intérêt à réduire sa vitesse à la valeur d'attente. Si il s'agit d'un aérodrome non contrôlé aborder celui-ci avec une grande prudence pour reconnaître l'aire à signaux (vous n'êtes peut-être pas seul) annoncer ses positions et hauteur dans le circuit.

QUELLES SERONT LES LIGNES GÉNÉRALES DU BASSE HAUTEUR ?

S'entraîner aux opérations suivantes **(Fig. 1)** :

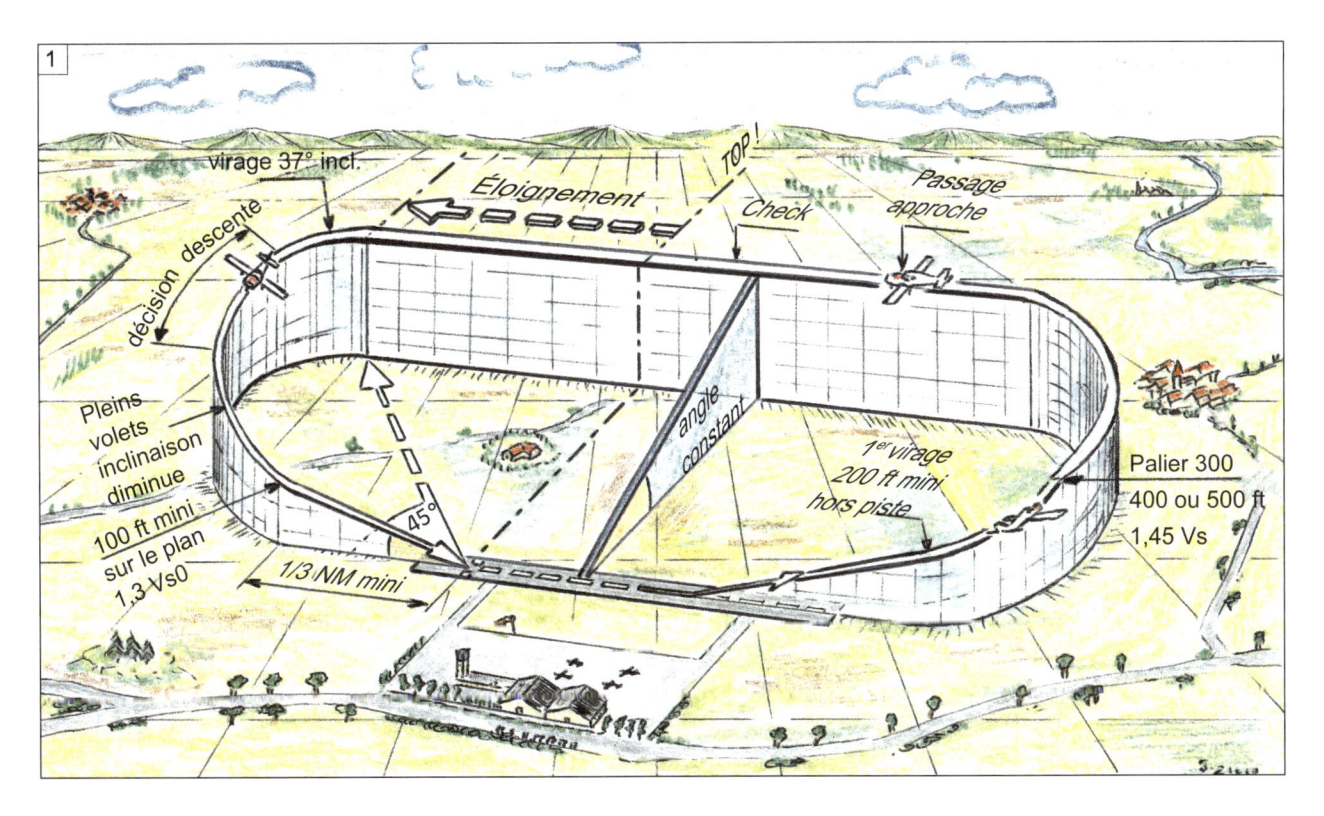

1) Décoller normalement comme expliqué page 93 soit freiner les roues, rentrer le train sur appareils à train rentrant. Ne pas rentrer les volets (sauf indication contraire manuel de vol).

2) Au plus tôt à 200 pieds, mais dans tous les cas jamais avant d'avoir atteint l'extrémité de piste, virer du côté du circuit, en prenant une inclinaison de 20° pour avion dont les vitesses d'approche voisinent de 80 kT, 30° maxi pour des vitesses d'environ 100 kT(sauf si vent latéral, auquel cas l'inclinaison pourra varier afin d'obtenir le bon écartement de la vent arrière).

3) Hauteur du circuit atteinte, passer en palier à la vitesse d'approche initiale et poursuivre le virage jusqu'à l'arrivée en vent arrière.

4) Si appareil à train rentrant, sortir le train et réajuster la puissance (celle d'approche) suivi d'une check approche, qu'on peut réduire à l'essentiel si la charge de travail le nécessite (train - volets - puissance).

Pilotage avancé
ÉTUDE DU CIRCUIT BASSE HAUTEUR (suite)

5) Vérifier si l'écartement latéral est compatible **(fig. 2)**. Comme pour les circuits normaux, un point précis de l'aile doit courir sur la piste. Ce point sera voisin α travers (en général un peu plus près). Si l'écart n'est pas correct, faire en sorte qu'il le devienne... (Converger ou diverger momentanément).

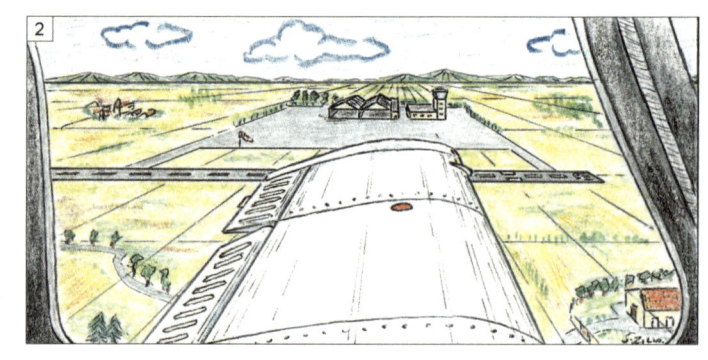

6) Au travers des plots (ou du seuil sur petite piste) si l'appareil est muni d'un chrono prendre un top systématique pour effectuer un éloignement de un demi nautique (voir tableau page 118). Bien qu'il soit préférable d'apprécier cet éloignement à vue, le top chrono pourrait servir à déterminer le moment de virer vers la finale, au cas où on viendrait à perdre la vue de la piste. Le top chrono aura pour votre avion une valeur de _____

7) A vue, lorsque les plots (ou le seuil sur petite piste) sont vus sous un angle de 45° passer en virage à 37° d'inclinaison avec un léger apport de puissance pour maintenir la vitesse approche à 1,45 de Vs1. Les 37° seront maintenus jusqu'à l'arrivée perpendiculaire à l'axe de piste car l'objectif sera de diminuer l'inclinaison en se rapprochant de la finale, on serre pour desserrer ensuite...

8) Lorsque le plan de 5% est intercepté passer en descente et réduire la puissance à _____. Cette interception qui interviendra +/- tôt en fonction de la hauteur du circuit. Ainsi on peut dire "*empiriquement*" qu'elle interviendra lorsque l'avion arrivera sensiblement perpendiculaire à l'axe de piste soit en milieu de virage pour le circuit à 300 ft, un peu avant pour le circuit à 500 ft.

9) Sortir les pleins volets avant d'être à 40° de l'axe de piste, inclinaison et vitesse diminuant de manière à être stable à 1,3 de Vs0, sur le plan au plus bas à 100 ft. Si l'avion est encore en virage dès qu'il atteint 1,3 de Vs0 l'inclinaison ne devra pas dépasser 20°. A l'approche de cette vitesse réajuster la puissance permettant de maintenir le plan de 5% (rappel de tableau page 106).

Remarques et analyses : La limitation d'inclinaison est une question de vitesse (1,3 de Vs0) et non pas une question de volets. Si au départ afin de ralentir les pleins volets sont braqués, tant que la vitesse n'est pas égale à 1,3 de Vs0, l'inclinaison peut être supérieure à 20°, mais devra diminuer pour atteindre 20° vitesse obtenue. C'est une confusion fréquente.

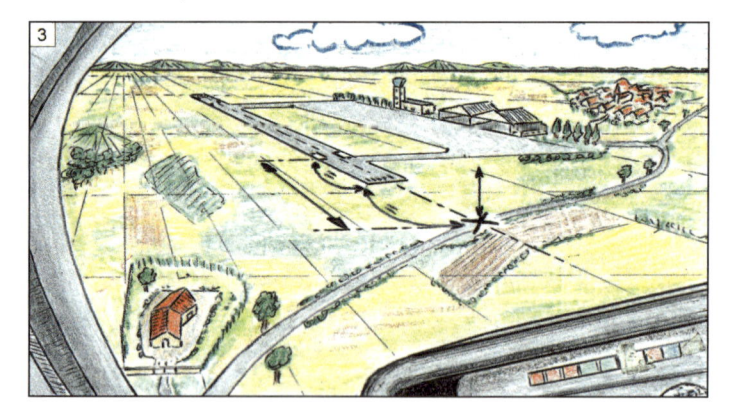

- Il est conseillé d'être stable au plus bas à 100 ft, ceci dit, cela signifie que nous allons nous trouver à ce moment à 1/3 de NM (rappel page 100). Comme 1/3 tiers de NM correspond à environ 600 mètres, si notre aérodrome dispose de plots, il est facile d'évaluer le point au sol au-dessus duquel il faudra arriver à 100 ft. Sachant que du seuil de piste aux plots il y a 300 mètres, il suffit de doubler cette valeur, c'est-à-dire à choisir un repère sol 300 mètres avant les peignes **(Fig. 3)** et faire en sorte de terminer notre virage au-dessus de ce point (**x**) à 100 ft mini au-dessus de celui-ci, ce qui fait... Une bonne gymnastique de l'esprit...

- Pour un avion-école dont la vitesse d'approche est d'environ 80 nœuds, il ne faut pas virer en vent arrière à 30° d'inclinaison, car dans ce cas nous nous retrouverons avec l'écartement d'environ 600 m (calcul rayon de virage, voir page 152). Lorsque l'on arrive à 45° de l'axe de piste, si on passe à 37° d'inclinaison, il sera impossible de terminer sur l'axe de piste stable à 100 ft sur le plan **(Fig. 4)** c'est-à-dire à 600 mètres des plots (ou du seuil sur piste courte)... On terminerait à moins de 600 m, donc sur un plan fort.

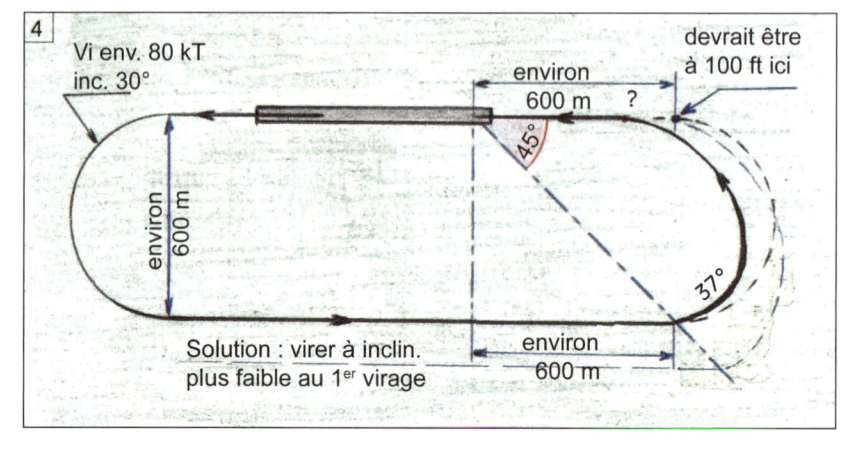

LE GUIDE PRATIQUE DU PILOTAGE

ÉTUDE DE LA DESCENTE OPÉRATIONNELLE "V.N.O."

Pilotage avancé

QUEL EST L'OBJECTIF ?

Lors d'un changement d'altitude en descente, ou au retour d'un voyage à un niveau élevé, pour venir intégrer le circuit, il est possible de réduire le temps de parcours en profitant d'un transfert d'énergie par accélération de la vitesse sur la trajectoire de descente. Moyen efficace pour gagner du temps.

QUELLE VITESSE ADOPTER ?

Il est possible d'adopter des vitesses proches de la V.N.E. (rappel page 45) ou situées dans la plage jaune de l'anémomètre. Cependant dans ces conditions, il faut faire très attention à une restriction : **LA TURBULENCE** qui pourrait endommager la cellule de notre avion, aussi ne doit-on utiliser cette plage que lorsqu'on est "*sûr*" de ne pas rencontrer de turbulences. Mais là aussi, prudence, car si en altitude, il n'y a pas de turbulences, on peut les trouver brusquement dans les basses couches (environ 1500 ft).

Pour éviter toutes surprises, on se contentera de ne pas dépasser la V.N.O. (extrémité supérieure de l'arc vert) qui correspond à la vitesse maximale d'utilisation normale de votre appareil, ainsi nous n'aurons pas à craindre de restriction. (La V.N.O. est également indiquée dans le manuel de vol). Sur certaine machine même à la puissance maxi en palier, ou en descente sur le plan de 5% il n'est pas possible d'obtenir la V.N.O., on se contente alors de la vitesse maxi. obtenue à la puissance max. autorisée.

QUELLES SONT LES CARACTÉRISTIQUES DE LA DESCENTE V.N.O. DE VOTRE AVION ?

– Une vitesse à maintenir constante et à ne pas dépasser, se situant à l'extrémité supérieure de l'arc vert. Elle a pour valeur : _____

– Une assiette moyenne de _____

– Une puissance moyenne de _____

– Une Vz moyenne ou taux de chute de _____ donnant un plan de descente voisin de 3 à 5 % soit 2 à 3°

Le but étant de descendre, vitesse et Vz seront maintenues les plus constantes possibles. En cas de nécessité modifier la puissance.

QUELLE EST LA MANŒUVRE ?

Au départ d'une altitude quelconque.

– Mixture plein riche.

– Prendre simultanément l'assiette de descente V.N.O.

– Afficher la puissance permettant d'accélérer vers la V.N.O. soit : _____

V.N.O. atteinte et Vz obtenues, afficher les caractéristiques de la descente V.N.O. et les maintenir les plus constantes possibles.

Remarques : la descente s'effectuant avec une puissance normale, avec un taux de chute raisonnable, il n'y a pas de grande contradiction sur le plan mécanique à prolonger ce type de vol, comme le serait une longue descente, moteur réduit par le refroidissement trop rapide du moteur et des contraintes mécaniques qui en résulteraient.

Au retour d'un voyage à un niveau élevé, afin de respecter le confort de vos passagers, il est conseillé (sur un avion non pressurisé) de descendre sur un plan de 2° soit environ 3 % (plus confortable pour les oreilles). Le plan de 3° sera rejoint pour la finale.

Deux formules à connaître :

---

1) *Vario à afficher en descente* :

Nombre de Nautiques par minute × par le plan en degré × 100

Exemple : à 2 NM/mn plan de 2° = 2 × 2 × 100 = 400 ft/mn

---

2) *Distance du début de descente en NM* :

Altitude à perdre en centaine de pieds : plan en degré.

Exemple : 5000 ft plan 2° = 50 / 2 = 25 NM, ainsi pour arriver sur un aérodrome se situant 5000 ft plus bas, il faudra débuter la descente sur un plan de 2° à 25 NM de celui-ci.

Remarque : Le nombre de NM/mn est fonction de la vitesse sol.

ÉTUDE DE L'ARRIVÉE "GRANDE VITESSE" ET ARRIVÉE RAPIDE

QUEL EST L'OBJECTIF DE L'ARRIVÉE "GRANDE VITESSE" ?

On emploiera cette technique, chaque fois que les conditions d'approche à vue permettront de diminuer le temps de vol dans la phase d'arrivée, pour cela :

– Maintien d'une vitesse élevée (VNO) aussi longtemps que possible pour accélérer par exemple les cadences d'atterrissages.

– Permettre de se maintenir sans gêne dans un circuit avec des appareils rapides du style gros porteurs, derrière soi.

QUELLES SONT LES TECHNIQUES ?

Ce type d'arrivée peut être choisi par le pilote ou demandé par le contrôle à la suite :

– d'une vent arrière

– d'une finale directe

– d'une étape de base

A la suite d'une vent arrière, circuit normal dont la hauteur est comprise entre 1000 et 1500 ft (**Fig. 1**), trajectoire **A**.

– Si possible prendre comme vitesse la VNO, ce qui n'est pas toujours possible d'obtenir en palier avec toutes les machines, auquel cas on se contentera de rechercher la vitesse maxi en palier en affichant la puissance maximum continue autorisée.

Pour votre avion vitesse ≅ _____ puissance maxi : _____

– L'écartement latéral par rapport à la piste devra être au minimum de 1 NM comme pour un circuit normal (avions légers) afin de permettre un virage pour rechercher l'axe final, en se limitant à des inclinaisons confortables, 20 à 30°.

Cet écartement se visualisera en sachant qu'un point précis de l'aile devra courir sur la piste, si l'écart est correct, (page 124 - **Fig. 2**), identique à celui d'un circuit standard 1000 ft. à 1,45 de Vs.

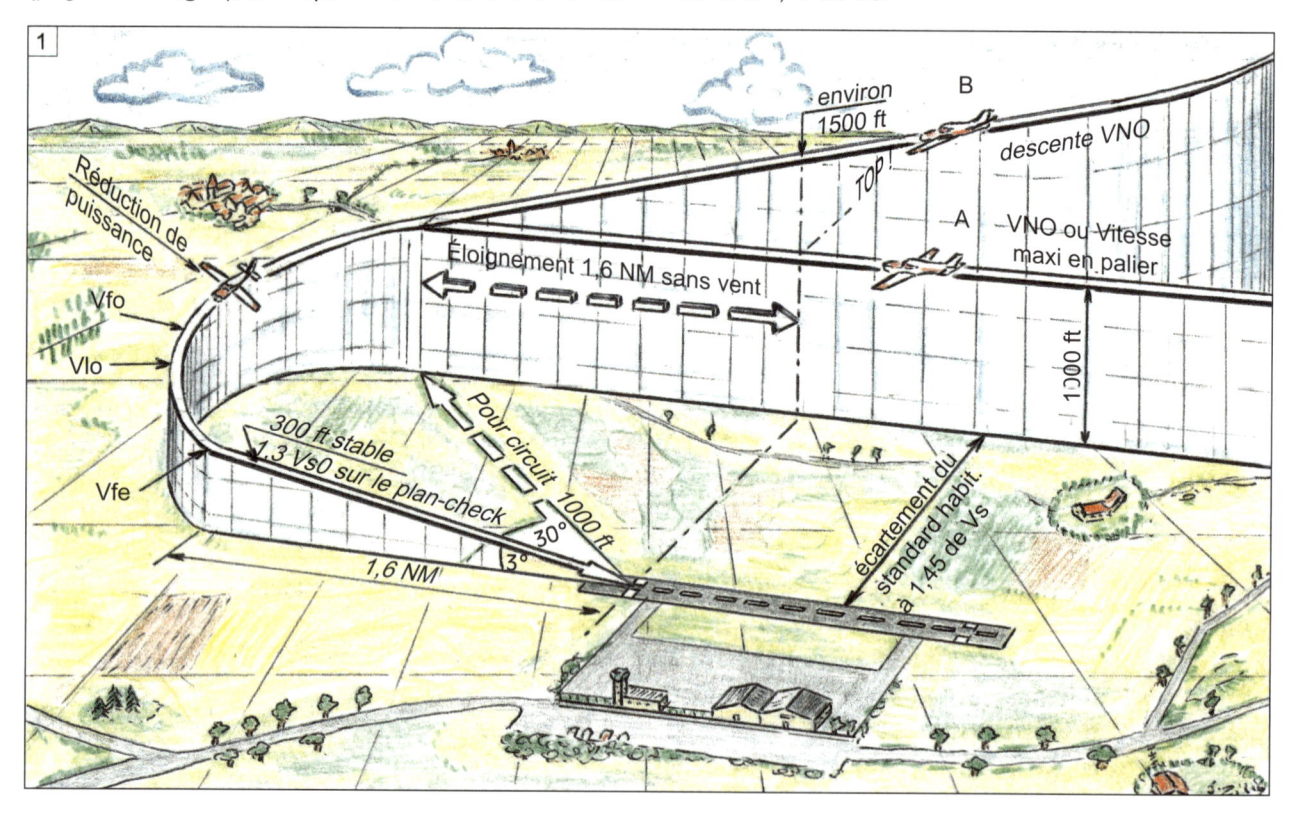

– Au passage du travers des plots ou du bout de piste effectuer un éloignement de 1,6 NM, soit visuel par l'angle arrière (repère pris sur l'avion, rappel page 125) soit par un top chrono (voir tableau page 118). Pour votre avion ce temps d'éloignement sans vent sera de : _____ secondes.

– L'éloignement sera suivi d'un virage de 180° en descente qui devra nous amener sur l'axe final et sur le plan de 5 % à 500 ft si celui-ci a bien été conduit. On maintiendra la VNO durant la 1ère partie du virage, ou on accélérera vers celle-ci (avion à faible Vi en palier).

LE GUIDE PRATIQUE DU PILOTAGE

ÉTUDE DE L'ARRIVÉE "GRANDE VITESSE" ET ARRIVÉE RAPIDE (suite)

Pilotage avancé

– L'inclinaison à prendre sera fonction de la VNO, exemple pour une VNO de 100 Kt elle voisinera 15°, alors que pour 150 Kt on sera proche de 30° et devra permettre un écart latéral identique au circuit standard à 1,45 de la Vs.

En cours de virage il faudra entreprendre la décélération de manière à ce que notre avion soit stabilisé dans le plan de 5 % au plus bas à 300 ft à 1,3 de la Vs choisie.

A quel moment décélérer ? Il faut avoir déterminé pour son avion la valeur de la perte d'altitude nécessaire pour décélérer de VNO à 1,3 de la Vs choisie en maintenant un vario négatif à peu près constant (diminution de vitesse sur trajectoire (Exemple **Fig. 3** - page 43). Supposons par exemple qu'il nous faut perdre 500 ft pour décélérer de VNO à 1,3 de la Vs0 si on désire être stable dans le plan à 300 ft il faudra débuter la réduction de puissance à 800 ft. Cette décélération est prévue sur un plan de 3°.

Pour votre avion cette valeur sera de : _____

Comment décélérer ? Au passage de l'altitude prévue réduire la puissance à la valeur mini autorisée (qui peut-être tout réduit sur certaines machines). Maintenir un vario **négatif le plus constant possible**. Au passage des vitesses limites de sortie des trainées (volets - train soit VFo, Vlo), les sortir car elles favorisent la décélération.

A l'approche de 1,3 de la Vs choisie, adapter la puissance qui permet le maintien de cette vitesse et du plan.

Remarque : Il est possible de mener cette arrivée à la suite d'une hauteur plus grande en s'arrangeant pour passer travers des plots en descente à 1500 ft comme le montre la **Fig. 1**, trajectoire **B**. Lorsque la piste est en vue sous un angle voisin à deux fois le plan de 5 %, soit 5 à 6° (5 à 6 cm), virer vers la finale (rappel pages 116-117).

L'ARRIVÉE GRANDE VITESSE EN DIRECTE OU SEMI-DIRECTE :

Sur aérodrome contrôlé, il est possible de négocier avec le contrôle ce type d'arrivée **(Fig. 2)**.

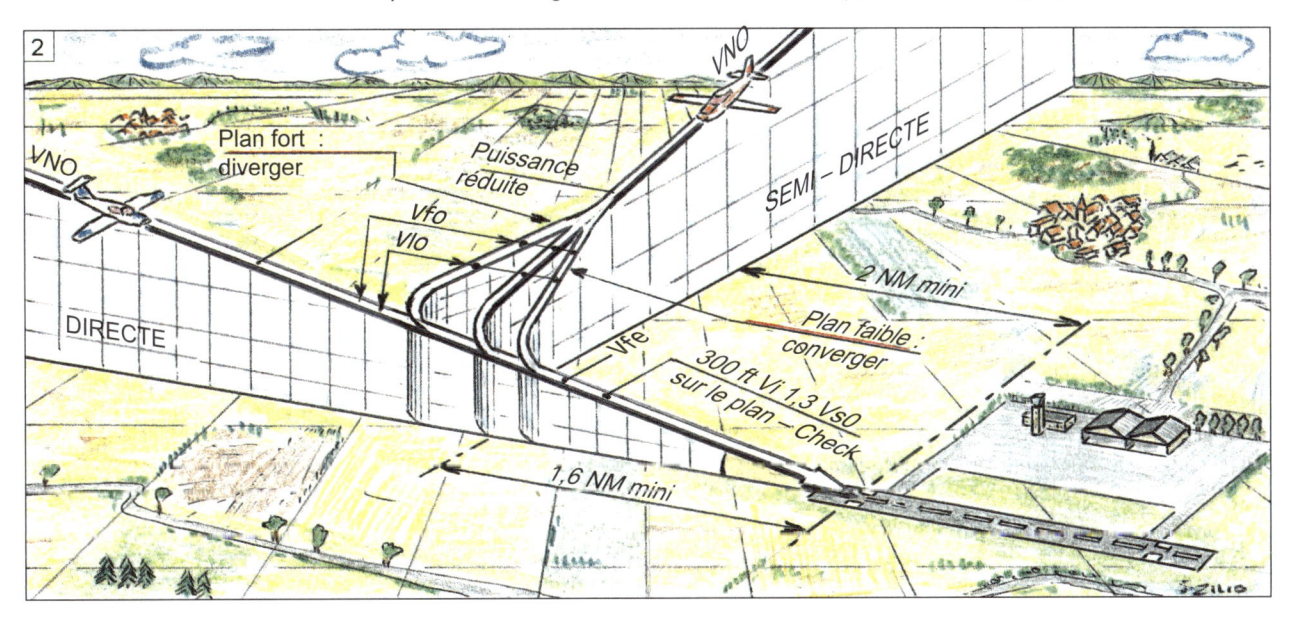

En directe : après une très longue finale en descente sur le plan à la VNO, puis prévoir la décélération passant l'altitude prévue afin d'être stable au plus bas à 300 ft en plan et en vitesse.

L'appréciation de l'interception du plan sera visuelle (rappel page 108), ou en cas de brume si l'avion est équipé d'un DME (instrument donnant la distance et la vitesse sol) et que l'aérodrome est pourvu d'un VOR DME (page 225), si la piste n'est pas en vue, il faut débuter la descente à une distance fonction de l'altitude à perdre. Ainsi sachant que par NM, on perd 300 ft, si nous sommes à 3000 ft il faudra débuter la descente à 3000 : 300 = 10 NM de l'aérodrome et en appliquant la formule (page 183) ou encore en appréciant sur une carte la distance.

En semi-directe : dans ce cas évaluer une base de 2 NM au moins, et observer l'interception visuelle du plan (rappel page 108). Initialement il est possible d'évaluer celui-ci comme expliqué page 117 **(Fig. 7)**, ensuite, en longue base, possibilité de diverger ou converger pour rejoindre latéralement le plan selon la règle habituelle (3 cm = 3°). Il faudra faire en sorte d'être stable sur le plan comme pour les autres situations… à 300 ft minimum donc en prévoyant la décélération.

Remarquons que lorsque nous sommes à environ 30° de l'axe de piste, l'angle du plan doit faire environ 5 à 6° soit environ 4 doigts ou 2 portions de compas (page 117, **Fig. 7**).

ÉTUDE DE L'ARRIVÉE "GRANDE VITESSE" ET ARRIVÉE RAPIDE (suite)

POSSIBILITÉS D'IMPROVISATIONS :

Il est toujours possible dans un but opérationnel d'urgence ou afin de réduire les trajectoires, de diminuer le volume d'une arrivée grande vitesse en la transformant en arrivée rapide.

Exemple 1 : à 1000 ft sur la vent arrière à la Vno, travers les plots débuter la descente sur un plan de 3°, avec un vario en fonction de la vitesse. S'éloigner ainsi jusqu'à ce que l'on soit à 45° de l'axe de piste **(Fig. 3)**. On aura alors parcouru environ 1 NM. Passer alors en virage et débuter la décélération et sortir les traînées de façon à se retrouver sur le plan (en virage) à 1,3 de Vs0, au plus bas à 300 ft. On arrivera sensiblement perpendiculaire à la piste à 500 ft et aligné sur la finale à 250 ft.

Exemple 2 : en vent arrière proche de la Vno, travers les plots réduire toute la puissance, décélérer en palier en sortant les traînées aux vitesses prévues, descendre lorsque la Vi de 1,45 de Vs est atteinte et terminer en espèce de PTU (voir page 172) au moteur, lorsque le plan de 5 % est atteint.

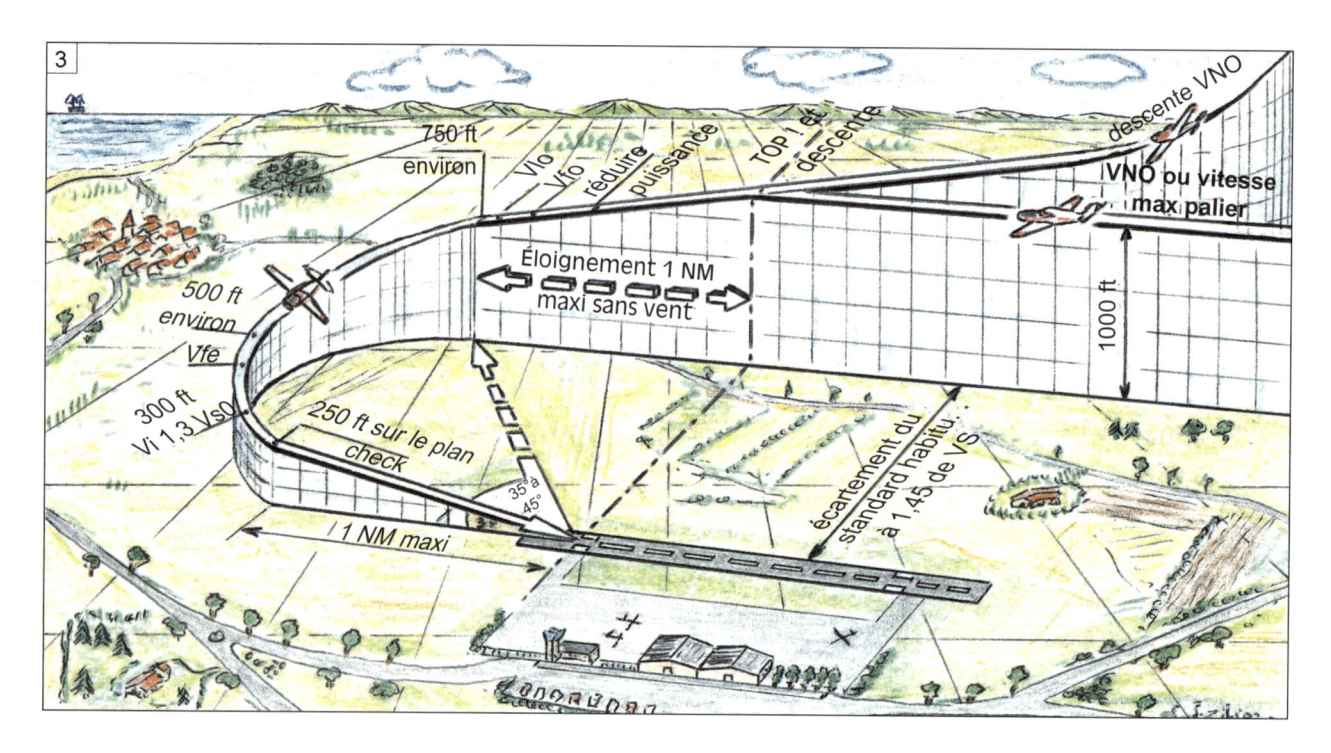

QUELLES SONT LES ERREURS DU DÉBUTANT ?

Qu'il s'agisse d'une arrivée grande vitesse (**AGV**) ou d'une arrivé rapide (**AR**) :

– Ne pas être stable en plan et en vitesse au plus bas a 300 ft.

– Durant la décélération ne pas augmenter l'incidence avec suffisamment de progressivité durant cette phase, jusqu'à 1,3 de la Vs choisie. Pour cela maintenir un vario à peu près constant durant la décélération (voir page 43).

– Ne pas sortir les traînées aux vitesses limites, ce qui retarde la décélération.

– Eviter absolument les plans forts, car la décélération deviendrait difficile surtout avec un avion fin. Il est même tolérable avant 300 ft d'arriver sur un plan "légèrement faible", une partie de la décélération pouvant alors s'effectuer par un léger palier (pour rejoindre le plan), facilitant celle-ci.

LE GUIDE PRATIQUE DU PILOTAGE

ÉTUDE DE L'ATTERRISSAGE COURT
(hors programme)

Pilotage avancé

QUEL EST L'OBJECTIF ?
Réduire le plus possible la distance comprise entre le début de l'arrondi et l'arrêt de l'avion.

QUELLES SONT LES CONDITIONS POUVANT DÉTERMINER CE CHOIX ?
– Sur piste courte, ou pour dégager à la première bretelle sur piste normale.

– Pour se poser long, à la demande du contrôle, la longueur de piste restante donnant une situation analogue à piste courte.

– Pneu éclaté au décollage (dans ce cas, poser l'avion sur la roue valide comme par vent de travers).

– En cas de panne de frein, ou lorsque le freinage est inefficace (piste mouillée ou verglacée).

– Pour toutes ces conditions, on utilisera les pleins volets pour que la vitesse soit le minimum possible, de même que tous les cas qui justifient "*une précaution*". Il n'y aura qu'en cas de panne de volets où l'on n'aura pas le choix...

QUELLE EST LA TECHNIQUE ?
On peut adopter cette technique à la suite d'une approche classique sur le plan de 5 % où l'on adoptera la vitesse d'approche normale de 1,3 Vs jusqu'aux environs de 100 ft où il sera alors possible de la réduire encore. La norme de sécurité préconise :

> *Une vitesse minimum de 1,2 x la Vs choisie (Vs1 ou Vs0)*

Exemple d'atterrissage court, sur piste limitée en configuration atterrissage (pleins volets).

1)   Approche normale dans le plan de 5 % à 1,3 Vs0 soit pour votre avion :
Vitesse = _____   Puissance moyenne : _____   taux de chute

2)   Après 100 ft préaffichage ou réduction de puissance vers _____ .

Il va s'agir alors d'une décélération de vitesse sur trajectoire descendante dans le plan de 5 %. L'assiette devra évoluer vers cabré car l'incidence doit augmenter lorsque la vitesse diminue (rappel page 43).

3)   A l'approche de 1,2 Vs0 soit _____ réajuster la puissance permettant de maintenir plan et vitesse, soit : _____ la Vz ayant pour valeur : _____

4)   Viser le point du début de l'arrondi, auquel il faudra arriver (pas avant).

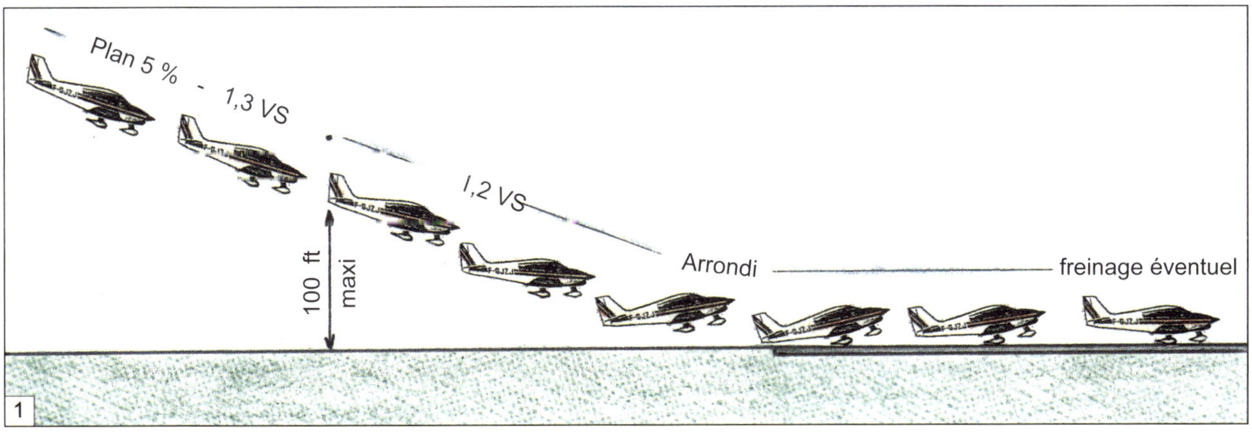

Fig. 1

Pour cela, il faudra faire en sorte que sur la très courte finale, ce point reste au même endroit sur le pare-brise ou sur le capot. Si le point visé tend à monter sur le pare-brise, c'est que l'avion s'enfonce et passe sous le plan, corriger en augmentant la puissance, l'attitude cabrée de l'avion permettra le retour dans le plan. Inversement, si le point tend à descendre sur le pare-brise, on arrivera plus loin, pour corriger, réduire un peu la puissance en prenant un assiette légèrement moins cabrée.

5)   Au moment d'arrondir, réduire la puissance et cabrer doucement à l'assiette d'atterrissage normale. Il n'y aura pratiquement pas de palier de décélération, la trajectoire descendante s'incurvera légèrement jusqu'au touché du sol, roulette haute, comme le montre la **Fig. 1** où l'angle de descente est exagéré par rapport à la réalité, pour mieux visualiser la technique.

ÉTUDE DE L'ATTERRISSAGE COURT (suite)

6) Poser ensuite doucement la roue avant et quand cela est possible freiner progressivement et de plus en plus fort jusqu'à l'arrêt en dosant bien le freinage pour éviter de bloquer les roues. Bien qu'il soit possible de rentrer les volets au roulage afin de rendre le freinage plus efficace (ce qui est très discutable sur avions légers), ne pas se précipiter, tenir l'axe et freiner efficacement est la priorité…

Dans le cas de freinage inopérant, garder les volets braqués et la roulette de nez haute le plus longtemps possible car ils constituent le seul moyen de freinage aérodynamique.

Pour un atterrissage court en panne de volets, avec votre instructeur, déterminez les paramètres d'approche de votre appareil :

– à 1,3 Vs1 : vitesse : _____ puissance : _____ Vz : _____
– à 1,2 Vs1 : vitesse : _____ puissance : _____ Vz : _____

Remarques : Par souci de sécurité, la vitesse mini de 1,2 Vs n'est prise qu'en courte finale, après 100 ft. Par temps turbulent, on évitera cette manœuvre.

Il ne sera possible que de réduire la distance comprise entre l'arrondi et le contact sol, car un avion se posera toujours à peu près à la même incidence, donc approximativement à la même vitesse pour une configuration donnée et le freinage une fois posé, réduira le roulage de la même façon, que l'approche ait eu lieu à 1,3 ou 1,2 Vs. Ce type d'approche n'est plus considéré aujourd'hui, 1,3 de Vs étant admis comme limite basse, mais il peut être une corde en plus à l'arc du pilote…

Le manuel de vol donne les distances d'approche et de roulage depuis le passage des 15 m de hauteur sur le plan 5 % **(Fig. 2)**.

Pour des gens d'expérience en courte finale on peut réduire cette valeur à **1,1 de Vs**, mais prudence...

DÉTERMINER DANS LE MANUEL DE VOL DE VOTRE AVION

Sur piste en dur, à la masse maxi, à une température de 15° :

– Distance depuis le passage des 15 m (50 ft) jusqu'à l'arrêt : _____
– Longueur de roulage : _____   } **(Fig. 2)**

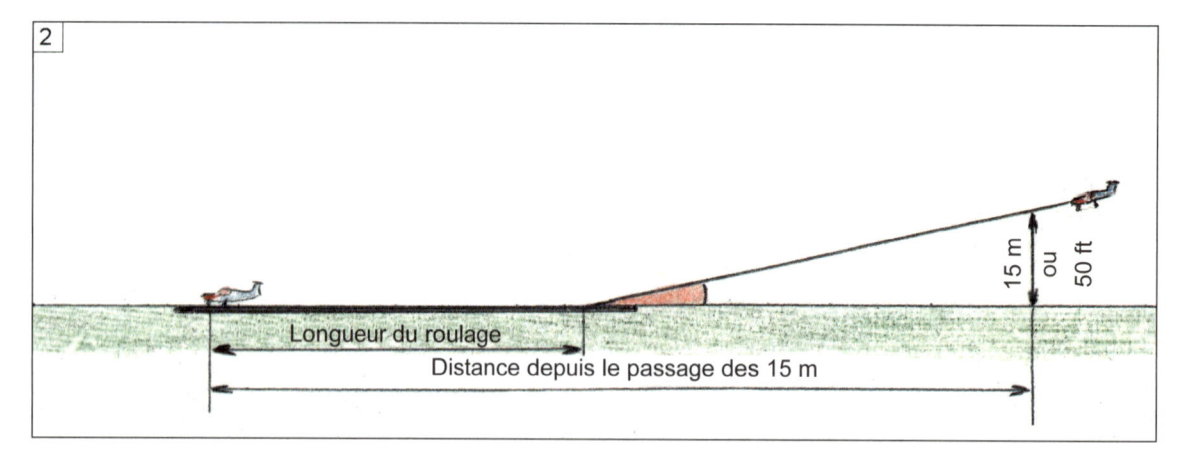

Remarque : Règlementairement (en aviation générale) la distance d'atterrissage est la distance depuis le passage des 15 m. Le pilote doit donc vérifier que la piste la plus courte qu'il va utiliser, fasse bien cette longueur et non pas la seule distance de roulage et ne doit pas avoir peur de laisser 300 m derrière lui (rappel **page 101**) même sur une piste sans plots, bien qu'en pratique on vise le début de piste si l'approche est bien dégagée.

Consulter le manuel de vol, avant de tenter l'atterrissage, avant le départ s'assurer que le décollage sera possible (voir **page 180**).

LE GUIDE PRATIQUE DU PILOTAGE

ÉTUDE DE LA PRISE DE TERRAIN EN "S" DITE P.T.S.

Complément

QUEL EST L'OBJECTIF ?

Savoir exécuter une technique supplémentaire en cas de panne de moteur, dans certaines conditions.

Une panne dans une vallée trop étroite, ne permettant pas de rejoindre la vent arrière pour un encadrement, ou lorsque celle-ci survient face au terrain sous un angle tel que se positionner pour un encadrement, nous ferait perdre de l'altitude inutilement avec risque de louper ce terrain.

QUELS SONT LES ÉLÉMENTS DE LA P.T.S. ?

Technique que l'on emploie généralement d'une hauteur comprise entre 1500 et 3000 ft, face au terrain, en descente, à la vitesse de finesse max.

Se déterminer un cadre incliné sur un plan à 45°, limité latéralement de part et d'autre de l'axe d'atterrissage par des repères au sol (maison et sapin dans l'exemple) **(Fig. 1)** et dont la base se trouve à une certaine distance du début du terrain choisi.

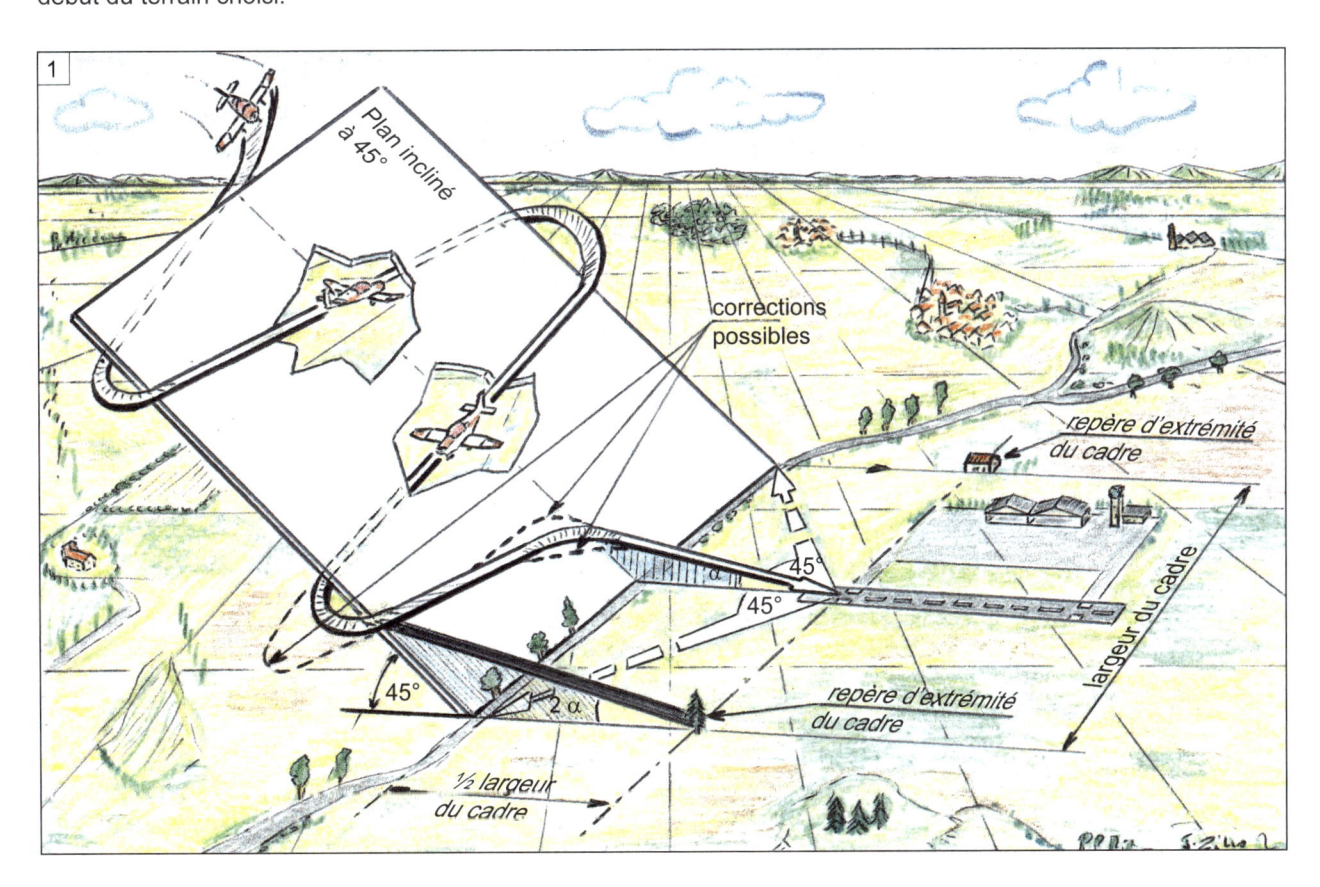

La largeur du cadre aura pour valeur moyenne 5 à 6 rayons de virage soit pour la moyenne de nos avions, 1200 à 2000 m environ.

Ne pas commettre l'erreur de situer la base du plan sur l'entrée de piste car il faut permettre une courte approche planée en ligne droite. La base du cadre sera donc située à ½ largeur de cadre, matérialisé dans l'exemple par une route.

La descente planée se fera sensiblement dans le plan incliné à 45°, sur des lignes droites perpendiculaires à l'axe d'atterrissage avec chaque fois que l'on passe les repères d'extrémité de cadre, un virage de 180° qui aura une inclinaison voisine, mais ne dépassant pas 40°, assez ferme pour ne pas quitter le plan. La vitesse d'évolution ne devra jamais être inférieure à 1,45 Vs1.

La précision finale sera assurée comme un encadrement par la possibilité de converger ou diverger sur la ligne droite précédant le dernier virage (corrections possibles ou débordement du cadre sur le dernier **S**). En très courte finale, la vitesse devra être de 1,3 de la Vs considérée (Vs1 ou Vs0), comme d'habitude.

Complément — ÉTUDE DE LA P.T.S. (suite)

Le nombre de "*S*" dépendra de la hauteur de départ et des caractéristiques aérodynamiques de l'appareil.

COMMENT VISUALISER LE PLAN A 45°?

Comme pour les angles α ou 2α par un repère sous 45° pris sur les ailes pour un avion à ailes basses ou mâts ou vitres pour ailes hautes. Chaque fois que l'on voisinera l'axe d'atterrissage, le repère avion devra courir sur le repère sol correspondant à la base du plan **(Fig. 2)**, une route dans l'exemple.

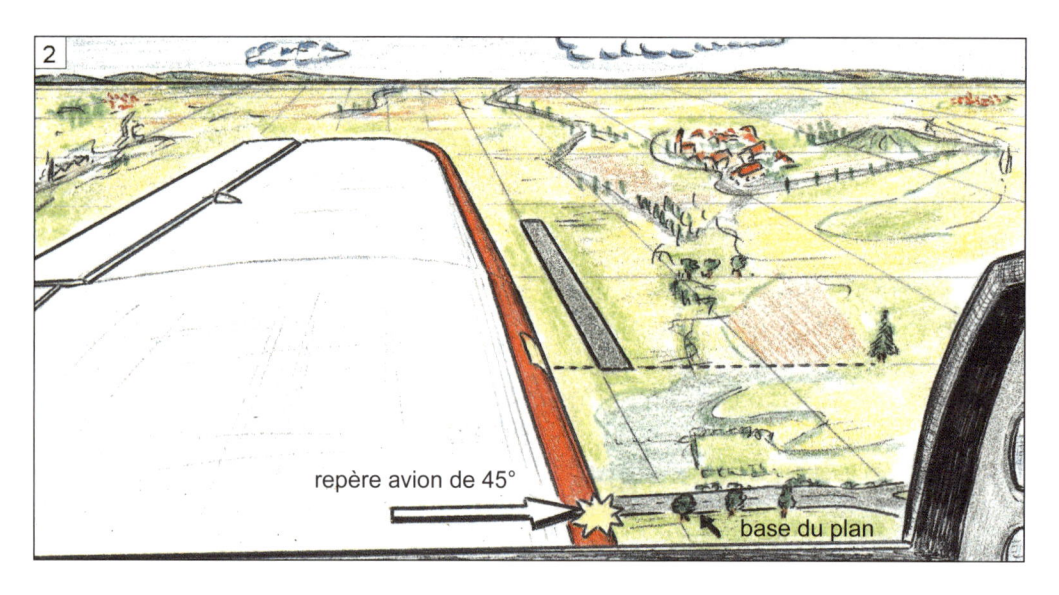

repère avion de 45°
base du plan

QUAND DOIT-ON DÉCIDER DE QUITTER LE PLAN ?

Lorsque au passage de l'axe d'atterrissage l'entrée de piste est vue sous un angle légèrement supérieur à 2α travers **(Fig. 3)**, aller jusqu'au bout du cadre faire le dernier *S*, ou lorsqu'à une extrémité latérale du cadre, la ligne qui correspond à l'entrée de piste est vue sous 2α travers.

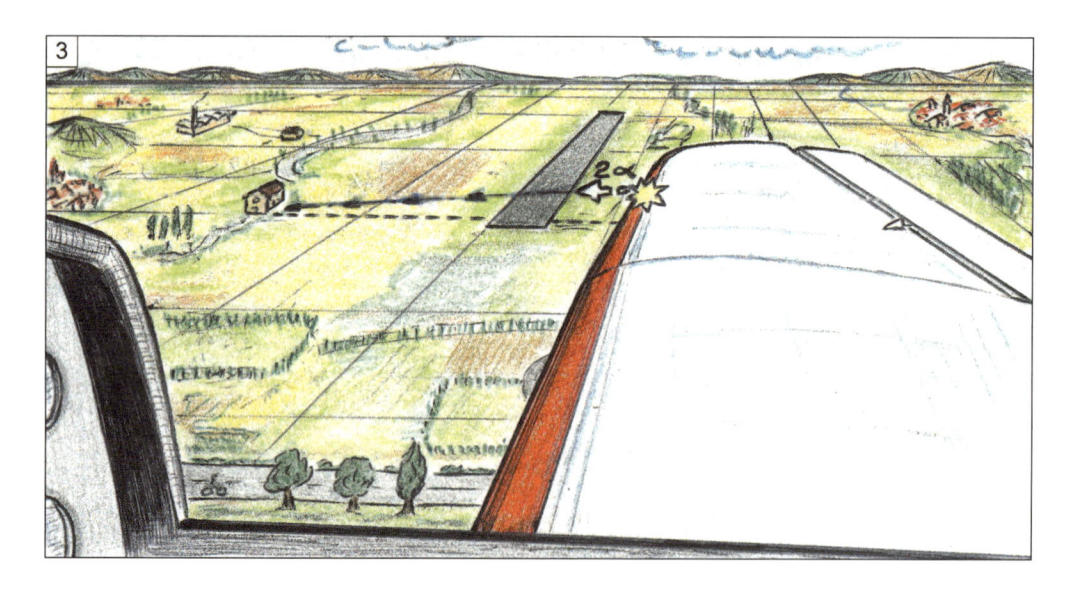

On s'aperçoit tout de suite que cet exercice fait plus appel au jugement du pilote que l'encadrement plus géométrique. Il demande aussi de bonnes qualités manœuvrières car il exige une attention plus soutenue pour contrôler le plan, la vitesse en particulier dans les virages et la symétrie du vol. Bien que ne faisant plus partie des programmes actuels, il peut être intéressant de savoir en tirer partie...

COMMENT ASSURER LA PRÉCISION FINALE ?

Comme pour l'encadrement sur la branche précédant le dernier virage, en exploitant le positionnement α travers (rappel pages 168/169) puis en finale par l'utilisation éventuelle des pleins volets (rappel page 171), vitesse 1,3 Vs1 ou Vs0 acquise au plus bas à 100ft.

LE GUIDE PRATIQUE DU PILOTAGE

ÉTUDE DE LA P.T.S. (suite)

Complément

En prolongeant α travers, qui arrive à l'entrée piste, poursuivre, car la présentation est bonne. Si α travers arrive avant l'entrée de piste, converger immédiatement vers celle-ci c'est le cas à éviter. Si α travers arrive à l'intérieur de la piste, comme le montre la **Fig. 4**, diverger, pour éviter d'avoir une présentation trop haute, en réajustant α travers, rappel page168 **(Fig. 15-16)**.

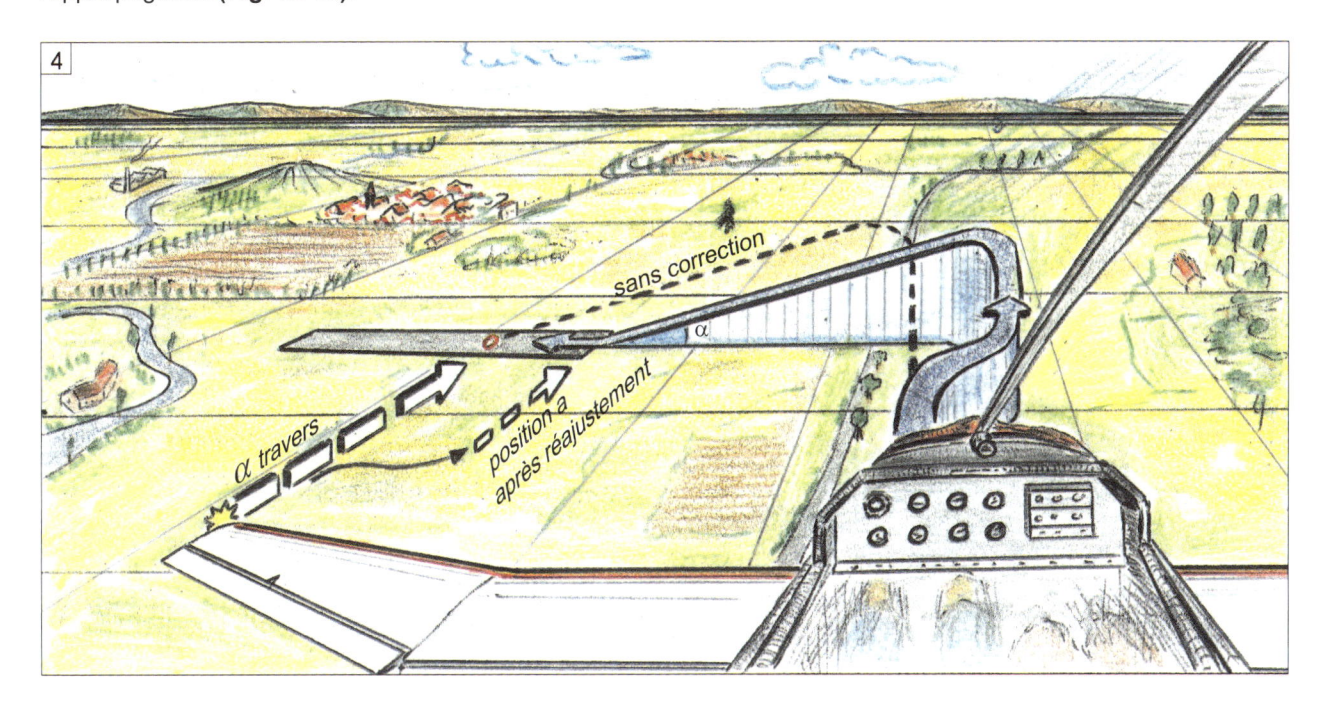

AUTRE POSSIBILITÉ DE P.T.S.

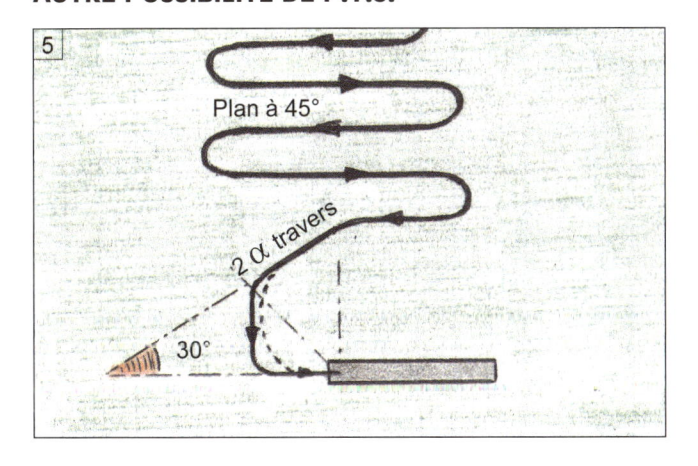

Exécuter la manœuvre perpendiculaire à l'axe d'atterrissage comme indiqué **(Fig. 5)** jusqu'à rejoindre le plan 2 α travers, pour terminer ensuite un encadrement en convergence de 30° puis P.T.L. ou P.T.U. en fonction de la hauteur.

LE VENT ET LA P.T.S. :

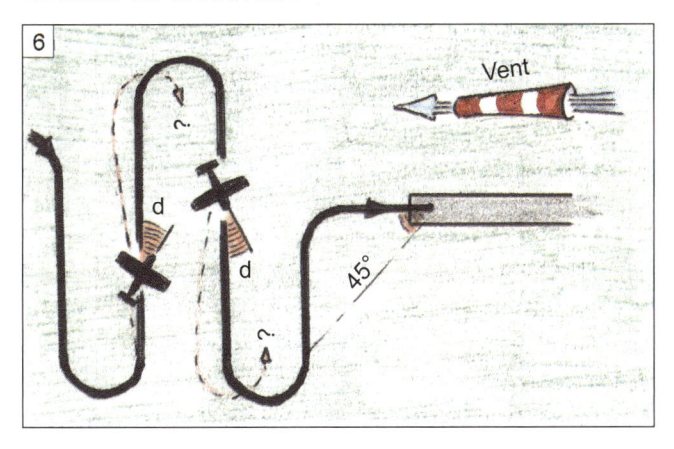

Comme dans tous les exercices si l'on désire respecter les trajectoires, il faut tenir compte des effets du vent, donc corriger la dérive **(Fig. 6)** pour éviter de se faire déporter (trajectoires en pointillés) et sortir du plan à 45°.

Remarques :
– Le plan peut avoir une valeur différente de 45°.
– Après l'avant-dernier virage, on se trouve sensiblement à 45° de l'axe de piste comme dans une P.T.E. **(Fig. 1 et 6)**.

C'est une des premières techniques de prise de terrain en cas de panne, qui a été mise au point par nos anciens...

| Situation critique | **ÉTUDE DE L'ATTÉRRISSAGE FORCÉ SANS MOTEUR** |

QUEL EST L'OBJECTIF ?

Après avoir choisi un terrain d'atterrissage adapté, savoir déterminer la technique de prise de terrain qui sera la plus efficace pour nous amener sur celui-ci avec un atterrissage dans les meilleures conditions possibles.

En effet, même si le taux de panne de moteur est faible, cela mérite d'être vu car cette situation, si elle est mal conduite, peut devenir catastrophique...

QUELLE EST LA PREMIÈRE CONDITION DE RÉUSSITE ?

La connaissance impérative de l'appareil et de ses plans d'évolutions ainsi qu'un minimum d'entraînement aux techniques de prise de terrain (en vol plané).

QUELS SONT LES FACTEURS INFLUENTS ?

1) La hauteur qui détermine la technique d'évolution à employer.
2) Le vent en force et en direction (ses effets pour rejoindre le terrain choisi)
3) La finesse de l'avion (distance planée plus ou moins grande).
4) Les dimensions du terrain choisi (il est préférable de se poser vent dans le dos sur un terrain long, que vent de face sur un terrain trop court...).
5) Le dégagement de la zone d'approche, une ligne d'arbres peut raccourcir considérablement la zone utilisable pour l'atterrissage...

EFFECTUER DES VÉRIFICATIONS D'URGENCE :

La première chose est de maintenir une vitesse suffisante (la vitesse de finesse max.) régler le compensateur pour le maintien de celle-ci. La panne est peut-être due à une fausse manœuvre, d'où nécessité de vérifier rapidement et de tenter une remise en route "*si la hauteur le permet*". Une panne à 700 ft ne laisse pas beaucoup le temps de "bricoler", il vaut mieux rechercher immédiatement un terrain favorable. Si on dispose d'une hauteur suffisante rechercher l'origine de la panne par le terme mnémotechnique **MEC,** facile à retenir :

M **m**élange poussé plein riche
  magnéto bien sur 1 + 2

E **e**ssence ouverte sur le réservoir le plus plein
  pompe électrique sur marche

C **c**arburateur sur froid donc poussé - **c**ompensateur réglé

S'il s'agit d'une panne effective, rechercher un terrain favorable. Ne pas hésiter à incliner à gauche et à droite pour voir dessous. Le bon terrain ne se trouve pas forcément à gauche, ni devant, il peut même être derrière...

Fermer l'essence, couper les magnétos, faire mettre ses passagers en boule, lunettes enlevées, serrer les ceintures.

QUEL TERRAIN CHOISIR ?

Dans la mesure du possible, assurer la sécurité de l'approche, attention derrière arbres, maisons, reliefs: courants rabattants possibles. Les lignes EDF ou PTT qu'on ne voit pas, *repérer les poteaux.* Si vu au dernier moment, piquer et *passer plutôt dessous* que de risquer le décrochage à la suite d'une ressource.

Attention aux clôtures barbelées visibles qu'au dernier moment, mettre les têtes sous le tableau de bord (pour éviter le cisaillement). Attention aux cultures hautes (maïs - blés...) car il n'y a plus d'effet de sol (rappel page 114) le palier de décélération sera plus court, il ne faut pas se faire surprendre.

Le choix du terrain dépendra de la hauteur. Plus haut, plus de temps pour rechercher un terrain favorable. Cette recherche devra se faire dans un cône autour de l'avion d'environ 45° **(Fig. 1)**. L'idéal serait de trouver un terrain grand comme une piste, bien dégagée, mais !... Ne pas chercher ailleurs que dans le cône.

Pour mieux évaluer les terrains favorables, il faut s'habituer à faire des comparaisons avec des terrains vus du sol et revus en vol, avant d'avoir une panne...

Si possible, essayer de trouver la zone d'atterrissage à proximité d'habitations car cela peut être pratique pour recevoir d'éventuels secours rapidement.

LE GUIDE PRATIQUE DU PILOTAGE

ÉTUDE DE L'ATTERRISSAGE FORCÉ SANS MOTEUR (suite)

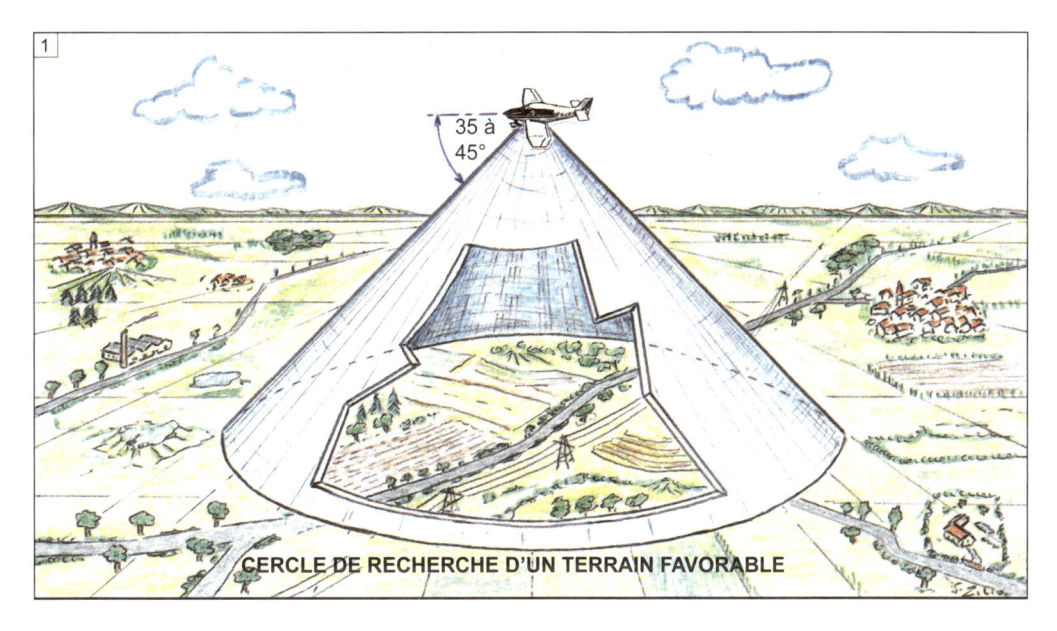

Situation critique

CERCLE DE RECHERCHE D'UN TERRAIN FAVORABLE (35 à 45°)

Voici quelques exemples de terrains avec leurs avantages ou inconvénients :

1) Les terrains de chaumes blés coupés) sont les plus propices, mais on ne les trouve qu'à une certaine période de l'année (juillet, août).

2) Cultures fourragères (trèfles, luzernes).

3) Terrains de cultures de céréales (couleur brune avec alignements verts) } à éviter l'hiver ou après pluies prolongées.

4) Les terrains labourés et hersés.

5) Les terrains labourés non hersés (toujours se poser dans le sens des sillons).

6) Éviter si possible, les champs de cultures hautes (blés, maïs, colza à floraison jaune) surtout quand les épis sont grands, ce qui peut occasionner des dégâts aux cultures et à l'avion.

7) Attention aux pâtures qui semblent accueillantes et qui peuvent cacher pierres, fossés de drainage... et aux animaux (vaches) qui peuvent avoir des réactions imprévisibles ...

En règle générale, sur tous terrains attention aux discontinuités de couleurs qui sont les reflets de fossés, dénivellations... caniveaux…

8) Les plages désertes à l'endroit ou le sable n'est ni trop sec, ni trop mouillé, dans le sens parallèle à la mer.

9) Ne pas négliger les terrains en pente "***mais toujours se poser en montant***" avec une vitesse d'approche majorée pour éviter le décrochage au moment de l'arrondi (ressource avec facteur de charge). Présentent l'avantage de réduire le roulage, mais en fin de course, ne pas oublier de mettre le frein de parking pour éviter que l'avion redescende.

10) Au-dessus d'une immense forêt lorsqu'on n'a pas le choix, se poser plus cabré que d'habitude sur la cime des arbres avec les pleins volets est moins dangereux que de vouloir se poser dans une clairière trop étroite. Éviter les plans d'eau.

COMMENT DÉTERMINER LE VENT EN FORCE ET DIRECTION ?

Au départ du vol, faire attention à la direction du vent par rapport au cap suivi ou au soleil. Le sens et l'importance de la dérive quand le vent est fort, de même que les arbres et cultures hautes. Les fumées et le défilement de l'ombre des nuages.

CHOIX DE LA TECHNIQUE DE PRISE DE TERRAIN ?

Ce choix dépendra de la hauteur de la panne, plus haut, plus de temps. Cette hauteur ne peut que s'estimer, car en campagne nous savons qu'il n'est pas possible d'évaluer celle-ci avec précision, puisqu'il est impossible de connaître l'altitude topographique de chaque lieu. Dans tous les cas, il faudra manœuvrer "***rapidement***" pour se placer et se tenir dans les plans d'évolution, car l'avion n'attend pas... il descend...

1) En altitude : 2000 à 2500 ft ou plus. Chaque fois que c'est possible, choisir la P.T.E. qui présente l'avantage d'avoir une étape de base permettant une meilleure perception de la trajectoire à conduire pour assurer la précision de l'atterrissage (rappel pages 168,169,170). Si nous sommes très haut, ne jamais commencer l'encadrement à plus de 2500 ft car la précision serait douteuse. Descendre en ronds ou en S au-dessus du terrain, jusqu'à cette altitude (afin de perdre l'excédent de hauteur). Ne pas encadrer systématiquement depuis la verticale si on dispose d'un meilleur terrain sur le côté. On peut également choisir la P.T.S. (dans une vallée notamment).

ÉTUDE DE L'ATTÉRRISSAGE FORCÉ SANS MOTEUR (suite)

2) Altitude moyenne : environ 1000 à 1500 ft. Se placer rapidement sous 2 α travers pour une P.T.U. ou une P.T.O. si vertical terrain. Possibilité de faire une courte P.T.S.

3) Basse altitude : 300 à 1000 ft, P.T.U. du côté le plus favorable (le mieux dégagé) ou arrivé en L en se positionnant sous α travers comme dans une finale encadrement ou P.T.S. (rappel pages 168, 169 et 191).

4) Très basse altitude : choix limité, "*éviter de s'y trouver*" car il y a peu de possibilités. Profiter de l'excédent de vitesse pour monter et gagner un peu de hauteur puis plus ou moins droit devant soi, en évitant les plus gros obstacles.

Dans tous les cas, si le vent est de travers pour l'atterrissage choisir si possible le côté où le vent tend à rapprocher du terrain sur la vent arrière, plutôt que le contraire.

Éviter de trop serrer le terrain ou de se trouver dans des plans très forts, ce qui peut amener des manœuvres scabreuses près du sol...

Surveiller vitesse et symétrie, éviter le dérapage extérieur (rappel pages 90 et 154) surtout près du sol.

FINALE ET ATTÉRRISSAGE :

Sortir les pleins volets lorsqu'on est sûr d'avoir le terrain. Préférer une approche un peu haute, car nous savons que s'il est possible de perdre de l'altitude, dans cette situation, il n'est plus possible d'en gagner, vitesse 1,3 Vs0.

Après avoir coupé tous contacts, poser l'avion un peu plus cabré que d'habitude. Si on dispose d'un avion à train rentrant, mieux vaut se poser train rentré, les dégâts seront négligeables et la distance d'arrêt raccourcie. Si en finale on est vraiment trop long ou trop court et que l'on va aboutir à mi-hauteur d'arbres, piquer au ras du sol et passer entre deux (voir page 98). Entrouvrir la verrière si on y pense. En cas d'obstacles au roulage, terminer en cheval de bois... A l'arrêt évacuer l'avion si nécessaire.

Le but de la manœuvre est de ramener tout le monde au sol dans le meilleur état possible, même si on casse l'avion... mais tant mieux s'il ne l'est pas.

Pour conclure, plus grand sera votre éventail de solutions défensives, mieux vous serez armés contre les imprévus. En un mot, ayez de la technique. La technique, sans vous prendre pour un champion, ou un pilote de ligne, sera votre sécurité, celle de vos passagers (innocents), votre famille... Entraînez-vous souvent, quitte à vous faire accompagner d'un instructeur...

En cas d'amerrissage forcé, pensez à entrouvrir la verrière ou la porte avant l'impact et la bloquer avec n'importe quoi (surtout avion à ailes hautes) car la pression d'eau est telle qu'il peut être impossible de l'ouvrir une fois dans l'eau... Poser la queue en premier, surtout avions à train fixe.

Remarque importante : à la suite de tout atterrissage forcé "*ne pas redécoller*", prévenir la gendarmerie ou la mairie la plus proche, le district aéronautique concerné et votre Club ou Société.

Souvenir d'une aventure... (septembre 1979)

LE GUIDE PRATIQUE DU PILOTAGE

ANALYSE DE QUELQUES SITUATIONS DE PANNES EN CAMPAGNE

Situation critique

Il ne sera jamais possible de traiter tous les cas de pannes en campagne, et les seules recettes miracles que l'on puisse vous suggérer sont de voler haut et de vous entraîner régulièrement à cette éventualité... car ça n'arrive pas qu'aux autres...

Examinons quelques situations, au regard de la page 193 au paragraphe "*Choix de la technique de prise de Terrain*" :

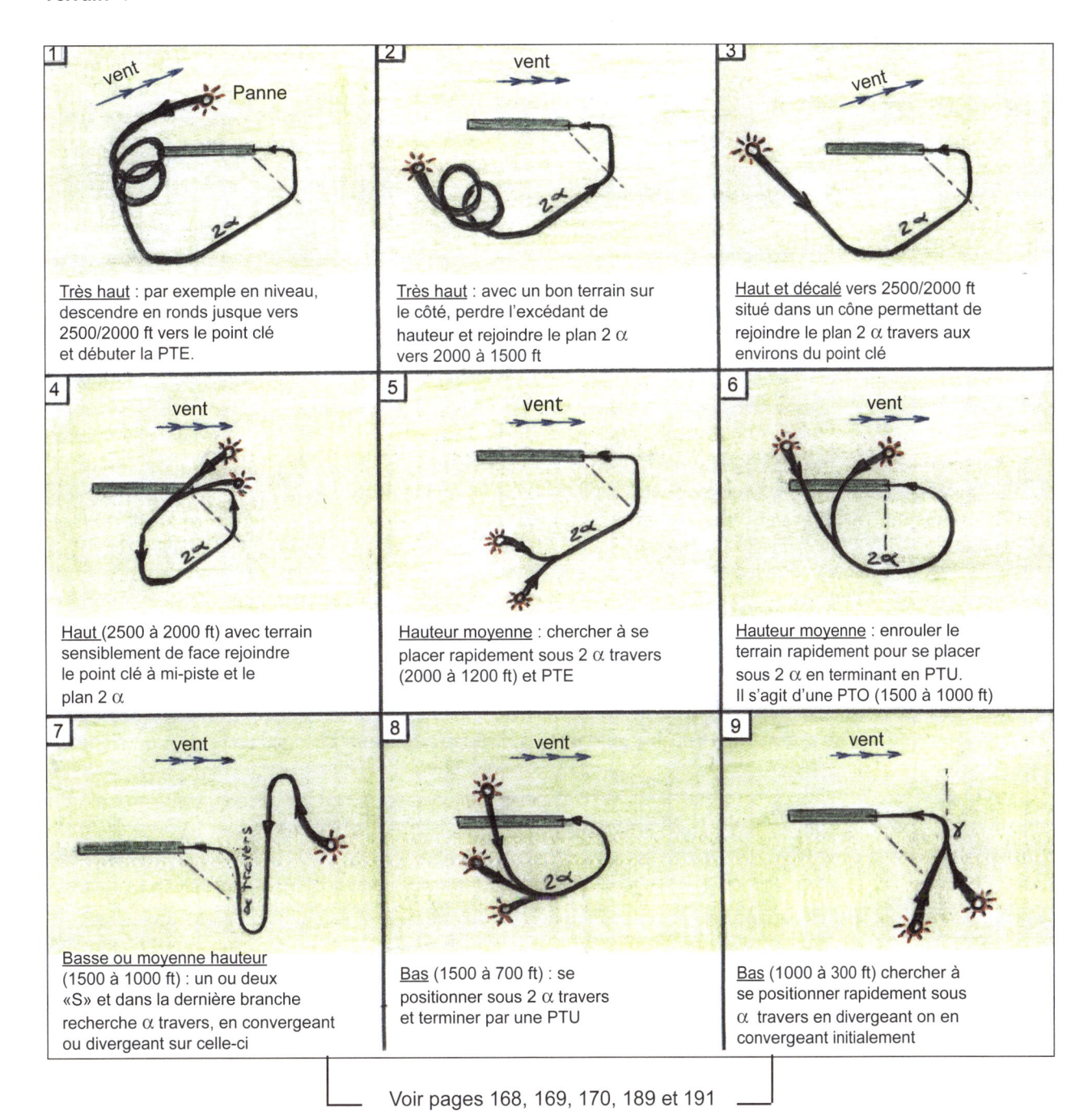

1. Très haut : par exemple en niveau, descendre en ronds jusque vers 2500/2000 ft vers le point clé et débuter la PTE.

2. Très haut : avec un bon terrain sur le côté, perdre l'excédant de hauteur et rejoindre le plan 2 α vers 2000 à 1500 ft

3. Haut et décalé vers 2500/2000 ft situé dans un cône permettant de rejoindre le plan 2 α travers aux environs du point clé

4. Haut (2500 à 2000 ft) avec terrain sensiblement de face rejoindre le point clé à mi-piste et le plan 2 α

5. Hauteur moyenne : chercher à se placer rapidement sous 2 α travers (2000 à 1200 ft) et PTE

6. Hauteur moyenne : enrouler le terrain rapidement pour se placer sous 2 α en terminant en PTU. Il s'agit d'une PTO (1500 à 1000 ft)

7. Basse ou moyenne hauteur (1500 à 1000 ft) : un ou deux «S» et dans la dernière branche recherche α travers, en convergeant ou divergeant sur celle-ci

8. Bas (1500 à 700 ft) : se positionner sous 2 α travers et terminer par une PTU

9. Bas (1000 à 300 ft) chercher à se positionner rapidement sous α travers en divergeant on en convergeant initialement

Voir pages 168, 169, 170, 189 et 191

Les exemples ci-dessus nous montrent des prises de terrain par la gauche, côté préférentiel pour le pilote car il voit mieux son terrain. Il est bien évident que si le choix de la prise de terrain était plus favorable côté droit (fonction du vent ou, facilité de positionnement) ne pas hésiter à se positionner de ce côté.

On remarque que dans la plupart des cas, on rejoint le cadre connu de la P.T.E. ou de la P.T.U., où la finale P.T.E. (voir pages 168, 169, 170, 174, 166 et 167) à partir duquel on applique ce que l'on sait déjà faire.

LE GUIDE PRATIQUE DU PILOTAGE

L'ATTÉRRISSAGE EN CAMPAGNE SUR DÉCISION DU PILOTE, FACE A UNE SITUATION PARTICULIÈRE

Pilotage avancé

Un ennui moteur, avec panne prévisible - une situation MTO qui se dégrade rapidement - lorsqu'on est égaré, à l'approche de la nuit - l'autonomie devenant insuffisante pour poursuivre le vol, sont des exemples de conditions pouvant nous amener à prendre *la décision importante* de faire un atterrissage hors aérodrome.

Ne pas attendre la dernière minute car les dégradations peuvent s'accélérer.

Prévenir un organisme de contrôle (tour - service d'information) de vos intentions (si possible).

En principe, le pilote a le temps de choisir un terrain favorable, avec une approche bien dégagée, bien orienté au vent, car il dispose du moteur.

CONDUITE A TENIR :

Observer l'état du terrain, et le dégagement de la zone d'approche et environs en le survolant à basse hauteur (300 à 500 ft), à faible vitesse (1,5 à 1,3 Vs) légèrement désaxé à droite pour mieux voir, en évitant d'avoir le soleil en face (surtout le soir). ***Attention aux fils électriques...***

En cas de doute sur la longueur d'un terrain il est possible de la déterminer en prenant un top chrono en début de terrain sachant par exemple qu'à 80 Kt votre avion parcourt 42 m par seconde, ainsi pour un terrain de 500 m il faut environ 12 s. L'idéal serait de trouver un terrain d'une longueur correspondant au minimum à la distance de décollage donnée dans le manuel de vol (fig 2 page 180) pour faciliter le décollage (voir "remarque importante" page 194).

Ensuite, se placer dans un circuit du type "***basse hauteur***" avec une approche suivie près du sol d'une remise de gaz, pour mieux percevoir les derniers détails.

Si le terrain n'est pas satisfaisant, en chercher un autre sans perdre de temps.

S'il est acceptable, se replacer dans le circuit que l'on terminera sur la courte finale avec une vitesse de 1,3 Vs0 et un atterrissage court (éventuellement 1,2 Vs0 en très courte finale).

Ne pas redécoller, prévenir les autorités habilitées comme pour un atterrissage forcé.

Remarque : Face à une situation délicate qui peut devenir dangereuse, ***NE PAS HÉSITER*** à se poser en campagne, aucune personne sensée ne vous le reprochera !...

Une rencontre insolite...

LE GUIDE PRATIQUE DU PILOTAGE

NOTIONS D'ALTIMÉTRIE

Altimétrie 1

Nous connaissons les définitions du **QNH** et du **QFE** étudiées page 129. En règle générale dans notre pays le **QNH** est souvent plus important que le **QFE** et quelquefois égal lorsqu'il s'agit d'aérodromes du bord de mer. Ainsi si on compare des colonnes d'air "*imaginaires*" de même diamètre, se terminant à la même altitude, on s'aperçoit **(Fig. 1)** que la colonne d'air du **QNH** est plus grande que celle des **QFE** donc plus lourde, d'où pression atmosphérique plus importante. On remarque également que pour une région donnée il y a un **QNH** et plusieurs **QFE**.

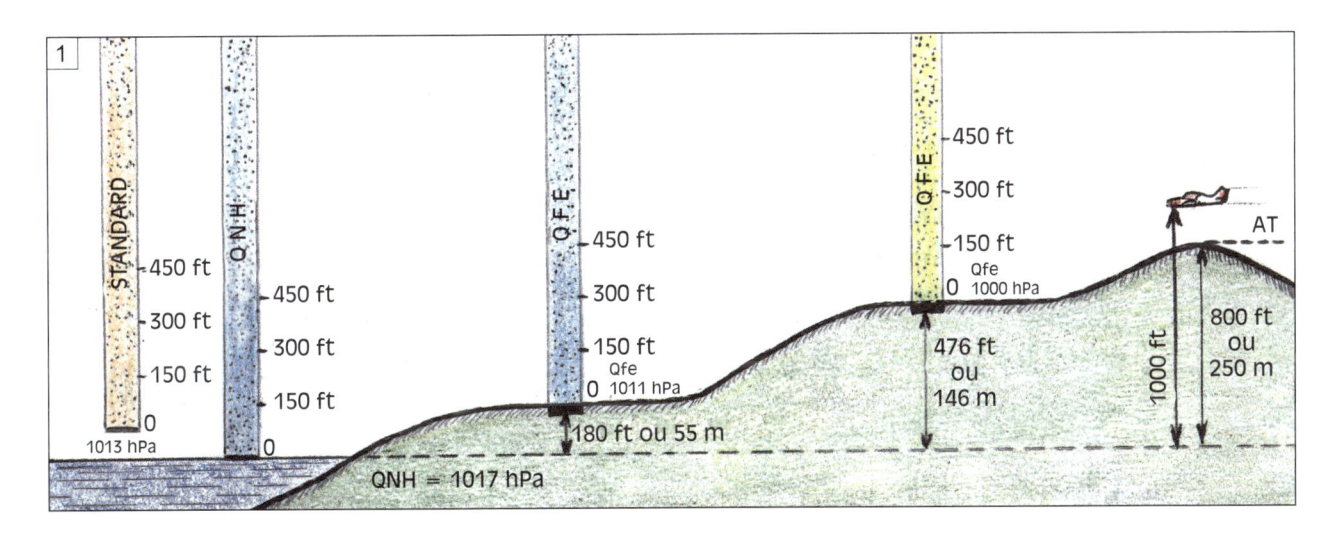

COMMENT CALCULER LE QFE D'UN AÉRODROME LORSQU'IL NE NOUS EST PAS DONNÉ ?

Il faut connaître l'altitude du terrain par rapport au niveau de la mer, donnée en ft sur les cartes d'aérodromes et sur les cartes 1/500.000ᵉ, et savoir que :

> **1 hectopascal = 28 ft ou 8,5 m**

Considérons une région ou le QNH est de 1017 hpa :

1) pour un aérodrome situé à 180 ft (ou 55 m) au-dessus du niveau mer, de combien d'hpa faut-il réduire le QNH pour obtenir le QFE ?

$$180 \div 28 \text{ (si ft)}$$
$$55 \div 8,5 \text{ (si m)}$$
= – 6hpa soit un QFE = 1017 – 6 hpa = 1011 hpa

2) pour un aérodrome situé à 476 ft (ou 146 m) ?

$$476 \div 28 \text{ (si ft)}$$
$$146 \div 8,5 \text{ (si m)}$$
= – 17 hpa soit un QFE = 1017 – 17 hpa = 1000 hpa

Remarques : Le QFE se calcule à partir du QNH, à condition que celui-ci soit voisin de l'aérodrome de départ. **Le QNH varie avec le temps et le lieu,** ainsi au-delà de 100 NM , il risque d'être très différent. Dans ce cas le demander par radio à un aérodrome voisin de celui de destination, disposant d'un contrôle, ou au Service d'Information (voir page 244). Il est également possible d'obtenir le QNH à partir du QFE en effectuant le calcul inverse.

Lorsqu'on vole proche du sol, on a intérêt à caler son altimètre au QNH, car sur les cartes, l'altitude topographique (**A.T.**) des reliefs est donnée par rapport au niveau mer. Ainsi un avion volant à 1000 ft QNH au dessus d'un relief côté à 800 ft, passera à 1000 ft – 800 ft = 200 ft au dessus de ce relief. Cette soustraction est le seul moyen de connaître sa hauteur vraie, les altimètres n'étant pas des sondes radar...

LE RÉGLAGE STANDARD 1013 :

Le QNH n'ayant pas la même valeur partout, pour que les avions qui voyagent soient étagés d'une façon analogue, ils emploient un réglage arbitraire en réglant leur altimètre sur la référence de **1013 hPa**, lorsqu'ils volent au-dessus de 3 000 ft QNH, ou de l'altitude guide transition en espace contrôlé (voir page 216).

Selon que le QNH est supérieur ou inférieur à **1013 hPa**, le zéro de cette référence sera au-dessus ou en dessous du niveau mer. Dans notre exemple où le QNH est de 1017, la colonne d'air imaginaire de 1013 hPa est plus légère de 4 hPa, elle est donc 112 ft (34 m) plus haute que le niveau mer. Si le QNH était inférieur à 1013, le zéro de ce niveau serait sous le niveau mer, puisque plus lourd que la colonne imaginaire du QNH... Nous comprendrons mieux le sens et l'utilité du calcul, dans une autre étude pages suivantes.

Altimétrie 2 — L'IMPORTANCE DE L'ALTIMÉTRIE

LES DANGERS EN RÉGIME BASSE PRESSION :

Lorsqu'on vole en niveau en région montagneuse par QNH inférieur à 1013, il peut y avoir danger.

Prenons l'exemple **(Fig. 1)** du pilote qui vole au FL 95 et qui souhaite passer 500 ft au-dessus d'un relief coté à 9000 ft QNH et se croit 500 ft au-dessus.

Cas n° 1 : Le QNH est de 990 hPa, soit régime basse pression, l'altitude zéro du calage 1013 est en dessous du niveau de la mer, puisqu'il est plus lourd que le QNH de 1013 hPa - 990 hPa = ***23 hPa.***

Il est donc plus bas de 28 ft x 23 = ***644 ft*** (rappel page 197).

Le FL 95 se trouve donc par rapport au niveau mer à :

9500 ft - 644 ft = ***8856 ft***

Si le pilote poursuit son vol, il va percuter le relief. Il devra donc monter plus haut et pour respecter la règle des niveaux, prendre le FL 115 mini.

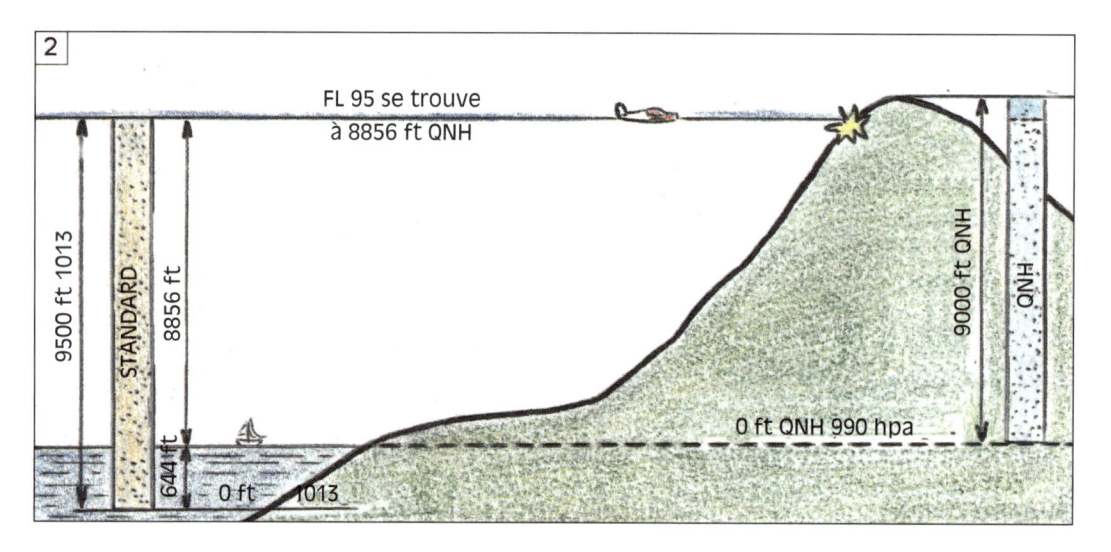

Cas n° 2 : le QNH est de 1030 hPa **(Fig. 2)**, le régime est donc Haute Pression et en conséquence, l'altitude zéro du calage 1013 est au-dessus du niveau de la mer puisqu'il est plus léger que le QNH de : 1030 hPa – 1013 hPa = **17 hPa**.

Il est donc plus haut de 28 ft x 17 = **476 ft.**

Le FL 95 se trouve donc, par rapport au niveau de la mer, à

9500 ft + 476 ft = **9976 ft**

L'avion passera avec 976 ft de marge au-dessus du relief.

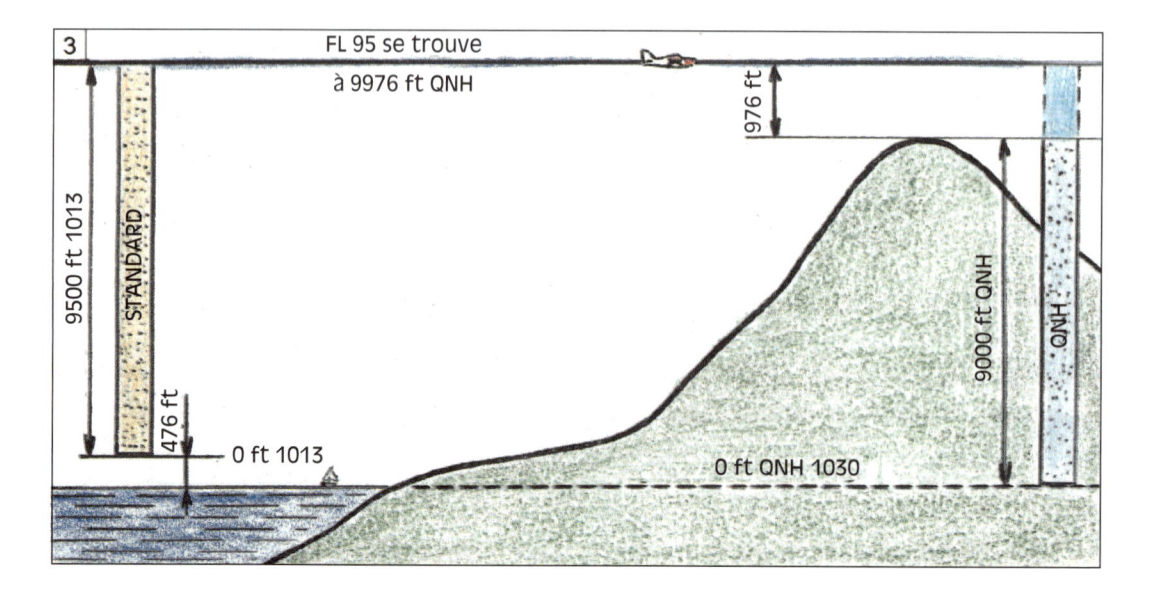

L'IMPORTANCE DE L'ALTIMÉTRIE (suite)

CONCLUSION :

En régime de basse pression, attention près des reliefs, lorsqu'on vole en niveau car la hauteur vraie est surestimée (rappel règle des 3D, page 206).

Pour s'assurer que l'on passe sûrement au-dessus de sommets, cols, il suffit d'observer ce relief en s'efforçant de maintenir une assiette constante :

– Si le relief tend à descendre sur le pare-brise, c'est qu'on passe au-dessus sans risque
– Si le relief tend à monter sur le pare-brise, c'est qu'on ne va pas passer, prendre des mesures immédiates.

Remarque : Ce que nous venons de traiter, ne tient pas compte de l'incidence de la température sur l'altitude, qui est néanmoins influente (rappel règle des 3D, page 206).

POUR MIEUX INTERPRÉTER LA MÉTÉO

Pour mieux comprendre la météo, nous allons essayer de mettre en évidence les points importants et les images à retenir pour faire une bonne déduction. On écartera le superflu qui explique comment on arrive à tel ou tel phénomène sans faire ressortir l'essentiel... Pour avoir plus de détails, consulter les manuels spécialisés.

Très schématiquement, le pilote pourrait tirer seul, les conclusions générales sur la situation MTO du moment, en consultant (ou en demandant) la position des perturbations donnée par les cartes **TEMSI**, ainsi que leur sens de déplacement, et en déduire la position des nuages les plus bas, qui accrochent le sol, rendant les vols VFR impossibles. Le tout complété de messages **TAF** et **METAR** donnera une information suffisante pour décider d'entreprendre ou d'annuler le vol car un beau ciel bleu ne signifie pas qu'il va le rester, inversement un temps gris et légèrement pluvieux n'est absolument pas signe d'annulation de vol.

CONNAISSANCE DES NUAGES, ÉTAGEMENT, INFLUENCE :

Altitudes comprises entre	Genre de Nuage (Symbole)		Précipitations éventuelles	Épaisseur moyenne	Nuages à développement vertical	
30000 ft	Cirrus (Ci)	Pas d'influence pour les vols VFR		Faible	Cumulus (Cu)	Cumulo nimbus (Cb)
Étage supérieur préfixe Ci	Cirrocumulus (Cc)					
	Cirrostratus (Cs)				Très influents pour les vols V.F.R.	
21 000 ft ou 7000 m	Altocumulus (Ac)	Pas d'influence pour vols VFR sauf vols en niveau	Averses possibles	1500 à 6000 ft	Précipitations éventuelles	
Étage moyen préfixe Alto	Altostratus (As)		Pluies neige possible	1500 à 7000 ft	Averses	Violentes averses de grêle. Orages
6000 ft ou 2000 m	Nimbostratus (Ns) : possèdent une certaine extension verticale	Très influents pour vols V.F.R.	Pluies Neige	12000 ft	Épaisseur moyenne	
Étage inférieur préfixe Stra	StratoCumulus (Sc)		Pluies Neige	2500 ft	1000 à 10000 ft	18000 à 30000 ft
	Stratus (St) : accrochent le sol		Bruine	1200 ft		
SOL						

On exprime la quantité de nuages en octas ou 8/8e, ainsi lorsqu'un observateur au sol dit qu'il voit 4/8e de cumulus seulement, cela signifie qu'il y a autant de nuages que de ciel bleu. Voilà comment se répartissent sous nos latitudes du sol jusqu'aux environs de 30 000 ft (10 000 m) ces nuages véhiculés par des masses d'air, selon des processus particuliers. Avec des comparaisons photographiques, on finit par savoir les identifier.

QUE FAUT-IL RETENIR DES MASSES D'AIR ?

Nous avons souvent remarqué que les masses d'air qui nous entourent sont chaudes ou froides, ce qui nous fait dire, "*il fait frais*" ou "*ça se réchauffe*". Or, la particularité de ces masses d'air est qu'à leur point de rencontre, elles ne se mélangent pas. Ainsi si l'arrivée d'une masse d'air chaud, pousse une masse d'air froid, l'air chaud "**plus léger**" se fait soulever par l'air froid **(Fig. 1)**. Inversement, si une masse d'air froid pousse de l'air chaud, cet air chaud plus léger sera soulevé par l'air froid qui pénétrera comme un coin dans l'air chaud **(Fig. 2)**. Dans un cas comme dans l'autre, l'air chaud est toujours rejeté en altitude.

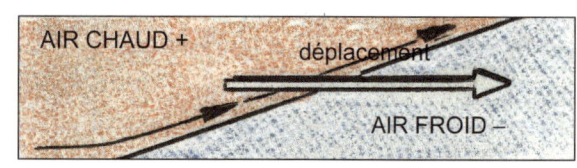

Fig. 1

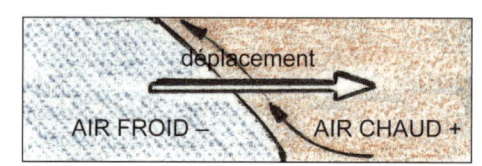

Fig. 2

POUR MIEUX INTERPRÉTER LA MÉTÉO (suite)

MTO 2

Remarques : L'air chaud et froid ne se mélangeant pas, la jonction des deux porte le nom de "**FRONT**" ou surface frontale. Dans le cas de la **(Fig. 1)**, l'air chaud arrivant sur de l'air froid, il s'agit d'un "**FRONT CHAUD**" dans le cas de la **(Fig. 2)**, il s'agit d'un "**FRONT FROID**". L'étendue de ces surfaces frontales peut couvrir plusieurs centaines de kilomètres. Elles nous amènent le mauvais temps...

En effet, l'air chaud en s'élevant se refroidit, tout en restant plus chaud que l'air froid car la **température décroît avec l'altitude d'environ 2° par 1000 ft.** Comme il se refroidit, la vapeur d'eau contenue dans l'air se condense, d'où il résulte une formation nuageuse sur toute la longueur de la surface frontale, dont le point le plus bas touche le sol en règle générale, le tout avec de nombreuses précipitations.

QUELQUES PARTICULARITÉS DES FRONTS :

Les fronts peuvent nous apporter de l'air stable auquel cas, la majorité des nuages sera "**stratiforme**" (c'est-à-dire étalée, en voile) ou de l'air instable qu'on reconnaîtra par une majorité de nuages "**cumuliforme**" (c'est-à-dire à contours arrondis plus ou moins importants, en choux-fleurs).

Ils peuvent être "**actifs**", c'est-à-dire virulents en phénomènes-météo avec un très mauvais temps. Lorsqu'ils sont "**peu actifs**", le mauvais temps est moins virulent. Le point important du front est son **point le plus bas** qui peut toucher le sol.

QUE VOIT UN OBSERVATEUR AU SOL LORSQU'UN FRONT PASSE ?

ARRIVÉE D'UN FRONT CHAUD (Fig. 1) : Il voit d'abord les nuages de l'étage supérieur, puis progressivement le plafond baisse, étage moyen, étage inférieur.

Front chaud "air stable" (le plus courant) : Cirrus - Cirrostratus - Altostratus - Nimbostratus, plus Stratus et parfois du brouillard. La zone de précipitations qui peut commencer avec les Altostratus, s'accentue avec les Nimbostratus donnant une zone de très mauvaise visibilité. Progressivement les nuages descendent parfois jusqu'au sol avec, à la suite, "*le secteur chaud*" qui "*souvent*" est siège de mauvaises conditions (brouillard) **(Fig. 3)**.

Front chaud "air instable" : toujours par l'étage supérieur, mais avec nuages cumuliformes dominants, Cirrocumulus mêlés de Cirrus, Cirrostratus, Altocumulus bourgeonnants ou Altostratus puis Nimbostratus au sein duquel sont noyés des Cumulonimbus avec averses - orages, fortes turbulences et stratus rendant la visibilité très réduite dans les précipitations. Comme précédemment, en principe, les nuages descendent jusqu'au sol, avec un secteur chaud éventuel... **(Fig. 4)**.

Observations générales : Avant le passage du front (point le plus bas) la pression atmosphérique baisse, assez forte baisse si le front est actif, faible baisse si le front est peu actif. Le vent se renforce. Au sol, le passage du front est identifié par une hausse des températures et une **rotation lente du vent** de 20 à 40°, dans le sens des aiguilles d'une montre. Après le passage du front arrive le "*secteur chaud*" avec conditions médiocres (parfois bruine et brouillard). En hiver, les stratus accrochent le sol, en été plafond bas. La pente du front chaud 1/100e à 1/200e soit une longueur de 500 à 1000 km avec pluies sur le 1/3 de sa longueur. Enfin sa vitesse de déplacement est assez lente, ce qui en fait une perturbation "**durable**". Remarquons que c'est toujours l'air chaud qui est stable ou instable.

ARRIVÉE D'UN FRONT FROID (Fig. 2) : Le point bas du front arrive en premier "*comme un mur*" avec des nuages ayant une certaine extension verticale à l'inverse du front chaud.

Front froid avec air chaud stable : on rencontre d'abord du Nimbostratus avec de fortes précipitations et Stratus - Altostratus - Altocumulus avec éclaircies et plus bas des Strato-Cumulus **(Fig. 5)**.

Front froid avec air chaud instable (le plus courant) : Cumulonimbus avec violentes averses ou orages puis Altocumulus avec éclaircies puis Cumulus et Cumulonimbus donnant des averses **(Fig. 6)**.

Observations générales : les aggravations sont plus soudaines, mais moins durables. Le passage du front est marqué par des coups de vent, **changements brusques de direction du vent de 40° à 90°**. Température en baisse très nette après le passage du front. La pression atmosphérique baisse à l'approche du front, après le passage, hausse souvent rapide et importante. A la suite du front, la visibilité devient bonne, voire excellente, on dit que l'on passe en "**traîne**". *Le front froid nettoie l'atmosphère*. La pente des fronts froids et d'environ 1/40e à 1/10e sur 100 à 300 km avec des précipitations sur 50 à 100 km et une vitesse de déplacement importante, ce qui en fait une perturbation "**peu durable**".

MTO 3 — POUR MIEUX INTERPRÉTER LA MÉTÉO (suite)

ARRIVÉE D'UN FRONT OCCLUS (appelé également *occlusion*) (Fig. 3) : Un front chaud est généralement suivi d'un front froid. Le front froid se déplaçant plus rapidement, il rattrape le front chaud, **rejetant en altitude l'air chaud avec ses nuages** et précipitations, c'est l'occlusion.

Au début du stade, cette perturbation est effective, mais elle s'atténue progressivement, au fur et à mesure que l'air chaud est rejeté en altitude, la perturbation finit ainsi par se désagréger. Tout dépend à quel stade elle est sur nous... Deux cas possibles :

Occlusion à caractère de front froid : Cumulonimbus - Nimbostratus, puis Stratus - Cumulus (est fréquent l'été) **(Fig. 8).**

Occlusion à caractère de front chaud : Strato-Cumulus puis Altostratus - Nimbostratus et ensuite encore Strato-Cumulus et Altocumulus. Mais contrairement au front chaud, il n'a pas de secteur chaud, derrière le temps est meilleur. Ce type d'occlusion est *fréquent l'hiver* (Fig. 7).

Observations générales : Il ressemble au caractère du front qu'il possède chaud ou froid, mais, dans le chaud, les précipitations y sont souvent importantes provoquant des stratus donc mauvaise visi et durée au début du stade.

EN PRÉSENCE D'UN FRONT CHAUD, QUELLE IMAGE DOIT VENIR A L'ESPRIT DU PILOTE ?
QUELLE CONDUITE DOIT-IL ADOPTER ?

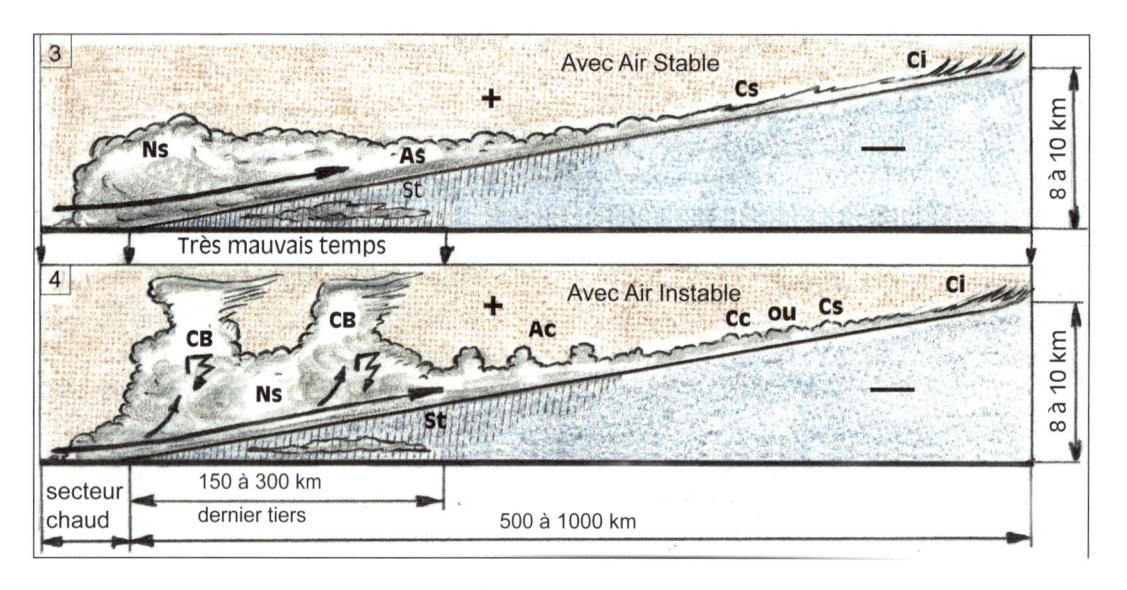

Il couvre une grande étendue. Sa vitesse de déplacement est en général faible (environ 15 kT). **Le mauvais temps arrive progressivement "devant" le front. Les vols VFR (voir page 215) sont possibles dans les deux premiers tiers. Dans le dernier tiers, le VFR devient impossible,** en raison du plafond de plus en plus bas, des mauvaises conditions de visibilité, des précipitations qui sont durables, vu la faible vitesse de déplacement, surtout l'hiver, même après le passage du front (point le plus bas), "*le secteur chaud*" qui suit est souvent le siège de mauvaises conditions. Vérifier si le front est peu actif, en tout cas, s'il est actif, c'est sans appel...

Règle : *Mieux vaut remettre le vol,* si le parcours nous amène aux abords du front et après, car à partir du dernier tiers, il ne sera plus possible de passer, les nuages descendront souvent jusqu'au sol, visibilité ne permettant plus le vol V.F.R, Les précipitations seront importantes. L'épaisseur de la couche nuageuse est très importante, dans ce dernier tiers. Les mauvaises conditions étant durables, il y a donc **DANGER**. Il faut donc conclure :

FACE A UN FRONT CHAUD
si le vol nous emmène dans le dernier tiers
REMETTRE LE VOL

Remarques importantes : Les **Figures 3-4-5-6-7 et 8** nous montrent les coupes des fronts dans le sens du déplacement (gauche vers la droite sur les Figures. On ne perçoit pas l'étendue latérale au déplacement qui peut couvrir notre pays d'un bout à l'autre, d'où souvent impossibilité de contourner.

LE GUIDE PRATIQUE DU PILOTAGE

POUR MIEUX INTERPRÉTER LA MÉTÉO (suite)

MTO 4

EN PRÉSENCE D'UN FRONT FROID, QUELLE IMAGE DOIT VENIR A L'ESPRIT DU PILOTE ?
QUELLE CONDUITE DOIT-IL ADOPTER ?

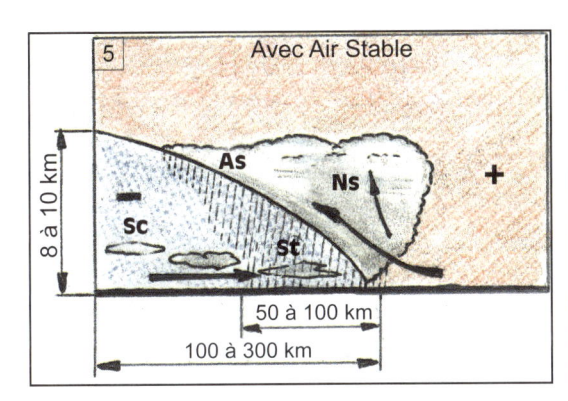

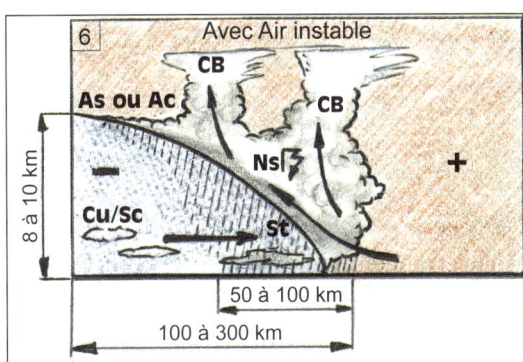

Il couvre une petite étendue avec une vitesse de déplacement plus importante qu'un front chaud (moyennement 30 kT). **Le mauvais temps arrive subitement** en même temps que le front (son point bas), comme un mur, contrairement au front chaud dont le point bas est précédé du mauvais temps. Le mauvais temps **couvre une distance plus faible,** 50 à 100 km avec de fortes précipitations, grêle et orages lorsqu'il s'agit de front froid air instable.

Règle : on peut envisager d'aller au-devant du front, se poser un peu avant l'arrivée de celui-ci, attendre le passage de la zone de mauvais temps qu'il est impossible de traverser en V.F.R. Derrière, les conditions sont bonnes, voire excellentes et poursuivre le vol. Généralement, les mauvaises conditions n'étant pas durables :

> *FACE A UN FRONT FROID*
> *aller au devant du front, SE POSER,*
> *ATTENDRE son PASSAGE et POURSUIVRE LE VOL*

EN PRÉSENCE D'UNE OCCLUSION, QUELLE IMAGE DOIT VENIR A L'ESPRIT DU PILOTE ?
CONDUITE À TENIR ?

Front occlus à caractère de front chaud

Front occlus à caractère de front froid

Il ressemble au caractère du front qu'il possède avec l'avantage pour un front occlus à caractère de front chaud, de ne pas avoir de secteur chaud. Sa virulence dépend du stade l'occlusion, c'est-à-dire la hauteur de la base de l'air chaud.

Conduite à tenir : Au début du stade, l'air chaud rejeté en altitude n'est pas encore très haut. Les conditions sont alors mauvaises et ne laissent aucun espoir pour le vol VFR.(précipitations abondantes - très mauvaise visibilité).

A un stade plus avancé, la base de l'air chaud est loin du sol, le mauvais temps est donc rejeté en altitude, conservant les précipitations qui se réduiront. La visibilité, quoique réduite sous les précipitations permettra le vol VFR, "**pas de stratus**".

GÉNÉRALITÉS À RETENIR :

Les fronts peuvent être "**actifs**", c'est-à-dire virulents en phénomènes météo, avec aucun espoir pour les vols VFR. Lorsqu'ils sont "**peu actifs**", il est rarement, mais quelquefois, possible d'espérer pouvoir passer dessous, ce qui nous sera confirmé par d'autres informations.

C'est en hiver que les fronts sont les plus caractéristiques, en été les aggravations ne se produisent que devant le front souvent avec accompagnement d'orages avec plafond bas, n'allant pas toujours jusqu'au sol, mais ne pas trop s'illusionner sur les possibilités de passer qui sont des cas rares, sauf occlusion en fin de stade...

LE GUIDE PRATIQUE DU PILOTAGE

MTO 5 — **POUR MIEUX INTERPRÉTER LA MÉTÉO (suite)**

COMMENT DÉTERMINER LA SITUATION GÉNÉRALE ?

Par l'exploitation des cartes TEMSI EUROC allant de la surface au FL 450, qui sont produites dans toutes les stations MTO aéronautiques, à heures régulières. Les altitudes des nuages sont exprimées par rapport à 1013 hPa. Une Carte TEMSI France destinée plus particulièrement aux pilotes VFR est fournie avec des informations entre la surface et l'altitude de 12500 ft. Une notion de visibilité en surface y est donnée. Pour nous aider, les Services de la Météorologie Nationale fournissent aux pilotes qui le demandent un dépliant contenant une documentation des principaux codes météorologiques pour l'aéronautique. Il faut vous en servir et l'avoir en permanence dans vos affaires de vol, pour faire les interprétations, ainsi :

AU REGARD D'UNE CARTE TEMSI QUELS SONT LES POINTS IMPORTANTS QUI DOIVENT FLASHER VOTRE ATTENTION ?

1) En présence d'un front chaud :

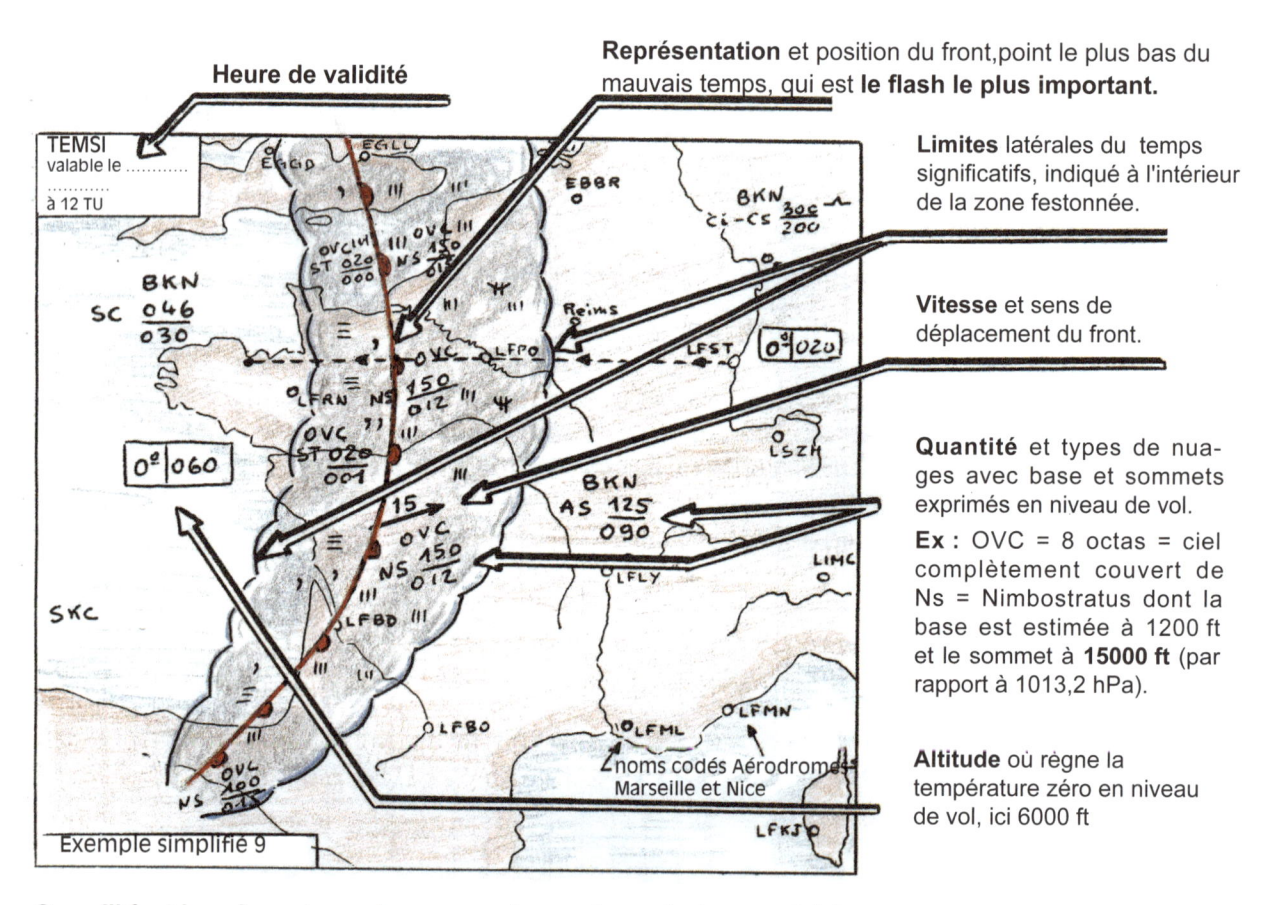

- **Heure de validité**
- **Représentation** et position du front, point le plus bas du mauvais temps, qui est **le flash le plus important.**
- **Limites** latérales du temps significatifs, indiqué à l'intérieur de la zone festonnée.
- **Vitesse** et sens de déplacement du front.
- **Quantité** et types de nuages avec base et sommets exprimés en niveau de vol.
  Ex : OVC = 8 octas = ciel complètement couvert de Ns = Nimbostratus dont la base est estimée à 1200 ft et le sommet à **15000 ft** (par rapport à 1013,2 hPa).
- **Altitude** où règne la température zéro en niveau de vol, ici 6000 ft

Exemple simplifié 9

Ce qu'il faut imaginer et conclure sommairement car c'est une prévision :

Sur le trajet prévu Strasbourg St-Brieuc, en pointillés **(Fig. 9)**, on s'aperçoit qu'après Reims, il devient impossible en VFR, alors qu'un trajet Strasbourg - Reims est faisable sans problème, à condition de partir de suite, vers 12 heures TU car le front continue d'avancer à 15 kT ...

Toute la ligne du front, ainsi que la zone de forte densité nuageuse semblent très mauvaises, surtout le plafond de plus en plus bas, ne laissant aucune possibilité de passer. En plus, beaucoup de pluies (représentées par le sigle ///). La vitesse de déplacement est lente, ne laissant aucun espoir d'amélioration, car pour aller de sa position à 12 heures TU jusqu'à Strasbourg, le front ne mettra pas loin de 20 heures... Derrière, les conditions ne s'arrangent pas de suite, stratus et nombreux brouillards (sigle ≡). Il n'y a que sur la Bretagne où les vols VFR redeviennent possibles, bien que le ciel soit assez couvert, mais la base est à 3000 ft.

Bien entendu, comme il n'est pas possible de connaître par cœur tous les symboles des codes, servez vous du dépliant "*documentation*" pour le faire.

LE GUIDE PRATIQUE DU PILOTAGE

POUR MIEUX INTERPRÉTER LA MÉTÉO (suite)

MTO 6

Si vous n'avez pas la possibilité de passer dans une station MTO, il vous faut obtenir ces renseignements par fax, minitel ou téléphone (position et sens de déplacement du front éventuel) afin d'imaginer à peu près (globalement) la même chose que si vous aviez la carte TEMSI, sous les yeux.

2) En présence d'un front froid :

En plus des points Flash vus avec le front chaud, on remarque la représentation du front qui diffère, sa faible largeur (limite nuageuse plus étroite) et sa vitesse de 30 kT, assez importante. A l'aide du dépliant MTO.

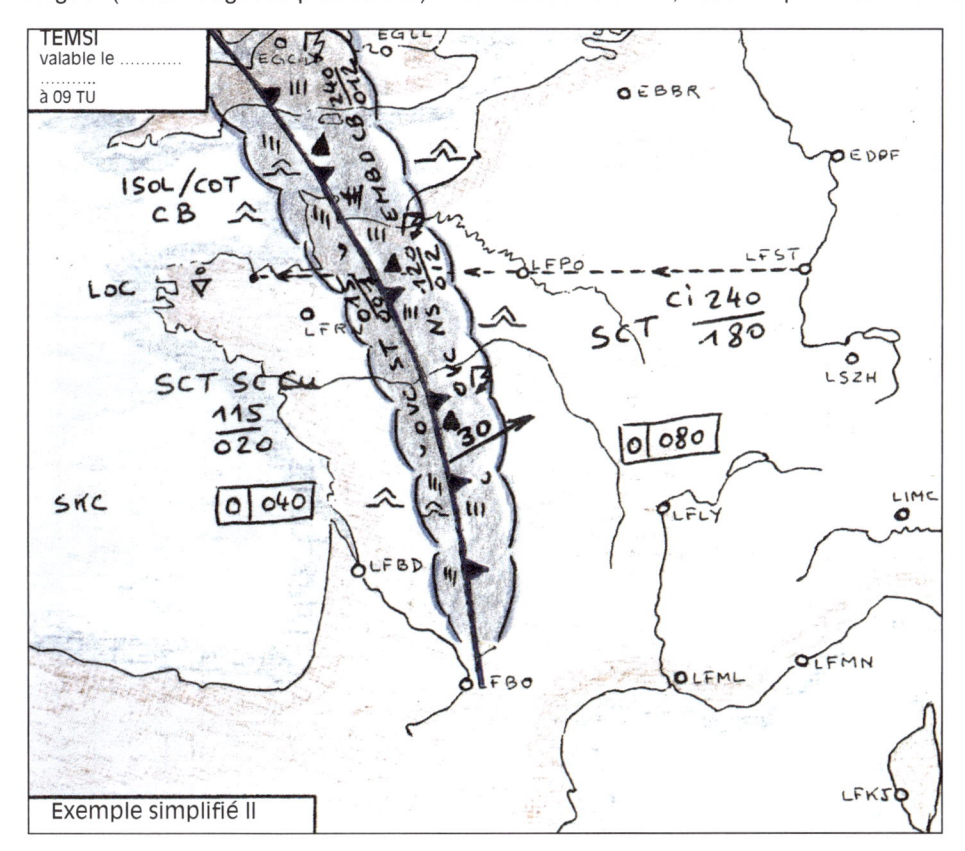

On en déduit dans l'exemple 11 : OVC = 8/8e de Nimbostratus dont la base en niveau de vol est à 1200 ft et le sommet 12 000 ft.

EMBD = Noyés dans les Nimbostratus des CB, Cumulonimbus, concernant les CB, peuvent également figurer : ISOL pour CB isolés - ONCL pour CB occasionnels - FRQ pour CB fréquents.
Beaucoup de pluies ///
De la grêle ▲
Des orages ⚡
Derrière le front, 8/8e de stratus bas, Pluies et bruines, Après le passage du front SCT épars quelques Stratocumulus et Cumulus dont la base est à 2000 ft et le sommet à 11 500 ft, avec localement des averses ▽ et isolément sur les côtes des Cumulonimbus et turbulences ⋀

Ce qu'il faut imaginer et conclure au 1er coup d'œil (sommairement) :

Il faut être patient, un trajet Strasbourg St-Brieuc serait possible, mais il faudrait se poser en route peu avant l'arrivée du front, visible comme un mur infranchissable qui touche le sol. Attendre ensuite son passage, qui ne devrait pas durer beaucoup plus de 2 heures, vu sa faible largeur, un peu plus de 100 km. Derrière, les conditions sont propices aux vols VFR, avec quelques averses locales et Cumulonimbus isolés sur les côtes.

Remarques : Ce que nous venons de traiter représente les fronts, (lorsqu'il y en a), d'une façon très schématique et nette. Il est bien évident que dans la réalité, les choses ne sont pas toujours aussi précises, mais les images générales qu'il faut en retenir, donnent une idée des conditions MTO que l'on risque de rencontrer.

Pour affiner les indications des cartes TEMSI et se faire une idée plus précise du temps que l'on va rencontrer, ***il nous faut recueillir des informations supplémentaires*** auprès des services MTO. Ce sont elles qui nous permettent de prendre la décision finale d'entreprendre ou annuler le vol.

Ces informations réactualisées sont :

– **Les messages METAR :** qui nous donnent une OBSERVATION effective du temps qu'il fait sur l'aérodrome concerné au moment de l'observation. Sont rédigés toutes les heures ou demi-heures. Permettent de voir s'il y a concordance entre la prévision et la réalité, s'il y a avance ou retard, si l'on ***peut partir*** et à quelle hauteur sont d'éventuels nuages pour le choix de l'altitude de vol.

MTO 7 — POUR MIEUX INTERPRÉTER LA MÉTÉO (suite)

– **Les messages TAF** : qui sont des PRÉVISIONS pour une durée de 9 heures pour un TAF "*court*", ou 18 heures pour un TAF "*long*". Sont rédigés toutes les 3 heures pour un TAF court et toutes les 6 heures pour TAF long. Ils permettent de prévoir si l'on peut **revenir** ou **arriver à** destination.

L'information est ordonnée de la même manière (METAR ou TAF) :

- 1) Nom de l'aérodrome en code, - 2) date du jour du mois, - 3) heure de validité du message, - 4) vent, -5) visibilité, - 6) temps (décrivant par exemple le type de précipitation : pluie... neige ...), - 7) plafond des nuages et couverture nuageuse en 8e, - 8) seulement dans les METAR températures et pression atmosphérique (QNH), -9) Evolution du temps en prévision.

– **Les messages SPECI** : messages spéciaux rédigés occasionnellement en cas de changements rapides des conditions MTO (aggravation ou amélioration).

– **Le SIGMET** : est un avis de phénomènes dangereux lorsque présence de Cumulonimbus - orages – fort givrage –grêle –fortes turbulences – pluies se congelant…

Concernant les METAR, il est important de vérifier :

1) *L'écart entre la température de l'air et celle du point de rosée.* Lorsque celles–ci sont voisines, il y a saturation de l'atmosphère en humidité donc risque de brouillard. Si le matin, elles sont voisines avec un ciel pas trop couvert, en principe la température va croître en raison de l'échauffement dû au soleil, et le risque de brouillard écarté par contre la même situation le soir avec l'ensoleillement qui diminue est différente car la température de l'air peut se refroidir à la même valeur que celle du point de rosée surtout si l'écart est faible avec gros risque de brouillard. Dans ce cas, prudence surtout près des aérodromes côtiers. Envisager un déroutement vers des aérodromes non côtiers. Il faut attendre d'avoir un écart d'au moins 3° pour espérer une amélioration.

2) Noter le **QNH**, donc la tendance de la pression : Haute pression (anticyclone) lorsque pression supérieure à 1015 hPa, ou Basse pression (dépression) si inférieure à 1015 hPa.

Dans les METAR, des pressions décroissantes nous indiquent que l'on se dirige vers une zone de mauvais temps.

Se rappeler de la **Règle des 3D** qui dit que si on se dirige vers une dépression :

– La température **d**iminue.

– L'altitude vraie **d**iminue (par rapport à l'altitude indiquée par l'altimètre).

– La dérive est **d**roite.

(voir importance de l'altimétrie pages 197 et 198).

Il nous faut encore déterminer le vent en altitude, car s'il est fort de face, il sera peut-être nécessaire de prévoir un atterrissage, pour ravitailler en carburant ou, choisir une altitude de vol (plus basse) avec des vents plus favorables (plus bas, moins fort), ou plus haut si vent arrière.

Les cartes 950, 850 et 700 hPa nous donnent les vents en force et direction respectivement pour le FL 20, FL 50 et FL 100. La représentation du vent se faisant ainsi :

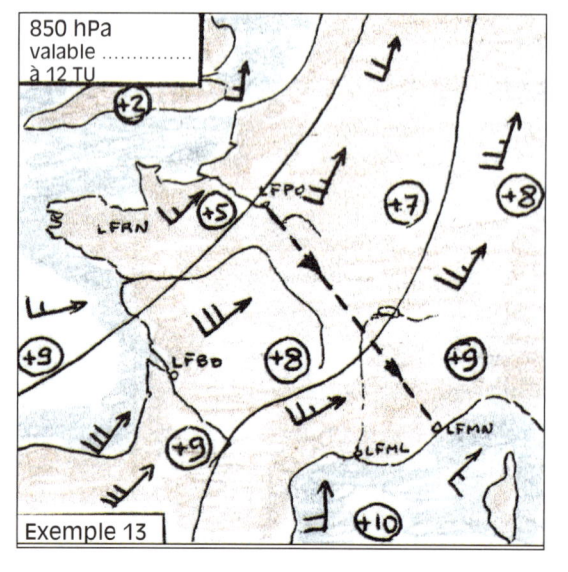

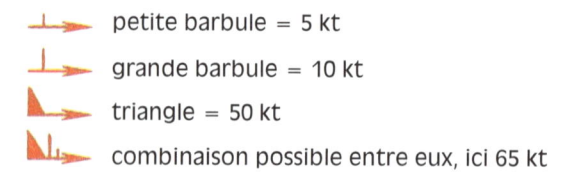

petite barbule = 5 kt

grande barbule = 10 kt

triangle = 50 kt

combinaison possible entre eux, ici 65 kt

Les températures régnant au niveau considéré, sont indiquées dans un cercle précédé du signe **+** pour température positive, signe **–** température négative.

Prenons l'exemple simplifié de la carte 850 hPa donné dans l'exemple 13 pour un trajet PARIS-NICE (en pointillés) :

A 5 000 ft (et environs) le vent moyen que l'on rencontre viendra du Sud-Ouest, sensiblement du 230° pour 30 kT, après Lyon 250° 25 kT.

Ces informations nous suffiront largement pour déterminer un vent moyen du 240° 30 kT.

Exemple 13

Remarque : pour déduire le vent plus bas, il faut savoir que le vent tend à converger d'environ 30° vers sa gauche en se rapprochant du sol.

LE GUIDE PRATIQUE DU PILOTAGE

POUR MIEUX INTERPRÉTER LA MÉTÉO (suite)

MTO 8

QUELS SONT LES ÉLÉMENTS QUI DOIVENT ATTIRER TOUTE NOTRE ATTENTION ?

Le vent au sol : car s'il dépasse les limitations vent de travers (soit pour nos avions légers 20 à 25 kT plein travers), prévoir un aérodrome voisin avec des pistes mieux orientées au vent. Tenir compte d'avis de coup de vent.

La visibilité : considérer qu'elle est mauvaise en dessous de 4 km. On a d'ailleurs l'impression d'en avoir beaucoup moins, donc prudence !...

Certains nuages dont trois types sont particulièrement suspects :

1) *Le Cumulonimbus,* par suite des fortes et brutales précipitations qu'il déclenche et la visibilité très réduite sous celles-ci. À éviter et contourner suffisamment loin lorsqu'ils sont peu nombreux.

2) *Le Nimbostratus,* par les précipitations continues et en recrudescence qu'il provoque.

3) *Le Stratus,* par la visibilité réduite et le plafond très bas qu'il occasionne en font un nuage **REDOUTABLE** pour les vols VFR.

Cependant, il faut vérifier l'importance : 6 octas de Stratus peut être dangereux alors qu'un octa ne l'est pas. Par contre 8 octas d'Altocumulus n'empêchent pas de voler, ils sont en altitude et peuvent empêcher un vol en niveau élevé.

Exemple et analyse de METAR :

1) LFPO 030930Z 20010 G20kT 0800 + SHSN SCT010 BKN025 M04/M05 Q1002 NOSIG

Décodage et interprétation :

LFPO	Nom de code de l'aérodrome d'Orly
03	Jour du mois
0930Z	Heure de l'observation du temps universel signifié par la lettre «Z», ici 9h30 (dit également **UTC**)
20010 20KT	Vent venant du 200° pour 10 Kt, **G20KT** signifie «rafale 20 Kt
0800	Visibilité 800 mètres. Parfois est indiqué la direction de la visibilité, exemple : 600SW est égal à 600 m en direction du Sud-Ouest
+ SHSN	Temps présent ici, précédé du signe + (si fort) (- si faible) et modéré si aucun signe. **SHSN** est égal à averse de neige. Autre exemple : **Pluie RA** ; **Brouillard FG** ; **Orages TS** ; Etc. Voir le dépliant fourni dans les stations MTO pour les autres codes.
SCT010	Couverture du ciel suivie de la hauteur de la base des nuages par rapport au niveau de l'aérodrome. **FEW** faible couverture de 1 à 2 octas. **SCT** signifie couverture épars de 3 à 4 octas (8e) dont la base est à 1000 ft. Les autres codes pouvant figurer sont : **SKC** pour ciel clair (0 octas), **BKN** pour 5 à 7 octas, et **OVC** pour complètement couvert (8 octas). Les types de nuages ne sont indiqués que pour le Cumulonimbus : **CB**, et les gros Cumulus appelés Cumulus congestus : **TCU**. D'après le tableau page 200, il s'agit de nuages et de l'étage inférieur.
BKN025	5 à 7 octas à 2500 ft (étage inférieur)
M04/M05	Température, suivie du point de rosée, si précédé d'un «M» indique qu'il s'agit de température négative
Q1002	Signifie que la pression QNH est de 1002 hpa
NOSIG	= pas de changement significatif de prévu dans les deux heures à venir

Les conditions observées ne sont pas bonnes et interdisent les vols VFR en raison d'une visibilité inférieure à ce que permet la réglementation ; Des averses de neige fortes, probablement des Stratus à 1000 ft et une couverture presque totale à 2500 ft. De plus, température et point de rosée proches (négatives) un régime de basse pression et surtout pas d'amélioration de prévue avant 11h30. Pour avoir une idée de ce qui est prévu après 11h30, voir le TAF.

Peuvent également figurer ces codes :

- **CAVOK** : si visibilité supérieure à 10 km, pas de nuage en dessous de 5000 ft, pas de cumulonimbus ni précipitation. Contrairement à une idée reçue, ne signifie pas que le ciel est bleu.
- **SKC** : employé si CAVOK ne convient pas. Exemple : un ciel clair avec une visibilité inférieure à 10 km est codée SKC.
- **NSC** : pas de nuage en dessous de 1500 m, si ni CAVOK ni SKC ne sont applicables.
- **NSW** : pas de temps significatif prévu.
- **FM** : indique qu'un changement débutera à (suivi de l'heure).
- **PR** : partiel ; par exemple : PRFG signifie qu'une partie de l'aérodrome est recouverte par du brouillard.
- **BCFG** : évolue en banc de brouillard.
- **BR** : brume pour une visibilité de 1000 m à moins de 5000 m.

Enfin une indication de tendance d'évolution sur 2 heures maxi comme **NOSIG** ou **TEMPO** pour une évolution temporaire de moins d'une heure. **BECMG** indique une évolution régulière ou irrégulière des conditions prévues suivie de l'heure de début et du groupe de phénomènes attendus (en prévision).

LE GUIDE PRATIQUE DU PILOTAGE

MTO 9 — **POUR MIEUX INTERPRÉTER LA MÉTÉO (suite)**

Exemples de METAR comportant une tendance :

2) LFPO 140730Z 20004kT 0250 R07/0300V0400U R26/0450U FG VV/// 0808 Q1028 BEMCG FM0800 0600 0VC020

LFPO	Aérodrome Orly
14	Jour du mois
0730Z	À 7h30 (temps universel UTC)
20004KT	Vent du 200° pour 4 KT
0250	Visibilité 250 mètres
R07/0300V0400U	Variation visuelle de la piste 07R (droite) entre 300 et 400 m en augmentation (U) (D si diminution)
R26/0450U	Portée visuelle de la piste 26, 450 m en augmentation
FG	Brouillard
VV///	Absence de donnée de la visibilité verticale
0808	Température 8° point de rosée 8°
Q1028	QNH 1028 hpa
BEMCG	Évolution de ce qui précède
FM0800	Le changement devrait débuter à 8h00
0600	600 m de visibilité
0VC020	Ciel couvert totalement (8 octas), base à 2000 ft

Impossible aux vols VFR en raison du brouillard (les portées visuelles de pistes intéressent les IFR). Pour prévoir des vols VFR on peut penser que s'il y a évolution, elle sera lente en raison des températures qui évolueront peu, car le ciel est complètement couvert à 2000 ft ce qui ne permet pas un réchauffement et aux brouillards de monter ou se dissiper. De plus, nous sommes en régime anticyclonique avec 1028 hpa peu favorable à l'évolution dans cette situation (voir le TAF sur la prévision pour plus tard).

Exemples et analyses des messages de prévision TAF :

Remarquons qu'il s'agit là, *d'une prévision, dans sa totalité*

1) LFMT 031100Z 1221 14015G25kT 8000 – RA BKN020 0VC100 BECMG 1518 6000 RA 0VC020 TEMPO 1221 14020G30kT

LFMT	Aérodrome de Montpellier
031100Z	En date du 3 à 11h00 UTC
1221	Prévision de 12 à 21 heures UTC
14015G25KT	Vent du 140° pour 15 nœuds avec rafales à 25 nœuds
8000	8000 mètres de visibilité de prévue
-RA	Faibles pluies
BKN020	Fragmenté 5 à 7 octas dont la base serait 2000 ft (nuages de l'étage inférieur probab. Strato-Cumulus)
0VC100	Complètement couvert 8 octas base 10 000 ft (étage moyen) probablement Altocumulus ou Altostratus
BECMG	Deviendrait
1518	De 15 à 18 heures
6000	6000 mètres de visibilité
-RA	Faibles pluies
0VC020	Couvert 8 octas base prévue 2000 ft
TEMPO	Temporairement
1221	De 12 à 21 heures
14020G30KT	Vent du 140° 20 nœuds avec rafales à 30 nœuds

Vols VFR seront à priori faisables aux environs de Montpellier, malgré une aggravation de la visibilité et du vent, mais voir s'il n'y a pas de limitation vent de travers (ce qui ne serait pas le cas de Montpellier, vent presque dans l'axe des pistes). Si on vient d'ailleurs, consulter TAFS et METARS du parcours et TEMSI pour décider, car les reliefs sont peut-être accrochés par les nuages à 2000 ft ne permettant pas l'arrivée. Voir autres itinéraires, par les plaines.

2) LFRD 170615 00000kT 0600 FG 0VC007 BKN040 PROB40 0815 0300 DZ FG 0VC002 BKN040

LFRD	Nom de l'aérodrome de Dinard
17	Jour du mois
0615	Prévu de 6 heures à 15 heures UTC
00000KT	Vent calme
0600	Visibilité 600 mètres
FG	Brouillard
0VC007	Couvert 8 octas à 700 ft (stratus probables)
BKN040	Fragmenté 5 à 7 octas base 4000 ft
PROB40	Probabilité de 40 % qu'il y ait :
0815	Entre 8 et 15 heures
0300	Visibilité diminuant vers 300 mètres
DZ FG	Bruine et brouillard
0VC002	Couvert 8 octas à 200 ft (plafond descend)
BKN040	Couvert de 8 octas à 4000 ft

Vols VFR impossibles, brouillard en aggravation, aucune chance de voir une évolution en raison de la couverture à 4000 ft qui empêche le soleil de chauffer la couche de Stratus qui va plutôt descendre de 700 à 200 ft. Il est certain que le METAR de Dinard indique une température et point de rosée identiques… Sans espoir d'élévation même après 15 heures.

Pour plus de détails sur les codes, demander dans les stations météo, le feuillet de prévision de vol, sur lequel vous aurez des explications de tous les symboles.

LE GUIDE PRATIQUE DU PILOTAGE

POUR MIEUX INTERPRÉTER LA MÉTÉO (suite)

MTO 10

Si a priori, ces codes ont paru bien obscurs aux débutants, ils s'apercevront qu'avec un peu d'habitude, ceux-ci paraîtront moins complexes...

OÙ TROUVER L'INFORMATION MÉTÉO ?

Pour l'aviation commerciale plus particulièrement :

– **AEROMET** : Une véritable station autonome pour un accès direct en temps réel à toute la documentation météorologique de vol.

– **AEROCARTE** : Serveur permettant la diffusion automatique par télécopie de la documentation météorologique de vol pour l'aviation commerciale sur simple appel téléphonique.

– **METEOTEL AERONAUTIQUE** : Logiciel permettant l'acquisition, la visualisation et l'animation de différents types d'images météorologiques (satellite, radar, foudre, ...) à des fins de préparation des vols.

Pour l'aviation générale :

– **AEROFAX** : Serveur permettant la diffusion automatique par télécopie de la documentation météorologique de vol pour l'aviation générale sur simple appel téléphonique. *Initiative Météo-France/Fédération Nationale Aéronautique.*

– **AEROWEB** : Service sur Internet permettant la distribution de dossiers de vols météorologiques.

– **3615 METAR** : Service Minitel permettant d'obtenir des observations et prévisions d'aérodromes, ainsi que des zones VFR avec le code O, D, M, X (avec un code d'accès nécessaire).

– **NAV2000** : Un site privé "incontournable" pour préparer des navs (Metar et Taf décodés, aérodromes et bases ULM avec photos des terrains) log complet et enfin accès nomade sur téléphone portable.

Voici le détail du code O D M X :

Seuils de visibilité et de hauteur des nuages 4/8				
h ≥ 600m (2 000 pieds)	X	M3	D2	0
300 m (1 000 pieds) < h < 600 m	X	M4	D3	D1
150 m < h < 300 m	X	M5	M2	M1
h < 150 m (500 pieds)	X	X	X	X
Hauteur		1,5 km	3 km	8 KM
visibilité	V < 1,5 km	1,5 km < V < 5 km	5 km < V < 8 km	V ≥ 8 km

– **08 36 68 10 13** : Répondeur téléphonique donnant des prévisions VFR en langage clair.

– **08 36 70 12 15** : Consultation d'un prévisionniste spécialisé en météorologie aéronautique.

– **EN PASSANT A LA STATION METEO** de votre aérodrome, si celui-ci en est pourvu.

Les informations sont alors communiquées par un prévisionniste avec un contact humain d'expérience, mais l'avenir, où tout s'informatise et où la rentabilité ?!? prime... nous éloigne des relations humaines, ce que personnellement, je déplore.

Attention ! Les renseignements donnés ici peuvent changer. Il faut donc savoir :

> *Tous ces renseignements (Nos de téléphone, de Fax, de Minitel, etc.) sont donnés dans la documentation VFR (à jour) que tout pilote doit posséder, dans la partie GUIDE VFR ou le guide Météo-France de l'année en cours.*

RÉGLEMENTAIREMENT, le pilote qui part en voyage doit pouvoir faire la preuve qu'il a bien pris les renseignements MTO avant le vol.

Dans tous les cas, inutile de demander le temps qu'il fait sur n'importe quel aérodrome de France ou de Navarre. Il faut s'assurer que l'aérodrome en question dispose d'une station MTO. Dans le cas contraire les informations d'un aérodrome voisin qui en est pourvu seront suffisantes. On peut aussi téléphoner directement à l'aérodrome à une personne compétente (contrôleur, chef-pilote...), d'un aérodrome sans station Météo.

POUR MIEUX INTERPRÉTER LA MÉTÉO (suite)

QUELS SONT LES RENSEIGNEMENTS QU'IL FAUT DEMANDER OU CONSULTER A LA MTO ?

Ils résument en 6 points tout ce que nous avons vu :

1) La situation générale pour savoir si on est en présence d'un front. Si oui, de quel type de front s'agit-il ? position et sens de déplacement ? Si nous sommes en présence d'un anticyclone, attention aux brouillards matinaux possibles (lorsqu'on passe soi-même à la station MTO, consulter les cartes TEMSI).

2) Des messages TAF des aérodromes voisins du trajet (disposant de station MTO) pour affiner les prévisions globales des cartes TEMSI. Ils permettent de prévoir : – *peut-on arriver (ou revenir).*

3) Des messages METAR de ces mêmes aérodromes pour vérifier l'exactitude des prévisions. On peut également prendre des messages en amont et en aval de l'éventuelle perturbation pour déterminer sa virulence, son avance et son retard. De plus les METAR nous permettront de choisir l'altitude du vol (base des nuages). Ils permettent de dire : – *peut-on partir ?*

4) Le vent par consultation des cartes 950 hPa pour le FL 20, 850 hPa pour le FL 50 ou, 700 hPa pour le FL 100.

5) L'altitude de l'isotherme zéro, en prévision du givrage (la température décroît d'environ 2° pour 1 000 ft).

6) Dans le METAR noter plus particulièrement *les températures* pour prévoir les éventuels risques de brouillard, et le **QNH** qui varie d'une région à l'autre.

S'aider du dépliant...

En vol, sont diffusées continuellement "*les informations du VOLMET*" qui contiennent des observations et prévisions d'aérodromes importants, valables 2 heures. Il n'est pas possible de prendre contact avec le VOLMET, qu'il faut seulement "*écouter*". Sur un grand trajet lorsqu'on a l'impression que la situation MTO se dégrade, le VOLMET peut nous donner une idée de l'évolution.

Les fréquences des informations VOLMET sont indiquées sur les cartes de radionavigation 1/1 000 000e.

Exemple de diffusion du message VOLMET :

Tours - 8 heures trente - Trois - deux - zéro degrés - zéro - Trois nœuds - Cavoké - Température – sept - Point de rosée moins unité - QNH - Unité - zéro - Unité - sept - NOSIG.

Ce qui signifie pour l'aérodrome de Tours, vent du 320°/03 kT, Cavok, température 7 degrés, point de rosée moins 1°, QNH 101 7, NOSIG = pas d'évolution dans les 2 heures.

Un beau Cumulonimbus à contourner...

LE GUIDE PRATIQUE DU PILOTAGE

RÉSUMÉ ESSENTIEL SUR LA DIVISION DES ESPACES AÉRIENS
RÉGLEMENTATION S'Y RAPPORTANT

EA 1

Depuis le 2 avril 1992, est entrée en vigueur la réglementation actuelle, concernant la mise en place des classifications des espaces aériens, conformes aux normes internationales (O.A.C.I.) qui devraient faciliter le travail des usagers par une interprétation de lecture des cartes, plus aisée que par le passé. Nous traiterons plus particulièrement le vol à vue dit *V.F.R.*, en opposition aux vols dit *I.F.R.*, qui s'effectuent aux instruments selon des règles bien précises, en particulier équipement des appareils, qualification des équipages aux vols en mauvaises conditions MTO, non permises aux vols V.F.R.

COMMENT SE DIVISENT LES ESPACES AÉRIENS ?

Les Espaces aériens qui concernent les vols VFR sont limités de la surface au niveau 195 inclus (appelé **FL 195**, voir définition page 216). Nous nous limiterons donc plus particulièrement à l'étude de ces espaces. Ils se divisent en deux principaux groupes :

1) Les espaces aériens contrôlés.
2) Les espaces aériens non contrôlés.

1) ÉTUDE DES ESPACES AÉRIENS CONTRÔLÉS :

Ce sont des espaces aériens où la circulation aérienne est contrôlée par un organisme particulier, au bénéfice des vols contrôlés (VFR et IFR). Ce terme général englobe, ce qu'on appelle les espaces aériens de classes A, B, C, D, ou E, classés selon l'importance du trafic aérien les concernant, du plus élevé dans les classes A puis B, C, etc...

Notion de VFR contrôlé : la règle générale du VFR étant de "*voir et éviter*", ce qui n'est pas toujours très facile, les services de contrôle vont "*aider à voir*", donc "*où voir ?*", il s'agira dès lors de vols VFR sous contrôle, dans certains espaces.

Notion pour VFR de "*clairance*" : pour avoir l'autorisation d'évoluer dans ces espaces, ou en cas de VFR spécial (voir page 215), il faudra avoir reçu des organismes de contrôle **une clairance,** qui est une autorisation d'évoluer dans des conditions spécifiques. Cette autorisation s'effectuera sous forme de "***plan de vol réduit***" transmis oralement par radio, en vue d'obtenir cette clairance, constituée par un nombre d'éléments limités du vol VFR, qui vont permettre ce contrôle. Il s'agira dès lors d'un contrat entre le pilote et l'organisme de contrôle, *ce qui impliquera* que tout changement avant d'être entrepris, devra être demandé et accordé. Le pilote devra se conformer à des indications du contrôle (prendre tel cap par exemple).

LES ESPACES AÉRIENS DANS L'EUROPE

La généralité des espaces de classes A, B, C, D, E, F et G est à peu près la même dans toute l'Europe. La répartition verticale des couches inférieures est parfois différente, puisqu'il n'existe pas partout une surface «S» à 3.000 ft mer ou 1.000 ft sol en relief (voir page suivante).

Ainsi en Allemagne, on est hors espace contrôlé jusqu'à 5.000 ft QNH.

En France, au-dessus du FL 115, tout l'espace aérien devient «D», alors qu'en Allemagne, au-dessus du FL 100, tout l'espace devient «C». Autre différence dans ce pays, la visibilité horizontale pour pénétrer dans un espace de classe «E» doit être de 8 km (voir page suivante).

Toutes ces petites différences font qu'en dehors des généralités, il faut bien s'informer sur les particularités propres à chaque pays.

QUELLES SONT CES CLASSES D'ESPACE, SERVICES RENDUS, CONDITIONS DE PÉNÉTRATION POUR VOLS VFR ?

> *Ce sera l'essentiel à retenir car le grand principe de cette réglementation est :*
> **L'ESPACE ANNONCE LE SERVICE QUI Y EST RENDU**

1) Classe A : vols VFR interdits sauf dérogation spéciale donc soumis à des contraintes particulières.

L'organisme de contrôle assure les espacements de tous les vols IFR. Cette classe est mise en œuvre sur notre territoire au-dessus du FL 195 et en dessous dans la partie centrale de la région parisienne qui comporte donc des CTR, CTA, TMA de classe A (voir pages suivantes).

Lorsqu'un aéronef en vol VFR est autorisé à pénétrer dans un espace de classe A, il doit respecter les mêmes conditions qu'en espace de classe B.

LE GUIDE PRATIQUE DU PILOTAGE

RÉSUMÉ ESSENTIEL SUR LA DIVISION DES ESPACES AÉRIENS RÉGLEMENTATION S'Y RAPPORTANT (suite)

2) Classe B : pour pénétrer dans ces espaces, il faut :

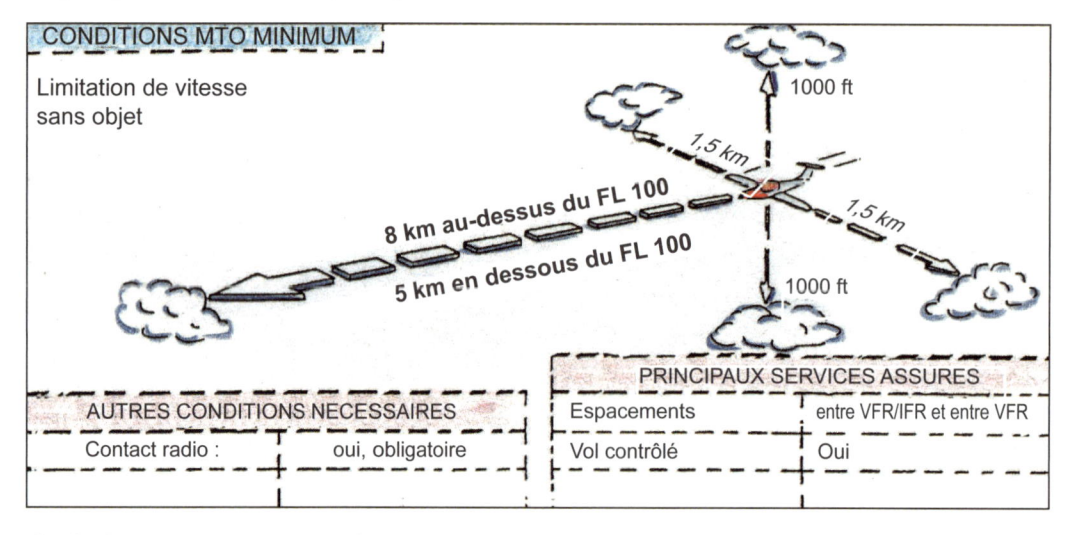

CONDITIONS MTO MINIMUM

Limitation de vitesse sans objet

- 1000 ft au-dessus
- 1000 ft en dessous
- 1,5 km
- 8 km au-dessus du FL 100
- 5 km en dessous du FL 100

AUTRES CONDITIONS NECESSAIRES	
Contact radio :	oui, obligatoire

PRINCIPAUX SERVICES ASSURES	
Espacements	entre VFR/IFR et entre VFR
Vol contrôlé	Oui

3) Classe C : (qui concerne les zones à forte densité de trafic), pour pénétrer dans ces espaces, il faut :

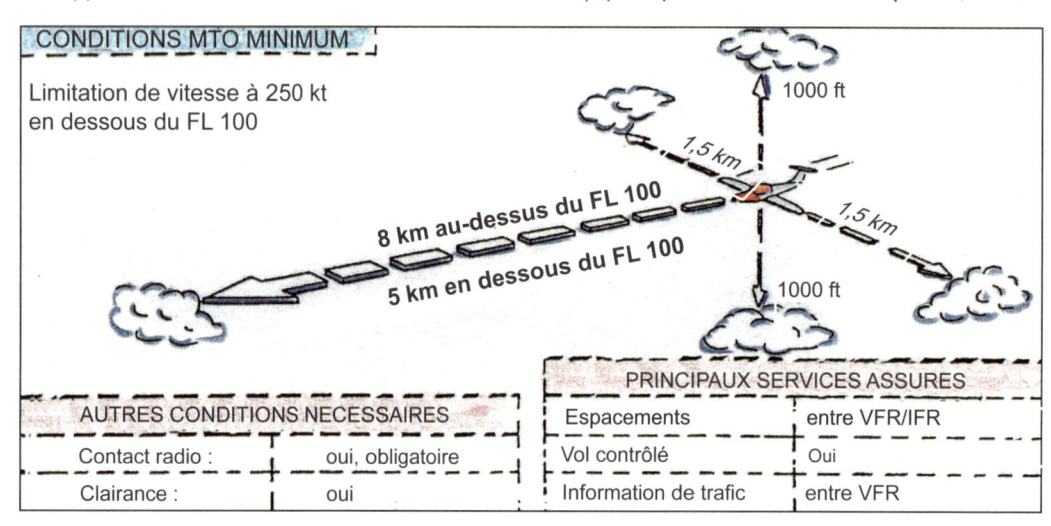

CONDITIONS MTO MINIMUM

Limitation de vitesse à 250 kt en dessous du FL 100

- 1000 ft au-dessus
- 1000 ft en dessous
- 1,5 km
- 8 km au-dessus du FL 100
- 5 km en dessous du FL 100

AUTRES CONDITIONS NECESSAIRES	
Contact radio :	oui, obligatoire
Clairance :	oui

PRINCIPAUX SERVICES ASSURES	
Espacements	entre VFR/IFR
Vol contrôlé	Oui
Information de trafic	entre VFR

4) Classe D : (qui concerne les zones à forte densité de trafic), pour pénétrer dans ces espaces, il faut :

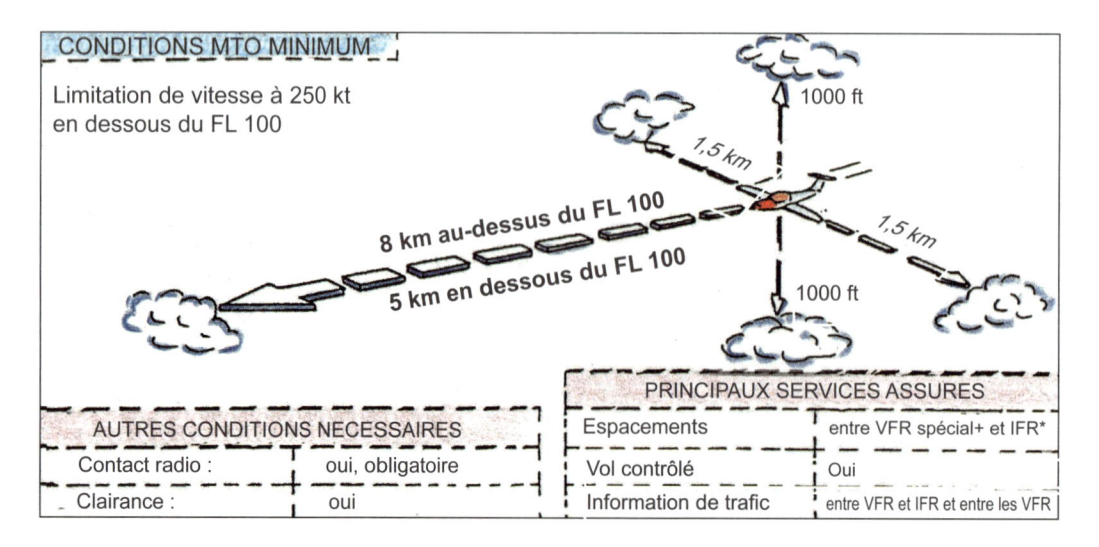

CONDITIONS MTO MINIMUM

Limitation de vitesse à 250 kt en dessous du FL 100

- 1000 ft au-dessus
- 1000 ft en dessous
- 1,5 km
- 8 km au-dessus du FL 100
- 5 km en dessous du FL 100

AUTRES CONDITIONS NECESSAIRES	
Contact radio :	oui, obligatoire
Clairance :	oui

PRINCIPAUX SERVICES ASSURES	
Espacements	entre VFR spécial+ et IFR*
Vol contrôlé	Oui
Information de trafic	entre VFR et IFR et entre les VFR

*Voir définition du VFR spécial page 215, remarquons qu'en situation de VFR normal l'espacement n'est pas assuré.

LE GUIDE PRATIQUE DU PILOTAGE

RÉSUMÉ ESSENTIEL SUR LA DIVISION DES ESPACES AÉRIENS
RÉGLEMENTATION S'Y RAPPORTANT (suite)

EA 3

5) Classe E : (pour zones ou le trafic est de faible densité).

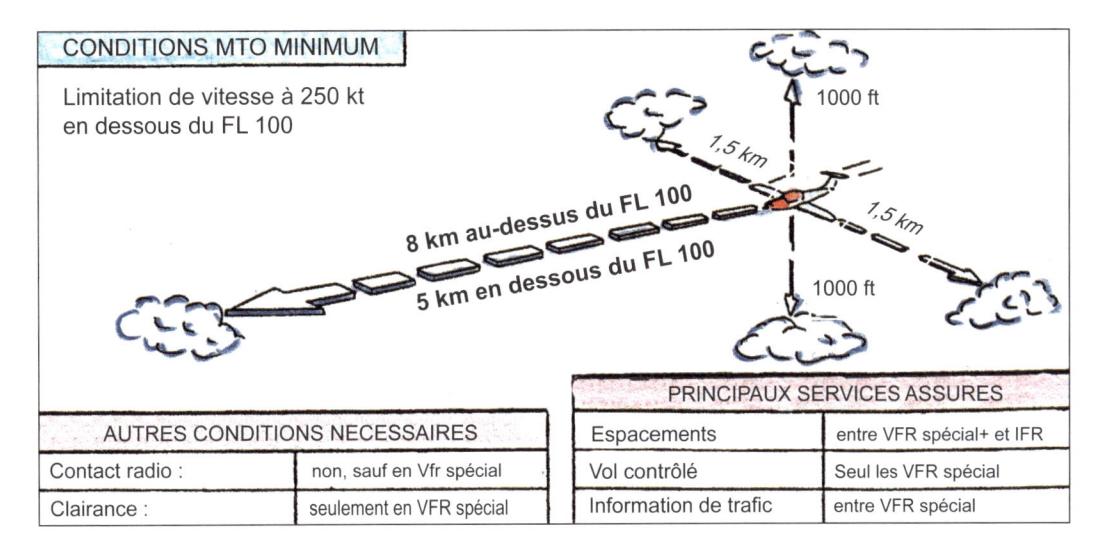

CONDITIONS MTO MINIMUM

Limitation de vitesse à 250 kt en dessous du FL 100

- 1000 ft
- 1,5 km
- 1,5 km
- 8 km au-dessus du FL 100
- 5 km en dessous du FL 100
- 1000 ft

AUTRES CONDITIONS NECESSAIRES	
Contact radio :	non, sauf en Vfr spécial
Clairance :	seulement en VFR spécial

PRINCIPAUX SERVICES ASSURES	
Espacements	entre VFR spécial+ et IFR
Vol contrôlé	Seul les VFR spécial
Information de trafic	entre VFR spécial

Remarques : Certaines zones peuvent changer de classe en fonction de la densité du trafic, ou horaires de fermeture des services de contrôle. Ex. une zone **D** la semaine, pourrait devenir **E** le week-end.

A priori, il semblerait que l'avenir des espaces de classe **E** est compromis. Le contact radio pourrait devenir obligatoire ou ils deviendraient des espaces **D**. Affaire à suivre...

SPÉCIFICATIONS RELATIVES AUX ESPACES AÉRIENS CONTRÔLÉS (en partant du sol):

1) Les CTR (Control Traffic Région) appelées également zones d'aérodromes (Fig. 1,2 et 5), établies autour d'un ou plusieurs aérodromes, partant du sol, ou de l'eau, ont une hauteur spécifique et des dimensions définies. On la compare souvent à une cloche à fromage (ou une grosse boîte) posée sur le sol ou l'eau, dont le centre est l'aérodrome contrôlé la concernant. Elle est contrôlée par la tour de contrôle (TWR) ou l'approche (APP). Nous pouvons les emprunter à la suite d'un décollage, en vue de l'atterrissage ou au cours d'un voyage.

Ses limites figurent sur les cartes 1/500 000e de vol à vue, 1/1 000 000e de radionavigation et cartes d'atterrissage (VACS, BOTTLANG, etc...)

Selon l'importance de leur trafic elles **sont classées A, B, C, D et E**. Pour le moment en France, il n'y a pas de CTR classée **B** ou **C**.

Remarque : L'aérodrome gérant la CTR, est toujours contrôlé, ce qui ne signifie pas qu'un aérodrome contrôlé dispose forcément d'une CTR...

2) Les régions de contrôle CTA (Control Traffic Aéra): espaces aériens contrôlés qui dans leurs limites *ne touchent pas le sol ou l'eau.* Elles comprennent :

a) Les régions de contrôle terminal TMA (Terminal Control Aéra) (Fig. 2 et 5) : régions de contrôle établies en principe au carrefour des couloirs aériens, ou aux abords d'un ou plusieurs aérodromes importants. Elles ne touchent pas le sol et font la jonction avec les CTR (remarquons qu'une CTR peut être indépendante), afin de protéger les trajectoires IFR. L'image qu'on peut en donner est celle d'une grosse boîte de formes variées posées sur une ou plusieurs CTR, s'élevant jusqu'à certains niveaux au maximum le FL 195. Elles sont contrôlées par le service de contrôle d'approche (APP). Comme elles peuvent couvrir plusieurs CTR, les cartes de vol à vue et de radionav. nous indiquent quel est l'aérodrome qui la gère. Leurs limites figurent sur ces mêmes cartes. Elles englobent les trajectoires d'attentes et d'approches des appareils IFR pour leur protection. Selon leur importance elles **sont classées A, B, C, D ou E**.

ATTENTION ! Pour la connaissance des étendues verticales des zones bien prendre en considération le paragraphe 1, page 234

LE GUIDE PRATIQUE DU PILOTAGE

EA 4 — **RÉSUMÉ ESSENTIEL SUR LA DIVISION DES ESPACES AÉRIENS RÉGLEMENTATION S'Y RAPPORTANT (Suite)**

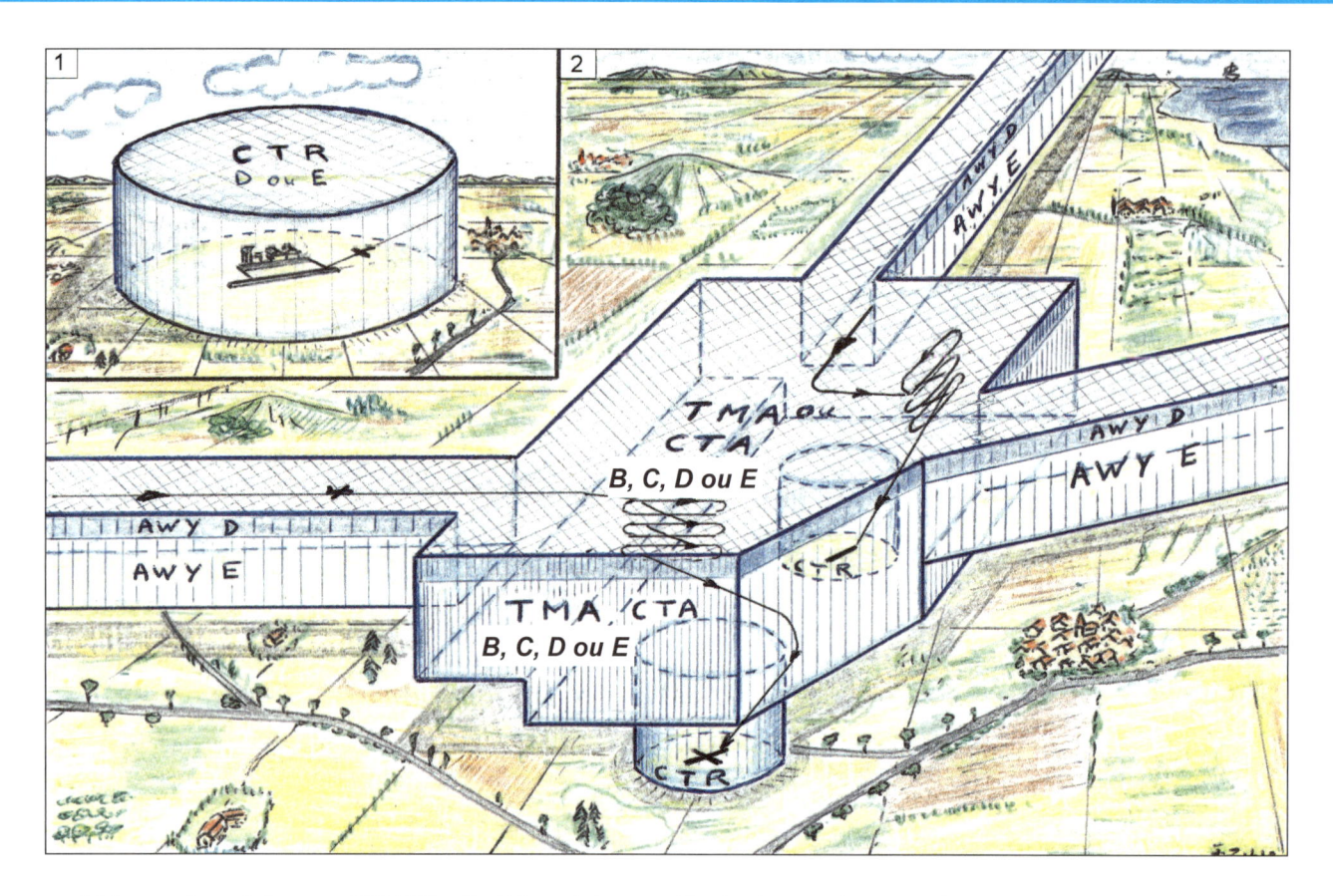

   b) Les voies aériennes AWY (Fig. 2 et 5) couloirs appelés également Airways, destinés à canaliser la circulation aérienne contrôlée, se situent sur des axes radiobalisés (voir balises pages 225 et 232). Leurs limites figurent sur les cartes de radionav. 1/1.000.000^e , c'est-à-dire un plancher qui démarre à un niveau spécifié (ou une altitude) et termine (pour toutes) au FL 195 inclus. Répertoriées par une lettre et un numéro, ainsi que Routes magnétiques aller-retour et niveau de la base de l'AWY.

   Ex : A25 159°/339° - FL 055 ou B 16 028°/208° 2053 ou encore G6 153°/333° - FL 075 (la lettre correspond à une couleur).

   Sont soumises au Centre de Contrôle Régional (ACC ou CCR).

   Sont *classées E* sauf la partie égale et supérieure au FL 115 classée *D* **(Fig. 5).**

3) Les espaces contrôlés spécialisés : sont des espaces dans lesquels les services de la circulation aérienne sont rendus simultanément à la circulation aérienne générale et à la circulation aérienne militaire. Il est donc introduit les espaces dénommés ***S/CTA, S/TMA ET S/CTR.***

   Sont en général *classés D*, (contrôlés par un organisme militaire).

   Remarques :

   – Tout l'espace aérien compris entre le FL 115 et le FL 195 inclus, sera de classe ***D* (Fig. 5).**

   – Un même espace aérien, par exemple une TMA pourra être subdivisé en espaces de classes différentes, par exemple *E* dans sa partie basse et *D* dans sa partie haute, ou encore *D* dans sa partie centrale et *E* sur le pourtour extérieur. Peut-être également classé *D* la semaine et *E* le week-end lorsque l'activité est plus faible, ou encore varier à certaines heures.

2) ÉTUDE DES ESPACES AÉRIENS NON CONTRÔLÉS :

   Deux classes caractérisent ces espaces et sont la *F* et la *G*.

   1) Classe F : espace à service consultatif (pour IFR) ayant pour les VFR les mêmes caractéristiques que la classe *G*. Comme cet espace n'est pas mis en service dans notre pays (en service dans une grande partie de l'Afrique du Sud), nous ne nous attarderons pas sur les points le concernant.

LE GUIDE PRATIQUE DU PILOTAGE

RÉSUMÉ ESSENTIEL SUR LA DIVISION DES ESPACES AÉRIENS RÉGLEMENTATION S'Y RAPPORTANT (suite)

EA 5

2) Classe G : qui correspond à tout le reste de l'espace aérien non contrôlé sous le FL 115.

CONDITIONS / SERVICES	
Radio :	Non exigé
Clairance :	Non
Information de trafic :	Non assuré
Espacements :	Non

Service d'information de vol	Oui
Service d'alerte	Oui

Remarques : tous les espaces aériens, de toutes classes (A, B, C, D, E, F et G) bénéficient néanmoins des services d'information de vol et d'alerte.

CONDITIONS MTO DE VOL À VUE :	Elles sont variables selon que l'on vole en-dessous ou

Au-dessus de 3000 ft QNH (AMSL)*, ou 1000 ft sol (AGL)* en relief **(Fig.3)**, qui prend le nom de **"surface S"**.

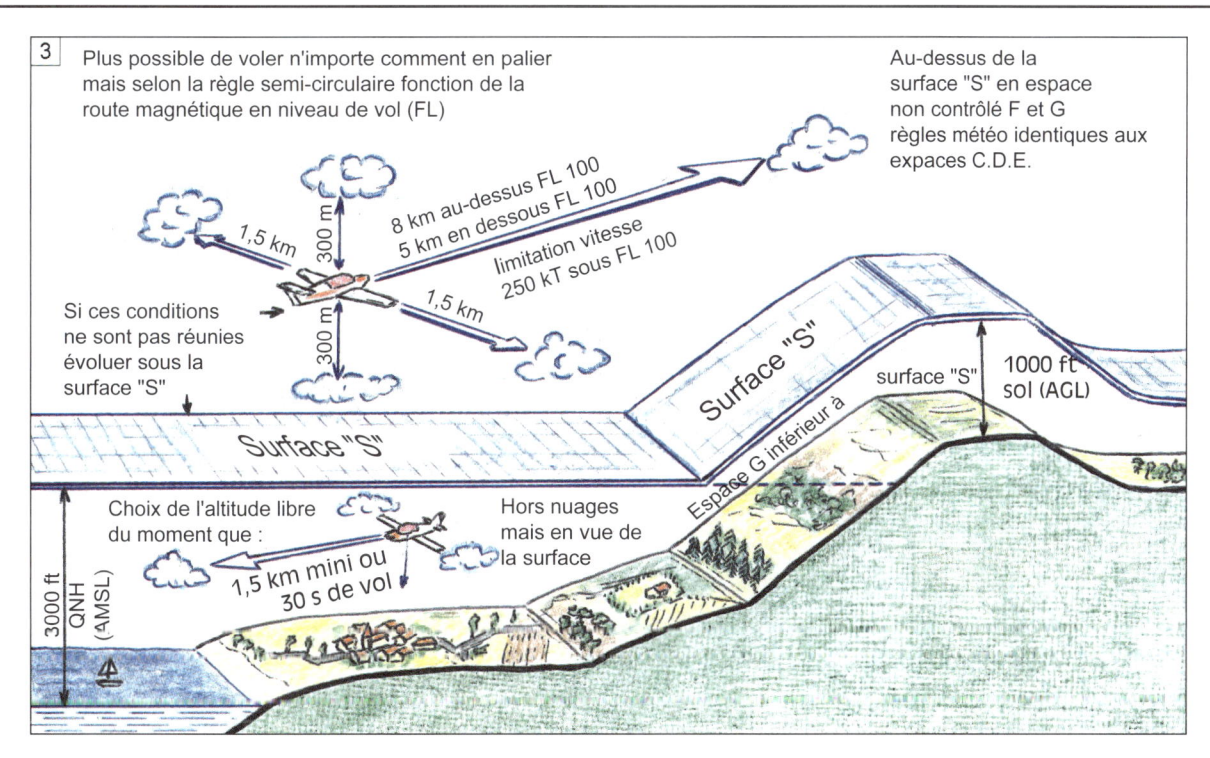

Fig. 3 — Plus possible de voler n'importe comment en palier mais selon la règle semi-circulaire fonction de la route magnétique en niveau de vol (FL). Au-dessus de la surface "S" en espace non contrôlé F et G règles météo identiques aux espaces C.D.E. 1,5 km ; 300 m ; 8 km au-dessus FL 100 ; 5 km en dessous FL 100 ; limitation vitesse 250 kT sous FL 100. Si ces conditions ne sont pas réunies évoluer sous la surface "S". Surface "S" 1000 ft sol (AGL). Espace G inférieur à surface "S". Choix de l'altitude libre du moment que : Hors nuages mais en vue de la surface, 1,5 km mini ou 30 s de vol. 3000 ft QNH (AMSL).

LE VFR SPÉCIAL:

a) Sauf **"clairance VFR spécial"** accordée par l'organisme de contrôle concerné, un appareil VFR n'est pas autorisé à décoller d'un aérodrome situé dans une CTR de classe **D** et **E** (ou S/CTR de mêmes classes) ni atterrir, ni même évoluer dans la zone de contrôle si les conditions de visibilité sont inférieures à 5 km et le plafond inférieur à 1 500 ft sol.

Cette clairance VFR spécial permet à un appareil de venir se poser sur un aérodrome situé dans une CTR, ou d'en sortir, ou de transiter avec des conditions MTO de visibilité jamais inférieures à 1,5 km (règles sous la surface "S" **hors espace contrôlé**, (Fig. 3), ou 30 secondes de vol.

b) Pour le moment, depuis le 02/04/92, **seules les CTR permettent le VFR spécial.** La possibilité d'étendre cette ouverture aux autres espaces de classes est seulement envisagée par la suite... nous n'en sommes pas encore là... *il faudra s'informer...*

Remarque générale : Le non respect des règles MTO de vol à vue, nous place en situation d'infraction (et - ou, d'inconscience...). Exemple : un vol à l'intérieur d'une TMA sous le FL 100 avec une visibilité de moins de 5 km n'est pas du VFR spécial mais une infraction !...

*Sur les cartes l'indication : - AMSL = altitude par rapport au niveau de la mer.
                                      - AGL = hauteur au dessus du sol.

RÉSUMÉ ESSENTIEL SUR LA DIVISION DES ESPACES AÉRIENS RÉGLEMENTATION S'Y RAPPORTANT (suite)

Notion d'altitude de transition : la surface "**S**" correspond à une altitude au-dessus de laquelle nous ne pouvons plus évoluer à notre guise à une altitude quelconque de notre choix. Il est important que tous les appareils IFR comme VFR *soient donc étagés par rapport à la même référence* selon la **règle semi-circulaire** (voir ci-dessous). Tous les appareils devront régler leur altimètre sur la même référence. L'altitude de transition sera donc une référence limite au-dessous ou au-dessus de laquelle les appareils exprimeront leur altitude selon une référence différente :

1) A l'altitude de transition et en dessous : ils caleront leur altimètre au QNH (régional, car il varie avec le temps et le lieu) **(Fig. 4)**.

2) Au-dessus de l'altitude de transition : ils caleront leur altimètre au réglage standard de 1013,2 hPa et exprimeront leur altitude en niveau (**FL**) **(Fig. 4)**.

Hors espace aérien contrôlé (classe G) *l'altitude de transition sera la surface "S" (sans publication contraire). En espace contrôlé,* l'altitude de transition est *plus élevée* que la surface "**S**". Mentionnée sur les cartes radionav - 1/1 000 000ᵉ lorsqu'elle est différente de 5 000 ft. Ex : **TA 3000.**

Actuellement une action est engagée pour tenter d'uniformiser celle-ci, sur la plus grande partie du territoire à une valeur de 5000 ft mer (ASML sur les cartes)... **Affaire à suivre...**

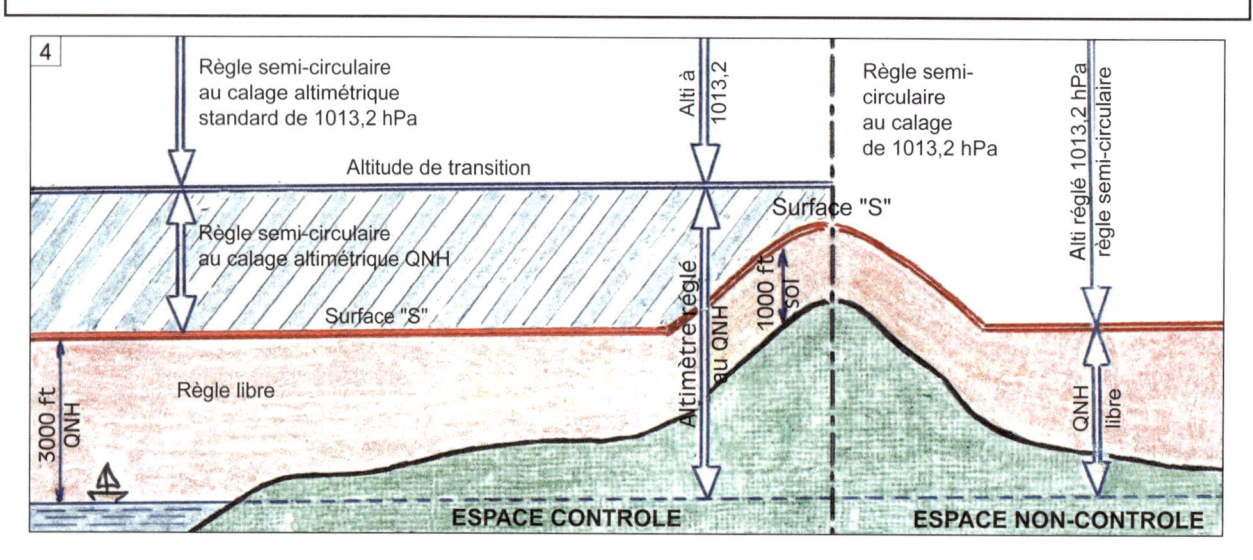

CHOIX DU NIVEAU DE CROISIÈRE :

Au-dessus de 3 000 ft QNH (surface **S**), plus question de voler dans n'importe quelle direction à n'importe quelle altitude, il nous faut appliquer une des règles suivantes :

1) LA RÈGLE SEMI-CIRCULAIRE (ALTIMÈTRE CALÉ À 1013,2 hPa) :

Pour mémoriser le moyen de placer les niveaux retenons simplement que par rapport à un axe Nord-Sud passant par Paris, les routes côté *Italie* = niveaux *Impairs*, les routes côté *Portugal* = niveaux *Pairs*.

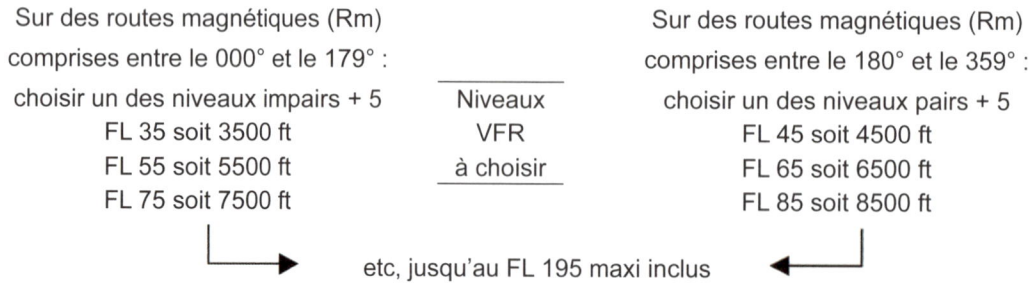

Sur des routes magnétiques (Rm) comprises entre le 000° et le 179° : choisir un des niveaux impairs + 5	Niveaux VFR à choisir	Sur des routes magnétiques (Rm) comprises entre le 180° et le 359° : choisir un des niveaux pairs + 5
FL 35 soit 3500 ft		FL 45 soit 4500 ft
FL 55 soit 5500 ft		FL 65 soit 6500 ft
FL 75 soit 7500 ft		FL 85 soit 8500 ft

etc, jusqu'au FL 195 maxi inclus

Remarques :

– Les niveaux I.F.R. ont la même correspondance, mais se terminent par zéro soit FL 30-50-70... ou 40-60-80, etc...

– En espace contrôlé, le service de contrôle peut nous assigner un FL I.F.R.

– Par QNH égal ou supérieur à 1031,7 hPa, le FL 25 peut être pris, dans la tranche des FL pairs. - Le 1ᵉʳ niveau utilisable au-dessus de l'altitude de transition variera en fonction du QNH, FL plus élevé par QNH faible et moins élevé par QNH fort.

– En espace contrôlé, le contrôle peut nous imposer un niveau ne correspondant pas à la règle semi-circulaire, même un FL I.F.R.

LE GUIDE PRATIQUE DU PILOTAGE

RÉSUMÉ ESSENTIEL SUR LA DIVISION DES ESPACES AÉRIENS RÉGLEMENTATION S'Y RAPPORTANT (suite)

EA 7

2) RÈGLE SEMI-CIRCULAIRE (ALTIMÈTRE CALÉ AU QNH) :

Particularités : dans la tranche d'espace comprise **entre la surface "S" et l'altitude de transition** (ceci pour le moment, en espace aérien contrôlé uniquement), on adoptera un **étagement semi-circulaire QNH, (Fig. 4)** par exemple :

Altitude de transition 5000 ft, vol VFR compris entre les routes magnétiques 000° et 179° (impairs) = 3500 ft QNH

– compris entre les Rm 180° et 359° (pairs) = 4500 ft QNH

ATTENTION : Ne pas confondre Route magnétique (***Rm***) et cap compas (***CC***) voir page 220.

VUE ÉCORCHÉE DES ESPACES AÉRIENS

REPRÉSENTATION CARTOGRAPHIQUE :

TMA/CTA :

Classe ***A*** : trait rouge avec trame rouge étroite

Classe ***B, C, D*** : trait bleu avec trame bleu foncé étroite

Classe ***E*** : trait bleu avec trame bleu clair large

} Ces espaces ne touchent pas le sol, si nous n'avons pas les conditions de visibilité, possibilité de passer dessous ou contourner.

CTR :

Classe ***A*** : tireté rouge avec trame étroite

Classe ***B, C, D*** : tireté bleu avec trame étroite bleu foncé

Classe ***E*** : tireté bleu avec trame large bleu clair.

} Ces espaces touchent le sol. Peuvent être soumis au V.F.R. Spécial, le contact radio devient obligatoire.

D'après la classe d'espace, il nous sera donc facile de déterminer les conditions de pénétration et les services rendus.

Limites verticales et identification : (Ex. : TMA MONTPELLIER) sont indiquées :

– le long de la trame pour carte 1/1 000 000ᵉ

– dans un cartouche placé en bordure de l'espace carte 1/500 000ᵉ

Cette dernière carte n'est pas utilisable au-dessus de 5000 ft AMSL (mer) ou 2000 ft AGL (sol en montagne).

LE GUIDE PRATIQUE DU PILOTAGE

EA 8 — RÉSUMÉ ESSENTIEL SUR LA DIVISION DES ESPACES AÉRIENS RÉGLEMENTATION S'Y RAPPORTANT (suite)

AUTRES ZONES EXISTANTES ? PARTICULARITÉS ?

1) Les zones réglementées "**R**" :

La ligne de contour rouge avec hachures.

2) Les zones dangereuses "**D**" :

Lignes de contour rouge hachurées. Non soumises à restriction. Des activités dangereuses peuvent s'y dérouler pendant les périodes d'activité, exemples : tirs, sol-air - exercices de combats aériens. Possibilité de pénétration hors activité, ou contourner.

3) Les zones interdites "**P**" :

Lignes contours rouge avec hachures croisées. Pénétration interdite 24 h sur 24 du sol, plafond illimité. Sont peu nombreuses.

Les zones **R** - **D** ou **P** sont suivies d'un numéro pour les identifier et répertorier.

Ainsi en consultant le ***document des compléments*** de carte ***radionavigation***, il sera possible d'obtenir des informations plus précises : organismes gérant la zone, fréquences éventuelles à contacter, heures d'activités, etc...

Certaines informations sont annoncées par NOTAM, qui sont affichés dans les bureaux d'informations de vol.

RENSEIGNEMENTS UTILES ET BUREAU D'INFORMATIONS AÉRONAUTIQUES BIA :

Le bureau d'information est un organisme auprès duquel il est possible d'obtenir divers renseignements concernant :

1) Les aides radio en route : état des balises qui peuvent être en panne, ou changent de caractéristiques (fréquence) et que vous êtes susceptibles d'utiliser.

2) Les aérodromes : une piste peut-être inutilisable cause travaux, la fréquence d'appel peut avoir changé, etc... Il vaut mieux le savoir avant d'arriver...

3) Les espaces aériens : créations de nouvelles zones ou information que telle zone R ou D est active (NOTAM), changement de classe d'espace...

4) des informations diverses concernant la sécurité par exemple "*les migrations d'oiseaux*".

Comme pour la MTO, il faut se rendre au BIA, ou téléphoner pour obtenir ces renseignements indispensables avant le vol (voir dans la documentation Radionav, comment chercher les informations dans le Guide V.F.R. – B.I.A. et B.R.I.A.).

En vol le ***Service d'information de vol*** peut également vous fournir ces renseignements, y compris sur le fonctionnement des balises.

Voici les lignes générales des nouvelles dispositions réglementaires, pour plus de renseignements consultez les documents officiels publiés (R.C.A. ou extraits).

> **Conseils :** tenez-vous informé régulièrement des changements qui vont intervenir ou qui peuvent survenir en fonction des nécessités et de l'évolution des temps... car tout évolue !

Dernières nouvelles : d'ici 2015, des modifications sont souhaitées par Eurocontrol afin d'harmoniser les classes d'espaces et leurs limites verticales. L'organisme européen veut réduire à 3 classes d'espace : - **U**, **N** et **K** puis à deux : - **U** et **N**.

- **U** comme "**Unknown**", tous les trafics ne sont pas connus du contrôle aérien (équivalent des classes **E**, **F** et **G** actuelles).
- **K** comme "**Known**", tous les trafics sont connus du contrôle, en position au moins (équivalent des classes **C** et **D** actuelles).
- **N** comme "i**N**tended", tous les trafics sont connus du contrôle, en position et en intention (équivalent **A**, **B** et **C**), cas d'un vol IFR.

Le FL "**Z**" qui correspond aujourd'hui au FL 115 deviendrait FL 125.

Le FL "**X**" équivalent du FL 195 d'aujourd'hui changerait de valeur... Affaire à suivre...

LE GUIDE PRATIQUE DU PILOTAGE

RÉSUMÉ ESSENTIEL SUR LA DIVISION DES ESPACES AÉRIENS RÉGLEMENTATION S'Y RAPPORTANT (suite)

EA 9

Extrait du RCA2 – 21

TABLEAU récapitulatif DE CLASSIFICATION DES ESPACES AÉRIENS

	Classes d'espaces	Vols admis	Services fournis par les organismes de la circulation aérienne			Obligation radio	Soumis à clairance	Qualité du vol
			Contrôle	Information de vol	Alerte			
ESPACES CONTROLES	A	IFR	Espacement IFR/IFR	Oui	Oui	Oui	Oui	Contrôlé
	B	IFR	Espacement IFR/IFR IFR/VFR	Oui	Oui	Oui	Oui	Contrôlé
		VFR	Espacement VFR/IFR VFR/VFR	Oui	Oui	Oui	Oui	Contrôlé
	C	IFR	Espacement IFR/IFR IFR/VFR	Oui	Oui	Oui	Oui	Contrôlé
		VFR	Espacement VFR/IFR Information de trafic VFR/VFR	Oui	Oui	Oui	Oui	Contrôlé
	D	IFR	Espacement IFR/IFR Information de trafic IFR/VFR	Oui	Oui	Oui	Oui	Contrôlé
		VFR	Information de trafic VFR/IFR VFR/VFR	Oui	Oui	Oui	Oui	Contrôlé
	E	IFR	Espacement IFR/IFR	Oui	Oui	Oui	Oui	Contrôlé
		VFR	Non	Oui	Oui	Non	Non	Non Contrôlé → sauf en VFR spécial
ESPACES NON CONTROLES	F	IFR	Non	Oui (service consultatif)	Oui	Oui	Non	Non contrôlé
		VFR	Non	Oui	Oui	Non	Non	Non contrôlé
	G	IFR	Non	Oui	Oui	Oui	Non	Non contrôlé
		VFR	Non	Oui	Oui	Non	Non	Non contrôlé

Depuis le 25/02/99, création de zones d'un nouveau type (nous n'en avons pas assez...), ce sont :

- Les zones de ségrégation temporaire (TSA).
- Les zones transfrontalières (CBA).

Ces zones sont des espaces aériens de dimensions définies réservées à l'usage exclusif d'usagers spécifiques pendant un temps donné et prévu par une information (imperméables aux vols VFR et IFR...).

| NAV 1 | **ÉLÉMENTS DE NAVIGATION** |

Le but de ce que nous allons étudier dans les pages qui vont suivre, constitue plus un guide pratique pour préparer vos futures navigations.

VOICI QUELQUES DÉFINITIONS FONDAMENTALES SIMPLES :

Nord vrai ou géographique : c'est le nord indiqué sur les cartes par les méridiens.

Nord magnétique : l'aiguille aimantée d'une boussole n'indique pas la direction du nord géographique. On peut situer approximativement le nord magnétique aux environs du Groenland, ce qui donne un décalage.

Route vraie Rv : c'est la route que l'on mesure sur les cartes avec un rapporteur par rapport au Nord vrai. C'est encore le trait qui rejoint deux aérodromes par exemple.

Dérive x : lorsque le vent est latéral par rapport à la route suivie, l'axe de l'avion est légèrement décalé par rapport à celle-ci. L'angle compris entre la route suivie et l'axe avion s'appelle "*la dérive*". Elle est affectée d'un signe algébrique + si le vent vient de **gauche** ou signe – si le vent vient de **droite.** Exemple : dérive de 5° avec vent de gauche = + 5°

Déclinaison magnétique Dm : angle de décalage compris entre le Nord géographique et le Nord magnétique. Elle varie avec le temps et avec le lieu, (environ 1° par 6 ans). En ce moment en France (en 2000) elle a une valeur algébrique "*négative*". A Paris – 2° environ, à Nice 0° " alors qu'à Brest elle est de – 4°. La déclinaison est figurée sur les cartes. Négligeable à l'Est, en Bretagne ne pas l'oublier...

Déviation compas d : en raison des masses métalliques de l'avion, le cap comporte certaines erreurs dont la valeur "*algébrique*" est donnée par une table qui est affichée dans l'avion. On en tiendra compte pour des valeurs égales et supérieures à 3°.

Cap vrai Cv : correspond au cap suivi par l'avion, par rapport au Nord vrai, en général corrigé de la dérive (si dérive il y a) (position du nez de l'avion par rapport au nord vrai).

Cap magnétique Cm : correspond au cap de l'avion par rapport au nord magnétique corrigé de la dérive éventuelle (position du nez de l'avion par rapport au nord magnétique).

Cap compas Cc : indication à laquelle le pilote se fie. C'est le cap que le pilote s'efforce de maintenir pour suivre sa route. Il est corrigé de la dérive éventuelle, de la déclinaison magnétique et de la déviation compas éventuelle.

Route magnétique Rm : c'est la route vraie corrigée de la déclinaison magnétique seulement. Elle est très importante pour le choix des niveaux de vol. En France, sachant que la déclinaison magnétique est négative (algébriquement) il est facile de la calculer, exemple pour Paris avec une Route vraie, soit Rv 070° – (Dm–3) = **Rm 073°.**

Remarques : le vent MTO nous est donné par rapport au Nord vrai, dans notre pays, la différence entre la Rv et la Rm étant faible, le calcul se fera directement par rapport à la Rm.

ORDRE PRATIQUE DE CALCUL DU CAP COMPAS :

Exemples :

on retranche algébriquement selon la règle des signes

Route magnétique	Rm	090	270
(Dérive)	– (x)	– (–5)	– (+5)
Cap magnétique	Cm	095	265
(Déviation)	– (d)	– (–4)	– (+5)
Cap compas	CC	099	260

arrondi à 100°

```
+  +  =  +
–  –  =  +
–  +  =  –
+  –  =  –
```

Le calcul du Cap magnétique peut s'effectuer par logique, sachant que :

> – *Le vent vient de droite pour la Rm 090, ce qui nécessite un cap plus fort*
> – *Le vent vient de gauche pour la Rm 270, ce qui nécessite un cap plus faible pour rester sur les Rm souhaitées.*

Dans les pays à fortes déclinaisons, le calcul se fera d'après la Route vraie :

RV – (x) = Cv - (Dm) = Cm - (d) = **CC.**

LE GUIDE PRATIQUE DU PILOTAGE

ÉLÉMENTS DE NAVIGATION

NAV 2

Il est possible de calculer les éléments de l'estime d'une navigation (dérive - vitesse - temps), en faisant appel à quelques formules simples dont on ne cherchera pas ici à faire la démonstration pour les déterminer (d'autres ouvrages s'en chargent largement).

Il s'agit de "*calcul mental*", faisant appel à la trigonométrie par des valeurs approchées. En effet, elles se doivent approximatives, comme le sont d'ailleurs les autres éléments, comme le vent MTO qui dépend de tellement de facteurs pour avoir une direction et une force très précises. Il en est de même du cap, qu'il n'est pas nécessaire de calculer au degré près puisque les compas ne comportent pas de graduations si précises...

QUELLES SONT LES FORMULES DE CALCUL MENTAL A CONNAÎTRE ?

1) Le calcul du Facteur de base (symbole Fb) qui est un élément de vitesse permettant d'effectuer d'autres calculs. Il faut connaître le Fb de votre appareil qui est fonction de sa vitesse propre (Vp) c'est-à-dire la vitesse de croisière donnée dans le manuel de vol,

$$Fb = \frac{60}{Vp}$$

2) Le calcul de la dérive max (Xm) qu'il est possible d'avoir si le vent était à 90° de la route suivie, servira de base au calcul de la dérive réelle :

$$Xm = Fb \times Vw$$ (Vw étant la force du vent)

3) Déterminer la valeur de l'angle au vent α. C'est l'angle que fait la route suivie avec la direction du vent. Cet angle ne sera jamais supérieur à 90°, car à partir de la route, c'est le plus petit des angles. Il sera seulement à composante avant ou à composante arrière. Ex : s'il vient des 3/4 avant il est à composante avant.

4) Déterminer le sinus de l'angle au vent, qui va nous servir à calculer la dérive. Il s'agit de valeur approchée pour des angles allant de 10° en 10°, ce qui suffit largement :

$$\text{Sinus } \alpha = \frac{\text{chiffre des dizaines de degré} + 2}{10} \quad \text{(exemple pour 60°:} \frac{6+2}{10} = 0,8\text{)}$$

Ceci pour les angles égaux ou supérieurs à 30°.
Pour les angles inférieurs à 30° rajouter 1 au lieu de 2, le tout sur 10.
Exemple pour un angle de 20° : $\frac{2+1}{10} = 0,3$

Une autre technique consiste à avoir en permanence dans vos affaires de vol, un petit tableau comportant les sinus de 6 angles caractéristiques. L'idéal étant d'avoir une fiche sur votre planche de vol (voir page suivante).

5) Calcul de la dérive (X)

$$X = Xm \times \sin. \alpha$$

6) La dérive étant obtenue, il nous reste à calculer le Cap Compas en appliquant la formule :

$$Rm - (X) = Cm - (d) = CC$$

7) Déterminer le vent effectif (Ve) : c'est le vent qu'il faudra ajouter ou retrancher à la Vp pour connaître la vitesse sol. Pour cela il va falloir calculer le Cosinus (Cos) de l'angle α.

Remarque : il faut savoir que le Cos α est égal au sin. de l'angle complémentaire pour faire 90°. Ainsi le Cos de 30° est égal au Sin. de l'angle de 60° car pour faire 90°, il faut ajouter 60° à 30°.

$$Ve = Vw \times Cos \alpha$$

8) Calcul de la Vitesse sol (par rapport au sol) Vs :

$$Vs = Vp \pm Ve$$

9) Calcul du temps sans vent (TSV) :

$$Tsv = distance \times Fb$$

10) Calcul du Nouveau Facteur de base (NFb) en fonction de la vitesse sol

$$NFb = \frac{60}{Vs}$$

11) Calcul du temps estimé (Te), fonction de la vitesse sol estimée :

$$Te = distance \times NFb$$

Voir exemples d'applications numériques correspondantes page 223.

ÉLÉMENTS DE NAVIGATION

NAV 3

Voici ci-dessous, la fiche qu'il est souhaitable d'avoir en permanence sur votre planche de vol, (si possible plastifiée) car elle comporte un résumé de rappels importants et utiles, comme le tableau de sinus et cosinus, quelques facteurs de base caractéristiques, l'ordre des calculs, le temps de bien les connaître, etc...

Nom : _____	Aérodrome : _____
Fb = _____	Vent } Direction : _____ / Force : _____

Tableau des Sinus et Cosinus

sin α →	20°	1/3 or 0,3	30°	1/2 or 0,5	40°	2/3 or 0,6	Cos α ↑
Cos α ↓	70°	1	60°	ou 0,8	50°	ou 0,7	← sin α

TRAJET — Ordre de calcul >

	Route magnétique	Vw × Fb	Angle au vent jamais supérieur à 90°	Xm × sin α	Cap Magnétique	Déviation	Cap Compas	Vw × Cos α	Vp ± Ve	Distance	Temps sans vent Distance × Fb	Nouveau facteur de base = 60 / Vs	Temps estimé Distance × NFb
	Rm	Xm	α	X	Cm	d	CC	Ve	Vs	D	Tsv	NFb	Te

Quelques vitesses et Fb Caractéristiques }

60 = 1
80 = 0,75 or 3/4
100 = 0,6 or 2/3
120 = 0,5 or 1/2

150 = 0,4 or 4/10
200 = 0,3 or 1/3
240 = 0,25 ou 1/4
300 = 0,2 or 2/10

Procédure de traversée de zone	Procédure Gonio – VDF –
1) X airport de …….bonjour 2) X airport du (type d'avion) F-G … en provenance de ……. Destination ……… pour transiter dans votre zone au (N.S.E.W. ou travers vos installations) qu'on estime vers …… à …….. QNH ou FL………	1) X gonio de ……. Bonjour 2) X gonio du (type d'avion) F-G…. qui transmet pour un QDM 3) QDM ……. (je vous rappelle ou Terminé)
	Lever de doute } Si les **QDM augmentent**, la station est à **DROITE** Si les **QDM diminuent**, la station est à **GAUCHE**

– Fréquence de secours 121,5 ou veille militaire 119,7
– Transpondeur :
  - détresse 7700.
  - panne radio 7600.
	Pour rester sur un axe QDM } Diminuer le cap si les QDM diminuent
	Augmenter le cap si les QDM augmentent

LE GUIDE PRATIQUE DU PILOTAGE

MISE EN APPLICATION DES CALCULS DE NAVIGATION

NAV 4

REMARQUES SUR LE CHOIX DU FACTEUR DE BASE :

On a intérêt à ce qu'il soit simple, car ces calculs doivent pouvoir être faits mentalement. Ils seront donc approximatifs, ensuite, travailler avec des pourcentages en plus ou en moins. On s'apercevra d'ailleurs ci-dessous que les erreurs sont négligeables…

EXEMPLE DE MISE EN APPLICATION DE CALCUL DU CAP COMPAS ET DU TEMPS ESTIMÉ :

Considérons un avion dont la Vp = 120 kT, sur une Route vraie mesurée de 090° aller et 270° retour, distance 80 NM avec un vent du 240° pour 24 kT.

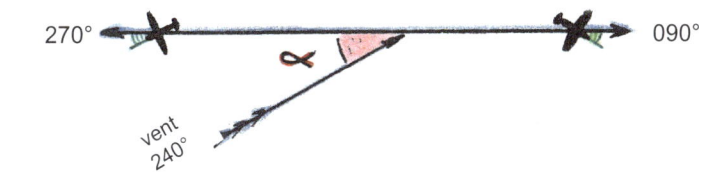

– La déclinaison magnétique est de – 5°
– La déviation compas est de – 2° au 090°, donc négligeable, et de + 4° au 270°

En utilisant la fiche page 222

1) $Fb = \dfrac{60}{Vp} = \dfrac{60}{120} = 0,5$

2) Calcul de la dérive max : Xm = Vw × Fb = 24 × 0,5 = **12°**

3) Angle au vent α = 30°

4) Sinus de l'angle de 30° sur le tableau = **0,5**

5) Calcul de la dérive : X = Xm × sin α = 12 × 0,5 = 6° comme le vent vient de droite à l'aller = **- 6°** au retour à gauche = **+ 6°**

6) Calcul du Cap Compas, soustraire algébriquement selon la règle des signes en prenant les Routes magnétiques, soit 095° et 275° ou cap plus faible vent de gauche et plus fort vent de droite.

Rm -(x) = Cm -(d) = CC soit :   Pour l'aller : 095 -(-6) = 101 -(0) = 101 arrondi à **100°**

Pour le retour : 275 -(+6) = 269 -(+4) = **265°**

7) Calcul du vent effectif : Ve = Vites Vent × Cos α, sur le tableau, le cosinus de 30° est égal au sinus de 60°, soit **0,8** d'où 24 kT × 0,8 = 19,2 arrondi à **19 kT**

8) Calcul de la vitesse sol : Vs = Vp ± Ve soit :

à l'aller : 120 + 19 = 139 arrondi à **140 kT**

au retour : 120 – 19 = 101 arrondi à **100 kT**

9) Calcul du temps sans vent : Tsv = distance × Fb = 80 × 0,5 = 40 mn

10) Déterminer le Nouveau Facteur de base approximatif sur le Tableau. Ainsi pour 140 kT, la vitesse la plus proche = 150 kT soit NFb = 0,4 auquel il faudra rajouter 5 % (le calcul précis donnerait pour l'aller un NFb de $\dfrac{60}{140} = 0,42$ et au retour de $\dfrac{60}{100} = 0,6$)

11) Le NFb nous permet de déterminer le Temps estimé : Te = NFb × distance, soit pour aller avec erreur de + 5 %, 80 × 0,4 = 32 mn + 5% = 1,5 mn soit arrondi à **34 mn** (le calcul précis donnerait 80 × 0,42 = 33,6 mn qu'on peut également arrondir à 34 mn). Pour le retour, 80 × 0,6 = **48 mn.**

224 — LE GUIDE PRATIQUE DU PILOTAGE

NAV 5 — MISE EN APPLICATION DES CALCULS DE NAVIGATION (suite)

COMMENT EXPLOITER LA FICHE DE CALCUL ?

D'après l'exemple de la page précédente suivre l'ordre de la numérotation.

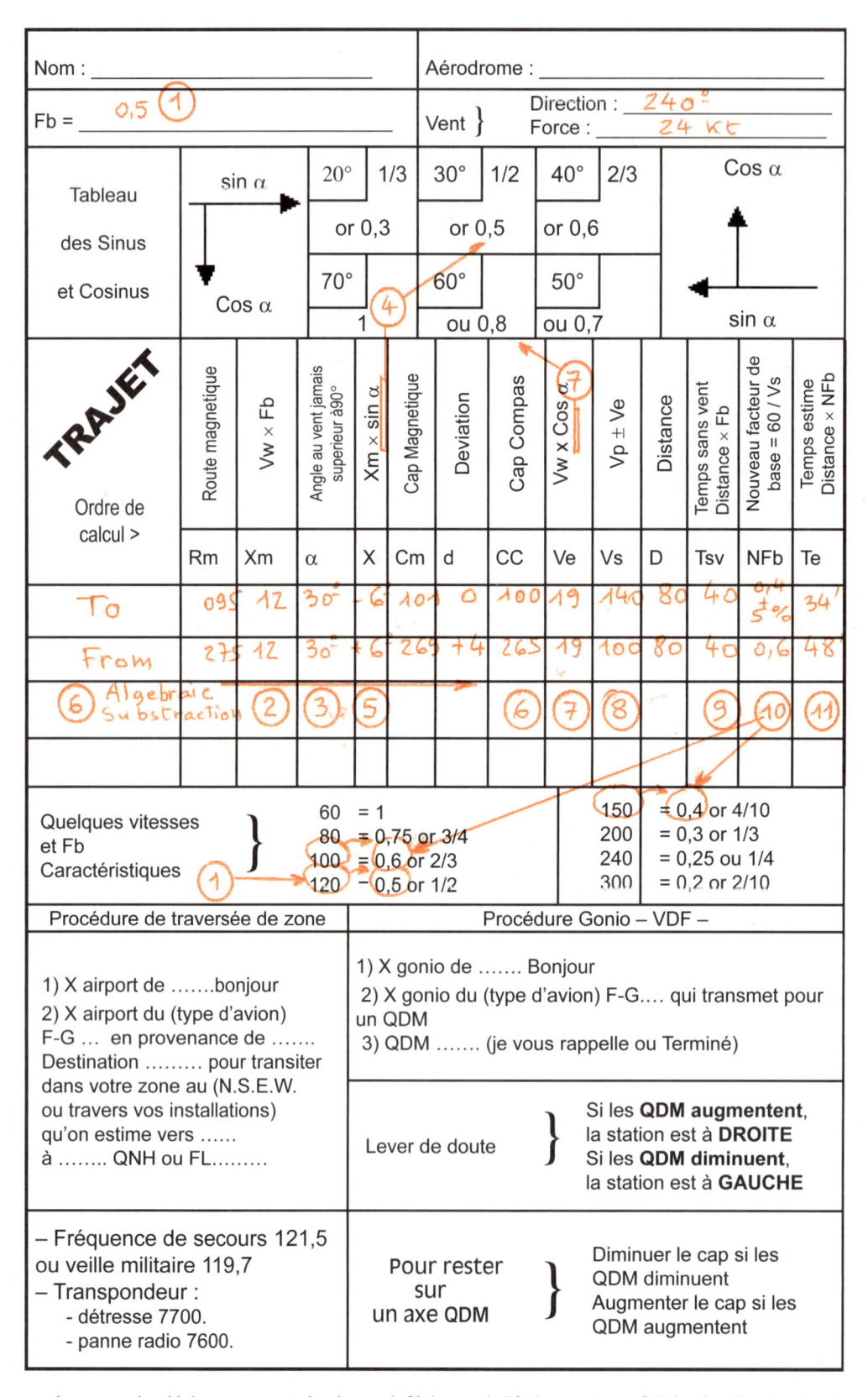

Nom : _____   Aérodrome : _____

Fb = __0,5__ ①

Vent } Direction : __240°__   Force : __24 kt__

Tableau des Sinus et Cosinus

sin α →	20°	1/3 or 0,3	30°	1/2 or 0,5	40°	2/3 or 0,6	Cos α
Cos α ↓	70°	1	60° ④	ou 0,8	50°	ou 0,7	sin α

TRAJET — Ordre de calcul >

	Route magnétique	Vw × Fb	Angle au vent jamais supérieur à 90°	Xm × sin α	Cap Magnétique	Deviation	Cap Compas	Vw × Cos α	Vp ± Ve	Distance	Temps sans vent Distance × Fb	Nouveau facteur de base = 60 / Vs	Temps estimé Distance × NFb
	Rm	Xm	α	X	Cm	d	CC	Ve	Vs	D	Tsv	NFb	Te
To	095	12	30°	−6	101	0	100	19	140	80	40	0,4 5%	34'
From	275	12	30°	+6	269	+4	265	19	100	80	40	0,6	48
⑥ Algebraic Substraction	②		③	⑤			⑥	⑦	⑧		⑨	⑩	⑪

Quelques vitesses et Fb Caractéristiques }

60 = 1	150 = 0,4 or 4/10
80 = 0,75 or 3/4	200 = 0,3 or 1/3
100 = 0,6 or 2/3	240 = 0,25 ou 1/4
120 = 0,5 or 1/2 ①	300 = 0,2 or 2/10

Procédure de traversée de zone	Procédure Gonio – VDF –
1) X airport de ……. bonjour 2) X airport du (type d'avion) F-G … en provenance de ……. Destination ……… pour transiter dans votre zone au (N.S.E.W. ou travers vos installations) qu'on estime vers …… à …….. QNH ou FL………	1) X gonio de ……. Bonjour 2) X gonio du (type d'avion) F-G…. qui transmet pour un QDM 3) QDM ……. (je vous rappelle ou Terminé)
	Lever de doute } Si les **QDM augmentent**, la station est à **DROITE** Si les **QDM diminuent**, la station est à **GAUCHE**

– Fréquence de secours 121,5 ou veille militaire 119,7
– Transpondeur :
  - détresse 7700.
  - panne radio 7600.
	Pour rester sur un axe QDM } Diminuer le cap si les QDM diminuent
	Augmenter le cap si les QDM augmentent

Remarque : Lorsque la dérive max est égale ou inférieure à 5°, le vent est faible, inutile de s'embarrasser du calcul de dérive... si le vent n'est pas perpendiculaire à la route. Retenons également pour déterminer un cap, que vent de droite, il sera plus fort, vent de gauche, plus faible, que le cap sans vent latéral.

LE GUIDE PRATIQUE DU PILOTAGE

QUELQUES REMARQUES SUR LE V.O.R. ET SON UTILISATION

VOR 1

Ce qui va suivre n'est pas un cours complet sur le V.O.R., d'autres ouvrages s'en chargent largement. Il s'agit seulement de mettre en évidence quelques points importants. Pour plus d'infos, consulter les manuel spécialisés.

REMARQUES IMPORTANTES :

Le V.O.R. est un moyen de radionavigation qui répond aux informations que "**NOUS**" lui demandons. Ces informations correspondent à l'axe sur lequel nous nous trouvons par rapport à la station V.O.R., **sans tenir compte du cap de l'avion.** Ainsi cet axe peut être celui qu'il "**faudrait**" prendre pour aller vers elle, ou l'axe de notre position par rapport à celle-ci qui correspond aussi à l'axe pour s'en éloigner. Tout dépend de ce que "**NOUS**" demandons au V.O.R. quand nous l'interrogeons. Il faut y faire "très attention" pour ne pas commettre une erreur de 180°...

QUELQUES DÉFINITIONS SIMPLES :

Les éléments qui peuvent êtres fournis par un V.O.R. sont les suivants :

1) Un **QDM** indiqué sur le V.O.R. par l'indication "**To**" c'est-à-dire le "**cap magnétique**" **qu'il faudrait prendre** pour se diriger vers la station V.O.R. avec l'aiguille de l'indicateur V.O.R. bien centrée. Mais attention, cela ne veut absolument pas dire que la station V.O.R. est devant nous. Elle le sera à condition d'avoir pris le cap indiqué par la couronne des axes, si l'indication TO est affichée et l'aiguille au milieu.

sélecteur d'axes agissant sur la couronne mobile et sur l'aiguille

axe sélectionné

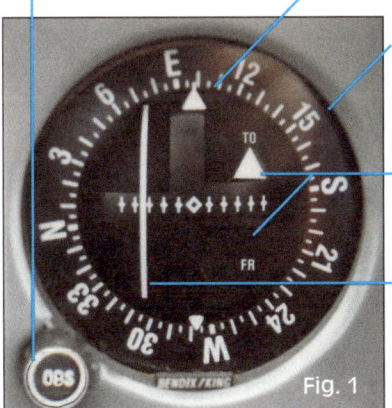

couronne mobile des axes

indicateur To From (le blanc est actif)

aiguille (axe) se déplaçant de gauche à droite

Fig. 1

Si l'aiguille n'est pas tout à fait centrée, deux moyens pour la ramener au milieu :

1. **Virer de 10 à 30°, du côté où se trouve l'aiguille, mais aussi par rapport à l'axe sélectionné sur la couronne,** jusqu'à ce qu'elle revienne au milieu et reprendre le cap indiqué par la couronne.

2. L'exemple **(Fig. 1)**, aiguille à gauche avec un axe sélectionné au QDM 098, indication **To**. Prendre par exemple un cap convergent de **030°** soit le 068 jusqu'à ce que l'aiguille soit centrée et reprendre alors le cap 098.

3. Tourner l'OBS jusqu'à ce que l'aiguille soit centrée. Prendre le nouveau cap indiqué par la couronne. **Tenir compte dans tous les cas de la dérive.**

2) Un **QDR** indiqué sur le V.O.R. par "**FROM**" qu'on appelle également "**un radial**" ou encore "**un flanquement**" c'est-à-dire la **position** où se trouve l'avion par rapport à la station V.O.R. ou encore le cap magnétique qu'il faudrait prendre depuis cette position pour avoir la station V.O.R. derrière, "**Q derrière**".

Prenons un exemple : un contrôleur de tour nous demande notre position par rapport à lui. Nous lui répondons que nous sommes à l'ouest du terrain. Nous avons donné un QDR car cela correspond à la position où nous nous trouvons par rapport au terrain. Mais cela ne veut pas dire que nous avons le terrain derrière nous, car nous pouvons très bien aller vers celui-ci au cap Est et nous trouver à l'Ouest du terrain ... (**Fig.2**, page suivante).

A RETENIR :

Aiguille centrée, deux indications possibles To (QDM) ou From (QDR)
L'indication To - FROM n'a rien à voir avec l'orientation de l'avion
Elle indique seulement si l'information **demandée** est un QDM (To) ou un QDR (From)
La référence est le Nord magnétique par rapport à la balise VOR

Pour aller vers le VOR, il faut réunir **3 conditions** : Avoir l'indication To - l'aiguille centrée - et un cap voisin de l'axe sélectionné.

Pour s'éloigner d'un axe VOR, il faut : Avoir l'indication From - l'aiguille centrée et un cap voisin de l'axe sélectionné. Si ces **3 conditions** ne sont pas réunies, une erreur de 180° est possible...

VOR 2 — QUELQUES REMARQUES SUR LE VOR ET SON UTILISATION

Dans ce cas, si l'aiguille n'est pas centrée, le fait de virer "**vers l'aiguille**" de 10 à 20°, aggraverait la situation et nous écarterait davantage encore de l'axe (l'aiguille également), ce qui serait l'indice de l'erreur...

QUELQUES EXEMPLES D'APPLICATIONS :

axe choisi — TO QDM 100° — balise VOR — FROM QDR 100

L'avion est à l'ouest du VOR sur le radial 280° avec un cap à l'Est

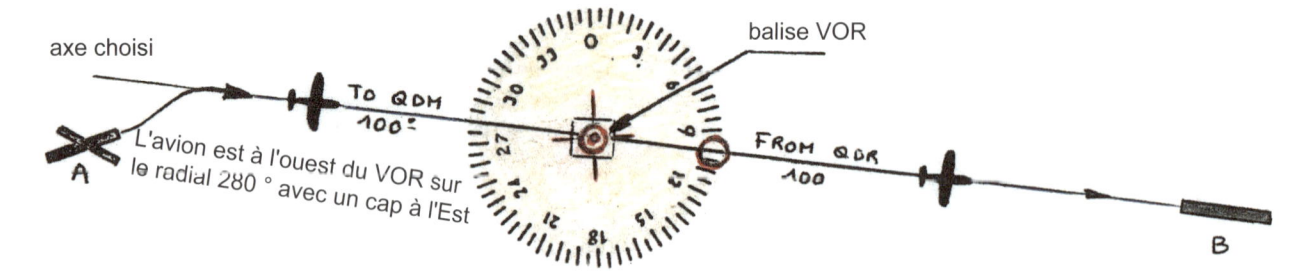

(Fig. 2) : Le pilote décolle de l'aérodrome **A** vers l'aérodrome **B**. L'axe choisi d'avance et affiché est aux 100°,. On le rejoint après le décollage. Au départ, jusqu'à la balise, l'avion est voisin du cap 100°, aiguille centrée, indication **TO**. Après le passage balise, le cap est toujours aux 100°, l'aiguille centrée et l'indication est devenue **FROM**.

COMMENT INTERPRÉTER LES CHANGEMENTS D'AXE : ou savoir de quel côté il faut virer.

1) En **QDM**, se servir du directionnel ou connaître la rose des QDM, qui est inverse à la rose normale des QDR.

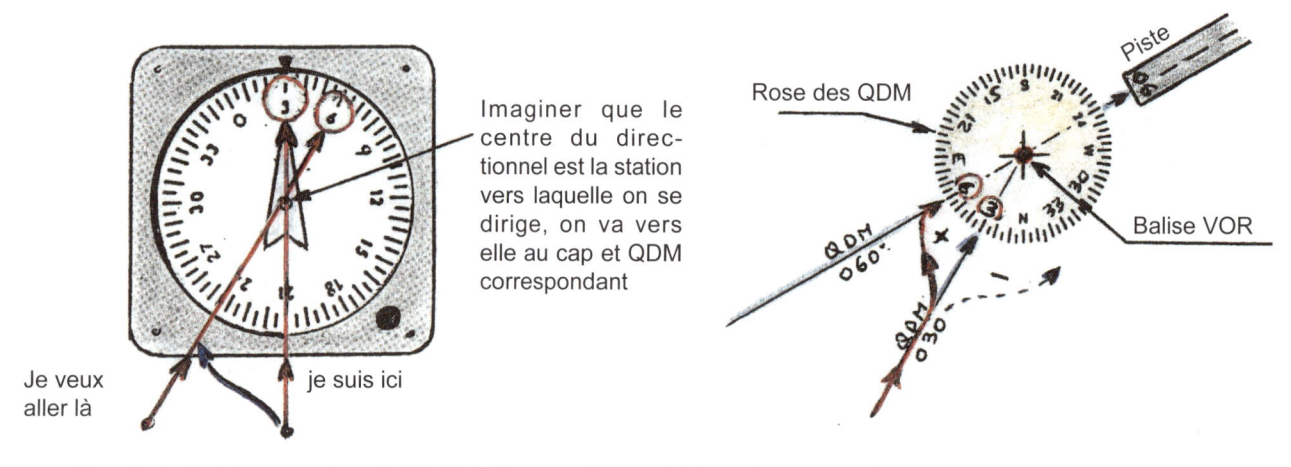

Imaginer que le centre du directionnel est la station vers laquelle on se dirige, on va vers elle au cap et QDM correspondant

Je veux aller là — je suis ici

Rose des QDM — Piste — Balise VOR — QDM 060° — QDM 030

(Fig. 3 et 4) : L'avion est au QDM 030°, il veut aller au QDM 060, pour rejoindre par exemple une piste **06** située après le VOR, on peut en tirer les conclusions suivantes :

> *Pour aller vers un QDM plus fort, virer à gauche*
> *Pour aller vers un QDM plus faible, virer à droite*

Avec un VOR, cette interprétation est facile grâce à la position de l'aiguille du nouveau QDM, par contre avec une Gonio, il faut y réfléchir...

2) En **QDR**, le directionnel correspond à la rose des QDR et la logique est simple

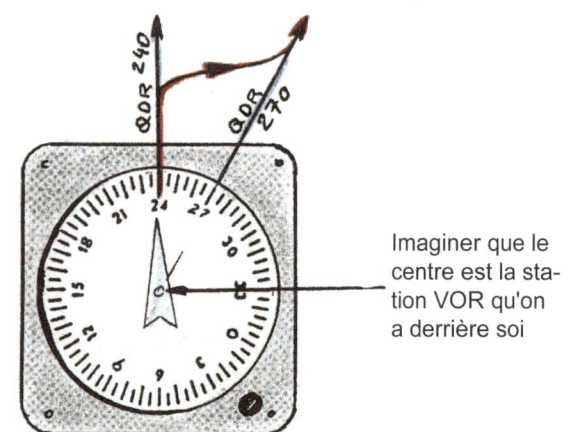

(Fig. 5) : suivre la même règle que pour les caps

> *Pour aller sur un QDR plus fort, virer à droite*
> *Pour aller sur un QDR plus faible, virer à gauche*

ainsi, selon notre exemple, pour aller du QDR 240° au QDR 270°, il faut virer à droite.

Imaginer que le centre est la station VOR qu'on a derrière soi

LE GUIDE PRATIQUE DU PILOTAGE

QUELQUES REMARQUES SUR LE VOR ET SON UTILISATION

VOR 3

En cas de doute, sur la position de la station, en gonio particulièrement, pour lever le doute, demander une série de QDM :

> *Si les QDM ou QDR augmentent : la station est à droite*
> *Si les QDM ou QDR diminuent : la station est à gauche*

AUTRE EXPLOITATION DES QDR, LES FLANQUEMENTS :

Pour identifier plus sûrement une entrée ou une sortie de zone, ou un repère douteux, utiliser des flanquements (**QDR**).

Se rappeler : tant que l'on n'a pas passé le radial, l'aiguille du VOR se trouve du côté du VOR. Au moment où l'aiguille passe au milieu, nous sommes sur le radial. Radial dépassé, l'aiguille passe de l'autre côté. Ce qui s'explique ainsi : En "**A**" si l'avion prend le cap 220°, il serait bien à droite du QDR 220°, comme le petit rond du VOR. De même en "**C**" si il prend le cap 220°, il serait bien à gauche du QDR 220°, comme le petit rond du VOR... sur un axe parallèle (voir page suivante).

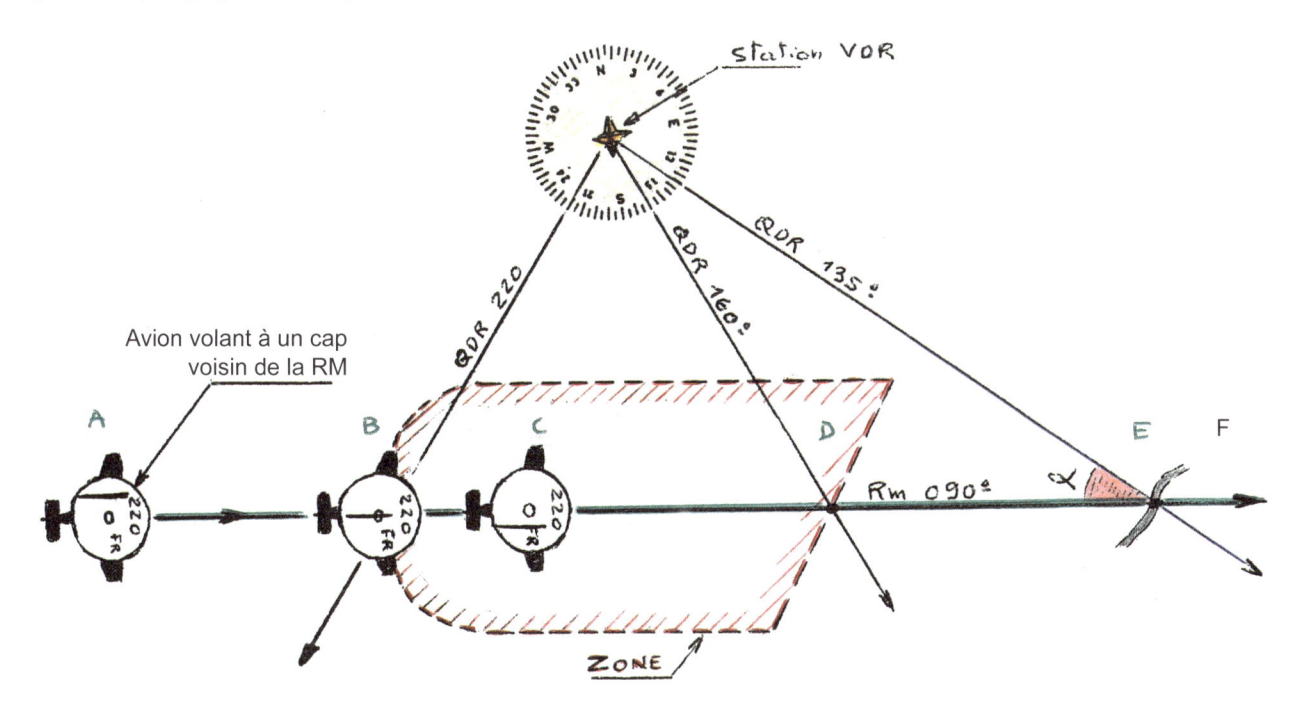

Ainsi en prenant l'exemple de la **Fig. 6**, le pilote suit la Rm 090 AF. Il a déjà affiché le flanquement d'entrée de zone 220° et l'aiguille sera du côté du VOR de **A** à **B** où elle passera au centre, indiquant qu'on a franchi l'entrée de zone, ensuite elle passera de l'autre côté (**C**). On affichera alors le flanquement de sortie de zone 160° et l'aiguille repassera côté VOR et ainsi de suite...

Afin d'assurer un maximum de précision, on évitera de prendre des flanquements dont l'angle α serait inférieur à 30°, "***sauf pour l'arrivée***".

Cette préparation peut se faire avant le vol, sur le journal de bord, voir page 237 et 238.

VOR 4 — QUELQUES INTERPRÉTATIONS DU VOR

COMMENT SITUER L'AVION PAR RAPPORT A UNE BALISE V.O.R. AVEC DEUX DONNÉES ?

Il suffit de répondre logiquement à 4 questions dans l'ordre suivant :

1) Déterminer s'il s'agit d'un **QDM** (*To*) ou d'un **QDR** (*From*).

2) Situer l'axe QDM ou QDR affiché à l'OBS, sur lequel se trouve l'avion. Si l'aiguille du VOR n'est pas centrée, situer de quel côté se trouve l'avion "*par rapport*" à ce QDM ou QDR.

3) Orienter l'avion, de cette position, au cap indiqué par le directionnel.

Exemple 1 : Au regard des instruments **(Fig. 1)** nous constatons :

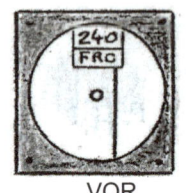

– que le VOR nous indique 240° avec l'indication FROM et l'aiguille légèrement décalée à droite par rapport au petit rond central, (le rond représentant l'avion et l'aiguille l'axe).

– que le directionnel nous indique que notre avion est au cap 060°.

Pour connaître la position de l'avion par rapport à la balise VOR, répondons dans l'ordre aux 4 questions citées plus haut :

1) il s'agit d'un QDR puisque nous avons l'indication FROM.

2) situons **(Fig. 2)** l'axe ou la QDR 240 sur la rose des QDR. Dans l'avion, en guise de rose nous pourrions nous servir du directionnel, le centre de celui-ci représentant la balise V.O.R.

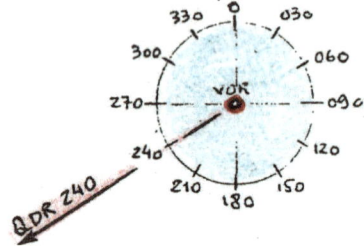

3) d'après l'indication du VOR si l'avion était au cap 240°, il serait à gauche de ce QDR puisque le petit rond représentant l'avion est à gauche de l'aiguille représentant l'axe QDR **(Fig. 3)**.

Il est donc effectivement à gauche de l'axe QDR 240°, mais il n'est pas au cap 240°...

avion au cap 240°

4) Conclusion, de la position où il se trouve **(Fig. 3)** orienter l'avion à son cap effectif, c'est-à-dire au 060° comme le montre la **Fig. 4**.

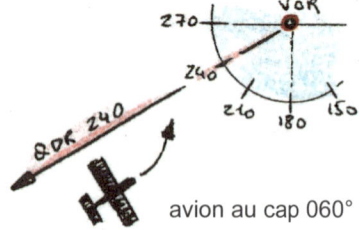

avion au cap 060°

REMARQUE IMPORTANTE :

Pour revenir au plus court sur l'axe du QDR 240° au regard du V.O.R. on serait tenté de virer "*vers l'aiguille*" à droite **(Fig. 1)**, ce qui serait exact si l'avion était au cap 240° **(Fig. 3)**, mais il est au cap 060° **(Fig. 4)** et dans ce cas, l'aiguille donne une indication "*anti-directionnelle*". Il faut virer à gauche "*côté opposé à l'aiguille*" pour revenir sur le QDR et ramener celle-ci au centre.

Pour virer à droite, comme l'indique l'aiguille du V.O.R. il faudrait être au cap 240° indiqué à l'OBS. Se rappeler des 3 conditions à réunir pour que l'indication de l'aiguille soit directionnelle (page 225), et dans ce cas se rappeler que le petit rond du VOR représente l'avion et, l'aiguille, l'axe par rapport à l'avion (petit rond). Ainsi pour concrétiser **(Fig. 1)**, au regard du V.O.R. on peut dire que si l'avion (petit rond) était au cap du QDR soit le 240°, il serait à gauche de l'axe (aiguille). Pour revenir sur l'axe, il faudrait virer à droite, mais comme l'avion est au cap 060°, l'axe est à gauche...

LE GUIDE PRATIQUE DU PILOTAGE

QUELQUES INTERPRÉTATIONS DU VOR

R.C. 0

Exemple 2 : au regard des instruments **(Fig. 5)** nous constatons :

Fig. 5

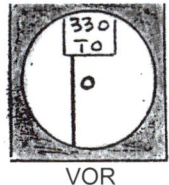

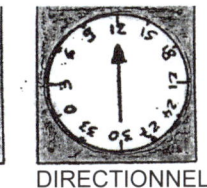

VOR — DIRECTIONNEL

– que le VOR nous indique 330° avec l'indication To et l'aiguille légèrement décalée à gauche.

– que le directionnel nous indique que l'avion est au cap 120°.

Les réponses aux 4 questions nous donnent :

1) Il s'agit d'un QDM puisque nous avons l'indication To.

2) Situons **(Fig.). 6)** l'axe QDM 330° soit sur la rose des QDM (a) ou dans l'avion sur le directionnel **(b)** où le QDM passe par le centre de celui-ci.

Fig. 6

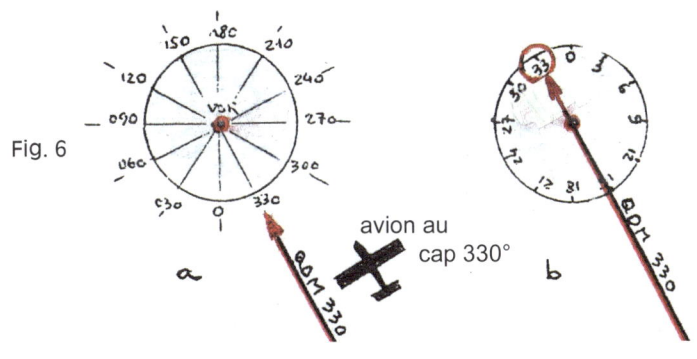

avion au cap 330°

3) Si l'avion était au cap 330° **(Fig. 6a),** il serait à droite de l'axe QDM 330° comme le petit rond du V.O.R. **(Fig. 5)** ou l'axe (aiguille) est à gauche, mais l'avion n'est pas au cap 330°...

4) Orientons de sa position l'avion au cap 120° **(Fig. 7)** et nous voyons ainsi le positionnement de l'avion par rapport au QDM 330°.

Fig. 7

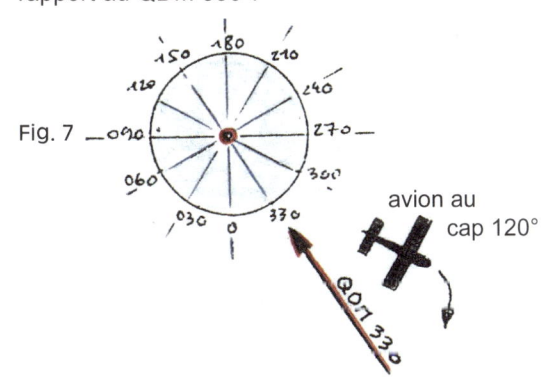

avion au cap 120°

REMARQUE :

Pour revenir au plus court sur l'axe du QDM 330° on serait tenté de virer à gauche si on se fiait sans trop d'analyse à l'indication voir **(Fig. 5).** Or les 3 conditions (page 225) ne sont pas réunies et l'aiguille nous donne une indication anti-directionnelle, il faut donc virer à droite... Dans ce cas, nous revenons sur l'axe QDM, et non pas sur le QDM, auquel cas, il faudrait prendre le cap 330°.

NOTIONS DE RADIO-COMPAS (N.D.B.) : Sur lequel on ne s'étendra pas. Le zéro correspondant au nez de l'avion et l'aiguille indique la position de la station NDB par rapport à l'avion. Prenons l'exemple **(Fig. 8)** : l'avion vole au cap 030°. L'aiguille du radio compas indique un angle de 60° à droite, la station est donc 60° à droite par rapport au cap de l'avion, ce qu'on appelle un gisement. Pour connaître le QDM, rajouter au Cap, le gisement, soit 030 + 060° = QDM 090°.

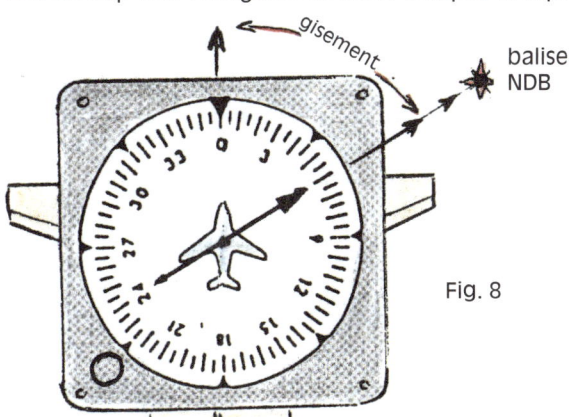

gisement — balise NDB

Fig. 8

Si on prend le cap 090° l'aiguille du radio-compas reviendra au milieu puisque la station sera alors devant nous.

L'aiguille est comme un doigt qui montre où se trouve la station par rapport à l'avion.

Inconvénient : sensible aux orages, peut donner dans ce cas des indications fausses. Idem de nuit.

NOTIONS SUR LE RADIO-COMPAS

Le radio-compas fournit une indication de la direction de la balise **NDB** (comme un doigt pointé vers elle) par rapport au nez de l'avion (page précédente - **Fig. 8**). Il suffit ensuite de virer vers la balise et l'aiguille du radio-compas reviendra sensiblement au milieu, à la dérive près (le gisement sera voisin du zéro).

Sur certains R.C. il est possible de tourner la rose mobile, et d'afficher le cap à suivre sur l'index en haut de l'instrument, *l'aiguille indiquera alors directement le QDM*. Mais il ne faut pas oublier de tourner la rose à chaque changement de cap. Pour éviter une erreur, certains préfèrent la méthode qui consiste à garder le zéro en face de l'index et de travailler avec "*le gisement*", soit de + 0 à 180° sur la droite ou de − 0 à 180° sur la gauche.

ÉTUDE SOMMAIRE DE L'ALIGNEMENT :

1) Sans vent, ou vent dans l'axe :

a) face à la station, si l'avion doit rester sur un axe QDM défini :

> – *si le cap est égal au QDM, l'aiguille indique 0.*
> – *si l'avion est à gauche du QDM, l'aiguille est à droite.*
> – *si l'avion est à droite du QDM, l'aiguille est à gauche.*
> – *pour revenir sur le QDM corriger dans le sens indiqué par l'aiguille, vers elle.*

exemple (**Fig. 1**)

b) station arrière, le cap sera donc un QDR, l'aiguille sera vers l'arrière vers le 180° :

> – *avion à droite l'aiguille indique l'arrière gauche.*
> – *avion à gauche l'aiguille indique l'arrière droite.*
> – *pour revenir sur le QDR virer légèrement côté aiguille.*

exemple (**Fig. 2**)

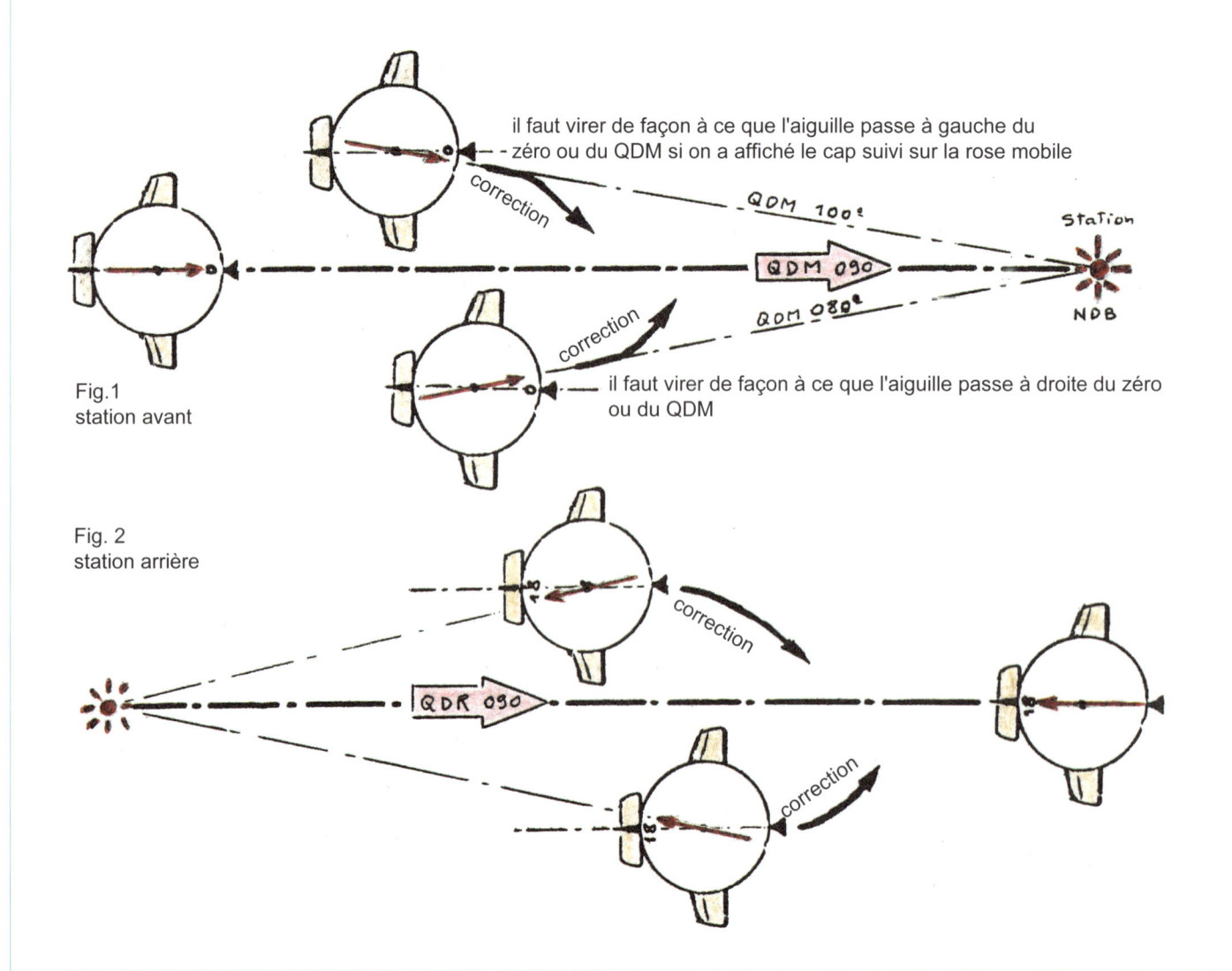

Fig.1 station avant

Fig. 2 station arrière

LE GUIDE PRATIQUE DU PILOTAGE

NOTIONS SUR LE RADIO-COMPAS

R.C. 2

Durant le retour sur le QDM initialement choisi, l'aiguille basculera du côté inverse à celui où elle se trouvait. Il va donc falloir connaître le gisement à partir duquel on reprendra le QDM initial, ce qu'on appelle "*le gisement d'arrêt*" :

$$\boxed{GT\ d'arrêt = QDM - Cm} \quad \text{et} \quad \boxed{QDM = GT + Cm}$$

Considérons l'exemple (**Fig. 1**) ; initialement l'avion est au cap 090° sur le QDM 090°. Involontairement il dérive sur le QDM 100°, l'aiguille du RC indique alors que la station est à droite. Pour corriger le pilote prend le cap magnétique 120°, l'aiguille du RC bascule à gauche... Quel sera le GT d'arrêt ?

Appliquons la formule : 090° – 120° = 030° sur la gauche.

Il faudra donc reprendre le QDM et le cap magnétique 090° lorsque l'aiguille du R.C. sera à 30° sur la gauche, soit 360° – 030° = face à l'indication 330°.

2) Alignement avec vent latéral :

Si le pilote néglige la dérive et cherche à maintenir l'aiguille du R.C. centrée, il décrira une trajectoire courbe pour rejoindre la balise, appelée "*courbe du chien*" comme le montre la **Fig. 3**.

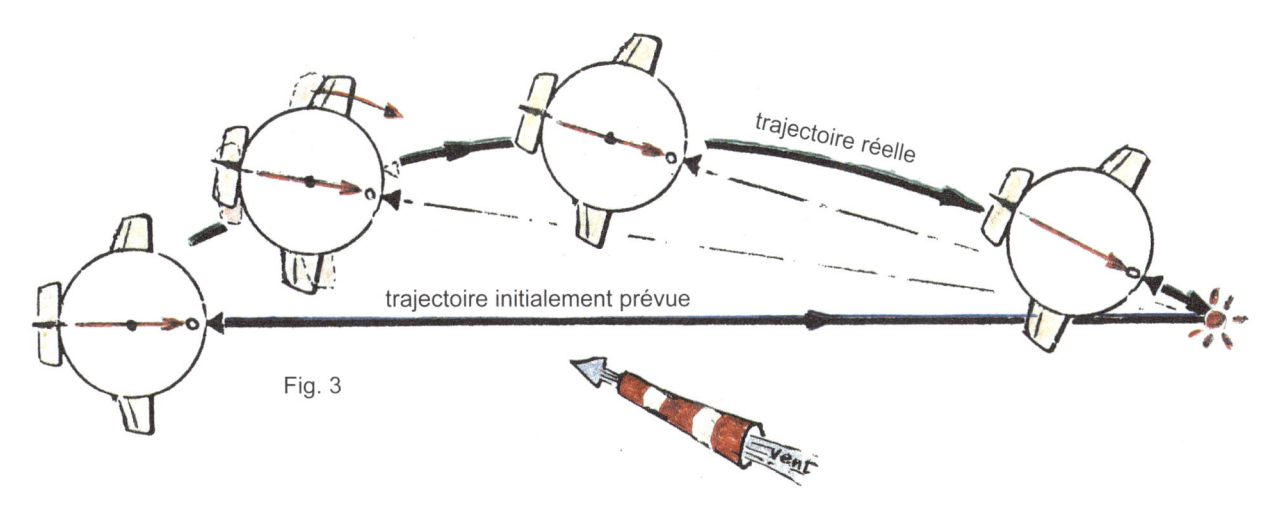

Fig. 3

Si l'alignement est correct le décalage de l'aiguille, ou le gisement est égal à la dérive et reste constant. Dans l'exemple (**Fig. 4**), la dérive a une valeur de 10° droite sur un QDM ou QDR 090° et un cap de 080°.

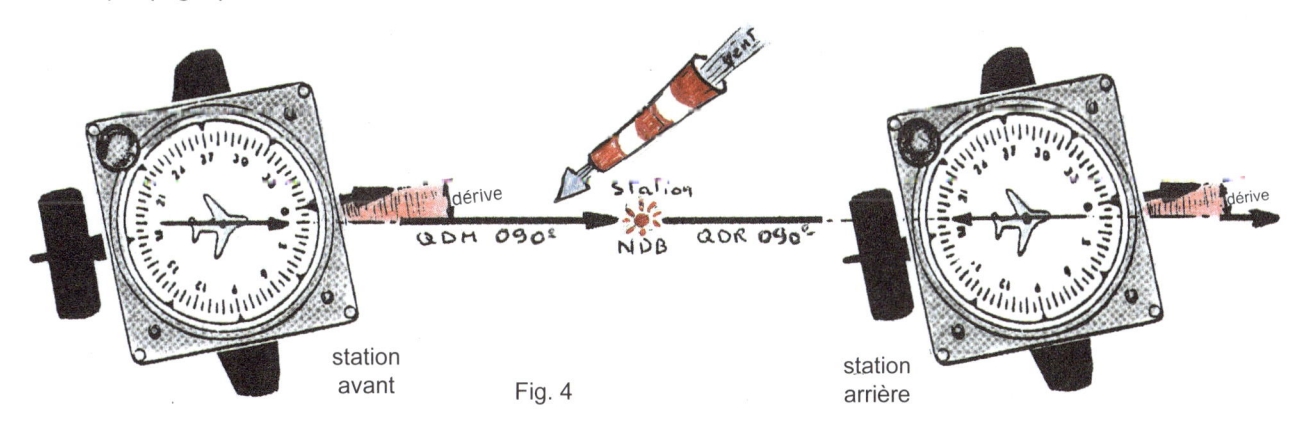

station avant   Fig. 4   station arrière

– Station avant l'aiguille indique la direction suivie (gisement constant).

– Au passage de la verticale balise, l'aiguille tourne de 180°.

– Station arrière, c'est le dos de l'aiguille qui nous montre la direction suivie, pour maintenir le gisement arrière constant on travaillera avec le dos de l'aiguille car l'interprétation pour les corrections sera plus facile.

R.C. 3

NOTIONS SUR LE RADIO-COMPAS

Lorsque la dérive est mal corrigée se rappeler que :

STATION AVANT	*Correction insuffisante*	aiguille revient sur l'axe 0
	Correction excessive	aiguille s'éloigne
STATION ARRIÈRE	*Correction insuffisante*	le dos aiguille revient sur 0
	Correction excessive	le dos aiguille s'éloigne

3) L'interception de gisement :

Comme avec le V.O.R., on peut identifier une entrée de zone ou un repère en affichant une radiale prédéterminée ; avec le R.C., on peut faire la même chose, mais avec une valeur de gisement (à la dérive près) par rapport à une balise latérale, gisement qu'il faut donc intercepter...

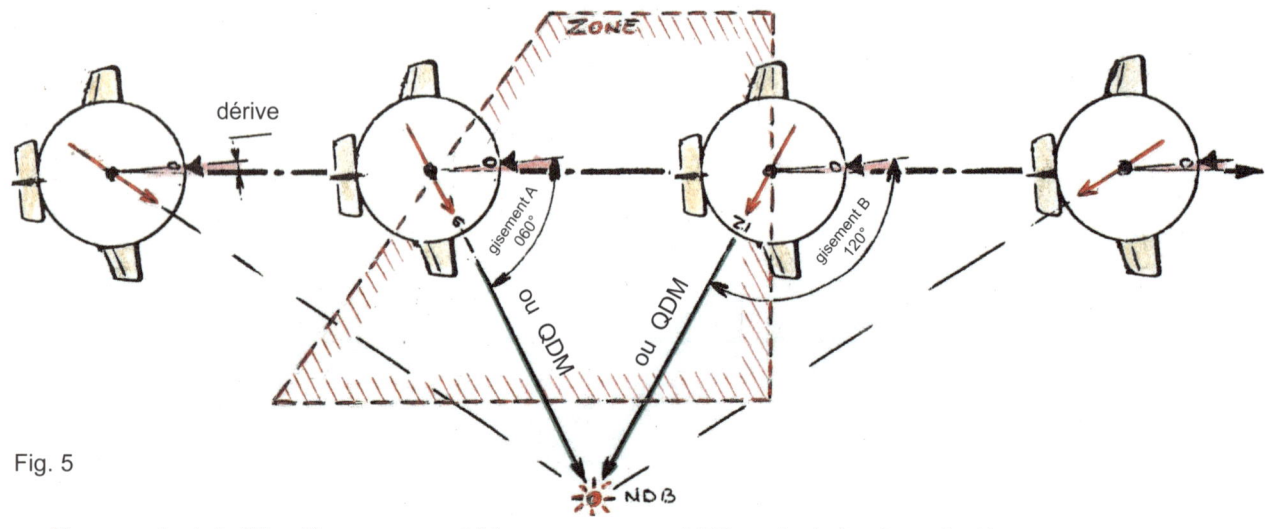

Fig. 5

En exemple de la **(Fig. 5)**, une zone est à traverser avec un NDB sur la droite. Avant le départ, on mesure la valeur des gisements **A** et **B** (à la dérive près), ce qui nous donne 060° pour l'entrée de zone et 120° pour la sortie.

Sur la trajectoire, au départ, le gisement sera faible et augmentera progressivement. Lorsqu'il aura la valeur de 060° nous serons à l'entrée de zone et 120° en sortie...

En affichant le cap de l'avion sur la rose du R.C., il est également possible d'avoir déterminé le QDM d'entrée et de sortie de zone à la dérive près.

REMARQUE :

Contrairement au VOR, deux avions sur un même QDM à des caps différents n'auront pas la même indication au R.C., car cette indication est fonction du cap de l'avion, par contre les aiguilles indiqueront elles, la même direction, comme le montre la **(Fig. 6)**.

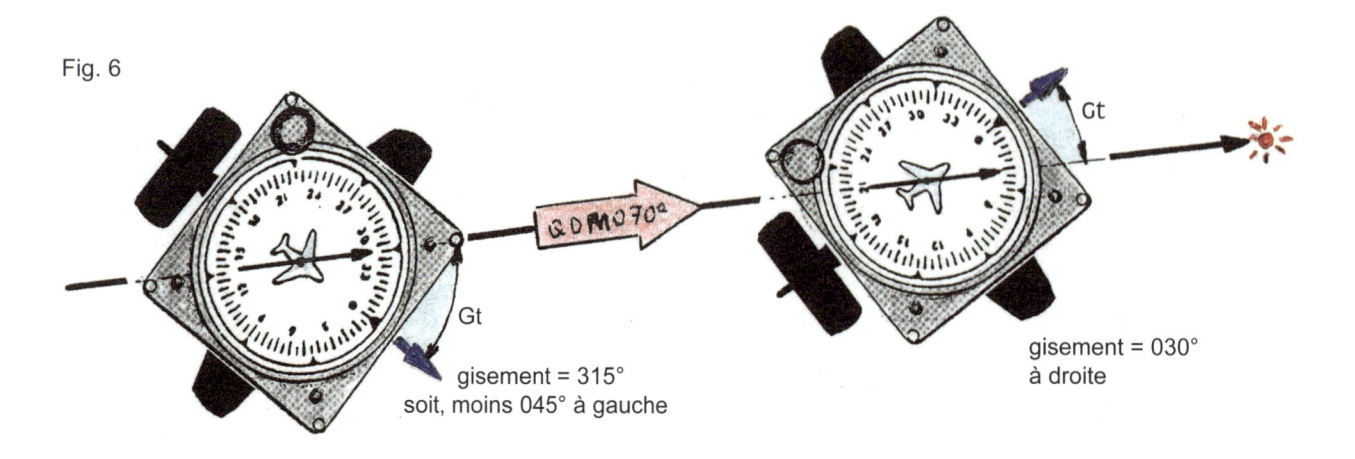

Fig. 6

gisement = 315°
soit, moins 045° à gauche

gisement = 030°
à droite

LE GUIDE PRATIQUE DU PILOTAGE

ÉTUDE SOMMAIRE DU G.P.S.

NAV 6

GÉNÉRALITÉ :

C'est un système de positionnement par satellite (global - positioning - system) qui révolutionne actuellement notre aviation et qui à terme se trouvera dans tous les postes de pilotage de nos avions.

Il permet de préciser une navigation quelles que soient l'altitude et les conditions météorologiques avec une précision de 10 à 50 mètres ce qui est considérablement plus précis que les moyens de radionavigation actuels (VOR - ADF...).

De plus, il présente des avantages non négligeables : peu volumineux - léger (dimensions et poids comparables à un téléphone portable), consomme peu d'énergie et surtout peu coûteux.

PRINCIPE SOMMAIRE :

Le récepteur calcule sa position à partir de l'heure indiquée par plusieurs satellites (4 minimum) afin de réaliser des mesures de triangulation permettant d'obtenir notre position géographique précise.

PRINCIPALES POSSIBILITÉS :

Il permet en outre de déterminer :

– notre position géographique à tout instant.

– la direction à suivre, la distance et le temps pour aller au point choisi. Par exemple une flèche peu nous indiquer la direction à suivre pour rester sur une route et les corrections pour la rejoindre si on s'en écarte.

– naviguer avec l'indication du lieu de destination, la direction à suivre pour se rendre à ce point Avec la vitesse de déplacement et l'heure estimée d'arrivée.

– si l'appareil possède cette fonction, permet de visualiser graphiquement le cheminement suivi.

Pour résumer concrètement un amateur de champignons pourrait après avoir repéré une zone propice à l'aide de son GPS, y retourner chaque année en se faisant guider par celui-ci.

REMARQUES IMPORTANTES :

Comme pour un portable téléphonique, son utilisation peut paraître facile, mais peut être source de graves erreurs si on se trompe dans la programmation. Il faut donc entrer les informations dans le GPS avec une grande attention, pour cela il faut s'entraîner. Bien exploiter la fonction GOTO (pour se diriger vers...) et en urgence en cas de déroutement.

Mais surtout Cela ne doit pas empêcher le pilote de préparer ses navigations et de les suivre pendant le vol afin d'en garder la représentation mentale (se situer - orientation), une panne de GPS, ça existe aussi ... il est uniquement une aide... précieuse...

Enfin, se soucier de la mise à jour de la base de données du GPS pour ne pas commettre d'erreur d'affichage…

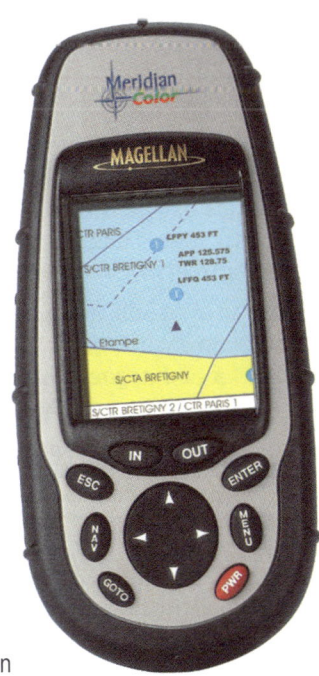

GPS portable Magellan Meridian Color Aviation
www.data-centre.com

NAV 7 — COMMENT PRÉPARER EFFICACEMENT UNE NAVIGATION

Pour vous aider à préparer vos navigations efficacement, en évitant de vous disperser, suivre la méthode de travail suivante :

1) Tracer sur la carte 1/500.000ᵉ le trajet, après avoir vérifié qu'il est faisable en fonction des zones interdites, réglementées, points d'entrée et de sortie de zone, etc... Attention pour les zones, la carte 1/500.000ᵉ indique celles-ci du sol à 5.000 ft/mer et au-dessus de ces valeurs à 2.000 ft/sol. Pour connaître les zones au-dessus de ces valeurs, il faut absolument utiliser les cartes radionav*. Quant au tracé, le faire à l'aide d'un gros crayon de couleur bleu, qui contraste bien sur les cartes. ☐

2) Choisir des repères caractéristiques, en évitant qu'ils soient trop proches les uns des autres ou trop éloignés (environ 15 mn de vol), les noter. ☐

3) Du point de départ, tracer deux lignes à 10° jusqu'au premier repère pour réajuster le cap si le calcul n'est pas exact. Permet d'évaluer la valeur de la correction (page suivante) ☐

4) Mesurer et noter la distance entre chaque repère ☐

5) Mesurer les Routes vraies aller et retour. Déterminer les Routes magnétiques aller - retour (dans l'éventualité d'un demi-tour), les noter ☐

6) Noter le ou les points culminants du parcours ou l'altitude de sécurité ☐

7) Mesurer et noter les QDM-QDR - Flanquements des balises VOR ou NDB et vérifier que la distance permette la portée* (En Flanquement, l'angle compris entre le radial et la route ne doit pas être inférieur à 30° pour rester précis, sauf pour l'arrivée) ☐

8) À l'aide de la carte radionav. 1/1.000.000ᵉ et du complément, noter les caractéristiques des zones à traverser (perméabilité, organisme gestionnaire, etc...) ☐

9) Noter dans l'ordre d'utilisation les fréquences de communication, ainsi que celles des balises (cartes radionav. - VACS - Bottlang ou autres moyens radionav...) ☐

10) Noter les caractéristiques de l'aérodrome de destination et des aérodromes de déroutements éventuels (VACS - Bottlang ou autres) ou prendre les cartes nécessaires ☐

11) Faire le calcul des temps sans vent entre chaque repère (à la minute près) ☐

Toute cette préparation du journal de bord et de la carte pourra s'effectuer chez soi avec la documentation nécessaire (voir les exemples de préparations pages 237 et 238).

Le calcul final du ou des caps à prendre ainsi que des temps estimés se fera après avoir obtenu les renseignements **MTO** et **BIA**, soit avant le vol.

Le calcul de la consommation : Il faut tout d'abord déterminer la consommation horaire de votre appareil qui figure dans le manuel de vol.

Majorer ensuite empiriquement votre temps de vol total de 10 à 15 mn pour un trajet aller et de 20 à 30 mn sur un aller-retour, pour inclure les procédures de décollage et d'atterrissage.

$$\text{consommation pour le voyage} = \frac{(\text{consommation horaire})}{60} \times \text{temps en minutes}$$

Le carburant réglementaire soit : — La quantité nécessaire au trajet en tenant compte des plus récentes prévisions météorologiques pour déterminer le temps estimé du trajet (conséquence de la vitesse sol) ou à défaut les quantités nécessaires sans vent, majorées de 10 % plus une réserve permettant de poursuivre le vol au régime de croisière économique : — ***en VFR de jour pendant 20 mn. — en VFR de nuit pendant 45 mn.***

Aucun vol local au voisinage de son lieu de départ si ne subsiste à bord une quantité permettant de voler pendant 30 mn de jour ou 45 mn de nuit. Ne pas poursuivre un vol au voisinage d'un aérodrome approprié, si ne subsiste à bord au moins 15 mn de vol. ***Le carburant "mini" à embarquer correspond donc au carburant nécessaire au trajet + 20 mn + 15 mn***

* La portée des V.O.R. : Par une formule empirique mais suffisante :

$$\text{Portée en km} = \frac{(\text{Altitude en pieds} \times 5)}{200} + 50$$
Pour obtenir la portée en NM diviser ce résultat par deux

l'approximation sera suffisante

* Remarques : Les cartes au 1/500.000ᵉ indiquent les zones du sol ou de la mer aux altitudes citées, les cartes au 1/1.000.000ᵉ indiquent toutes les zones de la surface au FL 195.

POINTS IMPORTANTS D'UNE NAVIGATION

Pour bien réussir une navigation, voici les quelques points sur lesquels il vous faudra porter votre attention :

1) Le choix des repères caractéristiques : grandes routes - voies ferrées - rivières importantes - villes en jaunes sur la carte. Éviter petites routes, petits villages, petits cours d'eau (à sec l'été). Il vaut mieux prendre un croisement de grandes routes ou V.F ou une courbe, qu'une route droite que l'on coupe sans pouvoir se situer exactement latéralement.

2) Le choix de l'altitude ou du FL qui sera fonction de :

– la météo (plafond des nuages voir METAR, ainsi que **la force du vent qui peut être moins fort dans les basses couches** qu'en altitude pour le temps de vol (ou inversement).

– le relief (noter les points culminants) ou l'altitude de vol en sécurité.

– les zones activées ou non, pénétration interdite, (contact radio des organismes gestionnaires pour négocier des trajectoires courtes, si zones perméables).

– Survol des agglomérations (hauteurs réglementaires).

3) Erreur systématique : se recaler sur un repère important en exploitant les lignes à 10° **(Fig. 1)**.

4) Sur chaque repère, recalage périodique du directionnel, vérifications fonctionnement moteur, pression d'huile et essence, température, consommation (équilibrage des réservoirs) etc... Soit faire une **check point tournant** : Zone – Top – Cap – Estimée – Altitude – Radio – RadioNav – Directionnel – Moteur…

5) Au départ ou à l'arrivée, programmer la montée et surtout la descente à 500 ft/mn pour ne pas arriver trop haut au-dessus de l'aérodrome de destination ou selon les formules indiquées pages 183 afin de ne pas arriver trop haut au-dessus de l'aérodrome de destination.

6) Prévoir les contacts radio au moins cinq minutes avant (aérodromes ou zones).

7) Calcul du QFE à vérifier (comparer par rapport au QNH, voir page 243 - paragraphe 6).

8) Bien matérialiser le circuit d'arrivée, le vent arrière en se servant du directionnel, (voir page 242) ou utiliser la carte VAC - Delage ou autre...

9) Choix du type de décollage par exemple si obstacle "**pente max**" mais en conformité avec les données du manuel de vol.

10) Choix du type d'atterrissage: normal ou court, etc... selon caractéristiques du terrain (manuel de vol).

11) Les formalités à l'escale : taxe d'atterrissage - Essence - prévoir escale pour refaire les pleins – Bureau de piste - MTO.

12) Dans les régions à forts vents (côtes) prévoir garage ou amarrage de l'appareil (commandes bloquées).

13) Pour tous problèmes ou inquiétudes, consulter l'instructeur ou mécano en place ou le commandant d'aérodrome.

14) Prévenir votre Société ou Club de tous retards, anomalies...

Voir page 268 toutes les opérations à effectuer lors d'une navigation.

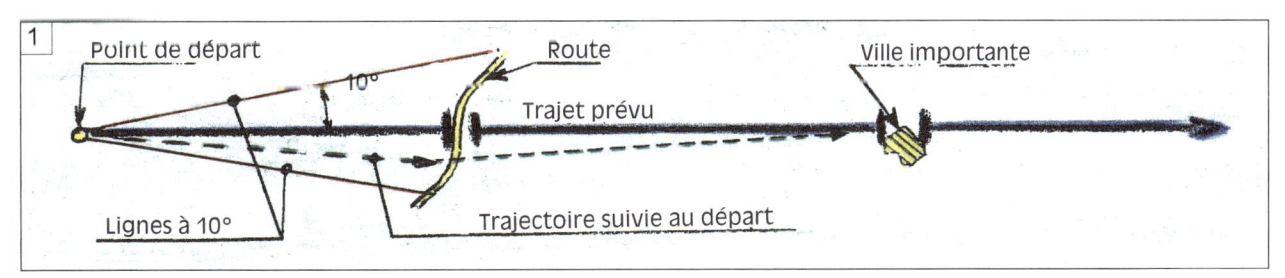

Exemple d'exploitation des lignes à 10° tracées sur la carte 1/500 000, avec le trajet Au départ l'avion suit la Rm 085° au Cap compas 080°. Au moment d'arriver au 1er repère, le pilote s'aperçoit qu'il est à droite du trajet prévu puisqu'il arrive dans la courbe de la route sur la trajectoire pointillée. Il conclut donc qu'il a dérivé à droite de 5° et que le vent de travers est plus fort que prévu. Il va donc revenir sur la route prévue et prendre le nouveau cap corrigé de 5°, soit 075. Pour revenir sur la route prévue possibilité de corriger du double de l'erreur pendant le même temps soit le 070, avant de prendre le 075°.

CONSEIL SUR L'EMPORT CARBURANT : il y a bien sûr l'aspect réglementaire (remarquons que la marge est faible), ce qui n'empêche pas de se "tuer réglementairement"... Rien n'interdit à un pilote d'augmenter ses marges, de prévoir une escale supplémentaire pour ravitailler ou de faire le plein systématiquement... si le centrage le permet (voir pages 257 à 261).

NAV 9 — EXEMPLE D'UN JOURNAL DE BORD

Le Journal de bord appelé également "**Log de navigation**", rassemble toutes les données nécessaires à la conduite d'une navigation durant le vol. Il doit être préparé sérieusement afin d'éviter des problèmes car un voyage peut nous amener à nous intégrer au milieu d'aéronefs divers, avions légers, mais également de transports ou militaires…

Ci-dessous voici un exemple de Journal de bord assez complet (à agrandir à la dimension d'une planche de bord) :

LE GUIDE PRATIQUE DU PILOTAGE

PRÉPARATION ET TENUE DU JOURNAL DE BORD (suite)

NAV 10

Exemple : comment remplir le journal ?

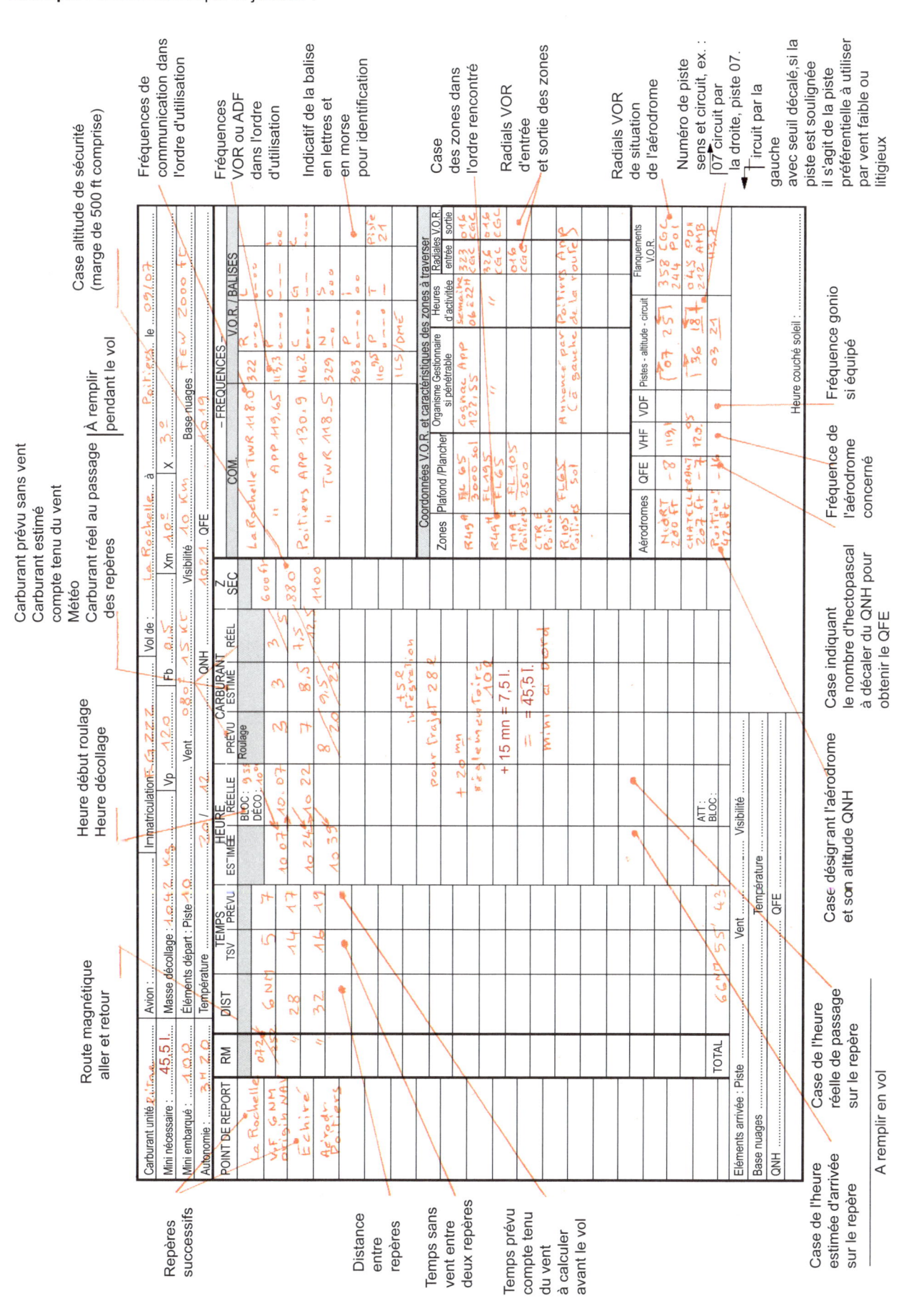

Annotations autour du formulaire (sens horaire depuis en haut à gauche) :

- Case altitude de sécurité (marge de 500 ft comprise)
- Fréquences de communication dans l'ordre d'utilisation
- Fréquences VOR ou ADF dans l'ordre d'utilisation
- Indicatif de la balise en lettres et en morse pour identification
- Case des zones dans l'ordre rencontré
- Radials VOR d'entrée et sortie des zones
- Radials VOR de situation de l'aérodrome
- Numéro de piste sens et circuit, ex. : 07 circuit par la droite, piste 07 circuit par la gauche avec seuil décalé, si la piste est soulignée il s'agit de la piste préférentielle à utiliser par vent faible ou litigieux
- Fréquence gonio si équipé
- Fréquence de l'aérodrome concerné
- Case désignant l'aérodrome et son altitude QNH
- Case indiquant le nombre d'hectopascal à décaler du QNH pour obtenir le QFE
- Case de l'heure estimée d'arrivée sur le repère
- Case de l'heure réelle de passage sur le repère
- Temps prévu compte tenu du vent à calculer avant le vol
- Temps sans vent entre deux repères
- Distance entre repères
- Repères successifs
- Route magnétique aller et retour
- Carburant prévu sans vent / Carburant estimé compte tenu du vent / Météo / Carburant réel au passage des repères
- Heure début roulage / Heure décollage
- À remplir pendant le vol
- À remplir en vol

Contenu du journal (manuscrit) :

- Carburant unité : L
- Mini nécessaire : 45,5 l
- Mini embarqué : 100
- Autonomie : 3 H 20
- Avion : ...
- Masse décollage : 1042 Kg
- Éléments départ : Piste 10
- Température : ...
- Immatriculation : F-GZZZ
- Vp : 120
- Vent : 080/15 Kt
- Fb : 045
- Visibilité : 10 Km
- QNH : 20/12
- Vol de : La Rochelle à Poitiers le 09.07
- Xm : 40° / 3°
- Base nuages : FEW 2000 ft
- QFE : 1021

POINT DE REPORT	RM	DIST	TEMPS TSV / PRÉVU	HEURE ESTIMÉE / RÉELLE	CARBURANT Roulage / PRÉVU / ESTIMÉ / RÉEL	Z SEC
La Rochelle	032			BLOC: 9:55 DECO: 10:00		600 ft
VF GNM DESIGN NAV		25 (6NM)	5 / 7	10:07 / 10:07	3 / 3	
Échiré	4	28	14 / 17	10:24 / 10:22	7 / 8,5 / 1,5	880
Aérodrome Poitiers	41	32	16 / 19	10:35 / ...	8 / 9,5 / 9,23	1100
					inutilisation	
				pour trajet 28 l		
				+20 mn réglementaire 10 l		
				+15 mn = 7,5 l		
				= 45,5 l		
				Mini a bord		
TOTAL		66	55 / 43			

Éléments arrivée : Piste — Vent — Visibilité
Base nuages — Température
QNH — QFE
ATT : BLOC :

Coordonnées V.O.R. et caractéristiques des zones à traverser

			COM. – FRÉQUENCES – V.O.R. / BALISES			
			La Rochelle TWR 118.0	322	R . - .	
			'' APP 119.65	113,3	L . - . .	0
			Poitiers APP 130.9	116,2	C - . - .	5
			'' TWR 118.5	329	N - .	0
				363	P . - - .	Piste 21
				110,95	P . - - .	
				ILS/DME		

Zones	Plafond / Plancher	Organisme Gestionnaire si pénétrable	Heures d'activité	Radiales V.O.R. entrée / sortie
R45A	BL 65 3000 sol	Cognac APP 122,55	Semaine 06à22H	323 / 016 CGC / CGC
R46T	FL195 FL65			326 / 016 CGC / CGC
TMA E Poitiers	FL 105 2500			016 CGC
CTR E Poitiers				
R105 Poitiers	FL65 sol	Annonce par Poitiers APP (à gauche de la route)		

Aérodromes	QFE	VHF	VDF	Pistes - altitude - circuit			Flanquements V.O.R.
NIORT 280 ft	-8	119,1		(07 / 25)	358 CGC	244 POI	
CHATELLERAULT 227 ft	-7	12,5		(36 / 18)	016 POI	212 AMB	
Poitiers 410 ft	-15			(03 / 21)	045 POI	242 43,4	

Heure couché soleil : ...

NAV 11 — PRÉPARATION ET TENUE DU JOURNAL DE BORD (suite)

ATTENTION ! Les zones indiquées dans les préparations des navigations, sont données à titre d'exemples, il est bien entendu, qu'après l'édition de cet ouvrage, des modifications peuvent intervenir, il faut s'en assurer en consultant les dernières cartes radionavigation...

TENUE DU JOURNAL DE BORD :

Dans l'exemple donné, le début de roulage à La Rochelle est à 9 h. 55 (en temps universel), le décollage à 10 h. 00. Le vol est prévu en montée vers le FL 35, si accord de Cognac pour passer dans ses zones, sinon le vol se fera à 2500 ft.

À 10 h. 07, on passe la voie ferrée qui se trouve à 6 NM de La Rochelle, considérée comme l'origine navigation (début de navigation chronométrée). On note cette heure sur le journal de navigation dans la case des heures réelles. On estime l'heure d'arrivée au prochain repère "*Echiré*" (petite ville) prévue dans 17 minutes soit à 10 h. 24 que l'on note dans la colonne des estimées.

Parallèlement dans les colonnes "*carburant*", on avait estimé 2 litres pour le roulage + 3 litres de La Rochelle à la voie ferrée, ce qui fait un total de 5 litres. À 10 h. 22 on arrive à Echiré, avec 2 minutes d'avance ce que l'on note dans les heures réelles de passage, soit 15 minutes au lieu des 17 prévues. Comme notre appareil consomme 0,5 litre par minute, on aura consommé 1 litre de moins que prévu soit 7,5 litres au lieu de 8,5. Plus les 5 litres précédents ce qui nous fait 12,5 litres à Echiré.

De là, on estime l'arrivée au repère suivant "*Poitiers*" en tirant une conclusion : – Sur les 17 minutes prévues, nous en avons gagné 2. Sur 19 minutes d'estimée pour Poitiers, on gagnera sûrement 2 également. On en conclura que l'arrivée à Poitiers ce fera 17 minutes après Echiré soit 10 h. 39 ...

Une bonne préparation du journal de bord, avec fréquences, zones, etc... permettra une navigation plus aisée et déchargera le pilote de toute recherche de dernière minute, surtout si la météo est médiocre.

En vol le bon suivi de la navigation est un gage de sécurité, même si vous utilisez les moyens de guidage de radionavigation où le GPS, car en cas de panne de ceux-ci, vous saurez où vous en êtes... (voir procédures lorsque l'on est égaré pages 248 et 249).

LE TRACÉ SUR LA CARTE :

– Tracer le trajet en évitant de recouvrir les repères afin de pouvoir en lire les détails. Le trait ne doit pas être trop fin pour être visible sans avoir besoin de le chercher.

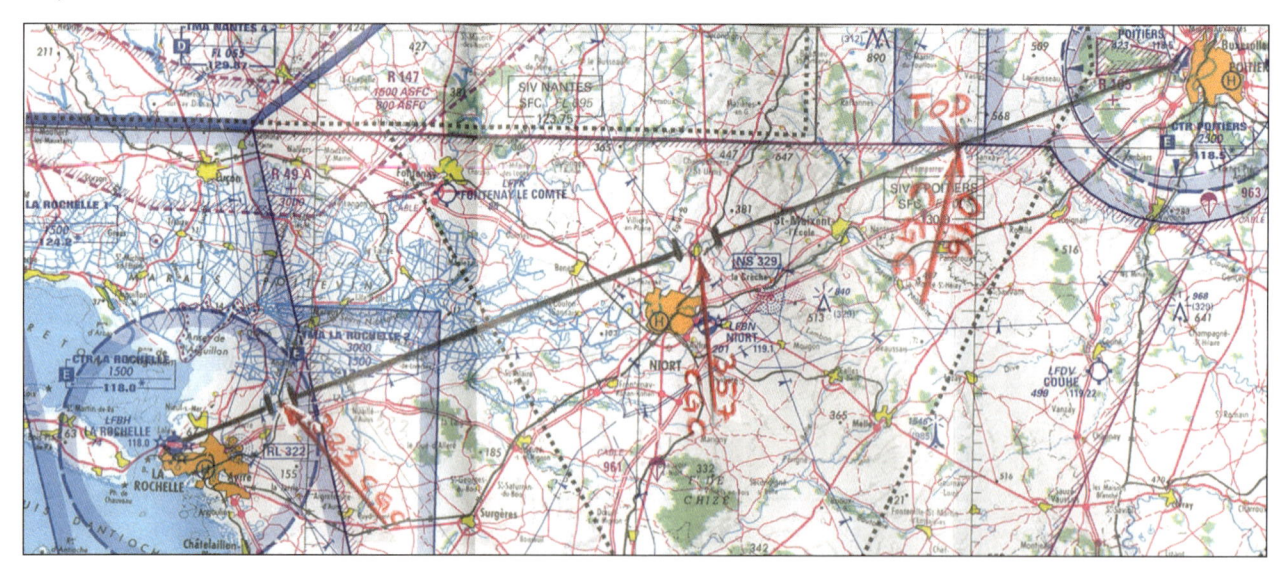

– Tracer les radiales des points caractéristiques (entrées et sorties de zones, ainsi que les repères). Entre les radiales 323 et 016 de CGC au FL 35, nous sommes dans les zones de Cognac.

– Pointer le TOD, point où devra débuter la descente, ici à 15 NM sur un plan de 2° (voir page 183).

Ainsi sans surcharger la carte, en lecture directe, vous trouvez les informations principales.

Avant l'arrivée, une fois les infos obtenues, prévoir un *briefing arrivée*, exemple :

– On va arriver à Poitiers en descente vers 1000 ft au QFE de 1015 hpa, soit 1420 ft au QNH 1032. On procédera par une base gauche pour la piste 03. La vitesse en finale sera de 85 kT en configuration volets 40°, avec un vario d'environ 300 ft/mn. En cas de remise des gaz, circuit par la gauche. Briefing terminé.

LE GUIDE PRATIQUE DU PILOTAGE

UTILISATION DE MOYENS PRATIQUES AVANT ET PENDANT LE VOL — NAV 12

Pour faciliter le calcul du temps de vol, voici (**Fig. 1**) à l'échelle 1, une petite réglette, très simple d'utilisation, qui nous donne en lecture directe des valeurs-temps pour des vitesses allant de 80 kT à 160 kT, entre deux repère, pris sur la carte au 1/500.000^e.

Il est possible de l'utiliser sur la carte au 1/1.000.000^e, auquel cas multiplier les valeurs par deux (ce qui n'est pas l'objectif initial).

Ainsi, vous pouvez déterminer :

a) le temps de vol estimé entre deux repères durant la préparation du vol.

b) la vitesse sol, entre deux repères, qui servira à déterminer ensuite avec un maximum de précision le temps de vol, compte tenu du vent rencontré.

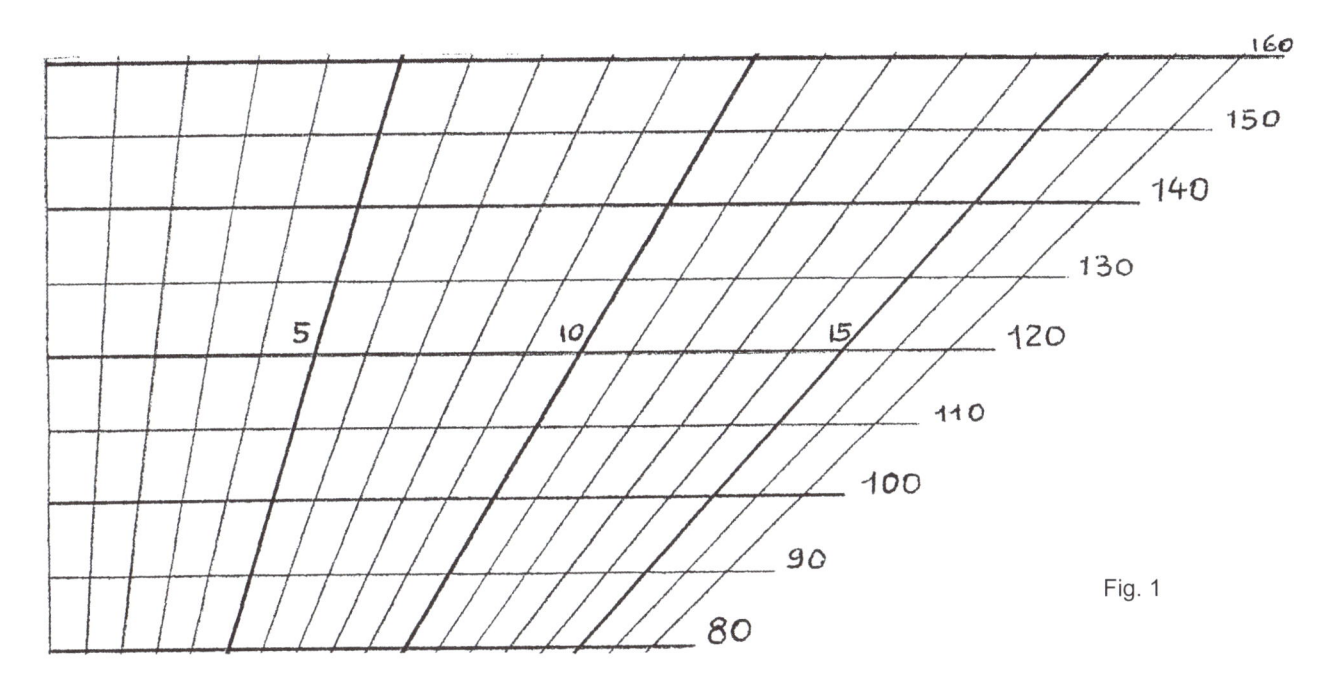

Fig. 1

Exemples (Fig. 2) :

a) votre vitesse estimée est de 120 kT, pour le parcours A et B. Sur la carte au 1/500.000^e faire glisser verticalement la réglette de bas en haut (ou inversement) de façon à positionner la ligne des 120 kT sur le trajet A-B. Le temps estimé à 120 kT sera de 11 minutes.

b) en vol sur ce même parcours, vous constatez que vous avez mis 12 minutes. Faire glisser la réglette de façon à obtenir 12 minutes, ainsi vous déduisez que votre vitesse sol est de 110 kT (**Fig. 2**).

Le même parcours serait fait en 9 minutes pour une vitesse sol de 145 kT (pointillé du haut) et 14 minutes pour une vitesse sol de 95 kT (pointillé du bas).

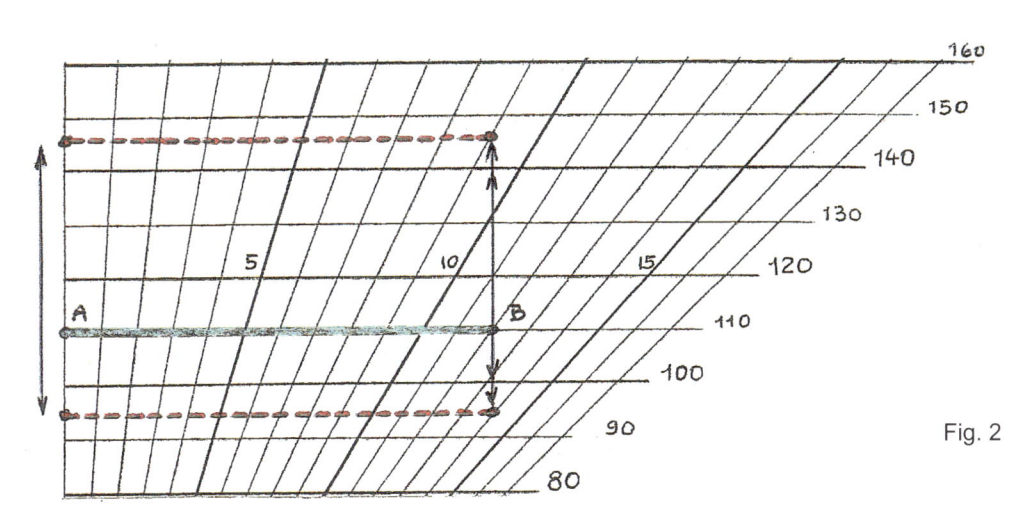

Fig. 2

NAV 13 — COMMENT DÉTERMINER EN VOL DIRECTION ET FORCE DU VENT

En vol, il peut être important de déterminer **"approximativement"** la direction et la force du vent. Pour cela, il nous faut un certain nombre d'éléments qui sont :

- la Route suivie.
- le Cap à maintenir donnant ainsi la valeur de la dérive.
- la Vp de votre avion avec sa correction (voir page 50).
- le nombre de NM/mn à la Vp.
- la vitesse sol.
- un V.O.R. minimum.

La Vitesse sol : doit être déterminée à partir de la réglette (page précédente) ou encore mieux d'un D.M.E., instrument qui selon son degré de perfectionnement indique : – Vitesse sol, distance jusqu'à la balise V.O.R.-D.M.E et le temps pour rejoindre celle-ci. Si le D.M.E. en possession n'indique pas la vitesse sol, pour trouver celle-ci, il suffit de prendre un top chrono et déterminer la distance parcourue en 36 secondes. Multiplier cette distance par 100, vous obtenez la Vs. Ainsi, si en 36 secondes vous avez parcouru 1,4 NM cela signifie que votre Vs est de 140 kT.

La Dérive : il est facile (après quelques minutes de vol) de lire le cap à maintenir pour rester sur l'axe V.O.R. aiguille bien centrée et déterminer la dérive et son sens, si dérive il y a, car le vent peut-être de face ou arrière ou nul.

Ces éléments établis, il nous faut en déterminer deux autres :

A) la force de la composante du vent qui nous pousse s'il est à composante arrière, ou qui nous freine s'il est à composante avant, par la différence entre la Vp et la Vs (sans effet si le vent est plein travers auquel cas, Vs = Vp).

B) la force de la composante du vent de travers (si vent de travers) appelé vent traversier.

Pour cela appliquer la formule :

> *Vent traversier (Vt) = nombre de NM/mn x dérive (X).*

Nous avons ainsi les deux éléments qui vont nous servir à déterminer le vent.

Exemple 1 :

– Route au 305°. – Cap 300°. Il en résulte un vent de gauche pour une dérive de 5°.

– Vp 120 kT (soit 2 NM par minute). – Vs 140 kT. Il en résulte un vent à composante arrière de 20 kT.

– Le vent traversier = NM/mn x X soit 2 x 5 = 10 kT.

Fort de ces deux derniers éléments et du cadran du V.O.R. (ou H.S.I.), qui vont nous servir de référence, nous allons effectuer de la physique primaire...

De ces deux vents, le plus fort va nous servir d'échelle, ainsi le rayon (arrière) du VOR va représenter 20 kT **(Fig. 1)**.

En se servant éventuellement de vos doigts, on peut admettre que dans ce cas le vent traversier de 10 kT correspond à la moitié d'un rayon.

Le porter à gauche du centre (puisque le vent vient de gauche) et le prolonger vers le bas (pointillés) parallèle au vent arrière, ce qui nous indique la direction (approximative) d'où vient le vent, ici du 150°.

Pour déterminer sa force, prendre le plus grand des vents (20 kT) plus le tiers du plus petit (10/3) soit : - 20 + 3 = 23 kT.

Résumons : - Vent du 150° pour environ 23 kT.

Fig. 1

LE GUIDE PRATIQUE DU PILOTAGE

COMMENT DÉTERMINER EN VOL DIRECTION ET FORCE DU VENT (suite)

NAV 14

Exemple 2 :

- Route au 210°. – Cap 220°. Il en résulte un vent de droite pour une dérive de 10°.
- Vp 120 kT. – Vs 105 kT. Il en résulte un vent à composante avant de 15 kT.
- Le vent traversier a pour valeur : 2 x10 = 20 kT (voir formule).

Dans ce cas **(Fig. 2)**, le vent traversier est le plus important des deux vents, c'est donc lui qui donne l'échelle (rayon de droite du V.O.R.) puisque le vent vient de la droite.

Le vent est à composante avant de 15 kT (puisqu'il nous freine) représente environ les 3/4 d'un rayon puisque 15 représente les 3/4 de 20. Le porter au-dessus du centre et le prolonger à droite (pointillés) parallèlement au vent traversier, ce qui nous indique que le vent vient d'environ du 260°.

Sa force, le plus grand 20 kT + le tiers du plus petit (15/3) = 25 kT.

C'est donc un vent du 260° pour 25 kT.

Fig. 2

Avec un peu d'entraînement, vous y arriverez sans problème, mais comme pour tout il faut un peu de patience.

Face à cette situation, il faut se dérouter ou faire demi-tour...

QUELQUES CONSEILS EN NAVIGATION

NAV 15

1) Ne pas chercher systématiquement tous les repères à gauche, mais dans un cône de 20 à 30° de part et d'autre de l'axe. Ne pas attendre d'être sur un repère pour le chercher.

2) A l'arrivée, près d'un aérodrome, prendre après celui-ci un repère sol qui sert de "**BUTTOIR**" au-delà duquel il ne faut pas continuer si on n'a pas trouvé le terrain, mais entreprendre un demi-tour. De toutes façons dès que l'heure estimée d'arrivée est légèrement dépassée **NE PLUS CONTINUER** au-delà, l'aérodrome ne peut être qu'à gauche ou à droite...

3) Sur la plupart des aérodromes contrôlés disposant d'une CTR avec des points d'entrées et de sorties, réglementairement si les conditions MTO sont bonnes, l'arrivée peut s'effectuer sans passer par les points. Cependant je vous conseille malgré tout de "*prévoir*" une arrivée sur un point, car parfois le contrôle (TWR) peut être surchargé de trafic et vous demande alors de vous mettre en attente sur un point. Si nous n'avez pas prévu la NAV ainsi, vous pouvez être gêné. Ensuite négocier des trajectoires directes pour rejoindre le circuit de piste.

4) Comment se préparer à interpréter le QFU (piste en service) en s'aidant du directionnel, (voir **Fig. 1**) pour intercepter le circuit d'un aérodrome contrôlé.

5) Au cap, prendre des repères successifs, qui vont permettre de tenir le cap avec les yeux dehors, facilitant la tenue de celui-ci.

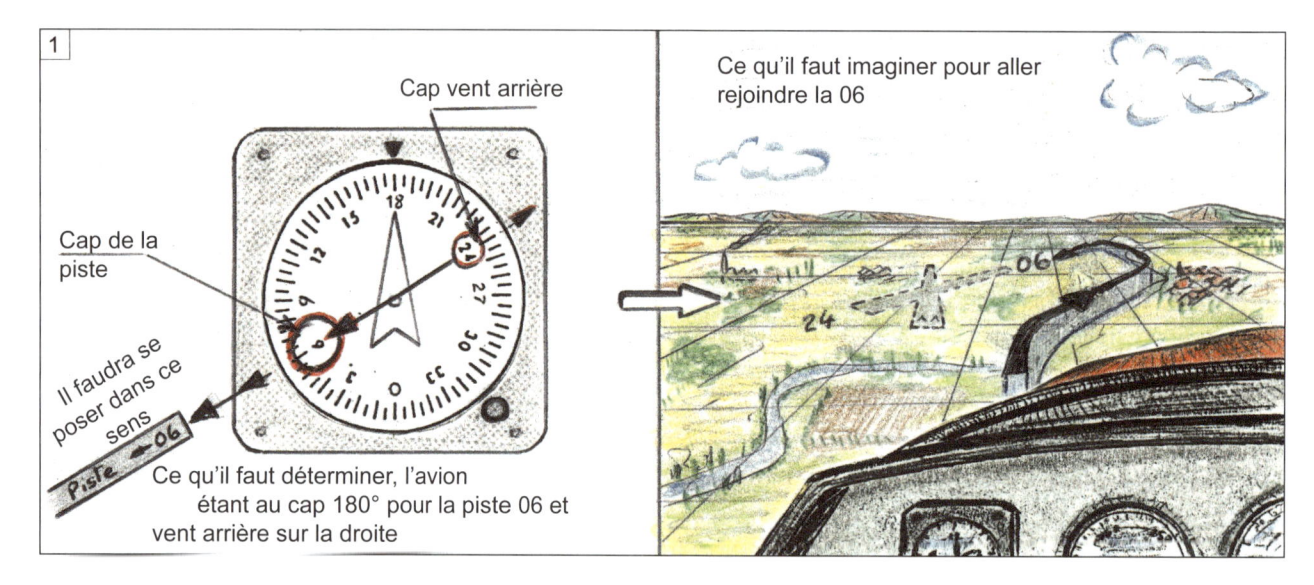

Cap vent arrière

Cap de la piste

Il faudra se poser dans ce sens

Ce qu'il faut déterminer, l'avion étant au cap 180° pour la piste 06 et vent arrière sur la droite

Ce qu'il faut imaginer pour aller rejoindre la 06

6) Durant la navigation, ne pas avoir les yeux toujours sur la carte, tenir le cap avec rigueur et seulement lorsque quelque chose de caractéristique accroche l'œil, chercher à se situer, et pas sur le moindre petit village ou petite route... **Chercher d'abord les gros détails, puis affiner...** un peu comme quelqu'un qui la nuit veut mettre une clé dans une serrure, il faut d'abord **chercher la porte avant de trouver la serrure...**

7) Sur un grand trajet, chaque fois que c'est possible, voler en niveau, pour confort des passagers, car les turbulences sont moindres. Le sol apparaît comme une carte, on voit mieux les gros repères. Dans ce cas on évitera de prendre des repères trop petits (lignes haute tension - petits cours d'eau) qu'on ne verra pas ou mal. Dans d'autres cas (plafond, MTO) dans la mesure du possible "**ne pas voler**" à moins de 1500 ft sol, ce qui correspond en moyenne sur notre pays à 2 000 ft QNH, pour mieux voir les repères. Plus bas 1000 ft sol ou en-dessous se situent les vols avec des MTO qui deviennent marginales... d'où navigations plus difficiles, qu'il faut peut-être annuler.

8) Ne pas se disperser, faire une opération après l'autre, ne pas faire plusieurs choses en même temps... (c'est un conseil répétitif, que l'on retrouve dans bien des phases en aéronautique !)

9) Afin de ne pas avoir de soucis inutiles, de préférence faites les pleins de votre avion avant le départ et connaître l'autonomie de celui-ci avec ou sans le plein (manuel de vol) : _____

Avant épuisement du carburant "*il faut*" être posé sur l'aérodrome... ou dans un champ, et surtout avoir pris le temps de le choisir... Il est utile de connaître la consommation par minute afin d'effectuer un bilan carburant qui permet à tout moment de connaître la quantité et l'autonomie restantes.

LE GUIDE PRATIQUE DU PILOTAGE

LES DIFFÉRENTES OPÉRATIONS DU VOYAGE

NAV 16

QUELLES SONT LES DIFFERENTES OPERATIONS D'UN VOYAGE, A BIEN CONNAITRE ?

Il faut être méthodique et procéder ainsi :

1) Avant le vol et la mise en route: préparer la ou les fréquences VHF et VOR dont on va avoir besoin. Afficher la ou les radiales VOR nécessaires. Mettre le ou les altimètres à zéro pour connaître l'erreur altimétrique éventuelle (à noter).

2) Après la mise en route: noter l'heure bloc, car il est important dans la suite du vol de savoir depuis combien de temps le moteur tourne (autonomie restante). Régler le ou les altimètres. Si deux alti :

– Le 1er sera réglé au QFE, puis au QNH si vol en espace contrôlé sous l'altitude de transition ou, vol sous la surface "*S*". Au-dessus de l'altitude de transition en espace contrôlé ou de la surface "*S*" en espace non contrôlé il sera réglé à 1013.

– Le 2ème sera toujours réglé au QNH.

En procédant ainsi, on aura toujours l'altimètre le plus important devant les yeux.

3) Après le décollage : vers 500 ft, passer au QNH ou à 1013 si vol en FL

4) Au point d'origine navigation: là on commence effectivement notre voyage (qui peut être la verticale du terrain).

– prendre le cap.

– noter l'heure et l'estimée du repère suivant.

– quitter la fréquence, puis tranquillement.

– passer avec le service d'information ou autre fréquence à contacter.

– identification des balises VOR ou NDB en portées.

5) Au passage de chaque repère, après avoir noté la prochaine estimée, effectuer des vérifications périodiques de contrôle : pression et température d'huile, essai réchauffage carbu, pression essence correcte, équilibrage des réservoirs éventuel, contrôle charge, sans oublier le recalage du directionnel, et l'affichage de la prochaine radiale et bilan carburant.

Durant le vol lorsque vous n'avez rien à faire, posez-vous la question : "*Que puis-je faire pour me libérer d'une charge de travail ?*", car vous pouvez :

– préparer une prochaine fréquence VHF ou VOR.

– écouter des info MTO ou divers, ou en demander.

– effectuer un contrôle instrumental, etc...

6) A l'arrivée : au moins 5 à 10 minutes avant celle-ci,

– passer au QFE (si vol en FL, on affichera le QFE en dessous du FL 30 ou de la surface S). Mais attention ! Il ne faut pas tourner les aiguilles d'un altimètre pour afficher une nouvelle pression, sans savoir ce que l'altimètre va indiquer. Exemple : Aérodrome de destination est à 280 ft au dessus du niveau mer (soit un décalage de 10 hPa). Le pilote est à 2500 ft au QNH et détermine qu'il devra lire à son alti QFE 2500 ft – 280 ft = 2220 ft lorsqu'il aura retiré les 10 hPa et passer au QFE. *Ceci évite les erreurs*. Il est possible d'atterrir au QNH (rappel page 130)

– programmer la descente assez tôt à 500 ft/mn pour arriver 500 ft au-dessus du circuit (aérodrome non contrôlé) ou à la hauteur du circuit (aérodrome contrôlé).

– message radio.

Si l'aérodrome est contrôlé et que les points d'entrées sont difficiles à trouver (mauvaise visibilité) "*ralentir*", soit passer en configuration attente pour voir arriver les repères plus tranquillement. Négocier avec le contrôle des trajectoires plus directes ou si nécessaire, demander une verticale terrain.

7) En vent arrière :

– lorsque l'avion est stabilisé en configuration approche initiale "*régler le compensateur*", ce qui vous évitera des variations d'altitude importantes lorsque vous serez occupés par d'autres charges (radio - trafic piste en vue, etc...).

– prendre un repère de tenue d'axe.

– identifier le cap à prendre pour passer en base.

Ce processus d'organisation permet de ne rien laisser au hasard...

Remarque : voir tous les items de la navigation page 268.

LES PROCÉDURES RADIO EN ROUTE

CONSIGNES GENERALES :

1) Le message doit être le plus complet et le plus clair possible, de façon à ce que le contrôleur n'ait pas à poser de question pour message incomplet.
2) Ne pas être trop bavard, dire ce qu'il faut, sans plus.
3) Avant de changer de fréquence, ne pas oublier de clôturer.

EXEMPLES DE MESSAGES EN ROUTE :

Message d'arrivée sur un aérodrome	
1) Doncourt du F-KB, bonjour 2) Doncourt du Robin F-GIKB en provenance de Thionville destination vos installations que j'estime vers 47, pour atterrissage.	Ne pas oublier de donner le type d'appareil et l'indicatif complet, au moins 5' avant l'arrivée. Donner l'heure estimée d'arrivée en heure TU, plutôt que de dire «que j'estime dans 5 minutes». Attention ! la fréquence 123,5 n'est pas un organisme de contrôle (rappel page 138).
Message de traversée de zone	
1) Cognac du F-MB, Bonjour ! 2) Cognac du TB 20 F-GJMB en provenance de La Rochelle, destination Périgueux souhaiterait transiter en croisant vos axes à 3 NM au nord-est de vos installations que j'estime vers 17 à 2500 ft avec Transpondeur sur 70.00 **Ou lorsqu'il s'agit de zone sans aérodrome :** en provenance de ... destination ... pour transiter dans la partie Sud Est de votre zone à 2500 ft QNH (ou «sur le radial .... du VOR de ...) entrée de zone estimée vers…(heure)	Lorsqu'il s'agit d'une zone d'aérodrome, il est bon de situer la distance à laquelle on croisera les axes de pistes. Il faut être précis dans les données. Dans la plupart des messages, il faut indiquer – Le type d'appareil et l'immatriculation – Provenance – Destination – Altitude ou niveau – Position et distance éventuelle – Estimée Si on dispose d'un DME qui donne une distance, c'est un plus non négligeable.
Message avec le Service d'information	
1) Brest Info du F-KB, bonjour ! 2) Brest Info du Robin F-GIKB, décollé de Deauville à 15 h 08 en direction de La Baule, en montée vers le niveau 45, Rennes estimé à 50, avec transpondeur sur..... (ou pas), (avec ou sans plan de vol VFR)	Sur un grand trajet, il est souhaitable que vous soyez en contact avec cet organisme qui pourra vous fournir divers renseignements MTO - zones - Notam, etc... et éventuellement s'il n'est pas surchargé vous avertir de la proximité d'autres aéronefs, sans pour autant vous dégager de cette responsabilité. Mettez-vous sur cette fréquence lorsque vous n'en n'avez pas besoin d'autres, plutôt que d'écouter la fréquence encombrée 123,5 qui ne vous apportera rien. Écouter l'info sera plus enrichissant ... Donnez les estimées des points importants (grandes villes ou balises VOR ou NDB) environ toutes les heures ou 100 NM.
Gonio	
1) Cannes gonio du F-KB, bonjour ! 2) Cannes gonio du Robin F-GIKB qui transmet pour un QDM 3) (répéter le QDM donné) : QDM ... terminé F-KB, ou je vous rappelle !)	Si l'opérateur n'a pas eu le temps de vous localiser répéter le message 2. Il est possible de demander plusieurs QDM (pour rester sur un axe QDM (voir page 222). Attention : si le QDM change de 180°, c'est que nous sommes passés vertical de la station gonio.

✱**Remarque sur l'utilisation du Transpondeur :** C'est un instrument qui permet de faire identifier sa position par un opérateur radar qui au préalable peut vous donner un code à afficher qui concerne seulement votre avion. Deux types de transpondeur :

a) Celui qui dispose d'un alticodeur (dit mode C) qui permet à l'opérateur de voir votre position et votre altitude. Avec ce Transpondeur, si aucun code ne vous est demandé, le code 70.00 peut être branché à l'initiative du pilote en vol VFR (le mode C est obligatoire en Espaces B, C et D).

b) Transpondeur sans alticodeur (dit mode A), celui-ci n'est branché que sur demande d'un organisme de contrôle. Dans ce cas le contrôleur voit votre position sol, mais pas votre altitude. Il ne peut que faire confiance à votre indication, soyez donc précis et vigilant.

LE GUIDE PRATIQUE DU PILOTAGE

NÉCESSITÉ DE S'ÉCARTER DE LA ROUTE MOMENTANÉMENT

NAV 17

QUELLES SONT LES LIGNES GÉNÉRALES ?

Au cours d'un voyage, la situation MTO peut nous conduire à prendre une décision, de s'écarter du parcours, ou de se dérouter vers un autre aérodrome, lorsque la charge de travail devient trop importante, notamment lorsqu'il s'agit de vol à basse altitude, ou l'attention nécessaire devient contraignante.

CAS NE NÉCESSITANT PAS DE SE DIRIGER VERS UN AUTRE AÉRODROME :

Lorsque le phénomène MTO est local, orages par exemple qui se trouvent sur le trajet, cela ne nécessite pas de se diriger vers un autre aérodrome, mais de s'écarter momentanément de la route par des altérations de caps à 60°. L'écart de la route n'est pas très important.

Exemple 1 : il s'agit de contourner un orage par exemple. On vole sur la Rm 090°. Connaître d'avance les caps d'altérations en appliquant :

$$+ 060° - 060°$$
ou inversement

soit 090 - 060 = **030°**
      090 + 060 = **150°**

Lorsqu'on s'aperçoit qu'il faut s'écarter (vers la meilleure zone) on altère le cap à 060°, soit 030° dans l'exemple, on note l'heure et le temps qu'il va falloir pour effectuer la 1ère branche.

Lorsqu'on altérera à nouveau le cap (au 150°) pour revenir sur la route initiale on refera le même temps.

L'ensemble du trajet sera majoré de la valeur d'une branche.

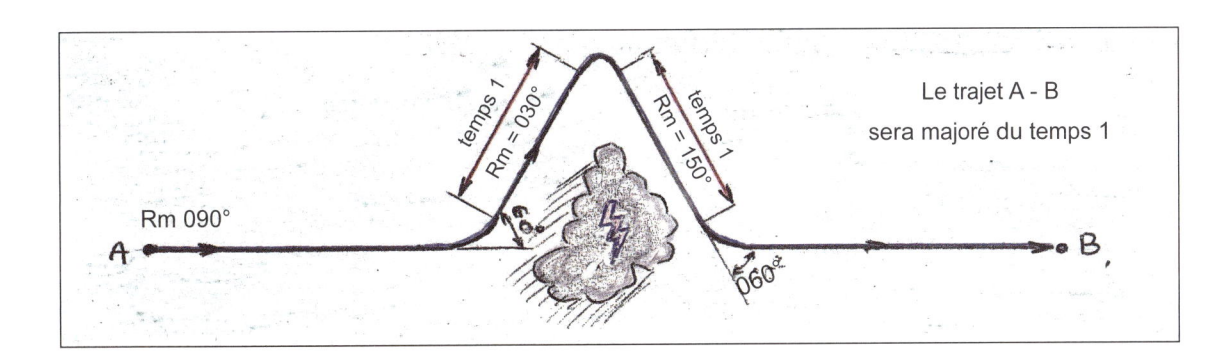

Le trajet A - B sera majoré du temps 1

Exemple 2 : Si la zone de mauvais temps est plus grande que prévue, on la longera avec un cap parallèle, à la route initiale.

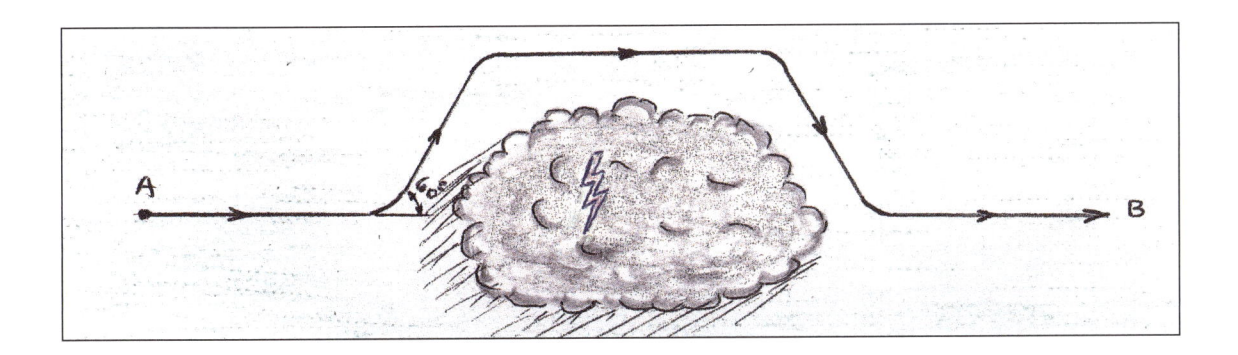

NAV 18 — **LES POINTS IMPORTANTS D'UN DÉROUTEMENT**

Lorsqu'en cours de voyage la situation MTO se dégrade franchement, un passager malade, un problème technique nous conduit à nous dérouter, il faut :

1) Choisir l'aérodrome de déroulement dans une zone où la MTO semble plus favorable. On peut aussi faire demi-tour si l'aérodrome de départ est proche.

2) Situer notre position, si possible rejoindre le prochain repère ou déterminer un cercle d'incertitude ; exemple : si on se déroute entre deux repères distants en temps de 9 mn, au bout de 6 mn, c'est que nous sommes aux 2/3 de ce parcours.

3) Noter l'heure et prendre un cap estimé (effets du vent), en tenant compte des zones.

4) Si possible, tracer la route, mesurer cap et distance, temps estimé, voir zones éventuelles à traverser ou éviter, organisme à contacter ou à quitter.

5) Vérifier l'autonomie restante, pour voir si on peut y arriver.

6) Dans la mesure du possible utiliser les moyens les plus faciles pour y parvenir. Si l'aérodrome est pourvu d'une gonio ou d'un V.O.R. ne pas hésiter à l'employer (ce n'est pas une tare, c'est faire preuve de bon sens). Vous pouvez même cheminer, suivre une route ou V.F., si elles vous conduisent à destination.

7) Déterminer les caractéristiques du terrain d'arrivée, pistes - circuits - calcul du QFE - Radiales V.O.R. de situation de terrain (elles figurent sur la carte VAC ou BOTTLANG).
Prévoir le type d'arrivée qui peut être basse hauteur en raison de la MTO.
Ralentir si nécessaire pour diminuer la charge de travail. Prendre un repère "**Buttoir**" au-delà duquel il faut faire demi-tour, si on n'a pas trouvé le terrain. Par mauvaise visibilité et plafond bas, en région accidentée surtout, **NE PAS PASSER au QFE** avant d'avoir l'aérodrome en vue (sauf si deux altimètres).

8) Si possible, prendre des repères intermédiaires, pour se caler plus précisément sur la route.

9) Penser à surveiller votre instrumentation (directionnel, équilibrage des réservoirs, etc...).

10) Dans tous les cas **NE PAS FAIRE PLUSIEURS CHOSES A LA FOIS**, terminer une opération avant de passer à la suivante. Entre chacune d'elles, contrôler le cap, l'heure, radiales, repérage extérieur...

Encore une fois, ayez de la méthode, soyez organisé pour ne rien laisser au hasard. Pour vous aider, par exemple, ayez toujours sur votre planche de vol, la fiche de déroutement page suivante.

EXEMPLE DE SIMPLIFICATION D'UN DÉROUTEMENT : par l'erreur systématique

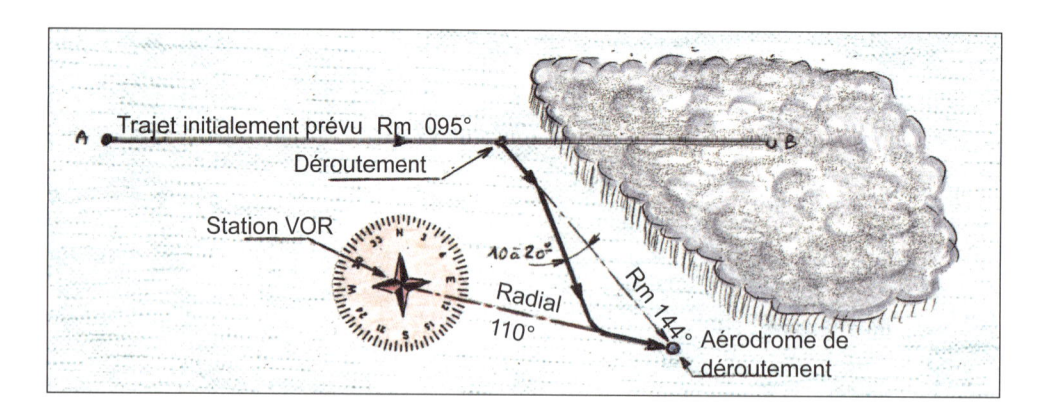

Lorsque c'est possible, par mauvaise visibilité :

Plutôt que de dérouter en ligne droite sur la Rm 144°, pour se faciliter la tâche le pilote exploite le Radial ou QDR 110° du VOR qu'il affiche. L'aiguille du VOR va donc à droite et lui indique que la station VOR est bien à droite. On choisira un QDR si le VOR se trouve sur une ligne secteur avant l'aérodrome de déroutement comme dans l'exemple, et un QDM s'il se trouve dans un secteur après...

Pour intercepter plus sûrement ce radial, il prend donc un cap plus à droite de 10 à 20°, environ, soit le cap 164° (côté aiguille) et attend ainsi... "*C'est l'erreur systématique*".

Lorsque l'aiguille du VOR revient au centre, le radial 110° est atteint, il suffit de prendre un cap ≅ 110° pour rester sur le radial et se faire ainsi pousser par le VOR (aiguille bien centrée - From) jusqu'à l'aérodrome de déroutement.

On peut employer un système analogue en se dirigeant vers un gros repère (cours d'eau, VF...) puis on le suit pour arriver à destination. Remarquons que cette méthode peut-être exploitée en arrivant sur un aérodrome par mauvaise visibilité sans qu'il y ait nécessairement déroutement.

LE GUIDE PRATIQUE DU PILOTAGE

L'ORGANISATION DU DÉROUTEMENT

NAV 19

Voici un exemple d'une fiche d'organisation de déroutement à avoir dans votre documentation de vol.

Pour faire ces opérations, apprenez à lâcher vos commandes : pour ce faire, bien régler le compensateur et lâcher le manche. Si l'avion a tendance à s'incliner d'un côté, appuyer légèrement sur le palonnier de l'autre, de manière à maintenir l'inclinaison nulle, même s'il y a légère dissymétrie. Occupez-vous ensuite de vos opérations, et entre chacune d'elles, faire un contrôle extérieur de la ligne de vol et du cap. Lorsqu'il y a des turbulences les écarts seront négligeables, en tous cas ils seront moins importants qu'avec les mains sur les commandes...

- FICHE DÉROUTEMENT -

1) Estimer le cap en fonction des zones et le prendre (zones : contacter ou contourner)	
2) Heure de déroutement (Top chrono)	
3) Tracer la route et prendre un repère intermédiaire	
4) Mesurer le cap et le prendre (effet vent corrigé)	
5) Altitude (si niveau : Fonction règle semi-circulaire)	
6) Mesurer distance – voir autonomie : Est-ce faisable ? – Passer sur réservoir le + plein	
7) Temps estimé (fonction vent) Heure estimée d'arrivée	
8) QDR ou QDM du terrain ± 10 à 20° vers l'aiguille ou déterminer repère buttoir	
9) QFE { calculer / afficher – comparer	
10) Contrôle instrumental périodique (directionnel – réchauf. carbu – etc…)	
11) Message Radio au moins 5' avant	

NAV 20 — QUE FAIRE LORSQUE L'ON EST ÉGARÉ ?

A moins de se tromper dans la mesure du cap avec une grosse erreur, de persister dans celle-ci, alors qu'on ne trouve pas ses repères, ou de paniquer complètement, il n'est pas possible de se perdre totalement. On sera tout au plus égaré dans une région. Si on considère le vieil adage aéronautique qui dit que : "**Le cap et la montre sont les mamelles de la Navigation**", si du point de départ, on considère un cône 030° de part et d'autre de la route, au bout d'un temps donné on ne peut que se trouver qu'à une certaine distance, sur ce cône... **(Fig. 1)**

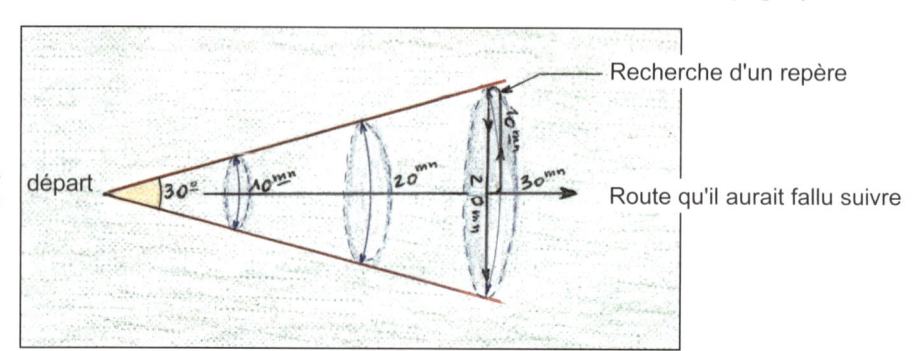

Fig. 1) : les positions possibles au bout de 10, 20 ou 30 minutes de vol.

1) **On est égaré sans instruments pour s'aider :** Ne pas s'affoler si l'autonomie est suffisante, et loin de la nuit. S'il n'y a pas d'erreur de cap importante, s'estimer dans le cône de 030° **(Fig. 1)** d'après le temps de vol, et virer vers un grand axe naturel supposé (rivière - voies ferrées) - chercher à identifier, pour cela on se mettra perpendiculaire à la route, pendant un temps chronométré pour éventuellement revenir sur la route et chercher de l'autre coté, le double de ce temps éventuellement.

2) **Des VOR sont dans la région et notre avion est équipé :** – Repérer un point caractéristique (gros village - croisement de route...). Tourner au-dessus de ce point. A l'aide de deux VOR au moins, chercher pour chacun d'eux le radial sur lequel vous vous trouvez **(Fig. 2)**. Exemple : A l'aide du VOR 1 après l'avoir identifié, tourner l'OBS, de façon à centrer l'aiguille avec l'indication From. Lire le radial sur la couronne soit QDR 140°.

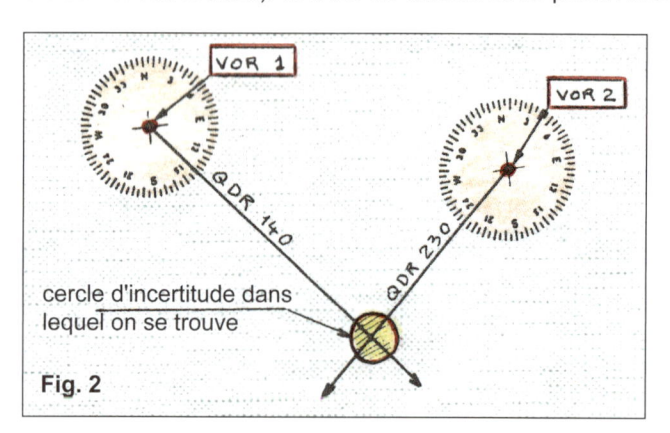

A l'aide du VOR 2, même processus, lire le QDR 230°.

Sur la carte 1/500 000e tracer les deux radials qui sont des routes magnétiques, soit 140° et 230° car l'indication des VOR est magnétique. Au point de jonction des deux QDR, tracer un cercle d'incertitude d'environ 1 cm de diamètre. Nous nous trouvons à l'intérieur...

3) **Il n'y a qu'une station VOR vers laquelle on ne veut pas se diriger.**

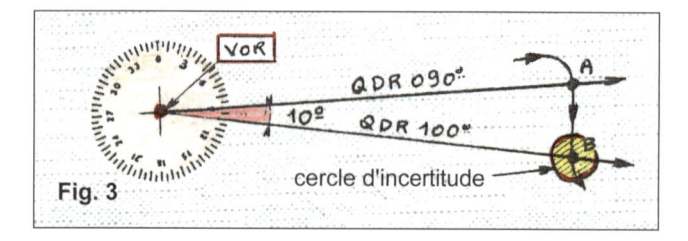

Exemple : On est proche du QDR 090°, se mettre sensiblement perpendiculaire au VOR en **A**. QDR 090° atteint, mettre le chrono en route et changer le QDR de 010° soit 100°. Déterminez le temps en secondes pour aller de **A** à **B** (supposons comme exemple 200 secondes) **(Fig. 3)**.

Ensuite, il suffit d'appliquer 2 formules :

1) $\boxed{\text{Temps pour rejoindre la station en minutes } \dfrac{\text{Temps en secondes}}{\text{Angle au sommet}}}$ soit $\dfrac{200}{10} = $ **20 minutes**

Mais nous ne voulons pas rejoindre le V.O.R., mais connaître approximativement la distance de la station au cercle d'incertitude **B**. Le Fb va nous servir une fois de plus, supposons un Fb de 0,5.

2) $\boxed{\text{Distance} = \dfrac{\text{Temps en minutes}}{\text{Fb}}}$ soit dans l'exemple $\dfrac{20}{0,5} = $ **40 NM de la station**

Remarquons que dans ce cas, la précision est moins bonne que dans l'exemple **(Fig. 2)**.

LE GUIDE PRATIQUE DU PILOTAGE

QUE FAIRE LORSQUE L'ON EST ÉGARÉ ?
- DERNIERS CONSEILS -

Il est possible de faire les mêmes choses à l'aide d'une station gonio ou NDB.

Remarques : que ce soit le cas de la **Fig. 2** ou **Fig. 3**, lorsqu'on a fait le point, pour se diriger ensuite vers l'aérodrome de son choix, il suffit de procéder comme pour un déroutement (pages 246 et 247).

Il est également possible de faire appel au **Service d'information** ou à la **veille militaire de 119,7** ou **121,5 la fréquence de secours,** ou encore l'aide d'un aérodrome important équipé, qu'on sait être dans la région. Le fait d'avoir un transpondeur à bord peut être utile dans ce genre de situation...

Derniers conseils :

– Si vous êtes vraiment perdu, la MTO se dégrade, la nuit approche, ou si vous risquez la panne d'essence, **N'ATTENDEZ PAS !** Prenez sans hésiter la décision de vous poser en campagne, avant d'en arriver au pire et surtout d'avoir le temps de choisir un terrain favorable. Pour ne pas en arriver là :

> *SACHEZ FAIRE DEMI-TOUR ou DÉROUTEZ-VOUS... à temps !*

– Si vous êtes vraiment coincé (visibilité se réduisant, plafond de plus en plus bas, ou coincé au-dessus d'une couche), c'est que vous avez été "**très inconscient**" ! Dans ce cas, il faut bien faire quelque chose, quitte à froisser la réglementation, ce dont il ne faut surtout pas se prévaloir...

Plutôt que de descendre de plus en plus bas et percuter tragiquement un obstacle, si par bonheur votre instructeur vous a initié au VSV, sans hésiter :

> *MONTEZ ET DEMANDEZ IMMÉDIATEMENT L'AIDE DES ORGANISMES DE CONTRÔLE !*

cités plus haut. Aucun ne vous refusera son aide. **VOUS DEVEZ LE SAVOIR !**

Dans ce cas extrême, faire une confiance absolue à vos instruments (horizon artificiel) et méfiez-vous des éclairages extérieurs latéraux... c'est l'horizon artificiel qui a raison et non pas vos impressions.

Il faut cependant se rendre compte qu'en région montagneuse cette situation est catastrophique, il est alors difficile de donner un conseil !!!

Le vol face au mauvais temps : - une des difficultés du débutant qui évolue très près sous une couche nuageuse (ou face à un nuage), est de déterminer s'il va ou non entrer dans celle-ci... (ou celui-ci).

Pour cela, il lui faut déterminer assez tôt, (son avion étant en vol horizontal vario à zéro), si sur son pare-brise le point (fictif) qui correspond à l'assiette zéro (flécher sur la **Fig. 4**), est sur ou sous le nuage. S'il est sur le nuage comme le montre la **Fig. 4**, c'est que nous allons entrer dans la couche. Il faut donc descendre pour passer dessous, si cela est possible (car la couche pourrait descendre jusqu'au sol), soit alors faire demi-tour, soit encore s'écarter si les conditions sont meilleures à côté. L'important étant d'analyser rapidement la situation et d'entreprendre aussitôt la manœuvre adéquate permettant d'évoluer en sécurité. Analyse identique face à une montagne. Ne pas attendre, lorsque vous estimez être à moins de 2 km d'un nuage ou d'un obstacle, écartez-vous **immédiatement**.

Pour terminer, maintenant que vous avez passé en revue le pilotage, volez bien et surtout pensez régulièrement à vous remettre en cause, car "**Rien n'est jamais vraiment acquis**". Entraînez-vous souvent !...

VSV — ÉTUDE SOMMAIRE DU VOL SANS VISIBILITÉ

Nous avons vu pages 9 et 10 que l'horizon artificiel était l'instrument principal du vol sans visibilité, car il fournit des informations directes en parfaite similitude avec ce que nous voyons en vol à vue (rappel pages 13 à 17 et 40).

En effet de la même manière que nous nous servons des positions du capot ou du pare-brise par rapport à l'horizon réel, il nous faut concentrer notre regard sur ce petit instrument, c'est-à-dire, voir, contrôler et interpréter la position de la maquette par rapport à l'horizon artificiel, ce qui demande en phase de début une attention très soutenue et fatiguante… Il est vrai qu'une variation d'assiette de *1° (1 cm en vol à vue) correspond sur l'horizon artificiel à une variation d'environ ½ millimètre…* **(Fig. 1)**.

Fig. 1

Ensuite, nous insisterons sur les instruments secondaires : - l'altimètre, le variomètre, l'anémomètre, le directionnel, l'indicateur de virage avec sa bille et d'un chronomètre. Puis, le contrôle des instruments périphériques que l'on vérifie plus ponctuellement comme le compte-tours, la pression d'admission et d'autres instruments moteur.

Le circuit visuel devra s'effectuer en étoile, en revenant chaque fois sur l'horizon artificiel, instrument primordial, puis sur les instruments secondaires en insistant sur le plus important (voir **Fig. 2**). Comme pour le vol à vue, nous avons déterminé l'instrument important (après l'horizon) en phase de palier (page 48), en montée (page 51) et descente (page 53).

Fig. 2 — circuit visuel en étoile / circuit périphérique

Ensuite, il faudra :

1) Faire confiance à l'indication donnée par les instruments, car en vol sans visibilité, nous sommes parfois soumis à de fausses impressions (illusions sensorielles). Il faut y croire après avoir vérifié. Il est même conseillé de doubler une information à l'aide de deux instruments, ex. : - Assiette et altimètre.

2) Avoir une position correcte et confortable afin de limiter les crispations. Si vous disposez d'un accoudoir, n'hésitez pas à vous en servir.

3) Piloter avec souplesse, éviter les gestes brusques et surtout compenser votre avion dans toutes les phases de vol, ce qui vous permettra une meilleure dispersion de votre attention sans que l'avion s'écarte trop de sa trajectoire.

LE GUIDE PRATIQUE DU PILOTAGE

ÉTUDE SOMMAIRE DU VOL SANS VISIBILITÉ

VSV

4) Bien identifier les positions de la maquette par rapport à l'horizon artificiel en ayant une bonne connaissance des paramètres de votre appareil : - Assiette en degrés – vitesse – puissance – configuration.

5) En virage, l'inclinaison ne devra jamais dépasser 30°, de préférence effectuer des virages au taux standard (rappel page 69) et contrôler au chronomètre : - Toutes les 30 secondes ≅ 090° de secteur, ou 030° toutes les 10 secondes.

6) Si vous avez à réfléchir, à calculer une estimée, donner un message radio, le faire avec les yeux sur l'horizon artificiel.

En ce qui concerne le circuit visuel, une sélection des instruments secondaires doit être effectuée en fonction des phases, jamais deux instruments secondaires ne seront contrôlés successivement, entre chaque instrument secondaire il faudra repasser par l'horizon. Sur les figures qui suivent les flèches de couleur rouge correspondent au circuit visuel le plus fréquent. Le pilotage consiste essentiellement au contrôle d'une assiette et d'une inclinaison, ainsi :

1. LE CONTROLE DU VOL EN PALIER :

A partir de l'horizon artificiel instrument principal qui nous donne une information "*instantanée*" de l'attitude de l'avion, les instruments secondaires à contrôler sont l'altimètre, le directionnel, accessoirement le variomètre (**fig. 3**).

a) **l'altimètre** qui va nous permettre de s'assurer du maintien de l'altitude prévue ainsi que de la correction éventuelle à apporter

b) **le directionnel** qui nous indique si le vol est bien rectiligne et ses corrections

c) **le variomètre** nous indiquera une tendance de la correction éventuelle en se rappelant que cet instrument possède une certaine inertie, il ne faut pas se précipiter dans l'ampleur de la correction et attendre que celui-ci se stabilise

Après contrôle de ses instruments secondaires principaux, un bref contrôle périodique vitesse – puissance et symétrie du vol pour d'éventuels réajustements.

ÉTUDE SOMMAIRE DU VOL SANS VISIBILITÉ

COMMENT CONTROLER ?

Il est essentiel de bien maintenir le petit rond de la maquette sur la ligne de l'horizon artificiel, de même que les ailes de celle-ci doivent être maintenues parfaitement parallèles à ce même horizon artificiel.

Si ce n'est pas le cas, des petites corrections de faible amplitude à cabrer ou à piquer ou latéralement en inclinaison pour revenir en bonne position. Si l'attitude de l'avion n'est pas tout à fait celle souhaitée, effectuer une petite variation d'assiette à cabrer ou à piquer de 1 à 2° maxi soit ½ à 1mm le petit rond de la maquette faisant 1 millimètre de diamètre.

Le compensateur doit être réglé avec soin, il ne faut pas qu'il y ait le moindre effort sur les commandes.

2. LE CONTROLE DU VOL EN MONTEE :

Toujours à partir de l'horizon artificiel où l'on affiche à la maquette une assiette de montée (+ 7° exemple **Fig. 4**) ensuite alternativement notre circuit visuel passera par l'anémomètre et le directionnel.

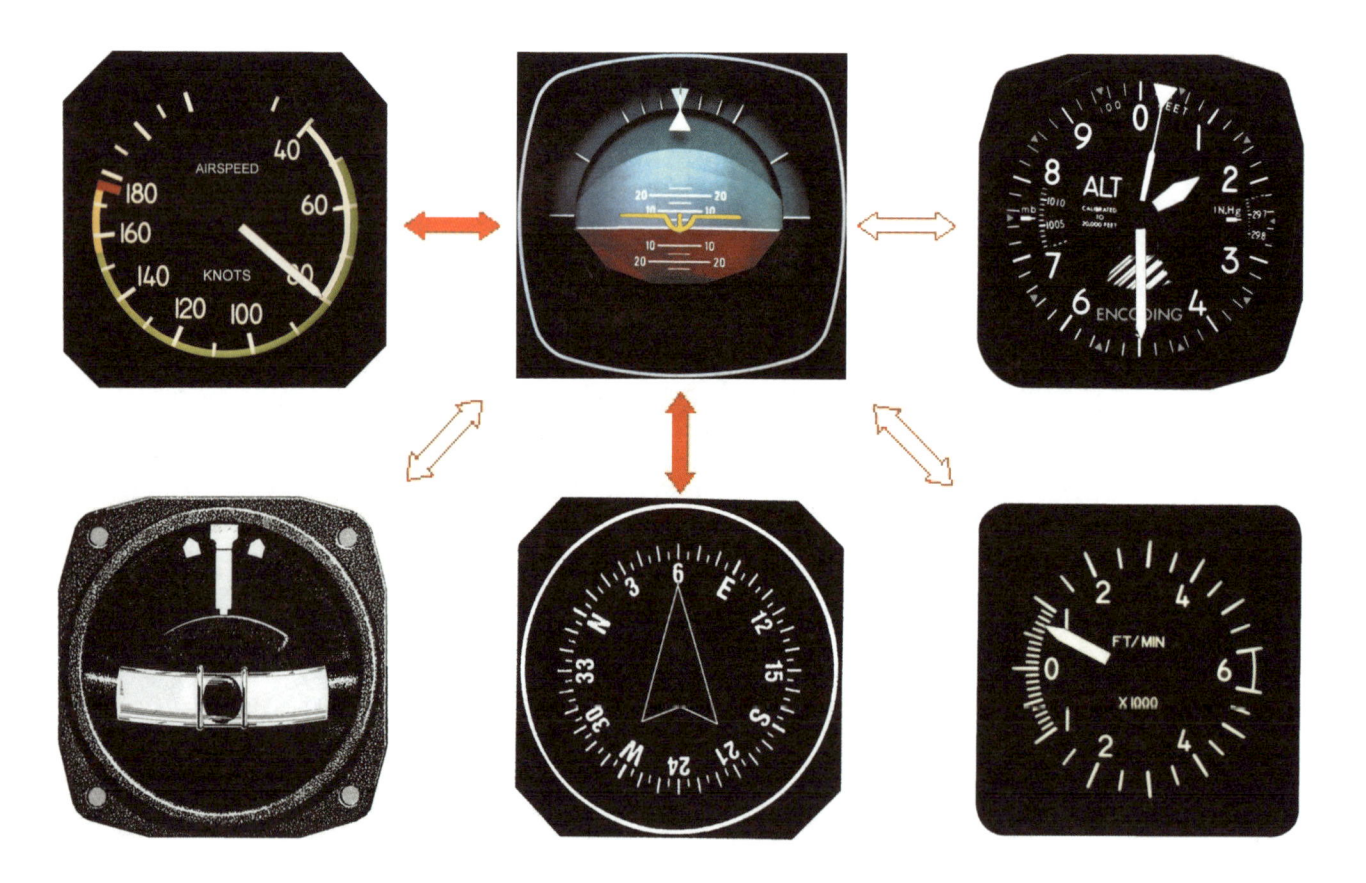

a) **l'anémomètre** car en montée la vitesse est l'élément essentiel qu'il faut maintenir. Bien qu'une assiette et une puissance nous donnent une vitesse en atmosphère calme, si cette dernière devient turbulente, une vitesse qui faiblit ou se renforce va nous amener à apporter de légères modifications d'assiette de 1 à 2° max. afin de maintenir une vitesse constante.

b) **le directionnel** comme pour le vol horizontal pour s'assurer du maintien d'une trajectoire rectiligne moyenne.

Tout à fait accessoirement le variomètre qui n'entre pratiquement pas dans le circuit visuel, l'avion donnant ce qu'il peut sur ses performances, il confirme seulement que l'on monte. Brièvement au début de la montée l'indicateur de virage et la bille pour s'assurer de la symétrie du vol car en montée une action permanente sur le palonnier (ou réglage du compensateur de direction si muni) est nécessaire pour avoir la bille au milieu assurant de meilleures performances de montée puisque moins de traînée. Enfin, l'altimètre pour ne pas manquer l'altitude de stabilisation.

LE GUIDE PRATIQUE DU PILOTAGE

ÉTUDE SOMMAIRE DU VOL SANS VISIBILITÉ

VSV

3. LE CONTROLE DU VOL EN DESCENTE :

Comme pour les autres cas de vols l'horizon artificiel est toujours l'instrument principal de concentration du regard sur lequel on revient après un contrôle en étoile de chaque instrument secondaire.

Une assiette de descente (– 3° exemple **Fig. 5**) sera affichée à la maquette de l'horizon artificiel soit environ 1 millimètre ½. Les instruments secondaires prioritaires sont, le variomètre, le directionnel et l'anémomètre.

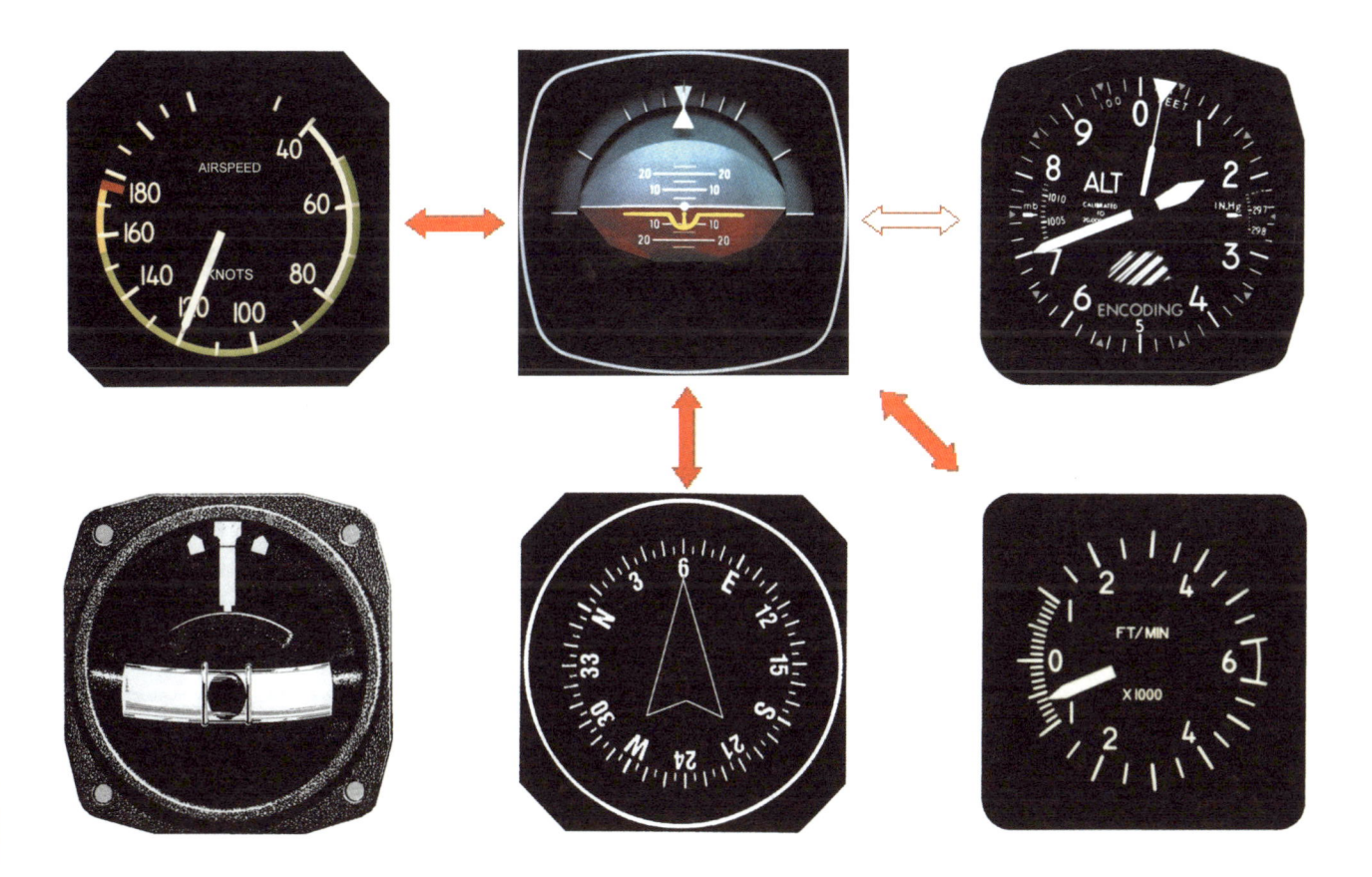

a) **le variomètre** prend de l'importance car en descente on cherche à maintenir un taux de chute constant malgré l'inertie de l'instrument. On se rappellera qu'une **variation de 1° (soit un ½ millimètre sur la maquette)** donnera une **vitesse de chute** d'un peu plus de **100 ft/mm**. En conclusion si on devait avoir un vario indiquant 600 ft/mn au vario et qu'il en indique 800 ft/mn il faudra effectuer une correction d'assiette d'environ 1 millimètre à cabrer par rapport à l'assiette affichée (– 3° dans l'exemple). Les corrections s'effectueront avec douceur.

b) **le directionnel** comme dans les autres cas de vol assurera le contrôle d'une trajectoire rectiligne moyenne.

c) **l'anémomètre** car on essaie de maintenir une vitesse constante, qui peut amener des petits réajustements de puissance périodiques. Ensuite sortant du cadre des instruments secondaires principaux, peut intervenir plus ponctuellement le contrôle de l'**altimètre** pour ne pas louper le plancher de stabilisation où l'on doit stopper la descente, (par exemple de nuit l'altitude en dessous de laquelle il ne faut pas descendre en raison des reliefs).

Pour tous changements de trajectoires se rappeler de la règle : 1) assiette, 2) puissance, comme en vol à vue.

Par contre lorsqu'il s'agit de faire varier sa vitesse sur une même trajectoire on agira d'abord 1) sur la puissance 2) sur l'assiette, voir le passage en attente en vol à vue (page 60) à adapter en vol sans visibilité à la maquette de l'horizon artificiel.

ÉTUDE SOMMAIRE DU VOL SANS VISIBILITÉ

4. LE CONTROLE DU VIRAGE EN PALIER :

Il est essentiel pour un pilote VFR de savoir exécuter un virage sans visibilité car c'est le seul moyen de sortir d'un nuage dans lequel on est entré malencontreusement, soit effectuer un **demi-tour** pour revenir vers de meilleures conditions.

Sans visibilité nous pouvons très vite ressentir de fausses sensations auxquelles il ne faut pas se fier, il faut donc faire une confiance absolue aux informations données par l'horizon artificiel et surtout éviter d'effectuer des virages à plus de 30° d'inclinaison pour ne pas être désorienté. La solution consiste à effectuer des virages au **taux standard** (rappel page 69) dont l'inclinaison est fonction de la vitesse. Ainsi dans notre exemple, avec une vitesse de 120 kT l'inclinaison à afficher devra être de 18°. L'horizon artificiel reste donc l'instrument central dominant.

Les instruments secondaires sont le directionnel, le variomètre, accessoirement l'altimètre et l'indicateur de virage.

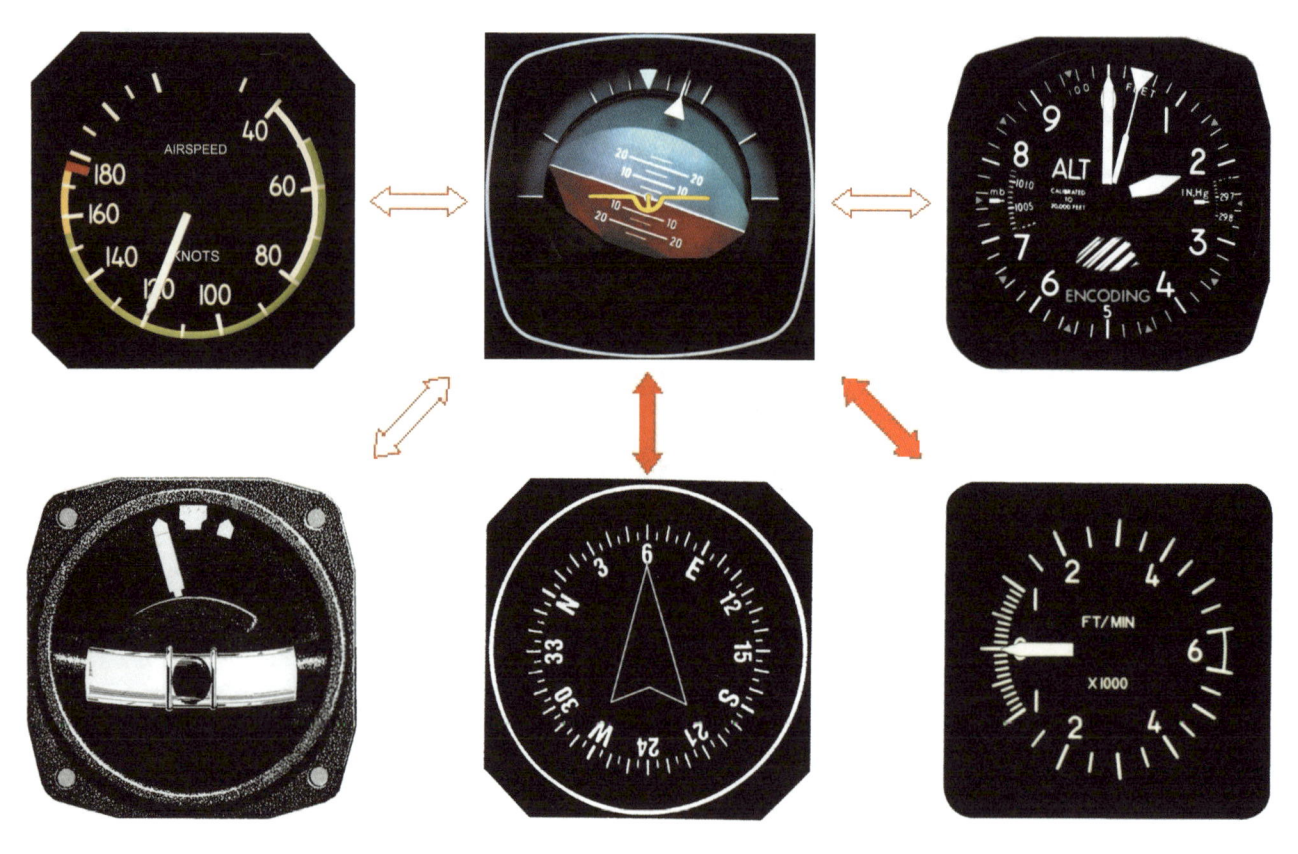

a) **le directionnel** qui permet de vérifier le bon fonctionnement des caps et de voir arriver le cap de sortie de virage.

b) **le variomètre** qui permet de détecter tout engagement vers le haut ou vers le bas.

De temps en temps on vérifie si l'altimètre conserve l'altitude prévue sans quoi on effectue les corrections nécessaires pour y revenir.

L'indicateur de virage qui confirmera si le taux de virage est bien standard et si le vol est bien symétrique (bille au milieu).

Très accessoirement l'anémomètre pour s'assurer que la vitesse est restée à la valeur souhaitée, pour effectuer si nécessaire un réajustement de puissance.

Avant d'entreprendre un virage de 180° il faut d'une part bien fixer le vol horizontal et d'autre part déterminer en bas du directionnel, quel sera le cap de sortie du virage

La mise en virage : les yeux concentrés sur la maquette et l'horizon artificiel, nous allons agir doucement sur le manche latéralement pour créer inclinaison et virage (à gauche **Fig. 6**). Nous voyons alors l'aile gauche de la maquette descendre sous l'horizon artificiel et la droite monter dans la partie bleue (le ciel) de ce même horizon. Comme la maquette est solidaire de l'avion et son capot, un débutant peut avoir l'impression un peu déconcertante de voir l'horizon artificiel basculer, ce qui au début peut apporter des corrections inverses. Il faut peu de temps pour s'habituer…

LE GUIDE PRATIQUE DU PILOTAGE

ÉTUDE SOMMAIRE DU VOL SANS VISIBILITÉ

VSV

Sur le haut de l'horizon artificiel se trouve l'indicateur de valeur d'inclinaison. Dans notre exemple lorsque celui-ci indique les 18° souhaités il faut stabiliser le virage (rappel page 67 et 68).

Le virage stabilisé : sachant que la portance doit augmenter en virage pour maintenir le vol horizontal une petite action du manche vers l'arrière sera nécessaire de façon à amener et maintenir le petit rond de la maquette légèrement au dessus de l'horizon artificiel. Un petit coup d'œil au vario pour assurer le vol horizontal et à la bille pour confirmer le vol symétrique, ainsi que l'aiguille pour confirmer le taux standard (rappel page 69).

Toujours à partir de l'horizon artificiel effectuer des allers-retours rapides vers l'indicateur d'inclinaison, la maquette, l'altimètre, le vario, le directionnel.

La sortie de virage : se rappeler que l'anticipation de la sortie de virage est égale à environ 1/3 de l'inclinaison soit environ 5° pour notre exemple. 5° avant le cap de sortie on débutera doucement la sortie de virage. Pour cela on ramènera les ailes de la maquette bien horizontales ainsi que le petit rond de la maquette sur l'horizon, en relâchant l'action arrière du manche.

En conclusion : Bien se rappeler que le pilotage sans visibilité réclame de la douceur dans les actions. Il faut agir avec de faibles amplitudes. Garder les réflexes de base "***assiette-puissance***", ainsi si vous avez perdu de l'altitude, il faut cabrer légèrement votre assiette, mais également augmenter la puissance afin de maintenir celle-ci et revenir à l'altitude initiale. Inversement si vous avez gagné de l'altitude.

LE VOL DE NUIT

Selon que la lune est présente ou non, la visibilité peut être très différente. Par nuit éclairée par la lune (pleine lune en particulier), on arrive à distinguer le sol, l'horizon et les nuages, que l'on peut ainsi éviter. Le pilotage aux instruments ne sert que d'aide en supplément de ces références extérieures. Par nuit "*noire*" nous perdons toute référence crédible, nous pouvons même confondre un alignement d'étoiles ou de lumières au sol avec ce que nous croyons être l'horizon, ce qui peut être dangereux. Dans ce dernier cas le seul moyen de contrôler le vol est le pilotage aux instruments, avec le circuit visuel que nous venons d'étudier.

SÉCURITÉ

a) **par rapport aux obstacles** : dans le cadre du VFR de nuit, en vol local la hauteur mini de survol doit être de 500 ft, alors que pour tout autre cas elle sera au minimum de 2.200 ft dans un rayon de 8 km de part et d'autres de la route prévue sauf sur des itinéraires publiés où elle est alors spécifiée.

b) **par rapport aux autres aéronefs** : les feux de navigation permettent grâce à leur couleur et disposition de matérialiser les trajectoires d'autres aéronefs. Se rappeler que le feu rouge est à gauche (comme en politique) le vert à droite et le blanc à l'arrière. On y rajoute des feux à éclats (flahs) pour attirer l'attention. Ainsi si vous voyez :

- un feu rouge et un vert c'est qu'un aéronef vient droit sur vous de face.
- un blanc unique, un aéronef est devant vous même direction.
- un rouge et un blanc, il se déplace de la droite vers la gauche.
- un vert et un blanc, il se déplace de la gauche vers la droite.

c) **à bord** : Il est indispensable d'avoir une torche électrique (qui fonctionne) car en cas de panne électrique elle vous permettra de pouvoir lire les instruments. Il est judicieux de prévoir un système de fixation autour du cou.

Le roulage : rouler sur les axes matérialisés ce qui préserve (en principe) de tout accrochage, et n'empêche pas de bien regarder ou de demander l'aide du contrôle sur aérodrome peu connu. Les déplacements s'effectuent à faible allure (comme de jour), phare de roulage allumé ainsi que feux de navigation et anticollision. Les voies de circulation sont limitées par des feux bleus ou des balises réfléchissantes.

Le décollage : phares allumés juste avant le décollage, ensuite aucune difficulté particulière dans cette manœuvre "on suit l'axe" entre les feux blancs du balisage. Par contre pour un débutant les premiers décollages sont un peu déconcertants car après la rotation on perd vite les références visuelles. Se rappeler que dès la rotation, les yeux doivent aller sur la maquette pour afficher l'assiette prévue au décollage et la montée. Enfin l'extrémité de piste est matérialisée par des feux rouges qu'il ne faut pas dépasser…

L'approche : la piste apparaît comme un parallélogramme symétrique bordé par des feux blancs, le seuil matérialisé par des feux verts et l'extrémité par des rouges. Parfois l'axe central est matérialisé par des feux blancs. On allumera nos phares sur la finale.

ÉTUDE SOMMAIRE DU VOL SANS VISIBILITÉ

VSV

a) - si l'aérodrome est pourvu d'indicateurs visuels de plan, PAPI ou VASI : il est facile de matérialiser le plan ou ses variations (de jour comme de nuit).

- si le plan est correct on doit voir le PAPI ou VASI après le seuil de piste, indiquer deux feux rouges et deux feux blancs (voir **Fig. 7**) à maintenir ainsi :

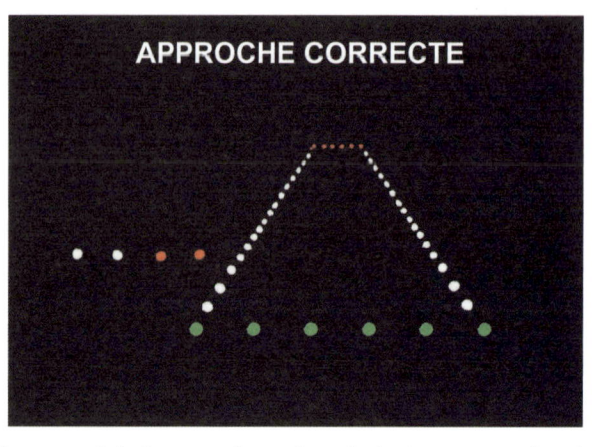

Fig. 7 : sur le plan avec l'indication du PAPI

- 4 rouges = plan faible = dangers, à éviter en raison des obstacles : correction immédiate ou remise de gaz
- 3 rouges 1 blanc = plan légèrement faible, corriger doucement
- 4 blancs = plan trop fort, ne pas attendre pour corriger ou remise de gaz
- 3 blancs 1 rouge = plan légèrement fort, corriger doucement

Si le plan n'est pas correct il faut corriger sans tarder, comme en vol à vue (rappel pages 104 et 105).

Enfin le point d'aboutissement à viser en courte finale se situe à la hauteur du PAPI ou du VASI.

b) - l'aérodrome n'est pas pourvu d'indicateur de plan : dans ce cas les impressions visuelles dues à l'obscurité donnent l'impression de se trouver sur un plan fort, ce qui tend à nous faire prendre un plan faible d'où… danger !

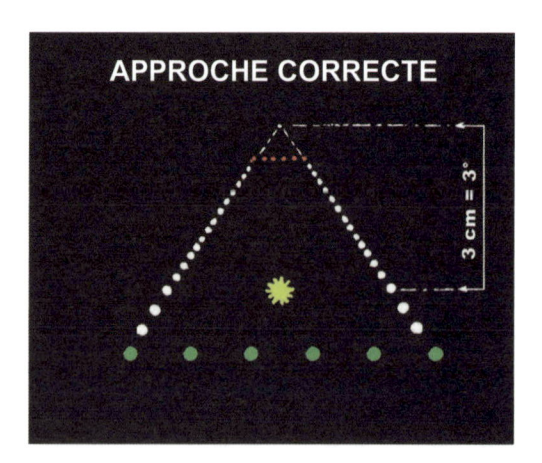

Fig. 8 : ce qu'il faut imaginer sans PAPI

Il faut alors procéder comme de jour lorsque l'horizon n'est pas visible (voir page 103, **Fig. 14 c**), prolonger par imagination les extrémités latérales de piste jusqu'à leur point de jonction. Entre le point d'aboutissement (qu'il est conseillé de situer au-delà du seuil de piste, "*lumières vertes*") et le point de jonction imaginaire (**Fig. 8**) il doit y avoir 3 cm donc 3° comme en vol à vue pour être sur le plan (rappel pages 101 à 105). Si moins de 3 cm le plan est faible, si plus, le plan est fort.

L'atterrissage : la piste étant éclairée par le phare d'atterrissage, pour un débutant, la bonne hauteur pour débuter l'arrondi n'est pas toujours évidente mais on s'y fait très vite. La tendance étant d'arrondir un peu haut avec risque d'atterrissage dur.

En cas de panne du phare d'atterrissage pour débuter l'arrondi, les rampes latérales du balisage nous donnent une information visuelle, mais la tendance est d'arrondir trop haut avec risque d'atterrissage dur. Il est alors conseillé d'adopter en courbe finale un vario d'environ – 200 ft/mm, de ne pas arrondir et de réduire la puissance dès le contact sol. L'impact n'est pas très important et même s'il n'est pas effectué dans les règles de l'art c'est la seule méthode acceptable.

LE GUIDE PRATIQUE DU PILOTAGE

ÉTUDE DE CHARGEMENT ET DE CENTRAGE

Ce 1

Le bon équilibre de l'avion en vol dépend de la manière dont il est chargé, car la position du centre de gravité (point d'équilibre de l'avion) doit se situer dans une certaine plage si l'on ne veut pas s'exposer à des risques graves de déséquilibre.

En effet "*un centrage trop avant*" augmente la stabilité du vol et rend l'avion difficilement manœuvrable dans le plan vertical, voir cas extrême, impossible à décoller ou à poser cabré. Comme image simpliste, retenons que l'avion est lourd du nez.

"*Centré trop arrière*" il devient de plus en plus maniable en profondeur et rend le pilotage hypersensible, petite action sur le manche = grand effet, d'où pilotage dangereux. Cas extrême au décollage, l'avion décolle seul, sans l'intervention du pilote et continue à se cabrer malgré une action du manche à fond vers l'avant... Vous imaginez la suite tragique de cette perte de contrôle... mais aussi application facile de facteur de charge... Comme image simpliste, retenons que l'avion est lourd de la queue.

Avant le vol il faut donc faire une étude de chargement et vérifier si le centrage se situe dans la plage de sécurité, ceci soit à l'aide de la "*fiche de pesée*" qui est jointe au carnet de route de votre appareil, soit à l'aide d'une abaque qui se trouve dans le manuel de vol.

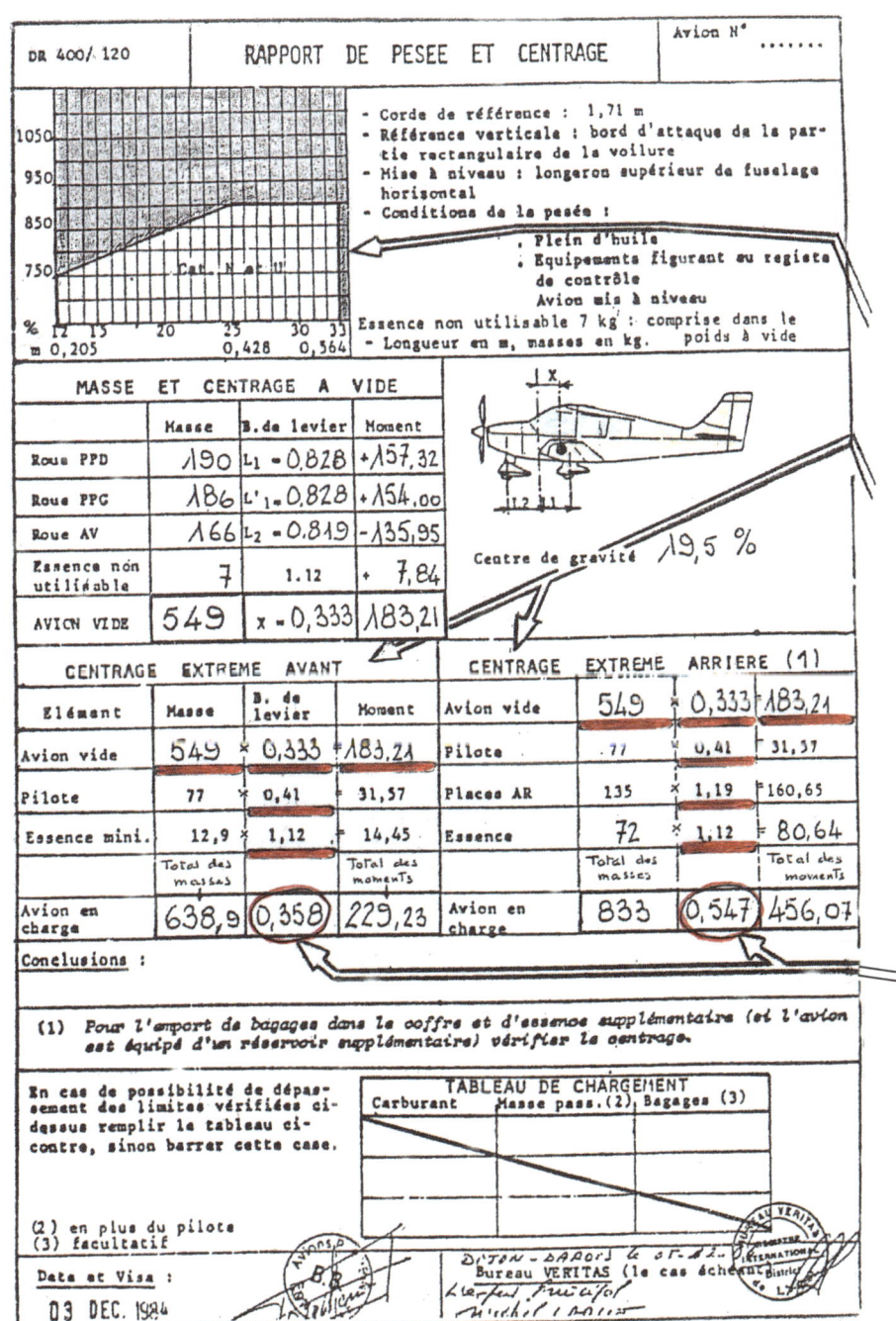

Analysons les points remarquables donnés à titre d'exemple par la fiche de pesée d'un DR400/120. Ceux-ci ne nécessitent pas de connaissances en physique particulières. Ils vont surtout servir à établir une méthode d'application :

Le diagramme de centrage avec une enveloppe plus claire. Le centre de gravité résultat des calculs à effectuer, doit se situer dans cette enveloppe si le centrage est correct.

Un ou deux exemples de calcul de centrages (ici deux) dont il faudra reprendre les éléments importants qui sont "*donnés*" et invariables pour un type d'avion précis comme les bras de levier et les éléments soulignés ici d'un trait plus épais (Voir étude pages suivantes).

Résultats des calculs de centrage qu'il faut situer sur le diagramme (voir pages suivantes...).

ÉTUDE DE CHARGEMENT ET DE CENTRAGE (suite)

Voici quelques extraits des fiches de pesée d'avions différents et notamment les diagrammes de centrage et les exemples de calculs. Au regard de celles-ci on s'aperçoit immédiatement que les diagrammes de centrage **sont tous basés sur le même procédé**; ce qui n'est pas le cas des abaques figurant dans les manuels de vol, où chaque constructeur a une méthode différente. Pour calculer le centrage il suffit de reprendre les éléments figurant ici dans la zone sombre, porter les masses et calculer les moments et le centrage qu'on situera ensuite dans le diagramme concerné.

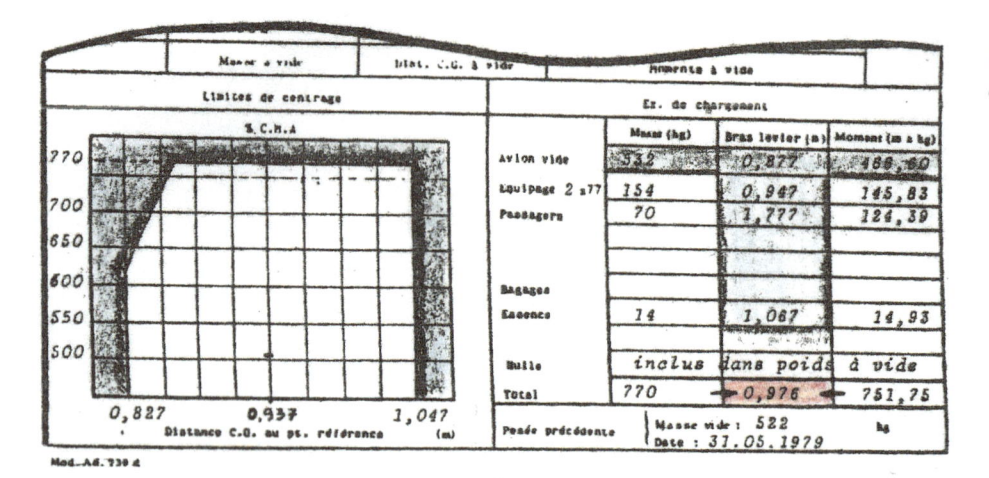

Extrait de la fiche de pesée d'un Rallye R 110 ST.

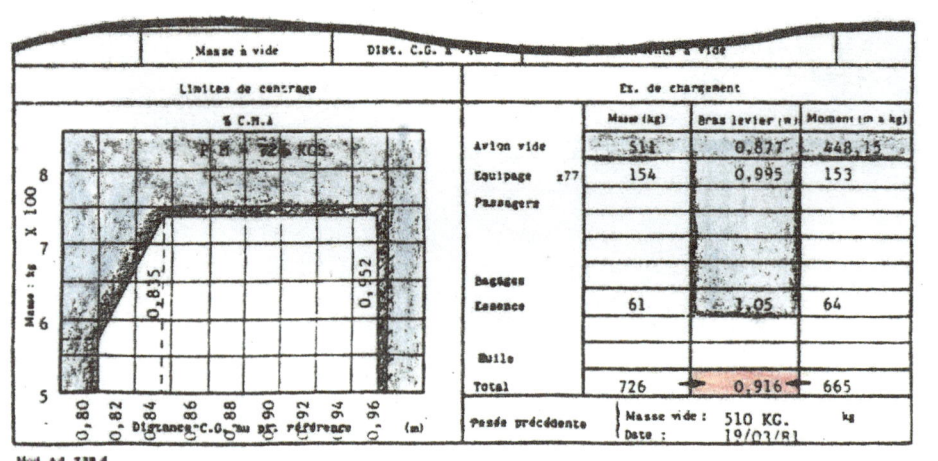

Extrait de la fiche de pesée d'un Cessna F 150.

Extrait de la fiche d'un DR400/160. On remarque ici qu'il y a deux diagrammes de centrage qui sont fonction de la charge de l'avion, ainsi catégorie "**N**" si la masse est comprise entre 950 et 1050 kg ou en catégorie "**U**" si la masse est inférieure à 950 kg (rappel page 63).

LE GUIDE PRATIQUE DU PILOTAGE

ÉTUDE DE CHARGEMENT ET DE CENTRAGE (suite)

Ce 3

Reprenons en clair, les éléments importants et nécessaires aux calculs qui se trouvent sur la fiche de pesée page 257 :

– **La masse à vide** de l'avion (avec huile et fond d'essence inclus).

– **Les bras de levier**, c'est-à-dire la distance où se trouvent appliqués les poids de tels ou tels éléments rajoutés à l'avion (passagers et bagages) par rapport à une référence donnée par le constructeur, par exemple distance des passagers arrière depuis le bord d'attaque de l'aile pour le DR 400/120. (Cette référence est parfois la cloison pare-feu).

– **Les moments**. Un moment est la multiplication d'une distance par une masse.

L'impact de cette force est donc majoré ou minoré en fonction de cette distance : il est le résultat des masses multipliées par les bras de levier.

Établissons ci-dessous le tableau nécessaire aux calculs et agrandissons le diagramme de centrage de la fiche de pesée sur lequel figure verticalement la valeur des masses en Kg et horizontalement les positions possibles du centrage en mètre ou en % :

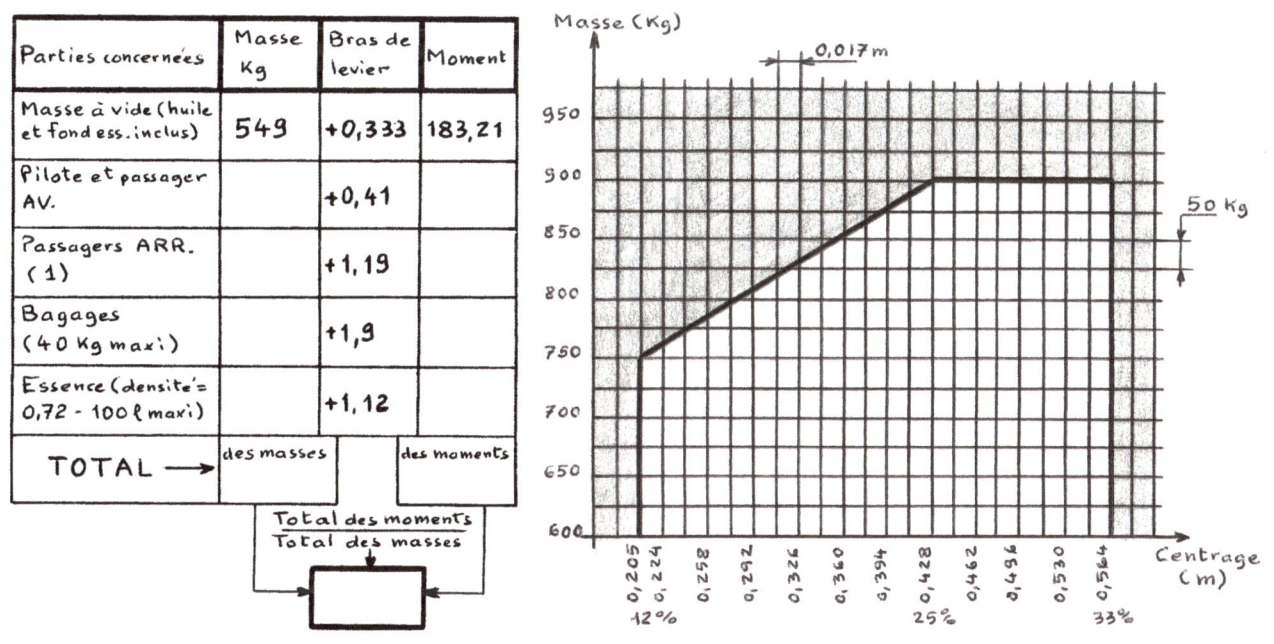

Parties concernées	Masse Kg	Bras de levier	Moment
Masse à vide (huile et fond ess. inclus)	549	+0,333	183,21
Pilote et passager AV.		+0,41	
Passagers ARR. (1)		+1,19	
Bagages (40 Kg maxi)		+1,9	
Essence (densité = 0,72 - 100 ℓ maxi)		+1,12	
TOTAL →	des masses		des moments

$$\frac{\text{Total des moments}}{\text{Total des masses}} \rightarrow \boxed{}$$

1) Max. 130 Kg avec plein carburant sans bagage

Dans l'exemple pris en considération, il s'agit d'un avion dont la masse à vide est de 549 kg (voir fiche de pesée) et dont la masse maximale autorisée ne doit dépasser en "***aucun cas***" 900 kg (voir manuel du vol ou la fiche) première condition d'un centrage correct... et de sécurité. Si cette valeur est dépassée, il faut ou suspendre le vol ou diminuer le chargement (essence, bagages ou passagers). Il en est de même si les calculs situent le centrage dans la zone sombre du diagramme auquel cas, il est encore possible d'essayer de répartir les charges différemment et de vérifier à nouveau si le centrage est correctement rétabli (zone claire)... Cela est nécessaire pour assurer votre sécurité... et celle de vos passagers... Bien entendu, pour un petit vol local avec un avion peu chargé si vous avez un peu de bon sens, le calcul n'est pas forcément nécessaire. En cas de doute ou de chargement important, il faut cinq minutes pour faire ces petits calculs... sage précaution... Quant à la ligne brisée du diagramme, elle correspond à la résistance structurale de la roulette avant moindre, ainsi il n'est pas possible d'avoir un centrage au dessus de la ligne brisée sans risque pour la roulette de nez, même avec une masse inférieure à la masse maxi.

Remarquons qu'un centrage arrière, mais à l'intérieur du diagramme diminue la consommation. En effet l'avion possède des empennages arrières pour lui éviter d'avoir une fâcheuse tendance à piquer. Ceux-ci sont donc positionnés de façon à être déporteurs (voir page suivante) ce qui occasionne une traînée **(Fig. 1)**. Lorsque l'avion est centré arrière, le pilote va devoir maintenir le manche légèrement avant et régler le compensateur, rendant l'empennage arrière moins déporteur, donc moins de traînée, moins de consommation…

ÉTUDE DE CHARGEMENT ET DE CENTRAGE (suite)

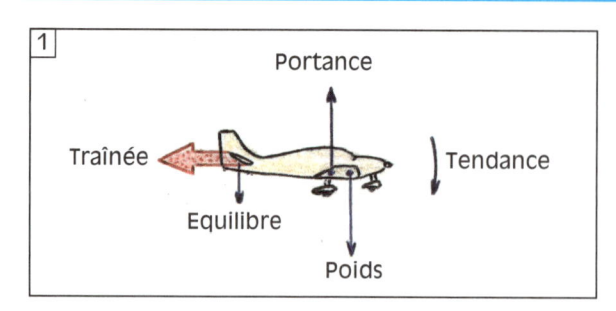

Ce 4

Examinons plusieurs cas de chargements et étudions la manière de procéder :

Exemple 1 : pour l'avion considéré, le DR 400/120, le chargement s'établit comme suit :
– A l'avant un pilote et un passager, soit un poids total de 150 kg.
– A l'arrière un enfant de 40 kg.
– Dans la soute à bagages 10 kg.
– 100 litres d'essence (1 litre d'essence = 0,72 kg) soit 1 00 x 0,72 = 72 kg.

COMMENT PROCÉDER POUR DÉTERMINER LE CENTRAGE ?

– Remplir les cases vides du tableau (en caractères gras dans cet exemple) soit dans un premier temps les masses des parties concernées.
– Calculer les moments de chaque masse en multipliant la masse par le bras de levier concerné comme suit : Pilote et passager avant = 150 x 0,41 = un moment de 61,15 et ainsi de suite...
– Totaliser la somme des masses soit 821 kg. (La masse maxi n'est donc pas dépassée).
– Totaliser la somme des moments soit 391,6.

> *Pour obtenir le centrage diviser le total des moments par le total des masses soit 391,6 ÷ 821 = un centrage de 0,476 m.*

Parties concernées	Masse Kg	Bras de levier	Moment
Masse à vide (huile et fond ess. inclus)	549 X	+0,333	183,21
Pilote et passager AV.	150 X	+0,41	61,15
Passagers ARR. (1)	40 X	+1,19	47,6
Bagages (40 Kg maxi)	10 X	+1,9	19
Essence (densité = 0,72 - 100 ℓ maxi)	72 X	+1,12	80,64
TOTAL →	des masses 821		des moments 391,6

Total des moments / Total des masses = **0,476**

1) Maxi 130 Kg avec plein carburant sans bagage

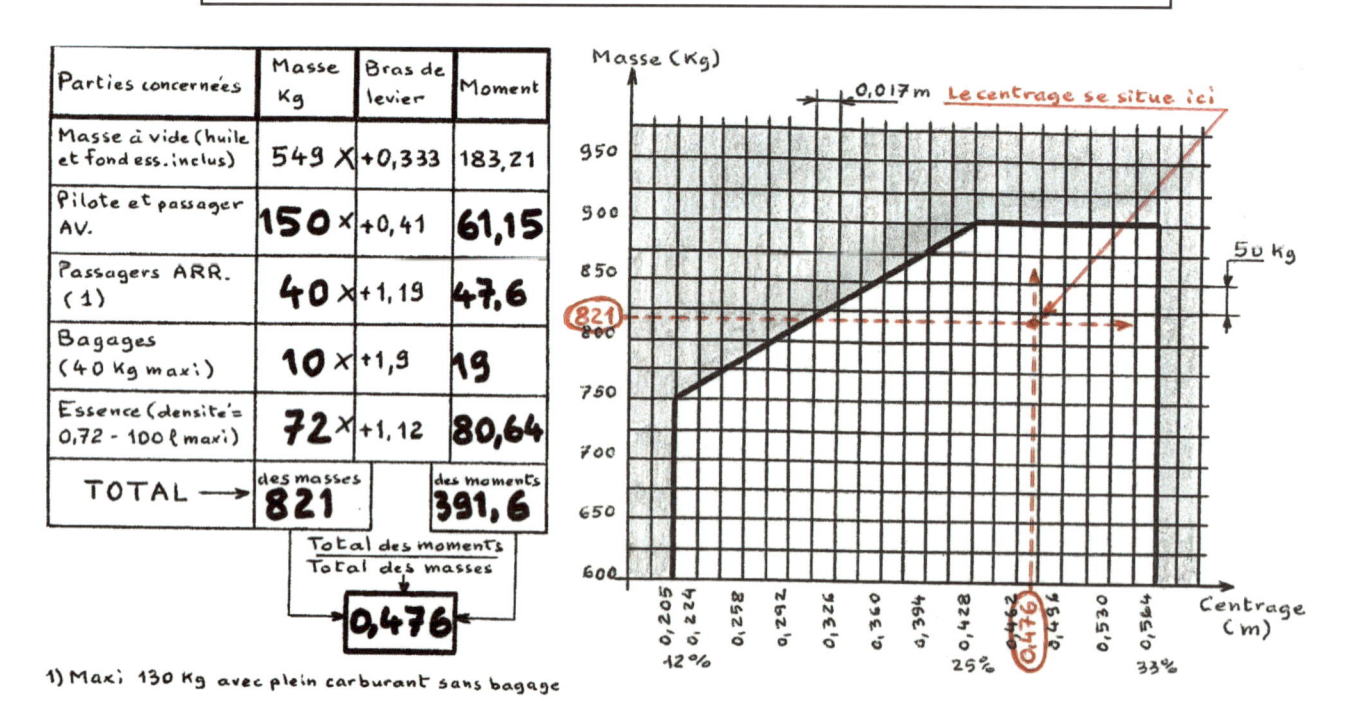

Sur le graphique tracer une ligne horizontale (pointillée) équivalant à la masse de 821 kg.
Sur la ligne de centrage situer la valeur 0,476 et tracer la ligne verticale (pointillée) correspondant à cette distance de centrage.
La jonction des deux lignes nous donne le centrage qui se situe à l'intérieur de l'enveloppe claire. Le centrage est donc correct, il est possible d'entreprendre le vol sous réserves que les distances de décollage et d'atterrissage soient compatibles avec les données du manuel de vol et les longueurs des pistes. En effet, le calcul du centrage **ne vous dispense pas** de vérifier les autres données surtout sur pistes courtes, en altitude et températures élevées (longueur de piste nécessaire à la masse concernée).

LE GUIDE PRATIQUE DU PILOTAGE

ÉTUDE DE CHARGEMENT ET DE CENTRAGE (suite)

Ce 5

Exemple 2 : le pilote du DR 400/120 décide le chargement suivant :
– A l'avant, le pilote seul à bord soit 80 kg.
– A l'arrière deux passagères faisant ensemble 110 kg.
– Dans la soute, 30 kg de bagages.
– Carburant, 100 litres d'essence soit 72 kg.
Nous obtenons ainsi le résultat suivant :

Parties concernées	Masse Kg	Bras de levier	Moment
Masse à vide (huile et fond ess. inclus)	549	+0,333	183,21
Pilote et passager AV.	80	+0,41	32,8
Passagers ARR. (1)	110	+1,19	130,9
Bagages (40 Kg maxi)	30	+1,9	57
Essence (densité = 0,72 - 100 ℓ maxi)	72	+1,12	80,64
TOTAL →	des masses **841**		des moments **484,55**

$$\frac{\text{Total des moments}}{\text{Total des masses}} = 0,576$$

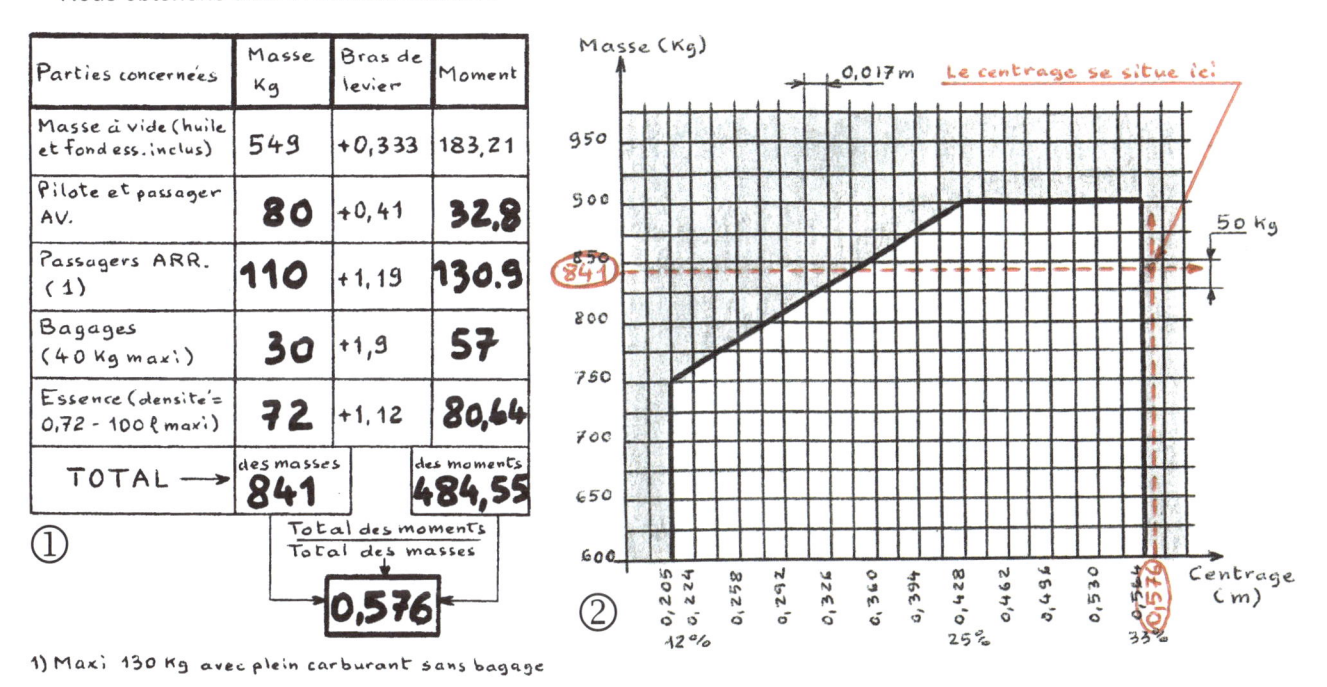

① ②

1) Maxi 130 Kg avec plein carburant sans bagage

On s'aperçoit que le croisement des deux lignes pointillées situe le centrage dans la zone sombre du graphique, il est donc **incorrect et dangereux** (centrage arrière). Dans ces conditions le vol doit être annulé, ou alors il faut revoir le chargement ou se délester de bagages ou passager.

Essayons donc, de répartir différemment les charges, soit, un passager à côté du pilote et les bagages sur la banquette arrière à côté de l'autre passager (la masse totale restant à 841 kg) :

Parties concernées	Masse Kg	Bras de levier	Moment
Masse à vide (huile et fond ess. inclus)	549	+0,333	183,21
Pilote et passager AV.	140	+0,41	57,4
Passagers ARR. (1) + bagages	80	+1,19	95,2
Bagages (40 Kg maxi)	/	+1,9	/
Essence (densité = 0,72 - 100 ℓ maxi)	72	+1,12	80,64
TOTAL →	des masses **841**		des moments **416,45**

$$\frac{\text{Total des moments}}{\text{Total des masses}} = 0,495$$

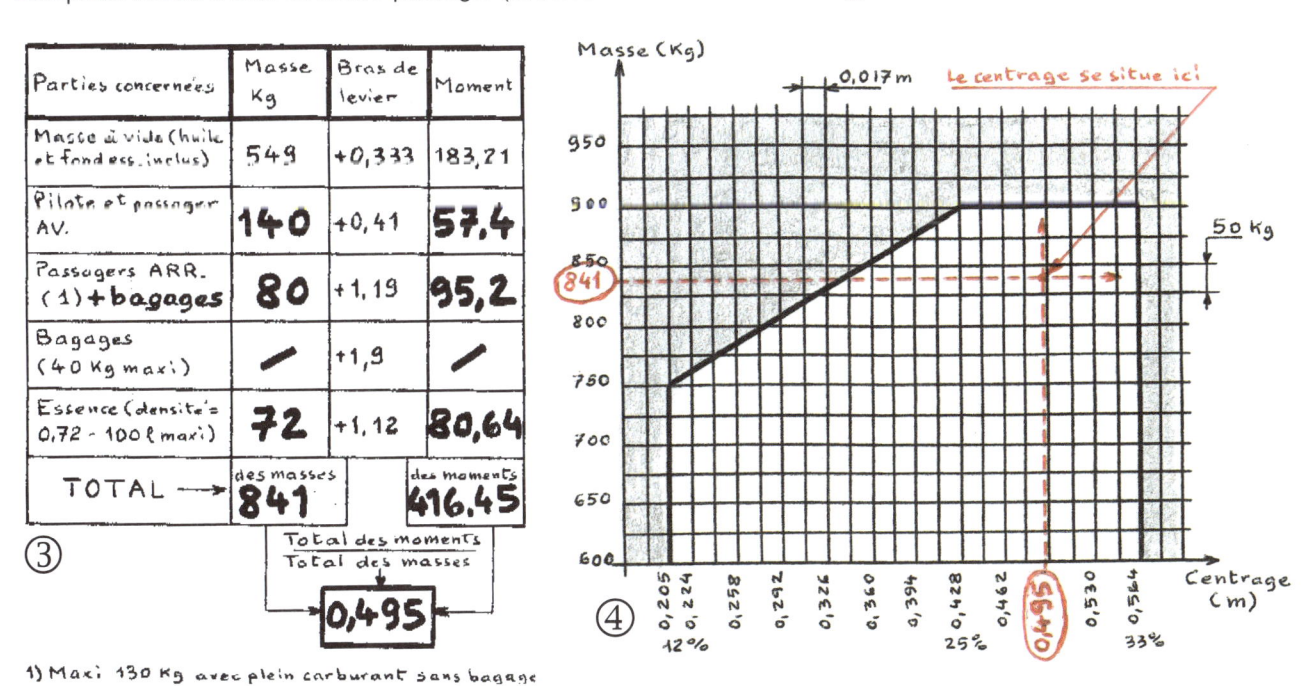

③ ④

1) Maxi 130 Kg avec plein carburant sans bagage

Ainsi modifié on s'aperçoit que le vol peut-être entrepris, d'où l'importance de ces calculs qu'il ne faut surtout pas négliger... et qui sont d'ailleurs réglementaires... mais la sécurité passe avant celle-ci avec quelquefois... un peu de bon sens en plus.

LE GUIDE PRATIQUE DU PILOTAGE

Perfect.

ÉTUDE DE LA GLISSADE

Les compléments "**hors programme**" traités à partir d'ici ne se pratiquent plus sur les appareils modernes et ne s'enseignent plus… Ils ont été rajoutés pour qu'ils ne sombrent pas dans l'oubli lorsqu'une certaine génération d'instructeurs aux cheveux blancs aura disparu…

Fig. 1 — AXE INITIAL, AXE AVION, Angle d'attaque oblique ou angle de garde, TRAJECTOIRE, glissement, chute

Fig. 2 — force de réaction, écoulement tourbillonnaire, tendance, ombre aérodynamique, écoulement

Fig. 3 — tendance, l'aile basse attaquée la 1ʳᵉ porte plus, l'avion ne reste pas incliné

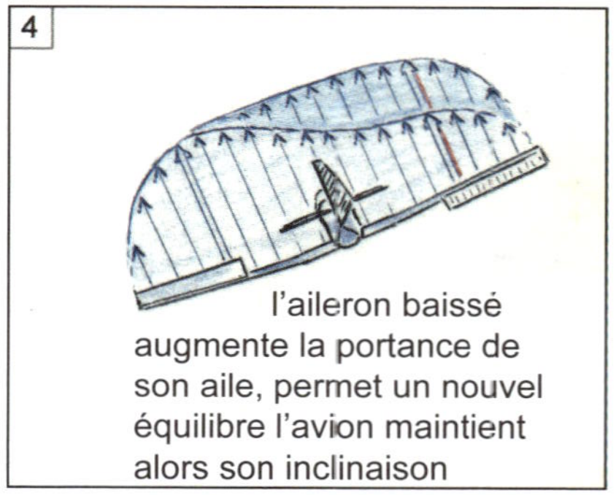

Fig. 4 — l'aileron baissé augmente la portance de son aile, permet un nouvel équilibre l'avion maintient alors son inclinaison

Définition : la glissade est une mise en "*attaque oblique*" (**Fig. 1 et 2**) non dangereuse (rappel page 91) l'écoulement de l'air autour de l'avion n'est plus symétrique.

Effets de l'attaque oblique en descente planée :

1) D'augmenter la traînée de l'avion et par conséquence, le taux de chute sans modification de vitesse.
2) Modification de la direction de la trajectoire.
3) La bille "*coule*" du côté de l'inclinaison.

Comment obtenir l'attaque oblique glissade :

1) Incliner progressivement l'avion en l'empêchant de virer, la trajectoire étant rectiligne.
2) A partir d'un virage à 30° d'inclinaison, annuler progressivement le taux de virage en maintenant l'inclinaison.

Contrôle de la glissade :

L'avion étant incliné sur trajectoire rectiligne on constate :

1) Nécessité d'agir en permanence sur le manche latéralement cu côté de la glissade (**Fig. 4**). En effet, l'aile basse est attaquée la première et de ce fait, reçoit une meilleure alimentation d'écoulement d'air que l'aile haute, qui est en partie masquée par le fuselage (ombre aérodynamique) (**Fig. 2**), et porte moins, d'où tendance à revenir à inclinaison nulle (**Fig. 3**).

2) Nécessité d'agir sur le palonnier en sens inverse de l'inclinaison pour empêcher d'une part l'avion de virer (s'incliner c'est virer), mais aussi de contrer "*l'effet de girouette*" qui tend à ramener l'appareil dans l'écoulement en vol symétrique (**Fig. 2**).

Limite de la glissade rectiligne : la limite est atteinte lorsqu'à partir d'une certaine inclinaison, il n'est plus possible d'empêcher l'avion de virer la gouverne de direction étant braquée à fond.

Les dangers de la glissade : lorsqu'on effectue une glissade, il importe de ne jamais "*voir*" le capot de l'avion s'écarter ou virer en sens inverse, à l'inclinaison, ce qu'on appelait autrefois "*cadence inverse*", ce qui peut conduire à une vrille avec départ sur l'aile haute.

D'autre part, il faut également se méfier de glisser avec les volets braqués à fond. Ils engendrent des tourbillons qui dans certains cas peuvent effacer la gouverne de profondeur et la rendre inefficace. Consulter le manuel de vol, il vous indiquera les possibilités.

Avantages : par rapport à l'utilisation des pleins volets, on peut toujours arrêter la glissade, alors que lorsque les volets sont braqués près du sol, plus question de les rentrer.

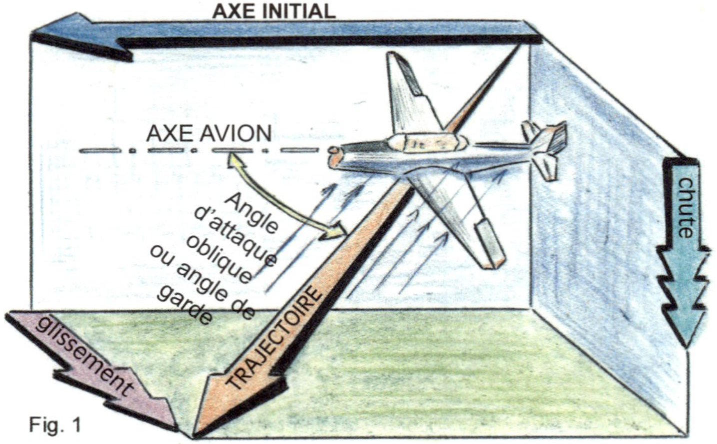

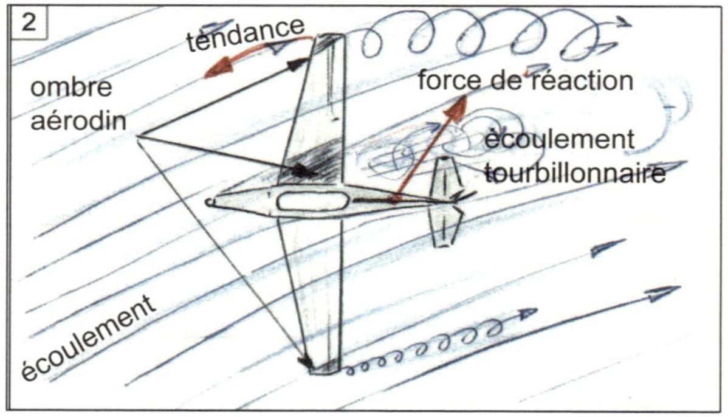

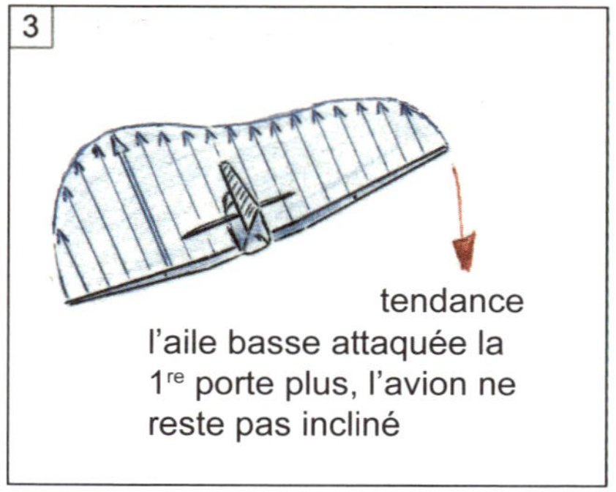

LE GUIDE PRATIQUE DU PILOTAGE

LA GLISSADE SUR AXE
- ASPECT PRATIQUE -

Perfect.

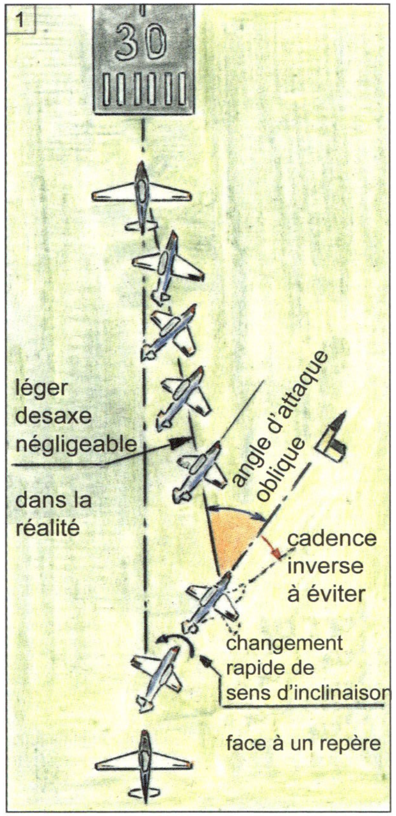

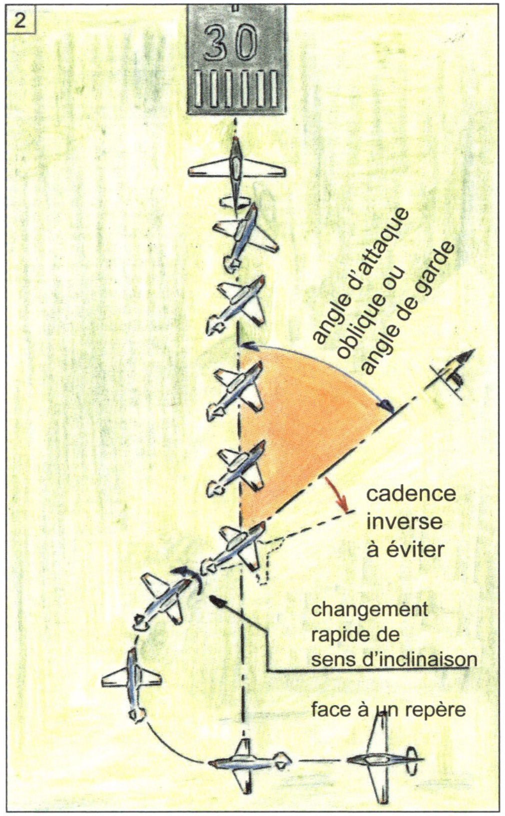

(Fig. 3) - Changement de sens de l'inclinaison avec bonne conjugaison des commandes, la rotation s'est faite sur le repère, sans l'apparition de lacet inverse, ni de cadence inverse.

(Fig. 4) - Changement de sens d'inclinaison avec une mauvaise conjugaison des commandes, la rotation ne s'est pas faite sur le repère, effet de lacet inverse plus cadence inverse, non contrôlés.

But : apprendre à glisser en restant sur un axe moyen pour raccourcir une approche trop longue.

Remarque : nous savons qu'en glissade, il existe un écart entre le cap avion et la trajectoire suivie. Pour rester sur l'axe sol, il suffit que l'axe longitudinal de l'avion soit différent de l'axe sol de la valeur de l'angle d'attaque oblique (environ 20° à 30°).

Faute à éviter : mettre carrément palonnier d'un côté, manche de l'autre, ce qui provoquerait une dangereuse "**cadence inverse**" (**Fig. 1 et 2**).

Comment se mettre en glissade sur axe ?

1) l'avion est sur l'axe face à la piste, (exemple glissade à gauche) : amorcer un virage du côté opposé à la glissade, jusqu'à l'obtention de l'angle d'attaque oblique d'environ 20° à 30° (**Fig. 1**). Lorsque l'angle est atteint, maintenir le capot de l'avion face à un repère, par une sortie de virage assez rapide, manche et palonnier côté glissade jusqu'à l'obtention de l'inclinaison voulue, ceci pour éviter un "dérapage" et que l'angle d'attaque oblique ne s'ouvre davantage (**Fig. 1, 2, 4**) par effet de lacet inverse. Lorsque l'inclinaison est obtenue, inverser doucement le palonnier pour établir la glissade.

Le changement d'inclinaison doit se faire bien en face d'un repère (**Fig. 1, 2, 3**) souvent avec une certaine amplitude des commandes.

2) L'avion n'est pas sur l'axe, mais en étape de base ; souvent le pilote s'apercevra qu'il est trop haut, avant le dernier virage. Dans ce cas, attendre que l'avion arrive sur l'axe ((**Fig. 2**), amorcer le dernier virage (à droite dans l'exemple), dépasser l'axe pour prendre l'angle d'attaque oblique, puis changer rapidement le sens d'inclinaison en conjuguant manche et palonnier et établir la glissade lorsque l'inclinaison est atteinte. Cette forme de mise en glissade est la plus "*artistique*".

Remarque : durant la glissade, il ne faut pas ouvrir davantage l'angle d'attaque oblique, car on provoquerait "**une cadence inverse**". En conséquence, il vaut mieux au départ d'une glissade prendre un angle d'attaque oblique trop grand, car on peut toujours le réduire, alors que l'ouvrir en cours de glissade est dangereux.

La sortie de glissade

avec sortie sur l'axe, il suffit de ramener doucement le manche et le palonnier au neutre et l'avion revient naturellement sur l'axe bille au milieu, grâce à son angle d'attaque oblique. Ne pas sortir de glissade trop près du sol.

LA GLISSADE SUR AXE (suite)

Autre manière de se mettre en glissade sur axe

Il existe un moyen plus simple de se mettre en glissade sur axe, sans avoir à effectuer la gymnastique du changement de sens d'inclinaison. Mais cette technique ne peut s'exécuter qu'à partir du dernier virage **(Fig. 1)**. On amorce le virage normalement, bille au milieu, puis à l'approche de l'angle d'attaque oblique, commencer d'abord à glisser le virage par opposition du palonnier en augmentant l'intensité (ou en diminuant légèrement l'inclinaison). Lorsque l'angle d'attaque oblique est atteint, établir la glissade par action dosée et nécessaire du palonnier.

Choix de l'angle d'attaque oblique

Il est facile et correct de diminuer l'angle d'attaque oblique, si la trajectoire s'écarte de l'axe, comme le montre la **(Fig. 2)**. Par contre, si la trajectoire se rapproche de l'axe et que l'avion risque de passer de l'autre côté de cet axe, surtout ***NE PAS CORRIGER*** en transformant le vol glissé en une dangereuse cadence inverse **(Fig. 3)**. En conclusion, au départ prendre toujours un angle trop fort.

La glissade et le vent de travers

Un avion évolue dans une masse d'air qui se déplace par rapport au sol. L'avion se comporte comme une mouche dans un wagon qui ignore le déplacement de celui-ci, le wagon étant comparable à la masse d'air. Pour l'avion en glissade, il en est de même, car il n'y a pas de différence aérodynamique, qu'il glisse aile haute au vent ou aile basse... La différence se manifeste par rapport à l'axe sol, l'avion qui glisse aile haute au vent devra avoir un angle d'ouverture plus grand que s'il glisse aile basse au vent **(Fig. 4)** si le pilote désire rester sur l'axe. Le fait de dire qu'il ne faut jamais glisser aile haute au vent est donc une "***hérésie***" (assez généralisée). Au contraire, le fait de glisser aile haute au vent est un avantage car en raison de la composante du vent qui réduit la vitesse sol, le "***taux de chute***" est plus important qu'en glissade aile basse au vent, ce qui est le but même de la glissade.

La seule difficulté de glisser, aile haute au vent, réside dans la sortie de glissade où il faudra revenir sur l'axe et incliner dans la foulée du côté du vent, l'atterrissage vent de travers devant s'effectuer incliné dans le vent. Cette manœuvre délicate, demande de la part du pilote "***une certaine adresse***"... pour éviter la cadence inverse, voir **(Fig. 4a)**, cette manœuvre n'est pas délicate aile basse au vent **(Fig. 4b)** pas de risque de cadence inverse, puisqu'il n'y a pas de changement de sens d'inclinaison.

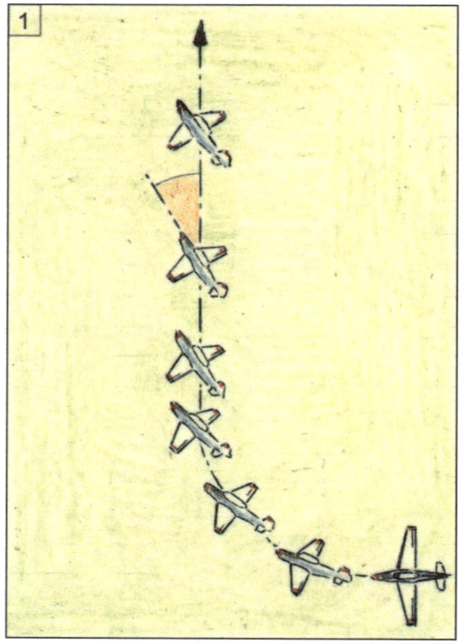

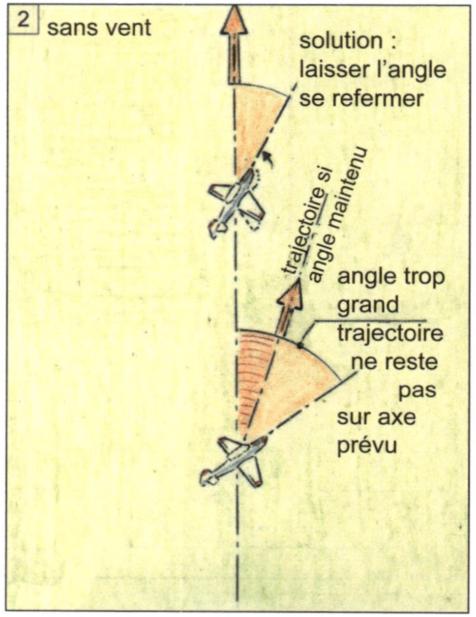

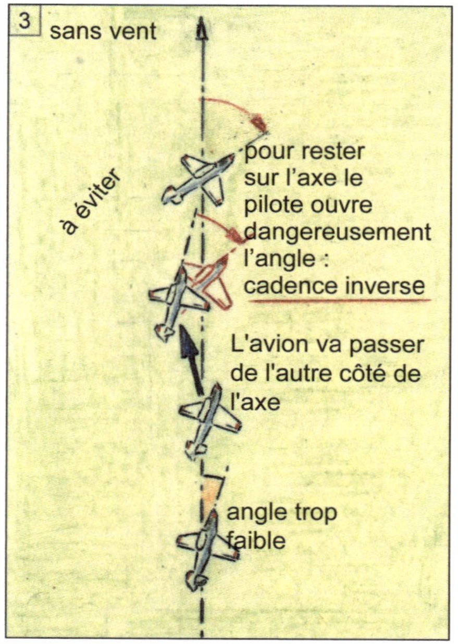

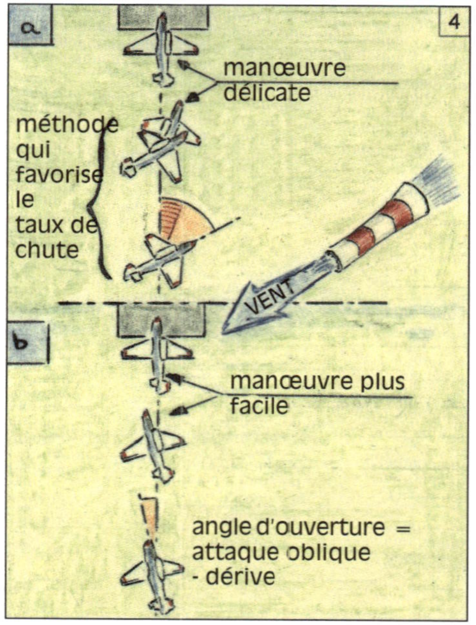

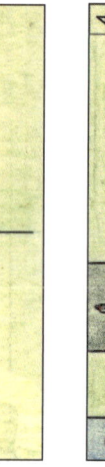

LE GUIDE PRATIQUE DU PILOTAGE

ÉTUDE DE LA PRISE DE TERRAIN EN "U" DITE P.T.U. ET SA VARIANTE LA P.T.O.

Perfect.

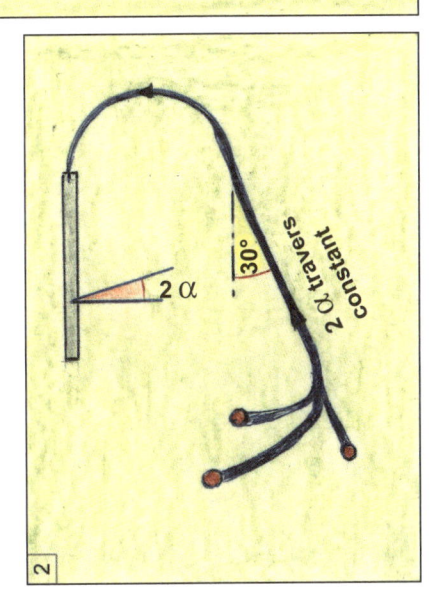

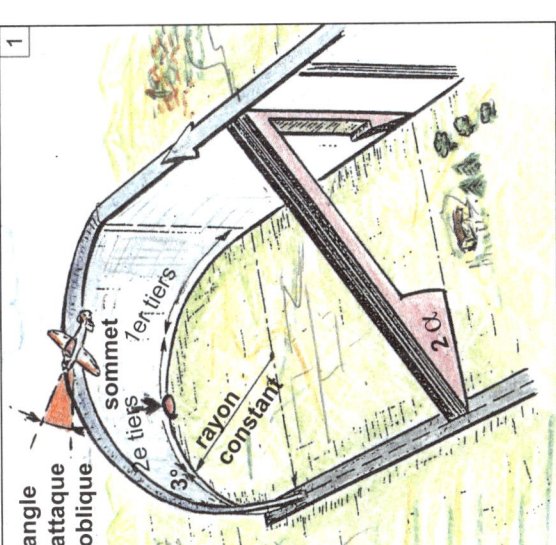

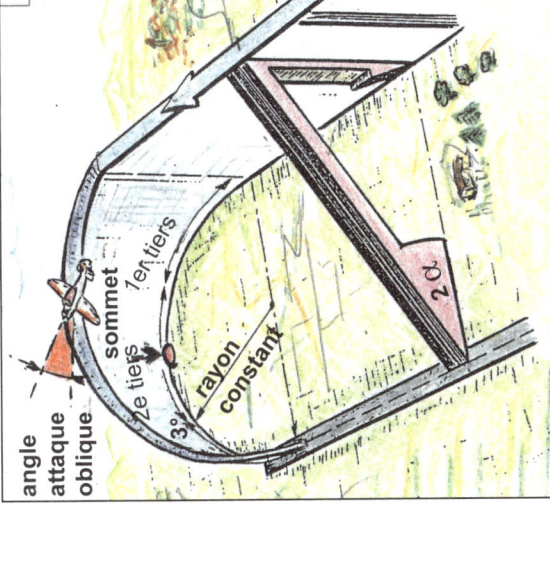

APPLICATION

Identique dans son esprit à la P.T.U. non glissée, (rappel pages 0140 à 142), avec l'avantage de pouvoir contrôler le taux de chute pour arriver à l'entrée de piste.

La P.T.U. glissée ne fait plus partie des programmes en vigueur du Brevet de pilote actuel, mais comme pour la glissade sur axe, il est dommage de priver ceux qui désirent acquérir des connaissances supplémentaires. Entre dans le domaine artistique du pilotage…

ÉTUDE DE LA P.T.U. GLISSÉE

Solution 1, cas de l'entraînement : l'avion est en vent arrière horizontale sous 2α travers (**Fig. 1**). Au niveau de l'entrée de piste, réduire les gaz, passer en descente à la vitesse préconisée, en amorçant un virage normal, bille au milieu, d'environ 30° d'inclinaison. Mais la poursuite d'un virage normal ferait, qu'en finale, l'avion serait trop long d'environ un rayon, (voir page 140). Pour arriver à l'entrée de piste, il va donc falloir accroître le taux de chute par la glissade. Pour cela, il suffit de passer en virage glissé (bille intérieure) en augmentant l'inclinaison avec une action du palonnier dans le sens inverse du virage, sans exagération pour éviter la cadence inverse. Le taux de virage devra garder approximativement la même valeur que celui d'un virage à 30° d'inclinaison. Il faudra évaluer le sommet du virage par lequel l'avion devra passer. En principe, dans le premier tiers, le taux de chute ira en croissant, dans le second, il sera presque constant, dans le dernier, il ira en diminuant, comme l'inclinaison, pour terminer bille au milieu dans l'axe de piste.

Remarques : si on s'aperçoit que l'on risque d'être court, il suffit de revenir bille au milieu en diminuant légèrement l'inclinaison, et le taux de chute deviendra plus faible. Si on s'aperçoit que l'on est haut, augmenter la glissade tout en gardant le taux de virage constant et le taux de chute augmentera. Bien entendu, il faudra respecter au mieux la trajectoire circulaire, surtout avec du vent traversier.

Comme pour la P.T.U. non glissée, il est possible de combiner celle-ci à une prise de terrain par encadrement (**Fig. 2**) on a une P.T.O. (3), mais il n'y aura pas de lignes droites précédant le virage glissé (rappel P.T.U. pages 172 et 173).

Les appareils modernes ont souvent l'inconvénient d'être limités en glissade à des inclinaisons faibles, car on arrive rapidement en butée de la gouverne de direction. Il en résulte un taux de chute faible rendant l'utilisation des pleins volets plus avantageuse. Cependant, la P.T.U. glissée garde malgré tout un petit avantage en taux de chute, par rapport à la glissade sur axe, même sur appareils modernes.

EXERCICES DE PERFECTIONNEMENT

Afin d'accroître les capacités manœuvrières du pilote voici quelques exercices à effectuer :

1) Les huits de précision, dont l'objectif est de suivre avec un maximum de précision des trajectoires sol circulaires en maintenant même altitude et symétrie.

COMMENT PROCÉDER ?

1ère méthode : chercher deux carrés au sol se touchant par leur diagonale (figure 1) permettant des virages moyens à 30° d'inclinaison, soit un diamètre d'environ 1000 à 1500 m pour avion école. Il n'y aura pas de ligne droite. Il faudra tangenter les 7 points de ce huit, en faisant en sorte de respecter la flèche "**F**" pour tenter d'avoir une forme circulaire. Commencer par le centre à environ 500 ft sol.

On s'apercevra que si il y a du vent, on devra serrer le virage vent arrière et desserrer vent de face.

Pour bien conduire les trajectoires, il n'y aura pas d'évolutions brusques. Se rappeler que chaque fois qu'il faudra serrer le virage, *l'action en arrière sur le manche devra s'accentuer et inversement lorsque l'on desserrera.*

L'altimètre sera l'instrument principal.

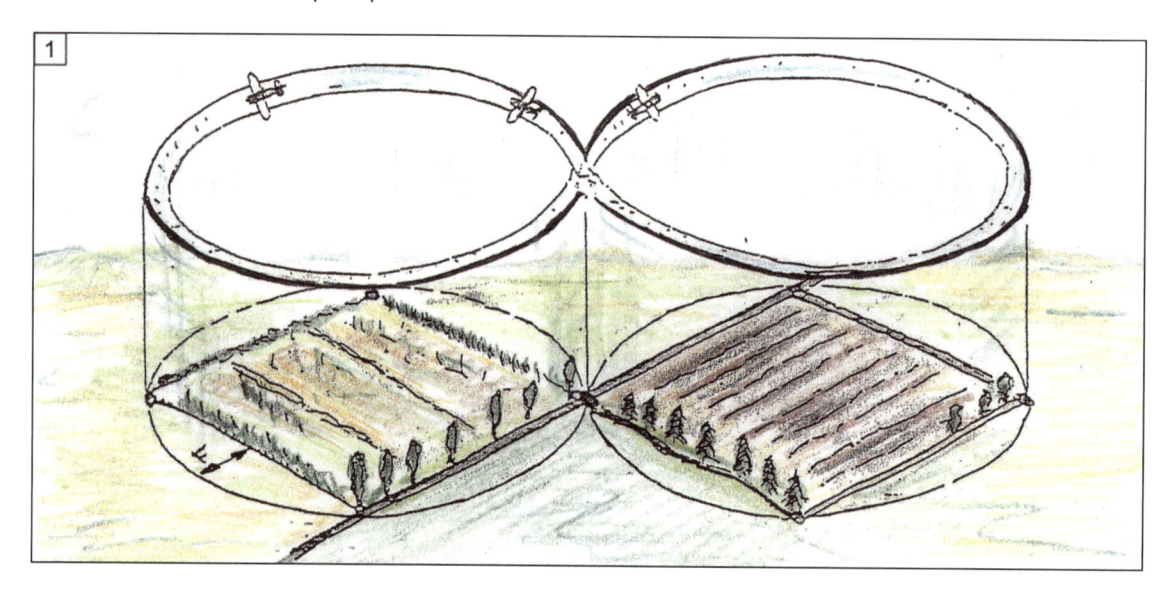

2ème méthode : Huit avec 3 points sol, le centre et les deux extrémités **(Fig. 2)**.

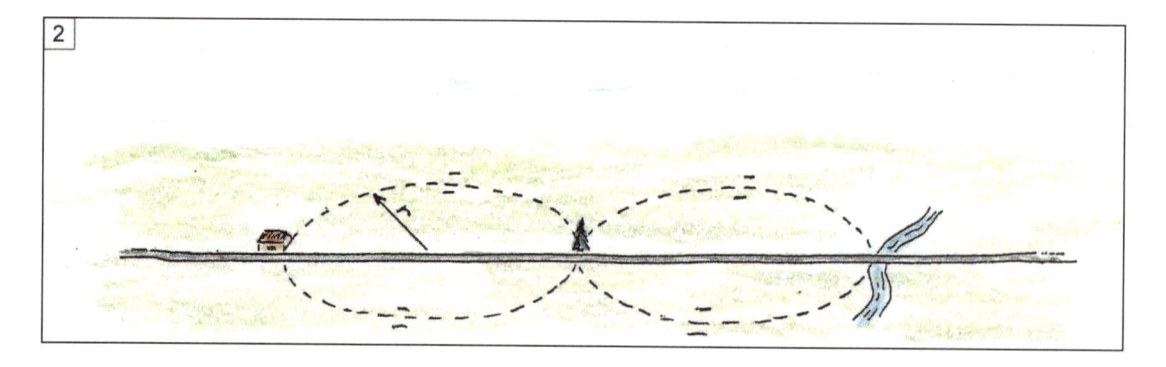

2) Séries de virages alternés à 60° d'inclinaison, pratiquement sans stabiliser l'inclinaison,. Ainsi dès qu'on arrive à 60° d'inclinaison d'un côté, sans attendre on passe de l'autre côté et ainsi de suite. Manœuvrer assez fermement mais souplement et bien positionner vos repères capots (page 151).

3) Variations d'inclinaison en cours de virage même sens, par exemple en virage d'un côté à 60° puis diminuer celle-ci à 20° puis la réaugmenter à 60° etc...

Dans ces deux dernières situations s'attacher à maintenir altitude et symétrie.

LE GUIDE PRATIQUE DU PILOTAGE

TABLEAU "MEMOIRE" DES PARAMETRES DES DIFFERENTS APPAREILS SUR LESQUELS VOUS VOLEZ

Avions	Sky Ranger 912	CR 400/120	DR 400/160	CAP 10	C 172	TB 9	PA 28-161	Lionceau
Puissance mini décollage	5000	2220	2200	2250	2250	2500	2350	5000
Vi Rotation	80km/h	100 km/h	100 km/h	100 km/h	55/600 kT	65 kT	55/60 kT	50 kT
Montée Normale								
Vi 1er cran volet	85	140	150	150	70 Kt	75 Kt	80 Kt	70
Vi lisse	90	150	160	160	80 Kt	80 Kt	90 Kt	75
Puissance	Plein Gaz	Plein Gaz	Plein Gaz	2350 ± 50	Plein Gaz	Plein Gaz	Plein Gaz	5100
Vi pente max	80	120/130	130	130	55 Kt	67 Kt	63 Kt	62
Vi croisière	140	≈ 190	210/220	≈ 240	110 Kt	100 Kt	110 Kt	100
Puissance	4600	2500	2500	2450 à 75 %	2500	2500	2450	5000
Vi descente croisière	140	≈ 190	210/220	≈ 240	110	100	110	1000
Puissance	4200	2200/2300	2250	2250	2200	2300	2300	4300
Vz	-500 ft	- 500	- 500	- 500	- 500	- 500	- 500	- 500
Vi descente rapide (Vno)	125	250	260	260	128 Kt	115 Kt	126	108
Puissance	4600	2600	2500	2450	2500	2500	2500	
Vz	700	700/800	700	- 700	700	- 600	- 700	- 500
Vi d'Attente (1,45 Vs1)	125	150	160	160	85 Kt	85	85	80
Puissance	4000	≈ 2300/2100	1900	≈ 1700	2000	2300	2100	4300
Vi approche initiale (vent arrière) (1,45 Vs1)	120	145	150	150	80	80	80	75
Puissance	4000	2000/2100	1900	≈ 1700	2000	2300	2100	4300
Vi descente évolution (dernier virage)	100	150	150	150	80 Kt	80 Kt	80 Kt	75
Puissance moyenne	3500	1600	1500	≈ 1300	1500	1800	1700	3100
Vz		- 500	- 500	- 500	- 500	- 500	- 500	- 500
Vi finale 1er cran (plan 5 %) (1,3 Vs1)	85	130	135	130	70	70	70	70
Puissance moyenne		1600	1300	≈ 1300	1400	1400	1500	
Vi config. Atterrissage (1,3 Vso)	80	120	130	120	65/70 Kt	65	65	60
Puissance moyenne		1700/1800	1500/1800	≈ 1500	1700/1800	1700	1500	3200
Vz moyenne		- 300	- 300	- 300	- 300	- 325	- 325	- 300
Vi atterrissage court (1,2 Vso)	75	105	110	105	55 Kt	60	60	57
Puissance moyenne	3600	1500/1700	1700	≈ 1500	1800	1600	1500/1700	
Limitations								
Vne	165	308	308	340	160 Kt	165 Kt	160 Kt	135
Vno	125	260	260	300	128 Kt	128 Kt	126 Kt	108
Vp manœuvre	100	215	215	235 catégorie A	97 Kt	122 Kt	111 Kt	108
Vs décrochage lisse	70/Vso	95	103	95 à 760 kg	47	58	50	57
Vfe	120	170	170	160	10° = 110/40° = 85	90	103	81
Régime maxi continu	5500	2700	2700	2700	2700	2700	2700	5500
Vitesse de finesse max.	90	135	145	160	65	86	65	62
Autonomie moyenne sans réserve	3h30	4h00	≈ 5h30	2h10 réservoir avant	5h30	≈ 5h00	5h30	4h00
Limite vent travers	15	22	22	20	15	25	17	15

LE GUIDE PRATIQUE DU PILOTAGE

LES DIFFERENTES OPERATIONS DE LA NAVIGATION

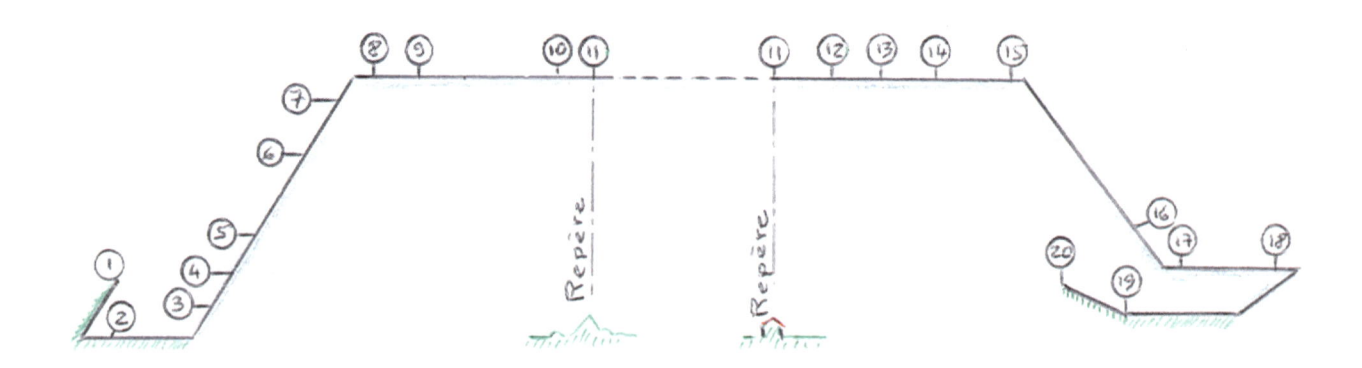

1	Noter l'heure bloc (début du roulage).
2	Au lacher des freins : annoncer l'heure de décollage.
3	Après 500 ft sol : check après décollage "volets rentrés - pompes et phare coupés.
4	Check de montée : alti réglé à......................................paramètre de montée affichés (après 1000 ft sol).
5	Si décollage au cap inverse de la route, retoper l'heure cap atteint.

6	Si on a le temps : - noter l'heure de départ 2 ou 5
	                           - noter l'heure estimée du 1er repère
	                           - identifier la ou les balises en portée

7	Annoncer "300 ft avant palier". Ne rien faire d'autre que s'occuper de la trajectoire et ne pas louper l'altitude de mise en palier.
8	Mise ne palier suivie de la check croisière : alti réglé à...............paramètres croisière affichés.
9	Si on a pas eu le temps en 6, faire les opérations indiquées en 6.
10	2 à 3 minutes avant le repère: vérifier si le radial VOR entre - si oui trouver le repère selon la règle : "chercher la porte avant la serrure".
11	Au passage du repère effectuer la check point tournant. 1) Noter l'heure du passage 6) Radionav.: afficher le radial suivant 2) Noter l'estimée du repère suivant 7) Radio : à prévoir ou contacter 3) Déterminer les zones à venir dont 8) recaler le directionel la 1ère avec ses contraintes 9) Vérifier paramètres moteur et essai 4) Cap (identique ou à changer(fonction zone ou FL) réchauffage carburateur 5) Altitude (identique ou à changer(fonction zone ou FL) 10) Essence noter quantité - changer réservoir (Check à reporter sur tout repère ou 1 sur 2, si repères proches).
12	Message radio pour prendre les infos du terrain d'arrivée si aérodrome contrôlé ou agent AFIS présent. Non contrôlé message auto-info.
13	Calcul du point de descente si celui-ci n'a pus être déterminé d'avance.
14	Briefing arrivée : on arrive à...... en descente vers (telle altitude) pour la piste...... stratégie d'arrivée (directe-semi-directe - vent arrière ou verticale si non contrôlé). Vitesse retenue en finale (si vent supérieur à 10 kT). En cas de remise de gaz circuit par (gauche ou droite)briefing terminé (si aérodrome non contrôlé, ces éléments sont déterminés à la verticale terrain).
15	Check avant descente : alti règlé à telle valeur - Mixture enrichie - Paramêtres descente affichés.
16	Annoncer 300 ft avant altitude à ne pas dépasser (1000 ft sol en général, ou 1500 ft). Même règle que 7
17	Palier 1000 ft sol ou 1500 ft si aérodrome non contrôlé avec reconnaissance aire à signaux donnant piste, sens circuit (force ou travers) et surtout si aérodrome ouvert. Déterminer sur le directionnel, les caps : piste-vent arrière - vent traversier et base.
18	En vent arrière (ou base si semi-directe) : Check approche et Message radio puis check en finale.
19	Piste dégagée : volets rentrés-pompe phare coupés-transpondeur arrêt - réchauffage carburateur poussé.
20	Au parking noter l'heure bloc arrivée.

COLLECTION "AVIATION"

LE GUIDE PRATIQUE DU PILOTAGE	(français)	(11e édition)	Jean ZILIO
FLYING PRACTICAL HANDBOOK	(english)	(1e édition)	Jean ZILIO
NOUS ATTERRISSIONS DE NUIT...	(français)	(5e édition)	Hugh VERITY
LYSANDER... from hell into moonlight	(français-english)	(2e édition)	J.M. LEGRAND
LE DERNIER ENNEMI	(français)	(2e édition)	R. HILLARY
CHRONIQUES AERONAUTIQUES	(français)	(1e édition)	J.BELOTTI

à paraître

TAÏAUT... les As français en 1939-1945	(français-english)	(1e édition)	J.J. PETIT
L'action des bombardiers français dans la RAF	(français-english)	(1e édition)	Martial LENOIR
MISSION IMPROBABLE	(français-english)	(1e édition)	B.E. ESCOTT

Afin d'obtenir davantage d'informations, n'hésitez pas à visiter notre site Web

www.aviation-publications.com

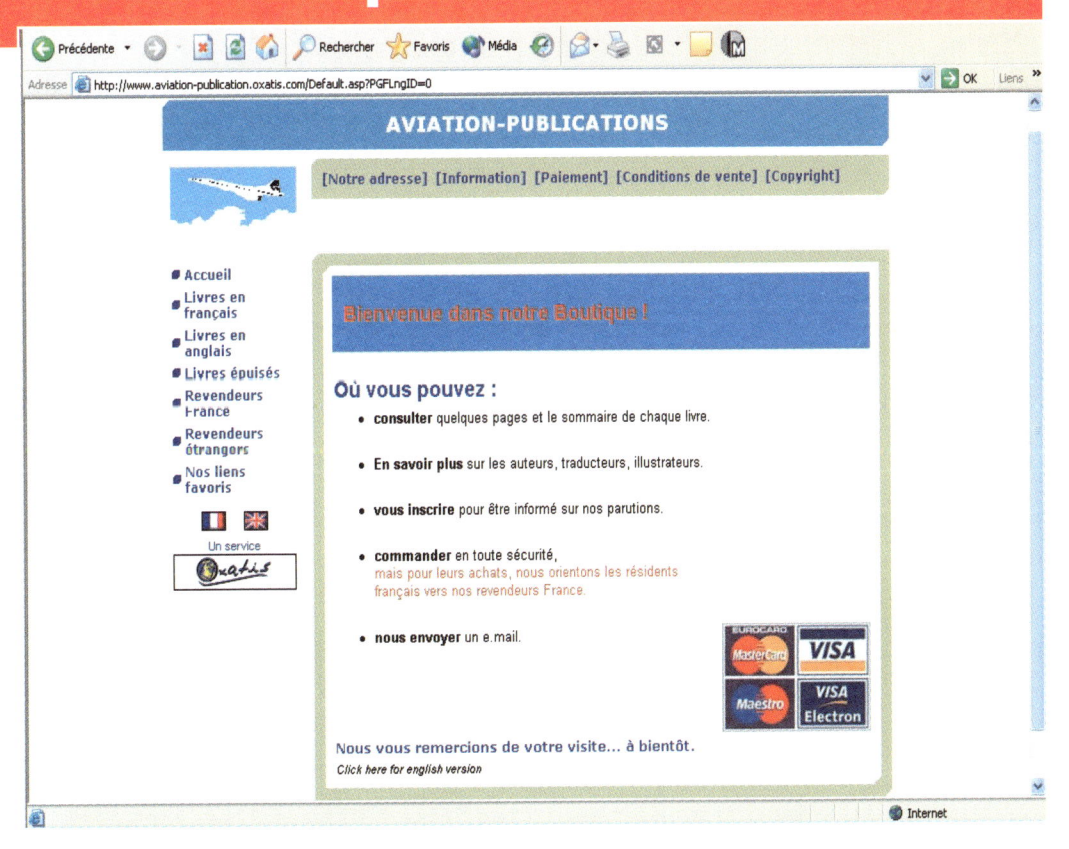

où vous pouvez :

> **consulter** notre catalogue en ligne ainsi que le sommaire détaillé de chaque livre,
> **trouver** les adresses de nos revendeurs,
> **formuler** toutes vos remarques et suggestions.

Dépôt légal 3e trimestre 2004
11e édition
revue et corrigée

Éditions VARIO S.A.R.L.
83340 LE LUC EN PROVENCE
(FRANCE)
tél. 33- (0)494.501.894

fax 33- (0)494.501.895
email : editions.vario@wanadoo.fr
website : www.aviation-publications.com

Achevé d'imprimer sur les presses de
l'Imprimerie CHIRAT
42540 ST-JUST-LA-PENDUE
(France)

Dépôt légal Septembre 2004 N° 3315